## ***ACCESO GRATIS*** ***a la Lectura en la Nube***

Para visualizar el libro electrónico en la nube de lectura envíe junto a su nombre y apellidos una fotografía del código de barras situado en la contraportada del libro y otra del ticket de compra a la dirección:

**ebooktirant@tirant.com**

En un máximo de 72 horas laborales le enviaremos el código de acceso con sus instrucciones.

La visualización del libro en **NUBE DE LECTURA** excluye los usos bibliotecarios y públicos que puedan poner el archivo electrónico a disposición de una comunidad de lectores. Se permite tan solo un uso individual y privado

# LA TRANSPOSICIÓN EN ESPAÑA DE LA DIRECTIVA SOBRE DERECHOS DE AUTOR Y MERCADO ÚNICO DIGITAL

# LA TRANSPOSICIÓN EN ESPAÑA DE LA DIRECTIVA SOBRE DERECHOS DE AUTOR Y MERCADO ÚNICO DIGITAL

*Directores:*

PILAR CÁMARA ÁGUILA

IGNACIO GARROTE FERNÁNDEZ-DÍEZ

**tirant lo blanch**

Valencia, 2025

En caso de erratas y actualizaciones, la Editorial Tirant lo Blanch publicará la pertinente corrección en la página web www.tirant.com.



© TIRANT LO BLANCH
EDITA: TIRANT LO BLANCH
C/ Artes Gráficas, 14 - 46010 - Valencia
TELFS.: 96/361 00 48 - 50
FAX: 96/369 41 51
Email: tlb@tirant.com
www.tirant.com
Librería virtual: www.tirant.es
DEPÓSITO LEGAL: V-4758-2024
ISBN: 978-84-1071-420-5

Si tiene alguna queja o sugerencia, envíenos un mail a: *atencioncliente@tirant.com*. En caso de no ser atendida su sugerencia, por favor, lea en *www.tirant.net/index.php/empresa/politicas-de-empresa* nuestro procedimiento de quejas.

Responsabilidad Social Corporativa: http://www.tirant.net/Docs/RSCTirant.pdf

# *Autores*

Pilar Cámara Águila

Carla Bragado Herrero de Egaña

Ignacio Garrote Fernández-Díez

Alfonso González Gozalo

Frank Gotzen

Sebastián López Maza

Agnès Lucas-Schloetter

Gemma Minero Alejandre

Paul Torremans

# Índice

**Prólogo** ........ 11

Pilar Cámara

Ignacio Garrote

**Capítulo 1**
**La Directiva sobre los derechos de autor en el mercado único digital: una etapa en el largo camino de los derechos de autor en Europa** ........ 17

Frank Gotzen

**Capítulo 2**
**Los dos límites (el obligatorio y el optativo) de minería de textos y datos** ........ 41

Gemma Minero Alejandre

**Capítulo 3**
**La utilización de obras y otras prestaciones en actividades pedagógicas digitales y transfronterizas y su regulación en el derecho español** ........ 151

Pilar Cámara Águila

**Capítulo 4**
**El límite del pastiche y su regulación en el derecho español: Análisis del art. 70 del Real Decreto-Ley 24/2021, de 2 de noviembre** ........ 201

Pilar Cámara Águila

**Capítulo 5**
**El uso de obras y prestaciones fuera del circuito comercial por parte de las instituciones responsables del patrimonio cultural** ........ 253

Sebastián López Maza

**Capítulo 6**
**Los artículos 12, 13 y 14 de la Directiva de mercado único digital** ........ 341

Paul Torremans

**Capítulo 7 Protección de las publicaciones de prensa en lo relativo a los usos en línea** ........ 373

Sebastián López Maza

**Capítulo 8**
**La trasposición al derecho español de los arts. 17 y 2 6) de la Directiva de derechos de autor en el mercado único digital** ..... 435

Ignacio Garrote Fernández-Díez

**Capítulo 9**
**El principio de remuneración adecuada y proporcionada de autores y artistas intérpretes o ejecutantes** ..... 539

Gemma Minero Alejandre

**Capítulo 10**
**El artículo 19 de la Directiva 2019/790: la obligación de transparencia** ..... 621

Carla Bragado Herrero de Egaña

**Capítulo 11**
**El mecanismo de adaptación de contratos y el derecho de revocación: artículos 20 y 22 de la Directiva sobre derechos de autor en el mercado único digital y su transposición al Derecho español** ..... 661

Alfonso González Gozalo

**Capítulo 12**
**El artículo 21 de la directiva 2019/790: procedimiento alternativo de resolución de litigios** ..... 739

Carla Bragado Herrero de Egaña

**Capítulo 13**
**El artículo 23 de la Directiva 2019/790: disposiciones comunes** ..... 755

Carla Bragado Herrero de Egaña

**Capítulo 14**
**La transposición de la Directiva 2019/790 en Alemania** ..... 789

Agnès Lucas-Schloetter

**Capítulo 15**
**La transposición de la Directiva 2019/790 en Francia** ..... 807

Carla Bragado Herrero de Egaña

# *Prólogo*

**PILAR CÁMARA**
**IGNACIO GARROTE**

La monografía que el lector tiene ahora entre sus manos es resultado de un Proyecto de I+D+i que lleva por título "Nuevos desafíos del Derecho de Propiedad Intelectual en el Mercado Único Digital: La Directiva 2019/790", con referencia PID2019-106902 RB-100. Se trata de un proyecto concedido por el Ministerio de Ciencia e Innovación en el marco de los Programas Estatales de generación de Conocimiento y Fortalecimiento Científico y Tecnológico del Sistema de I+D+i y de I+D+i Orientada a los Retos de las Sociedad.

Los investigadores principales de dicho Proyecto son los profesores de la Universidad Autónoma de Madrid Pilar Cámara Águila e Ignacio Garrote Fernández-Díez, a los que se unen como miembros del equipo de investigación los profesores Sebastián López Maza y Gemma Minero Alejandre, ambos también de la Universidad Autónoma de Madrid. Todos ellos forman parte de un conjunto de profesores universitarios expertos en materia de propiedad intelectual que han desarrollado su carrera académica bajo el magisterio del profesor Rodrigo Bercovitz-Rodríguez-Cano a quien, a través de estas líneas, queremos manifestar, una vez más, nuestro profundo agradecimiento.

También han aportado su valiosa contribución a la presente obra como miembros del equipo de trabajo del Proyecto los profesores Carla Bragado Herrero de Egaña (titular de un contrato de investigación postdoctoral Margarita Salas en la UAM/ Universidad d'Évry), Frank Gotzen (Universidad Católica de Lovaina), Agnès Lucas-Schloetter (Universidad de Nantes), Paul

Torremans (Universidad de Nottingham) y el Doctor Alfonso González Gozalo (socio del *Estudio Jurídico Bercovitz-Carvajal*).

El objeto principal de la monografía es el estudio de la Directiva (UE) 2019/790, sobre derechos de autor y derechos afines en el mercado único digital (DDAMUD) y su transposición en España a través de la regulación contenida en los Títulos I a IV y VI del Libro IV del Real Decreto-ley 24/2021, de 2 noviembre. Se incluyen, además, referencias a la transposición de la Directiva en el derecho alemán y en el derecho francés, Ordenamientos que se han considerado como referentes especialmente valiosos para el caso español.

La DDAMUD supone una aportación de enorme relevancia para la armonización de la protección de los derechos de propiedad intelectual en el entorno digital en el ámbito de la UE. En ella se realiza una muy necesaria actualización de aspectos centrales del derecho de propiedad intelectual para adaptarse al mercado único digital, lo que no se había hecho desde la Directiva 2001/29/CE, de derechos de autor en la sociedad de la información, aprobada en un momento en el que el mercado de explotación de obras y prestaciones protegidas era muy diferente al actual.

El elevado número e importante volumen de los intereses de los principales actores del mercado único digital provocó que el trámite legislativo de la DDAMUD a través de las distintas instituciones europeas fuera extremadamente convulso, dando lugar a una fuerte controversia en círculos políticos, sociales, académicos y empresariales. El texto finamente adoptado contiene numerosas soluciones de compromiso, que tratan de encontrar a través de conceptos jurídicos indeterminados o expresiones ambiguas un delicado equilibrio entre los distintos intereses en juego.

Esta tensión entre los principales actores del mercado digital de explotación de obras y prestaciones protegidas se trasladó posteriormente a los Estados miembros, que tuvieron de forma mayoritaria importantes dificultades para llevar a cabo de una manera adecuada y en plazo la transposición de la Directiva al derecho nacional.

Ello ha ocurrido, sin duda, en el caso de España, en donde la superación del plazo de transposición provocó la incorporación de la DDAMUD en un voluminoso Real Decreto-ley, que no sólo se utilizó para trasponer la otra Directiva en materia de propiedad intelectual que quedaba pendiente de incorporar a nuestro Ordenamiento en aquel momento (la Directiva 2019/789) sino otras seis más, pertenecientes a ámbitos sin ninguna conexión temática entre ellos.

En el ámbito específico de los derechos de propiedad intelectual este recurso al instrumento legislativo del Real Decreto-ley resulta especialmente sorprendente si tenemos en cuenta que apenas un mes antes de la publicación del Real Decreto-ley 24/2021 se había promulgado la Ley 14/2021, de 11 de octubre, que modificó la redacción de diversos apartados de los artículos 24 y 195 y los arts. 177.6, 178.2 y 193.3 del texto refundido de la Ley de Propiedad Intelectual (TRLPI).

Creemos que es posible afirmar, además, que la trasposición de la Directiva al derecho español se ha llevado a cabo de manera manifiestamente errónea en numerosos aspectos, tanto desde el punto de vista sistemático como en relación con su contenido, como se subraya a lo largo de esta obra.

Resulta especialmente criticable desde el punto de vista de la técnica legislativa empleada que el Real Decreto-ley únicamente se limitase a modificar y añadir algunos preceptos al TRLPI, manteniendo, en cambio, el grueso de la transposición de la DDAMUD (y de la Directiva 2019/789) en su propio articulado.

Ello implica la existencia en la actualidad en nuestro derecho de una suerte de “texto paralelo” al del TRLPI en materia de propiedad intelectual que se contiene en los arts. 65 a 79 del Real Decreto-ley, lo que provoca graves dificultades interpretativas y de coordinación entre ambos cuerpos normativos.

De ahí que, para facilitar una estructuración coherente de la presente obra, hayamos preferido partir de la sistemática de la Directiva, aunque cada autor ha tenido libertad para enfocar el tema abordado de acuerdo con su propio criterio, incidiendo más en la regulación de la Directiva o poniendo el acento en su trasposición al derecho español.

Ello ha dado lugar a un texto que renuncia a ser un comentario artículo por artículo de la DDAMUD, pero que sí trata en profundidad la práctica totalidad de las cuestiones que en ella se regulan y los problemas que se han planteado al incorporar sus normas en nuestro Ordenamiento.

Así, tras un primer capítulo para contextualizar el objeto de estudio en donde se reflexiona sobre la evolución de las distintas Directivas en materia de propiedad intelectual y la influencia que ha tenido en la DDAMUD en el proceso de armonización en esta materia (obra de Frank Gotzen), la obra aborda el estudio de las medidas que se han adoptado, tanto en la Directiva como en el derecho español, para adaptar las excepciones y limitaciones a los derechos patrimoniales al entorno digital y transfronterizo en el que ahora tienen que aplicarse.

Ello incluye el capítulo 2 (obra de Gemma Minero), dedicado al estudio de los límites en materia de minería de textos y datos, el capítulo 3 (obra de Pilar Cámara) sobre la utilización de obras y otras prestaciones en actividades pedagógicas digitales y transfronterizas y el capítulo 4 (obra, también, de Pilar Cámara), sobre el límite del pastiche.

Al estudio de la trasposición al derecho español de las distintas medidas que contiene la Directiva para facilitar la concesión de licencias y para garantizar un mayor acceso a los contenidos protegidos por la propiedad intelectual se dedica, en primer lugar, el capítulo 5 (obra de Sebastián López), que trata sobre el uso de obras y prestaciones fuera del circuito comercial por parte de las instituciones responsables del patrimonio cultural (arts. 8 a 11 de la Directiva). También el capítulo 6 (obra de Paul Torremans), que se ha dedicado al estudio de distintas medidas a las que la Directiva dedica sus artículos 12 (concesión de licencias colectivas con efecto ampliado), 13 (medidas para facilitar el acceso y disponibilidad de obras audiovisuales en plataformas de vídeo a la carta) y 14 (dedicado a las obras de arte visual de dominio público).

A la incorporación en nuestro Ordenamiento de las medidas para garantizar el correcto funcionamiento del mercado de derechos de autor se ha dedicado el capítulo 7 (obra de Sebastián López), sobre el nuevo derecho conexo atribuido a los editores de publicaciones de prensa respecto de los usos en línea de dichas publicaciones y el capítulo 8 (obra de Ignacio Garrote), dedicado a la responsabilidad que se deriva por el uso de contenidos protegidos por parte de los llamados prestadores de servicios para compartir contenidos en línea.

En la DDAMUD se establecen además, por primera vez en el derecho de propiedad intelectual de la UE, algunas normas para regular las relaciones contractuales que traban los autores y los artistas intérpretes o ejecutantes con los cesionarios de sus derechos a través de distintos contratos de explotación.

A dichas normas, y a su trasposición a nuestro derecho se dedican en esta monografía el capítulo 9 (obra de Gemma Minero), sobre el principio de remuneración adecuada y proporcionada; el capítulo 10 (obra de Carla Bragado), sobre la obligación de transparencia; el capítulo 11 (obra de Alfonso González), sobre el mecanismo de adaptación de los contratos existentes y el derecho de revocación; el capítulo 12 (obra de Carla Bragado), sobre el procedimiento alternativo de resolución de litigios relativos a la obligación de transparencia y al mecanismo de adaptación de contratos. Cierra esta parte el capítulo 13 (obra de Carla Bragado) sobre las disposiciones comunes a las reglas sobre contratos de explotación que se contienen en los arts. 19 a 22 de la Directiva.

Los dos últimos capítulos de la obra se dedican, como ya avanzamos, a la transposición de la Directiva 2019/790 en Alemania (capítulo 14, obra de Agnès Lucas-Schloetter) y en Francia (capítulo 15, obra de Carla Bragado).

Para la realización de este trabajo hemos contado con la valiosa labor de *Frutos Miranda Traductores*, que han traducido los Capítulos 1, 6 y 14 desde los originales en francés o inglés.

# *Capítulo 1*
# *La Directiva sobre los derechos de autor en el mercado único digital: una etapa en el largo camino de los derechos de autor en Europa*

**FRANK GOTZEN**
*Catedrático emérito de la Universidad de Lovaina (KU Leuven)*
*Presidente de la ALAI*

## I. ¿DE DÓNDE VENIMOS?

### *1. En el principio era la nada.*

Cuando el 25 de marzo de 1957 los ministros plenipotenciarios de Francia, Alemania, Italia y los tres países del Benelux se reunieron en el Campidoglio de Roma para firmar el Tratado constitutivo de la Comunidad Económica Europea, el texto no mencionaba en absoluto los derechos de autor. Su intención era crear un mercado común con un objetivo fundamentalmente económico. Es lo que se colige del preámbulo del Tratado, así como de los principios plasmados en los artículos 2 y 3, que definen las funciones de la nueva Comisión.

Hace falta analizar el documento con lupa para descubrir en un anexo III (de importancia menor) una mención a los "derechos de autor" vinculada al artículo 106 del capítulo 2 del título II de la tercera parte del Tratado, en el marco de la política económica de la Comunidad. En cualquier caso, dicha mención se refiere exclusivamente a los derechos en el sentido pecuniario del término, es decir, en la medida en que afectan a la balanza de pagos. De ningún modo se está refiriendo a los derechos subjetivos que subyacen a tales ingresos.[1]

Parece claro, por tanto, que en ese momento la competencia de la Comunidad se limitaba al ámbito estrictamente económico, sin incluir otras políticas como el ámbito cultural, tan estrechamente vinculadas a los derechos de autor.[2]

## 2. *Por el camino, un interés incipiente por los derechos de autor percibidos como obstáculo.*

Hizo falta algo de tiempo para tomar conciencia de que, pese a su silencio, el texto original del Tratado de Roma contenía disposiciones generales aplicables también al ámbito de los derechos de autor.

Por ejemplo, el ejercicio de tales derechos bajo el principio de territorialidad podía resultar incompatible con la libre circulación de mercancías regulada en los artículos 30 a 36 de la versión inicial del Tratado. En paralelo, los acuerdos de representación recíproca celebrados por las sociedades de representación de autores y artistas (que les permitían gestionar repertorios nacionales de todo el mundo) podían chocar con una aplicación irreflexiva de la normativa de competencia en virtud de los artículos 85 y 86 del Tratado.

---

1 F. Hepp, "Les incidences économiques et juridiques de l'intégration européenne sur l'exploitation du film et de la télévision", *Archiv für Urheber-, Film-, Funk- und Theaterrecht* 1963, 40, p. 273 ; A. Dietz, *Copyright Law in the European Community,* Alphen aan den Rijn, 1978, p. 15-16.

2 M. Gaudet, "The Legal Framework of the Community" en: *Legal Problems of the EEC and the EFTA,* Londres 1961, p. 9; H.P. Ipsen, *Europäisches Gemeinschaftsrecht,* Tübingen, 1972, p.188 y 230-231.

Dejando de lado alguna propuesta para excluir los derechos de autor, a partir de la década de 1960 las instituciones comunitarias consideraron que las reglas generales del Tratado debían aplicarse en principio también a este ámbito.[3] Sobre la base de una abundante jurisprudencia, se llegó a una serie de soluciones de compromiso que permitían a los operadores del mercado adaptarse del mejor modo posible a la nueva situación. Por ejemplo, en materia de libre circulación de mercancías, el Tribunal de Justicia introdujo una distinción entre preservar la esencia de un derecho de autor y prohibir su ejercicio si no está justificado por su objeto específico.[4] El Tribunal de Primera Instancia y el Tribunal de Justicia también han tratado de conciliar la necesidad de protección y control territorial por parte de las sociedades de autores mediante una apertura a las licencias multiterritoriales.[5] No obstante, esa larga saga de litigios y procedimientos dejó en ocasiones un sabor de boca amargo a los agentes implicados, algunos de los cuales veían en los derechos de autor un obstáculo para la correcta integración de los mercados económicos en Europa. Al mismo tiempo, otros percibían el derecho comunitario como una

---

3 H. Johannes, *Industrial Property and Copyright in European Community Law*, Leyden, 1976, p. 43-44 y 49-50; B. Cawthra, *Industrial Property Rights in the EEC-patents, trade marks and copyright*, Epping, 1973, p. 69-70.

4 F. Gotzen, "La libre circulation des produits couverts par un droit de propriété intellectuelle dans la jurisprudence de la Cour de Justice", *R.T.D.C.* 1985, p. 467-481; L. Defalque, "Copyright-Free Movement of Goods and Territoriality: Recent Developments", *EIPR* 1989, p. 435-439; R. Joliet, "Geistiges Eigentum und freier Warenverkehr", *GRUR Int.* 1989, p. 177-185.

5 F. Gotzen, "Les licences multiterritoriales entre le juge et le législateur. Des affaires 'CISAC à la directive 2014/26", *RIDA*, julio 2014, n° 241, p. 95-161; E.P. Liaskos, *La gestion collective des droits d'auteurs dans la perspective du droit communautaire*, Bruylant, Bruselas, p. 200 ; S. Nérisson, *La gestion collective des droits des auteurs en France et en Allemagne : quelle légitimité ?* IRJS éditions, París, 2013, N° 1182.

espada de Damocles que ponía constantemente en peligro el ejercicio efectivo de los derechos de los artistas.

### 3. *Por el camino, un interés creciente por los derechos de autor como motor económico.*

El periodo de mayor confrontación pudo superarse gracias al reconocimiento del importante valor económico que revisten los aspectos comerciales de los derechos de autor.[6] Poco a poco, las instancias comunitarias se dieron cuenta de que era necesario abordar los derechos de autor con instrumentos distintos a los que ofrecen las normas en materia de libre circulación o competencia. En lugar de limitarse a combatir los derechos de autor por sus supuestas deficiencias, había que pensar también en reforzarlos según un modelo europeo. La acción comunitaria podría entonces adoptar una forma más positiva. El Tratado ya ofrecía las herramientas necesarias; bastaba con aplicarlas a este ámbito sobre la base de una interpretación voluntarista.

Es cierto que la Comunidad Europea tardó en dar ese paso. Sin embargo, el Parlamento Europeo ya había instado a la Comisión, en una resolución de 1974, a "proponer medidas al Consejo para aproximar las legislaciones nacionales [...] en materia

---

6 Esta toma de conciencia se vio favorecida por la publicación, en los años ochenta, de los primeros estudios económicos que demostraban el importante papel desempeñado por el aspecto comercial de los derechos de autor en el producto nacional bruto de los países. La propia Comisión hace referencia a estos estudios en la nota 12 del primer capítulo de su *Libro Verde sobre los derechos de autor y el desafío tecnológico*, COM (88) 172 final, Bruselas, junio de 1988, p.17-18. La OMPI ha publicado referencias más recientes bajo el título "The economic contribution of the copyright industries": https://www.wipo.int/export/sites/www/copyright/en/performance/pdf/overview_results_2021.pdf.

de derechos de autor y derechos afines".[7] En consecuencia, el 24 de septiembre de 1974, la Comisión encomendó a sus servicios la elaboración de propuestas concretas en este ámbito,[8] encargándose estudios preparatorios para una futura armonización.[9]

Con todo, la Comisión tardó algún tiempo en superar sus vacilaciones. Todavía en 1988, en su "Libro Verde sobre derechos de autor y desafío tecnológico", aunque llevaba por subtítulo "Problemas de los derechos de autor que exigen una actuación inmediata", la Comisión declaró que "un gran número de cuestiones relacionadas con los derechos de autor no deberían ser objeto de ninguna actuación a escala comunitaria". No debemos, decía, "ceder a la tentación de reformar por reformar".[10] Esto explica que hasta 1991 no apareciera la primera directiva de armonización de los derechos de autor, que por supuesto se

---

7 Resolución de 13 de mayo de 1974, punto 11, DO n° C 62 de 30.5.1974, p. 6.

8 *Huitième Rapport général de la Commission*, Bruselas, Luxemburgo, 1975, n° 327.

9 A. Dietz, *Das Urheberrecht in der Europäischen Gemeinschaft*, Bruselas, XII/125/76-D, publicado también en versión comercial por Nomos Verlag en 1977, y en versión francesa por la oficina de publicaciones de las Comunidades Europeas bajo el título *Le droit d'auteur dans la Communauté européenne*, Bruselas, Luxemburgo, *Série Secteur culturel*, 1978. Sijthoff publicó la versión inglesa con el título *Copyright Law in the European Community*, Alphen aan den Rijn,1978; A. Dietz, *Das primäre Urhebervertragsrecht in den Mitgliedstaaten der Europäischen Gemeinschaft*, Bruselas, 1981, SG-Culture/4/81; F. Gotzen, *Le droit des interprètes et exécutants dans la Communauté Économique Européenne*, Bruselas, XII/52/78-F, publicado en versión alemana por Nomos Verlag en 1980 bajo el título *Das Recht der Interpreten in der Europäischen Wirtschaftsgemeinschaft*; F. Gotzen, *Les contrats d'exploitation des droits de l'artiste interprète ou exécutant*, Bruselas, XII/47/80-F.

10 *Libro Verde sobre los derechos de autor y el desafío tecnológico*, COM (88) 172 final, Bruselas, junio de 1988, n° s. 1.4.9. y 1.4.10.

centraba en el ámbito con un interés económico más evidente: la protección de los programas de ordenador.[11]

### 4. *Por el camino, un nuevo interés por los derechos de autor como factor de progreso cultural y social.*

Aunque parece claro que fue el efecto económico en el mercado lo que impulsó la armonización de los derechos de autor en Europa, conviene no perder de vista su interés más allá del elemento puramente pecuniario. Los derechos de autor son también un importante instrumento de política cultural y cumplen una función social al proteger los medios de subsistencia de los autores e intérpretes individuales.

La Comisión se centró en un primer momento en los efectos de los derechos de autor sobre el mercado común, pero fue reconociendo gradualmente la importancia de los demás aspectos. Así lo demuestran varias comunicaciones publicadas a finales de los años 70 sobre "Acción comunitaria en el sector cultural".[12]

A su vez, las modificaciones introducidas en los textos fundamentales de la construcción europea facilitaron esa perspectiva más amplia en cuanto a las funciones de los derechos de autor.

---

11 Directiva 91/250 de 14 de mayo de 1991 sobre la protección jurídica de programas de ordenador, DO nº L 122 de 17 de mayo de 1991, p. 42. Esta Directiva fue posteriormente recodificada en la versión 2009/24 de 23 de abril de 2009, DO nº L 111 de 5 de mayo de 2009, p. 16.

12 "L'action communautaire dans le secteur culturel", *Boletín de las Comunidades Europeas*, Suplemento 6/77, probado por el Parlamento Europeo en resolución de 18 de enero de 1979, DO nº C 39 de 12 de febrero de 1979, p. 50; "Le renforcement de l'action communautaire dans le secteur culturel", *Boletín de las Comunidades Europeas*, Suplemento 6/82; "Relance de l'action culturelle dans la Communauté européenne", COM(87) 603 final /2.

Desde su planteamiento inicial, puramente económico, la "Comunidad Económica Europea" (CEE) fue ampliando progresivamente su campo de acción. En 1987, en el preámbulo del Acta Única Europea por la que se modifican los Tratados, los Estados miembros expresaron su voluntad de "mejorar la situación económica social mediante la profundización de las políticas comunes y la prosecución de nuevos objetivos", con vistas a realizar un auténtico "mercado interior", en particular mediante una mayor armonización de las legislaciones nacionales.[13]

Esa misma voluntad de ampliar la acción europea inspiró la nueva denominación de "Unión Europea" que se adoptó en 1992 en el marco de la profunda revisión de los Tratados acometida en la Conferencia de Maastricht. Una Unión que incluía, a su vez, una "Comunidad Europea" (CE)[14]. Al eliminar el adjetivo "económico" de la CEE, los Estados quisieron subrayar la voluntad de ir más allá de ese ámbito estricto.[15] Así lo atestigua el preámbulo del nuevo tratado, que recoge la determinación de "promover el progreso social y económico de sus pueblos, dentro de la realización del mercado interior y del fortalecimiento de la cohesión y de la protección del medio ambiente, y a desarrollar políticas que garanticen que los avances en la integración económica vayan acompañados de progresos paralelos en otros ámbitos".

No puede sorprender, pues, que a partir de 1992 proliferaran las directivas sobre esta materia. Entre ellas destaca, por su aplicación horizontal, la Directiva 2001/29/CE relativa a la

---

13 Acta firmada el 17 de febrero de 1986 en Luxemburgo y el 28 de febrero de 1986 en La Haya, DO nº L 169 de 29 de junio de 1987, p. 1.

14 Tratado de la Unión Europea de 7 de febrero de 1992, DO nº C 191 de 29 de julio de 1992, p. 1.

15 A. Lucas-Schloetter, "Is there a concept of European Copyright Law? History, Evolution, Policies and Politics and the Acquis Communautaire" en: I. Stamatoudi - P. Torremans, *EU Copyright Law,* 2° Ed., Elgar, Cheltenham, 2021, n° s 1.19 – 1.24.

armonización de determinados aspectos de los derechos de autor y derechos afines a los derechos de autor en la sociedad de la información.[16] Precisamente esa directiva recoge lo siguiente en sus considerandos:

> "La existencia de un marco jurídico armonizado en materia de derechos de autor y de derechos afines a los derechos de autor fomentará, mediante un mayor grado de seguridad jurídica y el establecimiento de un nivel elevado de protección de la propiedad intelectual, un aumento de la inversión en actividades de creación e innovación [...]. Esta situación preservará el empleo e impulsará la creación de nuevos puestos de trabajo [...]. Toda armonización de los derechos de autor y derechos afines a los derechos de autor debe basarse en un elevado nivel de protección, dado que tales derechos son primordiales para la creación intelectual [...] Para que los autores y los intérpretes puedan continuar su labor creativa y artística, deben recibir una compensación adecuada por el uso de su obra, al igual que los productores, para poder financiar esta labor [...]. Es indispensable una protección jurídica adecuada de los derechos de propiedad intelectual para garantizar la disponibilidad de tal compensación y ofrecer la oportunidad de obtener un rendimiento satisfactorio de tal inversión [...]. Un sistema eficaz y riguroso de protección de los derechos de autor y derechos afines a los derechos de autor constituye uno de los instrumentos fundamentales para asegurar a la creación y a la producción cultural europea los recursos necesarios y para garantizar autonomía y dignidad a los creadores e intérpretes".[17]

Por su parte, el Tribunal de Justicia se ha referido reiteradamente a dichos considerandos en varias de sus sentencias.[18]

Por último, el Tratado de Lisboa por el que se modifican el Tratado de la Unión Europea y el Tratado constitutivo de

---

[16] DO n° L 167 de 22 de junio de 2001, p. 10.

[17] Considerandos 4,9, 10 y 11.

[18] Jurisprudencia reiterada del Tribunal desde la sentencia de 7 de diciembre de 2006, asunto C-306/05, *SGAE c. Rafael Hoteles*, párrafo 36, reproducida en numerosas sentencias, siendo la más reciente la de 13 de julio de 2023 en el asunto C-426/21, *Ocilion c. Seven.One et Puls 4*, párrafo 55.

la Comunidad Europea, firmado en Lisboa el 13 de diciembre de 2007, consagró la competencia de una Unión ampliada para proseguir la labor de armonización en este ámbito.[19] Al tiempo que vela por el buen funcionamiento del mercado interior, esta acción de la Unión debe tener en cuenta también los aspectos culturales, de conformidad con el artículo 167.4 del Tratado de Funcionamiento de la Unión Europea.

## II. ¿DÓNDE ESTAMOS?

### *1. La razón de ser de la Directiva 2019/790*

A principios de 2019, tanto el número —cerca de diez— como el impacto de las directivas aprobadas mostraban un grado de armonización considerable en materia de derechos de autor, sobre todo si tenemos en cuenta el ámbito de aplicación horizontal muy amplio de dos de ellas.[20]

No obstante, en el periodo más reciente, dominado por los deslumbrantes avances técnicos en el sector digital, pronto se hizo patente la necesidad de adaptar o complementar la regulación sobre derechos de autor.

---

19 DO nº C 306, de 17 de diciembre de 2007, p. 1; versión consolidada DO nº C 115 de 9 de mayo de 2008, p. 1.

20 Nos referimos aquí, por supuesto, a la Directiva 2001/29, de 22 de mayo de 2001, relativa a la armonización de determinados aspectos de los derechos de autor y derechos afines a los derechos de autor en la sociedad de la información, DO nº L 167, de 22 de junio de 2001, p. 10, pero también deberíamos referirnos aquí a la Directiva sobre derechos de alquiler y préstamo, adoptada en 1992, pero codificada de nuevo el 12 de diciembre de 2006 como Directiva 2006/115, DO nº L 376, de 27 de diciembre de 2006, p. 28, que contiene disposiciones muy generales sobre derechos afines.

A partir de una evaluación de impacto exhaustiva[21] paralela a la propuesta de la Comisión,[22] el legislador europeo decidió dotarse de un instrumento de armonización adicional en forma de una nueva Directiva 2019/790, de 17 de abril de 2019, sobre derechos de autor y derechos afines en el mercado único digital.[23] El tercer considerando de la directiva explica que "la rápida evolución tecnológica transforma sin cesar la manera en que se crean, producen, distribuyen y explotan las obras y otras prestaciones. Siguen surgiendo nuevos modelos de negocio y nuevos agentes. La legislación aplicable debe mantener un carácter estable frente a futuras innovaciones, de forma que no limite el desarrollo tecnológico. Los objetivos y los principios establecidos por el marco de la Unión en materia de derechos de autor continúan siendo sólidos. Con todo, persiste cierta inseguridad jurídica, tanto para los titulares de derechos como para los usuarios, en lo que se refiere a determinados usos, entre ellos los de carácter transfronterizo, de las obras y otras prestaciones en el entorno digital. Tal como se señaló en la Comunicación de la Comisión de 9 de diciembre de 2015 titulada «Hacia un marco moderno y más europeo de los derechos de autor», en algunos sectores es necesario adaptar y completar el actual marco de la Unión en materia de derechos de autor, manteniendo un elevado nivel de protección de los derechos de autor y derechos afines".

En aras de la exhaustividad, cabe señalar que este texto va acompañado de una directiva hermana, de alcance más limitado, adoptada en la misma fecha. Se trata de la Directiva 2019/789, que se centra en el ejercicio de los derechos de autor y derechos afines aplicables a determinadas transmisiones

---

21 Commission Staff Working Document de 14 de septiembre de 2016, SWD(2016) 301.

22 Propuesta de directiva de 14 de septiembre de 2016, COM(2016) 593.

23 DO n° L 130, de 17 de mayo de 2019, p. 92.

en línea realizadas por organismos de radiodifusión y a las retransmisiones de programas de radio y televisión.[24]

Las demás contribuciones de esta obra analizan en detalle las disposiciones de la Directiva 2019/790, mientras que yo me limitaré a presentar sus líneas fundamentales.

## 2. *La preocupación por la remuneración adecuada de autores y artistas*

La Directiva 2019/790 se caracteriza ante todo por la atención que presta desde diversos ángulos a la remuneración adecuada de quienes, con sus contribuciones individuales, proporcionan los contenidos necesarios para la realización de un mercado único digital. Esto está en consonancia con el principio de mantener un elevado nivel de protección de los derechos de autor y derechos afines, tal como se establece en los considerandos 2 y 3.

Prueba de ello es el artículo 15: al mismo tiempo que introduce un nuevo derecho afín a muy corto plazo para las editoriales de publicaciones de prensa en relación con la explotación en línea por los prestadores de servicios de la sociedad de la información, también exige que los autores de las obras incorporadas a estas publicaciones reciban una parte adecuada de los ingresos que las editoriales obtengan de ellas.

Esa misma preocupación por una remuneración adecuada subyace a la disposición altamente sofisticada del artículo 17. Con ello se pretende remediar la ruptura de la cadena de valor provocada por la puesta a disposición de obras por parte de los internautas en sitios contributivos, sin una retribución adecuada para los creadores. La diferencia de valor resultante debe reducirse mediante un doble enfoque.

---

[24] DO n° L 130, de 17 de mayo de 2019, p. 82.

El artículo 17 aboga por la responsabilidad directa del prestador de servicios para compartir contenidos en línea. Consagra el principio de que el prestador realiza un acto de comunicación al público o de puesta a disposición del público cuando da acceso a obras protegidas por derechos de autor u otras prestaciones protegidas cargadas por sus usuarios. "Por consiguiente", el prestador debe obtener la autorización de los titulares de derechos a que se refieren los apartados 1 y 2 del artículo 3 de la Directiva 2001/29/CE, por ejemplo, mediante la celebración de un acuerdo de licencia.

¿Qué ocurre si los titulares de derechos no han concedido ninguna autorización con arreglo al artículo 17.1? En este caso, la plataforma sigue estando obligada a realizar los "mayores esfuerzos" y "actuar de modo expeditivo" en el sentido del apartado 4. En caso de incumplir dichas obligaciones, la plataforma asumirá una responsabilidad secundaria frente a los titulares de derechos.

Por último, el capítulo 3, titulado "Remuneración equitativa de los autores y artistas intérpretes o ejecutantes en los contratos de explotación", constituye una prueba contundente de la voluntad de garantizar una remuneración adecuada a los creadores. De hecho, resulta llamativo que el ámbito de aplicación de este capítulo vaya más allá del entorno digital para el que fue concebida la propia directiva.[25] De esta forma, el capítulo abarca cualquier tipo de contrato de explotación en virtud del cual un creador licencia o cede un derecho exclusivo de explotación de su obra o prestación.

Para empezar, el artículo 18 se titula "Principio de remuneración adecuada y proporcionada". En virtud de dicha disposición, los Estados miembros están obligados a garantizar el

---

[25] El considerando 72 subraya la necesidad de la protección prevista en relación con los contratos de explotación "para poder gozar plenamente de los *derechos armonizados por el Derecho de la Unión*" en general.

derecho a una remuneración adecuada y proporcionada para aquellos autores y artistas intérpretes o ejecutantes que concedan licencias o cedan sus derechos exclusivos para la explotación de sus obras u otras prestaciones. Para la transposición de este principio a derecho interno, los Estados miembros "podrán utilizar diferentes mecanismos y tendrán en cuenta el principio de libertad contractual y el justo equilibrio entre derechos e intereses". Como es sabido, varios Estados han aprovechado esta redacción para introducir o confirmar a nivel interno sistemas de remuneración directa de autores y artistas en el caso de transmisiones a través de plataformas digitales.[26]

El capítulo 3 también obliga a los Estados miembros a establecer obligaciones de transparencia en los contratos, así como mecanismos de adaptación o incluso de revocación cuando la situación del mercado ponga de manifiesto un grave desequilibrio.

Es de celebrar que la legislación de la UE incorpore disposiciones de este tipo. Por un lado, cabe destacar las virtudes de un derecho de autor que, automáticamente, desde el momento de la creación de una obra, confiere una protección a largo plazo a los creadores. Pero al mismo tiempo, conviene ser conscientes del ries-

---

[26] Así ocurre en España, Alemania y Bélgica. *Vid.*, a este respecto, F. Gotzen, "L'approche belge de la rémunération directe des auteurs et des artistes dans les cas de transmissions par plateformes numériques", *RIDA* Avril 2023 n ° 276, p. 52-85. Para el caso español, *vid.* R. Bercovitz Rodríguez-Cano, *Comentarios a la Ley de Propiedad Intelectual*, Tecnos, Madrid, 4° ed., 2017, con las contribuciones de N. Pérez de Castro, "Artículo 90", p. 1317-1318 y 1325, y de R. Sánchez Aristi, "Artículo 108" p. 1597-1601, así como, con carácter más general, R. Xalabarder, "The remuneration of authors and performers", *RIDA*, abril de 2020, nº 264, p. 129 – 162. *Vid.*, para Alemania, S. von Lewinski, "The implementation of the Digital Single Market Directive of 2019 in Germany", *RIDA*, enero de 2022, n° 271, p. 86-87; M. Leistner, "The Implementation of Art.17 DSM Directive in Germany – A Primer with some Comparative Remarks". *GRUR Int.* 2022, p. 913-914.

go de que las ventajas de esa protección pasen rápidamente a manos de los explotadores a través de un juego ilimitado de contratos.

### 3. *Una mayor atención a los efectos transfronterizos*

Otro rasgo llamativo de la nueva directiva es la atención que presta a los efectos transfronterizos de los usos digitales que pretende regular.

El artículo 5 introduce una nueva excepción o limitación obligatoria para garantizar plena seguridad jurídica a los centros de enseñanza de cara al uso de obras u otras prestaciones protegidas en el marco de actividades pedagógicas digitales, en particular en línea y en situaciones transfronterizas.[27] El apartado 3 precisa que el uso únicamente a efectos de ilustración con fines educativos a través de entornos electrónicos seguros que se haga en cumplimiento de las disposiciones de derecho nacional únicamente tiene lugar en el Estado miembro en el que está establecido el centro de enseñanza.

Del mismo modo, el considerando 28 establece que, en el contexto de la excepción con fines de conservación prevista en el artículo 6, debe permitirse a las instituciones responsables del patrimonio cultural recurrir a terceros que actúen en su nombre y bajo su responsabilidad, incluidos terceros situados en otros Estados miembros, para la realización de copias.

Por su parte, el artículo 8 proporciona a las instituciones responsables del patrimonio cultural un marco claro para la digitalización y difusión, incluso transfronteriza, de obras no disponibles comercialmente y otras prestaciones protegidas. El artículo 9 obliga a garantizar que las licencias concedidas de conformidad con el artículo 8 puedan autorizar el uso de obras u otras prestaciones que están fuera del circuito comercial por una ins-

---

[27] Considerando 19 de la directiva.

titución responsable del patrimonio cultural en cualquier Estado miembro. Del mismo modo, se considerará que los usos de obras y otras prestaciones al amparo de la excepción o limitación prevista en el artículo 8.2 se producen únicamente en el Estado miembro en el que está establecida la institución responsable del patrimonio cultural que haga dicho uso.

## *4. Confirmación del valor de la gestión colectiva*

La Directiva 2014/26/UE relativa a la gestión colectiva de los derechos de autor y derechos afines y a la concesión de licencias multiterritoriales de derechos sobre obras musicales para su utilización en línea en el mercado interior había supuesto un cierto cambio de perspectiva por parte de las instancias europeas en relación con la actuación de las entidades de representación de autores y artistas en el ejercicio de sus derechos.[28] En paralelo a una regulación detallada de sus actividades, junto a una serie de medidas de control para evitar abusos, los considerandos 2 y 3 reconocen que "las entidades de gestión colectiva permiten que los titulares de derechos sean remunerados por usos que los propios titulares no podrían controlar o hacer respetar, en particular en mercados no nacionales. En virtud del artículo 167 del Tratado de Funcionamiento de la Unión Europea, la Unión debe tener en cuenta la diversidad cultural en sus actuaciones y contribuir al desarrollo de las culturas de los Estados miembros, respetando su diversidad nacional y regional y haciendo hincapié al mismo tiempo en la herencia cultural común. Las organizaciones de gestión colectiva desempeñan y deben seguir desempeñando un papel importante como promotoras de la diversidad de la expresión cultural, tanto al permitir a los repertorios de menor volumen y menos populares el acceso al mercado como mediante la prestación de servicios sociales, culturales y educativos en beneficio de sus titulares y del público".

---

28 DO n° L 84, de 20 de marzo de 2014, p. 72.

El artículo 12 de la Directiva 2019/790 confirma la importancia que el derecho de la UE atribuye a la acción colectiva en el ámbito de los derechos de autor. En concreto, confía a las entidades de gestión colectiva la labor de aplicar cualquier mecanismo de concesión de licencias con efecto ampliado que los Estados miembros decidan introducir en su legislación.[29]

## *5. Una nueva excepción orientada al futuro*

Por último, llama la atención que, con esta directiva y mucho antes del actual revuelo causado por las últimas técnicas de inteligencia artificial generativa (como los robots conversacionales o *chatbots*), la Unión Europea ya se hubiera propuesto regular una parte importante de los problemas asociados a este fenómeno.[30]

Uno de los principales problemas que plantean estas técnicas radica en la fase previa a su utilización. Para que un sistema de IA funcione, primero hay que alimentarlo con una gran cantidad de datos. Esta es precisamente la situación que la UE ya ha regulado bajo el epígrafe de "minería de textos y datos" en los artículos 3 y 4 de su directiva.

Estos artículos imponen nuevas excepciones para evitar bloqueos en aquellos casos en los que los textos o datos en cuestión estén amparados por derechos exclusivos de reproducción o extracción. El artículo 3, ya presente en la propuesta inicial de la Comisión, sigue siendo bastante prudente y se limita a abrir esa minería con fines de investigación por parte de organismos científicos o instituciones responsables del patrimonio

---

29 En relación con estas directivas, la Comisión publicó el 22 de noviembre de 2021 dos informes sobre la gestión colectiva y las licencias ampliadas. Se apoyan en dos estudios. *Vid.* https://digital-strategy.ec.europa.eu/en/library/reports-collective-management-and-extended-licensing.

30 I. Stamatoudi - P. Torremans, *EU Copyright Law*, 2ª ed., Elgar, Cheltenham, 2021, n° 17.135.

cultural. En cambio, el artículo 4 —fruto de las enmiendas del Parlamento Europeo debatidas y redactadas durante el triálogo institucional final— es mucho más audaz. Dicho precepto autoriza la minería con cualquier fin, incluso comercial, siempre que se refiera a obras o prestaciones accesibles de forma legítima. Sin embargo, esta libertad se contrarresta con la posibilidad de que los titulares de derechos se reserven el uso de sus obras o prestaciones protegidas de forma expresa y adecuada.

## III. ¿ADÓNDE VAMOS?

### *1. La necesidad de un enfoque global*

#### a. Por parte del legislador

A pesar del número y la importancia de los instrumentos de armonización en materia de derechos de autor, muchos autores siguen considerando que ese esfuerzo —encomiable— ha generado una cierta dispersión que a su vez ha provocado problemas de cohesión y algunas lagunas.

La aprobación en 2001 de una directiva que abordaba la cuestión de manera más horizontal[31] suscitó esperanzas de lograr una regulación europea más completa en materia de derechos de autor. Sin embargo, su transposición a las legislaciones nacionales puso de manifiesto divergencias considerables entre las distintas soluciones adoptadas en cada país, lo que subrayaba algunas insuficiencias de esta directiva.[32] Por ello, los juristas no han cesado

---

[31] Directiva 2001/29, de 22 de mayo de 2001, relativa a la armonización de determinados aspectos de los derechos de autor y derechos afines a los derechos de autor en la sociedad de la información, DO nº L 167 de 22 de junio de 2001, p. 10.

[32] F. Gotzen, "Le droit d'auteur en Europe : Quo vadis ? Quelques conclusions après la transposition de la directive d'harmonisation dans

de presentar propuestas de soluciones más uniformes y completas. Ejemplos de ello son las propuestas de 2006 del Instituto de Derecho de la Información de la Universidad de Ámsterdam[33] y el proyecto de 2010 para introducir un Código Europeo de Derechos de Autor elaborado por el Grupo Wittem.[34]

No parece que la Directiva 2019/790, aunque muy útil en determinados aspectos, ofrezca una respuesta integral a estas necesidades de una regulación europea más uniforme y general.[35]

De hecho, parece que el problema es doble. No basta con reflexionar sobre el contenido ideal de un derecho de autor europeo. La historia nos muestra que, independientemente de las virtudes del instrumento adoptado, existe el riesgo de que sus efectos se diluyan por su incorporación variable a los distintos contextos nacionales. Por tanto, antes de seguir construyendo Europa en este ámbito, deberíamos ponernos de acuerdo sobre un método que permita evitar esta constante labor de parcheo. Una observación general a este respecto se refiere a la elección del instrumento jurídico. En lugar de recurrir a una directiva, como casi siempre ha sido el caso en materia de

---

la société de l'information", *RIDA*, enero de 2007, n° 211, p. 2 - 89.

33 B. Hugenholtz e.a., *The recasting of Copyright and related Rights for the Knowledge Economy*, Study contract European Commission DG internal market study, Ámsterdam, 2006, https://www.ivir.nl/publicaties/download/IViR_Recast_Final_Report_2006.pdf.

34 https://www.ivir.nl/copyrightcode/european-copyright-code/#ftnref. *Vid.* Th. Dreier, "Das WITTEM-Projekt eines European Copyright Code", *Festschrift Loschelder*, Cologne, 2010, p. 47-60; J. Ginsburg, "European Copyright Code - Back to first principles (with some additional detail)", *Auteurs&Media* 2011, p. 5-21.

35 I. Stamatoudi - P. Torremans, *EU Copyright Law,* 2° ed., Elgar, Cheltenham, 2021, n° s 17.03. y 30.04. Cfr. el mensaje enviado por ECS al Comisario Breton sobre la agenda futura en materia de derechos de autor https://europeancopyrightsocietydotorg.files.wordpress.com/2023/04/ecs-letter-to-commissioner-breton-april-2023.pdf.

derechos de autor,[36] sería mejor optar por un reglamento.[37] La ventaja es que puede aplicarse directa y uniformemente en toda la Unión Europea, sin necesidad de transposiciones potencialmente divergentes en las 27 legislaciones nacionales. Según el Tratado de Funcionamiento de la Unión Europea, este acto jurídico está destinado, por su propia definición, a tener un efecto directo pleno y completo. No en vano, el artículo 288 del Tratado establece que "el reglamento tendrá un alcance general. Será obligatorio en todos sus elementos y directamente aplicable en cada Estado miembro".[38]

En cuanto a la técnica del reglamento, desde el Tratado de Lisboa existe una disposición que permite combinar las virtudes de una regulación vinculante y uniforme en cuanto a la forma con un enfoque global en cuanto al contenido. Se trata del artículo 118 del TFUE, que dispone que "en el ámbito del establecimiento o del funcionamiento del mercado interior, el Parlamento Europeo y el Consejo establecerán, con arreglo al procedimiento legislativo ordinario, las medidas relativas a la creación de títulos europeos para garantizar una protección

---

36 A excepción de dos textos que datan del mismo año, 2017. Se trata del Reglamento n.º 2017/1128 relativo a la portabilidad transfronteriza de los servicios de contenidos en línea en el mercado interior, DO nº L 168 de 30 de junio de 2017 y del Reglamento nº 2017/1563 sobre el intercambio transfronterizo entre la Unión y terceros países de ejemplares en formato accesible de determinadas obras y otras prestaciones protegidas por derechos de autor y derechos afines en favor de personas ciegas, con discapacidad visual o con otras dificultades para acceder a textos impresos. DO n° L 241 de 20 de septiembre de 2017.

37 F. Gotzen, "Comment mieux harmoniser ou unifier le droit d'auteur dans l'Union européenne ?", *RIDA*, abril de 2017, n° 252, p. 4 -43.

38 En su Comunicación de 13 de octubre de 2022 titulada " Hacer cumplir el Derecho de la UE para una Europa que ofrezca resultados", COM(2022) 518, la Comisión señala en la p. 33 que "con el tiempo, el número de nuevas directivas ha disminuido, mientras que se recurre cada vez más a reglamentos como instrumento legislativo".

uniforme de los derechos de propiedad intelectual e industrial en la Unión y al establecimiento de regímenes de autorización, coordinación y control centralizados a escala de la Unión". Esta disposición ofrece la posibilidad de reunir en un conjunto coherente y sistemático varios textos dispersos en distintas directivas, colmando así las lagunas del sistema.

### b. Por parte del Tribunal

Mientras el legislador europeo no consiga presentar una solución uniforme y vinculante, seguirá siendo necesario recurrir a esa otra fuente del derecho que es la jurisprudencia para aclarar las incertidumbres y colmar algunas lagunas.

Por supuesto, tal y como prevé el Tratado, el encargado de esta tarea será el Tribunal de Justicia, principalmente a través del procedimiento de interpretación previsto específicamente en el artículo 267 TFUE.

Hasta ahora, el Tribunal ha plasmado esta tarea en una serie histórica de sentencias.[39] En varias de ellas, el Tribunal no duda en recurrir a interpretaciones que le permiten construir un sistema coherente, ampliando al mismo tiempo el alcance de sus decisiones. Este ha sido el caso, por ejemplo, de su doctrina sobre los "conceptos autónomos".[40]

---

39 F. Gotzen, "Le rôle de la Cour de Justice comme moteur de l'unification du droit d'auteur dans l'Union Européenne", *Urheberrecht ! Festschrift für Michel Walter*, Verlag Medien und Recht, Viena, 2018, p. 38-49.

40 F. Gotzen, "Los 'conceptos autónomos' en la jurisprudencia del Tribunal de Justicia de la Unión Europea sobre Derechos de autor", en: P. Cámara Águila & I. Garrote Fernández-Díez, L*a Unificación del derecho de propiedad intelectual en la Unión Europea,* Tirant lo Blanch, Valencia, 2019, p. 27-46; F. Gotzen, Les "notions autonomes" dans la jurisprudence de la Cour de Justice de l'Union Européenne relative au droit d'auteur – "Autonomous concepts in the case law of

También ha seguido el principio de que aquellos conceptos idénticos que figuran en diferentes directivas deben interpretarse de la misma manera.[41] A su vez, su razonamiento siempre se apoya en la interpretación construida progresivamente a la luz de una combinación de varios textos.[42] Estos dos elementos le han permitido establecer vínculos comunes entre diferentes directivas.

Por supuesto, el Tribunal no puede resolver todos los problemas de golpe. Debe hacerlo caso por caso, a través de una cuestión prejudicial planteada por un órgano jurisdiccional nacional sobre un problema concreto. Por lo tanto, su enfoque será necesariamente más parcial y lento que el del legislador.

## 2. *La necesidad de tener en cuenta la dimensión personal de los derechos de autor*

### a. Los derechos morales

Cuanto más amplio sea el proyecto europeo, más profundo deberá ser también. En materia de derechos de autor, esto significa que no podemos perder de vista su objetivo primordial, que es la protección de los creadores que sustentan toda nuestra economía cultural.

---

the Court of Justice of the European Union on Copyright", Revue Internationale du Droit d'auteur 2020, N° 263, p. 75-88.

41 TJUE, 4 de octubre de 2011, C-403/08 y C-429/08, *Premier League,* párrafos 177-188; TJUE, 31 de mayo de 2016, C-117/15, *Reha/GEMA,* párrafos 28 y 32-34; TJUE, 8 de septiembre de 2016, C-160/15, *GS Media/Sanoma,* párrafo 33; TJUE, 2 de abril de 2020, C-753/18, *Stim-SAMI/Fleetmanager,* párrafos 26-28.

42 TJUE, 30 de junio de 2011, C-271/10, *VEWA/Belgische Staat,* párrafo 27; TJUE, 13 de octubre de 2011, C-431/09 y C-432/09, *Airfield,* párrafo 44; TJUE, 16 de febrero de 2017, C-641/15, *Verwertungsgesellschaft Rundfunk/Hetteger Hotel Edelweiss,* párrafo 19.

Desde esta perspectiva, la ausencia de disposiciones europeas que garanticen los derechos morales de los autores y artistas constituye una carencia notable.

Es lógico que en un momento inicial la armonización de los derechos de autor se limitara a regular los derechos económicos sin abordar los derechos morales. En esa primera fase de la integración europea, el objetivo era crear un mercado común esencialmente económico.[43] Hoy, en una Unión Europea con competencias mucho más ambiciosas, conviene ampliar la perspectiva. Cualquier sistema de derechos de autor sin su componente de derechos morales es necesariamente incompleto.[44]

Por supuesto, armonizar este aspecto entraña peligros. Eso explica cierta resistencia a embarcarse en lo que se consideraba una aventura peligrosa para los derechos de autor. Pero, por otra parte, el artículo 6 bis del Convenio de Berna marca el camino a seguir. La ausencia en la legislación de la UE de una disposición específica sobre los derechos morales corre el riesgo de sesgar demasiado la interpretación y aplicación de los derechos patrimoniales. En realidad, es su dimensión moral y personalista la que permite a los derechos de autor conservar su alma.

---

43 Así, por ejemplo, en el *Libro Verde sobre los derechos de autor y el desafío tecnológico,* COM (88) 172 final, Bruselas, junio de 1988, nº s 1.4.9., la Comisión seguía considerando que "la divergencia de los enfoques nacionales en materia de derechos morales de autor no conduce generalmente a situaciones que requieran la intervención del legislador comunitario", ya que estas "disparidades no tienen repercusiones significativas en el funcionamiento del mercado interior ni en la competitividad económica de la Comunidad".

44 W. Grosheide, "Moral rights" en E. Derclaye, *Research Handbook on the Future of EU Copyright,* Cheltenham, 2009, 265; I. Kikkis, "Moral Rights" en T. Synodinou, *Codification of European Copyright law,* 2012, p. 233-239; M.C. Janssens, "Invitation for a 'Europeanification' of moral rights" en P. Torremans, *Research Handbook on Copyright Law,* 2017, p. 200-233.

### b. El riesgo de despersonalizar la creación bajo la tormenta de la AI

La preocupación por preservar la dimensión individual de un derecho de autor centrado en la persona adquiere un cariz urgente bajo la presión del tema de moda: la Inteligencia Artificial. A menudo se invocan los derechos de autor para proteger los impresionantes resultados obtenidos mediante la utilización de sistemas técnicos.

El planteamiento sigue teniendo cabida dentro del marco tradicional siempre y cuando el sistema automatizado utilizado por un autor se plantee como una herramienta creativa auxiliar, por muy sofisticada que sea. Sin embargo, ciertas técnicas recientes permiten elaborar automáticamente productos que se asemejan a obras, sin que sea posible identificar a un ser humano en la concepción de su forma concreta. Esta situación es cada vez más frecuente con la llegada de la inteligencia artificial generativa, como Chat GPT y otros sistemas similares. La dificultad de asignar los derechos de autor en estos casos a una persona humana ha llevado a algunos a defender el reconocimiento de la propia máquina como titular original de los derechos de autor.

Sin embargo, reconocer como autor a una entidad no humana supondría olvidar que los derechos de autor no son propiedad industrial. Es decir, supondría despreciar el sistema del Convenio de Berna que, afortunadamente, constituye un baluarte internacional para frenar esta corriente de pensamiento. Este Convenio, sin afirmarlo en forma de disposición general,[45] se basa en sus diversos artículos en el principio del autor considerado como ser humano. Una máquina o un sistema técnico

---

45 Sin embargo, el caso especial de las colecciones en el artículo 2, apartado 5, da al Convenio la oportunidad de especificar que "las colecciones de obras literarias o artísticas tales como las enciclopedias y antologías que, por la selección o disposición de las materias, constituyan creaciones intelectuales estarán protegidas como tales".

no pueden ejercer los derechos que confiere este Convenio; difícilmente podrían invocar los derechos de paternidad e integridad garantizados por el artículo 6 bis. Además, un derecho cuyo plazo de protección depende de la muerte de un autor no podría aplicarse a una máquina o a un sistema técnico.

Sería deseable que los proyectos legislativos de la UE en materia de Inteligencia Artificial aprovecharan la ocasión para reafirmar claramente su adhesión al principio humanista del Convenio de Berna. Esto encajaría bien con el enfoque adoptado por el Tribunal de Justicia, que exige originalidad para interpretar el concepto de "obra", algo que ya está presente en varias directivas de la UE. Según el Tribunal, para que un objeto se considere original, es necesario que "refleje la personalidad de su autor", manifestando las decisiones libres y creativas de este.[46] Eso es algo que no puede predicarse de una máquina o un sistema.

---

46 Jurisprudencia reiterada del Tribunal de Justicia desde la sentencia de 16 de julio de 2000 en el asunto C-5/08, *Infopaq/Danske Dagblades Forening*, párrafos 32-39 y 45, reproducida en numerosas sentencias, siendo la más reciente la de 27 de abril de 2023, asunto C-628/21, *TB/Castorama*, párrafo 50.

# *Capítulo 2*
# *Los dos límites (el obligatorio y el optativo) de minería de textos y datos*

**GEMMA MINERO ALEJANDRE**
*Profesora Contratada Doctora de Derecho Civil (acreditada a TU)*
*Universidad Autónoma de Madrid*

## I. INTRODUCCIÓN A LA MATERIA OBJETO DE ESTUDIO: CONCEPTO DE MINERÍA DE TEXTOS Y DATOS Y ALGUNOS PASOS DADOS ANTES DE LA DIRECTIVA 2019/790

Sin perjuicio de la definición del concepto de minería de textos y datos que se contiene en este trabajo y que se estudiará más adelante, conviene abrir este estudio haciendo referencia a la relevancia que las técnicas de minería tienen en la actualidad. Importancia que, con toda probabilidad, será creciente en el futuro cercano.

Ello porque, entre otras razones, el éxito de herramientas de inteligencia artificial de consumo generalizado como *ChatGPT*, pero también proyectos de la llamada inteligencia artificial generativa como *Memories of Passersby I*, por no hablar de prácticamente cualquier sistema de *deepfake* para la creación de imágenes, vídeos o audios con contenidos modificados, requieren de una labor previa de minería de datos, muchas veces ciertamente compleja, y de la configuración de una base de datos asociada al algoritmo, más o menos voluminosa, en función de los casos.[1] Asimismo, la creación y el entrenamiento de modelos de lenguaje en diferentes idiomas, empleados por diversas herramientas de inteligencia artificial, necesitan también de una dilatada labor previa de minería de textos, de la que obtener patrones repetitivos que puedan ser empleados posteriormente. Ello por no hablar del empleo de minería de textos y datos por parte de empresas como Amazon para optimizar sus métodos de producción, sus cadenas de suministro y la determinación de precios, gracias a modelos predictivos creados con el análisis de cantidades masivas de datos. En realidad, cualquier herramienta de *machine learning* necesita de la minería, pues permite que las máquinas aprendan sin ser programadas a partir del procesamiento de datos, con los que pueden identificar patrones para hacer predicciones sobre las consecuencias del comportamiento de la máquina.[2] Finalmente,

---

1 La discusión sobre la posibilidad de proteger los resultados obtenidos por el uso de estas herramientas de inteligencia artificial dependerá del papel que haya jugado el ser humano en la obtención de dichos resultados, siendo exigible, en todo caso, una autoría humana para poder otorgar derechos de autor. Con todo, el objeto de este capítulo es el estudio de la excepción global de minería de textos y datos, y no así el empleo de técnicas de minería en la industria de la inteligencia artificial. Dado que la mayoría de proyectos de este tipo carecen de una finalidad de investigación científica, les serán aplicables las conclusiones a las que se llega en el epígrafe II.3 de este trabajo. Nótese que el texto de la Directiva 2019/790 no hace referencia a ninguno de estos ejemplos, ni tan siquiera menciona el concepto de inteligencia artificial, porque en las fechas en las que se negoció el texto normativo seguramente era impensable la relevancia que ésta iba a adquirir apenas un lustro después y la aplicación que la minería de textos y datos tendría para el progreso de la inteligencia artificial.

2 Sobre la relación entre la minería de textos y datos y el progreso de la inteligencia artificial, el *machine learning* y el *Big Data,* nos remitimos a VICENTE DOMINGO, E., "La confusa trasposición del límite de la minería de textos y datos en el ordenamiento español y la proyecta-

la aplicación de las técnicas de minería tiene resultados especialmente notables y loables en materia de investigación científica.

Como se expondrá más adelante, aun cuando en el proceso de volcado de obras y prestaciones protegidas a un sistema informático para realizar las acciones de minería los elementos en los que esos contenidos se descomponen puedan tener una extensión muy reducida -casi ínfima, en muchos casos-, en el previo trasvase de esas obras o prestaciones al formato digital más apropiado para el posterior minado sí se llevan a cabo reproducciones de la totalidad o de partes sustanciales de las obras o prestaciones.[3] Además, en muchas ocasiones, los contenidos manejados son conservados a efectos de comprobar las fuentes empleadas y contrastar los resultados obtenidos, sobre todo en el ámbito de la investigación.

El legislador europeo optó por regular una excepción al derecho de reproducción de los titulares de derechos de autor y de los titulares de algunos derechos afines, con el objetivo de conseguir que la viabilidad de la minería no dependa única-

---

da reforma de la «Copyright and Patent Act» 1988", *Revista Aranzadi de Derecho y Nuevas Tecnologías*, 2023, N. 61, pp. 8 y ss; y EUROPEAN COPYRIGHT SOCIETY, «Comment of the European Copyright Society Addressing Selected Aspects of the Implementation of Articles 3 to 7 of Directive (EU) 2019/790 on Copyright in the Digital Single Market», p. 10 [en línea], (2022), <https://europeancopyrightsocietydotorg.files.wordpress.com/2022/05/ecs_exceptions_final-3.pdf>. [Consulta: 12/12/2023.].

3 La fase de pre-procesado implica, por tanto, una reproducción o, en el caso de las bases de datos, una extracción de sus contenidos. En contra de que el proceso de minería de datos suponga una reproducción de obras y prestaciones protegidas se han pronunciado MARGONI, T. y KRETSCHMER, M., "A Deeper Look into the EU Text and Data Mining Exceptions: Harmonisation, Data Ownership, and the Future of Technology", *GRUR International*, Vol. 71, Issue 8, 2022, 685-701; y SAG, M., "The New Legal Landscape for Text Mining and Machine Learning", *Journal of the Copyright Society of the USA*, Vol. 66, 2020, 291.

mente de las licencias que dichos titulares puedan o no conceder. La afectación del resto de derechos patrimoniales y, en particular, del de transformación y del derecho de comunicación pública es mucho más reducida, porque los resultados de la minería suelen presentarse en formas muy diferentes a los contenidos originariamente empleados, lo que hace que rara vez se afecte este derecho en fases posteriores al propio minado, pues es poco frecuente que se incurra en una comunicación al público de obras derivadas.[4] Por su parte, el derecho de distribución, dado su componente físico, apenas tiene cabida.

A nivel europeo, los límites o excepciones a la minería de textos y datos se regulan por primera vez en la Directiva 2019/790, sobre derechos de autor y derechos afines en el mercado único digital -en adelante, DMUD-.[5] En sus artículos 3 y 4 se prevén dos límites, con finalidades y características muy diferentes. El primero permite la minería de textos y datos únicamente con fines de investigación científica. El segundo, por el contrario, prevé una excepción general de minería de textos y datos, que

---

4 Sin embargo, resulta criticable que la redacción dada al artículo 3 de la Directiva 2019/790 no permita abarcar actos de transformación como puede ser la adaptación de contenidos a un formato leíble por la máquina o la comunicación de los resultados de la minería entre organismos de investigación que sean beneficiarios de la excepción, cuando ello se hace con fines de investigación científica. Nótese que, en el ámbito de la minería con fines comerciales, la mención que el artículo 4 DMUD hace del «artículo 4, apartado 1, letras a) y b), de la Directiva 2009/24/CE» sí permite englobar algunos de estos actos En este sentido, también se ha pronunciado la EUROPEAN COPYRIGHT SOCIETY, «Comment of the European Copyright Society Addressing Selected Aspects of the Implementation of Articles 3 to 7 of Directive (EU) 2019/790 on Copyright in the Digital Single Market», *op. cit.*, pp. 15-16.

5 Directiva (UE) 2019/790 del Parlamento Europeo y del Consejo, de 17 de abril de 2019, sobre los derechos de autor y derechos afines en el mercado único digital y por la que se modifican las Directivas 96/9/CE y 2001/29/CE *(TOL 7.219.009)*.

incluye la realización de actividades con fines onerosos o comerciales diferentes a la investigación científica. Esta segunda norma permite a los titulares de derechos excluir la aplicación de este límite con respecto de sus obras o prestaciones protegidas cuando el fin perseguido con la minería no sea la investigación científica. El legislador europeo hizo una ponderación de los intereses y derechos en juego, dando preferencia a la garantía del interés público de creación de productos a base de minado de otros previos cuando estos se desarrollen en el ámbito de la investigación, lo que dará pie a una mayor salvaguarda de las libertades fundamentales de expresión e información, pero dejando en manos de los titulares de derechos de propiedad intelectual la decisión sobre la autorización de la minería de sus obras y prestaciones protegidos cuando se persigan objetivos diferentes a la estricta investigación científica.[6]

Estos preceptos van seguidos de otras dos disposiciones en las que se regulan los límites para la utilización de obras y otras prestaciones en actividades pedagógicas digitales y transfronterizas (artículo 5) y para la conservación del patrimonio cultural (artículo 6). Por su parte, el artículo 7.1 DMUD prevé el carácter imperativo de los límites regulados en los artículos 3, 5 y 6[7] y, en consecuencia, declara nula de pleno derecho toda disposición contractual que anule o limite la aplicación de alguno de estos lí-

6 Para un estudio generalista de ambos preceptos, véase VICENTE DOMINGO, E. y RODRIGUEZ CACHÓN, T., *Minería de textos y datos como (nuevo) límite al Derecho de autor,* Editorial Reus, Madrid, 2021.

7 El legislador europeo sigue con ello la advertencia que buena parte de la doctrina había señalado, especialmente relevante en materia de uso de obras en internet, que, por definición, tiene un campo de aplicación mayor que el territorio nacional. Por todos, CARRE, S., GEIGER, C. *et all,* "Response of the CEIPI to the Public Consultation of the European Commission on the Review of the European Union Copyright Rules", *CEIPI Research Paper,* N. 2014-01, 6, [en línea], <https://ssrn.com/abstract=2971029>. [Consulta: 12/12/2023.]

mites. Nótese que el artículo 4 no entra dentro del campo de aplicación de esta regla, toda vez que este segundo tipo de minería de datos tiene una naturaleza dispositiva para el titular de derechos de autor o afines, que podrá decidir no aplicar esta excepción a la explotación que haga de su obra o prestación protegida.[8]

La postura adoptada por el legislador europeo al regular de forma obligatoria para los Estados miembros estos tres límites -la minería con fines de investigación, el uso en actividades pedagógicas digitales y transfronterizas y la conservación del patrimonio cultural- podría lograr un nivel relevante de armonización sobre la materia y dista mucho de parecerse a la postura laxa que caracterizó a la Directiva 2001/29, sobre derechos de autor en la sociedad de la información, y que se mantuvo hasta la aprobación de la DMUD.[9]

---

8 Sin embargo, de la literalidad del art. 4 DMUD, sí puede inferirse que la transposición de esta norma es imperativa para los legisladores nacionales de los Estados miembros. Cosa distinta es la decisión que tomen luego los titulares de derechos sobre permitir o no este tipo de minería. Así lo defiende GARROTE FERNÁNDEZ-DÍEZ, I., “La transposición al ordenamiento español de la Directiva 2019/790, de derechos de autor y derechos afines en el Mercado Único Digital”, *LA LEY Unión Europea*, Nº 116, Julio 2023, 5.

9 Directiva 2001/29/CE del Parlamento Europeo y del Consejo, de 22 de mayo de 2001, relativa a la armonización de determinados aspectos de los derechos de autor y derechos afines a los derechos de autor en la sociedad de la información *(TOL 51.982)*. De acuerdo con el artículo 5 de esta Directiva, solamente el límite de reproducciones provisionales es imperativo para los legisladores nacionales, por contraposición con el resto de límites, que son de implementación potestativa. La DMUD marca, por tanto, un importante cambio de tendencia, un viraje de la transposición meramente voluntaria de la regulación europea de los límites a la obligatoria implementación de los límites contenidos en la DMUD por los legisladores nacionales. Con ello se busca superar los aspectos negativos que la falta de una verdadera tarea armonizadora europea había producido. Sobre esta cuestión, nos remitimos a GARROTE FERNÁNDEZ-DÍEZ, I., *op. cit.*, 5.

Nótese que en el artículo 25 DMUD permite a los legisladores nacionales de los Estados miembros adoptar (o mantener en vigor) disposiciones más amplias que los límites regulados en la DMUD, siempre que sean compatibles con las excepciones y limitaciones establecidas en las Directiva 2001/29 y 96/9. Regla esta última que permitirá a aquellos legisladores nacionales que ya tuvieran en sus legislaciones internas prevista una norma que permita la minería mantener este precepto en aquellos supuestos en los que su campo de aplicación sea igual o más amplio que el configurado por los artículos 3 y 4 DMUD.[10] Debe destacarse, por tanto, el potencial -e importante- grado de falta de uniformidad que el artículo 25 DMUD puede irrogar, sobre todo en atención a las diferencias entre normativas nacionales que existían antes de la aprobación de la Directiva. De ahí que los artículos 3 y 4 DMUD puedan, incluso, considerarse una mera armonización de mínimos en este punto.[11]

Ello se acompaña de dos declaraciones de principios, contenidas en el artículo 7.2 DMUD. La primera: la obligada aplicación de la regla de los tres pasos en la implementación de todos los límites previstos en los artículos 3 a 6 de la DMUD –límites que, por tanto, únicamente podrán aplicarse en los casos concretos regulados en esta norma, sin cabida de la figura de la analogía, y siempre que no entren en conflicto con la explotación normal de la obra o prestación protegida y que no perjudiquen injustificadamente los intereses legítimos del titular del derecho

---

10 Sobre las peculiaridades de las regulaciones nacionales de la minería que pudieran existir antes de la aprobación de la DMUD volveremos más adelante. Nótese que este precepto permite ampliar, pero no reducir, el campo de aplicación de los límites regulados en la DMUD.

11 Especialmente crítico se ha mostrado GARCÍA VIDAL, A., "Propiedad intelectual y minería de textos y datos: estudio de los artículos 3 y 4 de la Directiva (UE) 2019/790", *Actas de Derecho Industrial y Derecho de Autor*, Vol. 40 (2019-2020), 112.

de autor o afín-.[12] La segunda: la exigencia de que la aplicación de medidas tecnológicas por parte de los titulares de derechos case con el ejercicio de los límites o excepciones, permitiendo el disfrute de la obra o prestación protegida, en la medida y con las condiciones reguladas por el concreto límite o excepción, siempre y cuando el beneficiario del límite o excepción tenga legalmente acceso a la obra o prestación protegida.[13] Como complemento de esta última regla, el considerando 16 DMUD contempla la posibilidad de que los titulares de derechos apliquen medidas tecnológicas de protección cuando exista riesgo de que la seguridad e integridad de sus redes o bases de datos pueda verse comprometida -cosa que puede suceder, por ejemplo, cuando el número de solicitudes de acceso y descarga de contenidos sea muy elevado-, pero dichas medidas habrán de ser proporcionadas y no exceder de lo necesario para alcanzar el objetivo de garantizar la seguridad e integridad, sin que en ningún caso se menoscabe la aplicación efectiva del límite de la minería.[14]

---

12 Téngase en cuenta que esta norma exige la aplicación de la regla de los tres pasos, incluso, a supuestos de minería de textos y datos con fines comerciales, esto es, a la excepción de minería regulada en el artículo 4 DMUD. Regla que se aplicará únicamente en aquellos supuestos en los que el titular de derechos de autor y afines no haya decidido excluir la aplicación de esta excepción a sus obras o prestaciones protegidas.

13 Esta última regla no se aplica a obras o prestaciones que se hayan puesto a disposición del público de tal forma que personas concretas del público puedan acceder a ellas desde un lugar y en un momento que ellas mismas elijan, en cuyo caso el párrafo cuarto del artículo 6.4 de la Directiva 2001/29 prevé que habrá de estarse a lo convenido por contrato. Este precepto se aplica *mutatis mutandis* a programas de ordenador y bases de datos, de acuerdo con la referencia contenida en el artículo 6.4 *in fine* de la Directiva 2001/29.

14 Entre los ejemplos de medidas tecnológicas que pueden ser implantadas, el considerando 16 DMUD se refiere expresamente a "medidas para garantizar que solo puedan acceder las personas que tengan un acceso lícito a sus datos, también mediante la validación de la dirección IP o la autentificación de los usuarios". Coincidimos

Dado que en este punto el artículo 7.2 DMUD remite al artículo 6.4 de la Directiva 2001/29, deben traerse a colación las duras críticas que este último precepto ha recibido. Ninguno de los dos preceptos proporciona un nivel de seguridad jurídica suficiente para los beneficiarios de las excepciones o límites. Si bien el artículo 6.4 de la Directiva 2001/29 crea una obligación de proporcionar los medios para ejercer las excepciones que puedan ser aplicables al caso, se trata de una obligación que únicamente se coloca sobre los hombros de los titulares de derechos de autor y afines, sin proporcionar a los usuarios que puedan ser beneficiarios de dichas excepciones ninguna herramienta -más allá de la posibilidad de dirigirse a los titulares de derechos para exigirles el levantamiento de la medida tecnológica con el fin de ejercitar la excepción o límite correspondiente-. Ello conduce a que, en la práctica, algunos usuarios intenten llevar a cabo por sí mismos actos de elusión de las medidas tecnológicas, cuando entienden que disponen de medios suficientes para ello. Sin embargo, dicha elusión, por mucho que tenga como finalidad última el ejercicio de una excepción, no deja de ser *per se* un acto de infracción de la tutela que la normativa de propiedad intelectual otorga al titular de derechos que implanta la medida tecnológica, lo que

---

con GONZÁLEZ OTERO acerca de la efectividad que esta declaración de intenciones -muy loable, en abstracto- pueda tener en la práctica. El concepto de uso razonable de las medidas tecnológicas de protección es un concepto jurídico indeterminado, que habrá de valorarse caso por caso y cuya referencia *per se* no ofrece seguridad jurídica a quienes pretendan hacer uso de la excepción de minería. Medidas tecnológicas sencillas y de uso generalizado como la inclusión de metadatos del tipo *robots.txt* tienen una eficacia cuestionable en la práctica. GONZÁLEZ OTERO, B., “Las excepciones de minería de textos y datos más allá de los derechos de autor: la ordenación privada contraataca”, en *Propiedad intelectual y mercado único digital europeo,* Tirant Lo Blanch, Valencia, 2019, pp. 98-99.

acarreará la correspondiente responsabilidad en caso de que el titular emprenda acciones legales.[15]

Por estas razones, es criticable que el legislador de 2019, en vez de remitir al artículo 6.4 de la Directiva 2001/29, no haya clarificado en el propio texto de la DMUD que ninguna medida tecnológica de protección podrá reducir el campo de aplicación de las excepciones reguladas en esta Directiva, reforzando, con ello, la referencia contenida en el 3.2 DMUD -referido a las medidas que se implementan para garantizar la seguridad e integridad de las redes y bases de datos en que estén almacenadas las obras u otras prestaciones-, que expresa "[d]ichas medidas no irán más allá de lo necesario para lograr ese objetivo".

Antes de adentrarnos en las especificidades de cada uno de los límites de minería de textos y datos, en la transposición realizada por España y en las iniciativas acometidas fuera de la Unión Europea para regular o tratar esta cuestión, es necesario detenernos en el propio concepto de minería de textos y datos.[16] El artículo 2.2 DMUD define este concepto como sigue: "toda técnica analítica automatizada destinada a analizar textos y datos en formato digital a fin de generar información que incluye, sin carácter exhaustivo, pautas, tendencias o correlaciones". Por su parte, el considerando octavo de la Directiva refuerza esta idea, al afirmar: "La minería de textos y datos posibilita el tratamiento de grandes cantidades de información

---

15 Véase GUIBAULT, L. *et all:* «Study on the Implementation and Effect in Member States' Law of Directive 2001/29/EC on the Harmonisation of Certain Aspects of Copyright and Related Rights in the Information Society. Informe preparado para la Comisión Europea, Dirección General del Mercado Interior, pp. 102 y ss» [en línea], (2007), <https://papers.ssrn.com/sol3/papers.cfm?abstract_id=2006358>. [Consulta: 12/12/2023].

16 Técnica conocida en términos más populares como "gran análisis de datos" o "Big Data". En este sentido, GONZÁLEZ OTERO, B., *op. cit.,* 78.

con el fin de adquirir nuevos conocimientos y descubrir nuevas tendencias". En la actualidad, la minería se ha convertido en una herramienta básica en labores de investigación, pero también en otras muchas facetas empresariales.[17]

El éxito de la minería pasa por la aplicación del análisis matemático para deducir patrones y tendencias que existen en un volumen considerable de datos, cosa que se lleva a cabo sin intervención humana directa, sino de forma automatizada, es decir, mediante técnicas de computación.[18] La intervención humana se limita a la determinación de los parámetros que los algoritmos deben identificar en el material objeto de la minería y a las decisiones relativas al posterior uso de la nueva información generada con la minería. Para que la minería sea posible es necesario que los contenidos que vayan a ser minados tengan formato digital. Ello excluye los contenidos en formato analógico si previamente no se ha procedido a su digitalización.

En sí, la minería no busca el disfrute de la totalidad de un texto, como sucede con las tradicionales formas de explotación de obras literarias. Lo mismo sucede con obras que tengan un contenido diferente al literario. Lo que se persigue con la minería es el análisis global de un volumen elevado de textos -o de imágenes u otros contenidos- para identificar palabras, números, contenidos, que permitan contrastar, confrontar e identificar dichos textos, creando tanto herramientas de búsqueda de estos como deducciones de tendencias, de puntos comunes, y desarrollo de estadísticas. De ahí que se haya defendido que, en sentido estricto, aunque las técnicas de minería puedan em-

---

17 Véase STAMATOUDI, I. y TORREMANS, P., "The Digital Single Market Directive", en *EU Copyright Law. A Commentary,* Edward Elgar, Cheltenham, 2021, p. 682.

18 Véase JIMÉNEZ SERRANÍA, V., "Datos, minería e innovación: qvo vadis, Europa? Análisis sobre las nuevas excepciones para la minería de textos y datos", *Cuadernos de Derecho Transnacional,* 2020, Vol. 12(1), 249-250.

plear, en algunos casos, obras y prestaciones protegidas, lo hacen no de forma directa o completa -en el sentido tradicional del disfrute de la originalidad o explotación de obras y prestaciones-, sino de manera meramente incidental, esto es, para extraer la información contenida en esas obras o prestaciones -y, en algunos casos, identificativa de dichas obras o prestaciones-.[19] Sin embargo, el difícil encuadre de cualquier tipo de

---

19 Información que, por mucho que se contenga en obras, en ningún caso goza de protección por el derecho de autor. De ahí que el conflicto entre los derechos de propiedad intelectual y la minería no deje de ser ciertamente paradójico. Sobre este punto, véase RICKETSON, S. y GINSBURG, J., *International Copyright and Neighbouring Rights,* Oxford University Press, Oxford, 2010, 407; MARGONI, T. y KRETSCHMER, M., "A Deeper Look into the EU Text and Data Mining Exceptions: Harmonisation, Data Ownership, and the Future of Technology", *GRUR International,* 71(8), 2022, 700; y GARCÍA VIDAL, A., *op. cit.,* 105. Esta idea está presente en la sentencia del Tribunal de Justicia de la Unión Europea (Gran Sala) de 2 de mayo de 2012, asunto C-406/10, *SAS Institute Inc. contra World Programming Ltd,* ECLI:EU:C:2012:259 *(TOL 2.517.383),* en la que se afirma "las palabras clave, la sintaxis, los comandos y combinaciones de comandos, las opciones, los valores por defecto y las iteraciones están compuestos por palabras, cifras o conceptos matemáticos que, considerados aisladamente, no constituyen, en cuanto tales, una creación intelectual del autor del programa de ordenador" (párrafo 66). Este hecho ha conducido a algunos autores a defender que el resultado final de un proceso de minería de textos y datos no tendría que ser relevante a los efectos del derecho de autor y los derechos afines. En este sentido, GONZÁLEZ OTERO afirma "[l]a razón por la cual no parece legítimo extender la protección de derechos de autor al proceso de minería de textos y datos es porque ningún autor de una obra literaria o de una producción artística en el pasado se ha planteado los derechos de autor como una forma de limitar el uso de su obra como fuente útil de información para un fin completamente distinto como por ejemplo para determinar la discriminación de género en el sector audiovisual, es decir, como un mero dato". Esta autora pone el ejemplo del estudio realizado en 2016 por el Geena Davis Institu-

uso de técnicas de minería de textos y datos en la excepción de reproducciones provisionales prevista en el artículo 5.1 de la Directiva 2001/29 condujo al legislador europeo a articular una excepción propia, específica, en la DMUD.[20]

Este amplio concepto de minería comprende desde las técnicas más sencillas, como pueden ser los patrones de seguimiento

---

te, con el título "The Reel Truth: Women aren't seen or heard: An automated análisis of Gender Representaion in Popular Films", en el que se emplearon técnicas de minería para analizar más de 200 películas para comparar la presencia de personajes masculinos y femeninos. Asimismo, esta autora, en cita de STROWEL, sostiene "[t]ampoco ningún autor se ha planteado, durante el proceso creativo de su obra, la posibilidad de obtener rendimientos económicos por un uso derivado de su obra que consista en la búsqueda o indexación en un corpus donde dicha obra sea parte del corpus analizado". Véase GONZÁLEZ OTERO, B., *op. cit.*, 80; y STROWEL, A., "Reconstructing the Reproduction and Communication to the Public Rights: How to Align Copyright with Its Fundamentals", en *Copyright Reconstructed,* Wolters Kluwer, Alphen aan den Rijn, 2018, p. 226. Téngase en cuenta que, en el momento actual y en el futuro próximo estas declaraciones deben matizarse. A día de hoy, el fabricante de una base de datos que planea realizar una inversión sustancial en la constitución de ésta seguramente compute entre las posibles formas de amortización de su inversión los potenciales ingresos derivados de la minería, al igual que el autor de una obra literaria, artística o científica pueda tener en cuenta, desde las primeras fases de su proceso creativo, que su futura obra vaya a ser objeto de minería.

20 Sobre este punto volveremos más adelante. A pesar de que en la mayoría de supuestos, el límite de reproducciones provisionales no será de aplicación, el considerando 9 de la DMUD indica: "También puede haber casos de minería de textos y datos que no conlleven actos de reproducción o en los que las reproducciones estén contempladas en la excepción obligatoria aplicable a los actos de reproducción provisional, establecida en el artículo 5, apartado 1, de la Directiva 2001/29/CE, que debe seguir aplicándose a las técnicas de minería de textos y datos que no requieran la realización de copias más allá del alcance de dicha excepción."

-por ejemplo, la minería consistente en determinar porcentajes de aprobados y suspensos de asignaturas en función del género o de la edad del estudiantado-, hasta los mecanismos más complejos de minado, que pueden tener funciones predictivas -por ejemplo, dando un paso más en el anterior ejemplo, los resultados de predecir si las mujeres de 25 años nacidas en España aprueban más o menos que las nacidas fuera o si su nota media es superior o inferior que la de los hombres de esa misma edad nacidos en España-. Por tanto, minar no es sólo reproducir datos y deducir patrones, sino también, en muchos casos, obtener nuevo conocimiento.[21]

En algunos casos, la minería se nutre de datos o información, que carecen de tutela por la propiedad intelectual, por lo que no es necesario aplicar ninguna excepción a los derechos de autor o afines en estos supuestos,[22] salvo que los datos o la información de que se trate estén contenidos en una base de datos cuya estructura original esté tutelada por el derecho de autor o en una base de datos cuya fabricación haya supuesto una inversión sustancial protegida por el derecho *sui generis.*[23]

---

21 En este sentido, Vanessa JIMÉNEZ SERRANÍA, *op. cit.*, p. 251.

22 Así se reconoce en el considerando 9 de la DMUD. Véase CÁMARA ÁGUILA, P., "Los conceptos autónomos sobre el objeto de protección del Derecho de autor: el concepto de obra y el concepto de originalidad", en *La Unificación del derecho de propiedad intelectual en la Unión Europea,* Tirant Lo Blanch, Valencia, 2019, 49.

23 Imaginemos el interés que puede tener una empresa farmacéutica en llevar a cabo un proyecto de minería de datos con la información contenida en la base de datos de la Seguridad Social española o en la base de datos de alguna compañía aseguradora privada. El contenido de dichas bases de datos no son obras, sino datos o mera información, cuyo tratamiento exigirá, eso sí, el cumplimiento de las reglas contenidas en la normativa sobre protección de datos personales, a menos que se lleve a cabo previamente una verdadera anonimización. Es poco probable que las estructuras de las bases de datos de los ejemplos mencionados puedan considerarse originales y, por ello, protegidas por el derecho de autor. Sin embargo, habría

En ocasiones, los titulares del derecho *sui generis* sobre bases de datos ponen a disposición del público de internet, de manera gratuita, mediante licencias de código abierto, el contenido de sus recopilaciones, permitiendo expresamente el uso para minería. Así sucede con algunas bases de datos almacenadas en el repositorio *GitHub*, de acceso libre en internet.[24]

---

que analizar las características específicas de cada caso concreto para concluir si estamos o no ante bases de datos tuteladas por el derecho *sui generis*. Cosa que solamente sucederá cuando se pueda probar una inversión sustancial no ya en la creación de los contenidos, sino en posteriores tareas de tratamiento -obtención, verificación y/o presentación de dichos contenidos-. El éxito de muchos medicamentos exige el tratamiento de muchos datos de las personas a las que se les administran, con el objetivo de crear tendencias, estadísticas, y, en definitiva, contrastar resultados. Pensemos también en estudios genéticos y bioinformáticos, como los que tienen que ver, por ejemplo, con la proliferación y detección de nuevas cepas del COVID-19 o mutaciones. La rapidez de respuesta sanitaria a esta pandemia sanitaria se debió, en parte, al empleo generalizado en este campo de minería de datos. En el ámbito de los seguros, el empleo de minería está en el orden del día para detectar casos de fraude y abuso. Las reflexiones que acaban de hacerse bien pueden extenderse también a este último ejemplo. Además, las compañías aseguradoras están muy interesadas en el empleo de herramientas de minería para crear tendencias acerca de los siniestros más y menos probables, y las características de las personas aseguradas que puedan influir en el cálculo de las primas a pagar por los tomadores de cada tipo de seguro. Sobre otros ejemplos de empleo de minería en la mejora de la gestión de los sistemas de salud y en la medicina, en el análisis de mercado, en la atención al cliente, en el ámbito financiero, en el ámbito educativo e, incluso, en la investigación criminal, véase JIMÉNEZ SERRANÍA, V., *op. cit.*, 248-249.

24 Téngase en cuenta la necesidad de cumplir con las exigencias de la licencia de uso de que se trate, como puede ser el fin no comercial o el hecho de que el resultado de la minería de datos asimismo sea explotado mediante el mismo tipo de licencia o la mera exigencia del nombre del titular del derecho *sui generis* y la fuente empleada, entre otros ejem-

En otros casos, la minería se centra en obras o prestaciones protegidas por derechos de autor o derechos afines -que no tienen por qué contenerse siempre y en todo caso en bases de datos protegidas- y cuyo uso solamente será lícito cuando se cumplan las exigencias del límite de minería de textos y datos o, en su defecto, cuando se cuente con la autorización del titular de derechos sobre las obras o prestaciones minadas, salvo que las obras o prestaciones en cuestión se encuentren ya caídas en el dominio público. Piénsese en la base de datos que tuvo que crearse para hacer posible la minería de datos que está detrás del proyecto "The Next Rembrandt".[25] Piénsese, asimismo, en el funcionamiento de sistemas de detección de plagio de textos como *Turnitin*.[26]

---

plos de condiciones presentes en licencias no tradicionales, que en la jerga informática se denominan "licencias de código abierto", para diferenciarlas de las licencias tradicionales o de código propietario.

25 Durante 18 meses, un equipo heterogéneo de científicos de datos, ingenieros e historiadores del arte de la Universidad de Delft y personal de varios museos holandeses recopilaron un total de 150 gigabytes de gráficos digitalizados, tras hacer minería de datos de los contenidos de las 350 obras pintadas por Rembrandt. Tras ello, se creó un algoritmo que entendiese las proporciones y patrones geométricos faciales de las obras de este autor, así como su composición y materiales plásticos. Posteriormente, se empleó el software para replicar dichos patrones en unos nuevos rasgos faciales del retrato plasmado en el cuadro final, al más puro estilo del célebre pintor, gracias a una impresora 3D especialmente equipada. Los contenidos minados eran obras originales, si bien ya habían caído en el dominio público, al haber fallecido su autor en 1669. De ahí que, en este caso, desde la óptica de la propiedad intelectual, el proceso pudiera llevarse a cabo sin necesidad de analizar el cumplimiento de la totalidad de condiciones exigidas en la excepción de minería y sin tener que recabar autorización alguna de los herederos del pintor.

26 El éxito de este software radica en el minado no sólo de los contenidos incluidos en sus bases de datos, sino también en los contenidos publicados en Internet, con el objetivo de encontrar similitudes y redactar un informe de similitud, que pueda servir como indicador

Existen varios ejemplos de titulares de derechos que ya antes de la aprobación de la DMUD permitían expresamente la minería de sus obras y prestaciones protegidas, mediante la celebración de las correspondientes licencias de uso, como es el caso de la editorial Elsevier, que pone a disposición de sus usuarios sus revistas y capítulos de libro en formato XML, que facilita las actividades de minería.[27] Asimismo, editoriales como Oxford University Press, Springer Nature o Cambridge University Press participan en la *Copyright Clearance Center's RightFind™ XML for Mining solution,* que aboga por facilitar la obtención bajo demanda del citado formato XML para sus publicaciones.[28]

---

para determinar si un texto es original o se trata de un plagio de otro previo. Téngase en cuenta, igualmente, el funcionamiento de la herramienta *Shazam,* que permite identificar la obra musical que se esté reproduciendo simplemente captando un fragmento de ésta y realizando minería de las obras contenidas en su base de datos, para identificar los datos de autoría y título de la canción en cuestión.

27 Véase <https://www.elsevier.com/connect/authors-update/demystifying-text-and-data-mining>. [Consulta: 12/12/2023.] Para un análisis de estos ejemplos nos remitimos a ROSATI, E., «The Exception for Text and Data Mining (TDM) in the Proposed Directive on Copyright in the Digital Single Market - Technical Aspects", Requested by the JURI Committee, Parlamento Europeo», p. 3 [en línea], (2018), <https://www.europarl.europa.eu/RegData/etudes/BRIE/2018/604942/IPOL_BRI(2018)604942_EN.pdf>. [Consulta: 12/12/2023].

28 En este sentido, fueron varias las editoriales que firmaron una declaración conjunta para permitir la concesión de licencias que autorizaran la minería de sus contenidos en el seno del foro de debate organizado por la Comisión Europea en 2013, bajo el lema *«Licences for Europe»*. Véase COMISIÓN EUROPEA, "Text and data mining for non-commercial scientific research. A Statement of Commitment by STM publishers to a roadmap to enable text and data mining (TDM) for non-commercial scientific research in the European Union", http://ec.europa.eu/newsroom/dae/document.cfm?doc_id=49203, [en línea], (2013), [Consulta: 12/12/2023.] Téngase en cuenta, eso sí, que algunas de estas editoriales, si bien permiten la minería a través del empleo de formatos compatibles con esta, exigen para ello la

Sin embargo, también son múltiples los ejemplos de titulares de páginas web y bases de datos que restringen, mediante la inserción de mecanismos técnicos, la reutilización de sus contenidos a efectos de minería, impidiendo acciones de rastreo de contenidos *-crawling* y *scraping-*, que son fundamentales en la primera fase de la minería, para identificar y recopilar los conjuntos de contenidos que vayan a ser minados.

Además, no puede pasarse por alto que la autorización de la minería por la suscripción de una licencia de uso no siempre es gratuita y que el coste de acceso a dichas suscripciones supondrá *per se* una importante diferencia en el punto de partida de las instituciones que pretendan llevar a cabo minería de textos y datos en función de cuál sea su capacidad presupuestaria.[29] Con todo, la discriminación entre instituciones en base a su capacidad económica se observa en el propio acceso a los contenidos de bases de datos y de publicaciones, no con fines de minería, sino con fines generales de investigación.[30]

---

utilización de sus propias API. Sobre esta cuestión, nos remitimos a VICENTE DOMINGO, E., "La confusa trasposición del límite de la minería de textos y datos en el ordenamiento español y la proyectada reforma de la «Copyright and Patent Act» 1988", *op.cit.*, p. 6.

29 Sobre los costes de transacción que las licencias onerosas suponen en materia de minería, véase GEIGER, C., FROSIO, G., y BULAYENKO, O., «The Exception for Text and Data Mining (TDM) in the Proposed Directive on Copyright in the Digital Single Market – Legal Aspects», p. 15, [en línea], estudio preparado para el Parlamento Europeo, febrero de 2018 <https://www.europarl.europa.eu/RegData/etudes/IDAN/2018/604941/IPOL_IDA(2018)604941_EN.pdf>. [Consulta: 12/12/2023].

30 Por tanto, la crítica que aquí pueda hacerse no se genera por la exigencia de un acceso lícito a los contenidos como requisito *sine qua non* para la aplicación de la excepción de la minería. En este sentido se han pronunciado también HILTY, R., y RICHTER, H., "Text and Data Mining (Article 3 COM(2016) 593 final)", en *Modernisation of the EU Copyright Rules. Position Statement of the Max Planck Institute for In-*

Téngase en cuenta, finalmente, la posibilidad de que el contenido que quiera ser minado nunca hubiese estado tutelado por un derecho de autor o conexo por estar excluido de tutela conforme al artículo 13 LPI -pensemos, por ejemplo, en el texto de una ley o de una sentencia o en mera información, siempre que se cumpla, además, la condición de que el archivo en el que dicho contenido se plasme no se haya tomado de una base de datos protegida-. En este punto, no puede olvidarse que la falta de protección de un concreto contenido por derechos de propiedad intelectual no es óbice para su tutela por otras ramas del derecho, como pueden ser, entre otros, los derechos de imagen -lo que incluye los rasgos físicos, pero también la voz de la persona- o los datos personales. Así, por ejemplo, puede citarse la minería necesaria para hacer realidad muchos proyectos de *deepfake,* como técnica que se sirve de la inteligencia artificial para sintetizar y modificar imágenes humanas y sonidos imitando la apariencia, voz y gesticulación propias de una concreta persona.[31]

---

*novation and Competition,* Max Planck Institute for Innovation & Competition Research Paper, N. 17-02, Munich, 2017, p. 31 y GARCÍA VIDAL, A., *op. cit.,* 121. Eso sí, sería contraria a la exigencia del artículo 7.1 DMUD la práctica consistente en una subida de precios de las suscripciones a obras o prestaciones protegidas con fines de investigación tras la entrada en vigor de la DMUD, pues, en la práctica, equivaldría a una disposición contractual contraria al artículo 3 DMUD. En este sentido, SYNODINOU, T., «Comment of the European Copyright Society Addressing Selected Aspects of the Implementation of Articles 3 to 7 of Directive (EU) 2019/790 on Copyright in the Digital Single Market», Kluwer Copyright Blog, [en línea], (2022), <https://copyrightblog.kluweriplaw.com/2022/07/27/comment-of-the-european-copyright-society-addressing-selected-aspects-of-the-implementation-of-articles-3-to-7-of-directive-eu-2019-790-on-copyright-in-the-digital-single-market/>. [Consulta: 12/12/2023.].

31 Téngase en cuenta que el empleo de *deepfake* en la industria audiovisual ha de compaginar el respeto de los derechos de imagen, pero también de los derechos de autor o de los derechos afines que puedan existir sobre los contenidos empleados para la creación del video o la

Sea como fuere, en los casos mencionados en los párrafos anteriores, la minería supone la necesidad de volcar ese contenido en un sistema informático, aunque sea de forma instrumental y meramente temporal en algunos supuestos, porque solo así ese contenido se puede transformar en un dato en formato digital que pueda ser legible por una máquina a efectos de poder realizar ese análisis computacional y transformarlo en otra información nueva, como puede ser una serie de patrones deducidos de ese análisis. El contenido de la obra o prestación o, incluso, el contenido de esa base de datos inicial se descompone y puede que el resultado final de la minería solamente suponga el uso muy limitado, ínfimo, de ese contenido inicial, un uso que seguramente no se trate del empleo de una parte sustancial en el sentido dado por la jurisprudencia cuando se analiza si ha existido una infracción de un derecho de autor o del derecho *sui generis*, pero para llegar a ese resultado final, fruto de las técnicas de computación, ha tenido que haber un uso mayor -bien integral o bien sustancial de la obra, de la prestación, de la base de datos- previo a ese primer volcado de contenidos que exige todo proceso de minado.[32]

La razón de ser de la excepción de la minería queda explicada en los considerandos 8 y siguientes de la Directiva. El motivo principal es la inseguridad jurídica a la que se enfrentan quienes podrían ser beneficiarios de esta excepción -en palabras

---

imagen de que se trate. Sobre esta cuestión, véase SUÁREZ JAQUETI, H., e HINOJAL CUADRADO, E., "El uso del deepfake en producciones audiovisuales: consideraciones jurídicas", *Actualidad Propiedad Intelectual 2022,* Tirant Lo Blanch, Valencia, 2022, pp. 211-228.

[32] En este sentido, SÁNCHEZ ARISTI, R. y OYARZABAL OYONARTE, N. "Decadencia y caída del Texto Refundido de la Ley de Propiedad Intelectual: la transposición de la Directiva 2019/790 sobre derechos de autor en el mercado único digital por el Real Decreto-Ley 24/2021, de 2 de noviembre", *Pe.i. Revista de Propiedad Intelectual,* núm. 69, septiembre-diciembre 2021, p. 40.

del legislador europeo, "las universidades y otros organismos de investigación (…) se enfrentan en la Unión a cierta inseguridad jurídica a la hora de determinar hasta qué punto pueden llevar a cabo actividades de minería de textos y datos de contenidos" (considerando 8)-. Se reconoce que la comunidad de investigadores es la principal beneficiaria de esta nueva excepción –"Dichas tecnologías benefician a las universidades y otros organismos de investigación, así como a las instituciones responsables del patrimonio cultural, ya que también pueden llevar a cabo investigaciones en el contexto de sus actividades principales" (considerando 8)-. Seguidamente se reconoce la insuficiencia de las excepciones y limitaciones referidas a la investigación científica y su carácter voluntario, unido al hecho de que "en los casos en que los investigadores pueden acceder lícitamente a los contenidos —por ejemplo, a través de suscripciones a publicaciones o licencias de acceso abierto—, los términos de las licencias pueden excluir la minería de textos y datos" (considerando 10). El papel central que las técnicas de minería de textos y datos tiene en la investigación científica en la actualidad conduce al legislador europeo a afirmar "[l]a creciente utilización de las tecnologías digitales en las actividades de investigación puede afectar a la posición competitiva de la Unión como espacio de investigación, a menos que se tomen medidas para eliminar la inseguridad jurídica en materia de minería de textos y datos" (considerando 10 *in fine*). Por todo ello, el considerando 11 recoge el deseo del legislador europeo de acabar con la inseguridad jurídica en materia de minería existente tanto en el ámbito público -universidades y otros organismos públicos de investigación e instituciones públicas responsables del patrimonio cultural- como en el seno de asociaciones público-privadas entre universidades e institutos de investigación y organizaciones del sector privado, de forma que sean los socios privados quienes aporten sus medios tecnológicos para la realización de la minería.

Pues bien, el legislador optó por regular dos regímenes diferenciados en función de la finalidad perseguida por la minería.

A saber, uno específico de minería para fines de investigación científica y otro para minería con fines generales, lo que incluye la minería comercial. El primero de ellos se articula en el artículo 3 DMUD, mientras que el segundo se ubica en el artículo 4 DMUD.[33] Téngase en cuenta que ambas excepciones exigen el acceso lícito a las obras o prestaciones que vayan a ser minadas y permiten única y exclusivamente la reproducción de las obras y prestaciones objeto de la minería. Por tanto, quedan fuera de su campo de aplicación la comunicación pública de las copias de obras que hayan debido realizarse en el proceso técnico de la minería, la distribución de dichas copias o la transformación.

Como se expondrá con más detalle en un ulterior apartado de este trabajo, la armonización europea de 2019 no es pionera en la regulación de la minería como límite a los derechos de propiedad intelectual. Japón ya había regulado la cuestión hacía una década, en 2009, si bien es en 2018 cuando se aprueba la regulación actual -extendida con respecto a la de 2009- de la excepción de minería de textos y datos.[34] Fue el primer país que aprobó una norma sobre minería: el artículo 47-7, sobre "reproducción para análisis de la información", dentro de la Sección 5ª sobre límites al derecho de autor en la Ley de Derechos de Autor japonesa. Lo hizo, además, de forma amplia, incluyendo la minería para fines comerciales, y no únicamente de investigación, con el objetivo de impedir que los derechos de propiedad intelectual puedan suponer algún tipo de corta-

---

33 Las diferencias entre ambas excepciones se analizan en el segundo apartado de este trabajo.

34 Así, por ejemplo, la norma de 2018 amplía el campo de aplicación de esta excepción a las bases de datos, que no estaban incluidas en la regulación de 2009. Sobre este hecho había llamado la atención TRIAILLE, J.P., "Study on the legal framework of text and data mining (TDM)", p. 11 [en línea] (2014), <https://www.fosteropenscience.eu/sites/default/files/pdf/3476.pdf>. [Consulta: 12/12/2023.].

pisa para el desarrollo de herramientas de inteligencia artificial -de tipo generativo u otro-.[35]

En la actualidad, la regulación japonesa de este límite se ubica en tres preceptos diferentes en su Ley de Derechos de Autor: el 30-4 (con el título "Explotación sin el propósito de gozar de los pensamientos o sentimientos expresados en una obra"), el 47-4 ("Explotación de obras accesorias a la explotación de obras por un ordenador") y el 47-5 ("Explotación menor relacionada con el procesamiento de datos computarizados y la provisión de los resultados del mismo")[36]. De ahí que

---

35 Así se prevé en el Programa Estratégico de Propiedad Intelectual, aprobado el 9 de mayo de 2016. Una traducción al inglés de dicho programa se encuentra disponible aquí: <https://www.kantei.go.jp/jp/singi/titeki2/kettei/chizaikeikaku20160509_e.pdf>, [Consulta: 12/12/2023]. Objetivo que se ve reforzado por la creación, en abril de 2016, del Consejo Estratégico sobre Inteligencia Artificial de Japón, y que busca competir directamente con el avance de la industria china de inteligencia artificial. Véase <https://www.japan.go.jp/tomodachi/2018/spring2018/artificial_intelligence.html>. [Consulta: 12/12/2023]. En 2017 la Subdivisión de Derechos de Autor del Comité de Asuntos Culturales de Japón publicó un informe en el que recomendaba la ampliación de la regulación del límite de minería, que dio lugar a la aprobación el 18 de mayo de 2018 de la reforma de la Ley japonesa de Derecho de Autor, entrando en vigor dicha reforma el 1 de enero de 2019. Véase UENO, T., "A General Clause on Copyright Limitations in Civil Law Countries: Recent Discussion on Japanese-Style Fair Use Clause", en *The Cambridge Handbook of Copyright Limitations and Exceptions*, Cambridge University Press, Nueva York, 2021, 213.

36 Para la redacción de este trabajo se ha empleado la traducción al inglés de la Ley japonesa de Derechos de Autor preparada por el *Copyright Research and Information Center* japonés, accesible en <https://www.cric.or.jp/english/clj/cl2.html> [Consulta: 12/12/2023]. Se prevé la aplicación *mutatis mutandis* de los citados preceptos a los derechos afines. Véase UENO, T., "The Flexible Copyright Exception for 'Non-Enjoyment' Purposes. Recent Amendment in Japan and Its Implication", *GRUR International*, 2021, Vol. 70(2), 147.

se pueda afirmar que la regulación japonesa de este límite es la más amplia a nivel mundial.[37]

Téngase en cuenta, a la hora de contextualizar esta afirmación, que Estados Unidos ha optado por no articular una regulación específica del límite de minería de textos y datos, si bien los casos que podían incluirse en el concepto de minería se han reconducido al ámbito de aplicación de la defensa general del *fair use,* creada por la jurisprudencia de este país y codificada en la sección §107 de la *Copyright Act* en 1976.[38]

---

37 En este sentido se pronunció el Profesor UENO, "El empleo de contenidos protegidos por las IA generativas", en el Congreso ALAI "La propiedad literaria y artística bajo el prisma de la inteligencia artificial", París, 22 de junio de 2023. En este sentido, este autor calificó a Japón como "el paraíso de la inteligencia artificial y el *machine learning*".

38 Un ejemplo de aplicación del *fair use* a actividades que merecen la calificación de minería de datos es el mediático caso *Authors Guild contra Google* (770 F.Supp.2d 666 (S.D.N.Y. 2011)), referido a *Google Books.* La entidad demandada había escaneado los libros de las colecciones de las bibliotecas asociadas a este proyecto e incorporado dichos escaneos a una base de datos propia, con capacidad de búsqueda por palabras contenidas en los documentos escaneados. El gremio de autores considera que se ha producido una clara infracción de los derechos de los autores de las obras escritas escaneadas. Google alega realizar un uso parcial de las obras, toda vez que sus usuarios nunca podían acceder a la totalidad de los textos. En su sentencia, el tribunal del Distrito Sur de Nueva York emplea los términos "minería de textos" y "minería de datos" y afirma que el carácter transformador del uso realizado por la empresa demandada permite crear un producto nuevo con fines de investigación y, con ello, se admite la aplicación de la defensa del *fair use,* sin condenar a *Google Books* a remunerar a los autores por el uso de sus obras. El mismo tratamiento se dio a otro asunto iniciado por la demanda del gremio de autores: *Authors Guild v. HathiTrust* (755 F.3d 87 (2d Cir. 2014)). Las bibliotecas del proyecto *Hathitrust* habían digitalizado la totalidad de obras escritas para incluirlas en una base de datos de creación propia en la que se emplearan técnicas de minería y aná-

---

lisis textual, con el objetivo de que los usuarios pudieran introducir palabras clave con las que la base de datos les permitiera la identificación de las fuentes de la información. El Tribunal de Apelaciones del Segundo Circuito acoge la defensa del *fair use,* entendiendo que existe un uso transformativo, ya que cuando se realiza una búsqueda de palabras, el resultado es diferente en propósito, carácter, expresión, significado y mensaje con respecto de la lectura ordinaria de la obra de que se trate. Además, en esta sentencia el tribunal autoriza a las bibliotecas participantes en el proyecto *HathiTrust* a proporcionar a los usuarios con discapacidad el acceso a las obras de texto completo, y a conservar los libros protegidos por derechos de autor en formato digital. Téngase en cuenta una importante diferencia entre este caso y el asunto *Authors Guild, Inc. c. Google:* en contraste con *Google, HathiTrust* era una entidad educativa sin fines lucrativos. Asimismo, debe traerse a colación el caso *Perfect contra Amazon,* 508 F.3d 1146 (9th Cir. 2007), referido al empleo por *Google* de imágenes en miniatura en su buscador, junto con enlaces a las páginas web en las que encontrar las imágenes completas. Este supuesto de hecho ya se había analizado años atrás en las sentencias dictadas en el caso *Kelly contra Arriba Soft. Corp.* [77 F.Supp.2d 1116 (C.D. Cal. 1999) y 336 F.3d 811 (9th Cir. 2003)]. En ambos casos los tribunales destacaron el carácter altamente transformador del uso dado por la entidad demandada, al crear una herramienta de referencia electrónica de imágenes. La defensa del *fair use* también fue acogida en el caso *A.V. v. iParadigms,* LLC (4th Cir. 2009), referido a la herramienta de detección de plagio *Turnitin,* comercializada por *iParadigms,* y comúnmente utilizada por docentes. El funcionamiento de este software permite detectar las coincidencias entre un documento y todos los textos disponibles en abierto en internet, así como las similitudes con otros documentos previamente subidos a esta plataforma anti-plagio. Nótese que dicho software tiene un claro fin comercial, si bien el razonamiento del tribunal se centró en el carácter altamente transformador conseguido con el uso de obras por parte de la entidad demandada. En el caso *Fox v. TVEyes* (S.D.N.Y. 2014), la entidad demandada -*TVEyes*- había grabado la totalidad de las emisiones de televisión y radio cuyos derechos eran titularidad de la entidad demandante, y había empleado subtítulos y tecnología de transformación de voz a texto para crear una base de datos con capacidad de búsqueda de ese contenido empleando palabras -es decir, porciones de los diálogos transcritos- como términos

No es la primera vez que los tribunales estadounidenses amplían la aplicación del *fair use* a utilizaciones creadas por las nuevas tecnologías e inexistentes en la fecha en la que esta defensa se reguló.[39] El germen del razonamiento jurisprudencial en todos los litigios estadounidenses que acaban de ser mencionados lo encontramos en el célebre caso *Baker v. Selden* (101 U.S. 99, 104 (1880)). A saber: lo que se pretende minar no es la originalidad de la obra, sino textos y datos incluidos en ella -siendo que dichos textos que permiten identificar la obra están, en cuanto palabras sueltas, desprotegidas desde el punto de vista de la propiedad intelectual-, y el uso de una obra protegida sí está permitido cuando se emplea de forma incidental con el objetivo de utilizar materiales -esos datos e información- que, en sí, no gozan de protección por el derecho de autor.[40]

---

de búsqueda. Sobre la relación entre el concepto de minería y los casos aquí citados, véase GINSBURG, J., "Berne-Forbidden Formalities and Mass Digitization", *Boston University Law Review,* Vol. 96, 762; y JIMÉNEZ SERRANÍA, V., *op. cit.,* 252.

39 Otro ejemplo reseñable es la aplicación de la defensa del *fair use* a supuestos de aplicación de técnicas de ingeniería inversa para acceder al código fuente de programas protegidos por derechos de autor. Véase SAMUELSON, P., "The Story of Baker v. Selden: Sharpening the Distinction between Authorship and Invention", en *Intellectual Property Stories,* Foundation Press, Nueva York, 2005, pp. 159-193.

40 En palabras de la Profesora GINSBURG, "los inputs de las herramientas de minería de textos y datos y de inteligencia artificial no se considerarán una infracción de los derechos de propiedad intelectual si los resultados finales -outputs- de dicho procedimiento no se consideran *per se* -en sí mismo evaluados- una infracción de los derechos". GINSBURG, J., "El empleo de contenidos protegidos por las IA generativas", en el Congreso ALAI "La propiedad literaria y artística bajo el prisma de la inteligencia artificial", París, 22 de junio de 2023. Para un análisis de la extensión del razonamiento seguido en el caso *Baker v. Selden,* véase GEIGER, C., FROSIO, G., y BULAYENKO, O., "The Exception for Text and Data Mining (TDM) in the Proposed Directive on Copyright in the Digital Single Market – Legal Aspects", *op. cit.,* 9; y JOCKERS, M.,

Téngase en cuenta que en el caso *Baker v. Selden* se refería al uso meramente circunstancial o incidental de una obra cuando dicho uso fuese necesario para poder emplear otro contenido no protegido por el derecho de autor. Por tanto, para determinar si este razonamiento es aplicable por analogía, el epicentro del análisis ha de ser la identificación del objeto de la minería en cada caso concreto. Si se parte de la base de que la minería únicamente emplea textos y datos -que están fuera del ámbito de protección del derecho de autor-, entonces la aplicación de este razonamiento frecuentemente conducirá a permitir la reproducción de obras y prestaciones protegidas que sea incidental para la consecución de ese objetivo de minado de textos y datos.[41]

Ello porque la regla estadounidense del *fair use* se caracteriza por su flexibilidad: no contiene una lista cerrada de ejemplos e identifica cuatro parámetros a valorar *ad casum* -a saber, (i) el propósito y el carácter del uso, incluyendo si dicho uso es de naturaleza comercial o si es para fines educativos sin ánimo de lucro; (ii) la naturaleza de la obra protegida; (iii) la cantidad y sustancialidad de la porción usada en relación con el conjunto de la obra protegida; y (iv) el efecto del uso en el mercado potencial de la obra protegida-.[42]

---

SAG, M. y SCHULTZ, J., "Brief of Digital Humanities and Law Scholars as Amici Curiae in Authors Guild v. Hathitrust", [en línea], (2013), <https://ssrn.com/abstract=2274832>. [Consulta: 12/12/2023].

41 En este sentido, GEIGER, C., FROSIO, G., y BULAYENKO, O., "The Exception for Text and Data Mining (TDM) in the Proposed Directive on Copyright in the Digital Single Market – Legal Aspects", *op. cit.,* 9. Para estos autores, la minería se justifica por ser una parte "ontológica y funcional del concepto de dominio público" (p. 11).

42 Véase PEGUERA, M., "Copyright Issues Regarding Google Images and Google Cache", en *Google and the Law,* Information Technology and Law Series, 22, Asser Press, The Hague, 2012, 171-172. Una primera aproximación al concepto de *fair use* en el ordenamiento español puede encontrarse en la sentencia del Tribunal Supremo (Sala

De la aplicación jurisprudencial de esta defensa se infiere que los tribunales estadounidenses no otorgan a los cuatro parámetros la misma relevancia. De entre todos, se considera fundamental el primero de ellos y, dentro de este, se valoran dos aspectos especialmente. El primero es el carácter transformativo del resultado del uso de la obra. Por tanto, cuando más transformativo sea el resultado de la minería de textos y datos realizada, más probable será que un tribunal estadounidense acoja la defensa del *fair use*. En lo que aquí importa, puede afirmarse que, por la propia naturaleza de la minería, es frecuente que los elementos resultantes se diferencien drásticamente en su propósito, en su expresión y en su carácter con las obras, prestaciones y datos que sirvieron de alimento para llevar a cabo dicha minería.[43] Cosa que habrá de estudiarse caso por caso.

Asimismo, dentro de este primer parámetro, la jurisprudencia estadounidense suele otorgar un papel importante al análisis de la creación de nuevos productos o servicios para los consumidores y usuarios finales, es decir, a la creación de nuevos mercados de uso de obras y prestaciones protegidas, no contemplados o no explotados por los titulares de derechos de autor o afines.[44]

---

de lo Civil) núm. 172/2012, de 3 de abril, de la que fue ponente MARÍN CASTÁN y resolvió el asunto *Megakini*. Para un comentario de esta resolución, véase MINERO ALEJANDRE, G., "Google cache is legal in Spain. The Megakini.com v. Google case", *Queen Mary Journal of Intellectual Property*, 2013, Vol. 3(1), 81-89.

43 Véase JIMÉNEZ SERRANÍA, V., *op. cit.*, 252.

44 Tengan en cuenta los lectores que un razonamiento similar ha sido desarrollado recientemente por el Tribunal de Justicia de la Unión Europea (Sala Quinta) de 3 de junio de 2021, asunto C-762/19, *CV-Online Latvia SIA contra Melons SIA*, ECLI:EU:C:2021:434 *(TOL 8.450.799)*. El supuesto de hecho litigioso tiene que ver con el mercado de la información, esto es, con bases de datos que, lejos de contener obras y prestaciones protegidas, almacenaban meros datos. Desde la perspectiva europea, la base empleada por el Tribunal de Justicia ya encontraba su reflejo en el considerando 47 de la Directi-

En estos casos, los tribunales estadounidenses entienden que no estamos ante productos sustitutivos, dado que el mercado objetivo del primer producto no se ve perjudicado gravemente y que los beneficios que para el juego de la competencia y la creación de nuevos mercados supone la generación de un segundo producto o servicio justifican la posible afectación de los intereses del titular del derecho de autor o de los derechos afines.

En segundo lugar, cuando la transformación llevada a cabo sea relevante, el posible carácter comercial del uso llevado a cabo no será escollo insuperable para la aplicación del *fair use.* Son diversos los ejemplos de aplicación del *fair use* a usos onerosos de bases de datos creadas tras la minería de textos y datos de obras y prestaciones previas, lo que permite afirmar que, en Estados Unidos, la minería con fines comerciales puede subsumirse en el concepto de *fair use,* siempre que se cumplan las condiciones aquí expuestas. Es más, respecto del tercer parámetro, se ha llegado a aplicar la defensa del *fair use* en supuestos de uso de la totalidad de la obra, cuando se cumplan las condiciones anteriormente señaladas.

La tendencia estadounidense ha sido seguida, asimismo, por China en los últimos años. A pesar de no haber regulado una excepción específica en la normativa de este país, sí se ha implementado desde 2011 una Opinión del Tribunal Supremo chino que permite aplicar el equivalente a la doctrina del *fair*

---

va 96/9, sobre protección jurídica de las bases de datos. Me refiero a la advertencia que el legislador europeo hacía en relación con el mercado de la información, destacando la necesidad de vigilar que el titular del derecho *sui generis* no emplee esta tutela de forma excesiva, cuando se encuentre en una posición dominante, para impedir o dificultar "la creación y a la difusión de nuevos productos y servicios que presenten un valor añadido de tipo intelectual, documental, técnico, económico o comercial".

*use* cuando sea necesario estimular la innovación y el desarrollo comercial en este territorio.[45]

También en el ámbito europeo había habido algún acercamiento a la materia por parte de algunos Estados miembros previo a la aprobación de la DMUD. Es el caso de Reino Unido -antes del Brexit-, Francia, Estonia y Alemania. La falta de uniformidad de las reglas nacionales y las particularidades de algunas de ellas creaban un clima de especial inseguridad jurídica, que fue corregido en 2019 por el legislador europeo.

La regulación inglesa de la excepción de minería data de 19 de mayo de 2014. Fecha en la que se introduce el nuevo artículo 29A en la *Copyright, Designs and Patents Act* 1988 -en adelante, CDPA-.[46] Esta reforma se produce tras una serie de estudios sobre los beneficios y los costes de la modificación de la normativa británica en materia de derechos de autor. Principalmente, el informe independiente encargado por el Gobierno inglés al Profesor HARGREAVES en mayo de 2011, en el que se recomendaba adoptar un límite específico que permitiera la minería.[47]

---

45 Véase LÓPEZ-TARRUELLA MARTÍNEZ, A., "Propiedad intelectual, inteligencia artificial y libre circulación de datos", *Propiedad intelectual y mercado único digital europeo*, Tirant Lo Blanch, Valencia, 2019, p. 138, en cita de GUIBAULT, L. *et all*, *Baseline report of policies and barriers of TDM in Europe*, FUTURE TD» [en línea], (2017), https://project.futuretdm.eu/wp-content/uploads/2017/05/FutureTDM_D3.3-Baseline-Report-of-Policies-and-Barriers-of-TDM-in-Europe.pdf, p. 17 [Consulta: 12/12/2023].

46 Regulation 3 of the *Copyright and Rights in Performances (Research, Education, Libraries and Archives) Regulations 2014*, No. 1372, <https://www.legislation.gov.uk/uksi/2014/1372/contents/made>. [Consulta: 12/12/2023]. La reforma entró en vigor el 1 de junio de 2014.

47 Véase HARGREAVES, I.: «Digital Opportunity: A Review of Intellectual Property and Growth» [en línea], (2011), <https://assets.publishing.service.gov.uk/government/uploads/system/uploads/attachment_data/file/32563/ipreview-finalreport.pdf> [Consulta: 12/12/2023],

De acuerdo con el nuevo artículo 29A CDPA, la realización de una copia de una obra por la persona que tiene acceso lícito a esta no infringirá el derecho de autor si se hace para que esa persona pueda llevar a cabo un análisis computacional de cualquier cosa incluida en esa obra para fines de investigación no comercial, siempre que, salvo en los casos en que resulte imposible, se indique la fuente. De acuerdo con el último inciso de este precepto, cualquier disposición contractual contraria a la excepción de minería será inaplicable al caso.[48] Esta excepción no incluye el uso de bases de datos protegidas por el derecho *sui generis*.[49] Además, al considerarse un complemento de la ex-

---

pp. 4, 8, 41, 47, 51 y 99. Este trabajo propició, asimismo, que la *Intellectual Property Office* de Reino Unido publicara en 2012 el informe específico sobre esta materia, con el título “Exception for copying of works for use by text and data analytics. Impact Assessment No. BIS0312”, <https://assets.publishing.service.gov.uk/government/uploads/system/uploads/attachment_data/file/308738/ia-exception-dataanalytics.pdf> [Consulta: 12/12/2023]. En este último se confirma el interés del Gobierno británico en continuar estudiando las formas de implementación de una nueva excepción para minería, teniendo en cuenta los datos que la industria proporcione (p. 12).

48 Previsión esta última que se trata de un adelanto de lo que sería el futuro artículo 7.1 DMUD.

49 La modificación de la norma inglesa para incluir la minería de bases de datos fue uno de los principales elementos que la *United Kingdom Intellectual Property Office* tuvo en mente al plantear la consulta titulada “Artificial Intelligence and Intellectual Property: copyright and patents”, entre octubre de 2021 y enero de 2022. Además, como se indicará más adelante, se sopesó también ampliar la excepción a casos de minería con fines distintos a la investigación y relacionados con herramientas de inteligencia artificial generativa, así como, en general, para el entrenamiento de sistemas de inteligencia artificial. Sin embargo, en el momento actual, el Gobierno británico no planea la modificación de la CDPA para extender el campo de aplicación de la excepción de minería. Así se infiere del informe emitido por la *House of Commons* con fecha de 31 de agosto de 2023, <https://publications.parliament.uk/pa/cm5803/cmselect/cmsctech/1769/

cepción para investigación y estudio privado, prevista en el artículo 29 CDPA, el legislador inglés optó por exigir la mención de la fuente para considerar lícito el ejercicio del nuevo límite previsto en el artículo 29A CDPA, siguiendo con ello las exigencias contempladas en el artículo 5.3(a) de la Directiva 2001/29, por el que se armoniza el límite de ilustración con fines educativos o de investigación científica.

Téngase en cuenta que la norma inglesa tiene un campo subjetivo de aplicación amplísimo, mucho más extenso que el artículo 3 de la DMUD. En efecto, la sección 29A CDPA permite que se considere beneficiaria de la excepción a cualquier persona con acceso lícito al contenido objeto de la minería, sin exigir que se

report.html>, [Consulta: 12/12/2023]. Ello sin perjuicio del interés del Gobierno británico en aprobar un código de buenas prácticas en materia de inteligencia artificial y propiedad intelectual, tal y como anunció en junio de 2023. El estado de la cuestión puede consultarse aquí: <https://www.gov.uk/guidance/the-governments-code-of-practice-on-copyright-and-ai> [Consulta: 12/12/2023]. Véase GEIGER, C., FROSIO, G., y BULAYENKO, O., "The Exception for Text and Data Mining (TDM) in the Proposed Directive on Copyright in the Digital Single Market – Legal Aspects", *op. cit.*, 17. La regulación aplicable al derecho *sui generis* sobre bases de datos no se contiene en la CDPA, sino en las *Copyright and Rights in Databases Regulations* de 1997, que no han sido modificadas para implementar un nuevo límite de minería. El Brexit no ha supuesto la derogación de las citadas *Copyright and Rights in Databases Regulations*, de forma que el derecho *sui generis* sigue existiendo en este país, si bien su aplicación geográfica se limita al ámbito británico, de acuerdo con la nueva redacción que las *Intellectual Property (Copyright and Related Rights) (Amendment) (EU Exit) Regulations 2019* (S.I. 2019/605) confirieron a la sección 18 de las *Copyright and Rights in Databases Regulations* de 1997. En el caso de fabricantes de bases de datos que sean personas físicas, se exige la nacionalidad o residencia habitual en Reino Unido y, en caso de personas jurídicas, la constitución con arreglo a la legislación inglesa y la ubicación de su sede oficial, administración central o centro principal de actividades en territorio británico.

trate de un organismo de investigación o institución responsable del patrimonio cultural, e incluyendo, por tanto, a investigadores individuales, que carezcan de afiliación o relación laboral u otra con dichos organismos e instituciones, entre otros.[50]

Asimismo, la norma británica plantea importantes dudas en lo relativo a la extensión objetiva de su campo de aplicación, toda vez que la literalidad de la sección 29A CDPA parece incluir únicamente el derecho de reproducción como facultad para la que esta excepción resulta aplicable. Quedarían fuera, por tanto, actos de comunicación al público de los resultados de la minería cuando la comunicación que pretenda hacerse suponga *per se* un uso de la originalidad de la obra de que se trate. Cosa que habrá de analizarse caso por caso, pues no toda técnica de minería permite, tras su aplicación, reconocer en los resultados generados tras la minería el contenido originario, es decir, el

---

50 Téngase en cuenta que la transposición que ha llevado a cabo el legislador alemán en 2021 también contempla esta amplitud del campo subjetivo de la excepción de minería, incluyendo a los investigadores individuales que persigan fines no lucrativos. Así se refleja en el apartado tercero del artículo 60(2) de la *Gesetz über Urheberrecht und verwandte Schutzrechte* (UrhG). Se trata de una novedad o matiz importante respecto de la DMUD. Otro aspecto particular de la norma alemana es la posibilidad de que las reproducciones de obras y prestaciones hechas en el marco de la minería sean compartidas con un grupo delimitado y cercano de investigadores con los que se lleve a cabo investigación científica conjunta o con terceras personas -también delimitadas- que realicen la monitorización de la calidad de la investigación científica (apartado cuarto del citado artículo 60(2) de la UrhG). Este último inciso parece estar pensando en órganos rectores de las instituciones de investigación de que se trate o agencias evaluadoras externas o por parte de revisores de publicaciones científicas, pero no así en otro tipo de terceros. Por tanto, la norma alemana se refiere a dos derechos o facultades: la reproducción y la puesta a disposición del público. Indica que la afectación del segundo derecho ha de terminar, en todo caso, cuando se ponga fin al proyecto de investigación conjunta o a la monitorización de la calidad de la investigación científica.

contenido empleado como *input* en dicha minería. De hecho, la probabilidad de que el uso de la originalidad se produzca -y no sólo del estilo- no tiene por qué ser alto en muchos supuestos.

Por otra parte, la norma inglesa no hace referencia a la minería con fines diferentes a la investigación científica. De ahí que la excepción prevista en el artículo 4 DMUD, con posibilidad de reserva de derechos por su titular, no tenga acomodo en el ordenamiento inglés, al menos de forma expresa.[51] Esta ausencia de mención específica de la minería no científica o de la minería comercial se puede considerar una suerte de declaración de principios del propio legislador inglés, en el sentido de afirmar que la regla general sigue siendo la necesidad de contar con autorización del titular de derechos para que el uso de obras y prestaciones protegidas sea lícito, de forma que aquellas utilizaciones para minería que no puedan subsumirse en la excepción prevista en la sección 29A CDPA necesitarán de la correspondiente autorización para no constituir una infracción.

Por su parte, Francia aprobaba con fecha de 7 de octubre de 2016 la Ley 2016-1231 *(Loi pour une République numérique)*, en

---

[51] El 28 de junio de 2022 el Gobierno británico publicaba su respuesta a los resultados de la consulta planteada por la *United Kingdom Intellectual Property Office,* con el título "Artificial Intelligence and Intellectual Property: copyright and patents". En ella se anunciaba el propósito de ampliar el campo de aplicación de la excepción de minería de textos y datos a supuestos de uso para fines diferentes a la investigación científica. La respuesta gubernamental puede consultarse aquí: <https://www.gov.uk/government/consultations/artificial-intelligence-and-ip-copyright-and-patents/outcome/artificial-intelligence-and-intellectual-property-copyright-and-patents-government-response-to-consultation> [Consulta: 12/12/2023]. El 1 de febrero de 2023, el Ministro de Ciencia, Investigación e Innovación declaraba en un debate sobre inteligencia artificial llevado a cabo en la Cámara de los Comunes su intención de no procesar ninguna propuesta de ampliación del campo de aplicación de la excepción de minería.

cuyo artículo 38 se regulaba por primera vez a nivel nacional el límite de la minería de textos y datos. Esta reforma introduce en el *Code de la propriété intellectuelle* un nuevo párrafo décimo en el artículo L122-5 (aplicable a todo tipo de obras), que se remite al artículo L122-5-3, así como un nuevo párrafo quinto en el artículo L342-3 (referido únicamente al derecho *sui generis* sobre bases de datos).[52] Ambos preceptos exigen que los beneficiarios de estas excepciones hayan tenido acceso lícito a las obras o prestaciones protegidas que van a ser objeto de la minería, que el fin que persigan sea la investigación científica pública, quedando prohibido cualquier objetivo comercial.[53] Además, los usos permitidos se limitan a la minería de textos y datos incluidos o asociados con escritos de carácter científico. La regulación actual del límite de minería de textos y datos se ubica en el artículo L122-5-3, desarrollado en los artículos R122-23 a R122-26, en relación con la minería para fines científicos, y en los artículos R122-27 a R122-28, en relación con la minería para otros fines, creados por el *Décret* n°2022-928 de 23 de junio de 2022.[54]

En el caso de Estonia, la regulación de la excepción de minería de textos y datos en la Ley nacional de propiedad inte-

---

52 Téngase en cuenta que el propio artículo L122-5 del *Code de la propriété intellectuelle* advierte de la aplicación de la regla de los tres pasos a todos los límites enunciados en este precepto.

53 El párrafo décimo del artículo L122-5-3 del *Code de la propriété intellectuelle* habla de "investigación pública", mientras que el párrafo quinto del artículo L342-3, referido a bases de datos, no emplea el adjetivo "pública" al mencionar la investigación. Tengan en cuenta los lectores que la exigencia de ausencia de fin comercial con la investigación científica en la que vaya a aplicarse la minería no está presente, sin embargo, en el texto del artículo 3 DMUD. De ahí que pueda concluirse que el precepto europeo tiene un campo de aplicación más amplio que la norma francesa.

54 Disponible en <https://www.legifrance.gouv.fr/codes/section_lc/LEGITEXT000006069414/LEGISCTA000045960671/#LEGISCTA000045960671> [Consulta: 12/12/2023.].

lectual (artículo 19(3)) entró en vigor el 1 de enero de 2017. En su redacción inicial, esta norma permitía el procesamiento de obras para fines de minería, siempre que con ello no se persiguiera un objetivo comercial. Esta norma no exige expresamente el requisito del acceso lícito a la obra. Al igual que en el caso inglés, la norma estonia exigía la referencia al nombre del autor, el título de la obra minada y la fuente.[55]

También 2017 es la fecha en la que Alemania adopta por primera vez un límite de minería de textos y datos en su regulación nacional (artículo 60(d) de la *Urheberrechtsgesetz*). Si bien la norma data de 30 de junio de 2017, su entrada en vigor no se produce hasta el 1 de marzo de 2018. En su redacción originaria, el precepto alemán permitía los actos de reproducción necesarios para llevar a cabo la minería, así como la comunicación pública del corpus derivado de dicha minería en el seno del círculo limitado de personas que fuera necesario para el desarrollo del proyecto de investigación científica. En el texto de la norma no se impone el requisito del acceso lícito a la obra que vaya a ser minada.[56] Sin embargo, al igual que sucede con las normas francesa y estonia, la regla alemana exige que la investigación científica que realicen los organismos de investigación tenga *per se* -la propia investigación, y no sólo el organismo beneficiario de la excepción- un fin no lucrativo (apartado cuarto del artículo 60(d) UrhG). Esta norma se vio completada en 2022 con la introducción en la *Urheberrechtsgesetz* del nuevo artículo 44(b), en el que se regulan el resto de aspectos de los límites de minería previstos en la DMUD.

---

55 Véase GEIGER, C., FROSIO, G., y BULAYENKO, O., "The Exception for Text and Data Mining (TDM) in the Proposed Directive on Copyright in the Digital Single Market – Legal Aspects", *op. cit.*, 18.

56 Con todo, la doctrina ha venido considerando que el acceso lícito a las obras o prestaciones objeto de la minería era un requisito implícito en la propia regulación nacional de esta excepción. Véase GARCÍA VIDAL, A., *op. cit.*, 120.

Un último ejemplo de regulación nacional del límite de minería antes de aprobarse la DMUD lo encontramos en el caso irlandés. El *Copyright Review Committee* concluyó en 2013 que era aconsejable introducir en la normativa nacional una excepción para la minería de contenidos, si bien se decantó por hacerlo como parte de la regulación de la defensa del *fair dealing*.[57] La reforma no se aprobó hasta 2019, con la denominada *Copyright and Other Intellectual Property Provisions Act* 2019, por la que se añade un artículo 53A y un nuevo artículo 225A a la *Copyright and Related Rights Act*, para regular la excepción de minería de datos, de manera similar a la prevista en la DMUD.

## II. DIFERENCIAS ENTRE LAS EXCEPCIONES PREVISTAS EN LOS ARTÍCULOS 3 Y 4 DE LA DIRECTIVA 2019/790

### 1. Algunas apreciaciones comunes a ambos preceptos

Como se ha indicado en el apartado previo, el legislador europeo reguló dos excepciones de minería diferentes, cada una con su propio régimen. Lo hizo de forma perfectamente estructurada, en dos normas diferenciadas -el artículo 3 DMUD, en el caso de la minería para fines de investigación, y el artículo 4, referido a la minería para fines distintos de la investigación-, acompañadas de diversos considerandos, lo que permite al titular de derechos sobre obras y prestaciones que vayan a ser potencialmente minadas trazar una clara línea divisoria.

---

57 IRISH COPYRIGHT REVIEW COMMITTEE, “Modernising Copyright. Report prepared for the Department of Jobs, Enterprise and Innovation”, 13, 8-88. Véase GEIGER, C., FROSIO, G., y BULAYENKO, O., “Text and Data Mining: Articles 3 and 4 of the Directive 2019/790/E”, en *Propiedad intelectual y mercado único digital europeo,* Tirant Lo Blanch, Valencia, 2019, p. 53.

Cosa que es especialmente importante en el caso de la excepción prevista en el artículo 4 DMUD, toda vez que esta norma permite al titular de derechos decidir impedir la aplicación de la excepción de minería para fines diferentes a la investigación.[58] La regulada en el artículo 4 DMUD es, por tanto, una regla de carácter dispositivo para el titular de derechos. No estamos ante una verdadera excepción legal, sino ante un precepto que únicamente se aplica si el titular de derechos no lo ha derogado por contrato -mediante la inclusión de una disposición contractual en la que se reserve los derechos de hacer reproducciones y extracciones con fines de minería-, por declaración unilateral en la propia redacción de las condiciones de uso de la página web o, directamente, mediante la inserción de medidas tecnológicas de protección que impidan en la práctica la realización de actividades de minería.[59]

58 De ahí que se deba reconocer que, de los dos preceptos, únicamente el artículo 3 DMUD regula una verdadera excepción. El artículo 4 DMUD, sin embargo, permite al titular de derechos derogar su aplicación. Algo que, por definición, no es propio de las verdaderas excepciones. Con todo, no es el único límite que se aplica únicamente a falta de reserva de derechos por parte del titular. Lo mismo sucede, a modo de ejemplo, con la excepción para recopilaciones periódicas efectuadas en forma de reseñas o revista de prensa, de acuerdo con el artículo 32.1 LPI.

59 Téngase en cuenta que las condiciones de uso de la página web generalmente están visibles en el propio sitio web y son vinculantes para el usuario, incluso si no son aceptadas haciendo clic en alguna casilla específica. Sobre el importante freno que para la minería suponen las condiciones generales de la contratación presentes en las licencias de uso de bases de datos y que son efectivas gracias a medidas tecnológicas de protección se han pronunciado, GEIGER, C., FROSIO, G., y BULAYENKO, O., "The Exception for Text and Data Mining (TDM) in the Proposed Directive on Copyright in the Digital Single Market – Legal Aspects", *op. cit.,* 15.

Siguiendo la doctrina de los actos propios, en caso de no oposición, el legislador europeo presume la intención del titular de derechos de permitir la minería con fines distintos a la investigación. Teniendo en cuenta la articulación de esta regla en forma de presunción, la carga de la prueba de la falta de ejercicio del *opt out* corresponde al titular de derechos.

Es previsible que esta posibilidad de *opt out* del titular de derechos tenga una repercusión negativa en el objetivo de armonización europea para el impulso de la industria de minería de datos. Este dato ha de tenerse en cuenta a la hora de valorar cuáles podrán ser las fallas de la aplicación de esta nueva normativa y su comparación con los regímenes existentes fuera de la Unión Europea.[60]

Eso sí, la potencial reserva de derechos por parte del titular en modo alguno podrá derogar o limitar la aplicación de la excepción de minería con fines de investigación científica -excepción esta que sí es imperativa, en todo caso, de acuerdo con el artículo 7.1 DMUD-. De ahí que una disposición contractual en la que se impida al usuario de una base de datos protegida por el derecho *sui generis* llevar a cabo cualquier tipo de extrac-

---

60 Sobre las amenazas que para el desarrollo de sistemas de inteligencia artificial rigurosos e imparciales supone el ejercicio de la reserva de derechos para impedir la minería con fines comerciales, véase GONZÁLEZ OTERO, B., *op. cit.*, 83 y 91. Esta autora hace suyas las advertencias que la EUROPEAN COPYRIGHT SOCIETY señaló respecto de la Propuesta de Directiva planteada por la Comisión Europea -que será analizada más adelante-. En dicha Propuesta originaria de Directiva únicamente se preveía una excepción de minería con fines de investigación científica. De acuerdo con la EUROPEAN COPYRIGHT SOCIETY, esto era peligroso porque colocaba la efectividad de dicha norma en manos de intereses privados, con el consiguiente riesgo de que los editores hagan diferenciación en sus tarifas de suscripción a estos efectos. EUROPEAN COPYRIGHT SOCIETY, *General Opinion on the EU Copyright Reform Package*, 2017, 4, disponible en <https://europeancopyrightsocietydotorg.files.wordpress.com/2015/12/ecs-opinion-on-eu-copyright-reform-def.pdf>. [Consulta: 12/12/2023.].

ción de contenidos a efectos de minería sea, en lo que toca a la minería para fines de investigación científica, nula de pleno derecho y se deba tener por no aplicable.

Téngase en cuenta que tanto el artículo 3 como el artículo 4 DMUD se refieren a usos de técnicas de minería que puedan afectar al derecho de reproducción de obras y a algunos -no todos- derechos afines. A saber, el artículo 5, letra a), y el artículo 7, apartado 1, de la Directiva 96/9/CE, sobre protección de las bases de datos -en los que se regulan, respectivamente, el derecho de reproducción de la estructura de una base de datos original y el derecho de extracción y reutilización de los contenidos de una base de datos protegida por el derecho *sui generis*-; el artículo 2 de la Directiva 2001/29/CE, sobre derechos de autor en la sociedad de la información -el derecho de reproducción de obras protegidas por el derecho de autor-; y el artículo 15, apartado 1 DMUD -el derecho de reproducción y el derecho de puesta a disposición del público para el uso en línea de publicaciones de prensa por parte de prestadores de servicios de la sociedad de la información-. Por tanto, la aplicación de esta excepción no incluye actos de transformación, comunicación pública o distribución de obras en general, ni puede extenderse a derechos afines distintos de los referidos a bases de datos y publicaciones de prensa. Dichos actos requerirían, en todo caso, para ser lícitos, de la correspondiente autorización del titular de derechos.

Finalmente, también al hilo de identificar el campo de aplicación de estos dos nuevos límites de minería, debe llamarse la atención sobre la referencia a los programas de ordenador que se contiene en el artículo 4.1 DMUD, pero no así en el artículo 3 DMUD. A la mención a los derechos previstos en "el artículo 5, letra a), y el artículo 7, apartado 1, de la Directiva 96/9/CE, el artículo 2 de la Directiva 2001/29/CE, y el artículo 15, apartado 1, [DMUD]" del artículo 3.1 DMUD, el artículo 4.1 DMUD suma la referencia al "artículo 4, apartado 1, letras a) y b), de la Directiva 2009/24/CE". Precepto este último en el que se regulan los derechos del autor del programa de ordenador para controlar su "reproducción, total o parcial" y su "traducción, adaptación, arreglo o cualquier otra transformación". Creemos que una mejora de la regulación europea pasaría por la introducción paralela tanto en el artículo 3 DMUD como en el artículo 4 DMUD de una mención a los derechos de reproducción y transformación del titular del programa de ordenador.[61]

En efecto, la afectación de las facultades patrimoniales de reproducción y algunas formas específicas de adaptación -que, en algunos casos, será una traducción a otros lenguajes informáticos o cambios de formato exigidos para el proceso técnico de la minería- de los programas son necesarias tanto cuando se realiza minería con fines de investigación científica que tenga como objeto directo el programa como cuando -y esto será más habitual- se lleva a cabo minería de obras y prestaciones que exige, de forma indirecta, algún acto de minería de programas a los que se asocia el acceso o explotación de dichas obras o prestaciones protegidas cuya minería se pretende. Se incluyen, además, en general, los supuestos en los que la minería del programa tiene una finalidad diferente a la investigación científica.

## 2. *La excepción de minería con fines de investigación científica del artículo 3 DMUD*

Como se ha indicado, el artículo 3 DMUD -en el que se regula una verdadera excepción al derecho de autor y al derecho *sui generis* sobre bases de datos- únicamente permite la minería con fines de investigación científica. El considerando 8 DMUD, anteriormente citado, identifica quiénes son los principales

[61] Así se regula, en el plano nacional, en el apartado sexto del artículo 67 del Real Decreto-ley 24/2021, de 2 de noviembre, sobre el que volveremos más adelante. Norma española que -en este concreto punto- nos parece acertada.

que van a poder beneficiarse de este nuevo límite: la comunidad de investigadores. En particular, son dos los colectivos beneficiarios de esta nueva excepción, de acuerdo con el primer párrafo del artículo 3 DMUD: los organismos de investigación y las instituciones responsables del patrimonio cultural.

El artículo 2 DMUD define estos dos tipos de beneficiarios en sus apartados primero y tercero. En ambos casos se exige que la minería tenga como objetivo la investigación científica, si bien este término no se define en sentido estricto en la norma europea. Por tanto, la aplicación del artículo 3 DMUD exige el cumplimiento de dos requisitos acumulativos: i) la persona que pretenda realizar la minería debe ser o bien un organismo de investigación o bien una institución responsable del patrimonio cultural y ii) los resultados de la minería se deben utilizar únicamente con fines investigadores.[62]

Nótese que el legislador europeo no exige *per se* que la investigación científica en la que vaya a emplearse la minería carezca de todo fin lucrativo, siempre y cuando el sujeto que

[62] En contra de exigir este segundo requisito, y defendiendo que basta con que la minería sea realizada por un organismo de investigación o una institución responsable del patrimonio cultural se han pronunciado GEIGER, C., FROSIO, G., y BULAYENKO, O., "Text and Data Mining: Articles 3 and 4 of the Directive 2019/790/E", *op. cit.*, 60-61. Sin embargo, estos autores no exponen un motivo convincente de por qué las aplicaciones que una de estas instituciones pretenda realizar y no tengan un fin investigador deban merecer un trato diferenciado a las aplicaciones que quieran llevar a cabo otros sujetos que no entren dentro de las definiciones de organismo de investigación o institución responsable del patrimonio cultural y tengan un objetivo de investigación. Esta falta de argumentación, unida a la exigencia de interpretación restrictiva de las excepciones a los derechos de propiedad intelectual, nos conduce a descartar esta opción interpretativa.

pretenda llevarla a cabo sea un organismo de investigación o una institución responsable del patrimonio cultural.[63]

Actividades que, sin ser estrictamente minería de textos y datos, puedan subsumirse en el concepto de investigación científica podrán quedar amparadas por otros límites, como pueden ser la excepción para fines de ilustración de la investigación y la docencia prevista en el artículo 5.3.a) de la Directiva 2001/29/CE. Así sucede, por ejemplo, con la revisión científica por homólogos.[64]

De acuerdo con el artículo 2.1 y con el considerando 12 DMUD, el concepto de organismo de investigación es amplio, pero no es omnicomprensivo y, en todo caso, las dudas interpretativas que pueda generar habrán de resolverse de forma restrictiva, sin que quepa aplicación de la figura de la analogía. Incluye todas aquellas entidades cuyo objetivo principal sea la investigación científica, combinada o no con la prestación de servicios educativos, siempre que carezcan de ánimo de lucro -o bien reinviertan todos los beneficios obtenidos en sus propias investigaciones científicas- o que lleven a cabo sus actividades conforme a una misión de interés público reconocida por un Estado miembro.[65] Entre los ejemplos citados en el propio artículo 2.1 de la Directiva, con

---

63 La ausencia de fin lucrativo en la propia investigación sí está presente en las normas alemana y francesa, previas a la propia DMUD, tal y como se indicó en un apartado previo de este trabajo.

64 Así lo indica expresamente el considerando 15 DMUD, que también se refiere a los usos de obras y prestaciones protegidas al hilo de la investigación conjunta. Téngase en cuenta la necesidad de indicar, salvo que resulte imposible, la fuente, con inclusión del nombre del autor, de acuerdo con el artículo 5.3.a) de la Directiva 2001/29/CE.

65 De acuerdo con el citado considerando 12, "[d]icha misión podría quedar reflejada, por ejemplo, a través de la financiación pública o de disposiciones de la legislación nacional o de los contratos públicos". Por tanto, el concepto de misión de interés público se caracteriza por su amplitud y su reconocimiento permite cierto margen de libertad al Estado miembro.

carácter no taxativo, se mencionan las universidades, incluidas sus bibliotecas, y los institutos de investigación.[66]

Nótese, con respecto del primer requisito citado, que no se exige estrictamente que el organismo de investigación carezca de fin lucrativo, sino que la investigación en la que va a necesitarse la minería no lo tenga, lo que permitiría incluir en el ámbito subjetivo de beneficiarios de esta excepción a las instituciones que tienen como fin principal la investigación sin ánimo de lucro, aunque realicen, a su vez, otros fines secundarios que sí puedan resultar lucrativos.

Respecto de la tercera hipótesis, esto es, las entidades que desarrollan su actividad de investigación «conforme a una misión de interés público reconocida por un Estado miembro», esta mención permite amparar entidades privadas con ánimo de lucro que realizan investigaciones en colaboración con organismos públicos o por encargo de estos, como son aquellas que reciben fondos de las Administraciones Públicas para el desarrollo de proyectos de investigación en el seno de los cuales se pretende realizar actividades de minería de textos y datos, así como los organismos contratados por entes públicos para la realización de estudios en los que se vayan a emplear técnicas de minería y cuya titularidad -de dichos estudios- vaya a ser de la Administración comitente.[67]

---

66 Por su parte, el considerando 12 de la Directiva menciona también entre los beneficiarios los hospitales que llevan a cabo investigación científica -como suele suceder con los hospitales universitarios- y, en general, los centros de educación superior.

67 En este sentido también se ha pronunciado GARCÍA VIDAL, A., *op. cit.,* 115. En contra de la opinión aquí defendida, VICENTE DOMINGO, E. y RODRIGUEZ CACHÓN, T., *op. cit.,* pp. 123 y ss. Entendemos, al igual que la EUROPEAN COPYRIGHT SOCIETY, que no podría subsumirse en el límite de minería para fines de investigación del artículo 3 DMUD, sino que habría de quedar incluido en el límite de minería con fines comerciales, regulado en el artículo 4 DMUD, y

Por su parte, el considerando 12 DMUD excluye del concepto de organismo de investigación aquellos organismos «sobre los que las empresas comerciales tienen una influencia decisiva que permite a dichas empresas ejercer el control debido a situaciones estructurales, como de su condición de accionistas o socios, lo cual podría dar lugar a un acceso preferente a los resultados de la investigación». Dicha exclusión se aplica a los tres tipos de organismos de investigación: los que carecen de ánimo de lucro, los reinvierten sus beneficios en sus propias investigaciones científicas y los que cumplen alguna misión de interés público reconocida por un Estado miembro.

En esta exclusión podríamos subsumir, por ejemplo, aquellas universidades privadas que llevan a cabo una misión de interés público y que pueden, incluso, ser beneficiarias de cierta financiación pública o de ventajas fiscales, cuando haya empre-

---

susceptible de reserva por parte del titular de derechos, el supuesto en el que un periodista pretende llevar a cabo labores de minería de archivos de un periódico o de una biblioteca, con el objetivo de verificar la exactitud histórica de un concreto dato y combatir una noticia falsa. En este sentido, EUROPEAN COPYRIGHT SOCIETY, «Comment of the European Copyright Society Addressing Selected Aspects of the Implementation of Articles 3 to 7 of Directive (EU) 2019/790 on Copyright in the Digital Single Market», *op. cit.*, pp. 14-15, en donde se llama la atención sobre el carácter problemático que tiene en la práctica la aplicación del requisito de ausencia de ánimo de lucro, cuando una institución pública lidera una investigación en la que se requiere realizar labores de minería que más tarde van a ser empleadas, en algún acuerdo de colaboración, por algún operador privado. De acuerdo con la EUROPEAN COPYRIGHT SOCIETY, si se aplica un criterio flexible de interpretación, habrían de incluirse en el artículo 3 DMUD supuestos en los que el fin principal del organismo beneficiario es la investigación y solamente de forma secundaria y residual se pretende un uso posterior de los resultados de la minería que sí supongan un acto de explotación comercial. No compartimos este último argumento, toda vez que, como excepción que es, la interpretación del artículo 3 DMUD no puede ser extensiva o analógica.

sas o grupos empresariales que jueguen un papel decisivo en su estructura y marquen la hoja de ruta de su investigación.[68] Cosa que sucede cuando dichas empresas tienen un claro interés comercial en la posterior explotación de los resultados de la minería de que se trate.[69]

Asimismo, se incluirán en la exclusión prevista en el considerando 12 DMUD las agrupaciones de interés económico, nacionales o no, constituidas por sus socios para el desarrollo de actividades de investigación y, en general, cualquier sociedad mercantil, aun cuando tenga por objeto social el desarrollo de investigación científica, cuyos socios principales tengan la condición de empresarios, salvo que dicha empresa haya celebrado un contrato de encargo de obra con una Administración Pública y los resultados de dicho estudio se haya pactado que sean de titularidad pública.

El análisis previo a la aplicación de la exclusión prevista en este considerando 12 es complejo y dependerá de los matices del caso, lo que impide realizar amplias afirmaciones que puedan tener una aplicación general. Con todo, y sin perjuicio del análisis del caso concreto, creemos que puede defenderse que el considerando 12 DMUD no impide la subsunción en el artículo 3 DMUD del supuesto en el que un organismo público de investigación o algún sujeto que ostente en dicho organis-

---

68 Financiación pública que puede ser de origen nacional o supranacional, como sucede, por ejemplo, con los fondos europeos Horizonte 2020, que, en muchas ocasiones, se otorgan a consorcios conformados por organismos de investigación de diversos Estados miembros de la Unión Europea.

69 En contra de la postura adoptada por el legislador europeo se pronunciaron en su día -en 2017- reconocidos autores, como HILTY y RICHTER, quienes abogaban por incluir en el contexto de la excepción para minería con fines de investigación, de manera amplia, aquella realizada por sujetos privados con objetivos investigadores, incluso cuando hubiera un claro fin lucrativo y una clara influencia del sector privado. Véase HILTY, R., y RICHTER, H., *op. cit.*, 4.

mo un puesto de funcionario o personal laboral es contratado por una sociedad mercantil para realizar una investigación que exija labores previas de minería, aun cuando dichos contratos puedan procesarse por la vía prevista en el artículo 60 de la Ley Orgánica del Sistema Universitario -equivalente en este punto al antiguo artículo 83 de la Ley Orgánica de Universidades- y en su contenido se prevea la titularidad privada de los resultados del estudio objeto del encargo.

El matiz contenido en el considerando 11 DMUD tiene una relevancia práctica que no se corresponde con la ubicación de esta regla en el texto de la Directiva -en un mero considerando, y no en el texto del articulado-.[70] Este considerando permite extender la aplicación de la excepción de minería para fines de investigación a aquellos supuestos en los que existe un marco de colaboración entre el organismo de investigación y empresas del sector privado, siempre que la investigación en cuestión se lleve a cabo en el marco de esa asociación público-privada. Esta regla permite que un organismo de investigación o una institución responsable del patrimonio cultural que pretenda realizar minería con fines de investigación, pero carezca de los medios tecnológicos necesarios para ello pueda acordar con una entidad privada la utilización de sus medios, sin que ese acuerdo -posiblemente oneroso- impida aplicar al caso la excepción prevista en el artículo 3 DMUD. El legislador europeo no ha redu-

---

70 De acuerdo con este considerando, «En consonancia con la actual política de investigación de la Unión, que anima a las universidades y los institutos de investigación a colaborar con el sector privado, los organismos de investigación también han de poder acogerse a la excepción cuando sus actividades de investigación se lleven a cabo en el marco de asociaciones público-privadas. Si bien los organismos de investigación y las instituciones responsables del patrimonio cultural han de seguir siendo los beneficiarios de dicha excepción, deben también poder recurrir a sus socios privados para realizar la minería de textos y datos, también mediante la utilización de sus medios tecnológicos».

cido el campo de aplicación de estas alianzas público-privadas a empresas consolidadas, por lo que se puede subsumir en este supuesto la minería llevada a cabo en el seno de acuerdos entre organismos de investigación y pymes o *startups.*

Sin embargo, a pesar de su amplitud, ni el artículo 3 DMUD ni el considerando 11 DMUD, que acaba de ser citado, permiten acoger supuestos en los que la tarea de minería es realizada por un investigador individual sin afiliación a una organización específica.[71]

En paralelo, no puede olvidarse que el considerando 11 DMUD se refiere a la excepción obligatoria, es decir, a la excepción de minería con fines de investigación, y discernir en la práctica entre investigación con fines comerciales e investigación sin fines comerciales puede ser una tarea ciertamente complicada cuando la investigación en cuestión goce, al menos parcialmente, de financiación con fondos privados. Una interpretación acorde con las declaraciones de la Comisión presentes en la Exposición de Motivos de la Propuesta originaria de Directiva -que se analizarán en otro epígrafe de este trabajo- habría de conducir a subsumir en la excepción regulada en la DMUD la minería llevada a cabo por investigadores individuales, sin afiliación a organismos de investigación.[72] Sin em-

---

71 Hecho que ha sido fuertemente criticado por GEIGER, C., FROSIO, G., y BULAYENKO, O., "Text and Data Mining: Articles 3 and 4 of the Directive 2019/790/E", *op. cit.*, 59-60; y CASO, R., "Il conflitto tra diritto d'autore e ricerca scientifica nella disciplina del text and data mining della direttiva sul mercato único digitale", *Trento Law and Technology Research Group, Research Paper* N. 38, febrero de 2020, 19. Nótese que un estudiante de doctorado matriculado en una universidad pública sí será beneficiario de esta excepción, toda vez que la universidad en la que cursa sus estudios de tercer ciclo se subsumirá en el concepto de institución de investigación.

72 A favor de esta interpretación se ha pronunciado GONZÁLEZ OTERO, B., *op. cit.*, 89.

bargo, una interpretación restrictiva de la excepción dejaría fuera del ámbito de aplicación de la excepción este tipo de supuestos.[73]

Por su parte, el artículo 2.3 DMUD define el concepto de institución responsable del patrimonio cultural mediante ejemplos prácticos: habla de «una biblioteca o un museo accesibles al público, un archivo o una institución responsable del patrimonio cinematográfico o sonoro». El considerando 13 DMUD aclara que resulta irrelevante el tipo de obras u otras prestaciones que estas instituciones tengan en sus colecciones permanentes y cita, a modo de ejemplo, los archivos y bibliotecas que pertenezcan a centros de enseñanza, a organismos de investigación y a organismos de radiodifusión del sector público.[74]

---

73 En contra de la opinión aquí defendida se ha pronunciado LÓPEZ-TARRUELLA MARTÍNEZ, A., "Propiedad intelectual, inteligencia artificial y libre circulación de datos", en *Propiedad intelectual y mercado único digital europeo*, Tirant Lo Blanch, Valencia, 2019, p. 135. Nada impide que un legislador nacional haga uso de la posibilidad prevista en el artículo 25 DMUD para ampliar el campo de aplicación del límite de la minería con fines de investigación a sujetos que, de forma individual, sin ser parte de un organismo de investigación, desarrollen tareas de minería con el objetivo de aplicar los resultados a trabajos de investigación científica. En este sentido, EUROPEAN COPYRIGHT SOCIETY, «Comment of the European Copyright Society Addressing Selected Aspects of the Implementation of Articles 3 to 7 of Directive (EU) 2019/790 on Copyright in the Digital Single Market», *op. cit.*, p. 15.

74 Por ejemplo, la minería de contenidos que pretenda realizar, en búsqueda de un objetivo de investigación científica, el personal de entidades de radiodifusión públicas nacionales, como sucede, en el caso español, con Radiotelevisión Española, o entidades de radiodifusión públicas autonómicas, como pueden ser Telemadrid, TV3 o Canal Sur, estaría amparada en la excepción regulada en el artículo 3 DMUD, incluso si dichas instituciones públicas se sirven de los medios técnicos proporcionados por empresas privadas, por extensión de la aplicación del contenido del considerando 11 DMUD a las instituciones responsables del patrimonio cultural. No así la minería que puedan llevar a cabo entidades de radiodifusión privadas, como pue-

Para que la excepción del artículo 3 DMUD sea aplicable se exige que el acceso al contenido objeto de la minería haya sido lícito.[75] Este requisito se cumple, por ejemplo, en bases de datos que sigan políticas de acceso abierto o en contenidos disponibles de forma libre y gratuita en línea. Sin embargo, no podrá entenderse cumplido el requisito del acceso lícito en el caso de contenidos subidos a internet sin el consentimiento del titular de derechos de propiedad intelectual, esto es, no podremos aplicar la excepción de minería cuando estemos ante archivos infractores.[76]

Cumplirán el requisito del acceso lícito las obras o prestaciones protegidas que hayan sido objeto de préstamo público, de forma que el sujeto prestatario podrá beneficiarse de la excepción del artículo 3 DMUD. Por su parte, los acuerdos de préstamo interbibliotecario que puedan celebrarse entre organismos de investigación e instituciones responsables del patrimonio cultural permiten entender cumplido el requisito del acceso lícito por parte de dichas instituciones, siempre y cuando no supongan el incumplimiento de las condiciones previstas en la primera autorización de uso de obras o prestaciones protegidas o en el límite de préstamo público aplicable al caso.

Asimismo, se entenderá cumplida esta exigencia cuando medie un acuerdo entre los titulares de derechos y los organismos

---

den ser Antena 3 o Telecinco. Tampoco se subsumirían en el artículo 3 DMUD los proyectos de minería de datos que realice un organismo de radiodifusión del sector público cuando el objetivo directo perseguido con ello no sea estrictamente la investigación. La exigencia del carácter público del organismo de radiodifusión puede generar, en el ámbito del sector de la información, importantes diferencias entre organismos a la hora de aplicar la minería prevista en el artículo 3 DMUD o, por el contrario, tener que acudir al contenido del artículo 4 DMUD, con la consiguiente posibilidad de reserva de derechos por parte del titular, en este segundo caso.

75 Artículo 3.1 DMUD, completado por el considerando 14.

76 En contra, GARCÍA VIDAL, A., *op. cit.*, 121.

de investigación o las instituciones responsables del patrimonio cultural por el que se permita el acceso a los contenidos objeto de la minería, como puede ser la suscripción a una revista o a una base de datos. Sin embargo, no puede pasarse por alto el dato de que pocos organismos de investigación e instituciones responsables del patrimonio cultural tendrán capacidad económica para adquirir las licencias de uso de todas las bases de datos que sean relevantes para determinados proyectos de investigación.[77] En el caso de servicios de pago, la falta de suscripción de la licencia de uso correspondiente impide hablar de acceso lícito a los contenidos en cuestión y, por tanto, impide la aplicación de la excepción regulada en el artículo 3 DMUD.

La comprobación del carácter lícito del acceso suele realizarse mediante la implementación por parte del titular de derechos de autor o afines sobre las obras y prestaciones objeto de la minería de las correspondientes medidas tecnológicas de identificación de la persona que pretende el acceso, entre las que destacan las dos medidas mencionadas en el considerando 16 DMUD. A saber, la validación de la dirección IP o la autentificación de los usuarios.[78] Este considerando advierte de la necesidad de cumplir el requisito de la proporcionalidad, de forma que las medidas tecnológicas busquen estrictamente la comprobación

---

77 Hecho sobre el que ya han llamado la atención GEIGER, C., FROSIO, G., y BULAYENKO, O., "Text and Data Mining: Articles 3 and 4 of the Directive 2019/790/E", *op. cit.*, 29.

78 La mención expresa de la posibilidad de insertar medidas tecnológicas de comprobación del carácter lícito del acceso a los contenidos protegidos es, en sentido estricto, innecesaria, pues todo titular de derechos de autor o afines goza de la facultad de introducir estos mecanismos de acceso, sea o no con fines de posterior minería. Con todo, teniendo en cuenta el carácter imperativo para el titular de derechos de la minería con fines de investigación, no está de más la advertencia acerca de la posibilidad de insertar mecanismos técnicos que permitan el control del acceso.

del carácter lícito del acceso al contenido, y no otras finalidades adicionales. Ello con el objetivo de no menoscabar la aplicación efectiva de la excepción de minería.

Cuando el organismo beneficiario de la excepción tenga acceso lícito, se considera que sus empleados y el resto de personas vinculados a ellos y amparadas por esas suscripciones también cumplen el requisito del acceso lícito a efectos de llevar a cabo la minería.[79] Así sucederá, en el caso de las universidades, con las personas que formen parte de los estamentos de personal docente e investigador, personal de administración y servicios, personal docente e investigador en formación y estudiantado, tanto permanente como en movilidad. En particular, téngase en cuenta la relevancia que esta afirmación pueda tener en estudiantes de tercer ciclo que requieran de la minería de datos para completar sus tesis doctorales o sus investigaciones en el seno de contratos posdoctorales, así como personas que realicen estancias de investigación.

Por su parte, el artículo 3.2 DMUD y el considerando 15 exigen que las copias de obras y prestaciones protegidas minadas por el organismo de investigación o por la institución responsable del patrimonio cultural se almacenen con un nivel adecuado de seguridad, es decir, en un entorno seguro. Por tanto, quien pretenda ser beneficiario de esta excepción será también responsable de la articulación de las correspondientes medidas de seguridad requeridas por esta norma.

Siempre que se cumpla esta exigencia, el beneficiario podrá conservar las copias realizadas al hilo de la minería, pero únicamente con fines de investigación científica, como puede ser la verificación de los resultados de la investigación. La conservación de copias para fines diferentes de los estrictamente subsumibles en el concepto de investigación científica habrá de ser

---

[79] Dato indicado en el considerando 14 DMUD.

autorizada por el titular de derechos. De ahí la necesidad de interpretar de forma restrictiva el concepto de verificación de los resultados y otras tareas necesarias o útiles para la consecución del éxito de la investigación científica, siguiendo la tónica habitual de interpretación restrictiva de los usos permitidos por las excepciones a los derechos de autor y afines.[80]

Al hilo de lo anterior, el considerando 15 DMUD hace alusión al margen de libertad de los legisladores nacionales para implementar «a escala nacional y previa discusión con las partes interesadas correspondientes, otras disposiciones específicas para la conservación de las copias, incluida la facultad de designar organismos de confianza para su almacenamiento. Con el fin de no limitar indebidamente la aplicación de la excepción, esas disposiciones han de ser proporcionadas y limitarse a lo necesario para conservar las copias de forma segura y evitar los usos no autorizados». Este mensaje también se contiene en el artículo 3.4 DMUD, que hace un llamamiento a los Estados miembros para promover el trabajo conjunto de los titulares de derechos, organismos de investigación e instituciones responsables del patrimonio cultural, con el objetivo de establecer las mejores prácticas comunes referidas al nivel de seguridad del almacenamiento de copias -artículo 3.2 DMUD- y a la inserción de medidas tecnológicas para garantizar la seguridad e integridad

---

[80] Se sigue, por tanto, la doctrina interpretativa creada por el Tribunal de Justicia de la Unión Europea, de acuerdo con la cual «las disposiciones de una directiva que constituyen una excepción a un principio general establecido por esa misma directiva se han de interpretar restrictivamente» [sentencia de 16 de julio de 2009, asunto C-5/08, *Infopaq International A/S y Danske Dagblades Forening,* ECLI:EU:C:2009:465, FJ 56 *(TOL 2.164.088),* que recoge la interpretación contenida en sus anteriores pronunciamientos de 29 de abril de 2004, asunto C-476/01, *Kapper,* ECLI:EU:C:2004:261, apartado 72 *(TOL 393.473);* y sentencia de 26 de octubre de 2006, asunto C-36/05, *Comisión contra España,* ECLI:EU:C:2006:672, apartado 31 *(TOL 4.627.777)*].

de las redes y bases de datos en que estén almacenadas las obras u otras prestaciones minadas -artículo 3.3 DMUD-.[81]

En paralelo al artículo 3.2 DMUD, el mencionado artículo 3.3 de la Directiva indica que los titulares de derechos sobre las obras y prestaciones minadas pueden aplicar medidas tecnológicas que garanticen tanto la seguridad como la integridad de las bases de datos en que se contengan los contenidos protegidos que vayan a poder ser objeto de minería. Seguridad e integridad -o garantía de buen funcionamiento- que se podría ver comprometida, entre otros supuestos, cuando la base de datos o el contenido de que se trate reciba un número potencialmente elevado de solicitudes de acceso y descargas en un corto espacio de tiempo, tal y como destaca el considerando 16 DMUD.

Pensemos, por ejemplo, en la importancia que los mecanismos técnicos de salvaguarda de la integridad y la seguridad pueden tener para una base de datos de un hospital -protegida por el derecho *sui generis,* en caso de cumplir el requisito de la inversión sustancial en la obtención, verificación o presentación de sus contenidos- que contiene historiales médicos de pacientes y que puede ser objeto de minería con fines de investigación científica por otros organismos de investigación. Pensemos, asimismo, entre otros ejemplos, en la base de datos de expedientes académicos de una universidad o en la base de datos económicos del personal de dicha universidad o, por poner otro ejemplo que resultará familiar al personal docente e investigador, la base

---

81 Oportunidad que, como veremos, el legislador español materializó en el artículo 67.4 *in fine* del Real Decreto-ley 24/2021, de 2 de noviembre, en el que hace alusión a la aprobación de códigos de conducta voluntarios sobre las mejores prácticas aplicables, pudiendo estos ser promovidos por la Administración. Con todo ello se busca apaciguar los temores que habían manifestado algunas editoriales sobre la creación de bibliotecas paralelas a las propias instituciones cuyos contenidos fuesen minados, al hilo de un uso extensivo de la excepción de minería.

de datos del organismo nacional o autonómico encargado de la evaluación y acreditación de los cuerpos docentes.

La integridad y la seguridad de las compilaciones citadas en estos ejemplos podrían estar expuestas a importantes riesgos si no se adoptasen medidas de salvaguarda antes de permitir acciones de minería con sus contenidos. Así sucederá si el número de llamadas al servidor por minuto es superior a la capacidad del propio servidor en el que se encuentren alojados los contenidos objeto de la minería, por poner un ejemplo sencillo de mecanismo con el que se suele hackear una página web o una base de datos, al traducirse en un bloqueo de potenciales accesos posteriores. Eso sí, tal y como advierte el considerando 16 y el propio artículo 3.3 DMUD, los mecanismos técnicos que se inserten han de ser siempre proporcionales al fin perseguido, y no podrán convertir en papel mojado la excepción de minería o dificultar su ejercicio por parte de un beneficiario que tiene acceso lícito a las obras o prestaciones de que se trate.[82]

La declaración sobre el carácter imperativo de la excepción de minería para fines de investigación prevista en el considerando 5 DMUD se materializa en el texto del artículo 7 DMUD, en el que se declara inaplicable toda disposición contractual

---

[82] El legislador español dio un paso más a la hora de regular el requisito de la proporcionalidad. De acuerdo con el segundo párrafo del artículo 67.4 del Real Decreto-ley 24/2021, de 2 de noviembre, las medidas tecnológicas que pueden implantar los titulares de derechos se reducirán a aquellas que tengan como "único objetivo" garantizar la seguridad e integridad de las redes y bases de datos en que estén almacenadas las obras o prestaciones protegidas. Especialmente crítica con la norma europea se ha mostrado GONZÁLEZ OTERO, que sostiene que lo adecuado hubiera sido que el artículo 3 DMUD estableciera de forma estricta que estas medidas no podrían impedir el ejercicio de las nuevas excepciones de minería. Véase GONZÁLEZ OTERO, B., *op. cit.*, 98.

contraria al artículo 3 DMUD.[83] La inaplicabilidad de disposiciones contractuales que contradigan esta norma se traduce en la necesidad de tener por no puestas aquellas cláusulas contenidas en licencias de uso de bases de datos que excluyen la minería, muy habituales en el mercado, y contenidas, incluso, en bases de datos de acceso abierto.

Sin embargo, en la práctica, es probable que ocurra que el temor al empleo de bases de datos para minería con fines comerciales conduzca al titular de derechos a convertir el acceso a su base de datos en oneroso, de forma que el cumplimiento del requisito del acceso lícito se haga depender de la suscripción de la correspondiente licencia de uso no gratuita, lo que se podrá traducir en la subida generalizada de costes de acceso a bases de datos, se vayan a emplear o no en minería y pueda ésta tener como fin la investigación u otro objetivo. Igualmente, habrá que ver si en aquellos casos en los que el acceso a la base de datos ya fuera oneroso con carácter previo a la aprobación de la DMUD se ha experimentado o no un aumento de los precios de suscripción a partir de 2019.

De ahí que, por la vía contractual, la articulación del concepto de acceso lícito sirva, en cierta medida, para baipasear la efectividad de la norma imperativa prevista en el artículo 7.1 DMUD. De ahí también que puedan crearse diferenciaciones entre el volumen y la calidad de los datos y textos minados entre las diferentes instituciones beneficiarias del límite del artículo 3 DMUD, en función de cuál sea la capacidad presupuestaria de cada una.

---

83 De acuerdo con el citado considerando 5 DMUD, «[e]s conveniente establecer excepciones o limitaciones obligatorias con respecto a los usos de tecnologías de minería de textos y datos, la ilustración con fines educativos en el entorno digital y la conservación del patrimonio cultural». El artículo 7 DMUD no menciona expresamente el tipo de minería regulada en el artículo 4, sobre el que seguidamente volveremos.

El artículo 3 DMUD no prevé una obligación de pago de una compensación equitativa a los titulares de derechos sobre las obras o prestaciones minadas. La razón se explica en el considerando 17 DMUD: esta primera forma de minería únicamente ampara actividades de investigación científica y sus beneficiarios son únicamente los organismos de investigación y las instituciones responsables del patrimonio cultural -con los matices antes expuestos sobre la posibilidad de alianzas de investigación público-privadas-. De ahí que el posible perjuicio que pudiera derivarse del ejercicio de esta excepción para los titulares de derechos se entiende que es mínimo.

Se sigue, por tanto, la tónica dominante en materia de límites, siendo excepcionales aquellos que exigen el pago de una compensación equitativa por el uso de obras o prestaciones protegidas. El hecho de que esta cuestión no haya sido regulada en el propio texto del artículo 3 DMUD, sino en un considerando, no debe ser entendido por los legisladores nacionales como un margen de libertad en la decisión sobre la inclusión o no de una compensación equitativa en la norma nacional de transposición.[84]

### *3. La excepción de minería con fines distintos de la investigación científica del artículo 4 DMUD*

En contraposición con el artículo 3 DMUD, el artículo 4 DMUD prevé una excepción que ya no tiene como beneficiaros únicamente a organismos de investigación e instituciones responsables del patrimonio cultural, sino que se aplica a cualquier tipo de usuario, tenga o no como objetivo intrínseco de su actividad la investigación o persiga o no de forma coyuntural la investigación. Se trata de supuestos generales de minería de textos y datos, no ligados a fines de investigación sin ánimo

---

[84] Así se ha pronunciado también GARCÍA VIDAL, A., *op. cit.*, 123.

de lucro o con reinversión de los ingresos o en cumplimento de misiones públicas. Por tanto, este precepto se aplica, entre otros, a actos de minería con fines onerosos o comerciales.[85]

Pensemos en minería llevada a cabo para conocer hábitos de consumo -a efectos publicitarios o como paso previo para la toma de decisiones empresariales-. Pensemos, asimismo, en la minería requerida en muchos proyectos de *deepfake* o en diversos proyectos de inteligencia artificial generativa, que buscan la creación de imágenes, textos o vídeos a partir de contenido previamente existente, a los que se hizo alusión en las primeras páginas de este capítulo.

No podemos negar que el artículo 4 DMUD no regula un concepto real de excepción, porque permite que los titulares de derechos de autor o afines sobre las obras o prestaciones que vayan a ser minadas se hubieran reservado expresamente el uso de éstas para el fin de la minería, impidiendo, con ello, la efectividad de este precepto. Por tanto, la aplicación real de la excepción de minería general del artículo 4 DMUD será meramente residual, al quedar subordinada únicamente a aquellos supuestos en los que los titulares de derechos de autor o afines hayan decidido permitir la minería. Se aplica una suerte de presunción de autorización de la minería en todo supuesto de no exclusión expresa de esta o derivada de los actos propios del titular de derechos.

Este dato, sumado a la estrechez del número de supuestos que pueden englobarse en la excepción prevista en el artículo 3 DMUD, para fines de investigación, permite concluir que el alcance real de las excepciones de minería en el ámbito de

---

85 De acuerdo con el considerando 18 DMUD, «Además de la importancia que revisten en el contexto de la investigación científica, las técnicas de minería de textos y datos son utilizadas a gran escala por entidades tanto privadas como públicas para analizar grandes cantidades de datos en distintos ámbitos de la vida y con fines diversos, entre ellos para servicios gubernamentales, para la adopción de decisiones empresariales complejas y para el desarrollo de nuevas aplicaciones o tecnologías».

la Unión Europea es ciertamente limitado, a diferencia de lo que sucede en países como Japón o Estados Unidos. Ello hace que el territorio europeo no sea, en el momento actual, un lugar especialmente atractivo para ubicar empresas dedicadas a la minería de textos y datos, por los elevados costes que esta puede acarrear cuando la utilización que pretenda hacerse no pueda englobarse en la excepción del artículo 3 DMUD y los titulares de las obras o prestaciones de que se trate hayan decidido hacer uso de la posibilidad de reservarse los derechos que permite el artículo 4 DMUD.[86]

La excepción del artículo 4 DMUD se aplicará tanto a la minería realizada en el sector privado como a la minería que puedan hacer organismos públicos, incluidos los propios organismos de investigación y las instituciones responsables del patrimonio cultural, para fines distintos de la investigación científica. Por tanto, aquellas instituciones incluidas en el artículo 3 DMUD, también tienen cabida en el campo de aplicación del artículo 4 DMUD cuando la actividad que pretendan con la minería no sea estrictamente la investigación científica.

Así sucederá, por ejemplo, con aquella minería de obras y prestaciones que sea necesaria para que el personal de una universidad pública o de un centro de investigación pueda llevar a cabo aquellas actividades de transferencia, que no se subsuman, a su vez, en el concepto de investigación científica, posiblemente enmarcadas en el campo de aplicación del artículo 60 de la Ley Orgánica del Sistema Universitario -equivalente en este punto al antiguo artículo 83 de la Ley Orgánica de Uni-

---

[86] Sobre la grave carestía de datos a la que se enfrentan las empresas europeas, véase LÓPEZ-TARRUELLA MARTÍNEZ, A., *op. cit.*, 109 y ss; y DUCATO, R., y STROWEL, A., "Ensuring Text and Data Mining: Remaining Issues With the EU Copyright Exceptions and Possible Ways Out", *European Intellectual Property Review,* 2021, N. 43, Vol. 5, pp. 322-337.

versidades-.[87] Piénsese, asimismo, en la aplicación del artículo 4 DMUD a tareas de investigación y transferencia realizadas por instituciones privadas o por organismos sobre los que las empresas comerciales tengan una influencia decisiva que les permita ejercer el control, excluidas del ámbito de aplicación del artículo 3 DMUD por mor del considerando 12 DMUD. Otro ejemplo subsumible en el artículo 4 DMUD sería la minería realizada por un organismo de radiodifusión del sector público, en el seno de un acuerdo con una empresa privada, para la creación de un nuevo producto audiovisual con fines de entretenimiento, lo que queda fuera del concepto de investigación al que se refiere el artículo 3 DMUD.

Más allá de estos ejemplos específicos, la excepción general de minería del artículo 4 DMUD se aplica a usos de obras y prestaciones a efectos de minería que tengan como fin el desarrollo o la mejora de un servicio gubernamental que no pueda englobarse en el concepto de investigación científica, así como a cualquier fin comercial que pueda perseguir una entidad privada.

Al igual que el artículo 3 DMUD, también el texto del artículo 4.1 DMUD exige que el beneficiario de la excepción gene-

---

87 Ello sin perjuicio de las afirmaciones que se hicieron en el anterior apartado de este trabajo referidas a supuestos de aplicación del artículo 60 de la Ley Orgánica del Sistema Universitario a encargos de tareas de investigación al personal de las universidades. Sobre los posibles conflictos de aplicación del antiguo artículo 83 de la Ley Orgánica de Universidades y de los preceptos reguladores de la minería de datos ya había advertido JIMÉNEZ SERRANÍA, V., *op. cit.*, 254. Teniendo en cuenta el beneficio que la aplicación del artículo 3 DMUD supondría para las universidades, LÓPEZ-TARRUELLA MARTÍNEZ aboga por aplicar este límite obligatorio a actividades de transferencia del conocimiento a la sociedad, sin que tengan que depender de la decisión del titular de derechos de reservarse o no los usos de minería de acuerdo con el artículo 4 DMUD. Véase LÓPEZ-TARRUELLA MARTÍNEZ, A., *op. cit.*, 135.

ral de minería tenga acceso legítimo a las obras o prestaciones que vayan a ser minadas.[88] Dicho acceso lícito, como hemos analizado al hilo del estudio del artículo 3 DMUD, puede venir de la mano de una política de acceso abierto o puede tener su origen en algún acuerdo contractual entre el titular de derechos y la persona que pretenda llevar a cabo la minería.

El titular de derechos de autor o afines puede haberse reservado la facultad de llevar a cabo la minería de estos de formas muy diversas. En el caso de contenidos puestos a disposición del público en línea, esa reserva puede constar en las condiciones de uso del sitio web o del servicio en el que se contengan las obras o prestaciones protegidas o mediante la inclusión de *disclaimers* específicos o puede hacerse valer mediante la inserción de metadatos o medidas técnicas que permitan dicha reserva de derechos.[89]

---

88 Concepto que parece sinónimo del acceso lícito que el artículo 3 DMUD exige en el seno de la excepción de minería para fines de investigación. Así parece confirmarlo el considerando 18 de la Directiva, que se refiere expresamente a los supuestos en los que «el beneficiario acceda de forma legítima a la obra u otra prestación», y «también cuando se haya puesto a disposición del público en línea». Por el contrario, SÁNCHEZ ARISTI y OYARZABAL OYONARTE afirman que el requisito de la accesibilidad de forma legítima que se exige para la minería sin fines de investigación se limita a los casos de beneficiario que ostenta la condición de usuario legítimo, lo que no incluiría los supuestos en los que los contenidos sean accesibles merced a una política de acceso abierto. Véase SÁNCHEZ ARISTI, R. y OYARZABAL OYONARTE, N., *op. cit.*, 46. La postura defendida por estos autores no parece convencernos. Tengan en cuenta los lectores que la DMUD no emplea el término «adquirente legítimo», que el Tribunal de Justicia de la Unión Europea sí ha ligado al concepto de adquisición originaria de la copia o de adquisición posterior, tras el correspondiente agotamiento del derecho (véanse los pár. 80 y 81 de la STJUE (Gran Sala) de 3 de julio de 2012, asunto C-128/11, *UsedSoft GmbH contra Oracle International Corp.*).

89 Será habitual la inclusión de metadatos del tipo *robots.txt* que impiden a los *bots* rastrear el contenido de la página web de que se tra-

Cuando no estemos hablando de contenidos puestos a disposición del público en internet, la reserva de derechos no sólo puede tener su origen en una declaración unilateral del titular de derechos, sino también en acuerdos contractuales. En todo caso, el considerando 18 DMUD recuerda que los titulares de derechos pueden insertar medidas tecnológicas con las que garantizar el respeto de su reserva al uso de minería con fines distintos a la investigación. Solo cuando esta renuncia literal no exista y esas potenciales medidas tecnológicas no se hayan implantado, se podrá entender que estamos ante una licencia implícita para la minería.[90] En el resto de supuestos -en particular, en los casos en los que exista reserva literal de derechos, pero no así inserción de medidas tecnológicas que impidan la minería-, los usuarios habrán de solicitar autorización al titular de derechos para que la minería que pretendan hacer sea lícita.

Compartimos con GONZÁLEZ OTERO la preocupación por las repercusiones que el mecanismo de *opt out* previsto en el artículo 4 DMUD puede tener en el desarrollo de sistemas de inteligencia artificial que necesiten nutrirse de contenidos tras un proceso de minería. Algunas empresas podrán decantarse por el uso de contenidos de más fácil acceso a efectos de la minería, pero menor grado de seguridad o peor nivel de calidad de los datos, lo que no se traducirá en un caldo de

te. En ocasiones, estos metadatos son una combinación de *allows* y *dissallows* -es decir, de autorizaciones y prohibiciones- del rastreo de contenidos, permitiendo la minería de algunos *datasets* e impidiendo la minería de otros. Sobre los problemas técnicos asociados a la falta de estandarización de licencias, *disclaimers* y condiciones generales de uso de páginas web, véase MARGONI, T., "Text and Data Mining in Intellectual Property Law: Towards an Autonomous Classification of Computational Legal Methods", en *Handbook on Intellectual Property Research,* Oxford University Press, Oxford, 2020, 498-500.

90 En este sentido ya se pronunciaron HILTY, R. y RICHTER, H., *op. cit.,* 5.

cultivo idóneo para el desarrollo de una industria europea de inteligencia artificial fuerte y competitiva a nivel mundial.[91]

Dado que quien puede lo más también puede lo menos, el titular de derechos de autor o afines puede tomar decisiones de autorización de la minería imponiendo el cumplimiento de determinadas condiciones. Centrándonos en el titular del derecho *sui generis* sobre una base de datos, este sujeto puede optar por permitir la minería total de su base de datos o por autorizar únicamente una minería parcial y por hacerlo de forma gratuita u onerosa o bien por exigir el cumplimiento de alguna otra condición. Con todo, la minería únicamente parcial del contenido de una base de datos puede generar problemas de calidad de resultados de esa minería, que dejaría de cumplir la tan ansiada neutralidad que se persigue cuando se emplean este tipo de técnicas. En la toma de dichas decisiones, el titular de derechos ponderará la posible afectación o no a la explotación normal de su obra o prestación y sus legítimos intereses con los usos que puedan derivarse de la minería.

Nótese que el artículo 4.2 DMUD contiene una norma similar al artículo 3.2 DMUD, antes estudiado. De acuerdo con el artículo 4.2 de la Directiva, «Las reproducciones y extracciones realizadas de conformidad con el apartado 1 podrán conservarse durante todo el tiempo que sea necesario para fines de minería de textos y datos». La duración del tiempo de conservación habrá de valorarse en atención a las circunstancias de cada supuesto, pero, en todo caso, se ha de entender excluida la posibilidad de conservación indefinida. Este precepto no hace un llamamiento a la proporcionalidad del almacenamiento del contenido mina-

---

91 Véase GONZÁLEZ OTERO, B., *op. cit.*, 100. En este sentido también se han pronunciado GEIGER, C., FROSIO, G., y BULAYENKO, O., "Text and Data Mining: Articles 3 and 4 of the Directive 2019/790/E", *op. cit.*, 60; y FLYNN, S., GEIGER, C. *et all*, "Implementing user rights for research in the field of artificial intelligence: a call for international action", *European Intellectual Property Review*, 2020, N. 42, Vol. 7, pp. 393-398.

do tan explícito como la norma que le precede y, además, admite cierta matización o configuración por la vía contractual.

No puede pasarse por alto el dato de que el artículo 7.2 DMUD -en el que se regula la regla de los tres pasos- se aplica tanto a la excepción de minería prevista en el artículo 3 como a la minería regulada en el artículo 4 de esta Directiva. De ahí que también en relación con la minería para fines distintos de la investigación científica, se deba procurar un justo equilibrio entre los derechos de los autores y otros titulares de derechos y los intereses de los usuarios de obras y prestaciones protegidas, lo que obliga a los primeros a procurar las condiciones necesarias para que el ejercicio de las excepciones sea posible, a la vez que obliga a los segundos a no llevar a cabo por sí mismos actos de infracción de derechos con el fin de ejercitar alguna excepción, como sucedería si trataran de levantar alguna de las medidas tecnológicas de protección implantadas por los titulares de las obras y prestaciones protegidas.[92] La aplicación de la regla de los tres pasos para controlar los usos realizados por terceros será especialmente idónea en aquellos supuestos en los que, por no haberse opuesto el titular de derechos a la minería en los acuerdos contractuales firmados o en las condiciones de uso de su producto, y por no haber introducido medidas tecnológicas que la impidan, se entiende que ha permitido el ejercicio del límite de minería previsto en el artículo 4 DMUD.

Sobre la posibilidad de exigir el pago de un precio como contraprestación de la minería realizada, téngase en cuenta que el considerando 17 DMUD -en el que se afirma que el posible perjuicio provocado a los titulares de derechos por la minería es mínimo y, por ello, no indemnizable- no se aplica cuando ha-

---

92 Véase STAMATOUDI, I. y TORREMANS, P., *op. cit.*, 690. La elusión de las medidas tecnológicas por parte de los beneficiarios de la excepción supondría el incumplimiento automático del requisito del acceso lícito a las obras o prestaciones que vayan a ser objeto de la minería.

blamos de minería general o para fines distintos de la investigación. Este considerando solamente tiene en cuenta la minería para la investigación científica. El perjuicio para los titulares de derechos no tiene por qué ser mínimo cuando hablamos de un concepto de minería más amplio, para otros fines distintos de la estricta investigación científica o cuando es realizada por sujetos diferentes de los organismos de investigación e instituciones responsables del patrimonio cultural. En efecto, en este segundo grupo de casos, el ejercicio de la minería sí puede conllevar un importante perjuicio para los titulares de derechos de propiedad intelectual sobre las obras y prestaciones minadas. De ahí que el titular sí pueda negociar libremente el precio exigido para ello.

Con todo, la DMUD, ni en su artículo 4, ni en sus considerandos, hace mención de la posibilidad de solicitar un precio o indemnización por el ejercicio de la minería con fines distintos a la investigación. Entendemos que esta falta de referencia puede ser consciente, a efectos de no disuadir de la realización de actividades de minería, con la consiguiente migración de sujetos que pretendan llevar a cabo el minado a otras localizaciones geográficas distintas de la Unión Europea.[93]

Sea como fuere, la realidad actual es que no existe una armonización europea de la exigencia de un mecanismo de compensación equitativa para la minería, ni cuando el fin es científico, ni cuando se persiguen objetivos diferentes. La decisión sobre la exigencia de una remuneración justa y adecuada para la minería con fines distintos de la investigación quedará en manos del titular de los derechos. Qué duda cabe que la posibilidad de reserva de derechos a efectos de este tipo de minería traerá consigo una cierta diferenciación de precios entre diver-

---

93 También en este sentido, si bien referido a la falta de previsión en el artículo 67 del Real Decreto-ley 24/2021, de 2 de noviembre, de una compensación equitativa a pagar por la minería, se han pronunciado SÁNCHEZ ARISTI, R. y OYARZABAL OYONARTE, N., *op. cit.*, 47.

sos tipos de licencias de uso de obras y prestaciones -y, en especial, de bases de datos- que puedan ser objeto de minería.[94] En este sentido, y con el objetivo de analizar posibles reducciones de costes de gestión individual, entendemos que sería deseable un estudio jurídico y económico por las instancias europeas de los posibles beneficios que la regulación de un sistema de gestión colectiva obligatoria podría traer consigo en la implementación de la minería regulada en el artículo 4DMUD.

## III. ESTUDIO DEL ÍTER LEGISLATIVO EUROPEO DE ESTOS DOS NUEVOS LÍMITES

### *1. Algunas cuestiones preliminares*

En septiembre de 2016, la Comisión Europea presenta la Propuesta de Directiva sobre los derechos de autor en el mercado único digital,[95] tras haber publicado un total de tres Comunicaciones en las que se reflejaba la necesidad de fomentar la innovación en la investigación y crear un marco jurídico uniforme para la minería, eliminado las diferencias existentes entre los sistemas jurídicos nacionales de los Estados miembros.[96]

---

94 Esta consecuencia ya se adelantó en 2017 por HILTY, R. y RICHTER, H., *op. cit.*, 7.

95 COM(2016) 593 final - 2016/0280 (COD), presentado el 14 de septiembre de 2016.

96 Nos referimos a la Comunicación de 6 de mayo de 2015 *Una estrategia para el mercado único digital en Europa* (COM(2015) 192 final), la Comunicación de 9 de diciembre de 2015 *Hacia un marco de derechos de autor moderno y más europeo* (COM(2015) 0626 final) y la Comunicación de 14 de septiembre de 2016 *Promover una economía europea basada en los derechos de autor equitativa, eficiente y competitiva en el mercado único digital* (COM(2016) 592 final), acompañando esta última a la citada Propuesta de Directiva. Ya en la primera de estas Comunicaciones se reconocía «[l]a innovación en la investigación tanto para

Esta Propuesta de Directiva venía precedida de varios estudios en los que se destacaba cómo algunas de las excepciones contenidas en la Directiva 2001/29/CE y en la Directiva 96/9/CE podrían aplicarse también al proceso de minería, si bien con importantes limitaciones o restricciones,[97] entre otras, la

---

fines comerciales como no comerciales, basada en la utilización de la extracción de texto y de datos (por ejemplo, copiando textos y conjuntos de datos para buscar correlaciones o acontecimientos significativos) puede verse obstaculizada por un marco jurídico confuso y enfoques divergentes a escala nacional. Se evaluará la necesidad de incrementar la seguridad jurídica para que los investigadores y las instituciones educativas hagan mayor uso de material protegido por derechos de propiedad intelectual, incluso a través de las fronteras, de forma que puedan aprovechar el potencial de estas tecnologías y la colaboración transfronteriza, así como todas las partes de las propuestas sobre derechos de propiedad intelectual a la luz de su impacto en el conjunto de las partes interesadas» (apartado 2.4). Asimismo, la última Comunicación mencionada, presentada en paralelo con la Propuesta de Directiva, explicaba «La propuesta introduce también una nueva excepción obligatoria para la minería de textos y datos con fines de investigación científica. La excepción permitirá a los organismos de investigación utilizar tecnologías de extracción de texto y datos con plena seguridad jurídica. La instauración de una excepción obligatoria en este ámbito evitará que en los distintos Estados miembros se sigan enfoques divergentes en un ámbito, como es la investigación, en el que la cooperación interdisciplinaria a gran escala es cada vez más frecuente. Esto impulsará el avance y la innovación en la UE» (apartado 3).

97 Nos referimos a los estudios firmados por TRIALLE, J.P. *et all*, "Study on the Legal Framework of Text and Data Mining (TDM)", 2014, disponible en <https://op.europa.eu/en/publication-detail/-/publication/074ddf78-01e9-4a1d-9895-65290705e2a5/language-en>. [Consulta: 12/12/2023]; y CASPERS, M. y GUIBAULT, L., "Baseline report of policies and barriers of TDM in Europe", 2016, disponible en <https://project.futuretdm.eu/wp-content/uploads/2017/05/FutureTDM_D3.3-Baseline-Report-of-Policies-and-Barriers-of-TDM-in-Europe.pdf>. [Consulta: 12/12/2023].

excepción de reproducción transitoria o incidental -excepción de transposición obligatoria para los legisladores nacionales-, así como la excepción de copia privada y la excepción de ilustración con fines educativos o de investigación científica, contenidas respectivamente en los artículos 5.1, 5.2.b) y 5.3.a) de la Directiva 2001/29/CE. Asimismo, las excepciones para extracción y reutilización de una parte sustancial del contenido de una base de datos para fines de investigación, la extracción y reutilización necesarias para la normal utilización de la base de datos y la extracción de partes no sustanciales que no sea contraria a la explotación normal de la base de datos, ni lesione injustificadamente los intereses legítimos del fabricante de la base de datos, de acuerdo con los artículos 9.b), 6.1 y 8 de la Directiva 96/9/CE -siendo que estas dos últimas también tienen un carácter obligatorio para los legisladores de los Estados miembros-.[98] Téngase en cuenta, en todo caso, la doctrina interpretativa restrictiva de excepciones al derecho de autor y los derechos afines, antes mencionada, así como la imposibilidad de ampliar por parte de los legisladores nacionales el listado de usos digitales de obras y prestaciones protegidas con respecto a los límites ya contenidos, con carácter de *numerus clausus,* en los arts. 5.2° y 5.3° de la Directiva 2001/29.[99]

---

98 En particular, se trata de las dos únicas excepciones de carácter imperativo contenidas en la Directiva 96/9/CE.

99 Sobre la necesidad de interpretar de forma restrictiva los límites contenidos en las Directivas europeas, véanse la sentencia del Tribunal de Justicia de la Unión Europea de 16 de julio de 2009, asunto C-5/08, *Infopaq International A/S y Danske Dagblades Forening,* ECLI:EU:C:2009:465, FJ 56, que recoge la interpretación de los anteriores pronunciamientos de 29 de abril de 2004, asunto C-476/01, *Kapper,* ECLI:EU:C:2004:261, FJ 72 *(TOL 393.473),* y la sentencia del Tribunal de Justicia de la Unión Europea de 26 de octubre de 2006, asunto C-36/05, *Comisión contra España,* ECLI:EU:C:2006:672, FJ 31. Nótese que la posibilidad de que un legislador nacional amplíe en su ámbito interno el listado de excepciones previstas en la Directiva

Sobre la excepción prevista en el artículo 5.1 de la Directiva 2001/29/CE, el uso de la obra o prestación ha de ser temporal, incidental o transitorio, formar parte integral o esencial de un proceso tecnológico que tenga como único objetivo la transmisión en una red entre terceras partes por un intermediario o una utilización lícita de una obra o prestación protegida, y carecer de significación económica independiente. De acuerdo con el Tribunal de Justicia de la Unión Europea, ello implica que el acto de reproducción no tenga «ni existencia ni finalidad autónomas en relación con el proceso tecnológico del que forma parte» y que el acto de reproducción sea transitorio «a la luz del proceso tecnológico empleado si su duración se limita al tiempo necesario para su buen funcionamiento, entendiéndose que dicho proceso está automatizado en la medida en que suprime automáticamente el acto en cuestión sin intervención humana, desde el momento en que éste ha concluido su función en el marco de tal proceso».[100] Como se ha mencio-

---

2001/29/CE únicamente se contempla, en el art. 5.5.o) de ésta, para límites analógicos, no así para límites referidos a usos digitales de obras y prestaciones protegidas. De acuerdo con el TJUE, los límites que hayan podido regular los legisladores nacionales en transposición de las normas europeas no pueden incluir más usos de obras y prestaciones que los previstos en la correspondiente norma comunitaria. En este sentido, véase la sentencia del Tribunal de Justicia de la Unión Europea de 16 de noviembre de 2016, asunto C-301/15, *Soulier y Doke,* ECLI:EU:C:2016:878 *(TOL 5.868.486).* Sobre esta cuestión, nos remitimos a GARROTE FERNÁNDEZ-DÍEZ, I., *op. cit.,* 5.

100 Así lo ha interpretado el Tribunal de Justicia de la Unión Europea en su sentencia de 5 de junio de 2014, asunto C-360/13, *Public Relations Consultants Association Ltd y Newspaper Licensing Agency Ltd y otros,* ECLI:EU:C:2014:1195 *(TOL 4.629.531),* FFJJ 43 y 40. Ni el legislador europeo, ni el propio Tribunal de Justicia han especificado la etapa -dentro del proceso tecnológico- en la que dichos actos de reproducción han de llevarse a cabo, ni el dato de si es posible la intervención humana en dicho proceso. Sobre esta falta de determinación, véase STAMATOUDI, I. y TORREMANS, P., *op. cit.,* 673.

nado, la reproducción de la obra o prestación no puede tener ningún otro propósito distinto del de su transmisión en una red entre terceras partes por un intermediario o una utilización lícita de una obra o prestación protegidas, siendo que el considerando 33 de la Directiva 2001/29/CE define el concepto de utilización lícita asociándolo a aquellos usos autorizados por el titular de derechos o no restringidos por la ley.

En este punto, han de destacarse las dificultades que el cumplimiento de estas condiciones acarrea si se interpreta que su exigencia es acumulativa, como hizo el Tribunal de Justicia de la Unión Europea en el asunto *Infopaq (II).*[101] La aplicación generalizada de la excepción de copias incidentales o transitorias a supuestos de minería plantea importantes dudas en lo que al cumplimiento de la falta de significación económica independiente de la copia se refiere -pues la minería, por definición, busca extraer valor de los contenidos objeto de análisis, lo que dota la actividad de una significación económica independiente-, la finalidad de la transmisión de las obras y prestaciones a través de un intermediario -porque la minería supone, en sí misma, un acto de explotación separado, diferente de la finalidad perseguida por el legislador europeo de 2001, que era la de exigir responsabilidad a los prestadores de servicios de internet en su tarea de transmitir contenidos por internet-, así como en relación con el requisito de la duración -pues, en el caso de la minería, las copias de obras suelen tener una dura-

---

Sobre la imposibilidad de aplicar esta excepción a los actos de minería, que se suelen caracterizar por la conservación de las copias para poder verificar en el futuro la validez de las conclusiones alcanzadas, nos remitimos a GARCÍA VIDAL, A., *op. cit.*, 106.

101 Auto del TJUE de 17 de enero de 2012, asunto C-302/10, *Infopaq International A/S y Danske Dagblades Forening,* ECLI:EU:C:2012:16 *(TOL 2.517.360)* FJ 26. Sobre el carácter acumulativo de los requisitos enunciados en el artículo 5.1 de la Directiva 2001/29/CE, véase STAMATOUDI, I. y TORREMANS, P., *op. cit.,* 672.

ción mayor que el propio proceso de minado, de cara a garantizar el éxito de la verificación de dicha minería-.[102] De ahí que, en aplicación de la regla de los tres pasos prevista en el artículo 5.5 de la Directiva 2001/29/CE, la minería no sería un uso susceptible de subsumirse en esta excepción.[103]

Por su parte, la excepción de copia privada también tiene un difícil encaje en la mayoría de supuestos de empleo de técnicas de minería, toda vez que la letra del artículo 5.2.b) de la Directiva 2001/29/CE exige la ausencia de todo fin comercial, tanto directo como indirecto, y el requisito de que la copia de obras sea llevado a cabo por el propio beneficiario de la excepción, persona física, que la destine a usos estrictamente privados. Ello excluye todo uso colectivo en el seno de una organización o de un grupo de investigación. Además, no puede olvidarse la exclusión de la aplicación de esta excepción a bases de datos electrónicas (artículo 6.2.(a) de la Directiva 96/9/CE). Como han señalado algunos autores, la aplicación de la excepción de copia privada sí puede estar especialmente indicada para aquellos supuestos de minería excluidos del campo de aplicación del artículo 3 DMUD, es decir, los casos en los que un investigador realiza de forma aislada dicha minería, sin formar parte de un organismo de investigación o una institución responsable del patrimonio cultural.[104]

---

[102] A esta conclusión también llegan DUCATO, R. y STROWEL, A., "Limitations to Text and Data Mining and Consumer Empowerment: Making the Case for a Right to Machine Learning", *CRIDES Working Paper Series,* 2018, 13, <https://papers.ssrn.com/sol3/papers.cfm?abstract_id=3278901>. [Consulta: 12/12/2023.].

[103] Sobre los motivos por los que los actos de minería no cumplen, en general, con cada uno de los requisitos indicados en el artículo 5.1 y en el considerando 33 de la Directiva 2001/29/CE, véase STAMATOUDI, I. y TORREMANS, P., *op. cit.,* 674-675.

[104] Véase GEIGER, C., FROSIO, G., y BULAYENKO, O., "The Exception for Text and Data Mining (TDM) in the Proposed Directive on

Esas dificultades se encuentran también en la excepción de ilustración con fines educativos o de investigación científica, dado que el artículo 5.3.a) de la Directiva 2001/29/CE exige la ausencia de todo fin comercial y requiere que el uso no sea general para la educación o la investigación, sino estrictamente para la ilustración de un acto educativo o investigador.[105] Además del dato de que la mayoría de actos de minería tienen algún fin comercial, ya sea directo o indirecto -piénsese, por ejemplo, en la minería asociada a la llamada publicidad comportamental de los usuarios de un determinado producto o servicio, pero también en la minería realizada por cualquier empresa para conocer las tendencias de consumo de sus propios clientes, por ejemplo-, resulta complicado encontrar supuestos en los que la minería se emplea como único objetivo -o, al menos, como principal objetivo- para ilustrar la docencia o la investigación. La ilustración, para ser tal, exige, como en el caso de la excepción de la cita, la mención de la fuente de la que se extrajeron las obras y prestaciones minadas, salvo que dicha mención sea imposible.[106] Téngase en cuenta la extrema dificultad práctica -a pesar de que pueda no existir una imposibilidad técnica- de tener que mencionar la fuente de cada una de las obras o prestaciones empleadas en un acto de minería, toda vez que los procesos de minado suelen contener cantidades masivas de materiales, tal y como se expuso en el primer epígrafe de este trabajo.[107]

---

Copyright in the Digital Single Market – Legal Aspects", *op. cit.*, 11.

105 Téngase en cuenta la literalidad del artículo 5.2.b) de la Directiva 2001/29/CE, que limita la aplicación de esta excepción con la mención siguiente: «en la medida en que esté justificado por la finalidad no comercial perseguida», lo que se suma a la regla general de la interpretación restrictiva de toda excepción al derecho de autor o a un derecho afín.

106 En este sentido, STAMATOUDI, I. y TORREMANS, P., *op. cit.* 672 y 676-677.

107 Sobre las dificultades añadidas derivadas del carácter no imperativo de la implementación de esta excepción por parte de los legisladores

Las apreciaciones del párrafo anterior son extensibles a las excepciones para la investigación y la docencia previstas en la Directiva 96/9/CE, en el caso de bases de datos cuya estructura, por ser original, merece la protección por el derecho de autor (artículo 6.2.b), y en el caso de las bases de datos en cuya fabricación se hubiera empleado una inversión sustancial, merecedora de la protección por el derecho *sui generis* (artículo 9.b).[108] En particular, en el caso de la excepción referida al derecho *sui generis*, esta permite únicamente la extracción, pero no así la reutilización de los contenidos de la base de dato, lo cual ha sido ciertamente

---

nacionales de la Unión Europea y las diferencias encontradas entre las transposiciones nacionales nos remitimos a STAMATOUDI, I., "Text and Data Mining", en *New Developments in EU and International Copyright Law,* Kluwer Law International, Leiden, 2016, 272-273. Dado que no existe una imposibilidad técnica, la vigencia del requisito de la mención de la fuente de las obras minadas no contradice el principio *impossibilium nulla est obligatio.* Además, debe tenerse en cuenta que algunos ordenamientos, como el español, exigen que la ilustración se refiera no a la totalidad de la obra, sino a fragmentos de esta, lo cual limita enormemente su aplicación a efectos de la minería.

108 Téngase en cuenta la necesidad de dar una interpretación uniforme a los preceptos referidos a estas excepciones homólogas en las Directivas 2001/29/CE y 96/9/CE, que valore el contexto de las normas y la finalidad perseguida por ellas, a pesar de las posibles diferencias mínimas en la literalidad de las normas mencionadas, siguiendo con ello la tónica interpretativa del Tribunal de Justicia de la Unión Europea. En este sentido, puede citarse, por todas, la sentencia de 3 de julio de 2012, asunto C-128/11, *UsedSoft GmbH contra Oracle International Corp.*, ECLI:EU:C:2012:407 *(TOL 2.578.158),* FJ 39; y la sentencia de 7 de diciembre de 2006, asunto C-306/05, *Sociedad General de Autores y Editores de España (SGAE) contra Rafael Hoteles, S.A.*, ECLI:EU:C:2006:764 *(TOL 4.627.558),* FJ 31. El derecho *sui generis* tiene un carácter meramente patrimonial, de forma que no lleva asociado un derecho moral de paternidad, por lo que la mención de la fuente ha de entenderse referida a la identidad del fabricante de la base de datos.

criticado, al dejar fuera los actos de comunicación pública, que resultan necesarios para el desarrollo de la docencia.[109]

Finalmente, en lo que respecta a las excepciones específicas sobre bases de datos contenidas en los artículos 6.1 y 8.1 de la Directiva 96/9/CE, las conclusiones son, asimismo, negativas, en el sentido de no constituir excepciones indicadas para subsumir la mayoría de actos de minería de textos y datos contenidos en recopilaciones que merecen la tutela del derecho de autor o del derecho *sui generis*.

El artículo 6.1 de la Directiva 96/9/CE permite al usuario legítimo de una base de datos protegida por el derecho de autor efectuar actos de reproducción, comunicación pública, distribución y transformación siempre que «sean necesarios para el acceso al contenido de la base de datos y a su normal utilización por el propio usuario». Si bien el concepto de «normal utilización» es un concepto jurídico indeterminado, que no ha sido interpretado de manera uniforme por el Tribunal de Justicia de la Unión Europea, ha de vincularse con la falta de afectación de los legítimos intereses de los titulares de derechos, de cara a procurar cierta consistencia entre esta excepción y la tradicional regla de los tres pasos, como límite máximo de los límites a los derechos de propiedad intelectual.[110] Dicho esto, cuesta

---

109 Por todos, véase DERCLAYE, E., "The Database Directive", en *EU Copyright Law. A commentary,* Edward Elgar, Cheltenham, 2021, 243.

110 En este sentido, véase el estudio previo a la segunda evaluación de la Directiva de bases de datos de la Comisión Europea de 2018. Dicho estudio fue redactado por BENTLY, L., DERCLAYE, E., *et all,* con el título "Study in support of the evaluation of Directive 96/9/EC on the legal protection of databases", doi: 10.2759/04895 <https://digital-strategy.ec.europa.eu/en/library/study-support-evaluation-database-directive> [Consulta: 12/12/2023]. Véase p. 11. Existe una gran divergencia entre las transposiciones nacionales en este punto. En el caso francés, por ejemplo, se exige que los usos que puedan englobarse dentro de esta excepción se hayan previsto por contrato

entender que pueda incluirse en esta excepción todo acto de minería de cualquier tipo de base de datos, dada la amplitud del propio concepto de base de datos, que incluye recopilaciones tan heterogéneas como una compilación de sentencias y artículos jurídicos o las recopilaciones de historiales clínicos de un centro sanitario, por citar dos posibles ejemplos.

Por su parte, el artículo 8.1 de la Directiva 96/9/CE permite la extracción y reutilización de «partes no sustanciales de su contenido, evaluadas de forma cualitativa o cuantitativa, con independencia del fin a que se destine», lo que se completa con las siguientes advertencias: «no podrá efectuar actos que sean contrarios a una explotación normal de dicha base o que lesionen injustificadamente los intereses legítimos del fabricante de la base» (apartado segundo de este artículo 8) y «no podrá perjudicar al titular de unos derechos de autor o de derechos afines que afecten a obras o prestaciones contenidas en dicha base» (apartado tercero de este artículo 8).

Una primera nota definitoria del artículo 8.1 de la Directiva 96/9/CE es su amplitud: el uso de partes no sustanciales de la base de datos es libre, sea cual sea el fin que el usuario legítimo le quiera dar, lo cual incluiría, claro está, la minería de textos y datos. No cabe duda de que la minería de la totalidad del contenido de una base de datos quedaría fuera del ámbito de aplicación de esta norma. Más allá de este supuesto, en relación con actos de uso que no afecten a la totalidad del

---

(apartado quinto del artículo L122-5 del *Code de la propriété intellectuelle*), mientras que en el caso español se optó por una implementación literal, haciendo alusión a la «normal utilización por el propio usuario» (artículo 34 de la Ley de Propiedad Intelectual). Además del estudio que acaba de ser citado, un llamamiento a la necesidad de una mayor armonización de estos conceptos se contiene en GEIGER, C., FROSIO, G., y BULAYENKO, O., "The Exception for Text and Data Mining (TDM) in the Proposed Directive on Copyright in the Digital Single Market – Legal Aspects", *op. cit.*, 10 y 11.

contenido de la base de datos, la falta de seguridad jurídica asociada al concepto jurídico indeterminado de «parte no sustancial» ha sido fuertemente criticada por la doctrina, siendo que esta inseguridad no ayuda a construir una interpretación que permita su extensión a la minería en general.[111] En efecto, el derecho *sui generis* únicamente permite a su titular el control del uso de partes sustanciales de su contenido y no así de un concreto contenido o de un número no sustancial de estos.[112]

Generalmente, el concepto de parte sustancial se ha ligado a aquellos usos que vayan en contra de la posibilidad del titular del derecho *sui generis* de recuperar la inversión realizada, lo que exige un análisis *ad casum.*[113] Reflexión que ha de exten-

---

111 Por todos, BENTLY, L., DERCLAYE, E., *et all, op. cit.*, 18.

112 No deja de ser sorprendente que el Tribunal de Justicia haya determinado que, en el caso de bases de datos no protegidas ni por el derecho de autor ni por el derecho *sui generis*, el fabricante sí podrá controlar el uso de partes no sustanciales de su contenido, cuando así se haya previsto por contrato, y con independencia del artículo 8.1 de la Directiva 96/9/CE. Ello conduce a la paradoja de que, en el plano teórico, el usuario de una base de datos protegida por el derecho de autor o por el derecho *sui generis* tenga menos derechos de acceso que el usuario de una base de datos que carece de tutela por derechos de propiedad intelectual. Así, por ejemplo, el fabricante de una base de datos no protegida podrá prohibir mediante contrato el ejercicio de cualquier explotación de los contenidos de su base de datos e implantar en ella cualquier tipo de medida tecnológica de protección que impida su acceso y utilización por usuarios no autorizados, aun cuando dichas medidas carezcan de la tutela que la normativa de propiedad intelectual otorga a las medidas tecnológicas implantadas sobre bases de datos protegidas por el derecho de autor o por el derecho *sui generis.* Véase, en este sentido, la sentencia del Tribunal de Justicia de la Unión Europea de 15 de enero de 2015, asunto C-30/14, *Ryanair Ltd contra PR Aviation BV,* ECLI:EU:C:2015:10, FJ 40 y fallo *(TOL 4.631.848).*

113 Sobre la relación entre el concepto de parte sustancial e inversión realizada por el fabricante nos remitimos a DERCLAYE, E., *The Legal Protection of Databases. A Comparative Analysis,* 2008, Edward Elgar, 111.

derse a supuestos de minería, de manera que esta norma únicamente podrá aplicarse a aquellos proyectos de minería que no perjudiquen las posibilidades de recuperación de la inversión del fabricante de la base de datos. Sin embargo, dado que esta norma exige que el beneficiario de la excepción tenga la condición de usuario legítimo, el titular del derecho *sui generis,* en la práctica, podrá controlar efectivamente quién es y quién no es usuario legítimo, uniendo ese control a la inserción de medidas tecnológicas que impidan el acceso a la base de datos por quien no cumple las condiciones exigidas por el fabricante para ello -principalmente, el pago de la licencia de uso- o que impidan actos de minería que el titular entienda que afectan a sus posibilidades de recuperación de la inversión realizada.[114]

En conclusión, ninguna de las excepciones o limitaciones previstas en las Directivas vigentes antes de la aprobación de la DMUD era idónea para englobar actos generalizados de minería de textos y datos.[115] A ello se añade el propio carácter volun-

---

114 Cosa distinta es que dichas medidas tecnológicas, al resultar excesivas, por ir más allá del objeto protegido por el derecho *sui generis,* puedan no merecer protección por la normativa de propiedad intelectual, en caso de "craquearse", en el sentido señalado por el Tribunal de Justicia de la Unión Europea en su sentencia de 23 de enero de 2014, asunto C-355/12, *Nintendo contra PC Box Srl,* ECLI:EU:C:2014:25 *(TOL 4.070.910),* FJ 30. De acuerdo con el memorándum que acompañó a la Propuesta de Directiva de bases de datos (*Proposal for a Council Directive on the legal protection of databases* COM(92)24 final -SYN 393, DOCE C 156, de 23 de junio de 1992, p. 4), el concepto de usuario legítimo va unido a la autorización del titular de derechos o a usos permitidos por la ley, por lo que se podrían incluir en el artículo 8.1 de la Directiva 96/9/CE aquellas utilizaciones subsumibles en otras excepciones o limitaciones, lo cual resulta ciertamente redundante y tautológico.

115 En este sentido, GEIGER, C., FROSIO, G., y BULAYENKO, O., "The Exception for Text and Data Mining (TDM) in the Proposed Directive on Copyright in the Digital Single Market – Legal Aspects", *op.*

tario que la implementación de dichas excepciones ha tenido para los legisladores nacionales en algunos supuestos, como se acaba de indicar. De ahí la necesidad señalada por el legislador europeo de procurar un marco legal que permitiera dichos usos con un clima adecuado de seguridad jurídica.

## *2. Diferencias entre la Propuesta de Directiva y el texto de la Directiva finalmente aprobado*

La regulación que se preveía en la citada Propuesta de Directiva de 2016 tiene ciertas similitudes, pero también importantes diferencias, con la literalidad de los artículos finalmente aprobados. Ya entonces la propuesta de excepción de minería se refería al derecho de reproducción de la estructura de una base de datos original y al derecho de extracción y reutilización de los contenidos de una base de datos protegida por el derecho *sui generis*, al derecho de reproducción de obras protegidas por el derecho de autor y al derecho de reproducción y el derecho de puesta a disposición del público para el uso en línea de publicaciones de prensa por parte de prestadores de servicios de la sociedad de la información. Ni en la Propuesta de Directiva, ni en el texto finalmente aprobado se prevé ningún tipo de compensación o indemnización a los titulares de los derechos de autor y afines por los usos de sus obras y prestaciones protegidas en el marco de la excepción de minería.

La Propuesta de Directiva redactada por la Comisión únicamente preveía la excepción de minería a favor de organismos de investigación, lo que incluía, tal y como se explica en el apartado 3 de la Exposición de Motivos, la autorización de usos

---

*cit.*, 11 y 14; STAMATOUDI, I., *op. cit.*, 252; y STAMATOUDI, I. y TORREMANS, P., *op. cit.*, 682.

con fines comerciales de investigación científica[116] Por tanto, los únicos beneficiarios de esta excepción en la Propuesta de Directiva eran los organismos de investigación, a los que se les permitía llevar a cabo actos de minería, con independencia del carácter oneroso o no de los fines, siempre que se enmarquen en el concepto de investigación científica y siempre que dichos beneficiarios hubieran tenido acceso legítimo a las obras o prestaciones objeto de la minería. La amplitud de los usos permitidos por la excepción contrasta con la falta de regulación de una excepción equivalente a la contenida en el artículo 4 del texto finalmente aprobado -es decir, la minería con fines diferentes a la investigación científica-.[117]

A su paso por el Consejo, la redacción de la excepción de minería sufrió una importante matización. En primer lugar, se amplía el ámbito de aplicación de esta a las instituciones responsables del patrimonio cultural.[118] Asimismo, el Con-

---

116 De acuerdo con este apartado «Minería de textos y datos: la opción 1 consistía en iniciativas de autorregulación por parte del sector; otras opciones se basaban en la introducción de una excepción obligatoria aplicable a la minería de textos y datos; en la opción 2, la excepción solo era aplicable a los usos con fines no comerciales de investigación científica; la opción 3 autorizaba usos con fines comerciales de investigación científica, pero limitaba los beneficios de la excepción a algunos beneficiarios; la opción 4 iba más allá, ya que no restringía los beneficiarios; se consideró que la opción 3 era la más proporcionada».

117 Entre los autores contrarios a la estrechez del ámbito subjetivo de la norma propuesta podemos citar a ROSATI, E., "An EU text and data mining exception for the few: would it make sense?", *JIPLP,* 2018, Vol. 13, Núm. 6, 429 y ss. A favor de limitar la excepción de minería al ámbito científico se pronunció VON LEWINSKI, S., "Les exceptions au droit d'auteur", en *La réforme du droit d'auteur dans la société de l'information,* Mare & Martin, París, 2018, p. 140.

118 CONSEJO DE LA UNIÓN EUROPEA, *Proposal for a Directive of the European Parliament and of the Council on Copyright in the Digital Single Market,* Interinstitutional File 2016/0280 (COD). El artículo 2.3 de

sejo introduce un cambio fundamental: se añade una nueva excepción de minería con fines diferentes a la investigación científica, que podrá ser inaplicable si el titular de derechos se reserva el uso de su obra o prestación protegida para fines de minería.[119] Esta última excepción se configuró con un carácter voluntario para los Estados miembros, que serían quienes decidirían, por tanto, sobre su implementación efectiva en sus correspondientes ordenamientos nacionales o no.

Estos cambios fueron confirmados por la versión de la Comisión de Asuntos Jurídicos del Parlamento Europeo -con un nuevo matiz: la excepción de minería para fines diferentes de la investigación científica pasa a ser de obligatoria implementación para los Estados miembros, si bien se conserva el carácter no imperativo para los titulares de derechos-. Esta redacción fue finalmente aprobada en la votación plenaria de 26 de marzo de 2019, recibiendo la firma del Presidente del Parlamento y del Presidente del Consejo el 17 de abril de 2019 y siendo publicada en el Diario Oficial de la Unión Europea con fecha de 17 de mayo de 2019.[120]

---

la versión redactada por el Consejo definía por primera vez el concepto de institución de patrimonio cultural, habiendo permanecido dicha redacción en la versión finalmente aprobada. Para una visión comparada del texto originario y las posteriores versiones, así como de los dictámenes emitidos por la Comisión de Cultura y Educación, la Comisión de Mercado Interior y Protección del Consumidor, la Comisión de Industria, Investigación y Energía y la Comisión de Asuntos Jurídicos, véase <https://www.create.ac.uk/policy-responses/eu-copyright-reform/#table> [Consulta: 12/12/2023] y GONZÁLEZ OTERO, B., *op. cit.*, 83-89.

119 Artículo 3.a) de la versión redactada por el Consejo. A favor de la ampliación del ámbito de aplicación de la excepción de minería más allá de los usos referidos a la investigación se pronunció, antes de la adopción de la postura del Parlamento Europeo, ROSATI, E., *op. cit.*, 9.

120 Sobre el *iter* legislativo de la Propuesta de Directiva, antes de su paso por el Parlamento Europeo, nos remitimos a ROSATI, E., *op. cit.*, 8-9.

## IV. ANÁLISIS DE LA TRANSPOSICIÓN REALIZADA POR EL LEGISLADOR ESPAÑOL

Como se ha indicado previamente, la transposición española de los artículos 3 y 4 DMUD se realizó fuera de la Ley de Propiedad Intelectual. Se contiene en un único artículo, el 67, del Real Decreto-ley 24/2021. A este artículo 67 se suma, eso sí, el artículo 66 del mismo cuerpo legal, dedicado íntegramente a las definiciones de los principales conceptos sobre los límites y excepciones transpuestos. Entre ellos, el de organismo de investigación, minería de textos y datos e institución responsable del patrimonio cultural, haciendo una transcripción prácticamente literal de las definiciones creadas por el legislador europeo.[121]

Esta regulación es ciertamente mejorable.[122] Son varios los motivos que conducen a hacer esta crítica, tanto formales como de fondo. De hecho, parece más probable interpretar mal la norma española que hacerlo bien, porque su redacción es caótica y oscura y no diferencia adecuadamente los párrafos dedicados a la minería con fines de investigación científica, de los apartados referidos a la minería con fines diferentes a la investigación científica, susceptible esta última de reserva por el titular de derechos de propiedad intelectual. A continuación, se contienen algunos comentarios genéricos o globales sobre las debilidades de la norma

---

121 La ubicación de las definiciones relevantes a estos efectos en un artículo diferente no es *per se* criticable, sino que suele seguir la técnica legislativa habitual. Sin embargo, la concentración en un único precepto -el artículo 67 del Real Decreto-ley 24/2021- de la regulación del límite imperativo de minería para la investigación y del límite voluntario de minería para fines distintos de la investigación sí que plantea problemas interpretativos graves, que se exponen en este epígrafe del trabajo.

122 En este sentido se ha pronunciado anteriormente VICENTE DOMINGO, E., "La confusa trasposición del límite de la minería de textos y datos en el ordenamiento español y la proyectada reforma de la «Copyright and Patent Act» 1988", *op. cit.*, p. 3.

española, así como un análisis algo más específico de cada uno de los apartados del artículo 67 del Real Decreto-ley 24/2021.

El primero de los motivos de crítica ya fue apuntado por BERCOVITZ RODRÍGUEZ-CANO:[123] el legislador optó por regular todos los nuevos límites al derecho de autor -esto es, los límites de minería de textos y datos, de actividades pedagógicas digitales y transfronterizas, de conservación del patrimonio cultural, de pastiche, y a favor de las instituciones responsables del patrimonio cultural para el uso de obras y prestaciones fuera del circuito comercial- en los artículos 67 a 71 del propio Real Decreto-ley 24/2021, en vez de ubicarlos donde hubiera sido deseable, esto es, en vez de introducirlos expresamente en el cuerpo de la Ley de Propiedad Intelectual.[124] No se alcanza a comprender el moti-

---

123 Véase BERCOVITZ RODRÍGUEZ-CANO, R., "La transposición de las directivas de la UE sobre propiedad intelectual", Blog del Centro de Investigación en Propiedad Intelectual de la Universidad Autónoma de Madrid, [en línea], (2022), <https://www.propiedad-intelectual.dursa.com/blog/articulos-propiedad-intelectual>. [Consulta: 12/12/2023.].

124 Para un estudio de los límites de actividades pedagógicas digitales y transfronterizas y de conservación del patrimonio cultural y de la regulación del uso de obras fuera del circuito comercial, véanse los capítulos específicos contenidos en esta obra. Tengan en cuenta los lectores que la DMUD no regula en sí un límite de pastiche, sino que fue decisión del legislador español regular por primera vez este concepto, con el objetivo de "ref[orzar] la cobertura legal de las expresiones y construcciones multimedia que se replican y transmiten mediante Internet de persona a persona hasta alcanzar una amplia difusión –los conocidos como «memes»–, aunque este límite extiende también su ámbito al entorno analógico" -apartado VI de la Exposición de Motivos del Real Decreto-ley 24/2021-. La regulación del pastiche se ubica en el artículo 70 del citado Real Decreto-ley 24/2021, lo que resulta llamativo si se tiene en cuenta que la excepción de la parodia -con la que guarda ciertas similitudes- se contiene en el artículo 39 LPI. La mención del pastiche que la DMUD hace únicamente la encontramos en el artículo 17.7, que, a la hora de regular el régimen de responsabilidad de los prestado-

vo por el que el legislador español optó por no incluir estas normas, de manera uniforme, en el propio texto de la LPI, en el lugar dedicado a los límites y excepciones, es decir, en el Capítulo II del Título III del Libro I, utilizando en la medida que sea necesario la numeración *bis, ter* y *quater* de los nuevos artículos, junto con la correspondiente mención de los límites de la minería en los preceptos dedicados, por un lado, a la tutela de las editoriales de publicaciones de prensa y, por otro lado, a la protección de las bases de datos por el derecho *sui generis*, en el Libro II.[125]

Este dato resulta sorprendente si se tiene en cuenta que, a la hora de regular otros límites armonizados de forma más o menos reciente por el legislador europeo, el legislador español sí ubicó las reglas en el articulado de la LPI. Así sucede, a modo de ejemplo, con los límites referidos a seguridad pública, procedimientos administrativos, judiciales y parlamentarios (artículo 31 *bis* LPI), los límites en favor de personas con discapacidad (artículo 31 *ter* LPI), las obras huérfanas (artículo 37 *bis* LPI)

---

res de servicios para compartir contenidos en línea, indica que los Estados miembros deben garantizar el ejercicio de las excepciones de "a) citas, críticas, reseñas; b) usos a efectos de caricatura, parodia o pastiche" por parte de los usuarios que ponen a disposición contenidos generados por ellos mismos. Para un análisis de esta cuestión, véase PERDICES HUETOS, A., "Pastiches. Imitaciones y mezclas en el derecho de autor", Blog del Centro de Investigación en Propiedad Intelectual de la Universidad Autónoma de Madrid, <https://blog.cipi.es/blog2-intelectual/item/201-pastiches-imitaciones-y-mezclas-en-el-derecho-de-autor>. [Consulta: 12/12/2023.].

125 En efecto, esta forma alternativa de transposición que nos parece más apropiada habría de venir de la mano de una referencia específica, por un lado, en el artículo 132 LPI, dedicado a la aplicación de determinadas normas del Libro I a los derechos del Libro II, o bien en el propio artículo 129 *bis* LPI -en el que se regula el nuevo derecho afín de las editoriales de publicaciones de prensa- y, por otro lado, en el artículo 137, para extenderlo a las bases de datos tuteladas por el derecho sui generis.

y la regla de cierre aplicable a la interpretación de todos los límites: la llamada regla de los tres pasos (artículo 40 *bis* LPI).

Además de la sensación de caos normativo y falta de sistematicidad que ello supone, la desafortunada técnica legislativa empleada por el legislador español plantea problemas interpretativos en relación con la regla de los tres pasos.[126] Siendo que el legislador nacional decidió no regular el límite de minería en la LPI, no se comprende la razón por la que no incorporó al Real Decreto-ley 24/2021 el primer inciso del art. 7.2º DMUD, relativo a la aplicación de la prueba de las tres etapas a los límites de los arts. 3 a 6 de la Directiva. Como es sabido, esta regla se contiene en el artículo 40 *bis* LPI, al que el Real Decreto-ley 24/2021 no remite ni hace referencia alguna. De acuerdo con el texto del citado artículo 40 *bis* LPI «Los artículos del presente capítulo no podrán interpretarse de manera tal que permitan su aplicación de forma que causen un perjuicio injustificado a los intereses legítimos del autor o que vayan en detrimento de la explotación normal de las obras a que se refieran». Nótese que la mención del «presente capítulo» ha de entenderse referida, al menos de forma directa, únicamente al Capítulo II del Título III de la LPI, es decir, a los arts. 31 a 40, en los que se regulan los límites a los derechos previstos en los arts. 17 a 21 LPI.

La extensión de la aplicación de la regla de los tres pasos a los límites de minería de textos y datos habrá de venir de la mano del papel que jueguen los órganos jurisdiccionales al interpretar el actual artículo 67 del Real Decreto-ley 24/2021. En particular, el rol que lleve a cabo el Tribunal de Justicia de la Unión Europea al interpretar el artículo 7.2 DMUD será decisivo. Los jueces españoles no pueden olvidar que este precepto europeo declara que el artículo 5.5 de la Directiva 2001/29/CE, en el que se contiene la regla de los pasos, se aplica a los límites y excepcio-

---

[126] Crítica que ya ha sido expuesta anteriormente por GARROTE FERNÁNDEZ-DÍEZ, I., *op. cit.*, 6.

nes previstos en los artículos 3 a 6 DMUD.[127] De ahí que una interpretación conforme con el Derecho europeo exija entender aplicable a los dos límites de la minería la regla de los tres pasos.

Menos criticable resulta la falta de transposición expresa del artículo 7.1° DMUD al Derecho español, en el que se prevé la ineficacia de cualquier cláusula contractual contraria al límite de minería de datos con fines científicos -junto con las cláusulas contrarias al límite de actividades pedagógicas digitales y transfronterizas y al límite de conservación del patrimonio cultural-. El legislador español bien pudo entender que el carácter imperativo va de suyo en la propia naturaleza de un límite a un derecho de autor o a un derecho afín.[128] Este posible lapsus del legislador español puede corregirse por la vía interpretativa.[129] Sin embargo, hubiera sido conveniente transcribir el sentido del artículo 7.1° DMUD, como recordatorio para el titular de derechos del dato de que toda cláusula contractual que dificulte o impida la minería con fines de investigación se tendrá por no puesta.

---

127 Esta reflexión se aplica no sólo a los dos límites de minería de textos y datos, sino también al límite de actividades pedagógicas digitales y transfronterizas y al límite de conservación del patrimonio cultural. Por extensión, también habrían de aplicarse a los otros dos límites que el legislador español decidió regular en el Real Decreto-ley 24/2021, esto es, al límite del pastiche y al límite a favor de las instituciones responsables del patrimonio cultural para el uso de obras y prestaciones fuera del circuito comercial. De ahí que nuestro comentario deba extenderse a la totalidad de límites contenidos en los artículos 67 a 71 del Real Decreto-ley 24/2021. Nótese, eso sí, que la interpretación correctora que aquí proponemos no puede basarse en sentido estricto en el artículo 7.2 DMUD en lo que al pastiche y al límite a favor de las instituciones responsables del patrimonio cultural para el uso de obras y prestaciones fuera del circuito comercial se refiere, pues el citado precepto no se refiere a estos dos límites.

128 Así opinan SÁNCHEZ ARISTI, R. y OYARZABAL OYONARTE, N., *op. cit.*, 37.

129 En este sentido, GARROTE FERNÁNDEZ-DÍEZ, I., *op. cit.*, 7.

El tercer motivo de crítica del artículo 67 del Real Decreto-ley 24/2021 es de mayor calado. El legislador nacional no logra diferenciar bien en el texto de esta norma la existencia de dos límites diferenciados, de dos regímenes aplicables a la minería de textos y datos que poco o nada se parecen, pues uno de ellos permite al titular de derechos algo que, por definición, no es propio de un límite: decidir sobre su no aplicación a la obra o prestación protegida de que se trate. La subdivisión interna en siete apartados de este artículo 67 no sirve a estos efectos, pues no remarca cuáles se aplican a cada tipo de minería. Qué duda cabe que la diferenciación entre los dos tipos de minería hubiera sido más sencilla si se hubieran empleado dos preceptos distintos -uno para la minería con fines de investigación científica y otro para la minería que persiga otros fines-, como hizo el legislador europeo, sin perjuicio de que ambos compartieron la propia definición del concepto de minería, contenida en el artículo 66.1 del Real Decreto-ley 24/2021. El riesgo de una errónea implementación de la norma española por parte de los operadores jurídicos, derivado de la incorrecta transposición llevada a cabo por el legislador, es palpable.[130]

Sirva de ejemplo de la crítica a la que se refiere el párrafo anterior de este trabajo el propio apartado primero del artículo 67 del Real Decreto-ley 24/2021, que dicta: «[n]o será precisa la autorización del titular de los derechos de propiedad intelectual para las reproducciones de obras y otras prestaciones acce-

---

130 Sin embargo, de la lectura del preámbulo del Real Decreto-ley 24/2021 se infiere que el legislador nacional sí tenía claro que debía transponer dos límites diferenciados. En el apartado VI de dicho preámbulo se indica: "se destacan los nuevos límites de minería de textos y de datos tanto para uso científico como comercial que precisan del tratamiento de grandes cantidades de información para adquirir nuevos conocimientos y descubrir nuevas tendencias, siendo uno de los elementos claves del negocio en la Red; no obstante lo cual, este límite apoya de manera decisiva a los sectores de investigación e innovación".

sibles de forma legítima realizadas con fines de minería de textos y datos». Esta norma no indica si con su aplicación pretende abarcar únicamente la minería dedicada a la investigación o si también se extiende a la minería general. Hay que seguir leyendo hasta el apartado tercero de este artículo 67 para encontrarnos la siguiente declaración: «[l]o dispuesto en el apartado 1 no será aplicable cuando los titulares de derechos hayan reservado expresamente el uso de las obras a medios de lectura mecánica u otros medios que resulten adecuados». En este apartado tercero se echa en falta claramente una referencia al supuesto en el que es lícito que el titular se reserve los derechos que puedan verse afectados por la minería: únicamente cuando el usuario no pretende llevar a cabo investigación científica con los resultados obtenidos de dicha minería. Como vemos, en el estado actual, el artículo 67.3 del Real Decreto-ley 24/2021 no aclara si se refiere a la minería en general o si el titular de derechos puede también realizar esta reserva cuando estemos ante una minería con fines de investigación científica. Este déficit casa mal con el mandato previsto en el artículo 7.1 DMUD -cuyo texto, recordemos, dicta: «[s]erá inaplicable toda disposición contractual contraria a las excepciones establecidas en los artículos 3, 5 y 6»-.

Más allá de este extremo, en general, la comprensión del precepto español exige varias lecturas sosegadas. Tras un estudio detallado de este, se pueden extraer una serie de conclusiones. La primera, el apartado 2 del artículo 67 RD-L 24/2021 se refieren a la minería con fines de investigación y sería el equivalente al artículo 3.1 DMUD, mientras que el apartado 3 del artículo 67 RD-L 24/2021 de la norma española ha de entenderse referido a la minería en general, siendo la transposición del artículo 4.3 DMUD. Resulta imperiosa una modificación del apartado 3 del artículo 67 RD-L 24/2021 que clarifique que el mecanismo de *opt out* únicamente se refiere a minería con fines diferentes de la investigación científica.

El apartado primero de la norma española sí hace mención de la necesidad de que el acceso a los contenidos minados sea lícito.[131] Sin embargo, esta referencia no se contiene en el resto de apartados de este precepto -salvo los apartados quinto a séptimo, referidos, de forma específica, a supuestos de minería de bases de datos y programas de ordenador-, lo cual es un error del legislador español, que resulta especialmente grave en lo que el apartado tercero -sobre minería para fines diferentes de la investigación- se refiere. Una correcta transposición de la norma europea pasa por dejar claro que únicamente puede minar -con independencia de la finalidad perseguida- quien tiene acceso lícito a los contenidos objeto de la minería. Asimismo, sería pertinente que el legislador nacional precisase algunos supuestos en los que se entienda que los beneficiarios de la excepción de minería han tenido acceso lícito a las obras o prestaciones que pretenden minar, siquiera someramente, anunciando un par de ejemplos -como podría ser el acceso a contenidos basado en una política de acceso abierto o por medio de disposiciones contractuales pactadas por los titulares de derechos y los beneficiarios del límite-, como hizo el legislador europeo en el considerando 14 DMUD.

A la hora de identificar a los titulares afectados por el límite, el artículo 67.1 del RD-L 24/2021 habla, de manera global, del «titular de los derechos de propiedad intelectual» y de las «obras y otras prestaciones». Ello contrasta con el artículo 3.1 DMUD, que limita su campo subjetivo de aplicación a los titulares de «los derechos previstos en el artículo 5, letra a), y el artículo 7, apartado 1, de la Directiva 96/9/CE, el artículo 2 de la Directiva 2001/29/CE, el artículo 4, apartado 1, letras a) y b), de la Directiva 2009/24/CE y el artículo 15, apartado 1, de la presente

---

131 Este apartado habla de «obras y otras prestaciones accesibles de forma legítima». Hubiera sido más clarificador afirmar «siempre que se haya tenido acceso lícito a las obras y prestaciones objeto de la minería». En este sentido también se ha pronunciado VICENTE DOMINGO, E., "La confusa trasposición del límite de la minería de textos y datos en el ordenamiento español y la proyectada reforma de la «Copyright and Patent Act» 1988", *op. cit.*, p. 14.

Directiva». Nótese que el artículo 2 de la Directiva 2001/29/CE habla de las obras, las fijaciones de las actuaciones de artistas, intérpretes o ejecutantes, los fonogramas de los productores, las fijaciones de películas de los productores audiovisuales y las fijaciones de las emisiones de los organismos de radiodifusión.

Podría pensarse que el legislador español ha optado por ampliar el campo de aplicación de la regla española, de manera que abarque, de forma extensa, toda obra o prestación protegida, lo cual no supone un incumplimiento *per se* de la regla de los tres pasos. Más bien parece una mejora cualitativa, que incluya de forma literal la minería de obras y de otras prestaciones, como las bases de datos y las publicaciones en línea, los fonogramas y las grabaciones audiovisuales, pero también las meras fotografías y las producciones editoriales protegidas por derechos afines, procurando a todos ellos un mismo régimen. No puede pasarse por alto que únicamente los derechos mencionados expresamente en el artículo 3.1 DMUD son los que cuentan con una armonización efectiva a nivel europeo, mientras que el resto de derechos afines a los que se aplicaría la regla española, regulados en el Libro II LPI, carecen de uniformidad real derivada de normas europeas.

De ser este el objetivo del legislador español, en todo caso, casaría con el artículo 25 DMUD, que permite a los legisladores nacionales de los Estados miembros adoptar (o mantener en vigor) disposiciones más amplias que los límites regulados en la DMUD, siempre que sean compatibles con las excepciones y limitaciones establecidas en la Directiva 2001/29 y en la Directiva 96/9. Este artículo 25 DMUD no deja de ser llamativo, por su amplitud, dado que el potencial margen de ampliación permitido a los legisladores nacionales genera un cierto riesgo de acabar convirtiendo los arts. 3 y 4 DMUD en reglas de mínimos, con la consiguiente afectación del objetivo de alcanzar un nivel real de uniformidad europea. El planteamiento de una cuestión prejudicial sobre este punto por algún tribunal español que avale o descarte la interpretación que proponemos en este trabajo sería especialmente interesante.

Respecto a las definiciones de los beneficiarios del límite de minería con fines de investigación, del artículo 66 del Real Decreto-ley 24/2021 se pueden destacar los siguientes rasgos. El artículo 2 DMUD indica, de forma ilustrativa, que «una universidad, incluidas sus bibliotecas» y «un instituto de investigación" son subtipos de «organismos de investigación», a lo que el considerando 12 DMUD añade los hospitales. Sin embargo, la norma española, no introduce estos ejemplos en la definición, sino que simplemente define los organismos de investigación como «toda entidad cuyo principal objetivo sea realizar investigaciones científicas o llevar a cabo actividades educativas que también impliquen investigaciones científicas», para transcribir seguidamente de forma literal el resto de requisitos contenidos en el artículo 2 DMUD.

Por su parte, la definición de «institución responsable del patrimonio cultural» contenida en el artículo 66 del Real Decreto-ley 24/2021 es un calco del artículo 2 DMUD, con el añadido de que el legislador español prefirió incluir expresamente el listado de ejemplos contenido en la segunda frase del considerando 13 DMUD. A saber, «debe entenderse que incluyen, entre otros, las bibliotecas nacionales y los archivos nacionales y, en lo que respecta a sus archivos y bibliotecas accesibles al público, los centros de enseñanza, los organismos de investigación y los organismos de radiodifusión del sector público». La opción española referida a la definición de institución responsable del patrimonio cultural es loable, pues tiene por objetivo la ejemplificación o ilustración de diversos supuestos que pueden subsumirse en este tipo de beneficiario del límite, lo que contribuye a facilitar su interpretación. Carácter ilustrativo que no se predica, sin embargo, de la definición del concepto de organismo de investigación. En una futura reforma de la norma española, sería deseable que se incluyeran en la definición de organismos de investigación los ejemplos que están presentes en el artículo 2 DMUD: las universidades y los institutos de investigación.

El apartado segundo del artículo 67 RD-L 24/2021 es aplicable a ambos tipos de minería, pues es el epígrafe en el que se indica, por un lado, que las reproducciones y extracciones de contenidos pueden conservarse el tiempo que sean necesarios para la minería y, por otro lado, que el beneficiario de la excepción de minería ha de cumplir el principio de legalidad, en general, y las exigencias de la normativa de protección de datos personales y garantía de los derechos digitales, en particular. Este artículo 67.2 RD-L 24/2021 es el equivalente a los artículos 3.2 y 4.2 DMUD. Resulta especialmente acertada la referencia a la necesidad de cumplir con las exigencias de la normativa de protección de datos personales al hilo de la mención de la posibilidad de conservación de copias.

El artículo 67.4 RD-L 24/2021 transpone los apartados segundo, tercero y cuarto del artículo 3 DMUD, dado que alberga un triple contenido: (i) la regla de que el beneficio de la excepción puede conservar las copias de obras y prestaciones minadas a efectos de la verificación de los resultados de la investigación, pero debe hacerlo siempre con un nivel adecuado de seguridad, (ii) la posibilidad de que los titulares de derechos inserten medidas tecnológicas para garantizar la seguridad e integridad de sus obras y prestaciones protegidas, y (iii) la promoción por parte de la Administración pública del diálogo entre los titulares de derechos y los beneficiarios por la excepción de minería con fines de investigación para procurar identificar las mejores prácticas comunes para la aplicación de este límite y la correcta implementación de las medidas previstas en el propio artículo 67.4 RD-L 24/2021. En particular, la referencia al papel de la Administración es un rasgo loable de la norma española, que no está presente en las transposiciones de otros Estados miembros.

Los apartados quinto y séptimo del artículo 67 RD-L 24/2021 únicamente regulan la aplicación de los límites de minería a las bases de datos protegidas por el derecho de autor, en un caso, y por el derecho sui generis, en el otro, pero sin dejar clara la diferenciación de regímenes entre los dos tipos de minería. La correcta aplicación de ambos epígrafes requiere de una especial labor de interpretación del Derecho nacional conforme con el Derecho europeo. Una futura reforma de la norma española en este punto sería conveniente. En particular, dicha modificación habría de buscar articular el primer apartado del artículo 67 del RD-Ley de forma inclusiva con las bases de datos que son obras e incluir en el artículo 137 LPI, sobre límites al derecho *sui generis*, una regulación específica de los dos tipos de minería en caso de obras protegidas por este derecho afín. Otro extremo mejorable de los apartados quinto y séptimo del artículo 67 RD-L 24/2021 es la referencia única a la minería de obras, siendo que los contenidos de muchas bases de datos protegidas por el derecho de autor y/o por el derecho *sui generis* pueden tratarse de prestaciones tuteladas por derechos afines o de contenidos que carezcan de tutela por derechos de propiedad intelectual, como pueden ser los meros datos. Un aspecto positivo del apartado quinto del artículo 67 RD-L 24/2021 que merece destacarse es la referencia a la posibilidad de aplicar, en algunos casos, otros límites que pueden asociarse con actividades de minería, como pueden ser el límite de reproducciones provisionales y el límite de copia privada, cosa que sucede no sólo con las bases de datos, sino con carácter general.[132]

Por su parte, el apartado sexto del artículo 67 RD-L 24/2021 únicamente indica que los límites de minería resultan aplicables a los programas de ordenador. La razón de ser de esta norma no es del todo clara, más allá de identificar cuáles serían los derechos patrimoniales del titular del derecho de autor sobre el programa de ordenador que podrían verse afectados por la minería -«reproducción, total o parcial» y «traducción, adaptación, arreglo o cualquier otra transformación»-.[133] La literali-

---

132 Téngase en cuenta, eso sí, que el límite de copia privada excluye de su ámbito objetivo a las bases de datos electrónicas -artículo 31.1.b) LPI-, más susceptibles de ser objeto de minería que las bases de datos analógicas.

133 La referencia a la minería de textos y datos en la Exposición de Motivos del Real Decreto-ley 24/2021 es tan escueta que no permite

---

inferir si las características propias del apartado sexto del artículo 67 que aquí se exponen son una mejora respecto de la norma europea -en el sentido que más adelante se detalla- o si, por el contrario, son una implementación inconsciente y rápida de nuestro legislador nacional, que simplemente quiso dejar claro que los programas de ordenador -al igual que hizo con las bases de datos- pueden ser objeto de minería, como también lo son, de forma generalizada, el resto de obras protegidas por el derecho de autor. Mientras que para el resto de obras la minería se ubica únicamente en el derecho de reproducción -exigiéndose la autorización del titular de derechos en supuestos en los que se pretenda realizar actividades que vayan más allá de la propia reproducción-, en el caso de los programas de ordenador, sin embargo, actos que técnicamente son necesarios para el éxito de la minería, como puede ser la adaptación del código a un concreto formato, suelen englobarse en el ámbito de aplicación del derecho de transformación, que, si bien no está armonizado a nivel europeo para el resto de tipos de obras, sí se regula de forma específica en la Directiva 2009/24/CE, sobre programas de ordenador. En particular, en el artículo 4.1.b) de esta última Directiva, que contempla, de forma amplia, «la traducción, adaptación, arreglo y cualquier otra transformación de un programa de ordenador y la reproducción de los resultados de tales actos». Téngase en cuenta que solamente en la letra a) del apartado sexto del artículo 67 RD-L 24/2021, referida al derecho de reproducción del programa, se exige que la persona que realice minería que requiera la carga previa del programa o su presentación, ejecución, trasmisión o almacenamiento goce de la correspondiente autorización de uso del software otorgada por el titular de derechos, esto es, se trate de un usuario legítimo. No pueden extraerse consecuencias de la falta de mención de esta exigencia en la letra b) de este precepto, referida a operaciones de minería que requieran de actos que deben subsumirse en el derecho de transformación. Entendemos que esta falta de mención en la letra b) se trata de un descuido del legislador, sin relevancia práctica alguna, pues la minería requerirá, en todo caso, de actos de reproducción previstos en la letra a), adicionales de los potenciales usos transformativos mencionados en la letra b). Además, el requisito del acceso legítimo se prevé *per se* en el apartado 1 del artículo 67 RD-L 24/2021, referido, en general, a la minería con fines científicos de toda obra o prestación protegida.

dad de este apartado parece dejar abierta la puerta no sólo a los actos de minería directos de un programa, sino también -matiz ciertamente acertado- a los supuestos en los que la minería de obras o prestaciones implica técnica o indirectamente la propia minería de un programa, a pesar de que éste no sea el objeto directo del sujeto que lleva a cabo la mencionada minería.

El apartado sexto del artículo 67 RD-L 24/2021 no deja claro si la excepción regulada en ella para programas de ordenador versa únicamente sobre la minería con fines de investigación científica o si también incluye supuestos de minería general. La reforma del régimen español ha de mejorar este extremo. Decantarnos por esta segunda interpretación -la minería de programas para fines de investigación y otros- supone ampliar la regla europea, que únicamente menciona a los programas en el marco del artículo 4 DMUD, es decir, en relación con la excepción de minería para fines generales, decisión europea que no se entiende bien. En todo caso, parece que la opción normativa más adecuada hubiera sido extraer la mención de los programas de ordenador del artículo 67 RD-L 24/2021 y contenerla en la LPI. En particular, en el precepto específico en el que se regulan los límites y excepciones aplicables a programas de ordenador -esto es, el artículo 100 LPI, añadiendo un nuevo epígrafe octavo, o bien redactando un nuevo artículo 100 *bis* LPI-.

En lo que a las medidas tecnológicas se refiere, la transposición española también es criticable. Se echa en falta una prohibición expresa de implementación de medidas tecnológicas que, al hilo de la reserva de derechos del titular, no se limiten a controlar la minería con fines comerciales, sino que también afecten a la efectividad del límite de minería con objetivos de investigación científica. Es cierto que el apartado cuarto del artículo 67 RD-L 24/2021 indica «Estas medidas no irán más allá de lo necesario para lograr ese objetivo», pero esta alusión, teniendo en cuenta la difícil interpretación de la norma española, parece ciertamente insuficiente.

A ello se suma otra omisión importante de la transposición española: falta la referencia al segundo inciso del artículo 7.2° DMUD, en donde se señala que lo dispuesto en los párrafos primero, tercero y quinto del art. 6.4° de la Directiva 2001/29, respecto de la relación entre los límites y las medidas tecnológicas de protección, será aplicable también a los límites que se establecen en los artículos 3 a 6 DMUD.[134] Los citados preceptos de la Directiva 2001/29/CE regulan la obligación de los Estados miembros de tomar las medidas pertinentes para que los titulares de los derechos faciliten al beneficiario de una excepción o limitación los medios adecuados para disfrutar de dicha excepción o limitación, en la medida necesaria para ese disfrute, siempre que haya tenido acceso legal a la obra o prestación. La norma europea no transpuesta por el legislador español supone la inclusión de la minería de textos con fines de investigación en el elenco de excepciones especialmente protegidas frente a las medidas tecnológicas de protección: los beneficiarios de la excepción podrán pedir a los titulares de derechos que levanten las medidas tecnológicas que impidan emplear las obras o prestaciones de que se trate para fines de minería. La excepción de minería, sin embargo, no es un motivo justificado para vulnerar por sí misma dichas medidas tecnológicas.

La técnica legislativa más acertada para la transposición del mencionado segundo inciso del artículo 7.2° DMUD -en una futura reforma normativa por parte del legislador español- pasaría por incluir una mención expresa de la minería con fines de investigación en el listado de excepciones especialmente protegidas frente a las medidas tecnológicas de protección que se contiene en el artículo 197.1° LPI.

---

134 Sobre la falta de transposición del segundo inciso del artículo 7.2° DMUD, véanse GARROTE FERNÁNDEZ-DÍEZ, I., *op. cit.*, 7; y SÁNCHEZ ARISTI, R. y OYARZABAL OYONARTE, N., *op. cit.*, 38.

## V. BREVE ESTUDIO DE LOS PASOS DADOS POR EL LEGISLADOR JAPONÉS

Especial detenimiento merece el tratamiento jurídico que Japón ha venido realizando de la minería de datos. Como se adelantó en el primer epígrafe de este trabajo, la primera regulación japonesa del límite de minería de textos y datos data de 2009, si bien es en 2018 cuando dicha regulación se amplía para conformar el régimen actual, que entró en vigor el 1 de enero de 2019.

Son tres las normas contenidas en la Ley de Derechos de Autor japonesa en las que se regula de una u otra forma este límite. Del análisis de conjunto se puede inferir la amplitud de los usos permitidos, que no se restringen a la minería para fines no comerciales, así como importantes diferencias con la regulación prevista en los artículos 3 y 4 DMUD. Japón permite, con carácter general, tanto la minería para fines de investigación como la minería con objetivos comerciales. No se autoriza a los titulares de derechos de autor o afines decidir sobre la derogación de la excepción de la minería o la implementación de medidas tecnológicas que impidan o limiten el ejercicio del límite de la minería, ni siquiera cuando el uso que pretenda realizar el beneficiario no tenga un objetivo de investigación. Además, no se exige el acceso lícito a las obras o prestaciones que vayan a ser minadas.

Atrás queda el originario artículo 47-7 de la Ley de Derechos de Autor japonesa, que, en su escueta redacción de 2009, permitía la minería únicamente «para el propósito de llevar a cabo análisis de información, la grabación en la memoria de un ordenador o la adaptación de una obra en la medida necesaria para realizar el análisis de la información contenida en ella». Seguidamente, este precepto excluía de su ámbito de aplicación las bases de datos protegidas por el derecho de autor que hubieran sido creadas para ser empleadas específicamente para la minería de textos y datos. Téngase en cuenta que esta norma tenía un amplio campo de aplicación, puesto que no exigía el empleo de los resultados de la minería para fines de investigación o no comerciales, sino que permitía el uso para todo tipo de fines, onerosos o no.

Con todo, la redacción japonesa del límite de minería de 2009 tenía importantes fallas y generaba un importante grado de inseguridad jurídica, como destacaron CASPERS y GUIBAULT.[135] Uno de los puntos en los que se centraron las críticas tiene que ver con la referencia al acto de «grabación en la memoria», lo que parecía limitar la aplicación de esta excepción a aquellas reproducciones que se realizasen en la memoria RAM del ordenador, siendo que dicho requisito limitaría mucho su campo de aplicación a técnicas de minería de textos y datos que pudieran desarrollarse en el futuro próximo -y que ya existen en la actualidad-.[136] De ahí que estos autores propusieran que la traducción de esta norma se corrigiese permutando dicha expresión por la referencia «grabación en un medio», sin identificar el tipo de medio.[137]

La primera de las reglas actualmente vigentes en Japón es el artículo 30-4, que lleva el sugerente título «Explotación sin el propósito de gozar de los pensamientos o sentimientos expresados en una obra». Este precepto permite a los usuarios de herramientas de *machine learning* utilizar obras protegidas por derechos de autor para acceder a datos e información incluidos

---

135 Véase CASPERS, M. y GUIBAULT, L., "Baseline report of policies and barriers of TDM in Europe", 2016, 68, <https://www.futuretdm.eu/wp-content/uploads/FutureTDM_D3.3-Baseline-Report-of-Policies-and-Barriers-of-TDM-in-Europe-1.pdf. >. [Consulta: 12/12/2023.] Este estudio forma parte del proyecto Horizonte2020 "FutureTDM: Reducing Barriers and Increasing Uptake of Text and Data Mining for Research Environments using a Collaborative Knowledge and Open Information Approach", financiado por la Comisión Europea.

136 *Idem,* p. 69.

137 *Idem.* Una crítica sobre la necesidad de mejorar la exclusión de las bases de datos contenida en el inciso final de este artículo 47-7 puede leerse en TRIAILLE, J.P., "Study on the legal framework of text and data mining (TDM)", 2014, *cit,* 11.

en estas, que serán procesados por el programa informático para llevar a cabo actividades de aprendizaje profundo, necesarias para la creación de herramientas de inteligencia artificial generativa, sin que dicho proceso suponga *per se* un disfrute de la expresión original de la obra por los sentidos humanos de quien realiza la minería o por terceros, sino únicamente una extracción de los datos o informaciones en los que dicha obra se puede descomponer, para realizar un posterior análisis de datos (lo que implica extracción, comparación, clasificación u otros análisis estadísticos del idioma, los sonidos, las imágenes y del resto de datos que puedan configurar una gran cantidad de obras) y siempre que la aplicación práctica de este límite no suponga un perjuicio injustificado a los intereses del titular del derecho de autor teniendo en cuenta la naturaleza y el propósito de la obra o las circunstancias de su explotación.[138]

La segunda norma japonesa vigente en la actualidad es el artículo 47-4 de la Ley de Derechos de Autor, titulado «Explotación de obras accesorias a la explotación de obras por un ordenador». Esta norma permite la realización de copias electrónicas incidentales de obras cuando sean necesarias para desarrollar actividades de *machine learning*, siempre que con ello no se produzca un perjuicio injustificado para los titulares de derechos de autor sobre las obras empleadas.

Finalmente, el artículo 47-5 de la Ley de Derechos de Autor, con el título «Explotación menor relacionada con el procesamiento de datos computarizados y la provisión de los resultados

---

138 Esta norma ofrece una lista completa de los pasos previsibles en un proyecto de minería, al referirse expresamente a la «extracción, comparación, clasificación u otro análisis estadístico de datos de lenguaje, sonido o imagen, u otros elementos de los que se componga una gran cantidad de obras o un gran volumen de datos». Traducción de IZQUIERDO, A., "Minería de textos y datos e inteligencia artificial: nuevas excepciones al derecho de autor", *Themis-Revista de Derecho*, Vol. 79, 2021, 333-334.

del mismo», permite el uso de obras protegidas para realizar verificación de los datos contenidos en ella en el seno de una investigación científica, siempre que dicho uso sea beneficioso y relevante para los investigadores y no constituya un perjuicio injustificado para los titulares del derecho de autor sobre dichas obras. Entre los usos menores a los que se refiere esta disposición se encuentra el empleo del título de una obra asociado a su correspondiente código de explotación. Este precepto habilita la constitución de bases de datos que permitan realizar dicha verificación con los resultados obtenidos a través de una previa actividad de minería de textos y datos.

## VI. ALGUNAS CONCLUSIONES Y PROPUESTAS DE *LEGE FERENDA*

Del análisis contenido en este trabajo se infiere que las normas aprobadas o las utilizadas para regular la minería de textos y datos varían de manera notable, tanto en su contenido como en su objetivo, de un país a otro o de una región geográfica a otra. La Unión Europea, consciente del papel central que la excepción de minería juega y jugará en el funcionamiento y perfeccionamiento de técnicas de inteligencia artificial no quiso desaprovechar la oportunidad para tratar de acomodarse a las reglas que habían iniciado países como Japón y Estados Unidos, que ocupan los primeros puestos en la carrera por el desarrollo de la inteligencia artificial.

Sin embargo, el presente y el futuro de la industria europea está y estará marcado -a menos que se reformen los regímenes de los artículos 3 y 4 DMUD- por unas normas que diferencian, en realidad, dos tipos de minería, dando primacía únicamente a aquella que persigue un fin investigador, pero dejando en manos de los titulares de derechos los usos para minería con objetivos diferentes a la investigación científica. De ahí que podamos hablar de un importante trabajo de balance de intereses en juego y ponderación de contrapesos llevado a cabo por el legislador europeo, creando dos sistemas, en función del carácter comercial o no del uso que se pretenda, diferenciación que no puede predicarse de otras opciones seguidas fuera de la Unión Europea.

El estado normativo actual pueda provocar que entidades con origen no europeo quieran evitar la ubicación o la prestación de servicios en nuestro continente cuando no cumplan las exigencias de la DMUD o que compañías europeas prefieran operar fuera del territorio comunitario para tener mayor facilidad en el cumplimiento normativo. Localizaciones con regulaciones menos restrictivas de la minería serán, probablemente, las opciones preferidas. Es probable que Japón esté a la cabeza de esta carrera tecnológica.

Qué duda cabe que la consolidación de un entorno jurídico internacional uniforme en lo que a la investigación científica se refiere facilitará un clima acorde con la proliferación de proyectos globales que requieran de fases previas de minería de datos para conseguir esos objetivos científicos. Esta uniformidad o, por lo menos, similitud, sí puede afirmarse que existe, al menos en cierta medida, en lo que a la excepción de minería científica se refiere. No podrá concluirse lo mismo de proyectos que, requiriendo asimismo de labores de minería, persigan fines que no se engloben en el concepto de investigación científica. En el terreno práctico, habrá que analizar si la ausencia de una regla uniforme a nivel mundial puede contribuir a aumentar la brecha científica entre diferentes países o regiones. Dicho estudio será complejo, toda vez que existen un buen número de supuestos grises, a caballo entre los fines científicos y los fines comerciales, difíciles de clasificar y tratar.

Ya desde la óptica europea puede concluirse que los artículos 3 y 4 DMUD generan importantes dudas interpretativas, muchas de ellas expuestas en este trabajo, que habrán de ser objeto de análisis exhaustivo por el Tribunal de Justicia de la Unión Europea por la vía cuestión prejudicial. Entre otras, dudas referidas al propio concepto de minería para la investigación científica o a las características de los beneficiarios de la primera excepción, en particular, las que tengan que ver con el papel que puede jugar la existencia de financiación privada en el funcionamiento de instituciones beneficiarias de la excepción, pero también el papel que jugarán los propios operadores privados que presten servicios de minería a organismos públicos, y la posibilidad de subsumir o no en el artículo 3 DMUD la minería llevada a cabo por organismos de investigación y las instituciones responsables del patrimonio cultural de terceros Estados cuando realizan la minería en un Estado miembro de la Unión Europea. Ello por no hablar de las dudas que genera el propio concepto de acceso legítimo a la obra, a la prestación y, sobre todo, a la base de datos objeto de la minería. Finalmente, sería muy loable la aprobación de unas directrices europeas sobre la forma adecuada en la que ha de producirse la reserva de derechos por su titular para impedir la realización de minería con fines distintos de la investigación científica, que, para su efectividad, ha de tratarse de una fórmula leíble por las máquinas y compatible con diversos formatos y técnicas de minería.

Todo ello permite augurar la necesidad de articular normas internacionales sobre la materia, más allá de la necesidad de clarificar las normas europeas ya aprobadas. En este punto, la Organización Mundial de la Propiedad Intelectual jugará un papel clave, que seguramente venga de la mano de la reapertura de un interesante debate a nivel internacional sobre el derecho *sui generis* o sobre otras formas de tutela de las bases de datos que permitan a quienes invirtieron importantes cantidades en su fabricación obtener algún rédito económico o alguna capacidad de control del uso de sus contenidos, sean estos obras o prestaciones protegidas o no, a efectos de la minería necesaria para el entrenamiento de las herramientas de inteligencia artificial. La influencia que puede tener en este punto la Unión Europea no es nada desdeñable.

Lamentablemente la transposición llevada a cabo por el legislador español no merece una crítica positiva global. Más bien al contrario. Su ubicación fuera de la LPI y su articulación en un único precepto, que no marca diferencias claras entre la excepción de minería para investigación científica y la excepción de minería para otros fines, son sus principales puntos de mejora, como también lo son la falta de claridad sobre exigencias centrales, tales como el acceso lícito al contenido que vaya a ser minado, la ineficacia de toda cláusula contractual que impida o dificulte la minería para fines investigadores o el carácter de límite privilegiado que la minería puede tener dentro del listado de límites y excepciones vigentes en nuestro país.

Sin embargo, la norma española también merece algunos elogios. Entre otros, la articulación de la definición de instituciones responsables del patrimonio cultural, como beneficiarios de la excepción de minería para investigación, como una definición especialmente ejemplificativa, por acompañarse de una lista abierta de ejemplos que no formaban parte del articulado de la DMUD, sino del texto de sus considerandos. Cosa que resulta especialmente útil para los operadores jurídicos. También es loable la mención de la necesidad de cumplir con la normativa de protección de datos personales en lo que a la conservación de copias de los resultados de la minería se refiere.

Como propuesta de *lege ferenda,* en este trabajo se ha llamado la atención sobre la necesidad de incluir en el texto de la LPI, a modo de artículos 40 *bis* y 40 *ter* LPI, dos preceptos en los que se regulen, por un lado, la excepción de minería para investigación científica y, por otro, la excepción de minería para fines distintos de la investigación, diferenciando bien ambos regímenes y ubicando la actual regla de los tres pasos -el actual artículo 40 *bis* LPI- en un nuevo artículo 40 *quater* LPI, aplicable también a las dos excepciones de minería del régimen general. Ello se sumaría a dos regímenes específicos. Por un lado, la creación de dos nuevas letras d) -sobre minería con fines de investigación- y e) -sobre el resto de supuestos de minería- en el artículo 135.1 LPI, con el objetivo de ampliar la lista de excepciones al derecho *sui generis.* Por otro lado, la redacción dos nuevos párrafos, el noveno y el décimo, en el artículo 129 *bis* LPI, para articular las dos excepciones de minería en el régimen del nuevo derecho reconocido a las editoriales de publicaciones de prensa.

Por encima de todo, la reforma más apremiante de la regulación española pasa por aclarar que la decisión de reserva u *opt-out* del titular de derechos sobre las obras o prestaciones que vayan a ser minadas únicamente se refiere a aquellos actos de minería que tengan un objetivo no científico, mientras que cualquier forma de oposición o limitación a la minería con fines investigadores estará prohibida y, en caso de darse, merecerá la sanción de la nulidad de pleno derecho.

Está por ver cuáles serán los pasos que dé el legislador español. Sirvan estas propuestas, siquiera, como modesto intento de mejora de la norma actual.

## BIBLIOGRAFÍA

BENTLY, L., DERCLAYE, E., *et alii*, "Study in support of the evaluation of Directive 96/9/EC on the legal protection of databases", doi: 10.2759/04895 <https://digital-strategy.ec.europa.eu/en/library/study-support-evaluation-database-directive>. [Consulta: 12/12/2023.].

BERCOVITZ RODRÍGUEZ-CANO, R., "La transposición de las directivas de la UE sobre propiedad intelectual", Blog del Centro de Investigación en Propiedad Intelectual de la Universidad Autónoma de Madrid, <https://www.propiedad-intelectual.dursa.com/blog/articulos-propiedad-intelectual>. [Consulta: 12/12/2023].

CÁMARA ÁGUILA, P., "Los conceptos autónomos sobre el objeto de protección del Derecho de autor: el concepto de obra y el concepto de originalidad", en *La Unificación del derecho de propiedad intelectual en la Unión Europea,* Tirant Lo Blanch, Valencia, 2019.

CARRE, S., GEIGER, C. *et alii*, "Response of the CEIPI to the Public Consultation of the European Commission on the Review of the European Union Copyright Rules", CEIPI Research Paper, N. 2014-01, 6, <https://ssrn.com/abstract=2971029>. [Consulta: 12/11/2023].

CASO, R., "Il conflitto tra diritto d'autore e ricerca scientifica nella disciplina del text and data mining della direttiva sul mercato unico digitale", *Trento Law and Technology Research Group, Research Paper* N. 38, febrero de 2020.

CASPERS, M. y GUIBAULT, L., "Baseline report of policies and barriers of TDM in Europe", 2016, disponible en <https://project.futuretdm.eu/wp-content/uploads/2017/05/FutureTDM_D3.3-Baseline-Report-of-Policies-and-Barriers-of-TDM-in-Europe.pdf>. [Consulta: 12/12/2023].

COMISIÓN EUROPEA, "Text and data mining for non-commercial scientific research. A Statement of Commitment by STM publishers to a roadmap to enable text and data mining (TDM) for non-commercial scientific research in the European Union", [en línea], 2013, <http://ec.europa.eu/newsroom/dae/document.cfm?doc_id=49203>. [Consulta: 12/12/2023].

DERCLAYE, E., "The Database Directive", en *EU Copyright Law. A commentary,* Edward Elgar, Cheltenham, 2021.

DERCLAYE, E., *The Legal Protection of Databases. A Comparative Analysis,* Edward Elgar, Cheltenham, 2008.

DUCATO, R., y STROWEL, A., "Ensuring Text and Data Mining: Remaining Issues with the EU Copyright Exceptions and Possible Ways Out", *European Intellectual Property Review,* 2021, N. 43, Vol. 5.

DUCATO, R. y STROWEL, A., "Limitations to Text and Data Mining and Consumer Empowerment: Making the Case for a Right to Machine Learning", *CRIDES Working Paper Series,* 2018, 13, <https://papers.ssrn.com/sol3/papers.cfm?abstract_id=3278901>. [Consulta: 12/12/2023].

EUROPEAN COPYRIGHT SOCIETY, «Comment of the European Copyright Society Addressing Selected Aspects of the Implementation of Articles 3 to 7 of Directive (EU) 2019/790 on Copyright in the Digital Single Market», [en línea], (2022), <https://europeancopyrightsocietydotorg.files.wordpress.com/2022/05/ecs_exceptions_final-3.pdf>. [Consulta: 12/12/2023.].

EUROPEAN COPYRIGHT SOCIETY, *General Opinion on the EU Copyright Reform Package,* 2017, 4, disponible en <https://europeancopyrightsocietydotorg.files.wordpress.com/2015/12/ecs-opinion-on-eu-copyright-reform-def.pdf>. [Consulta: 12/12/2023].

FLYNN, S., GEIGER, C. *et all,* "Implementing user rights for research in the field of artificial intelligence: a call for international action", *European Intellectual Property Review,* 2020, N. 42, Vol. 7.

GARCÍA VIDAL, A., "Propiedad intelectual y minería de textos y datos: estudio de los artículos 3 y 4 de la Directiva (UE) 2019-790", *Actas de Derecho Industrial y Derecho de Autor,* Vol. 40 (2019-2020).

GARROTE FERNÁNDEZ-DÍEZ, I., "La transposición al ordenamiento español de la Directiva 2019/790, de derechos de autor y derechos afines en el Mercado Único Digital", *LA LEY Unión Europea,* N. 116, Julio 2023.

GEIGER, C., FROSIO, G., y BULAYENKO, O., «The Exception for Text and Data Mining (TDM) in the Proposed Directive on Copyright in the Digital Single Market – Legal Aspects» [en línea], estudio preparado para el Parlamento Europeo, febrero de 2018 <https://www.europarl.europa.eu/RegData/etudes/IDAN/2018/604941/IPOL_IDA(2018)604941_EN.pdf>. [Consulta: 12/12/2023].

GEIGER, C., FROSIO, G., y BULAYENKO, O., "Text and Data Mining: Articles 3 and 4 of the Directive 2019/790/E", en *Propiedad intelectual y mercado único digital europeo,* Tirant Lo Blanch, Valencia, 2019.

GINSBURG, J., "Berne-Forbidden Formalities and Mass Digitization", *Boston University Law Review,* Vol. 96, 2016.

GINSBURG, J., "El empleo de contenidos protegidos por las IA generativas", en Congreso ALAI "La propiedad literaria y artística bajo el prisma de la inteligencia artificial", París, 22 de junio de 2023.

GONZÁLEZ OTERO, B., "Las excepciones de minería de textos y datos más allá de los derechos de autor: la ordenación privada contraataca", en *Propiedad intelectual y mercado único digital europeo,* Tirant Lo Blanch, Valencia, 2019.

GUIBAULT, L. *et alii,* "Study on the Implementation and Effect in Member States' Law of Directive 2001/29/EC on the Harmonisation of Certain Aspects of Copyright and Related Rights in the Information Society". Informe preparado para la Comisión Europea, Dirección General del Mercado Interior, [en línea], (2007), <https://papers.ssrn.com/sol3/papers.cfm?abstract_id=2006358>. [Consulta: 12/12/2023].

GUIBAULT, L. *et alii, Baseline report of policies and barriers of TDM in Europe,* FUTURE TDM, 2017, 74, <https://project.futuretdm.eu/wp-content/uploads/2017/05/FutureTDM_D3.3-Baseline-Report-of-Policies-and-Barriers-of-TDM-in-Europe.pdf>. [Consulta: 12/12/2023].

HARGREAVES, I., "Digital Opportunity: A Review of Intellectual Property and Growth", <https://assets.publishing.service.gov.uk/government/uploads/system/uploads/attachment_data/file/32563/ipreview-finalreport.pdf>. [Consulta: 12/12/2023].

HILTY, R., y RICHTER, H., "Text and Data Mining (Article 3 COM(2016) 593 final)", en *Modernisation of the EU Copyright Rules. Position Statement of the Max Planck Institute for Innovation and Competition*, Max Planck Institute for Innovation & Competition Research Paper, N. 17-02, Munich, 2017.

IZQUIERDO, A., "Minería de textos y datos e inteligencia artificial: nuevas excepciones al derecho de autor", *Themis-Revista de Derecho*, Vol. 79, 2021.

JIMÉNEZ SERRANÍA, V., "Datos, minería e innovación: qvo vadis, Europa? Análisis sobre las nuevas excepciones para la minería de textos y datos", *Cuadernos de Derecho Transnacional*, 2020, Vol. 12(1).

JOCKERS, M., SAG, M. y SCHULTZ, J., "Brief of Digital Humanities and Law Scholars as Amici Curiae in Authors Guild v. Hathitrust", [en línea], (2013), <https://ssrn.com/abstract=2274832>. [Consulta: 12/12/2023].

LÓPEZ-TARRUELLA MARTÍNEZ, A., "Propiedad intelectual, inteligencia artificial y libre circulación de datos", *Propiedad intelectual y mercado único digital europeo*, Tirant Lo Blanch, Valencia, 2019.

MARGONI, T. y KRETSCHMER, M., "A Deeper Look into the EU Text and Data Mining Exceptions: Harmonisation, Data Ownership, and the Future of Technology", *GRUR International*, Vol. 71, Issue 8, 2022.

MARGONI, T., "Text and Data Mining in Intellectual Property Law: Towards an Autonomous Classification of Computational Legal Methods", en *Handbook on Intellectual Property Research*, Oxford University Press, Oxford, 2020.

MINERO ALEJANDRE, G., "Google cache is legal in Spain. The Megakini.com v. Google case", *Queen Mary Journal of Intellectual Property*, 2013, Vol. 3(1).

PEGUERA, M., "Copyright Issues Regarding Google Images and Google Cache", en *Google and the Law*, Asser Press, La Haya, 2012.

PERDICES HUETOS, A., "Pastiches. Imitaciones y mezclas en el derecho de autor", Blog del Centro de Investigación en Propiedad Intelectual de la Universidad Autónoma de Madrid, <https://blog.cipi.es/blog2-intelectual/item/201-pastiches-imitaciones-y-mezclas-en-el-derecho-de-autor>. [Consulta: 12/12/2023].

RICKETSON, S. y GINSBURG, J., *International Copyright and Neighbouring Rights*, Oxford University Press, Oxford, 2010.

ROSATI, E., «The Exception for Text and Data Mining (TDM) in the Proposed Directive on Copyright in the Digital Single Market - Technical Aspects", Requested by the JURI Committee, Parlamento Europeo» [en línea], (2018), <https://www.europarl.europa.eu/RegData/etudes/BRIE/2018/604942/IPOL_BRI(2018)604942_EN.pdf>. [Consulta: 12/12/2023].

ROSATI, E., "An EU text and data mining exception for the few: would it make sense?", *JIPLP,* 2018, Vol. 13, Núm. 6.

SAG, M., "The New Legal Landscape for Text Mining and Machine Learning", *Journal of the Copyright Society of the USA,* Vol. 66, 2020.

SAMUELSON, P., "The Story of Baker v. Selden: Sharpening the Distinction between Authorship and Invention", en *Intellectual Property Stories,* Foundation Press, Nueva York, 2005.

SÁNCHEZ ARISTI, R. y OYARZABAL OYONARTE, N. "Decadencia y caída del Texto Refundido de la Ley de Propiedad Intelectual: la transposición de la Directiva 2019/790 sobre derechos de autor en el mercado único digital por el Real Decreto-Ley 24/2021, de 2 de noviembre", *Pe.i. Revista de Propiedad Intelectual,* N. 69, 2021.

SYNODINOU, T., «Comment of the European Copyright Society Addressing Selected Aspects of the Implementation of Articles 3 to 7 of Directive (EU) 2019/790 on Copyright in the Digital Single Market», Kluwer Copyright Blog, [en línea], (2022), <https://copyrightblog.kluweriplaw.com/2022/07/27/comment-of-the-european-copyright-society-addressing-selected-aspects-of-the-implementation-of-articles-3-to-7-of-directive-eu-2019-790-on-copyright-in-the-digital-single-market/>. [Consulta: 12/12/2023.].

STAMATOUDI, I., "Text and Data Mining", en *New Developments in EU and International Copyright Law,* Kluwer Law International, Leiden, 2016.

STAMATOUDI, I. y TORREMANS, P., "The Digital Single Market Directive", en *EU Copyright Law. A commentary,* Edward Elgar, Cheltenham, 2021.

STROWEL, A., "Reconstructing the Reproduction and Communication to the Public Rights: How to Align Copyright with Its Fundamentals", en *Copyright Reconstructed,* Wolters Kluwer, Alphen aan den Rijn, 2018.

SUÁREZ JAQUETI, H., e HINOJAL CUADRADO, E., "El uso del deepfake en producciones audiovisuales: consideraciones jurídicas", *Actualidad Propiedad Intelectual 2022,* Tirant Lo Blanch, Valencia, 2022.

TRIALLE, J.P. *et all,* "Study on the Legal Framework of Text and Data Mining (TDM)", 2014, disponible en <https://op.europa.eu/en/publication-detail/-/publication/074ddf78-01e9-4a1d-9895-65290705e2a5/language-en>. [Consulta: 12/12/2023].

UENO, T., "A General Clause on Copyright Limitations in Civil Law Countries: Recent Discussion on Japanese-Style Fair Use Clause", en *The Cambridge Handbook of Copyright Limitations and Exceptions,* Cambridge University Press, Nueva York, 2021.

UENO, T., "The Flexible Copyright Exception for 'Non-Enjoyment' Purposes. Recent Amendment in Japan and Its Implication", *GRUR International*, 2021, Vol. 70(2).

UENO, "El empleo de contenidos protegidos por las IA generativas", Congreso ALAI "La propiedad literaria y artística bajo el prisma de la inteligencia artificial", París, 22 de junio de 2023.

VICENTE DOMINGO, E., "La confusa trasposición del límite de la minería de textos y datos en el ordenamiento español y la proyectada reforma de la «Copyright and Patent Act» 1988", *Revista Aranzadi de Derecho y Nuevas Tecnologías,* 2023, N. 61.

VICENTE DOMINGO, E. y RODRIGUEZ CACHÓN, T., *Minería de textos y datos como (nuevo) límite al Derecho de autor,* Editorial Reus, Madrid, 2021.

VON LEWINSKI, S., "Les exceptions au droit d'auteur", en *La réforme du droit d'auteur dans la société de l'information,* Mare & Martin, París, 2018.

## RESOLUCIONES DEL TRIBUNAL DE JUSTICIA DE LA UNIÓN EUROPEA

- Sentencia del Tribunal de Justicia de la Unión Europea (Sala Quinta) de 3 de junio de 2021, asunto C-762/19, *CV-Online Latvia SIA contra Melons SIA*, ECLI:EU:C:2021:434 *(TOL 8.450.799).*
- Sentencia del Tribunal de Justicia de la Unión Europea (Sala Tercera) de 16 de noviembre de 2016, asunto C-301/15, *Soulier y Doke,* ECLI:EU:C:2016:878 *(TOL 5.868.486).*
- Sentencia del Tribunal de Justicia de la Unión Europea (Sala Segunda) de 15 de enero de 2015, asunto C-30/14, *Ryanair Ltd contra PR Aviation BV,* ECLI:EU:C:2015:10 *(TOL 4.631.848).*
- Sentencia del Tribunal de Justicia de la Unión Europea (Sala Cuarta) de 5 de junio de 2014, asunto C-360/13, *Public Relations Consultants Association Ltd y Newspaper Licensing Agency Ltd y otros,* ECLI:EU:C:2014:1195 *(TOL 4.629.531).*
- Sentencia del Tribunal de Justicia de la Unión Europea (Sala Cuarta) de 23 de enero de 2014, asunto C-355/12, *Nintendo contra PC Box Srl,* ECLI:EU:C:2014:25 *(TOL 4.070.910).*
- Sentencia del Tribunal de Justicia de la Unión Europea (Gran Sala) de 3 de julio de 2012, asunto C-128/11, *UsedSoft GmbH contra Oracle International Corp.*, ECLI:EU:C:2012:407 *(TOL 2.578.158).*

- Sentencia del Tribunal de Justicia de la Unión Europea (Gran Sala) de 2 de mayo de 2012, asunto C-406/10, *SAS Institute Inc. contra World Programming Ltd,* ECLI:EU:C:2012:259 *(TOL 2.517.383).*
- Auto del Tribunal de Justicia de la Unión Europea (Sala Tercera) de 17 de enero de 2012, asunto C-302/10, *Infopaq International A/S y Danske Dagblades Forening,* ECLI:EU:C:2012:16 *(TOL 2.517.360).*
- Sentencia del Tribunal de Justicia de la Unión Europea (Sala Cuarta) de 16 de julio de 2009, asunto C-5/08, *Infopaq International A/S y Danske Dagblades Forening,* ECLI:EU:C:2009:465 *(TOL 2.164.088).*
- Sentencia del Tribunal de Justicia de la Unión Europea (Sala Tercera) de 7 de diciembre de 2006, asunto C-306/05, *Sociedad General de Autores y Editores de España (SGAE) contra Rafael Hoteles, S.A.,* ECLI:EU:C:2006:764 *(TOL 4.627.558).*
- Sentencia del Tribunal de Justicia de la Unión Europea (Sala Tercera) de 26 de octubre de 2006, asunto C-36/05, *Comisión contra España,* ECLI:EU:C:2006:672 *(TOL 4.627.777).*
- Sentencia del Tribunal de Justicia de la Unión Europea (Sala Quinta) de 29 de abril de 2004, asunto C-476/01, *Kapper,* ECLI:EU:C:2004:261 *(TOL 393.473).*

# *Capítulo 3*
# *La utilización de obras y otras prestaciones en actividades pedagógicas digitales y transfronterizas y su regulación en el derecho español*

**PILAR CÁMARA ÁGUILA**
*Profesora Titular de Derecho Civil. UAM*
*Directora del Centro de Investigación en Propiedad Intelectual de la UAM*

## I. INTRODUCCIÓN

El art. 5 de la Directiva 2019/790 del Parlamento Europeo y del Consejo de 17 de abril de 2019 sobre derechos de autor y derechos afines en el mercado único digital (DDAMUD), introduce un límite obligatorio a los derechos de propiedad intelectual con el fin de utilización de obras y otras prestaciones en el marco de actividades pedagógicas digitales y transfronterizas. En los puntos 51 y 52 del *Informe Reda* de 24 de junio de 2015, se subrayó la importancia de facilitar el acceso a materiales educativos para el desarrollo de la sociedad basada en el conocimiento, y se pidió una excepción para fines de investigación y educación, que abarcara las actividades en línea y transfronterizas [1].

---

1 https://www.europarl.europa.eu/doceo/document/A-8-2015-0209_ES.html

Por su parte, en el punto 3 de la Comunicación de la Comisión "Hacia un marco de derechos de autor moderno y más europeo" de 9 de diciembre de 2015, se planteaban las dificultades derivadas de la falta de armonización europea de algunos límites a los derechos de propiedad intelectual, y en concreto en el ámbito de la educación. A este respecto se señalaba que "...la excepción de la UE sobre la ilustración en la enseñanza es un buen ejemplo de cómo los Estados miembros implementan las excepciones de diferentes maneras, particularmente cuando analizamos la comprensión de los Estados miembros sobre cómo se debe aplicar la excepción en entornos digitales. Estas diferencias podrían actuar como un freno a tendencias educativas como los cursos en línea, el uso en el aula de tecnologías y materiales digitales y el aprendizaje transfronterizo que han ganado un terreno considerable en los últimos años"[2].

Así se reflejó en la Exposición de Motivos de la Propuesta de Directiva presentada el 14 de septiembre de 2016[3]. Allí se puso de manifiesto el problema que planteaba el hecho de que las excepciones seguían siendo de ámbito nacional, de modo que la seguridad jurídica en relación con los usos transfronterizos no estaba garantizada, señalándose al respecto que "En este contexto, la Comisión ha identificado tres ámbitos de intervención: usos digitales y transfronterizos en la educación; minería de textos y datos en el campo de la investigación científica; y conservación del patrimonio cultural. Lo que se pretende es garantizar la legalidad de determinados tipos de usos en estos ámbitos, en particular a través de las fronteras. Como consecuencia de la modernización del marco de excepciones y limitaciones, en el ámbito de la educación, los profesores y alumnos podrán explotar todos los beneficios de las tecnologías digitales en todos los niveles de enseñanza".

---

2 COM/ 2015/ 626 final https://eur-lex.europa.eu/legal-content/EN/TXT/?uri=COM%3A2015%3A626%3AFIN

3 COM/2016/593 final https://eur-lex.europa.eu/legal-content/ES/TXT/?uri=CELEX%3A52016PC0593

La DDAMUD ha venido a reforzar y ampliar el límite para la ilustración de la enseñanza, previsto previamente con carácter general en el art. 5.3. a) de la Directiva 2001/29 relativa a la armonización de determinados aspectos de los derechos de autor y derechos afines en la sociedad de la información (DDASI), así como en los arts. 6.2.b y 9.b, de la directiva 96/9 sobre protección jurídica de las bases de datos. En primer lugar, al legislador comunitario (considerando 19 DDAMUD) no le parece clara la aplicación de las citadas excepciones a los usos digitales, ni si deben aplicarse cuando la enseñanza se imparte en línea o a distancia. No obstante esta duda, debe recordarse que el considerando 42 de la DDASI también incluía la enseñanza a distancia. Así, conforme a dicho considerando, "Al aplicar la excepción o limitación en el caso de fines educativos o de investigación científica no comerciales *incluida la educación a distancia*, la naturaleza no comercial de la actividad de que se trate debe venir dada por la actividad en sí…".

Ciertamente, la forma tan heterogénea con la que se había implementado el artículo 5.3 a) de la DDASI en los distintos Estados miembros, conllevaba serios obstáculos para la enseñanza *online*[4]. Por otro lado, en las directivas anteriores no se contemplaban los usos transfronterizos, viniendo ahora a determinarse que los actos de explotación se entienden producidos en el Estado miembro donde esté establecido el centro de enseñanza, y no en el lugar donde se encuentre el receptor de la actividad docente (art. 5.3 DDAMUD). Con ello viene a aclararse cualquier duda que se pudiera plantear respecto a la legislación aplicable en los supuestos de programas educativos con alcance

---

4 Cfr. RENDAS, T., *Exceptions in EU Copyright Law,* Wolters Kluwer, 2021, p. 183. *Vid.*, asimismo, respecto a la configuración del límite y las distintas variables en cuanto a su configuración dentro de los países de la UE, XALABARDER PLANTADA, R., "Los límites a los derechos de propiedad intelectual para fines educativos en internet", Revista *Pe.I.* nº 29, mayo-agosto 2008, pág. 43 y ss.

transnacional. Especialmente, dentro del espacio europeo de educación superior, es habitual encontrar titulaciones semipresenciales o directamente *online*, con tal alcance. En tales casos, cabría dudar si la ley aplicable es la correspondiente al Estado en el que tiene su domicilio el centro de enseñanza responsable de la impartición de la enseñanza, o en el lugar donde residen los destinatarios o usuarios de las obras u otras prestaciones en el marco de la actividad de enseñanza-aprendizaje.

A fin de garantizar el funcionamiento del límite en el ámbito digital y *online* incluido el transfronterizo, la DDAMUD configura un límite obligatorio, lo que marca una importante diferencia con la regulación anterior. Con todo, consciente el legislador comunitario que en algunos países miembros se habían consolidado en la práctica la concesión de licencias, permitiendo determinados usos y alcanzando a determinado tipo de obras –especialmente a manuales, partituras-, se permite desplazar el juego del límite en la medida en que se garantice que todos los centros de enseñanza, tiene a disposición, de forma visible y sin especiales costes de gestión, una licencia que abarque como mínimo los usos previstos en la Directiva. Como veremos, o bien opera el límite, o la licencia.

En relación a los derechos de explotación afectados por el límite, el art. 5.1 DDAMUD dispone que "Los Estados miembros establecerán una excepción o limitación a los derechos previstos en el artículo 5, letras a), b), d) y e), y el artículo 7, apartado 1, de la Directiva 96/9/CE, artículos 2 y 3 de la Directiva 2001/29/CE, el artículo 4, apartado 1, de la Directiva 2009/24/CE y el artículo 15, apartado 1, de la presente Directiva". Se incluyen así derechos de explotación reconocidos por anteriores Directivas, y se añade como novedad de la propia DDAMUD el derecho afín o conexo reconocido en favor de las editoriales de publicaciones de prensa[5].

---

5 Sobre el nuevo derecho de los editores de prensa, vid., LASQUETTY MARTÍN, J., "De límite a derecho conexo: la agregación de pren-

A diferencia de lo previsto en las Directivas anteriores, el art. 5 de la DDAMUD solo hace referencia al uso de obras y otras prestaciones con fines de ilustración de la enseñanza, pero no con fines de investigación científica. Esta disparidad fue puesta de relieve ya durante la tramitación de la Directiva, pues se entendió que ello plantearía problemas en los Estados miembros que habían incorporado los límites para la enseñanza y la investigación científica, reconocidos conjuntamente en el art. 5.3.a) de la DDASI. Además, el hecho de que ahora el legislador comunitario venga a reconocer un límite solo para la ilustración de la enseñanza en el ámbito digital, genera problemas en el entorno universitario, en el que docencia e investigación están entrelazadas: ¿cómo configurar ahora un nuevo límite obligatorio para la enseñanza y solo para la enseñanza digital y transfronteriza, al margen de la investigación, en los países que ya tuvieran incorporado en su derecho interno las directivas anteriores? [6]

En efecto, aunque el límite para la ilustración de la enseñanza era facultativo en la DDASI, muchos Estados miembros lo habían incorporado en su legislación interna. No debe olvidarse que este límite aparece ya reconocido en el art. 10.2 del Convenio de Berna. Se trata, por tanto, de uno de los límites tradicionalmente admitidos a nivel internacional. Su origen aparece ya desde los inicios del Convenio, y su contenido actual deriva de

---

sa en España", Revista *Pe.I,* nº 74, mayo-agosto 2023, págs. 13 y ss.; "Serie sobre la transposición del derecho conexo de los editores de prensa", 1 de febrero de 2023, Blog del Centro de Investigación en Propiedad Intelectual de la UAM (CIPI): https://blog.cipi.es/blog2-intelectual/item/239-serie-sobre-la-trasposicion-del-derecho-conexo-de-los-editores-de-prensa-2-espana

6 Cfr. GEIGER, C., FROSIO, G., y BULAYENKO, O., « Opinion of the CEIPI on the European Commission's proposal to reform copyright limitations and exceptions in the European Union », nº 2017-09, págs. 20 y 21. https://papers.ssrn.com/sol3/papers.cfm?abstract_id=3053983

la revisión de Estocolmo de 1971[7]. Se trata igualmente de un límite voluntario o facultativo para los Estados miembros de la Unión de Berna[8]. El límite persigue promover el acceso y la difusión de la cultura a través de la enseñanza[9]. Sin embargo, el interés público es un concepto cambiante, que ha de ponderarse en cada caso conforme a las circunstancias culturales, históricas y sociales de cada país[10]. Desde otra formulación, se ha defendido que las excepciones de los derechos patrimoniales de autor con fines de enseñanza y de investigación encuentran su justificación en la función social del derecho de autor, que requiere encontrar un compromiso entre los derechos de los autores y los de la colectividad[11]. El Tratado OMPI de 1996 vuelve a reafirmar este principio en su preámbulo, al reconocer "la necesidad de mantener un equilibrio entre los derechos de

---

7 Sobre el origen de este precepto, vid. LÓPEZ MAZA, S., «Comentario al art. 10 del Convenio de Berna", *Comentarios al Convenio de Berna,* BERCOVITZ R., coord., Tecnos, 2014, págs. 834 y ss.

8 Así, el al art. 10.2 del CB dispone que "Se reserva a las legislaciones de los países de la Unión....lo que concierne a la facultad de utilizar lícitamente, en la medida justificada por el fin perseguido, las obras literarias o artísticas a título de ilustración de la enseñanza...."

9 *Vid.* RICKETSON, S. y GINSBURG, J., *International Copyright and Neighbouring Rights. The Berne Convention and Beyond.* Oxford University Press, 2005, pág. 17. Conforme al art. 10.2 CB: "Se reserva a las legislaciones de los países de la Unión y de los Arreglos particulares existentes o que se establezcan entre ellos lo que concierne a la facultad de utilizar lícitamente, en la medida justificada por el fin perseguido, las obras literarias o artísticas a título de ilustración de la enseñanza por medio de publicaciones, emisiones de radio o grabaciones sonoras o visuales, con tal de que esa utilización sea conforme a los usos honrados".

10 RICKETSON S., and GINSBURG, J., *International copyright and neighbouring rights , op.cit.,* pág. 756.

11 GEIGER, C., "Les exceptions au droit d'auteur à des fins d'enseignement et de recherche en droit allemand », n.º 5, *Propriétés Intellectuelles,* 2002, pág. 30.

los autores y los intereses del público en general, en particular en la educación, la investigación y el acceso a la información, como se refleja en el Convenio de Berna".

Las características principales que pueden extraerse del art. 10 CB son las siguientes: el uso debe hacerse en la medida necesaria para ilustrar la enseñanza; dicho uso ha de ser compatible con una práctica leal (se emplea la misma redacción que el artículo 10.1 en relación con el límite de la cita); debe indicarse la fuente y el nombre del autor de la obra, si aparece indicado. La redacción permite que, en algunos casos, se utilice la obra en su conjunto, no solo algunos fragmentos: lo necesario en cada supuesto para la ilustración de la enseñanza. También resulta cuestionable el alance del término "enseñanza". A este respecto, en el *Committee's report* de la Conferencia de Estocolmo, se restringió su alcance a todos los niveles de enseñanza en instituciones educativas y universidades, escuelas estatales y municipales, así como en escuelas privadas. La educación fuera de esas instituciones no quedaría amparada por el límite[12] .

En el caso del derecho español, el reconocimiento del límite para la ilustración de la enseñanza procede de la transposición de la DDASI. Dicha incorporación tuvo lugar en dos fases. En primera instancia, la Ley 23/2006 de 7 de julio por la que se transpuso al derecho español la DDASI, incorporó de forma muy restrictiva el límite para la ilustración de la enseñanza, pero no el relativo a la investigación científica. Dicho límite se contenía en el art. 32.2 del Texto Refundido de la Ley de Propiedad Intelectual (TRLPI), con el siguiente tenor literal "No necesitará autorización del autor el profesorado de la educación reglada para realizar actos de reproducción, distribución y comunicación pública de pequeños fragmentos de obras o de obras aisladas de carácter plástico o fotográfico figurativo, excluidos

---

12 Cfr. RICKETSON S. y GINSBURG, J., *International Copyright... op.cit.*, págs. 792 y 793.

los libros de texto y los manuales universitarios, cuando tales actos se hagan únicamente para la ilustración de sus actividades educativas en las aulas, en la medida justificada por la finalidad no comercial perseguida, siempre que se trate de obras ya divulgadas y, salvo en los casos en que resulte imposible, se incluyan el nombre del autor y la fuente". Por su parte, la Directiva 96/9 sobre la protección jurídica de las bases de datos, había sido incorporada al derecho español mediante Ley 5/1998, de 6 de marzo. En dicha ley se incorporó el límite previsto en el art. 6.2 b) de la Directiva a través del art. 34 TRLPI, y el 9.b), mediante el artículo 135.1.b) TRLPI -respectivamente, el límite para la ilustración de la enseñanza y la investigación científica relativa a las bases de datos y al derecho sui generis de las bases de datos. De este modo, como puede apreciarse, mientras el legislador español había incorporado el límite para le enseñanza y la investigación científica en materia de bases de datos, solo lo hizo en relación con la enseñanza al transponer la DDDASI.

Tan restrictivo alcance del límite previsto en el art. 32.2 TRLPI planteó importantes problemas en la práctica, que derivaron en un conflicto judicial entre los titulares de derechos de obras impresas y los editores (en concreto, la entidad de gestión que los representa, CEDRO) y las universidades, como consecuencia del uso por el por parte de su profesorado de obras que excedían de los pequeños fragmentos legalmente permitidos, sin contar para ello con la preceptiva autorización, y haciéndolo además en un entorno *online*[13]. Los nuevos planes de estudios universitarios

---

13 *Vid.* CÁMARA ÁGUILA P., "El límite para la enseñanza y la investigación", *La reforma de la Ley de Propiedad Intelectual*, BERCOVITZ R., dir., Tirant lo Blanch, 2015, págs. 113 y ss. El conflicto entre CEDRO y la Universidad Autónoma de Barcelona dio lugar a la sentencia del juzgado mercantil nº 2 de Barcelona de 2 de mayo de 2013 (AC 2013/747), ratificada por sentencia de la Audiencia Provincial de Barcelona (sección 15), de 29 de octubre de 2014 (JUR 2014/268106), en las que se reconoció infracción de derechos de

introducidos a través del conocido *Plan Bolonia*, habían conllevado la implantación de nuevos métodos docentes. Ello supuso el desplazamiento de la actividad docente del profesor al estudiante, al que se le ha venido a exigir la realización de trabajos, presentaciones, en definitiva, un desempeño activo a lo largo del curso, sometido también a evaluación. Para ello, las universidades crearon en favor de su profesorado campus virtuales, a través de los cuales aquellos ponían a disposición de los estudiantes materiales que permitían afrontar la realización de esos trabajos, principalmente artículos de revista y capítulos de libros. Tal actividad escapaba claramente del alcance del límite previsto en la redacción inicial del art. 32.2 TRLPI, requiriendo la preceptiva licencia que las universidades se negaron en primera instancia a pagar. Ante el conflicto generado, el legislador decidió modificar el límite en la Ley 21/2014, de 4 de noviembre por la que se modifica el TRLPI y la Ley de Enjuiciamiento Civil.

Así, en la exposición de motivos de la citada Ley se señala que "Ciertamente, el actual artículo 32.2 en su redacción vigente hasta ahora queda muy lejos del alcance máximo que la señalada directiva permite dar a esta excepción o límite, aspecto éste que se deduce tanto de su articulado como de los considerandos de la misma. Por ello, ya el informe del Consejo de Estado previo a la aprobación de la Ley 23/2006, de 7 de julio, recordaba al legislador español que el alcance que se daba a ese límite o excepción en España quizá no resultase suficiente para cubrir las necesidades cotidianas del entorno educativo, quedando muy por debajo de lo que permite la Directiva 2001/29/CE".

La reforma operada en el TRLPI a través de la Ley 21/2014, introdujo el límite para la ilustración de la enseñanza y la inves-

---

propiedad intelectual por parte de la Universidad al no haber obtenido la preceptiva licencia para que sus profesores pudieran reproducir y poner a disposición de los estudiantes contenidos protegidos en sus plataformas virtuales.

tigación científica en los apartados, 3, 4 y 5 del art. 32 TRLPI, ampliando el juego del límite al ámbito de la enseñanza *online*, y permitiendo como veremos el uso específico de artículos de revista y capítulos de libros. Además, con ello se vino también a paliar otro déficit de transposición de la DDSAI, como era el no haber contemplado hasta entonces el límite para el ámbito de la investigación científica. Por ello, cuando en 2021 el legislador español traspuso el art. 5 DDAMUD, y gracias a la citada reforma de 2014, ya se contemplaban en nuestro art. 32 TRLPI los usos digitales y *online* de las obras con fines docentes. El legislador español no partía de cero en relación con esos usos. Ello hubiera debido conllevar un riguroso trabajo de transposición, para evitar solapamientos y dudas interpretativas sobre el régimen aplicable a estos usos. Lamentablemente, no fue así. Si, además, el legislador español decide, como ha sido el caso, que la transposición de este límite debe hacerse fuera del TRLPI, se entenderá que nos encontremos ante unas de las normas de las DDAMUD más polémicas en cuanto a su transposición interna en el derecho español.

## II.- LA TRANSPOSICIÓN EN DERECHO ESPAÑOL DEL ART. 5 DDAMUD

Como acabamos de señalar, el art. 5 DDAMUD ha quedado incorporado fuera del TRLPI, en el art. 68 del Real Decreto-Ley 24/2021, de 2 de noviembre. En concreto, el precepto se recoge dentro del Título II (límites a los derechos de propiedad intelectual en el entorno digital y transfronterizo), del Libro IV (transposición de las Directivas 2019/789 y 2010/790 CE). Su tenor es el siguiente: “1. No será precisa autorización de los titulares de derechos de propiedad intelectual para los actos de reproducción, distribución y comunicación pública por medios digitales de obras y otras prestaciones a efectos de ilustración con fines educativos siempre que: a) sean realizados por el profesorado de la educación reglada impartida en centros integrados en el sistema educativo español y por el personal de universidades y organismos de investigación. b) tengan lugar en un entorno electrónico seguro. c) se indique la fuente, con inclusión del nombre del autor, siempre que sea posible. 2. Estos actos se entenderán únicamente realizados en territorio español, aunque sus destinatarios no se encuentren en él".

La única referencia de la que disponemos respecto a la redacción final de este precepto deriva el dictamen del Consejo de Estado y sus observaciones en relación con el proyectado art. 68 RD-ley[14]. De hecho, este precepto acoge literalmente la propuesta por dicho órgano consultivo. En primer lugar, se observa que la redacción del precepto es "excesivamente abigarrada". Se afirma que el artículo 5 de la Directiva (UE) 2019/790 permite el uso digital con esos fines (de ilustración de la enseñanza) sin necesidad de solicitar la autorización del título de los derechos de propiedad intelectual. El artículo 68 del proyecto pone el acento, sin embargo, en que tales usos se realicen a través de entornos electrónicos seguros, llevando a un segundo plano la innecesaridad de la autorización de los titulares de los derechos de propiedad intelectual, que es el fundamento principal de la regulación contenida en la Directiva. El proyecto se olvida, por otra parte, de que una de las condiciones que el artículo 5 de la Directiva exige para este tipo de uso es "la indicación de la fuente, con inclusión del nombre del autor, salvo que ello resulte imposible". Esta observación tiene carácter esencial a los efectos previstos en los artículos 7.2 y 130.3 del Reglamento Orgánico del Consejo de Estado[15].

---

14 https://www.boe.es/buscar/doc.php?id=CE-D-2021-878

15 La indicación de la fuente, con inclusión del nombre del autor, es una manifestación del derecho moral a la paternidad. Como una obviedad, el considerando 23 afirma que ".. los Estados miembros deben seguir teniendo la facultad de exigir que el uso de las obras u

Asimismo, concluye, el inciso final del comentado artículo 68 del proyecto contiene una afirmación, la de que "se considerará" que estos usos "tienen lugar únicamente en territorio español", que merecería ser precisada a la vista de la regulación de los usos transfronterizos que se contiene en el artículo 5.3 de la Directiva. Todo lo anterior determina que se proponga una mejor formulación del art. 68, incorporando todas las observaciones realizadas.

Centrándonos en la redacción del art. 68 RD-ley 24/2021, su ámbito de aplicación es parcialmente concurrente con el previsto en el art. 32.3.4 y 5 TRLPI. En efecto, el TRLPI contempla usos analógicos y digitales de obras, incluidos en línea, en el marco de la ilustración para la enseñanza. Así, en el art. 32.3 TRLPI el legislador prevé el uso de pequeños fragmentos de obras (y obras aisladas plásticas o fotográficas) por parte del profesorado de la educación reglada impartida en centros integrados en el sistema educativo español, permitiendo su reproducción, distribución y comunicación pública, siempre que tales actos se hagan únicamente para la ilustración de sus actividades educativas tanto en la enseñanza presencial como en la enseñanza a distancia, en la medida justificada por la finalidad no comercial perseguida (apartado a), se trate de obras divulgadas (apartado b) y las obras no tengan la condición de libro de texto, manual universitario o publicación asimilada (apartado c). En ese último caso, se prevé una excepción en el uso de estas obras con fines docentes: se prohíbe su utilización salvo que se trate de actos de reproducción para la comunicación pública sin que exista puesta a disposición. Ello conlleva la posibilidad de utilizar un pequeño fragmento de un manual, libro de texto o publicación asimilada en el aula,

otras prestaciones respete los derechos morales de los autores y artistas intérpretes o ejecutantes". En el caso del derecho español, en la medida en que el art. 14.3 TRLPI regula el derecho a la paternidad, aunque el legislador hubiera guardado silencio al respecto se llegaría a la misma conclusión, si bien su mención expresa es apropiada.

pero no permite la puesta a disposición de ese pequeño fragmento a través de un campus virtual. Los usos permitidos en el art. 32.3 TRLPI no generan derecho a obtener una remuneración por parte de los autores y editores (art. 32.3 *in fine*).

Por su parte, el art. 32.4 TRLPI contempla la utilización con fines de ilustración de la enseñanza y de investigación científica de unidades superiores al pequeño fragmento, como son un capítulo de libro, un artículo de revista o extensión asimilable al 10 por ciento del total de la obra (apartado b). En tal caso, el uso solo podrán realizarlo las universidades o centros públicos de investigación por su personal y con sus medios propios (apartado c). A su vez, si se trata de distribuir copias, se requiere que esta distribución se efectúe entre los alumnos y el personal docente o investigador del centro en que se realiza la reproducción (apartado d.1), y si se trata de actos de comunicación pública, que solo los alumnos y el personal docente o investigador del centro en que se realice el acto de reproducción parcial de la obra puedan tener acceso a la misma a través de actos de comunicación pública, llevándose a cabo la puesta a disposición a través de redes internas y cerradas a las que únicamente puedan acceder esos beneficiarios *o* en el marco de un programa de educación a distancia ofertado por dicho centro (apartado d.2).

Lo anterior significa, en relación con la ilustración de la enseñanza, que solo las universidades o centros públicos de investigación pueden poner a disposición de sus estudiantes, a través de internet, capítulos de libros, artículos de revista, sin superar el 10 por ciento del total de la publicación en que se inserten, siempre y cuando el acceso se haga en una red interna y cerrada a la que solo puedan acceder estudiantes y profesores, *o* en el marco de un programa de educación a distancia ofertado por dicha universidad. Queda descartado en relación con esas unidades superiores al pequeño fragmento, su uso en otros niveles educativos como la educación primaria o secundaria, en la medida en que como hemos señalado, los sujetos beneficiarios son las universidades y los centros públicos de investigación.

Por otro lado, en los supuestos previstos en el art. 32.4 TRLPI, se establece que salvo acuerdo específico entre los centros beneficiarios del límite y los titulares de derechos, o que el propio centro sea él mismo el titular de los derechos, los autores y editores tendrán un derecho irrenunciable a percibir de los centros usuarios una remuneración equitativa que se hará efectiva a través de las entidades de gestión -art. 32.4 *in fine* TRLPI-.

De la aplicación del límite sobre utilización de pequeños fragmentos -art. 32.3- y fragmentos superiores al pequeño fragmento pero que no superen el 10 por ciento del total de la obra -art. 32.4 TRLPI- quedan excluidas las partituras musicales, las obras de un solo uso y las compilaciones o agrupaciones de fragmentos de obras o de obras aisladas de carácter plástico o fotográfico figurativo.

Partiendo de esta regulación, a nadie sorprende los problemas de interpretación derivados de la incorporación de un nuevo límite para la ilustración de la enseñanza en el art. 68 RD-ley 24/2021, fuera del art. 32 TRLPI, en la medida en que ambas normas son parcialmente coincidentes en su ámbito de aplicación, si bien su regulación difiere. Añádase a lo anterior, una crítica común a toda la transposición en derecho interno español de los límites previstos en la DDAMUD. Al haberlos incorporado fuera del TRLPI, no les resulta directamente de aplicación el art. 40 bis TRLPI que contiene la regla de los tres pasos. Y el art. 7.2 DDAMUD, como no podía ser de otro modo, exige su aplicación a todos ellos. En mi opinión, dicha regla será aplicable a través de los Tratados Internacionales que la contienen (art. 9.2 del Convenio de Berna, art. 13 ADPIC, art. 10.1 del Tratado OMPI sobre derechos de autor).

A continuación se analizará quiénes son los beneficiarios del nuevo límite, qué actos pueden ampararse dentro del mismo, sobre qué contenidos, y si cabe o no compensación económica en favor de autores y editores, a la luz de los dispuesto en el art. 68 RD-ley 24/2021 y el art. 32 TRLPI.

### *1. Beneficiarios del límite en el art. 68 RD-ley 24/2021*

El art. 68 RD-ley 24/2021 permite efectuar actos de reproducción, distribución y comunicación pública por medios digitales de obras y otras prestaciones a efectos de ilustración con fines de educativos, siempre que sean realizados por el profesorado de la educación reglada impartida en centros integrados en el sistema educativo español y por el personal de universidades y organismos de investigación.

La norma de transposición española conserva la restricción de que el límite beneficie solo al profesorado de la educación reglada impartida en centros integrados en el sistema educativo español, al personal de las universidades (impartan o no educación reglada), y de los organismos de investigación, en consonancia con lo previsto ya en el art. 32 TRLPI[16]. Una cuestión de carácter general que plantea la redacción del art. 68 RD-ley 24/2021 en cuanto a sujetos beneficiarios se refiere es si está respetando lo dispuesto en el art. 5 DDAMUD, en la media en que el legislador comunitario contempla que el límite resulte aplicable tanto profesores como estudiantes, siempre y cuando el uso de las obras y prestaciones tenga lugar en el contexto de la ilustración con fines educativos bajo la responsabilidad de un centro de enseñanza reconocido en un Estado miembro. En efecto, conforme al considerando 21 DDAMUD "Debe entenderse que la excepción o limitación establecida en la presente Directiva únicamente a efectos de ilustración con fines educativos incluye los usos digitales de obras y otras prestaciones para apoyar, enriquecer o complementar la enseñanza, incluidas las actividades de aprendizaje". Así, aunque el art. 68.1 RD-ley 24/2021 se refiere a actos de explotación a efectos

---

16 No obstante, como se verá, mientras que el art. 32 TRLPI hace mención a organismos públicos de investigación, el art. 68 RD-ley 24/2021 solo se refiere a organismos de investigación (públicos o privados).

de ilustración con fines educativos; lleva por título "utilización de obras y prestaciones en actividades pedagógicas digitales y transfronterizas", configurando así de forma amplia la aplicación del límite dentro del contexto de la educación, en cambio exige que dichos usos sean realizados por el profesorado y personal de universidades y organismos de investigación. Tal redacción literal choca con la Directiva, y obliga de partida a una interpretación correctora del precepto[17]. Una interpretación del art. 68 conforme a la DDAMUD obliga a incluir como beneficiarios a los estudiantes que reciben las enseñanzas, en la medida en que los actos de explotación que realicen formen parte del proceso educativo (al hilo por ejemplo de la presentación de trabajos, evaluables específicamente o no, en el marco de la actividad académica)[18]. Sorprende a este respecto que el legislador no fuera consciente de los problemas interpretativos que ya se plantearon con la redacción del art. 32 TRLPI[19].

### 1.1. Los Organismos de Investigación

El art. 5 DDAMUD considera beneficiarios del límite a los centros de enseñanza reconocidos por los Estados miembros, no

---

17 Para RIBERA BLANES, B., no cabe duda que en la mente del legislador está tanto el alumno como el profesor, vid., « La enseñanza presencial y *online* mediante la utilización de recursos digitales protegidos por la propiedad intelectual (art. 5 DDAMUD)", *Propiedad Intelectual y mercado único digital europeo*, SAIZ GARCÍA, C. y EVANGELIO LLORCA, R., dir.,, Tirant lo Blanch, 2019 , pág. 177.

18 El considerando 22 hace referencia específica a los exámenes, al señalar que "(el uso)... debe tener lugar exclusivamente en el contexto de las actividades de enseñanza y aprendizaje realizadas bajo la responsabilidad de los centros de enseñanza, en particular durante la realización de exámenes...".

19 *Vid.*, XALABARDER PLANTADA, R., "Los límites a los derechos de propiedad intelectual..." *op.cit.*, pág. 73 y 74.

a los organismos de investigación, en la medida en que el límite se refiere exclusivamente a actividades pedagógicas. A este respecto, el considerando 20 de la DDAMUD señala que "La excepción o limitación prevista en la presente Directiva debe beneficiar a todos los centros de enseñanza reconocidos por un Estado miembro, incluidos aquellos involucrados en la educación primaria, secundaria, formación profesional y educación superior.

Ciertamente, la Directiva no define qué se ha de entender por centro de enseñanza reconocido por un Estado miembro, si bien sí aclara que debe incluir a todos los involucrados en las distintas etapas formativas desde la educación primaria a la educación superior. En cambio, la Directiva sí define lo que a efectos de lo previsto en la misma hay que entender por organismo de investigación. Así, conforme al art. 2 DDAMUD, organismo de investigación es "una universidad, incluidas sus bibliotecas, un instituto de investigación o cualquier otra entidad cuyo principal objetivo sea realizar investigaciones científicas o llevar a cabo actividades educativas que también impliquen realizar investigaciones científicas: a) sin ánimo de lucro o reinvirtiendo todos los beneficios en sus investigaciones científicas, o b) conforme a una misión de interés público reconocida por un Estado miembro, de tal manera que una empresa que ejerza una influencia decisiva en dicho organismo no pueda gozar de acceso preferente a los resultados generados por tales investigaciones científicas". Estos organismos son beneficiarios del límite de la minería de textos y datos con fines de investigación científica previsto en el art. 3 DDAMUD, pero no del límite para usos pedagógicos, que por razones evidentes vinculadas a su finalidad queda circunscrito a los centros de enseñanza. Por su parte, el art. 66 del RD-ley 24/2021 incorpora el contenido del citado art. 2 DDAMUD, recogiendo las definiciones en él previsto. Así, conforme al citado art. 66.3 " A efectos del Libro IV de este Real Decreto se entenderá por organismos de investigación: toda entidad cuyo principal objetivo sea realizar investigaciones científicas o llevar a cabo actividades educativas que también impliquen investigaciones científicas, que cumplan con los siguientes requisitos: a) Sean sin ánimo de lucro o reinvirtiendo todos sus beneficios en las mismas. b) Se realicen conforme a una misión de interés público.

De este modo, al establecer el art. 68 del RD-ley 24/2021 que los organismos de investigación, en los términos definidos en el art. 66, son beneficiarios del límite sobre usos de obras y otras prestaciones en el marco de actividades pedagógicas digitales, está admitiendo a entidades que carecen de la condición de centros de enseñanza, siendo además que el objeto principal de su actividad escapa de la actividad docente.

En mi opinión, la única razón por la que el legislador español ha introducido a los organismos de investigación en el art. 68 es el mimetismo con el que traslada a la norma de transposición lo dispuesto ya en el art. 32.3 y 4 TRLPI en relación con los beneficiarios.

Pero en dichas normas, junto con el límite para la ilustración de la enseñanza se reconoce también el límite para la investigación científica previsto en el art. 5.3.a DDASI. Así, la mención de los organismos (públicos) de investigación en el art. 32.3 TRLPI no tiene que ver con funciones docentes que puedan asumir dichos organismos, sino con actividades investigadoras, que quedan fuera del límite del art. 5 DDAMUD[20]. Distinto es el papel que cumple la llamada a los centros públicos de investigación en el art. 32.4 TRLPI (en relación con usos de unidades superiores al pequeño fragmento -capítulos de libro, artículos de revista, que no superen el 10 por ciento del total de la obra-). Conforme al art. 32.4. a) la finalidad del uso en esos casos debe ser docente y de investigación científica. Pero, en el art. 32.4 d) se exige que concurran, además de esas finalidades genéricas,

---

[20] El art. 32.3 TRLPI dispone que "El profesorado de la educación reglada impartida en centros integrados en sistema educativo español y el personal de Universidades y Organismos Públicos de investigación, *en sus funciones de investigación científica*, no necesitarán autorización del autor o editor...."

al menos una de las dos circunstancias siguientes: 1. Que la distribución de copias parciales se efectúe exclusivamente *entre los alumnos y el personal* docente o *investigador* del mismo centro, 2. Que *solo los alumnos y el personal* docente o *investigador* del centro puedan tener acceso a través de la comunicación pública, llevándose a cabo la puesta a disposición a través de redes internas cerradas...". Parece así que el marco de actuación de los centros (públicos) de investigación en relación con unidades superiores al pequeño fragmento es una actividad docente en cuanto que se requiere en todo caso la existencia de alumnos, aunque esa actividad docente la desempeñe personal investigador de un centro público de investigación.

En la legislación española, las universidades y los organismos públicos de investigación forman parte del sistema de ciencia, tecnología e innovación -art. 3 de la Ley 14/2011 de 1 de junio de la Ciencia, la tecnología y la innovación -. La colaboración de ambas aparece reconocida en la Ley Orgánica 2/2023, de 22 de marzo del Sistema Universitario -LOSU- (art. 14), así como en el Real Decreto 99/2011, de 28 de enero, por el que se regulan las enseñanzas oficiales de doctorado, ámbito este en el que se conjuga la enseñanza y la investigación. Así, en el preámbulo de este Real Decreto, en relación con los estudios de doctorado y la colaboración de las universidades con otros organismos se establece que "En este ámbito.. ha de corresponder un especial protagonismo a los Organismos Públicos de Investigación como instituciones de carácter público y ámbito nacional que junto con las universidades forman el núcleo básico del sistema público de investigación científica y desarrollo tecnológico español. La experiencia acumulada, especialmente con el Consejo Superior de Investigaciones Científicas, habla de los enormes beneficios esperados de una colaboración equilibrada para la formación de investigadores y doctores. En esta línea, en el art. 9 del citado Real Decreto, se dispone que 2. Las Escuelas de Doctorado podrán ser creadas individualmente por una universidad, o conjuntamente con otras o en colaboración de una o varias universidades con otros organismos, centros, instituciones y entidades con actividades de I+D+i, públicas o privadas..". En consecuencia, será en los estudios de doctorado donde podremos encontrar la participación de los Organismos Públicos de investigación, en las enseñanzas de tercer ciclo impartidas por las universidades.

En todo caso, dada la configuración de estas enseñanzas, a la hora de transponer el art. 5 DDMAUD al derecho interno español no resultaba necesario mencionar a estos organismos, en la medida en que los responsables de esos estudios son las universidades, que son centros de enseñanza superior. De ahí que, como vengo señalando, la inclusión de los organismos de investigación entre los beneficiarios del límite en el art. 68 RD-ley 24/2021 plantee problemas de interpretación innecesarios, que se podrían haber eliminado con haber mantenido la redacción del art. 5 DDAMUD. Bastaba con referirse a usos a efectos de ilustración con fines educativos que tengan lugar *bajo responsabilidad* de un centro de enseñanza. Por último, en relación con los organismos de investigación, mientras que el art. 32 TRLPI hace mención a organismos *públicos* de investigación, el art. 68 RD-ley 24/2021 no exige que estos sean de titularidad pública, lo que plantea un nuevo desajuste entre una y otra norma.

Hasta aquí hemos expuesto los distintos problemas de interpretación que plantea el art. 68 RD RD-ley en relación con los beneficiarios del límite para la utilización de obras y otras prestaciones en actividades pedagógicas digitales y transfronterizas. Una de las cuestiones más polémicas deriva de la dualidad normativa que venimos analizando. En mi opinión, tales problemas de interpretación deben resolverse aplicando los criterios generales de derogación de las normas previstos en el art. 2.2 del Código Civil. Conforme a este precepto, "Las leyes solo se derogan por otras posteriores. La derogación tendrá el alcance que expresamente se disponga y se extenderá siempre a todo aquello que en la ley nueva, sobre la misma materia, sea incompatible con la anterior". Nos encontramos aquí ante un supuesto de derogación tácita por incompatibilidad entre la ley anterior (art.

32 TRLPI) y la posterior (art. 68 RD-ley 24/2021)[21]. Por tanto, mientras que los usos analógicos previstos en el art. 32 TRLPI no quedan afectados por el art. 68 RD-ley 24/2021, los usos digitales, *online* y/o transfronterizos en el ámbito de la ilustración de la enseñanza deben regirse exclusivamente por el art. 68 RD-ley 24/2021 en lo que resulte de regulación contradictoria con la contenida en el art. 32 TRLPI. De ahí que el requisito previsto en el art. 32.4.2º TRLPI de que solo el personal de los centros públicos de investigación, pueda poner a disposición capítulos de libro, artículos de revista y otras extensiones equivalentes al 10 por ciento de la obra a través de redes cerradas, hay que entenderlo derogado por el art. 68 RD-ley 24/2021, y por tanto, todos los organismos de investigación, tal y como aparecen definidos en el art. 66 RD-ley 24/2021 son beneficiarios del límite, sean o no centros públicos de investigación.

### 1.2. Las Universidades

Para la debida transposición del art. 5 DDAMUD, tampoco hubiera necesitado el legislador español mencionar expresamente a las universidades, en la medida en que estas son centros de enseñanza legalmente reconocidas. Conforme al art. 2.2 de la Ley Orgánica 2/2023, de 22 de marzo del Sistema Universitario "se entiende por universidades aquellas instituciones, públicas o privadas, que desarrollan las funciones centrales de docencia, investigación y transferencia e intercambio del conocimiento, además de las recogidas en el artículo 2.2 y que ofertan títulos universitarios oficiales de Grado, Máster Universitario y Docto-

---

21 Sobre la derogación de las normas, vid. DOMINGUEZ MARTÍNEZ, P., "Comentario al art. 2 del Código Civil", *Comentarios al Código Civil*, BERCOVITZ R., coord., 2021, 4.ª ed., Aranzadi Thomson, pág. 50. El Real Decreto Ley 24/2021 fue convalidado el 2 de diciembre de 2021, y tiene por tanto rango de Ley.

rado en la mayoría de ramas de conocimiento, pudiendo desarrollar otras actividades formativas". Por tanto, una universidad es un centro de enseñanza, más allá de que también en ella se desarrollen tareas investigadoras y de transferencia del conocimiento por parte de su personal. Por otro lado, como acabamos de ver, al introducir entre los beneficiarios a los organismos de investigación, resulta que también se entienden por tales a las universidades (art. 2 DAMUD y 66 RD-ley 24/2021, de modo que resulta parcialmente redundante llamar a universidades y organismos de investigación como beneficiarios del límite en el art. 68 RD-ley 24/201. En mi opinión, como vengo manteniendo, la mención específica a las universidades se hace por mimetismo con el art. 32 TRLPI. En el art. 32.3 TRLPI, respecto al uso de pequeños fragmentos, se menciona a las universidades junto con los organismos públicos de investigación, pero en relación con fines de investigación. Para fines de ilustración de la enseñanza, el personal de las universidades estaría reconocido dentro de la categoría de "profesorado de la educación reglada impartida en centros integrados en el sistema educativo español", de los que nos ocuparemos seguidamente.

### 1.3 El Profesorado de la educación reglada impartida en centros integrados en el sistema educativo español

Por lo que respecta al profesorado de la educación reglada impartida en centros integrados en el sistema educativo español, de nuevo el llamamiento del art. 68 RD-ley 24/2021 responde a lo previsto en el art. 32.3 TRLPI. Recuérdese que este precepto contempla la utilización de pequeños fragmentos de obras con fines de ilustración de la docencia, sin que autores y editores tengan derecho a obtener ninguna remuneración. Ya a la hora de configurar el límite para la ilustración de la enseñanza previsto en el art. 5.3. a) DDASI, la doctrina española criticó la restricción que suponía amparar tan solo la actividad docente que condujera a la obtención de un título oficial. Si un centro de formación profesional primaria o secundaria, organiza actividades formativas, que no forman parte de las enseñanzas conducentes a una titulación oficial, el legislador español no admite respecto a ellas la aplicación del límite. Ello supone una importante restricción respecto a lo previsto en el art. 5 DDAMUD, y en mi opinión, resulta contrario al derecho de la UE. Téngase en cuenta, a ese respecto, que el nuevo límite es obligatorio para los Estados miembros, que carecen así de margen de maniobra para restringir el ámbito subjetivo y objetivo de la aplicación del límite. Como venimos señalando, de acuerdo con el considerando 20 de la DDAMUD "La excepción o limitación prevista en la presente Directiva debe beneficiar a todos los centros de enseñanza reconocidos por un Estado miembro, incluidos aquellos involucrados en la educación primaria, secundaria, formación profesional y educación superior". Resulta por tanto restrictivo interpretar que docencia impartida bajo la responsabilidad de un centro de enseñanza reconocido en un Estado miembro, tan solo hay que entender la conducente a una titulación oficial.

En mi opinión, hubiera sido más conforme con la Directiva establecer que, fuera de la educación universitaria, beneficiarios serán los centros inscritos en el registro estatal de centros docentes no universitarios, conforme a lo previsto en el Real Decreto 276/2003, de 7 de marzo, que los regula. Impartan la docencia que impartan en ellos.

En el art. 5 DDAMUD el límite beneficia a quienes bajo responsabilidad de un centro de enseñanza hagan un uso digital de obras u otras prestaciones a efectos de ilustración con fines educativos. En cambio, en el art. 68 RD-ley 24/2021, beneficiario del límite es el profesorado, en la medida en que los actos de explotación permitidos deben ser realizados por él. Ya en relación con el art. 32.3 y 4 TRLPI se planteó si solo los profesores podían realizar los actos de explotación permitidos legalmente dentro del ámbito de aplicación del límite, o también debían incluirse los estudiantes, al presentar los trabajos exigidos para su evaluación, o a la hora de hacer exámenes. El considerando 22 de la

DDAMUD incluye a ambos, docentes y discentes, al señalar que la utilización de las obras u otras prestaciones al amparo de la excepción o limitación únicamente a efectos de ilustración con fines educativos establecida en la presente Directiva debe tener lugar exclusivamente en el contexto de las actividades de enseñanza y aprendizaje realizadas bajo la responsabilidad de los centros de enseñanza, en particular durante la realización de exámenes. Por tanto, el legislador español debería haber ampliado claramente a los estudiantes de los centros de enseñanza la consideración de beneficiarios del límite, en la medida en que éste cubre la actividad de enseñanza que corresponde impartir a los profesores así como a la realizada por los estudiantes en el marco del aprendizaje. Por otro lado, del propio texto de la DDAMUD se desprende que también quedarían amparadas dentro del límite los actos de explotación realizados por personal auxiliar del centro, o contratado al efecto por el centro, siempre que se haga en el marco de la actividad de la enseñanza. Por tanto, para respetar el derecho de la UE, todos los actos que caen dentro del ámbito de aplicación del límite previsto en el art. 5 DDAMUD debe entenderse autorizados cuando se realicen por todos los sujetos señalados, a los que habrá que calificar como beneficiarios del límite.

### 1.4. La finalidad comercial de la actividad docente

Finalmente, conforme al art. 5 DDAMUD, la excepción solo debe aplicarse en la medida en que los usos se justifiquen por los fines no comerciales de la actividad docente que se trate, resultando, conforme al Considerando 20, que la estructura organizativa y los medios de financiación del centro de enseñanza no son factores decisivos para determinar el carácter no comercial de la actividad. Sorprendentemente, el art. 68 RD-Ley 21/2024 no hace referencia a este requisito esencial, sin el cual, no cabe la aplicación del límite. Este requisito ya aparece en el art. 5.3 a) DDASI, y se encuentra recogido en el art. 32.3 TRLPI. Por su parte. en el art. 10.2 del CB se hace referencia a que la utilización se haga conforme a los usos honrados, lo que vendría a excluir la docencia impartida con fin comercial y ánimo de lucro[22]. En mi opinión, el descuido del legislador en la transposición del art. 5 DDAMUD parte del complemento permanente del art. 32 TRLPI con el que cuenta. Pero si se opta por una transposición al margen de lo dispuesto en el TRLPI, lo exigible es que dicha transposición sea completa, y coherente con el derecho positivo ya en vigor.

## *2. Ámbito espacial de aplicación del límite*

El ámbito espacial en el que los beneficiarios del límite pueden gozar de él, difiere en el art. 68 RD-ley 24/2021 del previsto en la DDAMUD. En concreto, el art. 5.1.a) DDAMUD contempla la aplicación del límite cuando el uso tenga lugar bajo la responsabilidad de un centro de enseñanza, en sus locales o en otros lugares *o* a través de un entorno electrónico seguro al que solo puedan acceder los alumnos o estudiantes y el personal docente del centro. En cambio, en el art. 68 RD-ley 21/2024, exige que se den tres requisitos cumulativos: que los actos de reproducción, distribución y comunicación pública por medios digitales de obras y otras prestaciones tengan lugar en un entorno electrónico seguro (art. 68.1.b) y se indique la fuente, con inclusión del nombre del autor, siempre que sea posible (art. 68.1.c). De este modo, el legislador español ha dejado fuera de la transposición otros usos digitales de las obras, que tengan lugar fuera de entornos electrónicos seguros, esto es, *off line*, en el espacio físico de los locales del centro de enseñanza u otros lugares, donde esta se imparta bajo la responsabilidad del centro. La norma comunitaria pretende garantizar que solo docentes y estudiantes

---

22 Cfr. RIBERA BLANES, B., « La enseñanza presencial y *online* mediante la utilización de recursos digitales protegidos por la propiedad intelectual...." *op.cit.*, pág. 175; VON LEWINSKI, S., *International Copyright Law and Policy,* Oxford University Press, 2008, pág. 159.

puedan acceder a los contenidos protegidos, lo que quedaría sobreentendido en los casos de enseñanza presencial (solo los matriculados podrían acceder), y no en la enseñanza a distancia, salvo que se aclare que el entorno electrónico debe ser seguro.

Para algunos autores, el legislador español ha supuesto que el resto de usos digitales que no se realizaran en entornos electrónicos seguros ya estaban cubiertos por el art. 32 del TRLPI, de ahí que el art. 68 RD-ley 24/2021 no se ocupe de ellos[23]. Pero se da la circunstancia, como hemos señalado ya, de que el art. 32 TRLPI, también contempla usos digitales en línea, dando lugar así a una superposición normativa. En efecto, el art. 32.3.a) TRLPI, en relación con el uso de pequeños fragmentos de obras y obras aisladas de carácter plástico o fotográfico, contempla la realización de actos de explotación para la ilustración de actividades educativas tanto en la enseñanza presencial como en la enseñanza a distancia. Y, en relación con la utilización de unidades superiores al pequeño fragmento como son capítulos de libro o artículos de revista, el art. 32.4.b) prevé que la reproducción y puesta a disposición tenga lugar entre el personal del centro y los alumnos, llevándose a cabo tales actos en redes internas y cerradas a las que únicamente puedan acceder esos beneficiarios. En el considerando 22 de la DDAMUD, se aclara qué hay que entender por entorno electrónico seguro: "los entornos digitales de enseñanza y aprendizaje cuyo acceso está limitado al personal docente de un centro de enseñanza y a los alumnos o estudiantes matriculados en un programa de estudios, en particular mediante procedimientos de autentificación adecuados que incluyan una autentificación

---

23 SÁNCHEZ ARISTI, R. y OYARZABAL OYONARTE, N., "Decadencia y caía del Texto Refundido de la Ley de Propiedad Intelectual: la transposición de la Directiva 2019/790 sobre derechos de autor en el mercado único digital, por el Real Decreto-Ley 24/2021, de 2 de noviembre", Revista *Pe.I.*, n.º 69, septiembre-diciembre 2021, pág. 51.

basada en una contraseña". Ciertamente, red interna y cerrada es equivalente al entorno electrónico seguro en los términos señalados en la Directiva, de manera que esa previsión ya se encontraba en la legislación española. Lo que sí supone un cambio importante es que el art. 32.4. b), añade al requisito de que el acceso a esos contenidos *online* tenga lugar en una red cerrada y segura, de manera disyuntiva, que la reproducción y puesta a disposición tenga lugar en el marco de un programa de educación a distancia. Esta previsión permitiría la puesta a disposición de obras sin necesidad de que exista una red cerrada, cuando se trate de un programa de educación a distancia. A este respecto, los llamados *Massive Online Open Courses* (MOOC), en los que se permita el acceso a contenidos en una red abierta, entrarían dentro del límite previsto en el art. 32.4 b) TRLPI. Pero, conforme al art. 5 DDAMUD y el art. 68 RD-ley 24/2021, solo cabe la puesta a disposición de contenidos en entornos electrónicos seguros. De ahí que la disyuntiva prevista por el legislador de 2014 en el art. 32.4.b) haya de entenderse derogada en ese punto por el art. 68 RD-ley 24/2021.

Por otro lado, la redacción del art. 5 de la DDAMUD amplió el ámbito de aplicación del límite en comparación con el previsto en el art. 4 de la propuesta de Directiva de 2016. En este se contemplaba la aplicación del límite en relación con los actos que tuvieran lugar en los locales de un centro de enseñanza, mientras que la redacción final prevista en el art. 5 se contempla la aplicación del límite siempre que los usos que tengan lugar *bajo responsabilidad de un centro de enseñanza, en sus locales o en otros lugares*[24]. Conforme al considerando 22, la utilización de obras

---

24 Se mantiene prácticamente invariable en cambio el otro supuesto en el que puede operar el límite y es que el uso tenga lugar a través de un entorno electrónico seguro al que solo puedan acceder los alumnos o estudiantes y el personal docente del centro (en el art. 4 de la propuesta se hablaba de una red electrónica).

y otras prestaciones a efectos de ilustración de la enseñanza a debe tener lugar exclusivamente en el contexto de las actividades de enseñanza y aprendizaje realizadas bajo la responsabilidad de los centros de enseñanza, en particular durante la realización de exámenes o actividades de enseñanza que tengan lugar fuera de las instalaciones de los centros de enseñanza, por ejemplo, en un museo, una biblioteca u otra institución responsable del patrimonio cultural, y debe limitarse a lo estrictamente necesario para los fines de tales actividades. Lo importante es que la actividad educativa tenga lugar bajo responsabilidad de un centro de enseñanza, con independencia del lugar donde dicha actividad tenga lugar. A modo de ejemplo se señalan otros lugares distintos a las instalaciones propias del centro, como son museos, bibliotecas u otras instituciones responsables del patrimonio cultural, pero pudieran ser otros, siempre que la actividad pedagógica se realice bajo responsabilidad del centro[25]. El cambio en la redacción es plausible, en la medida en que no toda la actividad docente presencial tiene lugar en las instalaciones del centro de educativo. Hay muchas actividades docentes que, bajo la responsabilidad del centro de enseñanza, se desarrollan fuera de las aulas, de manera que limitar el juego del límite a un concreto espacio físico resultaría arbitrario.

Conforme al considerando 22, la excepción comprende los usos por medios digitales como pizarras electrónicas o dispositivos digitales que pueden estar conectados a internet, como los usos a distancia a través de entornos electrónicos seguros, como en el contexto de los cursos en línea o el acceso a material educativo que complementa un curso concreto. Cuando el uso de las obras y otras prestaciones se haga *online*, entonces el entrono electrónico en el que se produzcan los actos de explotación debe ser seguro, al que solo puedan acceder los alumnos o es-

---

25 Pensemos en un bosque, al que acude el profesor de botánica con sus estudiantes.

tudiantes y el personal docente del centro (art. 5.1 a) *in fine*). A este respecto, el considerando 22 *in fine,* aclara mejor que "Debe entenderse por entornos electrónicos seguros los entornos digitales de enseñanza y aprendizaje cuyo acceso está limitado al personal docente de un centro de enseñanza y a los alumnos o estudiantes matriculados en un programa de estudios, en particular mediante procedimientos de autentificación adecuados que incluyan una autentificación basada en una contraseña".

### *3. Obras y prestaciones objeto del límite: carácter imperativo del límite y acuerdos de licencia*

Cualquier obra o prestación puede ser susceptible de utilización con fines de ilustración de la enseñanza: fonogramas, grabaciones audiovisuales, obras cinematográficas, obras plásticas o fotográficas, obras del lenguaje, etc[26]. Tanto el art. 5.3 a) DDASI como el art. 10 del CB, nada dicen sobre el tipo de obra objeto del límite. Como sabemos, ambos límites son facultativos. Conforme al art. 5.2 DDAMUD, los Estados miembros podrán establecer que la excepción para usos digitales pedagógicos "…no sea aplicable o no se aplique con respecto a determinados usos o tipos de obras u otras prestaciones, como materiales destinados principalmente al mercado de la enseñanza o partituras, en la medida en que estén fácilmente disponibles en el mercado acuerdos de licencia adecuados que autoricen los actos a que se refiere el apartado 1 del presente artículo y adaptados a las necesidades y especificidades de los centros de enseñanza. Los Estados miembros que decidan hacer uso de lo dispuesto en el párrafo primero del presente apartado adoptarán las medidas

---

26 *Vid.* XALABARDER PLANTADA, R., "La Directiva sobre derecho de autor en el mercado único digital: una propuesta tan necesaria como peligrosa" https://elderecho.com/la-directiva-derecho-autor-mercado-unico-digital-una-propuesta-tan-necesaria-peligrosa

necesarias a fin de garantizar para los centros de enseñanza la disponibilidad y visibilidad adecuada de las licencias que autorizan los actos a que se refiere el apartado 1 del presente artículo". En la propuesta de directiva de 14 de septiembre de 2016, el art. 4.2 se limitaba a señalar que "Los Estados miembros podrán establecer que la excepción adoptada con arreglo al apartado 1 no sea aplicable en general o con respecto a determinados tipos de obras u otras prestaciones, en la medida en que estén fácilmente disponibles en el mercado licencias adecuadas que autoricen los actos descritos en el apartado 1. Los Estados miembros que hagan uso de lo dispuesto en el párrafo primero adoptarán las medidas necesarias para garantizar la adecuada disponibilidad y visibilidad de las licencias que autorizan los actos descritos en el apartado 1 para los centros de enseñanza". La redacción final del precepto responde a una enmienda aprobada por el Parlamento Europeo con fecha 12 de septiembre de 2018 (enmienda 66). En ella se concreta, a modo de ejemplo, qué tipo de obras o prestaciones pueden quedar excluidas de la aplicación del límite, siempre y cuando estén disponibles las correspondientes licencias, adaptadas además a las necesidades del centro. Estas obras son los manuales y partituras.

Como venimos señalando, hasta la aprobación de la DDAMUD, el límite para la ilustración de la enseñanza tenía un carácter facultativo. No es de extrañar que a la hora de configurarlo internamente, las legislaciones de algunos Estados miembros excluyeran de su aplicación a manuales y partituras de su aplicación. Así, por ejemplo, el art. 122-5.3° del CPI francés impedía que el autor se opusiera a la comunicación pública o a la reproducción de extractos de obras, con reserva de las obras concebidas con fines pedagógicos y partituras musicales, con fines exclusivos de enseñanza o de investigación[27]. Asimismo, en derecho alemán,

---

[27] Esta redacción del art. 122-5.3 del CPI fue introducida por Ley de 8 de julio de 2013, de orientación y programación para la refunda-

la *UhrG* contenía también la misma excepción al límite respecto a las representaciones gráficas de grabaciones musicales y obras exclusivamente destinadas a la enseñanza en las escuelas – art. 60 a) 3-. En derecho español, el art. 32.5 TRLPI excluye de la aplicación del límite a las partituras musicales, mientras que el art. 32.3.c) TRLPI contempla la exclusión de los libros de texto, manuales universitarios o publicaciones asimiladas, precisando que "a estos efectos, se entenderá por libro de texto, manual universitario o publicación asimilada, cualquier publicación impresa o susceptible de serlo editada con el fin de ser empleada como recurso o material del profesorado o del alumnado de la educación reglada para facilitar el proceso de enseñanza o aprendizaje" -art. 32.3.c) *in fine*-. Ya en la introducción del límite para la ilustración de la enseñanza operado por la Ley 23/2006 de 7 de julio, el art. 32.2 TRLPI excluía de la aplicación a los libros de texto y manuales universitario, viniéndose posteriormente a ampliar la exclusión a otras categorías de obras (entre ellas, las partituras musicales), tras la reforma de 2014.

La doctrina ha entendido que la razón de excluir esta categoría de obras de la aplicación del límite deriva de la regla de los tres pasos -art. 40 bis TRLPI, art. 5.5 DDASI y 7.2 DDAMUD-[28].

---

ción de la escuela de la República, lo que supuso una ampliación del límite que se había introducido en 2006 al incorporar la DDASI . En la actualidad, el límite aparece regulado en el art. 122-5-4, tras la reforma operada por Ordenanza de 24 de noviembre de 2021, por la que se traspuso la DDAMUD al derecho interno francés. Aunque el legislador excluye estas categorías de obras, en la práctica están cubiertas por un protocolo de acuerdo entre los titulares de derechos y el Ministerio de Educación francés -vid. LATREILLE, A. "Les aménagements favorisant l'accès à la connaissance (articles 3-11 et 14 de la Directive DSM », *RIDA* nº 164, septiembre 2020, pág. 232-.

28 Cfr. PÉREZ DE ONTIVEROS BAQUERO, C., "Comentario al art. 32 TRLPI", *Comentarios a la Ley de Propiedad Intelectual,* BERCOVITZ, R., coord., 3.ª ed., Tecnos, 2007, pág. 597; CÁMARA ÁGUILA, P., "El límite para la enseñanza…"., *op.cit.*, págs. 121 y 122; XALABARDER PLANTA-

En efecto, si el profesorado pudiera hacer uso en el proceso formativo para ilustrar sus enseñanzas de fragmentos de manuales y libros de texto, ello podría afectar a la explotación normal de estas obras, que encuentran en el estudiantado su mercado natural[29]. Y lo mismo hay que afirmar respecto de las partituras musicales, y otras obras similares como son, por ejemplo, cuadernos de ejercicios o fichas de actividades[30]. En concreto, y en relación con las partituras, la doctrina francesa señaló que su inclusión en el art. 122-5-3º del CPI en 2006 respondió a un lobby eficaz, que reflejó la debilidad de este sector de la edición, necesitado de la aplicación de los derechos de explotación en el contexto del aprendizaje musical, para el que las partituras son esenciales[31].

Partiendo de esta base, en la medida en que todos los límites están sometidos a la regla de los tres pasos (art. 7.2 DDAMUD), cabe plantearse por qué el legislador comunitario se ha visto en la necesidad de mencionar estas obras específicamente en el art. 5.2 DDAMUD, como obras que los Estados miembros podrían excluir (es algo facultativo) de la aplicación del límite. La justificación hay que encontrarla en la práctica consolidada en algunos Estados miembros de permitir los usos pedagógicos a través de la concesión de licencias, en algunos casos de licencias colectivas ampliadas. Así lo viene a reconocer el considerando 23 DDAMUD al señalar que "En algunos Esta-

---

DA, R., "Los límites a los derechos de propiedad intelectual, *op.cit.* pág. 45; LUCAS, A., LUCAS-SCHLOETTER, A., BERNAULT, C. *Traité de la propriété littéraire et artistique,* 5.ª ed., Lexis Nexis, 2017, pág. 442.

29 En cambio, para ALLEAUME, C., la exclusión de las obras creadas con fines pedagógicos puede animar a emplear otras obras no pertinentes, lo que iría en contra de la finalidad misma del límite (nº. 15), vid. « Droit d'auteur- les exceptions de pédagogie et de recherche » , *Comm. Comm. Electronique,* 2006, nº 11.

30 *Vid.*, LÓPEZ MAZA, S., "Comentario al art. 32 TRLPI", *Comentarios a la LPI,* 4.ª ed., BERCOVITZ, R., coord.., Tecnos, 2017, 4.ª ed., pág. 662.

31 Cfr. ALLEAUME, C., *op.cit.*, nº 16.

dos miembros se han adoptado diversas disposiciones, basadas en la aplicación de la excepción o limitación prevista en la Directiva 2001/29/CE o en acuerdos de licencia que comprenden otros usos, con el fin de facilitar los usos didácticos de las obras y otras prestaciones... En particular, los Estados miembros pueden decidir subordinar la aplicación de la excepción o limitación, total o parcialmente, a la disponibilidad de licencias adecuadas que cubran al menos los mismos usos que los autorizados al amparo de la excepción o limitación. Los Estados miembros deben garantizar que cuando las licencias solo cubran parcialmente los usos autorizados al amparo de la excepción o limitación, todos los demás usos sigan siendo objeto de la excepción o limitación.... Los Estados miembros podrían utilizar este mecanismo, por ejemplo, para conceder prioridad a las licencias para materiales destinados principalmente al mercado de la enseñanza o licencias para partituras...".

El propio considerando 23, al perfilar los requisitos de las licencias, hace expresa referencia al empleo de licencias colectivas ampliadas, "con el fin de evitar que los centros de enseñanza tengan que negociar individualmente con los titulares de derechos". Tal ha sido la respuesta legal prevista en el caso de los países nórdicos[32]. En otros países, como es el caso Francia, se ha venido a combinar lo dispuesto en el límite con acuerdos sectoriales celebrados entre representantes de titulares de derechos, de una parte, y los ministerios de educación nacional, enseñanza superior e investigación y la conferencia de rectores, por otra. Dichos acuerdos, que inicialmente iban destinados a fijar el montante de la remuneración debida a los titulares de derechos como con-

---

[32] *Vid.*, XALABARDER PLANTADA, R., "Los límites a los derechos de propiedad intelectual...", *op.cit.*, pág. 47 y ss. Así, en la Copyright Act danesa de 23 de octubre 2014, su art. 13 prevé la utilización de licencias colectivas ampliadas en el ámbito de la ilustración de la enseñanza https://www.wipo.int/wipolex/es/text/546839.

secuencia de la aplicación del límite, han ido más allá al precisar el sentido de las disposiciones legales, excediendo las previsiones del legislador. Ello ha dado lugar a la puesta en práctica de una gestión colectiva obligatoria que cubre el total de usos pedagógicos, en los que se engloban los derivados de la aplicación del límite y los que caen fuera de su ámbito de aplicación[33].

Por tanto, el legislador comunitario ha querido permitir que los Estados miembros mantuvieran el *status quo* derivado de su legislación o de las prácticas consolidadas respecto a los acuerdos de licencia voluntaria para usos pedagógicos. Como señala el art. 5.2 DDAMUD, ello supone a una derogación de lo dispuesto en el art. 7.1 DDAMUD, en cuya virtud "Será inaplicable toda disposición contractual contraria a las excepciones establecidas en los artículos 3, 5 y 6". Lo que resulta obligatorio es garantizar el uso de las obras con fines pedagógicos, pero se da la opción de elegir si se hace mediante la aplicación del límite o a través de licencias, siempre que, conforme al art. 5.2 DDAMUD, "los Estados miembros adopten las medidas necesarias a fin de garantizar para los centros de enseñanza la disponibilidad y visibilidad adecuada de las licencias que autorizan los actos a que se refiere el apartado 1 del presente artículo".

Lo dispuesto en el art. 5.2 DDAMUD ha sido objeto de crítica en la doctrina. Al respecto, se ha señalado que ello va contra de la armonización, afectando así a las consecuencias positivas derivadas del carácter obligatorio del límite[34]. En mi opinión, habiendo

---

33 *Vid.*, LUCAS, A., LUCAS-SCHLOETTER, A., BERNAULT, C., *Traité... op.cit.*, pág. 440.

34 GEIGER, C., FROSIO, G., BULAYENKO, O., "Opinion of the CEIPI on the European commission's proposal to reform copyright... »,*op. cit.*, pág. 21. Crítica también con la posibilidad de sustituir el límite por licencias, XALABARDER PLANTADA, R., al considerar que, salvo que los Estados miembros hagan una aplicación restrictiva de esta salvedad, es más que probable que con ello se acabe vaciando

una tradición dispar en los Estados miembros sobre los mecanismos que permiten que los centros de enseñanza gocen finalmente del límite, la solución acogida por el legislador comunitario es la más equilibrada, al no alterar los usos de cada mercado nacional.

Algunos autores supusieron que los Estados miembros más grandes, con un fuerte mercado de libros de texto, harían uso de esta disposición[35]. En nuestro Derecho, el legislador no ha reconocido la posibilidad de sustituir el límite por licencias. Nada dice al respecto el art. 68 RD-ley 24/2021. Como quiera que el art. 32.3, 4 y 5 TRLPI sigue en vigor, el legislador ha considerado suficiente dicha regulación para respetar los equilibrios alcanzados respecto al alcance del límite. Pero, a mi juicio, para respetar la DDAMUD, debería introducirse en la legislación española la obligación, respecto a determinadas categorías de obras, como son los manuales o las partituras, ambos mencionados en el art. 32, de estar fácilmente disponibles en el mercado acuerdos de licencia adecuados que autoricen los actos a que se refiere el apartado 1 del artículo 68 RD-ley 24/2021 y adaptados a las necesidades y especificidades de los centros de enseñanza.

### *4. Extensión cuantitativa del uso: la ilustración con fines educativos*

Como sucede en el art. 5.3. a) DDASI, el art. 5 DDAMUD autoriza el uso digital de obras y otras prestaciones únicamente a efectos de ilustración con fines educativos, en la medida en que ello esté justificado por la finalidad no comercial persegui-

---

de contenido la imperatividad del límite y su eficacia -vid. "La Directiva sobre derecho de autor en el mercado único digital…", *op.cit.*, https://elderecho.com/la-directiva-derecho-autor-mercado-unico-digital-una-propuesta-tan-necesaria-peligrosa

35 En este sentido, JUTTE, B.J., https://copyrightblog.kluweriplaw.com/2019/06/21/the-new-copyright-directive-digital-and-cross-border-teaching-exception-article-5

da. Mientras que ningún considerando de la DDASI aclaraba el alcance de esa utilización, tomando ahora en cuenta las legislaciones de los estados miembros, la DDAMUD sí que hace referencia a dicho alcance en dos de sus considerandos. Por un lado, el considerando 22 DDAMUD señala que el uso *debe limitarse a lo estrictamente necesario* para los fines de tales actividades (de enseñanza y aprendizaje). Por otro, el considerando 21 da unas pautas sobre la extensión del uso: "...en la mayoría de los casos, el concepto de ilustración implicaría únicamente el uso de partes o extractos de obras, lo que no debe reemplazar la adquisición de material destinado principalmente al mercado de la enseñanza. Al aplicar la excepción o limitación, los Estados miembros deben poder especificar libremente y de manera equilibrada, para los distintos tipos de obras u otras prestaciones, la proporción de una obra u otra prestación que puede utilizarse únicamente a efectos de ilustración con fines educativos. Debe entenderse que los usos autorizados al amparo de la excepción o limitación cubren las necesidades de accesibilidad específicas de las personas con discapacidad en el contexto de la ilustración con fines educativos".

El legislador comunitario deja en manos de los Estados miembros la fijación de la extensión del uso, permitiendo llegado el caso, que la obra sea utilizada en su totalidad. La formulación que hace el considerando 21 no es estricta, al señalar que *en la mayoría de los casos* los usos serán de partes o extractos de obras[36]. Ello se justifica por la finalidad misma del límite: ilustrar las enseñanzas, puede exigir un uso mayor o menor de una obra, según los casos. Como tuve ocasión de señalar al analizar el art. 32 TRLPI, una de las críticas que cabe hacerle al legislador español es que en el apartado 3º, relativo al límite general de la ilustración de la enseñanza solo permita la utilización de

36 *Vid.*, RIBERA BLANES, B., "La enseñanza presencial y *online*".... *op.cit.*, pág. 195.

"pequeños fragmentos de obras y obras aisladas de carácter plástico, fotográfico o figurativo". A estos efectos, el propio legislador señala que "se entenderá por pequeño fragmento de una obra, un extracto o porción cuantitativamente poco relevante sobre el conjunto de la misma"[37]. Ello excluye el uso de obras de pequeña extensión, respecto a las cuales es difícilmente planteable el uso de un pequeño fragmento con fines de ilustración de la enseñanza (así, por ejemplo, un poema, un microrrelato)[38]. Más allá de que en tales casos, el uso de un pequeño fragmento no cumpliría con la finalidad perseguida por el límite de servir para ilustrar las enseñanzas, ello podría afectar al derecho a la integridad de las obras. Este es el motivo que justifica el uso completo de obras de carácter plástico, fotográfico o figurativo.

El art. 68 RD-ley 24/2021 no dice nada respecto al alcance cuantitativo del uso. Ni siquiera hace mención a que el uso esté justificado por la finalidad no comercial perseguida, como dicta el art. 5.1 DDAMUD. De nuevo, y en la medida en que el art. 32 TRLPI sigue en vigor, en lo no incompatible con el art. 68 RD-ley 24/2021, habrá que buscar en él dicho alcance, cuando se trate de usos en el ámbito digital y/o transfronterizo. El art. 32.4 TRLPI solo permite a las universidades y centros públicos de

---

37 Así, por ejemplo, el art. 122-5-e) del CPI francés hacía referencia a "extractos". Posteriormente, los acuerdos sectoriales han precisado qué había que entender por extracto -así, en las obras audiovisuales, lo es una parte que no supere seis minutos, sin poder exceder en todo caso el diez por ciento del total de la obra-. vid., LUCAS, A., LUCAS-SCHOLETTER, A., BERNAULT, C., *Traité...op.cit.*, pág. 441, nota 1237.

38 *Vid.* CÁMARA ÁGUILA, P. "El límite para la enseñanza y para la investigación", *op.cit,* pág. 118 . En derecho francés, de nuevo fruto de un protocolo de acuerdo de 22 de julio de 2016, en el caso de puesta en línea en internet o en un espacio digital de trabajo, solo se admite la utilización de extractos de obras, salvo en el caso de obras cortas, tales como los poemas, o las obras de artes plásticas, que pueden utilizarse en su totalidad - https://www.education.gouv.fr/bo/16/Hebdo35/MENE1600684X.htm

investigación el uso de capítulos completos de libros, artículos de revista, o extensiones asimilables al 10 por ciento del total de la obra. Así, por ejemplo, si un artículo de revista fuera muy extenso en relación con el conjunto, no entraría dentro del límite. La referencia al porcentaje de la extensión se introdujo durante la tramitación parlamentaria del precepto en el Senado, a través de la enmienda 102, presentada por el Grupo Vasco, con el argumento siguiente: "Esta modificación tiene su justificación en que en ocasiones un capítulo de un libro o un artículo de una revista pueden suponer el 25%, el 50% o hasta el 100%, en algún caso extremo, de una publicación. En otros, por el contrario, pueden suponer únicamente un 3%". La limitación del 10 por ciento del total de la obra evitaría alcanzar dichos porcentajes. Asimismo, se señala que esta aclaración se propone en aras a la seguridad jurídica y aplicación pacífica de la norma, lo que además facilitará el pago de la remuneración prevista en el art. 32.4 TRLPI, al quedar concretado el alcance del uso[39].

Por lo tanto, en el derecho español, la ilustración con fines pedagógicos en el ámbito digital y/o transfronterizo puede abarcar a un pequeño fragmento, o una obra plástica, fotográfica o figurativa completa (art. 32.3 TRLPI), o capítulos de libro, artículos de revista, o extensión asimilable al del 10 por ciento del total de una obra (art. 32.4 TRLPI). La extensión superior al pequeño fragmento solo procederá en relación con obras impresas, conforme a lo dispuesto en el art. 32.4 TRLPI. Quedarán por tanto excluidas otras obras (pensemos por ejemplo en obras audiovisuales). Respecto a ellas, solo cabrá en el límite el uso de un pequeño fragmento.

---

[39] https://www.senado.es/web/actividadparlamentaria/iniciativas/enmiendas/index.html?id1=621&id2=000086&legis=10&codGrupo=803&codClase=e#numEnmienda102

## *5. Las personas con discapacidad como destinatarios del límite*

La DDAMUD hace expresa mención a las personas con discapacidad en el considerando 21, en relación con el límite para la ilustración de la enseñanza. Al tratar de la extensión del uso de obras y prestaciones, el considerando 21 *in fine* señala que "Debe entenderse que los usos autorizados al amparo de la excepción o limitación cubren las necesidades de accesibilidad específicas de las personas con discapacidad en el contexto de la ilustración con fines educativos". El legislador comunitario ya se había ocupado previamente de los límites en relación con las personas con discapacidad, tanto en la DDASI -art. 5.3.b)-, como especialmente en la Directiva 2017/1564 de 13 de septiembre sobre usos permitidos de determinadas obras y prestaciones protegidas por derechos de autor y derecho afines en favor de personas ciegas, con discapacidad visual y con otras dificultades para acceder a textos impresos[40]. Así, el art. 5.3.b) DDASI, en su redacción inicial venía a establecer que los estados miembros podrán establecer limitaciones o excepciones a los derechos de reproducción y comunicación pública -y distribución- "cuando el uso se realice en beneficio de personas con minusvalías, guarde una relación directa con la minusvalía y no tenga un carácter comercial, en la medida en que lo exija la minusvalía considerada"[41]. A su vez, como señala el considerando 4 de la Directiva 2017/1564, esta responde a la incorporación al derecho comunitario del Tratado de Marrakech, de 27 de junio de 2013, firmado en nombre de la Unión el 30 de abril de 2014 para facilitar el acceso a las obras publicadas a las personas

---

40 El art. 5.3 c) DDASI se traspuso en el art. 31 bis. 2 TRLPI mediante Ley 23/2006, de 7 de julio. La Directiva 2017/1564 fue traspuesta en el art. 31 ter TRLPI, mediante Real Decreto-ley 2/2018, de 13 de abril, convalidado por Ley 2/2019, de 1 de marzo.

41 Tras la Directiva 2017/1565, se sustituye el término "minusvalía" por el de "discapacidad".

ciegas, con discapacidad visual o con otras dificultades para acceder al texto impreso. Su objetivo es mejorar la disponibilidad y el intercambio transfronterizo de determinadas obras y otras prestaciones protegidas, en formatos accesibles para personas ciegas, con discapacidad visual o con otras dificultades para acceder a textos impresos. Dicho Tratado impone a sus partes contratantes la obligación de establecer excepciones o limitaciones a los derechos de autor y derechos afines para la producción y difusión de ejemplares en formatos accesibles de determinadas obras y otras prestaciones protegidas, así como para el intercambio transfronterizo de dichos ejemplares. La excepción en esta Directiva se configura como obligatoria, si bien circunscrita a usos en favor de personas con discapacidad visual y en relación con obras impresas[42]. La mención del considerando 21 a las personas con discapacidad plantea la duda de si ello conlleva un deber de garantizar a personas con cualquier tipo de discapacidad el acceso a obras o prestaciones con finalidad de enseñanza en el ámbito digital y transfronterizo. Como ya se ha señalado por la doctrina, dicho considerando no contiene un deber exigible a los estados miembros, si no una mera recomendación[43]. Conforme a la versión en francés de la DDAMUD, " Las utilizaciones autorizadas en el marco de la excepción o limitación *devraient* (deberían) ser entendidas como aquellas que cubren las necesidades de accesibilidad específica de personas discapacitadas, en el marco de la ilustración con fines de enseñanza".

Es por ello que no se ha añadido ninguna previsión al respecto en las distintas legislaciones de los países miembros. En

---

[42] Si bien, el art. 2.1 de la Directiva 2017/1564, hace referencia también al formato audio y los formatos digitales. *Vid,* sobre el alcance de esta Directiva, LÓPEZ SÁNCHEZ, C., "La nueva formulación del límite de accesibilidad para personas con discapacidad en la LPI", Revista *Pe.I,* nº 63, septiembre-diciembre 2019, pág. 29 y ss.

[43] RIBERA BLANES, B., "La enseñanza presencial y *online...*", *op.cit,* págs. 181 y 182.

nuestro derecho, el art. 68 RD-ley 24/2021 guarda silencio a este respecto. En mi opinión, con esta mención a las personas con discapacidad, el legislador comunitario ha querido tener presente la importancia de la accesibilidad con personas con discapacidad a las obras y prestaciones para garantizar el derecho a la enseñanza. Tiene, por tanto, un valor simbólico. No se puede ignorar a ese respecto los problemas respecto a los medios materiales y humanos que se requerirían para garantizar en todo caso, el acceso a obras y prestaciones de toda persona con discapacidad[44].

## *6. Los usos transfronterizos*

Uno de los problemas que el legislador comunitario ha querido resolver en la regulación del límite para la ilustración de la enseñanza por medios digitales es la determinación de la ley aplicable. Internet ha hecho posible que los estudiantes reciban enseñanzas a distancia, impartida por centros educativos radicados en otro estado diferente a aquel en el que tienen fijada su residencia. En ese contexto, resultaba necesario aclarar si la ley aplicable era la del lugar en que se encontraba el estudiante, desde donde accedía a obras y prestaciones protegidas con fines de ilustración de la enseñanza -no solo los materiales puestos a disposición desde el centro de enseñanza, sino los que él mismo pudiera emplear en el contexto de su aprendizaje, desde el Estado en el que se encuentre-[45]. La configuración del límite como obligatorio no garantiza como hemos visto la armonización, pues varios son los mecanismos que el beneficiario puede emplear para utilizar lícitamente obras o prestaciones protegidas con fi-

---

[44] Para RIBERA BLANES, B., la alusión a las personas con discapacidad en el considerando 21 DDAMUD ha de valorarse como positiva, “La enseñanza presencial y online…”, *op.cit.*, pág. 180.

[45] *Vid.*, XALABARDER PLANTADA R., “Los límites a los derechos de propiedad intelectual para fines educativos en internet” *op.cit.*, pág. 19.

nes de ilustración de la enseñanza. En algunos Estados miembros se ha optado por la aplicación del límite, en otros por las licencias, en unos con compensación económica, en otros de forma gratuita. Por ello, y en aras a la seguridad jurídica, es plausible que el legislador europeo nos dé una solución: en caso de usos transfronterizos[46]. Así lo dispone el art. 5.3 DDAMUD, al establecer que "Se considerará que el uso de obras y otras prestaciones únicamente a efectos de ilustración con fines educativos a través de entornos electrónicos seguros que se haga en cumplimiento de las disposiciones de Derecho nacional adoptadas en virtud del presente artículo, únicamente tiene lugar en el Estado miembro en que está establecido el centro de enseñanza". Se acoge así el criterio del país de origen, empleado ya en otras Directivas comunitarias[47]. En este caso, si los usos deben tener lugar bajo responsabilidad de un centro de enseñanza reconocido por un Estado miembro (art. 5.1.a) DDAMUD), será dicho centro el que deba procurarse la licencia para permitir el uso a enseñantes y estudiantes, abonar llegado el caso la remuneración debida, y establecer internamente los criterios de actuación que deben seguir unos y otros en relación con el uso de obras y contenidos protegidos en el marco de la ilustración de la enseñanza.

El art. 68.2 RD-ley 24/2021 dispone del modo siguiente al respecto: "Estos actos se entenderán únicamente realizados en territorio español, aunque sus destinatarios no se encuentren en él". La norma de transposición plantea algunos problemas, fruto de su deficitaria redacción. En ningún momento se hace referencia a que los centros de enseñanza de los que depende

---

46 Cfr. LATREILLE, A., « Les amenagèments favorissant l'accès... », *op.cit.*, pág. 221.

47 Así, por ejemplo, art. 3.1 de la Directiva 2019/789 aplica el principio del «país de origen» a los servicios accesorios en línea. A este respecto, vid. SÁNCHEZ ARISTI, R. y OYARZÁBAL OYONARTE, N., "Decadencia y caída del Texto Refundido de la Ley de Propiedad Intelectual...", *op.cit.*, pág. 49.

el profesorado al que alude el apartado 1 a), estén establecidos en España. Los actos a los que se refiere el art. 68.2 RD-ley 24/2021 ("estos actos"), son los previstos en el apartado anterior (art. 68.1). Dónde se encuentren o no los destinatarios es irrelevante. Más allá de que, como hemos visto, son profesores y estudiantes en marco de la enseñanza y aprendizaje quienes pueden hacer uso del límite, de manera que es inadecuado hablar de destinatarios. De este modo, nuestro legislador debería haber optado por una redacción literal del art. 5.2 DDAMUD.

Por último, el estar al lugar donde se encuentre establecido el centro de enseñanza puede plantear las dudas respecto a su alcance. ¿Cuándo se entiende que un centro está establecido en un Estado miembro? Conforme al art. 41 del Código Civil, "Cuando ni la ley que las haya creado o reconocido ni los estatutos o las reglas de fundación fijaren el domicilio de las personas jurídicas, se entenderá que lo tienen en el lugar en que se halle establecida su representación legal, o donde ejerzan las principales funciones"[48].

Por otro lado, comienzan a operar en territorio español centros de educación superior extranjeros. Nos encontramos normalmente en esos casos con sucursales que operan en territorio español. Conforme al art. 295 del Reglamento del Registro Mercantil "A efectos de lo prevenido en este Reglamento, se entenderá por sucursal todo establecimiento secundario dotado de representación permanente y de cierta autonomía de gestión, a través del cual se desarrollen, total o parcialmente, las actividades de la sociedad". De este modo, cuando una universidad extranjera tenga una sucursal en España, se entenderá que está establecida (tiene establecimiento secundario) en territorio español.

---

48 , sobre el alcance de este precepto, PERDICES HUETOS, A., y GANDÍA PÉREZ, E., "Comentario al art. 41 del Código Civil", *Comentarios al Código Civil*, BERCOVITZ, R., coord., 4.ª ed., *op. cit.*, págs. 181 y 182,

### *7. La remuneración a los titulares de derechos por el uso de las obras o prestaciones*

Una de las cuestiones que más polémica ha generado la transposición del art. 5 DDAMUD es la atinente a dilucidar si en el derecho español, el uso de límite para la ilustración de la enseñanza lleva aparejada una remuneración en favor de los titulares de derechos. La DDAMUD deja la cuestión en manos de los países miembros. Así, conforme al art. 5.4 "Los Estados miembros podrán prever una compensación equitativa para los titulares de derechos por el uso de sus obras u otras prestaciones con arreglo a lo dispuesto en el apartado 1". En la propuesta inicial de Directiva de 2016, se señalaba que "Los estados miembros podrán prever una indemnización justa para los titulares de derechos por el perjuicio que les haya causado el uso de sus obras u otras prestaciones...". En relación con esta norma, se señaló que resultaba desacertado hablar de una indemnización derivada de perjuicios causados en el ámbito de la aplicación de un límite, ya que ello conllevaba entender que nos encontrábamos ante un supuesto de responsabilidad extracontractual, proponiéndose mejor la expresión compensación, sin mención alguna a un daño injusto sufrido[49].

El art. 68 RD-ley 24/2021 no hace referencia alguna a si la utilización de obras y otras prestaciones en actividades pedagógicas digitales y transfronterizas conlleva remuneración. Consciente el gobierno de la confusión que generaba el silencio del art. 68, frente al reconocimiento en el art. 32.4 TRLPI del deber de remunerar la utilización en entornos digitales de capítulos de libros, artículos de revista o extensiones equivalentes al 10 por ciento del total de la obra, el Ministerio de Cultura emitió una "nota" el mismo día de la publicación del RD-ley 24/2021 en el BOE, intentando aclarar

---

49 Cfr. GEIGER, C., FROSIO, G., BULAYENKO, O., "Opinion of the CEIPI... " *op.cit.*, págs. 23 y 24.

el alcance de esta nueva regulación[50]. Dicha nota carece valor normativo o interpretativo, y por su desafortunada redacción, genera incluso más confusión si cabe en algunas de sus afirmaciones.

En primer lugar, la "nota" reconoce que la utilización de obras y otras prestaciones en actividades pedagógicas ya se encontraba ampliamente regulada en España previamente a la aprobación de la DDAMUD, en el art. 32.3, 4 y 5 del TRLPI, si bien a continuación justifica que la transposición del art. 5 DDAMUD "ha necesitado exclusivamente atender a establecer que el uso de obras y otras prestaciones a efectos de ilustración con fines educativos en el ámbito digital que se hagan en aplicación de las previsiones legales por el profesorado de la educación reglada impartida en centros integrados en el sistema educativo español y el personal de universidades y organismos públicos de investigación en sus funciones de investigación científica, que no necesiten autorización del autor o editor, se realizará a través de entornos electrónicos seguros y se considerará que tienen lugar únicamente en territorio español". La "nota" ha incurre en afirmaciones incorrectas, en la medida como hemos visto que el art. 5 DDAMUD no tiene que ver con las funciones de investigación sino solo pedagógicas.

Seguidamente, la "nota" señala lo siguiente respecto a la remuneración debida a los titulares de derechos por el uso de las obras y prestaciones en el marco de la actividad pedagógica amparada por art. 68 RD-Ley 24/2021: "Dicho artículo 68 atiende exclusivamente a regular este límite en actividades digitales y transfronterizas… y no obliga a la remuneración, pero tampoco la excluye y en ese sentido es plenamente respetuoso con el art. 32.3, 4 y 5 del TRLPI".

Como he señalado anteriormente, en mi opinión, y en aplicación de los criterios generales de derogación de las normas,

---

50 https://www.cedro.org/docs/default-source/legilacion-nacional/nota-art-68-rdley-24_2021.pdf?sfvrsn=a5ab43a6_10

el art. 68 RD 24/2021 deroga tácitamente el art. 32 TRLPI en aquello que le resulta contradictorio. La concurrencia de las normas se produce en los usos digitales, *online* y/o transfronterizos. En lo que respecta a la remuneración, el art. 32.4 TRLPI prevé que esta tenga lugar por parte de universidades y organismos públicos de investigación, solo para uso de unidades superiores al pequeño fragmento (capítulo de libro, artículo de revista, o extensión asimilable al 10 por ciento del total de la obra). Mientras que el art. 32.4.d) 1.º TRLPI alude a actos analógicos -reproducción y distribución de copias entre personal docente y alumnos-, el art. 32.4.d) 2º TRLPI alude a actos de puesta a disposición en línea, que caen por tanto dentro del ámbito de aplicación del art. 68 RD-ley 24/2021. Por tanto, queda claro que las universidades deben seguir remunerando por la puesta a disposición de estos contenidos en sus redes internas.

Respecto a los usos *online*, respondan o no a un programa de educación a distancia, todos deben realizarse en una red cerrada. Ello conlleva, en mi opinión, que los usos que se efectúen en los *MOOCs* deben estar sometidos a licencia, en la medida, en que no exista red cerrada. Respecto a la remuneración, prevista en el art. 32.4 TRLPI por el uso de artículos de revista, capítulos de libro y otras unidades no superiores al 10 por ciento del total de la obra, ésta debe mantenerse, pues en absoluto el art. 68 RD 24/2021 establece expresamente la gratuidad de los usos. La Directiva lo deja en manos de los Estados miembros; y el citado art. 68 no entra en contradicción con el art. 32 TRLPI en ese punto.

De nuevo, como ya sucedió antes de la reforma del TRLPI de 2014, la CRUE discutió si el art. 68 RD-ley 24/2021 suponía una derogación del deber de pago por la utilización de capítulos de libro, de revista, en redes cerradas puestas a disposición del profesorado universitario (art. 32.4 TRLPI). Por ello, en una primera instancia, se negó a prorrogar el convenio suscrito con CEDRO y VEGAP para el pago de la remuneración prevista en el art. 32.4 TRLPI, en el curso 2021/2022. De ahí que en el proyecto de Ley del Cine y de la Cultura Audiovisual, publicado en el BOCG con fecha 27 de enero de 2023, se introdujera una disposición final cuarta por la que se venía a incorporar en el art. 32 TRLPI la transposición de la Directiva[51]. Ello conllevaba vaciar de contenido el polémico art. 68 RD 24/2021. Como dice la Exposición de Motivos del proyecto de Ley, se pretende con ello aclarar que de ningún modo la remuneración prevista en el art. 32.4 TRLPI había sido derogada, tratándose de normas complementarias[52]. La redacción propuesta del art. 32 TRPI era la que sigue: Se añade un nuevo párrafo b) al artículo 32.3 con la siguiente redacción: 'b) Que, en el caso de que tales actos se lleven a cabo por medios digitales, tengan lugar en un entorno electrónico seguro, al que sólo puedan acceder los alumnos y el personal docente o investigador del centro.' Los actuales párrafos b), c) y d) del artículo 32.3 pasan a ser párrafos c), d) y e), respectivamente. Se modifica el párrafo c) y se añade un nuevo párrafo e) al artículo 32.4 con la siguiente redacción: 'c) Que los actos se realicen en las universidades o centros públicos de investigación, por su personal y con sus medios e instrumentos

---

51 *BOCG*. Serie A, Núm 137. https://www.congreso.es/public_oficiales/L14/CONG/BOCG/A/BOCG-14-A-137-1.PDF

52 Reza así, la Exposición de motivos: "Por un lado, se trata de aclarar la vigencia del derecho, irrenunciable y de gestión colectiva obligatoria, de los autores y editores a percibir una remuneración equitativa de las universidades o centros públicos de investigación que lleven a cabo actos de reproducción parcial, distribución o comunicación pública de obras o publicaciones, impresas o susceptibles de serlo para fines educativos o de investigación, actualmente recogido en el artículo 32 y aclarar que lo dispuesto en el artículo 68 del Real Decreto ley 24/2021, de 2 de noviembre, por el que se transpuso el artículo 5 de la Directiva (UE) 2019/790 del Parlamento Europeo y del Consejo, de 17 de abril de 2019, sobre los derechos de autor y derechos afines en el mercado único digital y por la que se modifican las Directivas 96/9/CE y 2001/29/CE, vino a complementar dicha regulación, no a modificarla ni derogarla, de tal modo que dicha remuneración equitativa también sería aplicable en el caso de uso de las obras y prestaciones en el ámbito digital y transfronterizo".

propios y, en el caso de que tales actos se lleven a cabo por medios digitales, tengan lugar en un entorno electrónico seguro.' 'e) Que se incluyan el nombre del autor y la fuente, salvo en los casos en que resulte imposible.' Finalmente, se añade un nuevo apartado 6 al artículo 32 con la siguiente redacción: 'Los actos realizados al amparo de los apartados 3 y 4 por medios digitales, se entenderán únicamente realizados en territorio español, aunque sus destinatarios no se encuentren en él'.

El adelanto de las elecciones generales puso fin anticipado a la tramitación de esta norma. En todo caso, queda su valor como la única formulación prelegislativa sobre un futuro art. 32 TRLPI que viniera a trasponer el art. 5 de la DDAMUD. En la actualidad, la cuestión ha dejado de ser conflictiva, en la medida en que se han renovado los acuerdos para el pago de remuneración entre CRUE, CEDRO y VEGAP. Que el legislador hubiera tomado cartas en la polémica a través de la disposición mencionada, sirvió para desalentar definitivamente a la CRUE en la estrategia que había emprendido de cuestionamiento del pago. Por tanto, y a la espera de que en algún momento el legislador integre dentro del TRLPI el contenido del RD-ley 24/2021 en lo que respecta a la incorporación de la DDAMUD, tendríamos que solo en las universidades o centros públicos de investigación podrían utilizarse unidades superiores al pequeño fragmento, permitiendo la puesta a disposición a través de redes cerradas. Mientras que el profesorado universitario goza del límite del art. 32.4 TRLPI, y puede realizar actos de puesta a disposición *online* y transfronterizos de artículos de revista, capítulos de libro y otras parte de la obra equivalentes al 10 por ciento del total, remunerando posteriormente la universidad a autores y editores, el profesorado de otros niveles educativos como puede ser la educación secundaria solo podrá hacer tal uso si el centro ha obtenido la preceptiva licencia de las entidades de gestión.

## BIBLIOGRAFÍA


- ALLEAUME, « Droit d'auteur- les exceptions de pédagogie et de recherche » , *Comm. Comm. Electronique*, 2006, nº 11.
- CÁMARA ÁGUILA P., "El límite para la enseñanza y la investigación", *La reforma de la Ley de Propiedad Intelectual*, BERCOVITZ R., dir., Tirant lo Blanch, 2015.
- DOMINGUEZ MARTÍNEZ, P., "Comentario al art. 2 del Código Civil", *Comentarios al Código Civil*, BERCOVITZ R., coord., Aranzadi Thomson, 2021, 4.ª ed.
- GEIGER, C., "Les exceptions au droit d'auteur à des fins d'enseignement et de recherche en droit allemand », *Propriétés Intellectuelles*, n.º 5, 2002.
- GEIGER, C., FROSIO, G., y BULAYENKO, « Opinion of the CEIPI on the European Commission's proposal to reform copyright limitations and exceptions in the European Union ».
- JUTTE, B.J., « The New Copyright Directive : Digital and Cross-border teaching exception (Article 5) » https://copyrightblog.kluweriplaw.com/2019/06/21/the-new-copyright-directive-digital-and-cross-border-teaching-exception-article-5.
- LASQUETTY MARTÍN, J., "Serie sobre la transposición del derecho conexo de los editores de
- prensa", 1 de febrero de 2023, Blog del Centro de Investigación en Propiedad Intelectual de la UAM (CIPI): https://blog.cipi.es/blog2-intelectual/item/239-serie-sobre-la-trasposicion-del-derecho-conexo-de-los-editores-de-prensa-2-espana.
- LASQUETTY MARTÍN, J., "De límite a derecho conexo: la agregación de prensa en España", Revista *Pe.I*, nº 74, mayo-agosto 2023.
- LATREILLE, A. "Les aménagements favorisant l'accès à la connaissance (articles 3-11 et 14 de la Directive DSM », *RIDA* nº 164, septiembre 2020.
- LÓPEZ MAZA, S., "Comentario al art. 32 TRLPI", *Comentarios a la LPI*, BERCOVITZ, R., coord.., Tecnos, 4.ª ed., 2017.
- LÓPEZ MAZA, S., «Comentario al art. 10 del Convenio de Berna", *Comentarios al Convenio de Berna*, BERCOVITZ R., coord.., Tecnos, 2014.
- LÓPEZ SÁNCHEZ, C., "La nueva formulación del límite de accesibilidad para personas con discapacidad en la LPI", Revista *Pe.I*, nº 63, septiembre-diciembre 2019.
- LUCAS, A., LUCAS-SCHLOETTER, A., BERNAULT, C. *Traité de la propriété littéraire et artistique*, 5.ª ed., Lexis Nexis, 2017.

- PERDICES HUETOS, A., y GANDÍA PÉREZ, E., "Comentario al art. 41 del Código Civil", *Comentarios al Código Civil,* BERCOVITZ, R., Aranzadi Thomsom, 2021, 4.ª ed.
- PÉREZ DE ONTIVEROS BAQUERO, C., "Comentario al art. 32 TRL-PI", *Comentarios a la Ley de Propiedad Intelectual,* BERCOVITZ, R., coord., 3.ª ed., Tecnos, 2007.
- RENDAS, T., *Exceptions in EU Copyright Law,* Wolters Kluwer, 2021.
- RIBERA BLANES, B., «La enseñanza presencial y *online* mediante la utilización de recursos digitales protegidos por la propiedad intelectual (art. 5 DDAMUD)", *Propiedad Intelectual y mercado único digital europeo,* SAIZ GARCÍA, C. y EVANGELIO LLORCA, R., dir., Tirant lo Blanch, 2019.
- RICKETSON, S. y GINSBURG, J., *International Copyright and Neighbouring Rights. The Berne Convention and Beyond.* Oxford University Press, 2005.
- SÁNCHEZ ARISTI, R. y OYARZABAL OYONARTE, N., "Decadencia y caía del Texto Refundido de la Ley de Propiedad Intelectual: la transposición de la Directiva 2019/790 sobre derechos de autor en el mercado único digital, por el Real Decreto-Ley 24/2021, de 2 de noviembre", Revista *Pe.I.,* nº 69, septiembre-diciembre 2021.
- VON LEWINSKI, S., *International Copyright Law and Policy,* Oxford University Press, 2008.
- XALABARDER PLANTADA, R., "La Directiva sobre derecho de autor en el mercado único digital: una propuesta tan necesaria como peligrosa" https://elderecho.com/la-directiva-derecho-autor-mercado-unico-digital-una-propuesta-tan-necesaria-peligrosa
- XALABARDER PLANTADA, R., "Los límites a los derechos de propiedad intelectual para fines educativos en internet", Revista *Pe.I.* nº 29, mayo- agosto 2008.

# *Capítulo 4*
# *El límite del pastiche y su regulación en el derecho español: Análisis del art. 70 del Real Decreto-Ley 24/2021, de 2 de noviembre*

**PILAR CÁMARA ÁGUILA**

*Profesora Titular de Derecho Civil. UAM.*
*Directora del Centro de Investigación en Propiedad Intelectual UAM.*

## I.- INTRODUCCIÓN

El artículo 70 del Real Decreto-Ley 24/2021 de 2 de noviembre, ha introducido un nuevo límite de pastiche en el ordenamiento jurídico español. En el Preámbulo citado Real Decreto-Ley, se exponen los motivos que fundamentan tal decisión del legislador: "...se incluye por primera vez en el derecho español el límite de «pastiche», que refuerza la cobertura legal de las expresiones y construcciones multimedia que se replican y transmiten mediante Internet de persona a persona hasta alcanzar una amplia difusión –los conocidos como «memes»–, aunque este límite extiende también su ámbito al entorno analógico". Ya aquí el legislador muestra una preocupante confusión, que anuncia los problemas que plantea semejante límite. Por un lado, se dice que el nuevo límite refuerza la cobertura legal de las expresiones y construcciones multimedia, los conocidos como memes, de manera que, si es un refuerzo de la protección, será porque esa protección ya existía previamente[1]. El legislador no se atreve a afirmar -porque no correspondería a la realidad-, que hasta la aprobación de la norma los memes no estaban permitidos en el derecho español. No en vano, según la definición de la RAE del término "meme", por tal se entiende "imagen, video o texto, por lo general distorsionado con fines caricaturescos, que se difunde principalmente a través de internet". De ahí que la introducción de ese nuevo límite no resulte necesaria para el fin propuesto, pues un meme es una parodia en formato digital[2].

Por otro lado, como veremos, el legislador español entiende que este nuevo límite debe jugar en cualquier uso de la obra en internet, esto es, más allá de las plataformas de intercambio de contenidos generados por usuarios, en el sentido del art. 2.6 de la Directiva 2019/790 de Derechos de Autor y derechos afines en el mercado único digital (DDAMUD). Que el legislador se plantee introducir el pastiche en la legislación española, deriva del carácter obligatorio que impone el art. 17.7 DDAMUD a los Estados miembros de la UE del reconocimiento del límite previsto en el art. 5.3.k) de la Directiva 2001/29 de derechos de autor y derechos afines en la sociedad de la información (DDASI), esto es, de la parodia, la caricatura y el pastiche. Pero esa obligatoriedad solo afecta al ámbito de las plataformas de intercambio de contenidos generados por usuarios. Solo ahí es razonable que el legislador español se planteara si una correcta transposición de la Directiva exigía mencionar en su legislación

---

1 *Vid.*, por todos, PERDICES HUETOS, A., "El pastiche, ¿más acá o más allá de la parodia? A propósito del artículo 70 del Real Decreto-ley 24/2021, de 2 de noviembre y su subsunción en el artículo 39 de la Ley de Propiedad Intelectual", *De Iure Mercatus. Libro Homenaje al prof. Alberto Bercovitz*, Tirant lo Blanch, 2023, pág. 1337.

2 Cfr. LÓPEZ MAZA, S., "Memes, gifs y derechos de autor" https://www.blog.fder.uam.es/2019/05/23/memes-gifs-y-derechos-de-autor/

también el pastiche, pues de la parodia ya se ocupa el art. 39 del Texto Refundido de la Ley de Propiedad Intelectual (TRLPI).

Pero es que, dando un paso más, nuestro legislador ha introducido el pastiche con un alcance general, incluso en el ámbito fuera de línea[3]. El nuevo límite del pastiche se amplía al entorno analógico, de manera que si, como dice el legislador, ese nuevo límite está destinado a reforzar la cobertura legal de las expresiones multimedia que se replican en internet -los conocidos como memes-, no se entiende qué expresiones puede cubrir el pastiche en el ámbito analógico, donde, por definición, no hay réplica de contenidos multimedia a través de internet. De este modo, en la legislación española queda desdibujado el fin perseguido por la DDAMUD, que como vamos a ver, lo que pretende es garantizar el juego obligatorio de algunos límites, vinculados con la libertad de expresión en el ámbito de las plataformas de intercambio de contenidos en internet.

En efecto, como acabo de señalar, la DDAMUD ha impuesto el carácter obligatorio de algunos límites, entre los cuales se encuentra la parodia, la caricatura y el pastiche, reconocidos como límites voluntarios en el art. 5.3.k) de la DDASI. Conforme al art. 17.7 DDAMUD "Los Estados miembros garantizarán que los usuarios en cada Estado miembro puedan ampararse en cualquiera de las siguientes excepciones o limitaciones vigentes al cargar y poner a disposición contenidos generados por usuarios en los servicios para compartir contenidos en línea: a) citas, críticas, reseñas; b) usos a efectos de caricatura, parodia o pastiche". La norma se refiere a los contenidos generados por los usuarios -los conocidos como *User Generated Contents* (*UGC*)-, y la responsabilidad de los prestadores de servicios de intercambio de dichos contenidos. A este respecto, el considerando 70 de la DDAMUD

---

[3] No obstante, el art. 70 se encuentra en el Título II del Libro IV del Real Decreto-ley 24/2021, bajo el título «Límites a los derechos de propiedad intelectual en el entorno digital y transfronterizo».

establece que "Debe permitirse que los usuarios carguen y pongan a disposición contenidos generados por los usuarios para fines específicos de cita, crítica, examen, caricatura, parodia o pastiche. Ello es particularmente importante a los efectos de lograr un equilibrio entre los derechos fundamentales establecidos en la Carta de los Derechos Fundamentales de la Unión Europea (en lo sucesivo, «Carta»), en particular la libertad de expresión y la libertad artística, y el derecho de propiedad, incluida la propiedad intelectual. Esas excepciones y limitaciones deben por lo tanto ser obligatorias a fin de garantizar que los usuarios reciban una protección uniforme en toda la Unión". En consecuencia, el legislador comunitario ha realizado un mejor equilibrio entre los titulares de los derechos de autor y los usuarios en este concreto ámbito (el de las plataformas de intercambio de contenidos), al considerar que en él deben jugar de forma obligatoria tales excepciones meramente facultativas en la Directiva 2001/29.

El citado art. 17.7 de la DDAMUD se ha incorporado en el derecho español a través del art. 73.8 del Real Decreto-Ley 24/2021, con el siguiente tenor: "La cooperación entre los prestadores de servicios de contenidos en línea y los titulares de derechos no impedirá que los usuarios carguen y pongan a disposición del público contenidos de obras u otras prestaciones que no infrinjan tales derechos o que se hagan con fines de cita, análisis, comentario o juicio crítico, reseña, ilustración, parodia o pastiche"[4]. Obsérvese que no se hace referencia alguna a la caricatura. Es posible que el legislador español haya entendido que no hacía falta tal mención, en la medida en que la Ley Orgánica 1/82 de protección del honor, la intimidad y la propia imagen reconoce en su artículo 8.a y b) que el derecho a la propia imagen no impedirá la caricatura de personas que ejerzan un cargo público, profesión de notoriedad o proyección

---

4 Sobre la incorporación del art. 17 DDAMUD al derecho español, vid., en esta obra, GARROTE FERNÁNDEZ-DÍEZ, I.

pública, de acuerdo con el uso social. Pero, claramente, la legislación de derechos de autor no se refiere a la caricatura de una persona que ejerza un cargo público o profesión de notoriedad o proyección pública, pues una cosa es la caricatura como límite al derecho fundamental a la imagen y otra la caricatura como límite a los derechos exclusivos del autor de una obra[5]. La otra opción es que el legislador español entienda que caricatura es igual a parodia; pero debería haberlo explicitado en la exposición de motivos, pues de este modo, al menos formalmente, no está cumpliendo con el mandato de la DDAMUD de reconocer obligatoriamente la caricatura en el ámbito de las plataformas de intercambio de contenidos generados por usuarios.

Como he señalado anteriormente, hasta la transposición de la DDAMUD, la legislación española hacía referencia exclusivamente a la parodia como límite al derecho de transformación en el art. 39 TRLPI, sin mencionar al pastiche ni a la caricatura. A continuación, se analizará el alcance del nuevo límite del pastiche y si la opción de legislador español es conforme al derecho de la UE.

## II.- CONFIGURACIÓN LEGAL DEL NUEVO LÍMITE DEL PASTICHE

Según el art. 70 del Real Decreto-Ley 24/2021, "No precisa la autorización del autor o del titular de derechos la transformación de una obra divulgada que consista en tomar determinados elementos característicos de la obra de un artista y combinarlos, de forma que den la impresión de ser una creación

---

5 Con todo, llama la atención que el legislador no la mencione siquiera. En este sentido, vid. PERDICES HUETOS, A., "Pastiches, imitaciones y mezclas en el derecho de autor", blog del CIPI, 10 de noviembre de 2021: https://blog.cipi.es/blog2-intelectual/item/201-pastiches-imitaciones-y-mezclas-en-el-derecho-de-autor

independiente, siempre que no implique riesgo de confusión con las obras o prestaciones originales ni se infiera un daño a la obra original o a su autor. Este límite será también aplicable a usos diferentes de los digitales".

La redacción se inspira parcialmente en la recogida en el art. 39 TRLPI, que regula la parodia. Así, según se establece en dicho precepto, "No será considerada transformación que exija consentimiento del autor la parodia de la obra divulgada, mientras no implique riesgo de confusión con la misma ni se infiera un daño a la obra original o a su autor".

La primera cuestión que cabe objetar al legislador español es que introduzca el pastiche fuera del TRLPI, en concreto, dentro del Título II del Libro IV del Real Decreto-Ley 24/2021, bajo la rúbrica "Límites a los derechos de propiedad intelectual en el entorno digital y transfronterizo". Y ello, incluso como señala el propio art. 70 Real Decreto-Ley 24/2021, si su ámbito de aplicación alcanza también al analógico. Resulta más incomprensible si cabe esta decisión de legislador, si tenemos en cuenta que el propio Real Decreto-Ley 24/2021, al incorporar otras normas de la citada DDAMUD, elige en cambio modificar el Texto Refundido de la ley de propiedad intelectual (Título VI, arts. 80 y ss.). Esta opción del legislador plantea el problema (extensible al resto de límites a los derechos de autor previstos en la DDAMUD que se mantienen fuera del TRLPI), de la aplicación respecto a los mismos del art. 40 bis TRLPI que contiene la regla de los tres pasos. En efecto, conforme al art. 40 bis TRLPI "los artículos del presente capítulo no podrán interpretarse de manera tal que permitan su aplicación de forma que causen un perjuicio injustificado a los intereses legítimos del autor o que vayan en detrimento de la explotación normal de las obras a que se refieran". En la medida en que el pastiche no se regula dentro del capítulo del TRLPI relativo a los límites (capítulo II del Título III del Libro I del TRLPI), resultaría que tal límite queda fuera de la aplicación de la regla de cierre del art. 40 bis TRLPI, de modo que se vulneraría así lo dispuesto en la DDASI (art. 5.5), contraviniendo el derecho de la UE[6]. Esta circunstancia no solo sucede con el pastiche, sino con otros límites introducidos directamente por la DDAMUD (arts. 3 a 6), respecto a los cuales el legislador español en su transposición tampoco ha cumplido lo dispuesto en el art. 7.2 de la citada Directiva, esto es, aplicarles igualmente la citada regla de los tres pasos prevista en el art. 5.5. de la DDASI. En concreto, en relación con el pastiche, y a la espera de la debida corrección técnica por parte del legislador, la regla de los tres pasos sólo será aplicable a través de los Tratados Internacionales que la contienen (art. 9.2 del Convenio de Berna, art. 13 ADPIC, art. 10.1 Tratado OMPI sobre derechos de autor)[7].

Abordando ya aspectos sustantivos del art. 70 Real Decreto-Ley 24/2021, una de las primeras cuestiones que se advierten en la redacción del límite del pastiche es que el legislador procede a su definición. En efecto, conforme al citado art. 70, el pastiche consiste en "tomar determinados elementos artísticos de la obra de un artista y combinarlos, de forma que den la impresión de ser una creación independiente". El concepto jurídico de pastiche se corresponde parcialmente con la definición del término pastiche en el diccionario de la Real Academia de la Lengua Española: "Imitación o plagio que consiste en tomar determinados elementos característicos de la obra de un artista y combinarlos, de forma que den la impresión de ser una creación independiente".

---

6 *Vid.* SÁNCHEZ ARISTI, R., y OYARZÁBAL OYONARTE, N., "Decadencia y caída del Texto Refundido de la LPI. La transposición de la Directiva 790/2019 sobre Derechos de Autor y Mercado Único Digital por el Real Decreto-Ley 24/2021, de 2 de noviembre", *Revista Pe.I,* núm. 69, septiembre-diciembre 2021, pág. 32.

7 Cfr. GARROTE FERNÁNDEZ-DÍEZ, I., "Derechos de autor y derechos afines en el mercado único digital", *La Ley. Unión Europea,* núm. 116, julio 2023, pág. 7.

En primer lugar, resulta criticable que el legislador español se aventure a definir lo que es pastiche. Como es sabido, a partir de 2003, el TJUE empezó a aplicar la doctrina de los conceptos autónomos a los actos de la UE en materia de derechos de autor. Cuando un término contenido en una Directiva sobre derechos de autor no esté definido en la propia Directiva ni remita al derecho interno, el TJUE determinará su alcance[8]. Así, entre otros conceptos autónomos, en su famosa sentencia de 3 de septiembre de 2014 (caso Deckmyn, asunto C-201/13), el TJUE definió la parodia como concepto autónomo. A su vez, a la hora de definir los conceptos autónomos, deben tenerse en cuenta algunos criterios que el TJUE ha venido imponiendo, como son la interpretación estricta en materia de límites, y que a la hora de definir un concepto autónomo se atenderá al sentido habitual del término o expresión en el lenguaje corriente, teniendo en cuenta el contexto en que se utiliza y los objetivos perseguidos por la normativa donde se inserta dicho límite. Así lo ha venido expresamente a manifestar en la citada sentencia de 3 de septiembre de 2014 (punto 19). Por ello, el legislador español no debió entrar a definir el concepto de pastiche, pues conforme a la propia doctrina del TJUE, se trataría de un concepto autónomo, de manera que es a este y no la legislación de ningún Estado miembro a quien corresponde su definición.

Por otro lado, resulta especialmente conflictivo acometer la tarea de tal definición, acudiendo sin más como hace el legislador a la definición del término conforme al diccionario de la RAE -reitero, que en clara usurpación del papel que se viene atribuyendo el TJUE-

---

8 *Vid.* GOTZEN, F. « Los conceptos autónomos en la jurisprudencia del tribunal de Justicia de la Unión Europea sobre derechos de autor", *La unificación del derecho de propiedad intelectual en la Unión Europea,* CÁMARA ÁGUILA, P. y GARROTE FERNÁNDEZ-DÍEZ, I., dir., Tirant lo Blanch, 2019, págs. 31 y 32.

, en la medida en que el término de pastiche es un término polisémico, y no es fácil deducir cuál es el sentido habitual del mismo.

Conforme a la definición del término en el diccionario de la RAE, pastiche es "Imitación o plagio que consiste en tomar elementos característicos de la obra de un artista y combinarlos, de forma que den la impresión de ser una creación independiente". En el propio diccionario de la RAE pastiche aparece como sinónimo del término de "refrito". Según la segunda acepción de dicho término, se entiende por tal -de forma despectiva-, "obra, especialmente literaria, rehecha, recompuesta o refundida a partir de otras".

Ciertamente, el legislador debería haberse replanteado si a la hora de definir el pastiche tomaba la definición del diccionario de la Real Academia de la Lengua española, en la media, como vemos, que el pastiche presupone una imitación o plagio, esto es, un acto ilícito desde el punto de vista de los derechos de autor. Como, evidentemente, al legislador le parece que esa parte inicial de la definición no puede incorporarla, opta por centrarse en los demás elementos de la definición: "tomar determinados elementos característicos de la obra de un artista y combinarlos, de forma que den la impresión de ser una creación independiente". De nuevo, si la primera parte de la definición que nos suministra la RAE no es admisible para definir pastiche como término jurídico, tampoco sirve desde el punto de vista técnico-jurídico la expresión "tomar determinados elementos característicos de la obra de un artista y combinarlos", en la medida en que o bien tienen un significado diferente en el ámbito de la propiedad intelectual, o bien su alcance es impreciso[9]. En efecto, artista es quien interpreta, ejecuta una obra, por lo cual recibe la protección que la ley dispensa a otros titulares de derechos de propiedad en el Libro II del TRLPI (arts. 105 y ss.). El artista no es autor de modo que, en rigor técnico, el término no

---

9 *Vid.*, en este sentido, SÁNCHEZ ARISTI, R. OYARZÁBAL OYONARTE, N., "Decadencia y caída del TRLPI….", *op.cit*, pág. 63.

podría ser aplicado al pastiche de obras. Para evitar semejante consecuencia que vaciaría de contenido a la norma, debe hacerse una interpretación correctora del precepto, y entender que se refiere a autores. Por otro lado, plantea no pocos problemas entender que el pastiche requiere tomar elementos característicos de una obra, en la medida en que tal expresión exige una previa interpretación. En una obra: ¿cuáles son sus elementos característicos? Encontrándonos ante un límite a los derechos de autor, esos elementos característicos deben recaer en elementos protegibles, esto es, en formas de expresión originales contenidas en una obra. ¿Cómo distinguir cuáles son? En un lenguaje común no se plantea tal problema, pues bien puede entenderse que se trata de tomar el estilo de la obra. En cambio, como veremos, sí resulta problemática esta interpretación en materia de derechos de autor, en la medida en que en este ámbito solo se protegen las formas de expresión originales, no los estilos[10].

El pastiche es una modalidad de intertextualidad, esto es, una forma de relacionarse una obra con otra, como lo es la cita, habiéndose entendido entre nosotros que se trata de una de las variantes de la parodia[11].

El término pastiche proviene del francés, quien a su vez lo toma del italiano *pasticcio* y en su origen se refería a imitaciones de obras pictóricas que podían pasar por auténticas. Se trata

---

10 *Vid.*, por todos, BERCOVITZ RODRÍGUEZ-CANO, R., "Comentario al art. 10 de la Ley de Propiedad Intelectual", *Comentarios a la Ley de Propiedad Intelectual,* Tecnos, 2017, 4.ª ed., pág. 168.

11 Cfr. URIARTE, I., "Función de la intertextualidad y el pretexto en la novela de Sergio Ramírez *Mil y una muertes*" https://www.cervantesvirtual.com/obra-visor/funcion-de-la-intertextualidad-y-el-paratexto-en-la-novela-de-sergio-ramirez-mil-y-una-muertes-847415/html/ca49f2b3-7be8-49d1-b2b2-d9a7b360219b_2.html . El autor menciona como el más célebre antecedente que recuerda la parodia-pastiche que Guillermo Cabrera Infante hace de *Tres Tristes Tigres,* de la novela corta de Alejo Carpentier.

de una técnica utilizada en literatura y otras artes que consiste en imitar abiertamente diversos textos, estilos, o autores, así como combinarlos de forma tal que den la impresión de ser una creación independiente[12]. En el ámbito de la literatura fue empleado por el escritor francés Marcel Proust en 1919, en su conocida obra "*Pastiches et Mélanges*" en la que imita el estilo de varios autores del siglo XIX[13]. Conocidísima es la colección de *Pastiches* dedicados al también famoso *affaire* Lemoine, divertidísimo enredo en el que con la técnica del pastiche Proust relata las andanzas de un estafador que convenció al director de la mayor empresa de explotación de minas de diamantes, de que éstos podían obtenerse directamente del carbón. Proust vio la ocasión de sacarle punta al escándalo a través de unos pastiches que remedarían *la manera de* algunos de los escritores más conocidos de la época. Describe así G. Painter, biógrafo de Proust, qué intención movía al célebre autor con sus pastiches: "a la vez divertirse y divertir a sus lectores y hacer lo que llamó «crítica en acción», pues la exageración requerida por la parodia pondría de relieve los vicios de estilo de los autores imitados, mientras el humor amortiguaría el daño sin ocultar su afecto y admiración por escritores como Balzac"[14].

Si acudimos a otros diccionarios, encontramos que conforme al diccionario Larousse, en Francia, se entiende por pastiche una "obra literaria o artística en la cual se imita el estilo, la manera de un escritor, de un artista, sea con intención de confundir o con intención satírica". Según el diccionario inglés Oxford , pastiche es una "obra de arte, escrito, etc. que se crea copiando deliberadamente el estilo de alguien/algo". En el diccionario Collins "obra de arte que mezcla estilos, materiales, etc; "obra de arte que imita

---

12 La noción ha sido extraída de *Wikipedia*

13 Entre otros, imitó el estilo de Balzac, Goncourt, Flaubert, Michelet.

14 FRUJÓ, M.J., "La traducción de los pastiches de Proust (I) https://cvc.cervantes.es/trujaman/anteriores/septiembre_16/08092016.htm

el estilo de otro artista o época"[15]. Finalmente, en el *Deutsche Wörterbuch*, pastiche es "imitación de estilo o ideas de un autor".

Existe en estas definiciones un elemento común que es la imitación o copia de un estilo. Por tanto, puede afirmarse que, tradicionalmente, la imitación de estilo ha sido la definición usual del término pastiche. Como avanzábamos anteriormente, el problema que plantea la imitación de un estilo como límite a los derechos de autor, es que el derecho de autor solo protege formas expresivas originales, no su estilo. De este modo, difícilmente podría referirse la ley a un límite fundado en un elemento que escapa a la protección misma de los derechos de autor.

Cualquier interpretación que se haga de pastiche debe partir del origen de este límite en los derechos de autor. Su inclusión, junto a la caricatura y la parodia, procede de la Ley francesa de 11 de marzo de 1957 sobre propiedad literaria y artística, en concreto en su artículo 41.4. En este aspecto, como en otros, el legislador francés vino a codificar la jurisprudencia anterior a su aprobación[16]. Conforme al artículo 41.4 de la Ley de propiedad intelectual de 1957, cuando una obra ha sido divulgada, el autor no puede impedir la explotación de la misma con fines de "parodia, pastiche y caricatura, teniendo en cuenta de las leyes del género". Dicho precepto se encuentra actualmente recogi-

---

15 De forma muy forzada, SENFTLEBEN, M., "User Generated content, towards a new privilege in EU copyright,en Forthcoming" , Tanya Aplin (ed.), *Research Handbook on Intellectual Property and Digital Technologies,* Cheltenham: Edward Elgar 2019 pág. 22, entiende que la segunda acepción de pastiche del Merrian Webster dictionary, como obra musical, literaria o artística, compuesta de una selección de otras obras (potpurrí), es la que se ajusta al uso habitual del término y encaja en las nuevas formas de intertextualidad empeladas por los usuarios. Pero un pastiche no es un popurrí (en el diccionario de la RAE, popurrí es "mezcolanza de cosas diversas").

16 Cfr. DURRANDE, S., « La parodie, le pastiche et la caricature », *Propriétés intellectuelles. Mélanges en l'honneur de André Françon,* Dalloz, 1995, pág. 133.

do en el art. L 122-5. 4 del *Code de la Propriété Intellectuelle* (CPI), que se mantiene invariable. De ahí pasó a la Directiva 2001/29 UE, si bien con una alteración en el orden de las expresiones. Por ello, es importante conocer el origen de esa disposición en derecho francés, y entender por qué el límite está compuesto de tres conceptos, y qué significado se pretendió dar a los mismos. A este respecto, el más importante comentarista de la Ley de 1957 en Francia, H. DESBOIS, pocos años después de su aprobación, afirmó lo siguiente[17]. En su opinión, las tres expresiones designan iniciativas del autor inspiradas en el mismo *ánimus iocandi*, si bien en distintos ámbitos de la creación. Para DESBOIS, se denomina comúnmente parodia la producción que tiende a transformar en risa los rasgos característicos, normalmente las debilidades, de las creaciones de un compositor, de los aspectos que se prestan a la burla de sus obras en general o de una en concreto; la misma intención se expresará en materia literaria en el pastiche, y para las artes (plásticas), en la caricatura. Por tanto, para DESBOIS, la diferencia entre parodia, pastiche y caricatura es el ámbito de la creación al que correspondería cada una de ellas (música, literatura, creación plástica). Prosigue este autor señalando que, lo normal, es que estas manifestaciones se refieran no tanto al estilo general de creación del autor sino a una obra en concreto, lo que conlleva hablar de casos de adaptación. En la medida en que se tome algún elemento creativo de la música, la escritura o la pintura, se estarán lesionando los derechos patrimoniales del autor de esas obras. Es precisamente esta violación la que trataría de impedir el legislador de 1957, concluye DESBOIS, al introducir estos límites. A tal efecto, invoca un caso resuelto por el Tribunal de comercio del Sena de 26 de junio de 1934, en el que ya los tribunales adelantaron lo que posterior-

---

17 DESBOIS, H., *Le droit d'auteur en France*, Dalloz, 2.ª ed., 1966, págs. 288 y 289.

mente plasmó el legislador[18]. El Tribunal resolvió que la obra "*Couchés dans le foin*" (acostados en el heno), no lesiona los derechos sobre la ópera Carmen de Bizet, al ser la primera una opereta cómica, que viene a mofarse de aspectos destacados en esa segunda como el valor y las fuertes pasiones. "El espíritu cáustico tan extendido en Francia se restringiría innecesariamente, si los autores que sufren los picotazos de ese tipo de diversión tuvieran que dar su conformidad ....solo los más inteligentes admitirían que se rieran de ellos..... Además, las víctimas pueden, en compensación a las heridas de su amor propio, sacar provecho de las críticas divertidas que les han dirigido; todos tienen más que ganar que perder en el régimen de tolerancia previsto en el art. 41.4 de la Ley... No obstante, se establece un límite a la explotación de ese resultado ridiculizante: las leyes del género deben respetarse. Esta reserva tiene por finalidad impedir iniciativas que se inspiran no en el deseo de hacer reír a expensas de otro, *iocandi causa,* sino en una intención maligna de dañar".

En Francia, la distinción entre la parodia, la caricatura y el pastiche no ha sido especialmente polémica, al menos en lo sustancial. Algunos autores, con acierto, han señalado que la distinción entre parodia, caricatura y pastiche en función del ámbito de la creación, no tiene sustento en la acepción común de ninguna de ellas[19]. Así, conforme al diccionario "*Le Petit Robert*", parodia es una imitación burlesca; pastiche es imitación o evocación de un estilo o forma de hacer, siendo un sinónimo de parodia; caricatura, la representación que, por la deformación o exageración de detalles, tiende a ridiculizar el modelo. En la jurisprudencia,

---

18 Como antecedentes del reconocimiento jurisprudencial, son de cita obligada en la jurisprudencia francesa tanto este asunto, como otro resuelto por el *Tribunal Civil de la Seine,* de 12 de junio de 1879, y del *Tribunal de Commerce de la Seine* de 28 de agosto de 1886. *Vid.* Durrrande, *op.cit., ibidem.*

19 *Vid.* LUCAS, A., LUCAS-SCHLOETTER, A., BERNAULT, C., *Traité de la propriété littéraire et artistique,* 5.ª ed., Lexis Nexis, 2017, págs. 444 y 445.

constituye un caso aislado la sentencia pronunciada por la Cour de Cassation con fecha 12 de enero de 1988. Se trata de la primera sentencia dictada por el alto tribunal francés, en relación con el art. 41.4 de la Ley de 1957. En el caso de autos, el imitador Thierry Le Luron tomó algunos elementos de la célebre canción de Charles Trénet "*Douce France*". Se añadió nueva letra en la que se narraba, de forma irónica, los vanos esfuerzos desplegados por Trénet para ser elegido Académico de la lengua francesa. La canción se tituló "Douces Trances". La cesionaria de los derechos de explotación de la canción "Douce France" interpuso demanda por lesión de los derechos patrimoniales de autor. La parte demandada alegó en su favor que se trataba de una parodia cubierta por el límite previsto en el art. 41.4 de la Ley. La Cour comienza intentando deslindar el supuesto dentro de lo previsto en el citado precepto (esto es, caricatura, parodia o pastiche). Así afirma que, si se tratara de tomar el estilo, la forma de crear de un autor manifestado a lo largo de sus obras, nos encontraríamos ante un pastiche. Si se tomaran elementos expresivos de una creación concreta, hablaríamos entonces de parodia y de caricatura. A su vez, la Cour traza otra distinción. La parodia se caracteriza por permitir la identificación inmediata de la obra parodiada, mientras que en la caricatura lo relevante es mofarse de un personaje por intermediación de obra caricaturizada. De la interpretación que hace la Cour de Cassation de estos tres términos, se desprende que el pastiche consistiría en una referencia a la manera de crear de un autor, caricaturizándola, sin tomar elementos específicos de una creación concreta (sería por ello que, a diferencia del pastiche, en la parodia se permite la identificación inmediata de la obra parodiada). Como bien se ha señalado, si en ello consistiera el pastiche, no tendría sentido aludirlo en el art. 41.4, ya que el estilo no se protege por el derecho de autor[20].

---

[20] En este sentido. FRANÇON, A. "Chronique de Jurisrpudence" *RIDA*, núm. 137, julio 1988, pág. 101.

El intento de distinción entre parodia, caricatura y pastiche tampoco ha tenido éxito en la doctrina francesa[21]. De forma podemos decir que minoritaria, S. DURRANDE intentó separar la parodia y la caricatura del pastiche. En relación con el pastiche, y partiendo de la contrariedad que supone entender que se refiere a la imitación de un estilo, siendo que éste no se protege por el derecho de autor, la autora intenta argumentar del modo siguiente. En su opinión, el estilo forma parte de la forma de expresión, entendiendo por tal los aspectos característicos de ella, los "tics" propios del autor, en la medida por supuesto en que sean a su vez originales en el sentido del derecho de autor. Es en esa medida en la que puede decirse que el estilo es protegible[22].

¿Merece la pena el esfuerzo dogmático de intentar distinguir qué es un pastiche en contraposición con una parodia? No lo parece, pues al final, si no se toman elementos expresivos originales, no entran en juego los derechos de autor ni el pastiche como un límite a los mismos.

Quizá el siguiente ejemplo extraído de la jurisprudencia francesa, pueda ayudar a entender lo que sería un pastiche. En el marco de una campaña anti tabaco, el ministerio de sanidad francés y otros lanzaron un anuncio publicitario, recreando la puesta en escena de los anuncios publicitarios de Philip Morris -titular de la marca Marlboro-, en el que en un escenario típico del western americano, aparece un vaquero a caballo, y con la

---

21 Por su parte, STROWEL, A y M.P, STROWEL, consideran que para establecer una definición manejable por los juristas, cabe establecer que la sátira, el pastiche y la caricatura son instrumentos del arsenal paródico, como técnicas paródicas. *Vid.*, "La parodie selon le droit d'auteur et la théorie littéraire", *Revue Interdisciplinaire d´études juridiques,* 1991, págs. 26 a 69. Consultado online : https://www.cairn.info/revue-interdisciplinaire-d-etudes-juridiques-1991-1-page-23.htm

22 DURRANDE, S., "La parodie, le pastiche et la caricature », *op.cit.*, pág. 140.

misma entonación de los anuncios de la demandada, exclama: "fumar no es mi naturaleza". La *Cour d'Appel* de Versailles, en sentencia de 17 de marzo de 1994, entendió que se trataba de un pastiche[23]. No se plantea su distinción con la parodia. Lo que se cuestiona es si existe una finalidad humorística, como requisito necesario para la aplicación del límite. La demandante entendía que no había humor alguno en una campaña seria como ésta lazada desde el ministerio de sanidad para luchar contra el tabaquismo. En cambio, la Cour afirma que el elemento humorístico deriva de la contradicción entre los anuncios de la demandada y el de la demandante. Dicha contradicción deriva de presentarnos al *cawboy* que avanza por el *far west* a caballo, con el mismo paisaje y referencias rítmicas de los anuncios de la demandante, y que en cambio venga a proclamar su rechazo al tabaco. Como puede apreciarse, las coincidencias entre unos y otros anuncios se encuentran en elementos expresivos concretos, derivados de la puesta en escena, paisaje, ritmo, lenguaje audiovisual, perfectamente identificables en los anuncios publicitarios de la demandante. Si todos esos elementos se entienden como estilo de los anuncios de Marlboro, entonces esa noción de estilo recae dentro de la protección del derecho de autor, pues se trata de expresiones de forma originales. Respecto al humor, existe un guiño burlesco, de crítica ácida, al presentar al vaquero del oeste americano, con un mensaje antitabaco: nuestro bravo *cawboy*, tiene pistolas pero no fuma. ¿Qué diferencia hay entre el pastiche así entendido y la parodia? De fondo, ninguna.

De parodia, en cambio, se calificó la adaptación de la letra de la célebre canción "Las hojas muertas" de Prévert, que el caricaturista Faizant realizó tras la muerte de su más conocido intérprete, el cantante Yves Montand, a fin de rendirle homenaje. En un número especial de la revista *Point*, y junto a una caricatura del cantante Yves Montand, se tomó la letra de la canción,

---

[23] *RIDA*, abril 1995, pág. 350 y ss.

introduciendo algún cambio en la misma. La *Cour d'Appel* de Paris, en sentencia de 11 de mayo de 1993, consideró que existía una finalidad humorística en ese homenaje a Yves Montad, pues al subrayar la estrofa de la canción "las hojas muertas se recogen con la pala", se añadía "después de Prévert". Aunque se trate de humor negro, ese guiño humorístico existe: Prévert falleció en 1977, ahora lo hace Yves Montand, ambos muertos entonces, como las hojas muertas de la canción que se recogen con una pala (como en un entierro)[24].

¿Qué diferencia hay entre el primer caso mencionado y el segundo? Realmente, en mi opinión, ninguna, pues en ambos existen adaptaciones de obras ajenas con fines de burla, crítica, humor (sea o no humor negro, pero humor), y sin que quepa confusión con la obra inicial.

En conclusión, podemos afirmar que en el país del que proviene el límite del pastiche previsto en el art. 5. 3 k) de la Directiva 2001/29, ni la doctrina ni la jurisprudencia han hecho una lectura de él que venga amparar los usos transformativos previstos en la legislación española. Pastiche sería un género de parodia, en el que se exige en todo caso el elemento humorístico para su apreciación.

## III.- LAS LLAMADAS OBRAS TRANSFORMATIVAS Y LOS *USER GENERATED CONTENTS*

En el entorno de internet se ha venido desarrollado de una forma creciente la actividad de los llamados usuarios creadores de contenidos, conocidos por sus siglas en inglés *UGC*. Dicha actividad consiste en utilizar obras preexistentes y difundirlas en la redes sociales. A ello responde el fenómeno del *mashup*,

---

24 *RIDA* 1993, n.º 157, pág. 340.

los memes, las *fanfictions,* etc. Así, un *mashup,* según el diccionario Oxford, es "una combinación de elementos tomados de diferentes fuentes, a fin de crear una nueva canción, video, programa de ordenador, etc". Una *fanfiction* es una obra derivada creada por un fan, sin obtener autorización del autor de la obra preexistente, y sin finalidad comercial en la creación y utilización de la obra derivada[25]. Una *fanfiction* deriva de una paradójica combinación de fascinación y frustración hacia la obra originaria por parte de los fans, lo que les lleva a apropiarse de ella para adaptarla a sus deseos. Si bien su origen es previo al desarrollo de internet, a partir de los años 90 del pasado siglo su crecimiento ha sido exponencial[26].

En efecto, desarrollo de las tecnologías de la información ha aumentado las posibilidades de transformación de obras accesibles en formato digital. Su circulación y su combinación son asimismo facilitadas por el intercambio de contenidos en las redes sociales y plataformas. De ahí resulta una multiplicación de las iniciativas creativas de naturaleza diversa, reagrupadas todas ellas bajo el término de "obras transformativas", importado del derecho anglosajón[27]. Tal fue el interés en ellas, que en el Boletín Oficial del ministerio de educación francés, nº 43 de 25 de noviembre de 2010, se contiene la definición del término *collage* o *mashup*[28]. Así, en una primera acepción, en el ámbi-

---

25 Cfr. SCHWABACH, A., *Fan fiction and copyright. Outsider Works and Intellectual Property Protection,* Ashgate Publishing, 2011, pág. 8.

26 *Vid.*, CAÑERO LOIS, C.I., "Fanfiction, parodia y pastiche en el derecho español", *Actas de Derecho Industrial y Derecho de Autor,* XL, 2019-2020, pág. 269.

27 Sobre los orígenes de la doctrina de los usos transformativos, vid. LEAFFER, M., « Faire use, transformative use and the first amendment », *Intellectual Property Law an Human Rights,* TORREMAS, P. ed., Walters Kluwer, 2020, pág. 426.

28 https://www.education.gouv.fr/sites/default/files/imported_files/documents/bulletin_officiel_men_43_25-11-10_161073.pdf

to de las artes, se entiende por *collage* "composición hecha de elementos heterogéneos que constituye una obra original". En una segunda acepción, en el ámbito audiovisual e informático, se define como ensamblaje por medios digitales, de elementos visuales o sonoros provenientes de diferentes fuentes. El equivalente en el extranjero es *bootleg* o *mashup*. Ante este creciente fenómeno, y con la vista puesta en una nueva Directiva sobre el mercado único digital, en 2013, el ministerio de cultura francés encargo un informe al Consejo Superior de la Propiedad Literaria y Artística (CSPLA), para que valorara el alcance de este tipo de obras y su adecuación al derecho europeo. Sus conclusiones son de interés, pues influyeron sin duda en la regulación comunitaria, y a ellas haremos referencia *infra* en este trabajo.

Como es sabido, en el Libro Verde de derechos de autor en la economía del conocimiento de 2008, la Comisión Europea sugirió la creación de una excepción que afectaba a las que denominadas obras transformativas[29]. El motivo de tal propuesta se fundamentaba en que los usuarios internautas se han convertido cada vez más en creadores de contenidos a partir de contenidos preexistentes protegidos por derechos de autor. Para fomentar esta actividad, resultaba problemática la necesidad de pedir previa autorización a los titulares de los derechos de autor sobre esos contenidos, lo cual podía ser percibido como una barrera para la innovación al bloquear la difusión de obras nuevas y potencialmente interesantes. Con cautela, la Comisión señaló que, no obstante, antes de introducir una excepción para las obras transformativas, deberían determinarse cuidadosamente las condiciones en las que se permitiría un uso transformador, para no perjudicar los intereses económicos de

---

[29] COM (2008) 466 final, Bruselas, 16 de julio de 2008, págs. 19 y 20. https://eur-lex.europa.eu/LexUriServ/LexUriServ.do?uri=COM:2008:0466:FIN:ES:PDF

los titulares de derechos de la obra original[30]. La Comisión tuvo en cuenta para estas reflexiones el informe Gowers publicado por el Reino Unido en diciembre de 2006, que venía a plantear una excepción para creación de contenido transformativo por los usuarios bajo ciertas condiciones[31]. Así la recomendación 11 del citado informe propone reformar la Directiva 2001/29 para permitir obras derivadas o transformativas, dentro de los parámetros de la regla de los tres pasos prevista en el Convenio de Berna. Este planteamiento no fue a más dentro de la Comisión. En la Comunicación sobre la estrategia para un mercado único digital publicada el 6 de mayo de 2015, se limitó a proponer iniciativas de armonización de las excepciones, pero no volvió ya a manifestar la oportunidad de semejante límite[32]. Por lo demás, conocido es también el rol que jugó el gobierno francés en relación con el informe elaborado por Julia Reda, representante del Partido Pirata en el Parlamento Europeo sobre la aplicación de la Directiva 2001/29, al que criticó severamente a través de una nota emitida por la secretaría general de asuntos europeos con fecha 3 de febrero de 2015[33]. En la versión adoptada finalmente de dicho informe por la comisión de asunto jurídicos del Parlamento europeo con fecha 16 de junio de 2015, no se incorporaron ninguna de las enmiendas dirigidas a hacer más flexibles las excepciones a los derechos de autor previstos en la citada Directiva. Así, por ejemplo, la enmienda 288, que recordaba a los Estados miembros que "están obligados a proporcionar un sistema sólido y flexible de excepciones y limitaciones al derecho de autor a fin de cumplir sus obligaciones en materia de derechos humanos" o la 376, que pedía "una

---

30 COM (2008) 466 final, pág. 20

31 https://assets.publishing.service.gov.uk/media/5a7c9f7740f0b65b3de0a17d/0118404830.pdf

32 COM (2015) 192 final.

33 https://www.taurillon.org/l-alternative-pirate-le-rapport-reda-propose-d-adapter-le-droit-d-auteur?lang=fr

interpretación flexible de las excepciones y limitaciones de los derechos exclusivos permitiendo aplicar excepciones y limitaciones a usos similares a los previstos inicialmente, permitiendo así su adaptación a las nuevas formas de uso derivadas de la evolución tecnológica". Así, en el Informe finalmente aprobado, en lo que nos interesa, en el punto 48 "Destaca la importancia de la excepción para la caricatura, la parodia y el pastiche como factor de vitalidad del debate democrático; considera que la excepción debe lograr el equilibrio entre los intereses y derechos de los creadores y personajes originales y la libertad de expresión del usuario de una obra protegida que invoca la excepción para caricaturas, parodias o pastiches"[34].

Para entonces, en noviembre de 2012, el legislador canadiense había incorporado en su legislación sobre derechos de autor una nueva excepción al derecho de autor en favor de las obras transformativas o contenidos generados por usuarios. Dicha excepción permite la creación y la difusión de un contenido generado por los usuarios en las plataformas de intercambio de contenidos (artículo 29.21), bajo el epígrafe "contenido no comercial generado por usuarios". Dicha utilización está sometida a las siguientes condiciones: que no se utilice el nuevo contenido generado por los usuarios con fines comerciales; se mencione si es posible el nombre del autor o del artista o productor o radiodifusor; no exista ningún efecto negativo importante, económico o no, en la explotación actual o eventual de la obra o prestación empleada para la generación de ese nuevo contenido y que el contenido generado sea a su vez una obra protegible[35]. Se incluirían así los *mashup, remix, fan-fictions*, etc, siempre y cuando el resultado sea original, no una mera mezcla o yuxtaposición de contenidos.

---

34 https://www.europarl.europa.eu/doceo/document/A-8-2015-0209_EN.html

35 Cfr. NABHAN, V., « L'exception de contenu non commercial généré par l'utilisateur en droit canadien », *Dalloz IP/IT*, 2006, pág. 156.

¿Hubiera sido deseable importar esta regulación al derecho de la UE? En Francia, el citado informe del CSPLA de la misión sobre las obras transformativas concluyó que no[36]. El argumento fue que tal excepción correría el riesgo de agravar la concentración de la brecha de valor en manos de las plataformas, y no vendría a restaurar el equilibrio deseable entre los distintos actores en la cadena de valor. De hecho, una de las cuestiones que se han criticado a la regulación canadiense es la dificultad que conlleva exigir la falta de finalidad comercial en la utilización de los contenidos para la aplicación del límite, y el hecho de que las plataformas de intercambio donde se cargan y comunican al público esos contenidos, tengan una clara finalidad comercial[37].

Ciertamente, en muchas ocasiones nos encontraremos con supuestos de escasa importancia, en los que ni existe reproche social ni reacción de los titulares de derechos al constituir infracciones de minimis. Piénsese en un video casero compuesto por un usuario con un fondo musical[38]. Pero el legislador comunitario, teniendo la opción, no ha llegado tan lejos como el canadiense en relación con los contenidos generados por usuarios[39]. Simplemente, en el art. 17.7 DDAMUD exige que en las plataformas de intercambio de contenidos generados por usua-

---

36 BENABOU, V.L., *Rapport de la mission du CSLPLA sur les œuvres transformatives*, 23.12.2014, pág. 88. https://www.vie-publique.fr/rapport/273567-rapport-de-la-mission-du-cspla-sur-les-oeuvres-transformatives

37 MOYSE, P.E., “Le droit des utilisateurs au Canada » *Juris, Art, etc*, 2015, nº 25, pág. 30.

38 Cfr. GARROTE FERNÁNDEZ-DÍEZ, I., «¿Puede crearse un nuevo límite en la LPI para dar cobertura a los contenidos generados por usuarios?”, *Estudios sobre la Ley de Propiedad Intelectual: últimas reformas y materias pendientes*, MARÍN LÓPEZ, J.J., CASAS VALLÈS,R. y SÁNCHEZ ARISTI, R., coord., Dyckinson, 2016, págs. 264 y 265.

39 Favorable a esta opción del legislador comunitario, BRAGADO HERRERO DE EGAÑA, C., *Los retos de la propiedad intelectual en el entorno digital*, Dykinson, 2023, pág. 281.

rios se garanticen los límites de citas, críticas, reseñas y usos a efectos de parodia, caricatura y pastiche. De ahí la importancia del alcance de cada uno de los supuestos contemplados en el art. 17.7 DDAMUD, pues es en ellos en los que el legislador comunitario ha encontrado el equilibrio entre los derechos de autor y el derecho a la libertad de expresión, determinando que aquellos deben ceder en su favor.

De entre los usos permitidos, el pastiche se ha convertido en un auténtico punto de fuga del sistema. A este respecto, nuestro legislador se ha visto influenciado por posiciones totalmente opuestas a las que influyeron en la redacción final de la DDAMUD. Me refiero, en concreto, a la contribución de la Red de Bibliotecas Universitarias (REBIUN) a la consulta pública previa sobre un borrador de anteproyecto de ley sobre los derechos de autor y derechos afines en el mercado único digital por el que se incorporan al ordenamiento jurídico español la directiva UE 2019/789 del Parlamento Europeo y del Consejo de 17 de abril de 2019 y la directiva UE 1019/790 del Parlamento Europeo y del Consejo de 17 de abril de 2019[40]. Señala lo que sigue en relación con el pastiche: "Por otra parte, es también fundamental que en ningún caso nuevos sistemas de control de contenidos en las plataformas sometidas a este nuevo régimen de responsabilidad puedan excluir contenidos legítimamente utilizados de acuerdo a las excepciones previstas por la legislación de derechos de autor. En este sentido y dado que la Directiva menciona directamente la excepción del pastiche, abogamos por la introducción de esta excepción en nuestro ordenamiento jurídico, hasta ahora inexistente....en REBIUN nos adherimos plenamente al escrito "Safeguarding User Freedoms in Implementing

---

[40] https://repositoriorebiun.org/bitstream/handle/20.500.11967/637/Contribuci%c3%b3n%20a%20la%20consulta%20p%c3%bablica%20sobre%20legislaci%c3%b3n%20relativa%20a%20los%20derechos%20de%20autor%20y%20derechos%20afines.pdf?sequence=1&isAllowed=y

Article 17 of the Copyright in the Digital Single Market Directive: Recommendations from European Academics" https://www.ivir.nl/recommendationsarticle17/ que desarrolla y justifica ampliamente las recomendaciones que deberían seguirse para una correcta transposición del artículo 17 de la Directiva"[41].

En lo que se refiere al pastiche, en las referidas *Recomendaciones* promovidas desde el *Instituut voor informatierrecht* holandés (IVIR), se parte de la siguiente configuración: "El TJUE ya ha interpretado los conceptos de "parodia" y "cita" de la Directiva InfoSoc como conceptos autónomos del Derecho de la UE en varias sentencias: *Painer* (C-145/10), *Deckmyn* (C-201/13), *FunkeMedien* (C-469/17), *Pelham* (C-467/17) y *Spiegel Online* (C-516/17). De esas sentencias surge una interpretación amplia de las excepciones y limitaciones correspondientes, que reconoce su justificación en derechos fundamentales, aclara sus requisitos de aplicación y restringe la capacidad de los legisladores nacionales para restringir aún más su alcance. Para garantizar la eficacia de las excepciones y limitaciones y los derechos/libertades de los usuarios del artículo 17, apartado 7, los Estados miembros deberían adoptar una interpretación igualmente amplia de los conceptos restantes de esa disposición, en particular el de "pastiche". Una interpretación amplia combinada y una implementación nacional de los conceptos contenidos en las excepciones y limitaciones del Artículo 17(7) cubrirían la mayoría de los tipos transformadores de contenido generado por los usuarios cargados por los usuarios a las plataformas de intercambio de contenidos, como remezclas y mash-ups. Finalmente, un legislador nacional racional que implemente las excepciones y limitaciones del artículo 17(7) de acuerdo con las recomendaciones anteriores debería aprovechar esta oportunidad para armonizar completamente las respectivas excepciones y limitaciones nacionales más allá de los usos relacionados con los

---

41 *Vid.* pág. 17

prestadores de servicios para compartir contenidos en línea. Es decir, en la medida en que aún no lo hayan hecho, los Estados miembros deberían aprovechar esta oportunidad para implementar y/o ampliar las excepciones de cita, crítica, reseña, caricatura, parodia o pastiche a otros tipos de uso en línea, por ejemplo actos de puesta a disposición por parte de los usuarios de plataformas en línea fuera de la definición de prestadores de proveedores de servicios para compartir contenidos en línea del artículo 2, apartado 6, de la Directiva DSM…".

Estos son los aspectos principales argumentos de la *Recomendaciones* del IVIR sobre la incorporación a los derechos nacionales del pastiche. Al amparo de lo anterior, REBIUN propone que en la incorporación de la Directiva UE 2019/790 al ordenamiento jurídico español se introduzca una nueva excepción en el sistema de excepciones legales y límites a los derechos de autor, comprendidos en el Título III, Capítulo II, artículos 31 a 40 bis, de la LPI. En concreto, se propone la creación de "Pastiche" como nuevo límite junto al ya existente de "Parodia" (art. 39 LPI), "pero de modo diferenciado, ya que ambos conceptos y figuras son diferentes y amparan diferentes supuestos". REBIUN aboga por este nuevo límite del pastiche bajo los principios siguientes: "Se trate de una excepción y limitación obligatoria, pues como bien dice la nueva Directiva, se basa en el reconocimiento de la libertad de expresión como uno de los derechos fundamentales de la UE, que deben convivir en equilibrio con los derechos de propiedad intelectual. -Se cree la excepción y limitación de pastiche con carácter general, y no sólo para los casos en los que se hace carga y puesta a disposición de contenidos generados por usuarios en los servicios para compartir contenidos en línea. Es claro que la transposición del art. 17(7) de la nueva Directiva obliga a los Estados a dar cobijo al "pastiche" como medio para permitir contenidos tales como "remixes" y "mashups", y otras combinaciones ("medleys" = popurrí), es decir, creaciones transformativas de escasa importancia, y en general, creaciones en las que se reutiliza contenido preexistente, combinándolo con contenido original (típico ejemplo del vídeo familiar al que se le añade una música de fondo) sin que esta actividad represente riesgo potencial para los intereses económicos y comerciales de los titulares de derechos de autor de los contenidos originales reutilizados. Según lo anterior, "una nueva excepción de "pastiche", con carácter general, y al estilo de la existente de "parodia", redundaría en beneficio de los derechos fundamentales, especialmente la libertad de expresión, sin ocasionar por ello daño a los titulares de derechos de propiedad intelectual, o en todo caso, ser un daño inocuo (*ius usus inocui*). -La introducción de "pastiche" entre las excepciones legales de la LPI, debe ir acompañada de su definición. En este sentido, la doctrina extranjera de aquellos países que contemplan el pastiche como excepción junto a la parodia y la caricatura, se inclinan por una definición flexible, que vaya más allá de la mera imitación de estilo, y sirva para dar cobertura a la utilización o ensamblaje de obras preexistentes para crear obras nuevas. Por ejemplo, la ley británica (Copyright Act) en su artículo 30 recoge el pastiche como uno de los actos permitidos bajo el fair dealing, y la UKIPO (Oficina de Propiedad Intelectual) lo ejemplifica con el caso de un artista que utiliza fragmentos de otras obras para componer una obra propia ("an artist may use small fragments from a range of films to compose a larger pastiche artwork" "Parody, caricature and pastiche", en, Intellectual Property Office, Guidance: exceptions to copyright)….".

Hasta aquí las recomendaciones de REBIUN y su correspondiente justificación, sobre la proyectada ley de transposición de la DDAMUD en derecho español. Como primera valoración general, sorprende que la Red de Bibliotecas Universitarias Española se detenga a recomendar actuaciones del legislador en relación con el pastiche. Ello cae claramente fuera de su ámbito de interés profesional. Yendo al fondo de los argumentos, en primer lugar se mantiene una determinada concepción de los derechos de propiedad intelectual, más próxima al fair use, que al derecho europeo-continental, como ya se evidenció en su momento con la conocida "Declaración por una interpretación razonable de la regla de los tres pasos en el derecho de autor" de 2008, promovida por el *Max Planck de Munich* y la *Queen Mary University of London*, a la que se adhirieron numerosos especialistas europeos, alguno de ellos español[42]. Dicha declaración aboga por una lectura flexible (global y abierta) de la regla de los tres pasos que debe conducir al juez a hacer, caso por caso, un balance de la aplicación de la excepción, analizando sus consecuencias económicas junto con la ponderación de otros intereses. Justamente, la AP de Barcelona, en su famosa sentencia de 17 de septiembre de 2008, al resolver el caso *Megakini*, invocó el *ius usus inocui* para amparar un nuevo límite a los derechos de autor ( la copia caché), trayendo la lógica del fair use al derecho europeo continental que, como sabemos, aboga por un sistema cerrado de límites[43]. El TS, en su sentencia de 3 de abril de 2012, y con base a las particularidades del litigio, fundamentó la existencia de abuso de derecho por parte de la demandante, sin admitir el juego del art. 40 bis que pretendía el tribunal de instancia, a modo de *faire use*[44]. En el fundamento quinto, en la sexta argumentación, el TS señala que "aun cuando los límites al derecho de autor deban interpretarse restrictivamente, ninguno de los dos artículos en cuestión de la LPI, el 31.1 o el 40 bis, es excluyente de la doctrina del *ius usus inocui* para permitir el uso inocuo con arreglo a los propios principios de la LPI ni, menos aún, de la consideración de los arts. 7 CC, 11 LOPJ y 247.2 LEC".. La invocación del *ius usus inocui* en este caso, merece ser matizada. Como

---

42 https://www.ip.mpg.de/fileadmin/ipmpg/content/forschung_aktuell/01_balanced/declaration_three_step_test_final_english1.pdf

43 AC 2008, 1773.

44 RJ 2012\5272

ha señalado R. BERCOVITZ[45], "resulta problemático coincidir con esta sentencia en que exista abuso de derecho siempre que se pretenda una infracción de la propiedad intelectual en un supuesto en el que la conducta del hipotético infractor no afecte a la explotación normal de la obra o prestación ni a los intereses legítimos del titular del derecho. Con tal razonamiento la buena fe sería así el instrumento mediante el que la regla de los tres pasos daría vía libre a la admisión de nuevas limitaciones al margen de las reconocidas por nuestro legislador. Se llegaría así al objetivo deseado por los firmantes de la Declaración, que es el de sumar a las limitaciones reconocidas por el legislador comunitario cualesquiera otras que cumplimenten, a juicio del juzgador, los pasos 2º y 3º de la regla de los tres pasos". Debe tenerse en cuenta que el propio TS desliza seguidamente que otra hubiera sido la solución de haber sido también otra la petición de la demandante: "cuestión distinta sería que lo pedido en la demanda hubiera sido la eliminación de la «copia caché» o de los fragmentos de la página web del demandante en los resultados de la búsqueda y la indemnización de los perjuicios causados por la falta de autorización previa del demandante a Google". Y es que, en efecto, el demandante pretendía el cierre de Google y una indemnización de daños y perjuicios, sin demostrar daño alguno, convirtiendo su demanda en una especie de juicio social contra Google. Es claro, por tanto, que así planteada la demanda, resulta de aplicación el art. 7.2 CC.

---

45 *Vid.* BERCOVITZ RODRÍGUEZ-CANO, R., « Comentario a la Sentencia del Tribunal Supremo Núm. 172/2012, de 3 de abril de 2012" , *Cuadernos Civitas de Jurisprudencia Civil*, nº 90, 2012, https://insignis.aranzadidigital.es/maf/app/document?srguid=i0ad6adc60000018c36248cfd92ea1b48&marginal=BIB\2012\2982&docguid=Ic9d0ea20fc8411e1985801000000000&ds=ARZ_LEGIS_CS&infotype=arz_biblos;&spos=15&epos=15&td=17&predefinedRelationshipsType=documentRetrieval&fromTemplate=&suggestScreen=&&selectedNodeName=&selec_mod=false&displayName=

Como ha reconocido posteriormente la jurisprudencia y la doctrina, la citada sentencia del TS, al aplicar el art. 7.2 del CC, "....no pretende alterar el sistema de excepciones contemplado en el Texto refundido de la Ley de Propiedad Intelectual, sino que, en el caso concreto, excluye una interpretación de las normas que contemplan dichas excepciones de modo que se favorezcan pretensiones arbitrarias y dirigidas a perjudicar a otro sin beneficio propio, destacando la concurrencia de un evidente abuso de derecho"[46].

Queda claro que el *ius usus inocui* no puede servir para introducir nuevos límites ni para configurar de forma más amplia un límite por el hecho de que no se cause un perjuicio económico en el titular. El abuso del derecho, del que el *ius usus inocui* es manifestación, servirá para evitar que la interpretación de un límite favorezca pretensiones arbitrarias y dirigidas a perjudicar a otro sin beneficio del titular.

En el caso que venimos analizando (el pastiche), se trataría de crear un nuevo límite por la vía de la interpretación de su significado: pastiche, al que hace referencia el legislador comunitario junto con la parodia y la caricatura sería toda apropiación económicamente inocua para los intereses del titular del derecho de una obra, despojada de toda manifestación humorística o satírica. Tal interpretación olvidaría la tercera etapa (segunda en nuestro 40 bis TRLPI), de no causar perjuicio injustificado a los intereses legítimo del autor. Pero, sobre todo, olvidaría la primera de las etapas: los límites deben regular casos concretos. No habría con-

---

46 En este sentido, SAP Madrid, sección 28, de 21 de enero de 2013 ( JUR 2015/48619), en asunto Telecinco vs Mandarina (fundamento de derecho segundo). En la doctrina, vid. PERDICES HUETOS, A., "El largo viaje del derecho de uso inocuo al abuso del derecho de autor", Blog del Centro de Investigación en Propiedad Intelectual de la UAM https://blog.cipi.es/blog2-intelectual/item/247-el-largo-viaje-del-derecho-de-uso-inocuo-al-abuso-del-derecho-de-autor

creción si lo que se permite es cualquier utilización de obra ajena con tal de resultar inocua económicamente para el titular.

Por otro lado, en los argumentos manejados por REBIUN, se hace referencia a la interpretación de una oficina gubernamental (del Reino Unido), como si ello fuera muestra de una decisión del legislador de un Estado miembro (que iba a dejar de serlo, además) distorsionando a su vez su alcance.

En concreto, la citada Oficina señala lo siguiente respecto a la parodia, la caricatura y el pastiche[47]: "Existe una excepción a los derechos de autor que permite utilizar cantidades limitadas de material protegido sin el permiso del propietario con fines de parodia, caricatura o pastiche. Por ejemplo, un cómico puede utilizar unas pocas líneas de una película o canción para un sketch paródico; un dibujante puede hacer referencia a una obra de arte o ilustración bien conocida para una caricatura; un artista puede utilizar pequeños fragmentos de una serie de películas para componer una obra de arte pastiche más grande. Sin embargo, es importante entender que esta excepción sólo permite el uso con fines de caricatura, parodia o pastiche en la medida en que se trate de un trato justo"

Como señala DÖLH, la administración británica tiene la intención de restringir este privilegio general del pastiche al micromuestreo, lo que no satisface las necesidades del *mashup*[48]. La propia interpretación de la Oficina de propiedad intelectual del Reino Unido plantea dudas sobre qué porción puede usarse de otra obra a la hora de elaborar un pastiche,

---

47 https://www.gov.uk/guidance/exceptions-to-copyright#parody-caricature-and-pastiche

48 DÖLH, F., « The concept of pastiche in Directive 2001/29/EC in the light of the German Case Metall au Metall », *Media in action*, 2/2017, pág. 52 https://mediarep.org/server/api/core/bitstreams/83aa21ee-72ac-4f8a-8356-692a753b0de9/content

de manera que ni siquiera está claro el alcance de esa toma de porciones de obras ajenas a las que se refiere.

Finalmente, y respecto a la configuración de la parodia por parte del TJUE, que tanto el IVIR como REBIUN, consideran antecedente suficiente como para propugnar que la misma amplitud debe existir al definir el pastiche, debe tenerse en cuenta que el TJUE dibuja sus contornos en base a dos elementos como son el efecto útil del límite y el justo equilibrio con el derecho a la libertad de expresión, definiendo la parodia en base a la intención humorística del parodiante y la evocación de una obra preexistente, si bien diferenciándose de ella de forma perceptible. Si la parodia tiene como efecto útil y finalidad constituir un medio adecuado para expresar una opinión con una intención humorística (puntos 22 a 25 de la sentencia de 3 de septiembre de 2014 (caso Deckmyn, asunto C-201/13 ), ¿cuáles serían los elementos definidores del pastiche, si se trata de algo diferente?

## IV.- LIBERTAD DE EXPRESIÓN Y LÍMITES AL DERECHO DE AUTOR

Como venimos analizando en relación con el pastiche, no obstante la solución acogida por el legislador comunitario en el art- 17.7 DDAMUD, se intenta introducir por la vía de la ponderación de los derechos fundamentales en conflicto, o por la de la interpretación amplia de los límites a los derechos de autor que encuentran su fundamento en la libertad de expresión, una configuración más amplia de los usos permitidos por los usuarios. Como veremos más adelante, ello encuentra en la cuestión prejudicial planteada por el *BGH* ante el TJUE sobre el alcance de pastiche, su último eslabón.

En cuanto a la ponderación de los derechos fundamentales en materia de límites a los derechos de autor, la sentencia dictada por la *Cour de Cassation* de 15 de mayo de 2015 (asunto

*Klasen*) supuso un inesperado giro en el guión sobre el impacto de la libertad de expresión en los derechos de autor en Francia. El caso de autos es el siguiente. El fotógrafo Alix Malka había realizado tres fotografías con el rostro maquillado de una modelo, que fueron publicadas en una revista italiana bajo la rúbrica "*Bellezza*". Posteriormente, el pintor Peter Klasen incorporó estas fotografías en sus obras, sin pedir autorización al fotógrafo. Mientras que el juez de primera instancia había dudado de la condición de obra protegible de las fotografías por falta de originalidad y admitía la aplicación al caso del límite de parodia, la *Cour d'Appel* de Paris, en sentencia de 18 de septiembre de 2013 consideró que no existía parodia, de modo que las obras del demandado constituyen una simple utilización no autorizada de las fotografías. El demandado alegó también en su favor el derecho a la libertad de expresión artística, que debía prevalecer en este caso sobre el derecho de autor. La *Cour de Cassation* considera que la *Cour d'Appel* debería haber explicado de forma concreta en qué la búsqueda de un justo equilibrio entre los derechos en presencia justificaba inclinar la balanza en favor de los derechos de autor. En definitiva, plantea que el juego de un límite a los derechos de autor exige un control de proporcionalidad *in concreto*, sin el cual no cabe determinar si existe o no violación de los derechos de autor. En mi opinión, resulta criticable semejante razonamiento de la Cour de Cassation, exigiendo que los jueces de instancia se pronuncien en concreto sobre el equilibrio de derechos en juego (derechos de autor y derecho a la libertad de expresión, ambos no se olvide derechos fundamentales reconocidos en la Carta Europea de Derechos fundamentales -arts. 17.2 y 11 respectivamente-. Y ello, principalmente, porque es al legislador europeo a quien corresponde ponderar los intereses en juego, a la hora de establecer los límites a los derechos de autor. En materia de libertad de expresión, eso sucede con los límites de la cita y la parodia. En efecto, como se ha puesto de manifiesto en la doctrina, solo al legislador comunitario corresponde ampliar los límites, permitiendo llegado el caso nuevos usos, no a los jueces de crear nuevas excepciones a ampliarlas en base a los derechos fundamentales[49]. La sentencia de la *Cour de Cassation*, por lo demás, resulta contraria en mi opinión al derecho de la UE, en la medida en que el legislador comunitario ha optado por una lista cerrada de límites, lo que impide a su vez que el juez haga una ponderación de intereses caso por caso. En definitiva, creo que esta sentencia vendría a introducir una lógica de *fair use* en el sistema europeo, y conlleva además el riesgo permitir la creación judicial de meta-excepciones[50].

Esta tendencia interpretativa no ha sido respaldada por el TJUE. En las famosas sentencias dictadas con fecha 29 de julio de 2019 (asuntos *Pelham, Spiegel online* y *Funke Medien*)[51], el TJUE viene a afirmar que el derecho a la libertad de expresión no puede justificar nuevos límites no reconocidos en la lista exhaustiva prevista en el art. 5 DDASI, de modo que ni el legislador nacional ni los jueces pueden crear nuevas excepciones no previstas en dicha norma. Veamos con detalle el planteamiento del TJUE, centrándonos en el caso *Pelham* (asunto C-476/17). Los hechos fueron los siguientes. La sociedad Pelham y los señores Pelham y Haas (en adelante Pelham), habían tomado un pequeño fragmento de dos segundos del fonograma que contenía la composición musical *Metall auf Metall* del grupo musical alemán *Krafwert*, del que formaban parte los demandantes, el señor Hütter y otro. En concreto, los demandados tomaron esos dos segundos de la parte rítmica de *Metall auf Mettall* y los incorporaron, en bucle, en la composición musical titulada *Nur Mir*. El pleito tuvo una dilatada vida procesal, hasta

49 *Vid.* LUCAS A., obs. Sentencia *Cour Cassation* 15.5.2015, *Propriétés intellectuelles*, nº 56, 2015, págs. 283 y 284.

50 Cfr. SIRINELLI, P. y BENSAMOUN, A., “Droit d’auteur vs liberté d’expression : suite et pas fin », *Dalloz*, 2015, pág. 1672.

51 Asuntos C- 476/17, C-516/17 y C-649/17, respectivamente.

que el Tribunal supremo alemán (*BGH*) planteó ante el TJUE varias cuestiones prejudiciales[52]. Se trataba de averiguar si el empleo de ese pequeño fragmento afectaba a los derechos de reproducción y distribución del productor de fonogramas, y si, como alegaban en su defensa los demandados, era aplicable el límite de la cita, o la excepción prevista en el art. 24 *UrhG*, (*frei benutzung* o uso libre) que autorizaba utilizar una obra para crear otra obra independiente -límite inexistente en la Directiva 2001/29-, y en última instancia, si la actuación venía amparada por el derecho a la libertad de las artes reconocido en el art. 13 de la Carta de Derechos Fundamentales de la UE, y que deriva del derecho a la libertad de expresión reconocido asimismo en el art. 11 de la citada Carta[53].

A juicio del TJUE (punto 58), la lista de excepciones y limitaciones que contiene el art. 5 de la Directiva 2001/29 tiene carácter exhaustivo, lo que el propio Tribunal ha señalado en varias ocasiones (vgr. Sentencias de 16 de noviembre de 2016, Soulier y dokem C-301-15, punto 34, y sentencia de 7 de agosto de 2018, asunto Renckhoff (C-161/17), punto 16. Prosigue señalando que la armonización que efectúa dicha Directiva tiene por objeto garantizar, particularmente en el entorno electrónico un justo equilibrio entre, por un lado, el interés de los titulares de los derechos en la protección de su derecho de propiedad intelectual y, por otro, la protección de los intereses y los derechos fundamentales de los usuarios, así como del interés general

---

52 Sobre los avatares judiciales del caso *Pelham*, vid. *Infra*.

53 El citado art. 24 *UhrG* venía a disponer (según se recoge en el punto 12 de la sentencia):
"1. Una obra autónoma que haya sido creada a partir del libre uso de una obra ajena podrá ser publicada y explotada sin el consentimiento del autor de la obra utilizada.
2. El apartado 1 no se aplicará a la utilización de una obra musical mediante la cual una melodía se extraiga de forma reconocible de una obra para servir de base a una nueva obra."

(punto 59). Pues bien -concluye-, los mecanismos que permiten alcanzar un justo equilibrio entre esos diferentes derechos e intereses se encuentran en la propia Directiva 2001/29, ya que establece en particular, por un lado, en sus arts. 2 a 4 los derechos exclusivos de los titulares de derechos y. por otro lado, en su art. 5, las excepciones y limitaciones de esos derechos que pueden, incluso deben, ser transpuestas por los Estados miembros, pero esos mecanismos deben ser concretizados mediante disposiciones nacionales de transposición de esta Directiva (punto 60). No queda aquí el alcance del justo equilibrio entre los intereses en conflicto, que viene a establecer la Directiva 2001/29: Asimismo, contribuye al justo equilibrio el art. 5.5 de la Directiva, que viene a establecer la regla de los tres pasos (punto 62). En este contexto, concluye [...] que cada Estado miembro introduzca excepciones a los derechos exclusivos del autor al margen de las excepciones y limitaciones establecidas con carácter exhaustivo en el artículo 5 de esta Directiva pondría en peligro la efectividad de la armonización de los derechos de autor y de los derechos afines a los derechos de autor efectuada por dicha Directiva, así como el objetivo de seguridad jurídica" (punto 63).

El TJUE considera que el derecho exclusivo de reproducción del productor de fonogramas no permite oponerse al "sampling" realizado "en ejercicio de la libertad de las artes" cuando la muestra utilizada resulta irreconocible. En tal caso no hay reproducción en el sentido legal. En cambio, si la muestra es reconocible, sí existe "reproducción" y estaría sometida al derecho exclusivo del titular (punto 31). Conforme a los puntos 28 y 31 de la sentencia, de entenderlo de otro modo, se daría al término reproducción un significado contrario al sentido habitual del término en el lenguaje corriente, como reiteradamente ya se ha pronunciado el TJUE. Hasta aquí, encuentro ortodoxa la respuesta del TJUE. Pero, seguidamente, en los puntos 31 a 34, el TJUE señala que conviene buscar "un justo equilibrio entre una parte el interés de los titulares de los derechos de autor y los derechos conexos a la protección de su derecho de propiedad intelectual, consagrado en el art. 17.2 de la Carta europea de derechos fundamentales y, por otra parte, la protección de los intereses y derechos fundamentales de los usuarios de objetos protegidos, así como del interés general. En este caso, se trataría de realizar un equilibrio entre el derecho de propiedad intelectual y el derecho a la libertad de las artes garantizado por el at. 13 de la Carta, derecho este que deriva del derecho a la libertad de expresión reconocido en el art. 11 de la misma, así como del art. 10.1 de la convención europea de salvaguarda de derechos del hombre y libertades fundamentales de 1950..". Realmente, sorprende que el TJUE se detenga en señalar al justo equilibrio entre los derechos fundamentales en litigio. La Directiva 2001/29 apunta esta búsqueda de equilibrio en sus considerandos 3 y 31, pero es evidente que esta referencia a un balance de intereses sirve para justificar el trabajo operado por el legislador en la Directiva, pero no da una instrucción a los jueces nacionales de recurrir a su vez a ese balance[54]. La Directiva no remite en ningún caso a los jueces nacionales para hacer un balance de derechos en conflicto en materia de limitaciones o excepciones a los derechos exclusivos. Ello además chocaría con el carácter exhaustivo de la lista de límites de la directiva (considerando 32). Y así, el propio TJUE, al resolver la tercera cuestión prejudicial, señala en el punto 60 de la sentencia, que "los mecanismos que permiten encontrar un justo equilibrio entre esos derechos e intereses están inscritos en la directiva 2001/29 misma, al prever, de una parte, derechos exclusivos de los titulares y de otra las limitaciones y excepciones a dichos límites....".

En las conclusiones del Abogado General, publicadas el 12 de diciembre de 2018, M. Spuznar hizo a mi juicio una valora-

---

54 POLLAUD-DULLIAN, F, « Sampling et droit de reproduction : excepcion et liberté de création à l'assaut du droit exclusif », *RTDCom*, nº 1, 2020, pg. 76.

ción más acertada del recurso a los derechos fundamentales en el juego de los límites a los derechos exclusivos, que la que resulta de la propia sentencia. Así en su punto 95, afirma "... el derecho de autor de la Unión tiene en cuenta los diferentes derechos e intereses que podrían entrar en conflicto con los derechos exclusivos de los autores y otros titulares de derechos, en particular la libertad de las artes. Las excepciones a los derechos exclusivos, como las excepciones de cita o caricatura, parodia o pastiche, permiten el diálogo y la confrontación artística mediante referencias a obras preexistentes. En el marco de las normas en vigor, esta confrontación se puede efectuar, en particular, de las tres formas siguientes: en primer lugar, mediante la creación de obras que, aunque se inspiran en obras preexistentes, no toman directamente elementos protegidos de ellas; en segundo lugar, en el marco de las limitaciones y excepciones existentes a los derechos exclusivos y, por último, en tercer lugar, mediante la obtención de las autorizaciones necesarias". Prosigue (punto 96) señalando que "En cambio, no creo que la libertad de las artes, tal como se halla consagrada en el artículo 13 de la Carta, exija que se introduzca o reconozca una excepción o una limitación similar a la prevista en el artículo 24 de la *UrhG*, que comprenda usos como los controvertidos en el asunto principal, en los que las obras o prestaciones protegidas son utilizadas no para interactuar con ellas, sino simplemente como materias para la creación de obras nuevas...". Y, por último, en el punto 98 "No excluyo que la ponderación de los diversos derechos e intereses efectuada por el legislador de la Unión pueda conducir en el futuro a la introducción de una excepción a los derechos exclusivos de los autores y otros titulares de derechos para usos como el «sampling». Ahora bien, esa no es tarea del juez. En el control jurisdiccional de la aplicación de las disposiciones en vigor, los derechos fundamentales desempeñan un papel distinto: es una suerte de *ultima ratio*, que solo puede justificar apartarse del texto de las disposiciones pertinentes en caso de violación flagrante del contenido esencial de un derecho fundamental. Pues bien, tal no es el caso, en mi opinión, en cuanto atañe a la situación del «sampling» en el derecho de autor de la Unión".

## V.- EL PASTICHE, EL ASUNTO *PELHAM*, Y SU INFLUENCIA EN EL LEGISLADOR ALEMÁN Y ESPAÑOL

El asunto *Pelham* al que acabo de referirme tiene una especial incidencia en el pastiche, y su actual configuración en la legislación española. Y ello porque nuestro legislador, al transponer la DDAMUD ha seguido los pasos del legislador alemán, si bien yendo mucho más allá de aquél. En efecto, como acabamos de señalar, en la sentencia que resuelve el caso *Pelham* (asunto C-476/17), el TJUE declaró que el uso libre contenido en el parágrafo 24 *UhrG* era contrario al derecho de la UE. Como no podía ser de otro modo, el legislador alemán eliminó esa norma de su legislación. La cuestión era que dicha norma, por su amplitud, servía también para amparar la caricatura y parodia y el pastiche. De este modo, para cumplir con la DDAMUD, al menos en el ámbito de las plataformas de intercambio de contenidos por parte de los usuario, donde estos límites son obligatorios (ar. 17 DDAMUD), el legislador alemán se vio obligado a introducirlos. Ahora bien, el legislador alemán se ha resistido a perder el amplísimo juego que le daba el citado parágrafo 24 *UhrG*, no en vano titulado (*frei benutzung*-uso libre-). Y por ello, ha pretendido "colar por la ventana", lo que el TJUE echó por la puerta en la sentencia *Pellham*: si nos quedamos sin uso libre, lo retomamos ahora a través del pastiche, hasta que se pronuncie al respecto el TJUE[55].

---

[55] Cfr. PERDICES HUETOS, A., «El Pastiche, ¿más acá o más allá de la parodia?... *op.cit.*, pág. 1336.

De este modo, al transponer al derecho interno la DDAMUD, mediante la ley de adaptación de los derechos de autor a las exigencias del mercado único digital[56], se introdujo en la ley alemana de derechos de autor el parágrafo 51.a), bajo la rúbrica "caricatura, parodia y pastiche ", con la siguiente redacción: "Se permite reproducir, distribuir y comunicar al público una obra publicada con fines de caricatura, parodia y pastiche. La autorización contemplada en la frase 1 incluye la utilización de una ilustración u otra reproducción de la obra utilizada, aunque esté protegida por el derecho de autor o un derecho afín"[57]. A diferencia de nuestro legislador, el alemán no define el pastiche en este precepto. Pero en la exposición de motivos de la norma, sí se recoge lo que el legislador entiende por pastiche[58]: "El pastiche ampara determinados contenidos generados por los usuarios que no pueden calificarse de parodia o caricatura (...). Las técnicas culturales de cita, imitación y préstamo son una característica clave de la intertextualidad y de la creación y comunicación culturales contemporáneas en la red social. Nos referimos en particular a prácticas como las remezclas, los memes, los *GIFs*, los *mashups*, el *fan art*, el *fan fiction* y el *sampling*". Tan extensiva interpretación del pastiche fue objeto de críticas por parte de asociaciones y colectivos profesionales en defensa del derecho de autor. Así, el *Bundesverbandes Musikindustrie*, señala que "existe una extralimitación en la exposición de motivos de la ley al amparar un uso transformativo planteado de forma equivocada, pues debe valorarse caso por caso de acuerdo con las reglas y normas de interpretación aplicables, incluido el hecho de que

---

56 Publicado en el DO de 4 de junio de 2021 (BGBl. I 2021, Nr. 27 4.6.2021, p. 1204). La norma entró en vigor el 7 de junio de 2021.

57 https://www.wipo.int/wipolex/es/text/586964

58 *Vid.* la exposición de motivos del proyecto de ley (BT-Drs. 19/27426), p. 91

las excepciones deben interpretarse de forma restrictiva (regla de los tres pasos según el derecho internacional y europeo)"[59].

En la propia doctrina alemana, lo que debiera entenderse por pastiche no fue tradicionalmente polémico, considerando que se trataba como la parodia y la caricautra de un uso humorístico o bruslesco. La intención del legislador alemán es incluir dentro del concepto de pastiche a todas las formas de contenidos generados por usuarios en las redes, despojada de toda finalidad humorística o satírica. Como el legislador comunitario no ha introducido una excepción específica para amparar esos usos a la forma canadiense se utiliza el pastiche, término polisémico, que como imitación de estilo plantea problemas para los derechos de autor[60].

Pero la transposición al derecho alemán de la DDAMUD no solo se ha realizado mediante la ley de adaptación de los derechos de autor a las exigencias del mercado único digital, que entró en vigor el 7 de junio de 2021.[61] Como se trata en otra parte de esta obra, el art. 17 DDAMUD ha sido objeto de transposición mediante una ley especial, la conocida como *UhrDaG*, la Ley sobre la responsabilidad de los proveedores de servicios de intercambio de contenidos en línea (*Urheberrechts-Dienstanbieter-Gesetz*), cuya entrada en vigor tuvo lugar el 1 de

---

59 *Vid, Stellungnahme des Bundesvergandes Misikindustrie zum Referentenentwurf*, 6 de noviembre de 2020, pág. 29. Para otras valoraciones de asociaciones alemanas en defensa de los derechos de autor, vid., PERDICES HUETOS, A., "El pastiche ¿más acá o más allá de la parodia?...", *op.cit.*, págs. 1358 y 1359.

60 NEUMANN, P., *Die Urheberrechtliche Zulässigkeit von Internet-Memes als referenziellen, neuartigen Kommunikationsmitteln*, 2022, pág. 232 https://kups.ub.uni-koeln.de/61170/1/DissertationUrheberrechtMemesPhilippNeumann.pdf

61 A excepción de las disposiciones de transposición del artículo 17, cuya entrada en vigor se aplazó hasta el 1 de agosto de 2021.

agosto de 2021[62]. El tenor literal del parágrafo 5 de dicha Ley, en lo que nos interesa es el siguiente: Usos legalmente autorizados; remuneración del autor

(1) La reproducción pública de obras y partes de obras protegidas por derechos de autor está permitida por el usuario de un proveedor de servicios para los siguientes fines

1. para citas conforme al artículo 51 de la Ley de Propiedad Intelectual,
2. para caricaturas, parodias y pastiches de conformidad con el artículo 51a de la Ley de Propiedad Intelectual.

(2) Por la comunicación al público con arreglo al apartado 1 número 2, el prestador de servicios abonará al autor una remuneración adecuada al autor. El derecho a la remuneración es irrenunciable y sólo podrá hacerse valer por una entidad de gestión colectiva.

Como puede apreciarse, la caricatura, parodia o pastiche en plataformas de intercambios de contenidos generados por usuarios devengan una remuneración en favor de los titulares de derechos, irrenunciable y de gestión obligatoria por entidades de gestión, remuneración que no opera ni para los otros usos en línea, ni para los actos de explotación fuera de línea (es decir, fuera del ámbito de aplicación de esta ley especial). Como bien señala A. LUCAS-SCHLOETTER en otra parte de esta obra, con dicha remuneración se trata de justificar la interpretación extremadamente amplia que hace el legislador alemán de la excepción de pastiche, que supuestamente ampara todos los usos transformativos en las plataformas de UGC[63]. Lo que no se entiende es por qué solo en este ámbito genera una

---

62 *Vid.*, infra LUCAS-SCHLOETTER, A., Capítulo 14, "La transposición de la Directiva 2019/790 en Alemania".

63 Sobre esta cuestión, nos remitimos al capítulo 14 "La transposición de la Directiva 2019/790 en Alemania".

remuneración en favor del titular de derechos y no en los demás, cuando el concepto es igualmente amplio.

Ciertamente, como hemos visto, al introducir la parodia, caricatura y pastiche en el nuevo art. 51.a en la *UrhG*, lo que entiende el legislador alemán por pastiche hace referencia a los contenidos generados por usuarios (memes, *GIFs*, etc). Pero el alcance de la norma es general y el concepto de pastiche no puede ser polisémico, significando cosas distintas en función del uso dentro o fuera del contexto de las redes sociales. En efecto, un concepto autónomo de la UE, como es el pastiche, no admite semejante interpretación, que podríamos calificar de geometría variable. Así ya nos lo ha dicho el TJUE en relación con el concepto autónomo de originalidad, y su aplicación en las obras de arte aplicado -caso *Cofemel*, sentencia 12 de septiembre de 2019 -asunto C-683/17- y caso *Brompton*, sentencia 11 de junio 2020 -asunto C-833/18-. En una primera instancia, el legislador alemán en el anteproyecto de 13 de octubre de 2020 partió de un régimen sui generis en la transposición del art. 17 DDAMUD, al entender que este consagraba un régimen jurídico que difería fundamentalmente de la interpretación tradicional del derecho de comunicación pública. Al ser independiente de la Directiva 2001/29, ello permitía a su vez ir más allá de las excepciones previstas en esta última Directiva, amparando consecuentemente una ampliación de las mismas[64]. Semejante visión del art. 17, en lo que a los límites y excepciones se refiere, iría contra la efectividad de la armonización pretendida por el derecho comunitario en materia de límites. De nada serviría que el derecho de la UE y a su vez la interpretación del mismo por parte del TJUE haya ido en la línea de una configuración

---

64 *Vid, in extenso,* LUCAS-SCHLOETTER, A., "L'article 17 de la directive 2019/790, sur la responsabilité des plateformes de partage de contenus culturels : clarification des règles préexistantes ou nouveau régime sui generis ? », *Propriétés Intellectuelles,* 2021, n.° 78, pág. 7.

cerrada de los límites, para luego vaciar el sistema de contenido a través de tal interpretación del art. 17 DDAMUD[65].

Esta concepción amplia del pastiche fue acogida por el Tribunal Regional de Berlín, en sentencia de 2 de noviembre de 2021, en un supuesto de utilización en el ámbito analógico de una obra digital[66]. Tomando la creación digital "*Scorched Earth*", obra del británico Daniel Conway, años después, el músico y pintor alemán Martin Eder creó en óleo la obra titulada "*The Unknowable*". Esta segunda obra superpone a la inicial algunos elementos como una ventana, una mujer, un animal. El fondo es idéntico a la obra de Conway. Frente a la demanda de Conway, Eder alegó su derecho a la libertad de expresión y creación artística. El tribunal regional de Berlín, partiendo de que el demandado toma de forma reconocible la obra del demandante, considera que dicha conducta se encuentra amparada en el límite del pastiche reconocido en el recién aprobado parágrafo 51 a de la *UhrG*. Entre otras argumentaciones, el Tribunal defiende lo siguiente (punto 47): "Lo que el legislador pretendía habilitar con el pastiche en el sentido del artículo 51 a *UrhG* como creación y comunicación cultural contemporánea en la llamada web social, pensando en particular en prácticas como el remix, el meme, el *GIF*, el *mashup*, el *fan art*, el *fan fiction* o el *sampling*, debe aplicarse también a un modo de expresión artística en sentido "inverso" que consiste en transferir archivos de imágenes digitales, que se explotan comercialmente en un mercado digital y mundial de Internet, a un cuadro clásico al óleo y presentarlos allí de forma reconocible en cuanto a su propio contenido y creatividad. En opinión de la Sala, el mayor logro creativo y la mayor distancia que supone sino transferir a mano la imagen con pinturas al

---

65 Cfr. TREPPOZ, E., "Les exceptions au droit d'auteur : une question européenne », *Entre art et technique : les dynamiques du droit. Mélanges en l'honneur de Pierre Sirinelli*, Dalloz 2022, pág. 233

66 https://openjur.de/u/2396832.html

óleo y pinceles a un lienzo para crear un ejemplar único analógico no se opone a la aplicación del artículo 51 a *UrhG*"[67].

Finalmente, tras una extensa argumentación donde justifica que la obra no tenía finalidad comercial -se expuso de forma gratuita y luego se la regaló a un amigo- indica que la misma no perjudica la comercialización de la obra digital antecedente ni a los intereses económicos de su autor. Tras ello, se concluye que "El interés del demandado en expresar su opinión en forma de collage, referenciando adopciones de material pictórico existente de todo tipo y cultivando con ello el estilo artístico que le es característico según su propio relato y el de los historiadores del arte, pesa claramente más que el interés del demandante en ejercer su propiedad y derechos de autor según lo anterior. "

Con estos antecedentes, con fecha 14 de septiembre de 2023, el *BGH* (*Bundesgerichtshof*) alemán, ha planteado dos cuestiones prejudiciales al TJUE sobre al alcance del pastiche, en la enésima vuelta de tuerca del asunto *Pelham* (asunto C 590/23). Se trata de un caso paradigmático en el derecho alemán, que tiene ya 20 años de historia, y ha dado lugar a tres sentencias del *OLG* de Hamburgo (*The Hanseatisches Oberlandesgericht-* Corte de apelación-), cinco sentencias del *BGH* ( *Bundesgerichtshof-* Tribunal Supremo-), una sentencia del tribunal constitucional *Bundesverfassungsgerich* (*BVerfG*), la ya citada sentencia del TJUE, y la nueva que se dictará con este nuevo asunto[68].

El pleito que da origen a las cuestiones prejudiciales ahora planteadas, versa sobre el alcance del artículo 51 a de la *UrhG*

---

67 Sobre esta resolución judicial, vid. PERDICES HUETOS, A., "El límite del pastiche: Primeras aplicaciones de los tribunales en Alemania", blog del CIPI, 27 de mayo de 2022: https://blog.cipi.es/blog2-intelectual/item/223-el-limite-del-pastiche-primeras-aplicaciones-de-los-tribunales-en-alemania

68 *Vid.*, al respecto, LUCAS-SCHLOETTER, A. "Exceptions. Pastiche", *Propriétés Intellectuelles*, enero 2024, nº 90, pág. 53

tras su entrada en vigor el 7 de junio de 2021. Se trata de determinar si la reproducción mediante sampling de la secuencia rítmica de la composición musical *Metal auf Metall* ha de considerarse un pastiche o existe en cambio violación de los derechos de propiedad intelectual. El *BGH* pregunta en primer lugar: ¿constituye la excepción de uso a efectos de pastiche en el sentido del artículo 5 apartado 3, letra k) de la Directiva 2001/29 un supuesto residual, cuando menos, para una confrontación artística con una obra preexistente u otro objeto de referencia, incluido el sampling? ¿Se aplican al concepto de pastiche criterios restrictivos como el requisito del humor, la imitación o el homenaje? La segunda cuestión es ¿Exige la utilización "a efectos" de un pastiche, en sentido del artículo 5, apartado 3, letra k) de la Directiva 2001/29/CE, que se constate la intención del usuario de utilizar un objeto protegido por derechos de autor a efectos de un pastiche o basta con que el carácter de pastiche sea reconocible para una persona que conozca el objeto protegido por derechos de autor al que se hace referencia y que posea la comprensión intelectual necesaria para percibir el pastiche?

Me detendré en la primera de ellas, pues realmente, si se exige el humor en el pastiche, estaríamos ante un sinónimo de parodia, con su mismo alcance y requisitos. En el punto 31, el *BGH* plantea sus dudas respecto a la necesidad de humor o burla, como se exige en la parodia y en la caricatura. Del mismo modo, añade el *BGH*, es dudoso que se trate de una imitación de estilo o una referencia a efectos de homenaje. Y, ello, porque según el *BGH*, tal delimitación no se desprende ni del uso ordinario del término pastiche, ni del tenor literal de del art. 5.3.K). Continuando "barriendo para casa", también pone de manifiesto el *BGH* el amplio concepto de pastiche con el que contaba el legislador alemán a la hora de introducir el límite de la caricatura, parodia, pastiche en el nuevo parágrafo 51. a de la Ley alemana de derechos de autor (ya sabemos, el fan art, el mush up, el *GIF*, el meme, y otras manifestaciones propias de la intertextualidad imperantes en la red social).

¿Cómo configurará el TJUE el pastiche? Volvamos a las conclusiones del Abogado General en el asunto *Pelham* (C-416/17). En nota a pie de página nº 30, refiere lo siguiente respecto a la parodia, la caricatura y el pastiche: " Ciertamente, en su sentencia de 3 de septiembre de 2014, *Deckmyn* y Vrijheidsfonds (C201/13), el TJUE no estableció exigencias demasiado estrictas al concepto de parodia. No obstante, declaró que aquella «evoca» otra obra (véase el punto 2 del fallo de esta sentencia). Por lo demás, queda claro, en mi opinión, que, en las circunstancias del presente asunto, la obra titulada *Nur Mir* no constituye ni una parodia ni una caricatura de la obra *Metall auf Metall*. En cuanto al concepto de pastiche, este consiste en imitar el estilo de una obra o de un autor, sin tomar necesariamente los elementos de esta obra. Pues bien, en el caso de autos se está en presencia de la situación contraria en la que se parte de un fonograma para crear una obra en un estilo por completo diferente".

Como puede apreciarse, no se hace referencia alguna a la finalidad humorística como uno de los elementos que el TJUE vino a exigir en el referido asunto *Deckmyn* para que nos encontremos ante parodia. Es un elemento, por tanto, que el Abogado General no maneja en su razonamiento. Tan solo hace referencia al requisito de que la parodia evoque una obra anterior. Respecto al pastiche, afirma que "este consiste en imitar el estilo de una obra o de un autor, sin tomar *necesariamente* los elementos de esta obra...". En este punto, no se comprende el razonamiento seguido por el Abogado General. Si no se han tomado elementos expresivos de una obra ajena (cuestión esta irrelevante para el Abogado General), no nos encontramos directamente ante un límite a los derechos de autor. En todo caso, el Abogado General concluye que en el asunto *Pelham* no estaríamos ante un pastiche porque se da la situación inversa a la requerida: "se parte de un fonograma para crear una obra en un estilo por completo diferente".

Recordemos también las conclusiones del Abogado General, P. Cruz Villalón, en el asunto *Deckmyn* (C 201/13) presentadas el 22 de mayo de 2014. En el punto 46 afirma lo siguiente: "Comenzando por la circunstancia de que la excepción de «parodia» no aparece aislada sino que, por el contrario, figura como parte de una serie de tres categorías enunciadas sin solución de continuidad («caricatura, parodia o pastiche »), no me parece que el contraste con cada una de las nociones con las que convive ofrezca particular relevancia a nuestros efectos. La adscripción, en el caso concreto, de una determinada obra de autor a una u otra noción puede resultar conflictiva, cuando no presentarse en una situación de concurrencia. Siendo así, no me parece necesario avanzar en esta distinción, pues, en definitiva, todas esas nociones tienen el mismo efecto de excepcionar el derecho del autor de la obra original que, de un modo u otro, está presente en la obra, por así decir, derivada". A su vez, en el punto 42 de las conclusiones, se señala la postura del Reino de Bélgica sobre el alcance de la parodia -caricatura o pastiche-, del siguiente modo: "Por su parte, el Reino de Bélgica, en sus observaciones orales, no ha considerado que la distinción entre «parodia», «caricatura» y «pastiche» deba jugar un papel en la definición de parodia, señalando que los tres conceptos son demasiado parecidos como para que sea posible distinguirlos".

En mi opinión, como vengo defendiendo a lo largo de este trabajo, no tendría sentido alguno que el TJUE definiera el pastiche como algo ajeno a la crítica satírica o humorística y, por tanto, permitiera la mera yuxtaposición de elementos creativos como límite a los derechos de autor. Si parodia y caricatura son claramente manifestaciones humorísticas, su "acompañante" dentro de la famosa trilogía, debe compartir el mismo fundamento que justifica las anteriores. Veremos hasta qué punto el TJUE se deja influir por el derecho alemán, y la pérdida del *uso libre.*

## BIBLIOGRAFÍA


- BENABOU, V.L., *Rapport de la mission du CSLPLA sur les œuvres transformatives*, 23.12.2014.

- BERCOVITZ RODRÍGUEZ-CANO, R., "Comentario al art. 10 de la Ley de Propiedad Intelectual ", *Comentarios a la Ley de Propiedad Intelectual,* R. BERCOVITZ, coord..,Tecnos, 2017, 4.ª ed.
- BERCOVITZ RODRÍGUEZ-CANO, R., «Comentario a la Sentencia del Tribunal Supremo Núm. 172/2012, de 3 de abril de 2012", *Cuadernos Civitas de Jurisprudencia Civil* nº 90, 2012.
- BRAGADO HERRERO DE EGAÑA, C., *Los retos de la propiedad intelectual en el entorno digital,* Dykinson, 2023.
- CAÑERO LOIS, C.I., "Fanfiction, parodia y pastiche en el derecho español ", *Actas de Derecho Industrial y Derecho de Autor,* XL, 2019-2020.
- DESBOIS, H., *Le droit d'auteur en France,* Dalloz, 2.ª ed., 1966.
- DÖLH, F., « The concept of pastiche in Directive 2001/29/EC in the light of the German Case Metall au Metall », *Media in action,* 2/ 2017.
- DURRANDE, S., « La parodie, le pastiche et la caricature », *Propriétés intellectuelles. Mélanges en l'honneur de André Françon,* Dalloz, 1995.
- FRANÇON, A., "Chronique de Jurisprudence", *RIDA,* núm. 137, julio 1988, p. 101.
- FRUJÓ, M.J., "La traducción de los pastiches de Proust (I)" https://cvc.cervantes.es/trujaman/anteriores/septiembre_16/08092016.htm
- GARROTE FERNÁNDEZ-DÍEZ, I., "Derechos de autor y derechos afines en el mercado único digital", *La Ley. Unión Europea,* núm. 116, julio 2023.
- GARROTE FERNÁNDEZ-DÍEZ, I., «¿Puede crearse un nuevo límite en la LPI para dar cobertura a los contenidos generados por usuarios?", *Estudios sobre la Ley de Propiedad Intelectual: últimas reformas y materias pendientes,* MARÍN LÓPEZ, J.J., CASAS VALLÉS, R., SÁNCHEZ ARISTI, R., coord., Dyckinson, 2016.
- GOTZEN, F. «Los conceptos autónomos en la jurisprudencia del tribunal de Justicia de la Unión Europea sobre derechos de autor", *La unificación del derecho de propiedad intelectual en la Unión Europea,* CÁMARA ÁGUILA, P. y GARROTE FERNÁNDEZ-DÍEZ, I., dir., Tirant lo Blanch, 2019.
- LEAFFER, M., « Faire use, transformative use and the first amendment », *Intellectual Property Law an Human Rights,* TORREMAS, P. ed., Walters Kluwer, 2020.
- LÓPEZ MAZA, S., "Memes, gifs y derechos de autor" https://www.blog.fder.uam.es/2019/05/23/memes-gifs-y-derechos-de-autor/.
- LUCAS A., obs. Sentencia Cour Cassation 15.5.2015, *Propriétés intellectuelles,* nº 56, 2015.

- LUCAS, A., LUCAS-SCHLOETTER, A., BERNAULT, C., *Traité de la propriété littéraire et artistique*, 5.ª ed., Lexis Nexis, 2017.
- LUCAS-SCHLOETTER, A. "Exceptions. Pastiche", *Propriétés Intellectuelles*, nº 90, 2024.
- LUCAS-SCHLOETTER, A., "L'article 17 de la directive 2019/790, sur la responsabilité des plateformes de partage de contenus culturels : clarification des règles préexistantes ou nouveau régime sui generis ? », *Propriétés Intellectuelles*, 2021, n.º 78.
- MOYSE, P.E., "Le droit des utilisateurs au Canada » *Juris, Art, etc*, 2015, nº 25.
- NABHAN, V., « L'exception de contenu non commercial généré par l'utilisateur en droit canadien », *Dalloz IP/IT*, 2006.
- NEUMANN, P., *Die Urheberrechtliche Zulässigkeit von Internet-Memes als referenziellen, neuartigen Kommunikationsmitteln.*, 2022 : https://kups.ub.uni-koeln.de/61170/1/DissertationUrheberrechtMemesPhilippNeumann.pdf.
- PERDICES HUETOS, A., "El largo viaje del derecho de uso inocuo al abuso del derecho de autor", Blog del Centro de Investigación en Propiedad Intelectual de la UAM https://blog.cipi.es/blog2-intelectual/item/247-el-largo-viaje-del-derecho-de-uso-inocuo-al-abuso-del-derecho-de-autor
- PERDICES HUETOS, A., "El límite del pastiche: Primeras aplicaciones de los tribunales en Alemania", blog del CIPI, 27 de mayo de 2022: https://blog.cipi.es/blog2-intelectual/item/223-el-limite-del-pastiche-primeras-aplicaciones-de-los-tribunales-en-alemania
- PERDICES HUETOS, A., "El pastiche, ¿más acá o más allá de la parodia? A propósito del artículo 70 del Real Decreto-ley 24/2021, de 2 de noviembre y su subsunción en el artículo 39 de la Ley de Propiedad Intelectual", *De Iure Mercatus. Libro Homenaje al prof. Alberto Bercovitz*, Tirant lo Blanch, 2023.
- PERDICES HUETOS, A., "Pastiches, imitaciones y mezclas en el derecho de autor", blog del CIPI, 10 de noviembre de 2021: https://blog.cipi.es/blog2-intelectual/item/201-pastiches-imitaciones-y-mezclas-en-el-derecho-de-autor
- POLLAUD-DULLIAN, F, « Sampling et droit de reproduction : exception et liberté de création à l'assaut du droit exclusif », *RTDCom*, nº 1, 2020.
- SÁNCHEZ ARISTI, R., y OYARZÁBAL OYONARTE, N., "Decadencia y caída del Texto Refundido de la LPI. La transposición de la Directiva 790/2019 sobre Derechos de Autor y Mercado Único Digital por el

Real Decreto-Ley 24/2021, de 2 de noviembre", *Revista Pe.I,* núm. 69, septiembre-diciembre 2021.

- SCHWABACH, A., *Fan fiction and copyright. Outsider Works and Intellectual Property Protection,* Ashgate Publishing, 2011.
- SENFTLEBEN, M., "User Generated content, towards a new privilege in EU copyright,en Forthcoming" , Tanya Aplin (ed.), *Research Handbook on Intellectual Property and Digital Technologies,* Cheltenham: Edward Elgar 2019.
- SIRINELLI, P. y BENSAMOUN, A., "Droit d'auteur vs liberté d'expression : suite et pas fin», *Dalloz,* 2015.
- STROWEL, A y STROWEL M.P., "La parodie selon le droit d'auteur et la théorie littéraire", *Revue Interdisciplinaire d´études juridiques,* 1991: https://www.cairn.info/revue-interdisciplinaire-d-etudes-juridiques-1991-1-page-23.htm
- TREPPOZ, E., "Les exceptions au droit d'auteur : une question européenne », *Entre art et technique : les dynamiques du droit. Mélanges en l'honneur de Pierre*
- *Sirinelli,* Dalloz 2022.
- URIARTE, I., "Función de la intertextualidad y el pretexto en la novela de Sergio Ramírez *Mil y una muertes*" https://www.cervantesvirtual.com/obra-visor/funcion-de-la-intertextualidad-y-el-paratexto-en-la-novela-de-sergio-ramirez-mil-y-una-muertes-847415/html/ca49f2b3-7be8-49d1-b2b2-d9a7b360219b_2.html

# *Capítulo 5*
# *El uso de obras y prestaciones fuera del circuito comercial por parte de las instituciones responsables del patrimonio cultural*

**SEBASTIÁN LÓPEZ MAZA**
*Prof. Titular de Derecho Civil*
*Secretario Centro de Investigación en Propiedad Intelectual*
*Universidad Autónoma de Madrid*

## I.- EL CONTEXTO EN EL QUE SE DESARROLLA EL RÉGIMEN DE USO DE LAS OBRAS Y PRESTACIONES FUERA DEL CIRCUITO COMERCIAL (OPFCC)

### *1.- El rol de las bibliotecas, de los museos y de los archivos*

Los museos, los archivos y las bibliotecas juegan un papel muy importante en la recopilación, la conservación y el acceso al patrimonio cultural. Todas estas entidades permiten una mejor comprensión de la diversidad cultural, cubren las necesidades educativas y promocionan la investigación científica, contribuyendo, de esta manera, a una sociedad basada en el conocimiento[1]. El desarrollo de las nuevas tecnologías ha influido en la manera en que estas instituciones han llevado a cabo estas funciones. Con la digitalización, se ha incrementado la facilidad con que las obras y prestaciones pueden reproducirse y comunicarse al público. Además, se han multiplicado las oportunidades que tienen para localizarlas, recopilarlas, procesarlas, organizarlas y difundirlas. Todas estas instituciones están comprometidas con la digitalización a gran escala de sus colecciones con el fin de crear bibliotecas digitales europeas, a través de las cuales cualquier persona pueda tener acceso a sus obras y prestaciones y consultarlas en línea, en cualquier momento y sin necesidad de desplazarse al lugar donde se encuentra físicamente la entidad en cuestión.

Los contenidos guardados en los fondos de estas entidades están protegidos, en su gran mayoría, por derechos de autor y/o derechos conexos. En consecuencia, como regla general, su uso está sometido a la autorización de los titulares de derechos afectados, salvo que resulte de aplicación algún límite o excepción, en cuyo caso no es necesario dicho consentimiento. En ese proceso de digitalización masivo, el recabar la autorización previa de todos y cada uno de los titulares de derechos puede constituir una labor complicada por varios motivos: a) el alto coste que ello implica; b) la gran cantidad de recursos que se deben destinar a este fin; c) la dificultad, y a veces imposibilidad, de identificar a los titulares de derechos en muchas ocasiones (ej.: por tratarse de obras anónimas o de obras de autores fallecidos).

Con el paso de los años, la UE ha ido adoptando determinadas medidas para facilitar el trabajo de difusión y acceso a las obras y prestaciones por parte de las bibliotecas, los museos y los archivos. El legislador se ha visto inmerso en una tarea muy delicada, que

---

1 GASAWAY, L., «Values Conflict in the Digital Environment: Librarians versus Copyright Holders», en *Columbia-VLA Journal of Law and the Arts*, núm. 24, 2000, p. 118.

es conseguir un equilibro razonable entre los derechos de propiedad intelectual de los titulares de tales obras y prestaciones, por un lado, y el derecho de acceso a la cultura a través de las instituciones responsables del patrimonio cultural, por otro. Ese derecho de acceso a la cultura no se encuentra recogido expresamente en el Convenio Europeo de Derechos Humanos ni en la Carta Europea de Derechos Fundamentales. Sin embargo, el TEDH se refiere a los «derechos culturales» en su informe *Cultural rights in the case-law of the European Court of Human Rights*, publicado en 2011 y actualizado en 2017[2]. Entre esos «derechos culturales» incluye el derecho de acceso a la cultura como parte del derecho a recibir información, incurriendo en el típico error de confundir la información con las obras y prestaciones protegidas por la propiedad intelectual. En España, el derecho de acceso a la cultura se establece en el artículo 44 CE, como un principio rector de la política social y económica, y no como un derecho fundamental. En todo caso, no hay que perder de vista que, protegiendo a los creadores de obras, éstos tendrán los incentivos suficientes para seguir enriqueciendo la cultura para que, de esta manera, la sociedad pueda verse beneficiada y conseguir su disfrute[3].

El último paso en esta carrera de difusión masiva de contenidos protegidos por la propiedad intelectual lo constituye la regulación del uso de las obras y prestaciones fuera del circuito comercial (en adelante, OPFCC), esto es, aquellas a las que el público no puede acceder fácilmente porque ya no están disponibles a través de los canales comerciales habituales. Desde el punto de vista económico, las OPFCC suponen un incon-

---

2 Disponible en: <https://globalfreedomofexpression.columbia.edu/wp-content/uploads/2020/12/Cultural-Rights-in-the-Case-Law-of-the-ECtHR-Artistic-Freedom-RD.pdf> (Consulta: 14/04/2024).

3 BERCOVITZ RODRÍGUEZ-CANO, R., «La difusión de la cultura: las líneas rojas», en *Revista Doctrinal Aranzadi Civil-Mercantil*, 2017, BIB 2016/85973.

veniente para todas las partes implicadas: para los titulares de derechos, porque no reciben un rendimiento económico por su explotación; para las instituciones responsables del patrimonio cultural, porque no pueden darles salida; para los usuarios, porque no pueden acceder a ellas[4]. Aunque se trate de contenidos poco demandados, su valor cultural es innegable, pues influyen también en el desarrollo y creación de futuros contenidos. Además, se cuentan por millones las OPFCC que están en los fondos de las instituciones responsables del patrimonio cultural. Estas son las razones que llevaron al legislador europeo a regular su uso en la Directiva 2019/790, de 17 de abril, sobre los derechos de autor y derechos afines en el mercado único digital. La dificultad de conseguir la autorización previa de los titulares de derechos para esos procesos de digitalización ha llevado al legislador a establecer un doble sistema de uso para las OPFCC: unas veces funciona como uso licenciado y otras como uso excepcionado de consentimiento.

## *2.- El camino hacia la regulación de las OPFCC*

La UE, desde hace un tiempo, es consciente de la dificultad que implica para las instituciones responsables del patrimonio cultural el uso de determinadas obras y prestaciones que se encuentran en sus colecciones o fondos, de cara a los proyectos de digitalización y difusión masivas. Estas instituciones han visto acrecentado en los últimos años su rol y su protagonismo en el uso de contenidos protegidos. Con el fin de conseguir sus objetivos, el legislador europeo y el Tribunal de Justicia de la Unión Europea (TJUE) han otorgado ciertos privilegios a estas instituciones. El primero lo ha hecho a través de las ex-

---

4 BENSAMOUN, A., «The French out-of-commerce books law in the light of the European Orphan Works Directive», en *Queen Mary Journal of Intellectual Property*, vol. 4, n.º 3, 2014, p. 214.

cepciones a los derechos de propiedad intelectual previstas en las distintas directivas. En el ámbito de la investigación, la innovación, la educación y la preservación del patrimonio cultural, la tecnología digital permite nuevos tipos de usos que deben estar claramente cubiertos por las excepciones.

Son muchos los hitos de las instituciones europeas por facilitar la labor de las bibliotecas, de los museos y de los archivos en la difusión de sus contenidos[5]. El primero de ellos realmente importante es la Directiva 2001/29, de 22 de mayo, relativa a la armonización de determinados aspectos de los derechos de autor y derechos afines a los derechos de autor en la sociedad de la información. Contiene una serie de excepciones a su favor, permitiéndoles la reproducción y la comunicación pública de obras y prestaciones en situaciones muy concretas. Sin embargo, plantean dos importantes inconvenientes: a) las excepciones en beneficio de dichas entidades tienen un carácter facultativo para los Estados miembros, que pueden decidir libremente incorporarlas o no en sus ordenamientos internos; b) no admiten la digitalización masiva de contenidos protegidos y su posterior difusión.

El 28 de abril de 2005, Alemania, España, Francia, Hungría y Polonia solicitaban al Consejo y a la Comisión la creación de una biblioteca digital europea con la que permitir el acceso al patrimonio cultural de Europa. Esto llevó a la publicación por la Comisión, el 30 de septiembre de 2005, de la comunicación *i2020: bibliotecas digitales*. Dicho documento apuntaba tres objetivos fundamentales: 1) la accesibilidad en línea a los contenidos protegidos; 2) la digitalización de las obras y prestaciones en formato analógico; 3) la preservación del patrimonio cultural. Además, se detectaron las principales dificultades que estos objetivos

---

5 *Vid.* a este respecto el *Timeline of digitisation and online accessibility of cultural heritage* [en línea], <https://digital-strategy.ec.europa.eu/en/library/timeline-digitisation-and-online-accessibility-cultural-heritage> (Consulta 02/01/2024).

planteaban: a) el elevado coste que suponía la digitalización; b) la duplicidad de trabajo si varias instituciones responsables del patrimonio cultural digitalizaban la misma obra o prestación; c) los conflictos jurídicos que este proceso podía plantear con los derechos de propiedad intelectual. A pesar de estas dificultades, el 20 de noviembre de 2008 la Comisión inició el proyecto *Europeana,* la biblioteca digital europea, con el fin de que los contenidos literarios, musicales y audiovisuales pertenecientes a los fondos de las instituciones responsables del patrimonio cultural pudieran ser accesibles a millones de personas a través de Internet.

A partir de ahí surge un *soft law* de la UE relativo a resolver los principales problemas a los que se enfrentaban las bibliotecas, los museos y los archivos. Así, nos encontramos con: 1) el *Libro Verde sobre derechos de autor en la economía del conocimiento,* de la Comisión Europea, de 16 de julio de 2008, donde se destacaron las carencias presentadas por las excepciones previstas en la Directiva 2001/29 a favor de estas instituciones; 2) la comunicación *Europa 2020: una estrategia para un crecimiento inteligente, sostenible e integrador,* de la Comisión Europea, de 3 de marzo de 2010, que recoge una serie de estrategias, entre ellas, la *Agenda Digital para Europa,* con objetivos como la promoción y protección de la diversidad cultural y de los contenidos creativos en la UE, a través de la digitalización y el acceso en línea a las obras y prestaciones; 3) el informe *El nuevo Renacimiento sobre la digitalización del patrimonio cultural europeo,* también de la Comisión, de 10 de enero de 2011, que derivó, por un lado, en la recomendación *Digitalización, accesibilidad del material cultural y conservación digital,* de 27 de octubre de 2011, y, por otro lado, en las conclusiones *Digitalización y acceso en línea del material cultural y la conservación digital,* de 10 de mayo de 2012; 4) la comunicación *Un mercado único digital y la reforma del marco jurídico europeo sobre derechos de autor,* de 24 de mayo de 2011, donde se planteó la necesidad de que las excepciones al derecho de reproducción permitieran la realización de copias con fines de conservación digital y el acceso transfronterizo y en línea a las obras y prestaciones de las colecciones de estas instituciones; 5) el memorando *Principios fundamentales en materia de digitalización y oferta de obras fuera del circuito comercial*, de 20 de septiembre de 2011, donde se definieron los principios que debían orientar la negociación de los acuerdos para el uso de estas obras y prestaciones, si bien no era vinculante -de hecho, se establecieron medidas voluntarias, que adoptaron algunos Estados miembros (Francia, Alemania y Polonia), pero con un alcance limitado a cada país; 6) la comunicación *El contenido en el mercado único digital*, de 18 de diciembre de 2012, que establecía un proceso de diálogo sobre las instituciones del patrimonio y la accesibilidad en línea de obras cinematográficas; 7) el informe *Derechos de autor en el mercado único digital*, del Centro de Estudios de Política Europea, de junio de 2013, que destacaba la concesión de licencias como herramienta para conseguir esa explotación transfronteriza; 8) la comunicación *Una estrategia para el mercado único digital de Europa*, de la Comisión Europea, de 6 de mayo de 2015, que apostó por la mejora de las redes digitales y garantizar el acceso a los bienes digitales en el ámbito europeo; 9) la comunicación *Hacia un marco de derechos de autor más moderno y más europeo*, también de la Comisión, de 9 de diciembre de 2015, recalcando la necesidad de adaptar las excepciones a los derechos de autor y conexos. La idea, a través de todos estos documentos, es conseguir el acceso universal al patrimonio cultural europeo, algo que se podría conseguir en el año 2025.

El legislador europeo, a partir de este *soft law*, ha ido aprobando una serie de directivas que incluyen excepciones a los derechos de propiedad intelectual. La particularidad de todas ellas es que ya no tienen carácter facultativo para los Estados miembros, como ocurre con las previstas en la Directiva 2001/29, sino que éstos están obligados a incorporarlas en sus ordenamientos internos. De este afán regulatorio es fruto la Directiva 2012/28, de 25 de octubre, sobre ciertos usos autorizados de las obras huérfanas, y la Directiva 2017/1564, de 13 de septiembre, sobre ciertos usos permitidos de determinadas obras y otras prestaciones protegidas por derechos de autor y derechos afines en favor de personas ciegas, con discapacidad visual o con otras dificultades para acceder a textos impresos.

Y así llegamos a la Directiva 2019/790, cuyos artículos 8 a 11 contienen la regulación del régimen de uso de las OPFCC, dentro del Título III sobre medidas para mejorar la práctica de concesión de licencias y garantizar un mayor acceso a los contenidos (los cdos. 30 a 43 de la Directiva también hacen referencia a ellas). En nuestro ordenamiento interno, todos esos preceptos han dado lugar a uno solo: el artículo 71 RD-ley 24/2021, de 2 de noviembre, de transposición de directivas de la Unión Europea, con una regulación mucho más escueta que manifiesta, en consecuencia, muchas carencias[6]. El precepto está incluido en el Título III del Libro IV del RD-ley, bajo la misma rúbrica que aparece en la Directiva. Este régimen ha quedado fuera de la LPI, algo que resulta criticable por la dispersión normativa que esto supone en materia de propiedad intelectual. No obstante, su ubicación dentro de la LPI habría resultado compleja, aun-

6 En Alemania, las OPFCC aparecen como objeto de varias excepciones en la UrheberrechtGesetz (UrhG): la copia privada (art. 53.6 UrhG), la ilustración de la enseñanza (art. 60a.1 UrhG), los usos para fines de investigación científica (art. 60c.3 UrhG) y la utilización por bibliotecas (art. 60e UrhG). El régimen concreto de las OPFCC no se contiene, en cambio, en la UrhG, sino en los artículos 52 a 52e de la *Gesetz über Urheberrecht und verwandte Schutzrechte*, de 24 de mayo de 2014, que regula el régimen de la gestión colectiva (GUvS). En Francia, el régimen de las OPFCC está disperso en el Code de la Propriété Intellectuelle (CPIf): a) el régimen de los libros indisponibles (arts. L134-1 a L134-9); b) el régimen de las OPFCC en general (arts. L138-1 a L138-5); c) el registro de los libros indisponibles (arts. R134-1 a R134-11); d) el derecho de oposición al uso de OPFCC (art. R138-1); e) el régimen de las entidades de gestión para la administración de los libros indisponibles (arts. R326-1 a R326-7); f) el régimen de las entidades de gestión para la administración de las OPFCC (arts. R328-1 a R328-8).

que bien podría tener cabida dentro del Capítulo IV del Título IV del Libro III, sobre *Autorizaciones no exclusivas para el uso del repertorio de las entidades de gestión y tarifas generales*, modificándolo oportunamente para dar acogida en él también a la posibilidad de licenciar OPFCC de titulares de derechos cuyos contenidos no forman parte del repertorio de la entidad por no haber celebrado con ella el correspondiente contrato de gestión[7].

Por su parte, el TJUE ha favorecido igualmente a las instituciones culturales, interpretando las excepciones a su favor de una manera amplia, a pesar de que las mismas sólo pueden ser objeto de una interpretación restrictiva, tal como ordena la regla de los tres pasos. En la sentencia de 11 de septiembre de 2014, el TJUE tuvo ocasión de interpretar el requisito «condiciones de adquisición o de licencia» recogido en el artículo 5.3.n) Directiva 2001/29 y relativo al límite que permite a las bibliotecas, entre otras entidades, poner a disposición de usuarios concretos obras y prestaciones que figuren en sus fondos a través de terminales especializados ubicados en los locales de esos establecimientos[8]. Según el TJUE, tal condición debe entenderse en el sentido de que el titular de los derechos y el establecimiento hayan celebrado un contrato de licencia o de uso de la obra en el que se especifiquen los términos bajo los cuales la biblioteca puede utilizarla, impidiendo, por tanto, que los meros tratos preliminares puedan dar lugar a la no aplicación de la excepción (ap. 35). Además, les permite digitalizar las obras que figuren en sus colecciones cuando ese acto de repro-

---

7 BERCOVITZ RODRÍGUEZ-CANO considera que el uso de OPFCC habría encajado sin problema en el Capítulo II del Título III del Libro I, junto con los límites. *Vid.* BERCOVITZ RODRÍGUEZ-CANO, R., «La transposición de las directivas de la UE sobre propiedad intelectual», en Blog *CIPI*, disponible en: https://blog.cipi.es/blog2-intelectual/item/217-la-transposicion-de-las-directivas-de-la-ue-sobre-propiedad-intelectual (Consulta 15/05/2024).

8 Caso *Eugen Ulmer*, asunto C-117/13, ECLI:EU:C:2014:2196.

ducción sea necesario para ponerlas a disposición conforme al artículo 5.3.n) Directiva 2001/29 (ap. 49). En la sentencia de 10 de noviembre de 2016, el TJUE apunta que el concepto de «préstamo» de los artículos 2.1.b) y 6.1 Directiva 2006/115 abarca el préstamo de una copia de un libro en formato digital, cuando dicho préstamo se realiza cargando dicha copia en el servidor de una biblioteca pública y permitiendo que el usuario interesado la reproduzca por descarga en su ordenador, siempre que pueda descargarse una única copia durante el período de duración del préstamo y que, una vez transcurrido ese período, ésta deje de ser utilizable por aquél (ap. 54)[9].

En cambio, existen también sentencias en las que el TJUE no ha considerado el status especial de las bibliotecas para favorecerlas. En la sentencia de 9 de marzo de 2021, señala que el hecho de insertar, mediante *framing*, en una página web de un tercero obras protegidas que han sido puestas a disposición del público en otro sitio web de acceso libre con la autorización del titular de los derechos, vulnera el derecho de comunicación pública del artículo 3.1 de la Directiva 2001/29, si dicha inserción se produce eludiendo las medidas de protección contra el *framing* adoptadas o impuestas por ese titular, que era lo que hacía un ente gestionado por la Biblioteca Digital Alemana (ap. 55)[10]. Y en la sentencia de 26 de octubre de 2006, declara que el artículo 37.2 LPI es contrario a los artículos 1 y 5 Directiva 92/100, por eximir de la obligación de remunerar a los autores por los préstamos públicos de obras protegidas concedidos por la práctica totalidad de los establecimientos enumerados en dicha disposición (ap. 43)[11].

---

9 Caso *Vereniging Openbare Bibliotheken*, asunto C-174/15, ECLI:EU:C:2016:856.

10 Caso *VG Bild-Kunst*, asunto C-392/19, ECLI:EU:C:2021:181.

11 Caso *Comisión/España*, asunto C-36/05, ECLI:EU:C:2006:672.

### *3.- Las excepciones a favor de las bibliotecas, los museos y los archivos*

El legislador ha ido paulatinamente previendo numerosas excepciones a los derechos de propiedad intelectual a favor de las instituciones responsables del patrimonio cultural, con el fin de superar las dificultades a las que se iban enfrentando. Todas ellas están justificadas en el interés general de la sociedad en el acceso a la cultura y el libre acceso al conocimiento, que prevalece sobre los intereses particulares de los titulares de derechos de autor y conexos. El rol tan importante que juegan las bibliotecas, los museos y los archivos a la hora de conseguir ese interés general los ha hecho merecedores de un especial tratamiento y reconocimiento por parte del legislador. A través de las excepciones, el legislador dota a las instituciones responsables del patrimonio cultural de la tranquilidad y la seguridad en el uso de obras y prestaciones protegidas, frente a posibles reclamaciones de los titulares de derechos. Ahora bien, esto no significa que la utilización de contenidos se pueda desarrollar de cualquier manera, sino que las excepciones están sometidas a determinados requisitos. Además, deben ser especialmente rigurosas con la defensa de los derechos de autor y de los derechos conexos. Hay que tener presente que, además de permitir ese acceso universal a los contenidos de sus fondos, deben también garantizar el respeto a tales derechos. En definitiva, su función también es conseguir un equilibrio entre todos los intereses implicados.

Todo comenzó con la Directiva 92/100, sobre derechos de alquiler y préstamo. Su artículo 5.1 permitía a los Estados miembros establecer excepciones al derecho de préstamo respecto de préstamos públicos, siempre que los autores obtuvieran, al menos, una remuneración equitativa por ellos. Dicha remuneración podían establecerla libremente los Estados miembros, si bien debían tener en cuenta los objetivos de promoción cultural. La remuneración también estaba prevista no solamente para el préstamo de libros, sino también para el préstamo de fonogramas, películas y programas de ordenador (art. 5.2). Ahora bien, el legislador europeo ponía en manos de los Estados miembros la posibilidad de eximir del pago a determinadas categorías de establecimientos (art. 5.3). Todas estas previsiones se han mantenido en el artículo 6 de la Directiva 2006/115, sobre derechos de alquiler y préstamo, que constituye la versión codificada de la anterior. Además, según su considerando 10, el préstamo no debe incluir la puesta a disposición entre entidades accesibles al público (ej.: el préstamo interbibliotecario). En España, tales disposiciones dieron lugar al artículo 37.2 LPI, que permite el préstamo sin necesidad de autorización a los museos, los archivos, las bibliotecas, las hemerotecas, las fonotecas o las filmotecas de titularidad pública o que pertenezcan a entidades de interés general de carácter cultural, científico o educativo sin ánimo de lucro, o a instituciones docentes integradas en el sistema educativo español. Se prevé el pago de una remuneración, cuyo régimen está desarrollado a través del Real Decreto 624/2014, de 18 de julio, si bien quedan exonerados los establecimientos de titularidad pública que presten servicio en municipios de menos de 5.000 habitantes y las bibliotecas de instituciones docentes integradas en el sistema educativo español.

Esta labor continuó, de una manera más explícita, con la Directiva 2001/29, de derechos de autor y derechos conexos en la sociedad de la información. Su artículo 5.2.c) prevé una excepción a favor de bibliotecas, centros de enseñanza o museos accesibles al público y a favor de archivos, respecto de actos específicos de reproducción, siempre que carezcan de intencionalidad económica o comercial directa o indirecta. Por su parte, el artículo 5.3.n) permite, sin autorización, la comunicación a personas concretas del público o la puesta a disposición, con finalidad exclusiva de investigación o de estudio personal, a través de terminales especializados instalados en los locales de las entidades apuntadas en el artículo 5.2.c), de obras y prestaciones que se encuentren en sus colecciones y que no hayan sido objeto de condiciones de adquisición o de licencia. Finalmente, el artículo 5.4 contiene la posibilidad de extender estos límites al derecho de distribución. Los artículos 5.2.c) y 5.3.n) Directiva 2001/29 fueron transpuestos en nuestro ordenamiento en los artículos 37.1 y 37.3 LPI, respectivamente, mediante la Ley 23/2006, de 7 de julio. Ninguno de estos límites cubre la digitalización masiva y a gran escala ni la puesta a disposición de las obras y prestaciones, pues el primero se refiere a «actos específicos de reproducción» y el segundo requiere que la comunicación pública se haga a personas concretas del público a través de terminales especializados ubicados en los propios establecimientos.

El carácter optativo que estas directivas imprimieron a las excepciones llevó a grandes diferencias en su implementación en los distintos Estados miembros, lo que dificultó las labores de las instituciones responsables de patrimonio cultural a la hora de conservar las obras y prestaciones y de garantizar ese acceso transfronterizo a las mismas[12]. De ahí que posteriormente el legislador europeo haya ido virando hacia excepciones imperativas, que obligan a los Estados miembros a transponerlas en sus normativas sobre propiedad intelectual en los términos previstos en las directivas.

El primer paso lo constituyó la Directiva 2012/28, sobre ciertos usos autorizados de las obras huérfanas. El legislador europeo prevé una excepción a los derechos de propiedad intelectual, de transposición obligatoria para todos los Estados miembros, a través de la cual se permite la digitalización y puesta a disposición, por determinadas instituciones, de las llamadas «obras huérfanas», que son aquellas en las que no se ha podido localizar o identificar al titular de derechos, tras su búsqueda diligente, para pedirle autorización para su utilización. Esta excepción está incluida en el artículo 37bis LPI, añadido a través de la Ley 21/2014, de 4 de noviembre.

---

12 Recuérdese que la única excepción obligatoria para los Estados miembros era la contemplada en el artículo 5.1 Directiva 2001/29, sobre reproducciones provisionales, si bien no se refiere directamente a las instituciones responsables del patrimonio cultural.

A continuación, llegó la Directiva (UE) 2017/1564, sobre ciertos usos permitidos de determinadas obras y otras prestaciones protegidas por derechos de autor y derechos afines en favor de personas ciegas, con discapacidad visual o con otras dificultades para acceder a textos impresos. Entre otras cosas, establece que determinadas entidades autorizadas puedan producir ejemplares en formato accesible para atender las necesidades de personas con algún tipo de discapacidad visual que impida acceder a obras literarias. Entre dichas entidades autorizadas, su considerando 9 menciona expresamente las bibliotecas, aunque también abarca cualquier organización pública o privada, centro educativo y otras organizaciones sin ánimo de lucro, que se dediquen a atender a personas con estas dificultades como una de sus actividades principales, como una de sus obligaciones institucionales o como parte de sus misiones de interés público. En la LPI, este límite está recogido en el artículo 31ter y fue incorporado mediante el Real Decreto-ley 2/2018, de 13 de abril, si bien ya con anterioridad se preveía esta posibilidad para dar cobertura a cualquier tipo de discapacidad que impidiera el acceso a las obras y prestaciones, y no sólo las visuales.

Finalmente, la Directiva 2019/790, sobre derechos de autor y derechos conexos en el mercado único digital, recoge toda una serie de excepciones obligatorias para los Estados miembros, que tienen que ver con las instituciones responsables del patrimonio cultural. Entre ellas, se encuentran: la minería de textos y datos para fines de investigación científica (art. 3), la reproducción de obras y prestaciones a los efectos de conservación del patrimonio cultural (art. 6) y el uso de obras y prestaciones fuera del circuito comercial cuando no exista una entidad de gestión suficientemente representativa de los titulares afectados (art. 8.2). Como no podía ser de otro modo, todas ellas se han transpuesto a nuestro ordenamiento en los artículos 67.4, 69 y 71.4 Real Decreto-ley 24/2021, de 2 de noviembre, respectivamente.

# II.- EL CONCEPTO DE «OBRA Y PRESTACIÓN FUERA DEL CIRCUITO COMERCIAL»

## *1.- Las características de las OPFCC*

La Directiva 2019/790 y el RD-ley 24/2021 no permiten aplicar este régimen especial a cualquier obra o prestación, sino que ésta debe estar fuera del circuito comercial. Resulta muy importante, por tanto, definir de una manera precisa esta cualidad para evitar extender el régimen a otro tipo de contenidos protegidos y causar un perjuicio a los titulares de derechos. El concepto de «obra o prestación fuera del circuito comercial» lo encontramos en los artículos 8.5 Directiva 2019/790 y 71.1 RD-ley 24/2021[13]. Nótese que, en el caso de la Directiva, hay que esperar al apartado 5 para poder encontrar la definición, una vez explicados los dos mecanismos de que disponen las instituciones responsables del patrimonio cultural a la hora de utilizar estas obras y prestaciones. En cambio, en el caso de la norma española, aparece en el primer apartado, demostrando así una mejor técnica legislativa (primero el concepto y luego su régimen jurídico y no al revés). No obstante, en ambos casos el legislador ha preferido recoger la definición dentro del precepto que regula el régimen de las OPFCC, en lugar de añadirlo al listado de definiciones de los artículos 2 Directiva 2019/790 y 66 RD-ley 24/2021. Otros conceptos, como el de «instituciones responsables del patrimonio cultural», beneficiarias de este régimen especial de uso, sí están incluidos en estos dos últimos preceptos mencionados. Con todo, se trata de una definición

---

[13] Tradicionalmente, se ha hablado de «obras descatalogadas», sobre todo en relación con los libros. De hecho, el artículo 10.1.h) Ley 10/2007, de la lectura, del libro y de las bibliotecas, señala que un libro ha sido descatalogado por el editor cuando no aparezca en su último catálogo o lo comunique por escrito a sus canales de distribución y venta y a la Agencia Española del ISBN o a las Agencias autonómicas de ISBN correspondientes.

muy imprecisa que dista mucho de constituir un concepto armonizado. La indeterminación de muchos de sus elementos, unido a la posibilidad de los Estados miembros de incluir requisitos adicionales, confirman esta afirmación.

Según el artículo 8.5 Directiva 2019/790, una obra o prestación estará fuera del circuito comercial cuando se pueda presumir de buena fe que su totalidad no está a disposición del público a través de los canales comerciales habituales, una vez realizado un esfuerzo razonable para determinar si dicha obra o prestación está a disposición del público. El artículo 71.1 RD-ley 24/2021 calca la norma europea. Cabe hacer varias consideraciones a este concepto. En primer lugar, es indiferente la razón por la cual una obra o prestación está fuera del circuito comercial, que puede deberse a su antigüedad, a su limitado valor comercial, a que su destino nunca fue el uso comercial o que nunca se explotó comercialmente (cdo. 30 Directiva 2019/790). Así, una obra o prestación podría estar fuera del circuito comercial porque, por ejemplo, sus titulares de derechos decidieran dejar de producir ejemplares o copias y abandonar su explotación -si ha dejado de generar interés para el público, puede ocurrir que los titulares de derechos hayan perdido el incentivo para seguir manteniéndola dentro del circuito comercial-. No obstante, esto no significa que, para las instituciones responsables del patrimonio cultural y para un cierto público, la obra o prestación carezca también de un valor cultural determinado. En segundo lugar, abarca las obras descatalogadas, es decir, aquellas respecto de las cuales no existen ya ejemplares disponibles en el mercado y también aquellas de las que sí exista un número siquiera reducido. En tercer lugar, es indiferente el formato en que se explote la obra o prestación: se incluye tanto la distribuida en ejemplares físicos, como aquella comunicada al público. En cuarto lugar, la regulación de las OPFCC se aplica a contenidos que están aún protegidos porque no ha transcurrido el plazo de protección -las obras y prestaciones que están en el dominio público quedan fuera de este régimen especial de uso-. Y, en quinto lugar, el concepto de

OPFCC cubre todo tipo de contenidos protegidos por la propiedad intelectual (ej.: fotografías, programas de ordenador, bases de datos), incluyendo aquellos respecto de los cuales existe un único ejemplar, como ocurre con una escultura o una pintura[14].

A través del régimen de uso de las OPFCC, el legislador ha pretendido solucionar un problema que tenían las instituciones responsables del patrimonio cultural y que no terminaba de resolverse a través del régimen de las obras huérfanas. En el caso de las OPFCC, se trata de hacer frente a la falta de disponibilidad de la obra o prestación porque, por alguna razón, quien puede o debe explotarla no lo hace[15]. Estas instituciones son depositarias de un buen número de obras y prestaciones con un gran valor cultural, artístico o educativo, a las que el público no puede acceder porque no se encuentran en los canales comerciales habituales. En cambio, el problema a resolver en el caso de las obras huérfanas tiene más bien que ver con la identificación y/o localización del titular de los derechos, después de haber hecho una búsqueda diligente del mismo, y no tienen por qué encontrarse fuera del circuito comercial (arts. 2.1 Directiva 2012/28 y 37bis.1 LPI). Con todo, aunque los problemas que se tratan de resolver a través ambos regímenes son distintos, habría sido bueno que el legislador europeo hubiera aprovechado la oportunidad para uniformizarlos, dándoles un tratamiento común a las OPFCC y a las obras huérfanas. En definitiva, se trata de permitir que las instituciones responsables del patrimonio cultural puedan utilizar las obras que tienen en sus colecciones, con el fin de ponerlas a disposición del público. Además, en el caso de las obras huérfanas, aunque no esté identifi-

---

14 ROSATI, E., *Copyright in the Digital Single Market Article-by-Article Commentary to the Provisions of Directive 2019/790, Oxford University press, Oxford, 2021,* p. 174.

15 EVANGELIO LLORCA, R., «Un nuevo reto para la digitalización y puesta a disposición de obras intelectuales: el uso de obras huérfanas y descatalogadas», en *Diario La Ley*, n.º 7784, 2012, p. 1.

cado y/o localizable el titular de los derechos, la entidad de gestión correspondiente podría otorgar la pertinente licencia.

Volviendo al concepto de OPFCC, hay dos elementos que marcan la legitimación de las instituciones responsables del patrimonio cultural a la hora de utilizarlas: la falta de disposición en los canales comerciales habituales y el esfuerzo razonable. Conviene, por tanto, detenerse en cada uno de ellos.

### 1.1.- La falta de disposición en los canales comerciales habituales

La aplicación del régimen de las OPFCC se basa en la falta de disposición de la obra o prestación, que está caracterizada por dos notas. En primer lugar, no es necesario que exista una seguridad absoluta en cuanto a esa falta de disposición, sino que es suficiente con que se pueda presumir de buena fe que lo está. Y, en segundo lugar, la falta de disposición se refiere a la totalidad de la obra o prestación. Si, de alguna manera, se puede tener acceso a parte de ella, entonces no se le podrá aplicar el régimen de los artículos 8 Directiva 2019/790 y 71 RD-ley 24/2021.

La «falta de disposición» a que aluden esos preceptos es distinto a la «puesta a disposición» como modalidad del derecho de comunicación pública de los artículos 3.2 Directiva 2001/29 y 20.1.i) LPI. No se trata de que la obra o prestación no esté disponible en Internet, sino de que sea difícil acceder a ella porque su adquisición en el mercado no es posible o resulta compleja. Más que de «falta de disposición» habría que hablar de «falta de disponibilidad». Ahora bien, a través de este régimen no se pretende que cada miembro del público pueda conseguir una copia de la obra o prestación, sino que el acceso a ella sea más fácil. Asimismo, hay que tener en cuenta que la falta de disposición se refiere al soporte de la obra. La obra en sí sigue estando disponible, pues el *corpus mysticum* está fuera del comercio de los hombres. Únicamente el *corpus mechanicum* es lo que deja de estar disponible. Incluso podríamos plantearnos si, en el mundo digital e Internet, donde existe una gran facilidad a la hora de hacer copias y prácticamente todo está al alcance de cualquiera, podríamos hablar de obras fuera del circuito comercial. Esta denominación parece quedar circunscrita a los ejemplares de obras que carecen de su correspondiente versión digital.

Resulta importante determinar en qué situaciones se producirá esa falta de disposición. El considerando 37 Directiva 2019/790 da una serie de criterios para ello, si bien ninguno se ha incorporado en el RD-ley 24/2021. Conforme al considerando señalado, no hay falta de disposición y, por tanto, no estaremos ante una OPFCC, cuando esté disponible en alguno de sus formatos, ediciones o versiones[16]. Por tanto, si un libro estuviera disponible en formato papel y en formato digital y, en un determinado momento, deja de estarlo en formato papel, pero continúa estándolo en formato digital, no constituirá una obra fuera del circuito comercial. Lo mismo ocurrirá respecto a las sucesivas ediciones que pudiera tener una obra literaria. Si se han hecho varias ediciones de una misma novela, el hecho de que no esté disponible la primera edición no significa que deba catalogarse como fuera del circuito comercial si es posible conseguir la segunda o sucesivas ediciones. En ambos casos (formatos y ediciones), la obra sigue siendo la misma.

Más confusión plantea lo que el considerando llama «versiones diferentes de obras cinematográficas». Según ese considerando, cuando una obra audiovisual esté disponible en cualquiera de sus versiones diferentes, no debe considerarse que esté fuera del circuito comercial. Sin embargo, una obra audiovisual puede tener distintas versiones y cada una de ellas constituir una obra independiente y protegida. Piénsese, por ejemplo,

---

16 En la Propuesta de Directiva presentada por la Comisión Europea, de 14 de septiembre de 2016, su artículo 7.2 se refería a las traducciones, versiones y manifestaciones. *Vid.* COM(2016) 593 final [en línea], <https://eur-lex.europa.eu/legal-content/ES/TXT/?uri=CELEX:52016PC0593> (Consulta: 12/12/2023).

en las distintas versiones de la película de *King Kong* que se han hecho hasta ahora: 1933 -dirigida por Merian C. Cooper y Ernest B. Schoedsack-, 1976 -dirigida por John Guillermin- y 2005 -dirigida por Peter Jackson-. Si nos atenemos al considerando 37 Directiva 2019/790, en tanto que alguna de estas versiones esté disponible en el mercado, no se puede decir que *King Kong* esté fuera del circuito comercial. Para saber exactamente a qué se refiere el legislador con la expresión anterior, debemos acudir a la versión inglesa de la Directiva 2019/790, en la que el considerando 37 habla de «alternate cuts of cinematographic works», esto es, películas con montajes alternativos. En estos casos, la esencia de la obra es la misma en los distintos montajes, pero se añaden o se eliminan escenas. Así ocurre, por ejemplo, en las películas de *El señor de los anillos*, dirigidas por Peter Jackson, o en *El exorcista*, ambas con versión cinematográfica y posteriormente versión más extendida montada por el director. La misma conclusión habría que aplicar a las películas que son retocadas digitalmente para mejorarlas, como sucede con *Star Wars. El despertar de la fuerza*, estrenada en 1977 y restaurada digitalmente en 2011, o *E.T.*, estrenada en 1982 y restaurada en 2022. Esos cambios no las convierten en obras nuevas, sino que siguen siendo las mismas. Mientras algunas de esas versiones (original/mejorada) esté fácilmente accesible en el comercio, no cabrá hablar de una obra fuera del circuito comercial.

En cambio, que la adaptación de una obra esté disponible no impide la aplicación de este régimen a la obra originaria o adaptada si ésta no pudiera adquirirse en los canales comerciales habituales. El considerando 37 Directiva 2019/790 menciona las adaptaciones de cualquier obra, si bien incluye expresamente las versiones lingüísticas o adaptaciones audiovisuales de una obra literaria. En cuanto a las primeras, si una obra literaria estuviera disponible en inglés, pero no en español, podría afirmarse que está fuera del circuito comercial respecto de este último idioma. Lo contrario supondría que la institución responsable del patrimonio cultural debería investigar la falta de disposición de una obra no sólo en su idioma originario, sino también respecto del resto de idiomas en que pudiera estar traducida, lo que dificultaría en buena medida la aplicación del régimen de las OPFCC. Respecto a las segundas, si una novela ha sido adaptada a obra audiovisual y aquélla deja de estar disponible en los canales comerciales habituales, habría que aplicarle este régimen, por mucho que la película que la adapta siga estando a disposición del público. La misma conclusión cabría aplicar a una película que tuviera una adaptación para el público infantil. Las adaptaciones y las versiones son cosas distintas y de ahí el diferente tratamiento en la Directiva. Las adaptaciones constituyen obras nuevas, derivadas de la obra originaria, y, por tanto, tiene sentido que se trate de manera distinta cada una de ellas -el legislador entiende que tienen un mercado distinto-[17]. En cambio, las diversas versiones de una misma obra contienen su esencia y por eso el legislador las trata como reproducciones y no como transformaciones.

Por otro lado, se exige que la obra o prestación no esté disponible en los canales comerciales habituales. No se trata de una falta de acceso en general, sino que es necesario que no se puedan adquirir a través de esos canales. Los «canales comerciales» serán aquellos lugares (establecimientos o sitios web,

---

17 SYNODINOU, T., «The New Copyright Directive: Out of Commerce Works (Articles 8 to 11): is it posible to untie the Gordian knotof mass digitization and copyright law without cutting it off? – Part I», en *Kluwer Copyright Blog*, 29 de julio de 2019 [en línea], <https://copyrightblog.kluweriplaw.com/2019/07/29/the-new-copyright-directive-out-of-commerce-works-articles-8-to-11-is-it-possible-to-untie-the-gordian-knot-of-mass-digitisation-and-copyright-law-without-cutting-it-off-part-i/> (Consulta: 12/12/2023); EVANGELIO LLORCA, R., «La regulación de las obras y prestaciones fuera del circuito comercial en la Directiva (UE) 2019/790», en *Propiedad Intelectual y mercado único digital europeo*, dirs. C. Saiz García y R. Evangelio Llorca, Tirant lo Blanch, Valencia, 2019, p. 228.

entre otros) en los que la obra o prestación se puede y se suele adquirir. Se hace hincapié en la imposibilidad o dificultad en su adquisición, al contrario de las obras huérfanas. Por ejemplo, si una novela fuera accesible a través de una única biblioteca, pero se pudiera adquirir sin problema en cualquier librería, entonces no se podría acoger al régimen de las OPFCC, pues no se produce una falta de disposición en los canales habituales en que se comercializan los libros. Asimismo, no habrá disponibilidad en los canales comerciales habituales cuando el contenido protegido esté disponible de una manera limitada (ej.: en tiendas de segunda mano) o cuando exista una posibilidad teórica de poder obtener una licencia para dicha obra o prestación (cdo. 38 Directiva 2019/790). Sin embargo, no habrá indisponibilidad cuando las tiendas de segunda mano pongan esos contenidos a la venta a través de canales de Internet, como sitios de venta masiva de contenidos (ej.: el *marketplace* de Amazon) o sitios especializados en obras antiguas o descatalogadas[18]. En todo caso, los «canales comerciales habituales» dependerán del tipo de obra o prestación ante el que nos encontremos.

### 1.2.- El esfuerzo razonable

Para poder aplicar el régimen de las OPFCC, es necesario haber hecho un esfuerzo razonable a la hora de comprobar la falta de disposición. Este mecanismo de búsqueda es menos oneroso que el establecido con respecto a las obras huérfanas, donde se habla de búsqueda diligente. En este último caso, la búsqueda del titular de los derechos debe ser mucho más exhaustiva para

---

18 GEIGER, C., FROSIO, G. y BULAYENKO, O., «Facilitating Access to Out-of-Commerce Works in the Digital Single Market», en *Journal of Intellectual Property, Information Technology and Electronic Commerce Law*, n.º 9(3), 2018, pp. 248-249; SYNODINOU, T., «The New Copyright Directive... *op. cit.*; EVANGELIO LLORCA, R., «La regulación de las obras y prestaciones fuera del circuito comercial... *op. cit.*, p. 227.

poder llegar a la conclusión de que una obra es huérfana. Esa búsqueda debe ser diligente y de buena fe, por cada obra o prestación, consultando las fuentes adecuadas según la categoría de contenido (arts. 3 Directiva 2012/28, y 4 y 5 RD 224/2016). En cambio, para concluir que una obra está fuera del circuito comercial basta con presumir de buena fe que hay falta de disposición después de haber hecho un esfuerzo razonable. Únicamente se producirá esa presunción de buena fe cuando se haya llevado a cabo el esfuerzo razonable por comprobar la falta de disposición. Si no hay un mínimo esfuerzo (el razonable), no podrá presumirse nada, habrá mala fe y, por tanto, no resultará aplicable el régimen de las OPFCC. La Directiva 2019/790 y el RD-ley 24/2021 no hablan de búsqueda diligente ni exhaustiva, sino de un mero esfuerzo razonable. No obstante, en ambos regímenes se alude a la «buena fe» y en ambos casos el esfuerzo/la búsqueda debe hacerse antes de proceder al uso de la obra o prestación.

Ni el artículo 8 Directiva 2019/790 ni el 71 RD-ley 24/2021 señalan cómo debe hacerse ese esfuerzo. No obstante, el considerando 38 Directiva 2019/790 da algunas directrices al respecto, que no han sido transpuestas a nuestro ordenamiento interno, sobre el cuándo, el cómo y el dónde llevar a cabo el esfuerzo razonable. Por un lado, no debe suponer una acción repetida en el tiempo. No es necesario que la comprobación de la disponibilidad de una obra o prestación se lleve a cabo durante varias veces a lo largo de un determinado período de tiempo para entender que se ha realizado ese esfuerzo razonable. Basta con haber hecho la comprobación en un momento puntual. Podría ocurrir que una obra o prestación inicialmente estuviera fuera del circuito comercial, y ya se estuviera utilizando como tal, y que sobrevenidamente volviera a estar disponible en los canales comerciales habituales (ej.: porque el titular de los derechos decide reemprender su explotación). En estos casos, dado que la Directiva 2019/790 no obliga a realizar el esfuerzo razonable para determinar la falta de disponibilidad de manera repetida en el tiempo, las instituciones responsables del patrimonio cultural podrían continuar haciendo uso de ellas en tanto que el titular de los derechos no ejercitara oportunamente la facultad de exclusión. Por otro lado, ese esfuerzo razonable dependerá de las características de la obra o prestación concreta o del conjunto de obras y prestaciones concretas.

Sin embargo, no se establecen las fuentes a las que acudir para considerar cumplido este requisito, ni se remite a los Estados miembros para que las determinen. Habría sido bueno que el legislador hubiera marcado los lugares en los que comprobar la falta de disposición de la obra o prestación, pues generaría más seguridad jurídica. No obstante, según el considerando 38 Directiva 2019/790, ese esfuerzo razonable debe implicar tener en cuenta cualquier prueba fácilmente accesible de la disponibilidad futura de la obra o prestación en los canales comerciales habituales. Por ejemplo, la página web de una editorial podría ser una fuente fácilmente accesible a la que acudir para ver si una determinada obra literaria va a estar disponible en los próximos meses. La Directiva 2012/28 y el Real Decreto 224/2016, ambas normas relativas a las obras huérfanas, contienen un anexo con las fuentes a las que las entidades beneficiarias del límite deben acudir a la hora de realizar la búsqueda diligente del titular de los derechos a que están obligadas para poder utilizarlas.

Asimismo, conforme al considerando 38 Directiva 2019/790, sólo se puede exigir una evaluación individual de cada obra cuando se entienda razonable, atendiendo a tres criterios cumulativos -así se deriva del uso de la conjunción «y»-. El primero de ellos es la disponibilidad de información pertinente. Si la información necesaria para valorar la disponibilidad de una obra o prestación es fácilmente accesible, merecerá la pena llevar a cabo la evaluación individual. Ahora bien, si dicha información es de difícil acceso e implica un esfuerzo que va más allá de lo razonable, habrá que acudir a una evaluación conjunta o, llegado el caso, dar por cumplido el requisito del esfuerzo razonable. La misma conclusión habrá que aplicar si la información no es que sea difícilmente accesible, sino que, directamente, no está disponible, se carece de ella. El segundo criterio para acudir a la evaluación individual es la probabilidad de la disponibilidad comercial. Así, si es probable que la obra o prestación esté disponible en el mercado, se podrá exigir esa evaluación individual. Se entiende que debe haber una alta probabilidad de que esa obra o prestación esté disponible, sin que sea necesario un 100% de seguridad de esa disponibilidad. Y el tercer criterio es el coste esperado de la operación. Sin embargo, no se establece la cantidad a partir de la cual se puede entender que no es razonable hacer una evaluación individual de la disponibilidad. Hubiera sido aconsejable determinar unos parámetros en aras de la seguridad jurídica. Además, no nos indica si el coste se refiere a la evaluación individual de la disponibilidad o al propio proceso de determinar si la información está disponible y es accesible para poder llevar a efecto esa evaluación individual. Habrá que entender que abarca el coste que conlleve todo el proceso que derive en la determinación de si una obra o prestación está disponible en el mercado.

El considerando 38 Directiva 2019/790 prevé igualmente el muestreo como un mecanismo que permite, en muchos casos, determinar si un conjunto de obras o prestaciones están fuera del circuito comercial. Sin embargo, no determina los casos en que cabe acudir a él. Por tanto, hay que considerar que se puede utilizar esta herramienta de evaluación conjunta de la disponibilidad cuando no sea razonable acudir a una evaluación individual de cada obra o prestación porque no se cumplan los criterios antes señalados. Al contrario que respecto de la evaluación individual, el considerando no apunta las pautas para poder llevarla a cabo. Con todo, el muestreo no implica tener en cuenta los distintos canales comerciales (ej.: utilizar conjuntamente un grupo de canales para determinar si una obra o prestación está fuera del circuito comercial), sino que se refiere a la posibilidad de evaluar la disposición de varias obras o prestaciones conjuntamente atendiendo a algún criterio (ej.: las obras en general de un determinado autor o las novelas negras de los años 80). El peligro de este mecanismo es que podríamos llegar a aplicar el régimen de las OPFCC respecto de contenidos que, de haberse realizado una evaluación individualizada de su disposición, deberían haber quedado excluidos.

Continuando con esas directrices, el considerando 38 Directiva 2019/790 indica el lugar donde debe hacerse esa comprobación de la disponibilidad: normalmente, en el Estado miembro en que esté establecida la institución responsable del patrimonio cultural. No se tienen en cuenta otros criterios, como el territorio en que fue divulgada la obra o donde esté establecido el titular de los derechos (que, recuérdese, está, en principio, identificado)[19]. Y añade una excepción ese considerando 38: que se considere razonable una comprobación transfronteriza (ej.: en los casos en que se tenga información fácilmente disponible según la cual una obra literaria se publicó por primera vez en una versión lingüística determinada en otro Estado miembro). Se entiende que es razonable cuando: a) esa información sepamos que está disponible en ese otro Estado; b) sea altamente probable que esa obra o prestación está disponible allí; c) el coste que lleve aparejado el determinarlo no sea alto o excesivo. Estos criterios coinciden con aquellos apuntados por el propio considerando 38 Directiva 2019/790 para la evaluación individualizada.

Finalmente, tampoco se aclara quién debe hacer ese esfuerzo razonable. Habría que entender que, cuando se trate del uso licenciado, serán las entidades de gestión quienes se encarguen de llevarlo a cabo, que son las que otorgarán las licencias y recaudarán las cantidades a que den lugar, mientras que, en el

---

19 En el caso de las obras huérfanas, la búsqueda se efectuará en el territorio del Estado miembro de la primera publicación o, a falta de publicación, de primera radiodifusión, excepto en el caso de obras cinematográficas o audiovisuales cuyo productor tenga su sede o residencia habitual en un Estado miembro, en cuyo caso la búsqueda diligente deberá llevarse a cabo en el Estado miembro de su sede o residencia habitual (arts. 3.3.I Directiva 2012/28 y 4.2 RD 224/2016).

supuesto del uso conforme a la excepción, la carga recaerá sobre las entidades beneficiarias de la misma, que están en mejor posición para determinar si la obra o prestación que van a utilizar está o no disponible en los canales comerciales habituales[20]. En todo caso, la no realización de ese esfuerzo razonable hará nacer la responsabilidad de la entidad sobre la que recaiga esta obligación. Según el considerado 38 Directiva 2019/790, serán los Estados miembros los que decidan libremente qué responsabilidad atribuir a aquel que no haya realizado este esfuerzo razonable. Se trata éste de un extremo que no quedará armonizado en todos los Estados miembros, pues cada uno establecerá las consecuencias que considere en sus normas nacionales -el legislador español no ha previsto la responsabilidad específica que se produce en estos casos, por lo que habrá que aplicar el régimen general contenido en el Título I del Libro III LPI-. A la hora de fijar la sanción, habría que distinguir distintos supuestos: 1) los casos en que no se ha realizado siquiera ese esfuerzo razonable; 2) los casos en que se ha realizado, pero no de una manera exhaustiva; 3) los casos en que se ha realizado correctamente, pero después de comenzar el uso de la obra o prestación conforme a este régimen queda demostrado que la misma no estaba fuera del circuito comercial. En el primer caso, está claro que se produce una infracción a los derechos de propiedad intelectual, cuyas consecuencias pasan por el ejercicio de la acción de cesación y de la acción de indemnización de daños y perjuicios (arts. 138 y ss. LPI). Respecto al segundo supuesto, hay que señalar que el legislador no requiere una búsqueda exhaustiva, pues permite aplicar el régimen de las OPFCC cuando se pueda presumir de

---

[20] En cambio, MORÁN RUIZ entiende que obligar a las entidades de gestión a realizar esa búsqueda les impondría una carga inasumible que repercutirían en el coste de la licencia. *Vid.* MORÁN RUIZ, M., «Uso de obras y prestaciones fuera del circuito comercial», en *Cuadernos jurídicos del Instituto de Derecho de Autor*, Instituto de Autor, Madrid, 2020, pp. 148-149

buena fe que no están disponibles en los canales comerciales habituales. Por tanto, bastará con haber hecho la búsqueda en los medios en los que normalmente la obra o prestación en cuestión se comercializa, sin que pueda exigirse más. Y, en el tercer caso, se ha actuado correctamente y, en consecuencia, no habrá responsabilidad, si bien el titular de los derechos podría poner fin al uso de su obra o prestación conforme a este régimen, tal como permite el artículo 8.4 Directiva 2019/790.

### 1.3.- Requisitos adicionales para conseguir la condición de OPFCC

Existen una serie de elementos que los Estados miembros pueden utilizar a la hora de complementar la definición de OPFCC. No estamos, en consecuencia, ante un concepto armonizado en todo el territorio de la Unión Europea, pues los Estados miembros tienen discrecionalidad para establecer requisitos adicionales para determinar si las obras y prestaciones están fuera del circuito comercial. Así se establece en el artículo 8.5.II Directiva 2019/790. Al tratarse de condiciones facultativas que pueden incluir los Estados miembros, se pone en peligro la seguridad jurídica que se pretende conseguir con este régimen[21]. Ahora bien, se indica que esos requisitos no pueden ser más estrictos de lo que sea necesario y razonable, y deben permitir la posibilidad de que un conjunto de obras y prestaciones puedan ser calificadas como fuera del circuito comercial, cuando sea razonable presumir que todas ellas lo están. El legislador español, a través del RD-ley 24/2021, no ha implementado ningún requisito adicional. Esto, unido a la gran imprecisión que generan determinados términos incluidos en su artículo 71, hace que la transposición del régimen de uso de las OPFCC resulte altamente criticable.

---

21 SYNODINOU, T., «The New Copyright Directive... *op. cit.*; GEIGER, C., FROSIO, G., y BULAYENKO, O., «Facilitating Access to Out-of-Commerce Works... *op. cit.*, p. 250.

A título de ejemplo, se podrían implementar las siguientes medidas: 1) la fijación de una fecha límite, es decir, que haya transcurrido un determinado período de tiempo desde que la obra o prestación estuvo por primera vez comercialmente disponible (cdo. 37 Directiva 2019/790)[22]; 2) la necesidad de una declaración formal de la situación de OPFCC, emitida por una autoridad nacional competente o por la EUIPO, una vez comprobado que se ha llevado a cabo el esfuerzo razonable. La primera medida generaría más eficiencia y seguridad, y, además, abarataría el coste de ese «esfuerzo razonable» para las instituciones responsables del patrimonio cultural. Sin embargo, podría complicar los proyectos de digitalización transfronteriza, pues, siendo un requisito de transposición facultativa para los Estados miembros, cada uno de ellos podría establecer un plazo distinto o, incluso, no preverlo[23]. Además, es un plazo al que habría que sumar los seis meses de espera de las instituciones responsables del patrimonio cultural antes de utilizar la OPFCC, señalado en el artículo 10.1.I Directiva 2019/790, lo que podría llevar a una pérdida de interés en estos contenidos. La segunda medida señalada sería poco alentadora para esa autoridad nacional o para la EUIPO, dada la responsabilidad que

[22] En Alemania, se presume la no disponibilidad respecto de obras literarias que se publicaron por última vez, al menos, treinta años antes de la fecha en que aparece la información en el portal de la EUIPO (art. 52b.3 GUvS). También se establece el plazo de treinta años en Francia (art. L138-1.I CPIf). Además, en este último país, se consideran libros indisponibles aquellos que fueron publicados en Francia antes del 1 de enero de 2001 que ya no son objeto de distribución comercial (art. L134-1 CPIf).

[23] GEIGER, C., FROSIO, G., y BULAYENKO, O., «Facilitating wider access to Europe's cultural heritage in the digital environment: Opinion of the CEIPI on the European Commission's Copyright Reform Proposal, with a focus on access to out-of-commerce works», CEIPI Research Paper, n.º 2018-1 [en línea], p. 8, <https://papers.ssrn.com/sol3/papers.cfm?abstract_id=3287734> (Consulta 30/11/2023).

podría generarse para ellas en caso de otorgar esas declaraciones formales sin haberse llevado a cabo el esfuerzo razonable.

En cualquier caso, antes de fijar esos requisitos adicionales, resulta conveniente que los Estados miembros consulten a los titulares de derechos, a las instituciones responsables del patrimonio cultural por cada sector y a las entidades de gestión colectiva (cdo. 37 y art. 11 Directiva 2011/790). Asimismo, están obligados a alentar un diálogo regular entre las organizaciones de usuarios y los titulares de derechos representativas, incluidas las entidades de gestión y cualquier otra organización interesada, para fomentar la relevancia y la facilidad del uso de los mecanismos de concesión de licencias del artículo 8.1 Directiva 2019/790 y para garantizar la eficacia de las salvaguardias para los titulares de derechos establecidas en los artículos 8 a 11 de dicha norma.

## *2.- Tipología de obras y prestaciones a las que se aplica el régimen*

El régimen de uso de las OPFCC afecta a cualquier tipo de obra (literarias, artísticas y científicas) y a cualquier tipo de prestación. Así, una novela, una canción, una película, un cuadro, una fotografía o un programa de ordenador pueden caer dentro de este régimen[24]. Además, abarca no sólo las obras y prestaciones que han dejado de estar disponibles en los canales comerciales habituales, sino también aquellas que nunca lo han estado, como pósteres, folletos, periódicos de trincheras u obras audiovisuales de aficionados, u obras y prestaciones no publicadas, si bien se debe garantizar el respeto de los derechos morales (cdo. 37 Directiva 2019/790). Por tanto, resulta necesario que la obra esté previamente divulgada, pues de lo contrario su uso atentaría contra el derecho moral de divulgación, recogido en el artículo 14.1°

---

24 La noción de «obra huérfana» es mucho más estricta, al no incluir, por ejemplo, las fotografías, los programas de ordenador o las bases de datos. *Vid.* arts. 1.2 Directiva 2012/28/UE, 37bis.4 LPI y 2 RD 224/2016.

LPI. Las instituciones responsables del patrimonio cultural no podrían, al amparo de este régimen, utilizar obras inéditas que aún no estén en el dominio público, salvo la posibilidad contemplada en el artículo 40 LPI, de instar la divulgación con base en el derecho de acceso a la cultura. Recuérdese que divulgar una obra, según el artículo 4 LPI, es hacerla accesible por primera vez al público en cualquier forma -puede haber divulgación sin haber previamente publicación, pues, conforme a este último precepto señalado, la publicación es una manera concreta de puesta a disposición (mediante un número de ejemplares de la obra que satisfaga razonablemente las necesidades del público)-. En definitiva, el considerando 37 Directiva 2019/790 se estaría refiriendo básicamente a obras divulgadas mediante un acto distinto a la distribución (ej.: una novela puesta a disposición del público en Internet, pero no accesible mediante ejemplares físicos), sin perjuicio, como decimos, del supuesto del artículo 40 LPI.

Cabe llamar la atención de que, entre las obras y prestaciones que pueden ser calificadas de estar fuera del circuito comercial, se encuentran las fotografías, los retratos o las cartas. En estos casos, puede entrar en juego el derecho al honor, a la intimidad o a la propia imagen de las personas que aparecen o se ven reflejados en ellos. En este sentido, y con el fin de no entorpecer la aplicación del sistema de uso de las OPFCC, habría que tener en consideración el artículo 8.1 LO 1/1982, que no entiende como intromisiones ilegítimas aquellas actuaciones que hayan sido autorizadas o acordadas por la autoridad competente conforme a la ley, ni cuando predomine un interés histórico, científico o cultural relevante[25]. Además, cuando el contenido de esa fotografía es una obra de arte visual que está en el dominio público, dicha fotografía no estará sujeta a dere-

---

25 SERRANO FERNÁNDEZ, M., «La digitalización del patrimonio cultural. La Directiva sobre derechos de autor y derechos afines en el mercado único digital», en *InDret*, núm. 3, 2020, p. 84.

chos de autor o derechos afines, salvo que sea original y tenga la condición de obra fotográfica (arts. 14 Directiva 2019/790 y 72 RD-ley 24/2021). Siendo así, la fotografía podría ser libremente utilizada, sin necesidad de acudir al régimen de las OPFCC.

En todo caso, aunque la Directiva 2019/790 y el RD-ley 24/2021 no lo indiquen expresamente, es necesario, para que la institución responsable del patrimonio cultural pueda usar la OPFCC, que ésta haya tenido un acceso lícito a ella. Cada vez que se ha cercenado la posibilidad de los titulares de desplegar sus derechos de exclusiva, se ha exigido tal requisito. Así ha ocurrido, por ejemplo, en el caso de la excepción de copia privada (STJUE de 10 de abril de 2014[26]), de la excepción de minería de textos y datos (cdo. 14 y art. 3 Directiva 2019/790) o de la cita (art. 10.1 CB), o en los supuestos de establecimiento de enlaces (SSTJUE de 13 de febrero de 2014[27] y de 8 de septiembre de 2016[28]).

Hay dos notas básicas que deben cumplir las obras y prestaciones para poder acogerse a este régimen especial: 1) deben encontrarse en las colecciones o fondos de las instituciones responsables del patrimonio cultural; 2) deben tener algún tipo de vínculo con la UE[29]. En cuanto a la primera nota, los apartados 1 y 2 del artículo 8 Directiva 2019/790 y los apartados 2 y 4 del artículo 71 RD-ley 24/2021 sólo se refieren a las obras y prestaciones que se encuentren de forma permanente en la colección de la institución responsable del patrimonio cultural. Conforme al considerando 29 Directiva 2019/790, se entiende que se cumple este requisito cuando las copias de tales contenidos son propiedad de dicha institución o están en su poder de forma permanente. Así ocurriría en los casos en que se ha producido

---

[26] Caso *ACI Adam BV*, asunto C-435/12, ap. 58, ECLI:EU:C:2014:254.

[27] Caso *Svensson*, asunto C-466/12, aps. 30 y 31, ECLI:EU:C:2014:76.

[28] Caso *GS Media*, asunto C-160/15, ap. 55, ECLI:EU:C:2016:644.

[29] Estas exigencias también se plantean respecto de las obras huérfanas (*vid.* arts. 1.2 Directiva 2012/28, 37bis.4 LPI y art. 2.1 RD 224/2016).

una transmisión de la propiedad, los acuerdos de licencia, las obligaciones de depósito legal o los acuerdos de custodia permanente[30]. A la hora de interpretar esta condición, hay que tener en cuenta que la Directiva pone el foco en la nota de la permanencia y no tanto en la propiedad o la titularidad de la obra o prestación[31]. Por el contrario, quedarían excluidas del régimen aquellas obras o prestaciones que posean las instituciones con motivo, por ejemplo, de un préstamo interbibliotecario.

Respecto a la segunda nota, las obras y prestaciones deben tener algún tipo de vínculo con los Estados miembros, pues el uso de contenidos de titulares de derechos de terceros países, en principio, no se puede amparar en el régimen de las OPFCC -por «tercer país» habrá que entender un Estado no miembro de la UE-. Así se dispone en los artículos 8.7.I Directiva 2019/790 y 71.5.I RD-ley 24/2021, que establecen que no se aplicará este régimen a los conjuntos de OPFCC si, después de haber hecho el esfuerzo razonable, hay pruebas de que esos conjuntos se componen preponderantemente de: 1) obras y prestaciones que no sean cinematográficas o audiovisuales, publicadas por primera vez o, a falta de publicación, emitidas por primera vez en un tercer país; 2) obras cinematográficas o audiovisuales cuyos productores tengan su sede o residencia habitual en un tercer país; 3) obras y prestaciones de nacionales de un tercer país, cuando, tras un esfuerzo razonable, no se haya podido determinar un Es-

---

30 En la Propuesta de Directiva presentada por la Comisión Europea, de 14 de septiembre de 2016 (COM(2016) 593 final), sólo se señalaban, en su considerando 21, dos supuestos: la transmisión de la propiedad y los acuerdos de licencia. El documento está disponible en línea: <https://eur-lex.europa.eu/legal-content/ES/TXT/?uri=CELEX:52016PC0593> (Consulta: 11/10/2023).

31 STAMATOUDI, I., y TORREMANS, P., «The Digital Single Market Directive», en *EU Copyright Law. A Commentary*, eds. I. Stamatoudi and P. Torremans, Edward Elgar Publishing, Reino Unido, 2021, p. 695; ROSATI, E., *Copyright in the Digital Single Market... op. cit.*, p. 136.

tado miembro o un tercer país según los casos 1) y 2). Motivos de cortesía internacional son los que llevaron al legislador europeo a excluir las obras y prestaciones de terceros países (cdo. 39 Directiva 2019/790). Dicho considerando, además, señala que sólo debe exigirse una evaluación individual del origen de cada obra o prestación que esté fuera del circuito comercial en la medida en que también sea necesaria para realizar el esfuerzo razonable destinado a determinar si están comercialmente disponibles.

Sin embargo, la exclusión de estos contenidos podría perjudicar a las instituciones responsables del patrimonio cultural, que pueden tener dificultades para identificar la nacionalidad de los titulares de derechos[32]. Asimismo, respecto de idiomas que se hablan también fuera de Europa, como pudiera ser el español o el francés, podría ser complicado establecer el lugar de la primera publicación o determinar la nacionalidad del autor[33]. Por tanto, la aplicación del régimen de las OPFCC también debería haberse permitido respecto de obras y prestaciones con conexiones extraeuropeas, pues los posibles problemas surgidos podrían resolverse conforme a las obligaciones asumidas internacionalmente a través de los distintos tratados, tanto si se trata de un uso licenciado (acuerdo de representación recíproca) como si resulta aplicable la excepción (regla de los tres pasos)[34]. Con todo, esta regla de exclusión de los contenidos protegidos procedentes de terceros países tiene una excepción: cabe aplicar los artículos 8 Directiva 2019/790 y 71 RD-ley 24/2021 cuando la entidad de gestión colectiva sea suficientemente representativa de los titulares de derechos del tercer país de que se trate (arts. 8.7.II Directiva 2019/790 y 75.1.II RD-

---

32 EVANGELIO LLORCA, R., «La regulación de las obras y prestaciones fuera del circuito comercial… *op. cit.*, p. 233.

33 GEIGER, C., FROSIO, G. y BULAYENKO, O., «Facilitating Access to Out-of-Commerce Works… *op. cit.*, p. 249.

34 *Ibid.*, pp. 248-249.

ley 24/2021). Esto permitiría, incluso, el ejercicio de la facultad de exclusión de esos titulares de derechos de terceros países.

## III.- ENTIDADES BENEFICIARIAS DEL RÉGIMEN DE USO DE LAS OPFCC

El régimen de uso de las OPFCC tiene unas beneficiarias muy concretas: las instituciones responsables del patrimonio cultural. El beneficiario no es, por el contrario, el particular que no consigue acceder al contenido protegido a través de los canales comerciales habituales. Ahora bien, éste puede sacar provecho indirectamente de ese régimen, en la medida en que conseguirá acceder a tales obras y prestaciones a través de las instituciones responsables del patrimonio cultural y aplicar alguna excepción a los derechos de propiedad intelectual si se cumplen sus requisitos. De esta manera, por ejemplo, el usuario podría hacer una copia privada de la obra fuera del circuito comercial que la institución responsable del patrimonio cultural ha puesto a su disposición en los términos de los artículos 8 Directiva 2019/790 y 71 RD-ley 24/2021. El TJUE ha permitido el juego de una excepción a partir de la aplicación de otra. En la sentencia de 11 de septiembre de 2014 , el TJUE abre la posibilidad de que un usuario pueda almacenarse en una memoria USB, al amparo del límite de copia privada contemplado en el artículo 5.2.b) Directiva 2001/29, las obras puestas a disposición del público a través de los terminales especializados instalados en el establecimiento de una biblioteca conforme al artículo 5.3.n) Directiva 2001/29 (ap. 57)[35]. Y en la sentencia de 1 de diciembre de 2011, entiende que, al aplicar el límite de cita previsto en el artículo 5.3.d) Directiva 2001/29, no existe la obligación de indicar el nombre del autor de la obra citada,

---

[35] Caso *Eugen Ulmer,* asunto C-117/13, ECLI:EU:C:2014:2196.

si la cita se hace a partir de una obra que se ha utilizado con fines de seguridad pública conforme al artículo 5.3.e) Directiva 2001/29, que no establece tal requisito (ap. 149)[36].

Para saber qué abarca la expresión «institución responsable del patrimonio cultural» debemos acudir a los artículos 2.3 Directiva 2019/790 y 66.2 RD-ley 24/2021. Sin embargo, no contienen una definición de tales instituciones, sino una enumeración. Se trata de un listado abierto de instituciones responsables del patrimonio cultural[37]. En consecuencia, esto permitiría incluir: 1) aquellas entidades que pudieran crearse en el futuro y que se encargaran del archivo y custodia de obras y prestaciones expresadas en soportes aún no conocidos; 2) aquellas entidades que, sin constituir uno de los establecimientos mencionados, desarrollen también tareas de fomento de la investigación y la cultura o de conservación del patrimonio cultural (ej.: las mediatecas). Así, una institución responsable del patrimonio cultural puede describirse como una entidad que recopila, protege y almacena obras y prestaciones en sus distintas formas. El listado señalado incluye: las bibliotecas accesibles al público, los museos accesibles al público, los archivos, las instituciones responsables del patrimonio cinematográfico y las instituciones responsables del patrimonio sonoro (ej.: la Filmoteca Nacional o RTVE). En el caso de las bibliotecas y los museos, es indiferente el tipo de obras o prestaciones que tengan en sus colecciones (cdo. 13 Directiva 2019/790). De esta manera, una biblioteca, por ejemplo, podría beneficiarse de este régimen respecto de una película que tuviera en sus fondos y de la que se haya concluido que está fuera del circuito comercial. El no predicar esa indiferencia res-

---

36 Caso *Painer*, asunto C-145/10, ECLI:EU:C:2011:798.

37 Coincide en el carácter abierto de este listado E. ROSATI, *Copyright in the Digital Single Market... op. cit.*, p. 170; EVANGELIO LLORCA, R., «La regulación de las obras y prestaciones fuera del circuito comercial... *op. cit.*, p. 234.

pecto de otras instituciones (archivos, instituciones responsables del patrimonio sonoro o cinematográfico) es síntoma de que el legislador entiende que en estas últimas puede haber obras y prestaciones que no constituyan patrimonio cultural.

Fuera de la Directiva 2019/790, las excepciones previstas a favor de estas entidades no se refieren a las instituciones responsables del patrimonio cultural, sino que enumeran algunas de ellas. Así, el artículo 5.2.c) Directiva 2001/29, y el artículo 5.3.n) por remisión al anterior, menciona las bibliotecas, los centros de enseñanza o los museos accesibles al público, y los archivos -en este caso, sin necesidad de que sean accesibles al público-. El artículo 37.1 LPI cita expresamente a los museos, las bibliotecas, las fonotecas, las filmotecas, las hemerotecas o los archivos de titularidad pública o integrados en instituciones de carácter cultural o científico. Los apartados 2 y 3 del artículo 37 LPI convierte en beneficiarios de las excepciones contempladas en ellos a los museos, los archivos, las bibliotecas, las hemerotecas, las fonotecas o las filmotecas de titularidad pública o que pertenezcan a entidades de interés general de carácter cultural, científico o educativo sin ánimo de lucro, y a las instituciones docentes integradas en el sistema educativo español.

Los artículos 1 Directiva 2012/28, 37bis.4 LPI y 2.2 RD 224/2016 hacen beneficiarias de la excepción de obras huérfanas a las bibliotecas, los centros de enseñanza y los museos, todos ellos accesibles al público, así como a los archivos, los organismos de conservación del patrimonio cinematográfico o sonoro y los organismos públicos de radiodifusión, establecidos en los Estados miembros. Dicha enumeración viene a coincidir con el listado de instituciones responsables del patrimonio cultural incluido en considerando 13 y el artículo 2.3 Directiva 2019/790 y en el artículo 66.2 RD-ley 24/2021. El considerando 9 Directiva 2017/1564, sobre el uso de obras y prestaciones en beneficio de personas con discapacidad visual, se refiere únicamente a las bibliotecas como entidades beneficiarias de la excepción, pero no menciona a las demás. El resto de las instituciones responsables del patrimonio cultural también podrían acogerse a ella, pues el artículo 2.4 Directiva 2017/1564, que recoge el concepto de «entidad autorizada», se expresa en unos términos lo suficientemente amplios como para abarcarlas. En todo caso, y con carácter general, a la hora de aplicar la excepción a favor de personas con discapacidades visuales, puede tratarse de instituciones independientes (ej.: una biblioteca de barrio) o estar integradas en instituciones de carácter cultural o científico (ej.: la biblioteca del CSIC).

Volviendo a la Directiva 2019/790 y al RD-ley 24/2021, ambas normas exigen, únicamente respecto de las bibliotecas y de los museos, que sean accesibles al público. Otras instituciones, como los archivos y las instituciones responsables del patrimonio sonoro o cinematográfico pueden ser accesibles al público o no. Téngase en cuenta que no es condición que la biblioteca o el museo sea de titularidad pública, sino únicamente que sea accesible al público. En estos casos, la labor de las bibliotecas y de los museos en la conservación y cuidado del patrimonio cultural de los Estados miembros hace que no sea tan importante su titularidad, que puede ser pública o privada, como el acceso del público a ellas, de cara a determinar las entidades beneficiarias del régimen de uso de las OPFCC. Nótese, además, que no se requiere la ausencia de ánimo de lucro en las bibliotecas o archivos ni tampoco que persigan una misión de interés público general. Así, una entidad privada que desarrolle actividades comerciales no puede ser automáticamente descartada como beneficiaria si incluye en su estructura, por ejemplo, una biblioteca de acceso público[38].

---

[38] En el caso de las obras huérfanas, *vid.* SUTHERSANEN, U., y FRABBONI, M. M., «The Orphan Works Directive», en *EU Copyright Law. A Commentary,* eds. I. Stamatoudi and P. Torremans, Edward Elgar Publishing, Reino Unido, 2021, p. 483; CÁMARA ÁGUILA, P., «Artículo 37bis», en *Comentarios a la Ley de Propiedad Intelectual,* coord. R. Bercovitz Rodríguez-Cano, Tecnos, Madrid, 2017, p. 758; SÁNCHEZ

Por el contrario, no serán beneficiarios del régimen de uso de las OPFCC las bibliotecas o museos que impidan el acceso a determinados miembros del público o a determinados colectivos, restringiéndolo con carácter general (ej.: bibliotecas universitarias a las que únicamente tuvieran acceso sus profesores y sus estudiantes matriculados, con independencia de que el centro fuera público o privado, o las bibliotecas propias de un despacho de abogados)[39]. Ahora bien, lo anterior no significa que haya que descartar como beneficiarias: 1) aquellas instituciones que únicamente prestan las obras de sus colecciones a determinadas personas del público, en tanto que permitan el acceso al establecimiento y el uso de las obras a cualquier persona del público; 2) aquellas instituciones que restringen el número de personas que puede acceder a la obra por motivos de conservación[40]. Permitiendo el acceso a la biblioteca o al museo y, al menos, la consulta en sala de las obras y prestaciones, deberían tales instituciones poder acogerse al régimen de las OPFCC, aunque el disfrute de determinados servicios (ej.: el préstamo de obras) sea restringido.

El RD-ley 24/2021 añade también: las bibliotecas nacionales, los archivos nacionales y, por lo que respecta a sus archivos y bibliotecas accesibles al público, los centros de enseñanza, los organismos de investigación y los organismos de radiodifusión del sector público, replicando de esta manera el considerando 13 Directiva 2019/790. Se trata, de nuevo, de un listado ejemplificativo o abierto («entre otros»). Por lo que se refiere a los centros de enseñanza, debe permitirse que se beneficien de este régimen de uso de las OPFCC a las bibliotecas y archivos de todos los niveles educativos

---

ARISTI, R., «El nuevo límite de obras huérfanas», en *La reforma de la Ley de Propiedad Intelectual*, Tirant lo Blanch, Valencia, 2015, p. 144.

39 En este sentido, *vid.* también BECHTOLD, S., «Artículo 5 de la Directiva 2001/29», en *Concise European Copyright Law*, ed. T. Dreier y P. B. Hugenholtz, Kluwer Law International, Países Bajos, 2006, p. 377.

40 SERRANO FERNÁNDEZ, M., «La digitalización del patrimonio cultural… *op. cit.*, p. 82.

(colegios, institutos y universidades). En cuanto a los organismos de radiodifusión, se exige que sean de titularidad pública. Y por lo que respecta a los organismos de investigación, no se requiere que sean de acceso público ni que sean de titularidad pública.

El artículo 2.1 Directiva 2019/790 recoge la definición de «organismo de investigación», enumerando tres grupos de entidades: a) las universidades, incluidas sus bibliotecas -obsérvese que las bibliotecas y los archivos de universidades pueden acogerse a este régimen no sólo por su condición de centros de enseñanza, sino también por su condición de organismos de investigación-; b) los institutos de investigación; c) cualquier otra entidad cuyo objetivo principal sea llevar a cabo investigaciones científicas, combinadas o no con la prestación de servicios educativos. Dentro de este último grupo de entidades, el considerando 12 Directiva 2019/790 ampara a los centros de educación superior y los hospitales en los que se desarrollen investigaciones. El artículo 66.3 RD-ley 24/2021 no contiene el listado que aparece en el artículo 2.1 Directiva 2019/790, sino únicamente una cláusula amplia que abarca toda entidad que desarrolle investigaciones científicas. Asimismo, los artículos 2.1 Directiva 2019/790 y 66.3 RD-ley 24/2021 exigen a todos los organismos de investigación el cumplimiento de dos requisitos. Por un lado, que satisfagan alguna de estas dos condiciones: a) que carezcan de ánimo de lucro o que reinviertan todos los beneficios en sus investigaciones científicas; b) que realicen tales actividades conforme a una misión de interés público reconocida por un Estado miembro, ya sea a través de financiación pública, ya mediante disposiciones de la legislación nacional o de contratos públicos -el artículo 66.3 RD-ley 24/2021, por la manera en que está redactado, parece requerir ambas condiciones de manera cumulativa, al contrario que la directiva, que los presenta de manera alternativa-. Y, por otro lado, es necesario que, si una empresa ejerce una influencia decisiva en dicho organismo (ej.: por su condición de accionista o de socio), no pueda gozar de acceso preferente a los resultados generados por dichas investigaciones científicas. En todo caso, el término «investigación científica» engloba tanto las ciencias naturales como las ciencias humanas (cdo. 12 Directiva 2019/790).

Finalmente, aunque la normativa no lo exija expresamente, se entiende que ha de tratarse de instituciones responsables del patrimonio cultural establecidas en un Estado miembro de la UE -sí se requiere a las beneficiarias de la excepción sobre obras huérfanas, conforme al artículo 1.1 de la Directiva 2012/28-. Este requisito debe interpretarse en sentido amplio, tal como ha hecho el TJUE, e implica el establecimiento permanente o casi permanente de una persona o empresa en ese territorio. Respecto de personas jurídicas, no está limitado sólo al establecimiento principal donde radiquen, sino también a los casos en los que tengan algún tipo de representación, incluyendo cualquier oficina gestionada por el personal de una empresa o por una entidad independiente pero autorizada para actuar en nombre de la empresa[41]. En todo caso, es preciso que exista una presencia en el Estado miembro[42]. Además, si la institución responsable del patrimonio cultural no dispusiera de los medios o los conocimientos técnicos necesarios para llevar a cabo las reproducciones, podría acudir a terceros. El considerando 28 Directiva 2019/790 así lo permite para la excepción de obras con fines de conservación por parte de estas instituciones, algo que podría aplicarse igualmente para los usos de OPFCC. No obstante, ese tercero debería igualmente estar establecido en un Estado miembro de la UE.

---

41 SSTJUE de 4 de diciembre de 1986 (caso *Comisión de las Comunidades Europeas c. República Federal de Alemania,* asunto C-205/84, ap. 21, ECLI:EU:C:1986:463) y de 6 de noviembre de 2003 (caso *Piergiorgio Gambelli,* asunto C-243/01, ap. 14, ECLI:EU:C:2003:597).

42 ROSATI, E., *Copyright in the Digital Single Market… op. cit.*, p. 171.

## IV.- EL DOBLE RÉGIMEN DE USO DE LAS OPFCC

El uso de OPFCC se puede desarrollar conforme a un doble régimen: 1) un uso licenciado por las entidades de gestión más representativas de los titulares de derechos sobre las obras o prestaciones correspondientes; 2) un uso sometido a una excepción a los derechos de propiedad intelectual[43]. En todo caso, se trata de unos regímenes obligatorios para los Estados miembros, tal como se deriva del tiempo verbal utilizado por el legislador europeo: «dispondrán» en el caso de la licencia (art. 8.1 Directiva 2019/790) y «establecerán» en el caso de la excepción (art. 8.2 Directiva 2019/790)[44]. Por tanto, los Estados miembros deberán acoger ese régimen necesariamente en sus dos modalidades (licencia y excepción). Así lo ha acometido el legislador español a través del artículo 71 RD-ley 24/2021. Se trata, con este doble régimen, de superar la gran dificultad que tendrían las instituciones responsables del patrimonio cultural para llevar a cabo las labores de digitalización y difusión masivas de estas obras y prestaciones, si tuvieran que solicitar el consentimiento de todos y cada uno de los titulares de derechos sobre ellas.

### *1.- El uso licenciado de OPFCC*

Conforme a los artículos 8.1 Directiva 2019/790 y 71.2 RD-ley 24/2021, las entidades de gestión podrán otorgar una licencia

---

43 En la Propuesta de Directiva presentada por la Comisión Europea, de 14 de septiembre de 2016 (COM(2016) 593 final), sólo se preveía, en su artículo 7, el mecanismo de la licencia, pero no el de la excepción. El documento está disponible en línea: <https://eur-lex.europa.eu/legal-content/ES/TXT/?uri=CELEX:52016PC0593> (Consulta: 11/10/2023).

44 Si bien en el caso del uso de las OPFCC, el establecimiento de una licencia colectiva con efecto ampliado es obligatorio, no lo es, en cambio, en el caso del uso de obras y prestaciones que no estén fuera del circuito comercial, pues el artículo 12 Directiva 2019/790 permite a los Estados miembros prever este mecanismo, pero no se lo exige.

a las instituciones responsables del patrimonio cultural que les permita utilizar las OPFCC que se hallen de forma permanente en la colección de la entidad. De ambas normas se deriva que las entidades de gestión no están obligadas a otorgar tales licencias, sino que deberán comprobar la concurrencia de los requisitos exigidos y decidir en consecuencia. El sistema de licencia permitirá a las instituciones responsables del patrimonio cultural utilizar las obras y prestaciones de una manera segura y transparente, sin miedo a ser demandadas por los titulares de derechos. Dos son los aspectos más importantes que habría que delimitar a la hora de analizar esta modalidad de uso: 1) los términos de la licencia; 2) las entidades de gestión legitimadas para otorgarla.

### 1.1.- Los términos de la licencia de uso de OPFCC

Los artículos 8.1 Directiva 2019/790 y 71.2 RD-ley 24/2021 delimitan los términos de la licencia de uso de las OPFCC. Las partes (las entidades de gestión representativas de los titulares de derechos y las instituciones responsables del patrimonio cultural) no gozan de libertad absoluta para fijar todas las condiciones de la licencia, sino que sus parámetros fundamentales están predeterminados por la normativa. En primer lugar, tiene un carácter no exclusivo. En ningún caso, una entidad de gestión podrá licenciar a una institución responsable del patrimonio cultural el uso exclusivo de una OPFCC. Si de lo que se trata es de que este tipo de contenidos protegidos puedan ser utilizados lo más ampliamente posible, la licencia debe ser necesariamente no exclusiva. Por tanto, la entidad responsable del patrimonio cultural utilizará las obras y prestaciones en concurrencia con otras o incluso en concurrencia con el propio titular de los derechos, como se deriva del artículo 50.1 LPI al regular las licencias no exclusivas con carácter general. En todo caso, la licencia no puede cubrir: a) las obras y prestaciones cuyos titulares de derechos hubieran impedido la aplicación de este régimen, ejerciendo su facultad de exclusión; b) las obras y prestaciones que no se hallen de forma permanente en las colecciones de las instituciones responsables del patrimonio cultural, que seguirán el régimen general de uso de las obras y prestaciones, incluso aunque estén fuera del circuito comercial.

En segundo lugar, la licencia no debe permitir la persecución de fines comerciales al utilizar las OPFCC. No cabe la obtención de un lucro ni siquiera cuando una institución responsable del patrimonio cultural distribuya las copias de la obra o prestación al amparo de la licencia, como podría ocurrir en el caso de material publicitario para una exposición (cdo. 40 Directiva 2019/790). A pesar de que este requisito pudiera resultar razonable a primera vista, habría sido más provechoso permitir los usos comerciales. Y ello por varias razones: 1) para conseguir un acceso mayor a este tipo de obras y prestaciones, obviamente sin perjudicar los legítimos intereses de los titulares de derechos; 2) para permitir la entrada de entidades privadas a la hora de llevar a cabo los proyectos de digitalización masiva de obras que requieren de grandes inversiones, algo que no estarían dispuestas a hacer si dicha labor no les reporta ningún tipo de beneficio económico[45]. En cualquier caso, las licencias no pueden impedir que las instituciones responsables del patrimonio cultural recuperen los costes de las mismas y los costes de digitalización y difusión de las obras y prestaciones amparadas en ellas (cdo. 40 Directiva 2019/790). La ausencia de fines comerciales es compatible con la posibilidad de la institución responsable del patrimonio cultural de obtener los ingresos necesarios para cubrir tales gastos (ej.: imputarlos al usuario de la obra), pues lo único que se quiere impedir

---

45 HILTY, R., LI, T., y MOSCON, V., «Out-of-commerce Works (Articles 7-9 COM(2016) 593 final)», en *Modernisation of the EU Copyright Rules Position Statement of the Max Planck Institute for Innovation and Competition,* 2016 [en línea], pp. 65-66, <https://ssrn.com/abstract=3036787> (Consulta: 10/12/2023); EVANGELIO LLORCA, R., «La regulación de las obras y prestaciones fuera del circuito comercial… *op. cit.*, p. 241.

con este requisito es que el uso de la OPFCC genere beneficios económicos para la institución responsable del patrimonio cultural. El considerando 20 Directiva 2019/790 señala que la estructura organizativa y los medios de financiación de los centros de enseñanza no son factores decisivos para determinar el carácter no comercial de la actividad, al referirse a la excepción sobre usos transfronterizos y digitales de obras y prestaciones en actividades pedagógicas, algo que bien podría trasladarse a las instituciones responsables del patrimonio cultural.

En tercer lugar, la licencia puede permitir actos de reproducción, distribución y comunicación pública, incluyendo la puesta a disposición, todos ellos derechos armonizados, con carácter general, a través de la Directiva 2001/29. Obsérvese que la licencia puede abarcar todas las modalidades de reproducción, y no únicamente la digitalización, y todas las modalidades de comunicación al público, y no sólo la puesta a disposición en Internet[46]. El legislador europeo ha querido con ello permitir que el acceso a las OPFCC pueda hacerse más allá de Internet (ej.: mediante un coloquio cinematográfico donde se proyecte una película)[47]. Resulta cuestionable la posibilidad de que las instituciones responsables del patrimonio cultural puedan distribuir ejemplares físicos de las OPFCC, en tanto que tal acto nada tiene que ver con el objetivo de digitalización y puesta a disposición de tales contenidos[48]. Sin embargo, dado el tenor literal de las normas,

---

46 En la Propuesta de Directiva presentada por la Comisión Europea, de 14 de septiembre de 2016 (COM(2016) 593 final), el artículo 7 enumeraba la digitalización, la distribución y la comunicación al público o puesta a disposición. El documento está disponible en línea: <https://eur-lex.europa.eu/legal-content/ES/TXT/?uri=CELEX:52016PC0593> (Consulta: 11/10/2023).

47 EVANGELIO LLORCA, R., «La regulación de las obras y prestaciones fuera del circuito comercial… *op. cit.*, p. 243.

48 MORÁN RUIZ, M., «Uso de obras y prestaciones fuera del circuito comercial… *op. cit.*, p. 146.

este régimen no impediría que las beneficiarias digitalizaran una obra y la entregaran en préstamo a otra institución. Queda fuera, no obstante, el derecho de transformación, por lo que las instituciones responsables del patrimonio cultural no podrían, por ejemplo, traducir obras literarias, actualizarlas o adaptarlas a obra cinematográfica. Así, si una obra estuviera disponible en inglés en los canales comerciales habituales, pero no en español, no podrían traducirla para hacerla accesible al público.

En cambio, hay otros términos que las entidades de gestión y las instituciones responsables del patrimonio cultural pueden determinar libremente en la licencia: 1) el período de tiempo al que se extiende -normalmente serán licencias limitadas en el tiempo, con posibilidad de prórroga automática, salvo oposición por alguna de las partes-; 2) la tarifa de la licencia y los usos autorizados (cdo. 40 Directiva 2019/790), pues no tiene por qué cubrir todos los actos de explotación señalados en el artículo 8.1 Directiva 2019/790; 3) su ámbito territorial. Por lo que respecta al precio de la licencia, conviene tener presente que las instituciones responsables del patrimonio cultural únicamente podrán hacer usos no comerciales de la OPFCC, luego su cuantía deberá ajustarse a este requisito. Como ya se ha señalado, seguramente los titulares de derechos habrían resultado más beneficiados económicamente si se hubiera permitido todo tipo de usos -comerciales y no comerciales-, fijando los precios en consecuencia.

En cuanto al ámbito territorial, la licencia concedida al amparo de los artículos 8.1 Directiva 2019/790 y 71.2 RD-ley 24/2021 podrá permitir la utilización de la OPFCC en cualquier Estado miembro (arts. 9.1 Directiva 2019/790 y 71.3 RD-ley 24/2021), luego se trata de una cuestión que queda dentro de la autonomía de la voluntad. Con esta posibilidad se pretende conseguir dos objetivos: a) evitar que una institución responsable del patrimonio cultural que quiera utilizar una OPFCC en varios Estados miembros tenga que solicitar la correspondiente licencia en cada uno de ellos; b) superar el obstáculo de la imposibilidad de acceso transfronterizo a las obras y prestaciones. Adviértase que las entidades de gestión «pueden» autorizar estos usos transfronterizos o multiterritoriales, pero no están obligadas a ello[49]. De hecho, el considerando 40 Directiva 2019/790 establece que las entidades de gestión y las instituciones responsables del patrimonio cultural deben tener la facultad de llegar a un acuerdo en relación con el alcance territorial de la licencia. Resulta criticable dejar en manos de las partes el ámbito territorial de la licencia, pues si no se autoriza ese uso transfronterizo, no se alcanzarán los objetivos señalados y pretendidos por la Directiva[50]. El legislador español, además, introduce en el artículo 71.3 RD-ley 24/2021 -dentro del mecanismo de la licencia- la regla del país de origen respecto del uso de las OPFCC, siendo que el artículo 9.2 Directiva 2019/790 lo prevé únicamente respecto de la excepción. Igualmente, sería posible que las OPFCC pudieran ser accesibles desde países no pertenecientes a la UE, en cuyo caso habría que acudir a los acuerdos de representación recíproca que las entidades de gestión celebren con sus homólogas extranjeras. Se facilita así la explotación mundial de este tipo de contenidos, asegurando a los titulares de derechos la correspondiente remuneración y al público el acceso y difusión de las OPFCC. No obstante, deberán garantizarse todos los de-

---

49 Así también parecen considerarlo SÁNCHEZ ARISTI, R., y OYARZABAL OYONARTE, N., «Decadencia y caída del Texto Refundido de la Ley de Propiedad Intelectual: la transposición de la Directiva 2019/790 sobre derechos de autor en el mercado único digital por el Real Decreto-ley 24/2021, de 2 de noviembre», en *Revista Pe.i.*, núm. 69, 2021, p. 78. En sentido contrario, *vid.* GARROTE FERN. NDEZ-DÍEZ, I., «La transposición al ordenamiento español de la Directiva 2019/790, de derechos de autor y derechos afines en el Mercado Único Digital», en La *Ley Unión Europea*, núm. 116, 2023, p. 10. Considera este autor que la licencia debe permitir el uso transfronterizo, abarcando cualquier Estado miembro.

50 GEIGER, C., FROSIO, G. y BULAYENKO, O., «Facilitating Access to Out-of-Commerce Works… *op. cit.*, p. 245.

rechos de los titulares extranjeros, sin que pueda haber diferencias con respecto a los nacionales (cdo. 30 Directiva 2014/26).

Sea como fuere, para que este mecanismo de licencia funcione eficientemente, es importante contar con un sistema riguroso y eficaz de gestión colectiva (cdo. 34 Directiva 2019/790). Para conseguirlo, habrá que estar a la Directiva 2014/26, que incluye normas en materia de buena gobernanza, transparencia e información, y garantiza la distribución y el pago regulares, diligentes y exactos de los importes adeudados a los titulares de derechos individuales. Asimismo, el artículo 71.6 RD-ley 24/2021 señala que el artículo 166 LPI no resulta aplicable al uso de OPFCC por parte de instituciones responsables del patrimonio cultural. Ese artículo 166 LPI excluye, del ámbito de aplicación de las normas generales en materia de gestión colectiva, las relativas a concesión de autorizaciones no exclusivas, a las obras literarias, dramáticas, dramático-musicales, coreográficas o de pantomima y a los casos de utilizaciones singulares de una o varias obras de cualquier clase que requieran la autorización individualizada de su titular. Esto evidencia la intencionalidad del legislador español de no permitir la facultad de exclusión en nuestro ordenamiento, ni siquiera cuando se trata de un uso licenciado de las OPFCC, contradiciendo, de esta manera, a la Directiva[51].

Por otro lado, establece el considerando 43 Directiva 2019/790 que las licencias concedidas deberán aplicarse sin perjuicio del uso de las OPFCC al amparo de las excepciones y límites establecidos conforme a la legislación europea (ej.: el límite de copia privada, el uso de obras huérfanas) o al amparo de otras licencias con efecto ampliado. De esta manera, si una obra fuera del circuito comercial tuviera también la condición de obra huérfana

---

[51] SÁNCHEZ ARISTI, R., y OYARZABAL OYONARTE, N., «Decadencia y caída del Texto Refundido de la Ley de Propiedad Intelectual... *op. cit.*, p. 82; GARROTE FERNÁNDEZ-DÍEZ, I., «La transposición al ordenamiento español de la Directiva 2019/790... *op. cit.*, p. 16.

por no estar identificado o localizado el titular de los derechos, sería aplicable el régimen de excepción de las obras huérfanas contenido en la Directiva 2012/28 y en el artículo 37bis LPI, desarrollado por el RD 224/2016, y no el mecanismo de licencia[52]. Con este nuevo régimen, las instituciones responsables del patrimonio cultural deberán pedir autorización únicamente para llevar a cabo usos de OPFCC que vayan más allá de los permitidos a través de las excepciones ya existentes. En consecuencia, no requerirán licencia, entre otros, el préstamo de OPFCC por estas instituciones, su puesta a disposición en terminales especializados o su reproducción a efectos de conservación. Igualmente, el considerando señalado implica que, aunque las entidades beneficiarias de la licencia sean las instituciones responsables del patrimonio cultural, no hay obstáculo en que los usuarios de las OPFCC puedan volcar sobre ellas la aplicación de alguna excepción prevista en la normativa nacional de cada Estado miembro (ej.: la realización de una copia privada o su uso para ilustrar las actividades docentes). Además, añade el considerando 43 Directiva 2019/790, que dicha concesión de licencias en nada afectará o perjudicará a los mecanismos nacionales para el uso de OPFCC por parte de usuarios distintos de las instituciones responsables del patrimonio cultural. Por tanto, si los Estados miembros prevén ya un sistema de utilización de este tipo de contenidos para beneficiarios distintos de las instituciones responsables del patrimonio cultural, seguirá aplicándose respecto de tales usuarios, puesto que del sistema establecido en la Directiva 2019/790 solamente pueden aprovecharse dichas instituciones. Ahora bien, si

---

52 En sentido contrario lo entiende DUSOLLIER, para quien cuando una obra huérfana está también fuera del comercio, se beneficiará del sistema establecido en el artículo 8 Directiva 2019/790, por ser menos estricto que el previsto en la Directiva 2012/28. *Vid.* DUSOLLIER, S., «The 2019 Directive on Copyright in the Digital Single Market: Some Progress, a Few Bad Choices, and a Overall Failed Ambition», en *Common Market Law Review*, núm. 57, 2020, p. 994.

el público tiene acceso a la OPFCC a través de esas otras entidades, carecerá de sentido el régimen de la Directiva.

Obsérvese que el considerando 4 Directiva 2012/28, sobre obras huérfanas, señala que la norma se entiende sin perjuicio de las soluciones específicas que se desarrollen en los Estados miembros para hacer frente a cuestiones más amplias relacionadas con la digitalización a gran escala, como en el caso de las obras fuera del circuito comercial. Esas soluciones tienen en cuenta las especificidades de los distintos tipos de contenido y los diferentes usuarios y toman como punto de partida el consenso de los pertinentes interesados. Es decir, el legislador europeo ya preveía que los Estados miembros pudieran haber configurado un mecanismo para el uso de OPFCC -así sucedió con Francia, que, al momento de aprobarse la Directiva 2012/28, ya disponía de la Ley núm. 2012-287, de 1 de marzo de 2012, relativa a la explotación digital de los libros no disponibles-[53]. Ahora bien, tras el establecimiento del régimen de uso de OPFCC por la Directiva 2019/790, los sistemas nacionales deben ser acordes con la norma europea, al menos por lo que respecta a su utilización por instituciones responsables del patrimonio cultural.

Finalmente, cabe añadir que el considerando 36 Directiva 2019/790 establece que los Estados miembros son libres a la hora de determinar quién es el responsable de garantizar la conformidad de la concesión de las licencias y de su uso conforme a las exigencias de la Directiva y del cumplimiento de sus térmi-

53 De hecho, el *Memorando de entendimiento sobre los principios clave en materia de digitalización y oferta de obras fuera del circuito comercial,* de 20 de septiembre de 2011, invitaba ya a los Estados miembros y a la Comisión a garantizar que los acuerdos voluntarios adoptados entre los usuarios, los titulares derechos y las entidades de gestión con el fin de autorizar el uso de obras fuera del circuito comercial se beneficiaran de una necesaria seguridad jurídica en un contexto nacional y transfronterizo. Disponible en línea: <https://ec.europa.eu/commission/presscorner/detail/en/MEMO_11_619> (Consulta 10/10/2023).

nos. España no ha delimitado la responsabilidad en estos casos al transponer la Directiva. Habrá que entender que serán las instituciones responsables del patrimonio cultural, como licenciatarias, las responsables de cumplir con los términos de la licencia concedida por las entidades de gestión. En este sentido, el artículo 167.1 LPI apunta que, salvo acuerdo contrario entre las partes, los usuarios deberán proporcionar a la entidad de gestión, dentro de los noventa días siguientes a la utilización del derecho y en un formato acordado o establecido previamente, la información pormenorizada y pertinente que esté a su disposición sobre la utilización de los derechos representados por la entidad de gestión y que resulte necesaria para la recaudación de los derechos y el reparto y pago de sus importes debidos a los titulares de derechos. Con todo, las entidades de gestión deberán controlar que, efectivamente, se cumplen las condiciones establecidas en la licencia.

### 1.2.- Las entidades de gestión colectiva legitimadas para otorgar la licencia de uso de las OPFCC

Los artículos 8.1 Directiva 2019/790 y 71.2 RD-ley 24/2021 otorgan legitimación para conceder las licencias de uso de las OPFCC a las entidades de gestión colectiva que, sobre la base de los mandatos otorgados, sean suficientemente representativas de los titulares de derechos en el tipo pertinente de obras y prestaciones y de los derechos objeto de la licencia. Por tanto, no cualquier entidad de gestión dispondrá de esta legitimación. Varias son las notas que caracterizan tal representatividad: 1) debe producirse en el Estado miembro donde esté establecida la institución responsable del patrimonio cultural que solicite la licencia (art. 8.6 Directiva 2019/790); 2) se refiere tanto a la categoría de obras y prestaciones que serán objeto de licencia como a los derechos que se verán afectados por ella. Respecto de esta segunda nota, esta doble exigencia puede ser contraproducente respecto de aquellos Estados miembros en los que no haya entidades de gestión que representen a un determinado sector cultural. En estos casos, el criterio de la suficiente representación en cuanto a los derechos debería bastar para otorgarle legitimación[54].

No obstante, la representación debe ser suficiente. La Directiva 2019/790 no determina cuándo una entidad de gestión es suficientemente representativa, sino que encomienda esta tarea a los Estados miembros, dándoles libertad al respecto, algo que puede afectar a la armonización que se pretende con esta regulación y al uso transfronterizo de las OPFCC. Ahora bien, según su considerando 33, la determinación de qué es una entidad de gestión colectiva suficientemente representativa se debe basar en un número significativo de titulares de derechos en los tipos de obras y prestaciones que hayan otorgado un mandato por el que autorizan la concesión de licencias en general. Por tanto, este considerando establece dos criterios de cara a delimitar la suficiente representación de una entidad de gestión: el número de miembros y el mandato de los socios.

En cuanto al primero, no se debería exigir que la entidad de gestión tuviera un número sustancial de miembros, algo muy complejo de conseguir porque: 1) habrá titulares de derechos que no estén integrados en una entidad de gestión porque no quieran explotar sus obras o prestaciones o porque quieran gestionar ellos mismos sus derechos; 2) establecer un requisito así podría atentar contra el objetivo de la Directiva 2014/26 de fomentar la competitividad entre las entidades de gestión, al impedir que un titular de derechos pudiera elegir la que prefiriera, con independencia del Estado miembro en el que se ubique[55]. Respecto al segundo elemento que entraría en juego

---

54 GEIGER, C., FROSIO, G. y BULAYENKO, O., «Facilitating Access to Out-of-Commerce Works... *op. cit.*, p. 246.

55 La European Copyright Society sugiere que este requisito de la representatividad no se interprete de una manera excesivamente estricta, en el sentido de exigir que la mayoría de los titulares de derechos en un ámbito determinado hayan mandatado a la entidad la

para valorar la suficiente representación de la entidad de gestión (el mandato de los socios), el artículo 5 Directiva 2014/26 establece que se deben indicar específicamente los derechos para los que se concede el mandato. Por tanto, con carácter general, para que una entidad pueda gestionar los derechos de algún titular, debe haber recibido un mandato. Otros criterios que deberían tenerse en cuenta para determinar esa suficiente representación son la capacidad para conceder licencias, para administrar los derechos recaudados, para concluir acuerdos de representación recíproca, para alcanzar un alto nivel de transparencia, para salvaguardar los intereses de los titulares de derechos, o para localizar y distribuir las cantidades de titulares no representados, entre otros[56]. El considerando 48 Directiva 2019/790 apunta otros dos, si bien esta norma tiene que ver con el artículo 12, sobre licencias colectivas con efecto ampliado. A saber: la capacidad de la entidad para gestionar eficazmente los derechos y el sector creativo en el que trabaja.

El artículo 66.4.I RD-ley 24/2019 recoge el concepto de «entidad de gestión colectiva suficientemente representativa». Se incluye en él toda entidad de gestión sobre la cual el Ministerio de Cultura haya resuelto favorablemente la comprobación del cumplimiento de los requisitos legales al inicio de su actividad,

---

gestión de sus derechos. *Vid.* EUROPEAN COPYRIGHT SOCIETY, «Comment of the European Copyright Society on the Implementation of the Extended Collective Licensing Rules (Arts. 8 and 12) of the Directive (EU) 2019/790 on Copyright in the Digital Single Market», en *Journal of Intellectual Property, Information Technology and Electronic Commerce Law*, n.º 11, 2020, pp. 101 y 104.

56 EUROPEAN COPYRIGHT SOCIETY, «Comment of the European Copyright Society on the Implementation of the Extended Collective Licensing Rules (Arts. 8 and 12) of the Directive (EU) 2019/790 on Copyright in the Digital Single Market», en *Journal of Intellectual Property, Information Technology and Electronic Commerce Law*, n.º 11, 2020, p. 8.

conforme a la LPI[57]. Parece presumirse que, el hecho de haber obtenido la autorización por parte del Ministerio señalado, otorga ya el estado de entidad suficientemente representativa. En nuestro país, la obtención de tal autorización no está supeditada a que la entidad represente a un número significativo de titulares de derechos en una determinada categoría de obras o prestaciones (*vid.* arts. 147 y 148 LPI). De hecho, el artículo 159.d) LPI establece, para poder constituirse la entidad de gestión, el número de titulares de derechos no puede ser inferior a diez, lo que dista mucho de ser una cantidad suficientemente representativa, como exige el legislador europeo. Por tanto, la norma española contraviene, en este sentido, la Directiva 2019/790, pues podría ocurrir que se trate como entidad suficientemente representativa a alguna que no represente a un número significativo de titulares de derechos. Ahora bien, el artículo 71.2.a) RD-ley 24/2021 establece que los derechos sobre los que una entidad de gestión reivindique representatividad, a los efectos de licenciar el uso de OPFCC, deben estar contemplados en su objeto social.

Actualmente, el Ministerio de Cultura ha autorizado a nueve entidades de gestión: Sociedad General de Autores y Editores (SGAE); Centro Español de Derechos Reprográficos (CEDRO); Asociación de Gestión de Derechos Intelectuales (AGEDI); Ar-

---

57 Según ROSATI, una «entidad de gestión colectiva suficientemente representativa» es aquella que está autorizada por la ley o por mandato, licencia o cualquier otro tipo de arreglo contractual para administrar los derechos de autor o los derechos conexos en nombre de más de un titular de derechos, como único o principal fin. *Vid.* ROSATI, E., *Copyright in the Digital Single Market... op. cit.*, pp. 174-175. En Alemania, se entiende que una entidad es representativa si gestiona, conforme a los correspondientes contratos de gestión, los derechos de un número de titulares suficientemente amplio (art. 51b GUvS). En Francia se tiene en cuenta, además del número de titulares, la calificación profesional de los directivos de la entidad de gestión y los recursos humanos y materiales que la entidad vaya a implementar para la gestión de las OPFCC (art. L138-2.II CPIf).

tistas Intérpretes o Ejecutantes, Sociedad de Gestión de España (AIE); Visual, Entidad de Gestión de Artistas Plásticos (VEGAP); Entidad de Gestión de Derechos de los Productores Audiovisuales (EGEDA); Artistas Intérpretes, Sociedad de Gestión (AISGE); Derechos de Autor de Medios Audiovisuales (DAMA); y Sociedad Española de Derechos de Autor (SEDA). Cada una actúa en un ámbito de gestión muy delimitado, aunque existen algunos solapamientos en determinados sectores (SGAE/DAMA y SGAE/SEDA). No obstante, el considerando 33 Directiva 2019/790 apunta que, cuando haya más de una entidad de gestión colectiva representativa, los Estados miembros tendrán que fijar las normas específicas aplicables, exigiendo licencias conjuntas o un acuerdo entre las entidades pertinentes. En este sentido, el artículo 66.4.II RD-ley 24/2021 requiere alguna de esas dos cosas.

Por otro lado, la entidad de gestión suficientemente representativa podrá licenciar no sólo el uso de obras y prestaciones cuyos titulares de derechos le han encomendado, a través del correspondiente contrato de gestión, la administración de los derechos, sino también el de aquellas otras cuyos titulares no han otorgado tal mandato a la entidad[58]. Esta previsión abarcaría

---

[58] Las normas apuntan dos mecanismos mediante los cuales se puede conseguir esta amplitud de titulares: las licencias colectivas con efecto ampliado y las presunciones de representación (cdo. 33 y art. 12.1 Directiva 2019/790). No obstante, se mencionan a título de ejemplo, luego los Estados miembros pueden utilizar cualquier otro mecanismo que consiga esta finalidad. La diferencia entre los dos citados se encuentra en el momento en que se otorga la representación de los no mandantes: en el caso de las licencias colectivas con efecto ampliado, la extensión de la representación se produce en el momento en que se concede la propia licencia, mientras que, en el caso de la presunción de representación, la extensión se produce con carácter previo, con independencia de que conceda o no la licencia. El legislador europeo deja a los Estados miembros libertad para decantarse por uno o por otro, atendiendo a su tradición y a su práctica, y el legislador español ha elegido el primero.

a los titulares de derechos que han revocado en algún momento su mandato a la entidad de gestión y también a los que nunca se lo han concedido, pues todos ellos son titulares que no están representados por la entidad de gestión en cuestión. Conviene plantearse cuál es la virtualidad de este sistema de licenciamiento de uso de las OPFCC. Respecto de aquellos titulares de derechos no representados por las entidades de gestión que conceden la licencia tiene todo el sentido. Sin embargo, más dudas plantea en relación con los titulares de derechos que sí han mandatado la gestión de los mismos a las entidades, puesto que para ellos funcionará igualmente el sistema ordinario de licencias. Realmente, las novedades de esta regulación están en dos elementos: 1) permitir que las entidades de gestión otorguen licencias respecto de titulares de derechos con los que no han celebrado el correspondiente contrato, si bien limitado al uso de las OPFCC; 2) aplicar una excepción a los derechos de todos los titulares afectados cuando no exista una entidad de gestión representativa.

En cualquier caso, esta extensión de la licencia a los titulares de derechos no representados por la entidad de gestión constituye una excepción a lo establecido en los artículos 5.7 Directiva 2014/26 y 156.3 y 157.1 LPI, que exigen que el titular de los derechos otorgue su consentimiento explícito para los derechos que autorice a la entidad colectiva, consentimiento que debe constar por escrito. Aunque pudiera parecer que este mecanismo constituye una merma en el derecho de exclusiva de los titulares, hay que reconocer sus ventajas: a) supone una vía razonable y adecuada para lograr un equilibrio entre el interés público y los derechos de propiedad intelectual por lo que respecta al uso de las OPFCC; b) genera seguridad jurídica a las instituciones responsables del patrimonio cultural, que van a poder utilizar esos contenidos sin miedo a reclamaciones; c) permite conseguir la viabilidad económica de los proyectos de digitalización masiva[59]. Téngase en cuenta que los titulares de derechos tienen en todo momento la posibilidad de impedir el uso de sus obras y prestaciones conforme a este régimen a través del mecanismo de exclusión.

El artículo 156.2 LPI obliga a las entidades de gestión a aceptar la administración no sólo de los derechos encomendados contractualmente, sino también de los derechos encomendados legalmente. Por tanto, respecto de las OPFCC y su uso por instituciones responsables del patrimonio cultural a efectos de reproducción, distribución y comunicación al público, los derechos afectados parecerían de gestión colectiva obligatoria. Sin embargo, realmente funcionarían como derechos a medio camino entre la gestión colectiva obligatoria y la gestión colectiva voluntaria, un *tertius genus*, pues necesariamente estos actos de explotación los licencia la entidad de gestión, pero existe la posibilidad de que el titular de los derechos los excluya de este régimen de uso ejercitando la facultad contemplada en el artículo 8.4 Directiva 2019/790. Asimismo, el apartado 3 del artículo 156 LPI reitera lo señalado en el apartado 2, al señalar que existen dos maneras de encomendar la gestión de derechos de propiedad intelectual a las entidades: 1) a través de un contrato de gestión a iniciativa del titular de los derechos; 2) a través de la ley, en cuyo caso la administración de los derechos debe ejercerse exclusivamente a través de las entidades de gestión. Sin embargo, el artículo 156.3 LPI, al referirse a este segundo medio, habla de «los derechos contemplados en la presente ley cuya gestión deba ejercerse exclusivamente a través de las entidades de gestión». Los derechos sobre las OPFCC cuya gestión corresponde en exclusiva a las entidades de gestión no están establecidos en la LPI, sino en el RD-ley

---

59 Apunta algunas de estas ventajas EVANGELIO LLORCA, R., «La regulación de las obras y prestaciones fuera del circuito comercial... *op. cit.*, p. 239.

24/2021. Por tanto, hay derechos de gestión colectiva obligatoria fuera de la norma basilar sobre propiedad intelectual, lo que podría dificultar la labor de las entidades de gestión.

Para que una entidad de gestión pueda otorgar una licencia de uso de las OPFCC, no sólo se exige que sea suficientemente representativa de los titulares de derechos en el tipo pertinente de obras o prestaciones y de los derechos objeto de la licencia, sino que los artículos 8.1.b) Directiva 2019/790 y 71.2.b) RD-ley 24/2021 requieren también que se garantice a todos los titulares de derechos la igualdad de trato en relación con los términos de la autorización no exclusiva. Esta igualdad de trato se predica tanto de los titulares mandantes con respecto a los no mandantes, como respecto de los distintos grupos de titulares, tal como se deriva del considerando 6 Directiva 2014/26. Cabe subrayar, además, que la igualdad de trato se refiere solamente a la licencia concedida a las instituciones responsables del patrimonio cultural para el uso de OPFCC, incluyendo la remuneración a que pudiera dar lugar. Los mismos recursos que la entidad de gestión utilice para gestionar los derechos de los titulares de los que tiene mandato en este ámbito debe utilizarlos para los no representados. Sin embargo, la entidad de gestión no estará obligada a extender los beneficios que disfrutan sus miembros respecto a la administración de otro tipo de contenidos protegidos distintos a las OPFCC a aquellos titulares que no les hayan encomendado la gestión de sus derechos[60].

---

60 Recuérdese que, conforme al artículo 177.5 LPI, la acción para reclamar a las entidades de gestión el pago de las cantidades recaudadas que estén pendientes de asignación, cuando, tras el procedimiento de reparto, no hayan sido identificados el titular o la obra o prestación, prescribe a los cinco años, contados desde el 1 de enero del año siguiente al de su recaudación. Así, podría ocurrir que la OPFCC se refiera a titulares de derechos que no están localizados y que prescriba su derecho a cobrar la correspondiente remuneración por el uso de sus contenidos. Si esto fuera así, el artículo 177.6 LPI obliga a la entidad

No obstante, los artículos 7 Directiva 2014/26 y 156.6 LPI obligan, con carácter general, a las entidades de gestión a reconocer a los titulares de derechos no miembros con los que tengan una relación jurídica en virtud de la ley determinados derechos: 1) el derecho de información sobre los acuerdos de representación recíproca entre entidades de gestión que les permitan la concesión de licencias multiterritoriales (arts. 29.2 Directiva 2014/26 y 172.2 LPI; 2) el derecho de información sobre las obras y prestaciones que representan, los derechos gestionados y los territorios que abarcan las licencias [arts. 20 Directiva 2014/26 y 183.1.a) y b) LPI]; 3) el derecho a comunicarse con la entidad de gestión por vía electrónica (arts. 6.4 Directiva 2014/26 y 156.6 LPI); 4) el derecho a plantear reclamaciones o quejas conforme a los procedimientos previstos en los estatutos de la entidad de gestión (arts. 33 Directiva 2014/26 y 156.6 LPI).

Por último, cabe plantearse si los operadores de gestión independiente pueden otorgar licencias colectivas con efecto ampliado. La respuesta debe ser negativa por varias razones. En primer lugar, porque el artículo 153.1 LPI sólo obliga a los operadores de gestión independiente a informar al Ministerio de Cultura y Deporte sobre el inicio de sus actividades en España, sin estar sujetas a su autorización para actuar, que debe ser entendido como un mecanismo más seguro de la finalidad

---

de gestión a destinar ese dinero a alguna de las siguientes finalidades: a) a la realización de actividades asistenciales a favor de los miembros de la entidad y/o actividades de formación y promoción de autores y artistas intérpretes y ejecutantes; b) a la promoción de la oferta digital legal de las obras y prestaciones protegidas cuyos derechos gestionan, en los términos previstos en el artículo 178.1.c) 1º y 3º LPI; c) a acrecer proporcionalmente el reparto a favor del resto de obras y prestaciones protegidas que sí fueron debidamente identificadas en el proceso de reparto de donde provienen dichas cantidades; d) a la financiación de la ventanilla única de facturación y pago contemplada en el artículo 168 LPI; e) a la financiación de Ventanilla Única Digital.

protectora de los titulares de derechos. Por tanto, no se cumple la exigencia incluida en el concepto de «entidad de gestión suficientemente representativa» recogido en el artículo 66.2 RD-ley 24/2021. En segundo lugar, el artículo 71 RD-ley 24/2021 habla de «entidades de gestión», no de operadores de gestión independientes. Tras la Directiva 2014/26, el legislador debe distinguir entre ambos tipos de entidades. Si no lo hace, no es porque quiera equipararlas o porque deba entenderse que estos últimos se incluyen dentro de aquéllas. De hecho, el artículo 152.1 LPI exige que las «entidades dependientes de una entidad de gestión» estén sujetas al cumplimiento de los mismos requisitos que las entidades de gestión, redacción que no aparece en el artículo 153 LPI respecto de los operadores de gestión independiente. En tercer lugar, las entidades de gestión no pueden tener ánimo de lucro (art. 147.II LPI), en tanto que los operadores de gestión independiente están obligados a tener una finalidad lucrativa [art. 153.2.b) LPI], lo que también podría afectar al objetivo pretendido con este sistema de licencias colectivas con efecto ampliado, que no es tanto la obtención de un lucro, sino favorecer el acceso a los contenidos protegidos para el público en general. Y, en cuarto lugar, el artículo 153.1.II LPI señala expresamente que los operadores sólo podrán ejercer los derechos de propiedad intelectual conferidos a su gestión por sus titulares mediante un contrato de gestión, lo que les cierra la puerta a la posibilidad de otorgar licencias en representación de titulares que no les hayan encomendado la administración de sus derechos. Además, dado que la atribución de licencias colectivas con efecto ampliado es una excepción a la gestión normal de los derechos de propiedad intelectual, debe ser interpretada en sentido restrictivo.

### *2.- El uso de OPFCC sometido a excepción*

La Directiva 2019/790 y el RD-ley 24/2021 establecen un régimen subsidiario al de la licencia, que consiste en una excepción que permite a las instituciones responsables del patrimonio cultural poner a disposición del público las OPFCC que se encuentren en sus colecciones permanentes, sin tener que pedir autorización y sin tener que abonar ningún tipo de compensación. Se trata de un uso más liberalizado que el de la licencia, regulado en los artículos 8.2 Directiva 2019/790 y 71.4 RD-ley 24/2021.

## 2.1.- Ámbito de aplicación de la excepción

Son dos los mandatos que el artículo 8.2 Directiva 2019/790 lanza a los legisladores nacionales de los Estados miembros. En primer lugar, otorga a la excepción un carácter imperativo, luego éstos no tienen libertad para decidir si la incorporan o no. Están obligados a ello. Esto es algo positivo, en tanto que permite la armonización en materia de excepciones y alcanzar el objetivo del mercado único digital. De hecho, va en consonancia con la política europea de convertir en obligatorias determinadas excepciones, dado el fracaso armonizador en que derivó la Directiva 2001/29, al establecer excepciones facultativas para los Estados miembros. Ahora bien, la transposición que ha hecho el legislador español de esta excepción resulta bastante criticable por varios motivos: a) porque, en lugar de incorporarla en los artículos 31 y siguientes LPI, junto al resto de excepciones, la ha establecido en la norma que transpone la Directiva 2019/790, esto es, en el RD-ley 24/2021, produciendo así una dispersión normativa en materia de límites; b) porque algunas cuestiones no han sido incorporadas correctamente a nuestro ordenamiento interno, como se irá señalando.

El segundo mandato es que la excepción tenga una aplicación subsidiaria respecto del sistema de licencias. Al contrario del régimen de las obras huérfanas, donde el legislador apostó exclusiva y directamente por una excepción obligatoria, en el caso de las OPFCC la excepción sólo entra en juego en defecto del régimen de licencia colectiva ampliada. Ello puede ser porque, en principio, los titulares de derechos sobre OPFCC están identificados o localizados, algo que no ocurre en las obras huérfanas. Así, la excepción únicamente va a funcionar respecto de OPFCC para las que no exista ninguna entidad de gestión colectiva que sea suficientemente representativa de los titulares de derechos en el tipo pertinente de obras u otras prestaciones y de los derechos concernidos (arts. 8.3 Directiva 2019/790 y 71.4 RD-ley 24/2021). Pero el considerando 32 Directiva 2019/790 añade un caso más: cuando no haya una práctica de gestión colectiva para los derechos de un determinado tipo de obra o prestación[61]. Así, si algún contenido protegido por la propiedad intelectual no estuviera gestionado por ninguna entidad de gestión y estuviera fuera del circuito comercial, entonces podría aplicarse también la excepción. En cualquiera de los casos, este considerando exige también, para que proceda la excepción, la falta de disponibilidad de soluciones para la concesión de licencias. Ahora bien, el hecho de que no exista un acuerdo sobre los términos de la licencia no se puede interpretar como esa falta de disponibilidad de soluciones.

En España, no hay resquicio para el juego de la excepción. Y ello por varios motivos: a) porque el artículo 71.4 RD-ley 24/2021 prevé su aplicación únicamente cuando no exista una entidad de gestión suficientemente representativa, sin incluir el supuesto contemplado en el considerando 32 Directiva 2019/790; b) porque todas las entidades de gestión son representativas, pues el legislador español ha condicionado la suficiente representatividad

---

[61] Diversas entidades pusieron de manifiesto al legislador europeo la necesidad de este sistema subsidiario, dado que, en muchos Estados miembros, no había entidades de gestión que se hicieran cargo de la gestión colectiva de contenidos como postales, cartas, diarios o archivos. *Vid.* EBLIDA, Public Libraries, IFLA, Europeana, LIBER, «Arts. 7 to 9: Out of Commerce Works», 14 de septiembre de 2017 [en línea], p. 2, <https://www.eblida.org/Documents/Copyright_Reform/Art.7to9_OOCW.pdf> (Consulta: 10/10/2023).

a la obtención de la autorización del Ministerio de Cultura y Deporte, algo que tienen todas las entidades de gestión que operan en nuestro territorio -no da margen a que existan entidades de gestión no representativas-. De haberse permitido la excepción en los supuestos en que no exista una práctica de gestión colectiva para los derechos de un concreto tipo de obra o prestación, habría podido utilizarse, por ejemplo, respecto de las bases de datos, de los programas de ordenador o de las prestaciones protegidas de los organismos de radiodifusión que estén fuera del circuito comercial, casos donde se cumpliría ese presupuesto. Esta imposibilidad de aplicar la excepción sería contraria al mandato del legislador europeo de transponer obligatoriamente.

Por otro lado, resulta fundamental delimitar los derechos que van a verse afectados con motivo de la excepción. Según el artículo 8.2 Directiva 2019/790, implicará a derechos de varias directivas[62]. Respecto a la Directiva 2001/29, incumbe al derecho de reproducción y al derecho de comunicación pública, recogidos en sus artículos 2 y 3 respectivamente, sobre obras y prestaciones en general. No, en cambio, al derecho de distribución. En cuanto a la Directiva 96/9, la excepción atañe al derecho de reproducción (art. 5.a), al derecho de traducción, adaptación, reordenación y cualquier otra modificación (art. 5.b), al derecho de comunicación, exhibición o representación (art. 5.d) y al derecho de reproducción, distribución, comunicación, exhibición o representación al público de los resultados derivados de cualquier traducción, adaptación, reordenación o cualquier otra modificación (art. 5.e), todos ellos correspondientes al autor de una base de datos. De esta última directiva, se afecta también al derecho de extracción y/o reutilización de la totalidad o de una parte sustancial del contenido de ésta, del

---

62 A diferencia de las OPFCC, en el caso de las obras huérfanas se ven limitados los derechos contemplados sólo en la Directiva 2001/29 (art. 6.1 Directiva 2012/28).

fabricante de una base de datos, incluido en su artículo 7.1. En cuanto a la Directiva 2009/24/CE, la excepción concierne a los usos de un programa de ordenador establecidos en su artículo 4.1: 1) la reproducción por cualquier medio y bajo cualquier forma, ya fuera permanente o transitoria (letra a); 2) la traducción, adaptación, arreglo y cualquier otra transformación y la reproducción de los resultados de tales actos (letra b); 3) cualquier forma de distribución pública, incluyendo el alquiler (letra c)[63]. Finalmente, la excepción también tiene que ver con el derecho de reproducción y el derecho de puesta a disposición reconocido a las editoriales de publicaciones de prensa, recogido en el artículo 15.1 Directiva 2019/790.

El límite del artículo 8.2 Directiva 2019/790 ha sido transpuesto en nuestro ordenamiento en el artículo 71.4 RD-ley 24/2021. Sin embargo, el legislador español no se ha parado aquí, sino que ha ido más allá, creando límites nuevos en los apartados 7 a 9 del artículo 71 RD-ley 24/2021, no contemplados en la Directiva, que serían contrarios al espíritu armonizador que se persigue con la normativa europea en materia de límites y al sistema cerrado de excepciones[64]. Esos apartados 7 a 9 del artículo 71 RD-ley 24/2024 traspasarían el mandato de Europa y no estarían sujetos a los requisitos del artículo 8.2 Directiva 2019/790 -ni del artículo 71.4 RD-ley 24/2021-, dado que no aluden ni remiten

---

63 Téngase en cuenta, además, que el TJUE, en su sentencia de 3 de julio de 2012, declara que el suministro online de un programa de ordenador constituye un acto de venta sujeta al derecho de distribución siempre que la licencia permita el uso del programa por tiempo indefinido y sin necesidad de abonar ningún precio adicional (caso *Usedsoft*, asunto C-128/11, ap. 49, ECLI:EU:C:2012:407).

64 Así lo entienden GARROTE FERNÁNDEZ-DÍEZ, I., «La transposición al ordenamiento español de la Directiva 2019/790... *op. cit.*, pp. 16-20; SÁNCHEZ ARISTI, R., y OYARZABAL OYONARTE, N., «Decadencia y caída del Texto Refundido de la Ley de Propiedad Intelectual... *op. cit.*, p. 82-85.

a ellos expresamente[65]. La creación de esos nuevos límites no puede quedar amparada en el artículo 25 Directiva 2019/790, que permite a los Estados miembros adoptar disposiciones más amplias respecto a las excepciones. Y ello porque este precepto se refiere a aquellas contempladas en la Directiva 2019/790, no a las excepciones de nueva creación, como son las contenidas en los apartados 7 a 9 del artículo 71 RD-ley 24/2021.

El artículo 71.7 RD-ley 24/2024 establece: «Sin perjuicio de lo dispuesto en la regulación legal sobre reproducciones provisionales y copia privada, no se necesitará la autorización del autor de una base de datos protegida legalmente y que haya sido divulgada, cuando se trate de puesta a disposición de obras fuera del circuito comercial». Cabe hacer varios comentarios a esta norma. En primer lugar, se refiere a las bases de datos protegidas por el derecho de autor. En segundo lugar, no está claro a qué derechos afecta el límite. La lectura profunda del precepto lleva a la conclusión de que comprende los actos de reproducción -los dos límites mencionados en ese apartado se refieren únicamente al derecho de reproducción-, pero no cubriría la puesta a disposición. De abarcarla, no sería necesario este apartado 7, pues el artículo 71.4 RD-ley 24/2021 ya permite la reproducción y la puesta a disposición de obras en general que se encuentren fuera del circuito comercial. En tercer lugar, no limita esta excepción a las instituciones responsables del patrimonio cultural,

---

65 Propone GARROTE FERNÁNDEZ-DÍEZ, con el fin de evitar posibles perjuicios y escapando de su propia literalidad, interpretar los apartados 4, 7 y 9 del artículo 71 RD-ley 24/2021 conjuntamente, de manera que el primero se refiera a las obras y prestaciones en general (salvo bases de datos), el segundo a las bases de datos protegidas por el derecho de autor y el tercero a las bases de datos protegidas por el derecho *sui generis*. De esta manera, a su juicio, a los apartados 7 y 9 se les podría aplicar los requisitos plasmados en el apartado 4 y la regla de los tres pasos. *Vid.* GARROTE FERNÁNDEZ-DÍEZ, I., «La transposición al ordenamiento español de la Directiva 2019/790... *op. cit.*, p. 20.

sino que está redactada en unos términos más amplios, como si el beneficiario de la excepción pudiera ser cualquiera. En todo caso, dado el principio de interpretación restrictiva de los límites y la ubicación del apartado 4 del artículo 71 RD-ley 24/2021, hay que suponer que las beneficiarias son aquéllas. En cuarto lugar, aunque pudiera parecer que este apartado se refiere a la puesta a disposición de las obras contenidas en la base de datos, hay que entender que la falta de autorización se refiere al uso de la base de datos en sí misma (bases de datos fuera del circuito comercial), pues para el uso concreto de éstas ya disponemos del límite general del artículo 71.4 RD-ley 24/2021. En quinto y último lugar, el artículo 71.7 RD-ley 24/2021 deja a salvo la regulación de las reproducciones provisionales y de la copia privada. Recuérdese, a este respecto, que el artículo 31.3.b) LPI prohíbe la aplicación del límite de copia privada a las bases de datos electrónicas.

El artículo 71.8 RD-ley 24/2021 establece que, cuando se trate de la puesta a disposición de OPFCC, no requerirá la autorización del titular para llevar a cabo, por parte de instituciones culturales para fines no comerciales: a) la reproducción total o parcial, por cualquier medio y bajo cualquier forma, permanente o transitoria -si la distribución o comunicación pública necesitaran de tal reproducción, entonces sí deberá solicitarse la autorización al titular de los derechos-; b) la transformación de la obra y la reproducción de los resultados, sin perjuicio de los derechos de la persona que lleve a cabo tal transformación -el artículo 8.2 Directiva 2019/790 en ningún momento alude al derecho de transformación, derecho que, por otro lado, no está armonizado en la UE-; c) cualquier forma de distribución de la obra o prestación. Cabe hacer también varias consideraciones respecto a este apartado 8. En primer lugar, lo que se excluye de consentimiento es la reproducción, la distribución y la transformación, no la puesta a disposición, que sí estaría permitida, en cambio, por el apartado 4. La letra a) del artículo 71.8 RD-ley 24/2021 contiene una excepción a la falta de necesidad de autorización: se exige el consentimiento del titular del derecho cuando la distribución o la puesta a disposición de la obra o prestación requiera su previa reproducción. Respecto de la distribución, esta previsión se contradice con la letra c) del artículo 71.8 RD-ley 24/2021, que permite cualquier forma de distribución sin necesidad de autorización. En segundo lugar, la excepción no tiene correspondencia con la norma europea. En tercer lugar, no alude a las instituciones responsables del patrimonio cultural, sino a «instituciones culturales», si bien habría que entender ambas expresiones como sinónimas. Y, en cuarto lugar, el artículo 71.8 RD-ley 24/2021 permite actos de explotación distintos a los del artículo 71.4, si bien se refiere también a obras y prestaciones en general, incluyendo los programas de ordenador y las bases de datos.

El límite contenido en el artículo 71.9 RD-ley 24/2021 se refiere al derecho *sui generis* de los fabricantes de bases de datos. En particular, no es necesaria su autorización para extraer y/o reutilizar una parte sustancial del contenido de la misma cuando se trate de puesta a disposición de obras fuera del circuito comercial. Este límite no abarca tampoco la puesta a disposición. Asimismo, resulta curioso que el legislador español amplíe el beneficiario de la excepción a cualquier «usuario legítimo» de la base de datos, en lugar de reducirlo a las instituciones responsables del patrimonio cultural. No obstante, conviene restringir su ámbito de aplicación a estas últimas, que son en quienes está pensando el legislador a la hora de regular las OPFCC.

Por lo que respecta a la aplicación de la excepción al derecho conexo de los editores de publicaciones periódicas y agencias de noticias, el legislador español no lo ha previsto, al menos no de una manera expresa, en el artículo 71 RD-ley 24/2021. Hay que trasladarse al artículo 129bis.6.g) LPI para entender aplicable la excepción a las publicaciones periódicas fuera del circuito comercial. Dicho precepto impide, con carácter general, la aplicación de los derechos reconocidos a editores y agencias de noticias a «los contenidos cuyo uso esté amparado por una excepción o un límite a los derechos de autor o los derechos afines».

En cuanto a los actos de explotación permitidos por la excepción, el artículo 8.2 Directiva 2019/790 sólo se refiere a la puesta a disposición de OPFCC[66]. Obsérvese que hay una disociación entre los derechos afectados por la excepción (reproducción, distribución, comunicación pública e incluso transformación, en ocasiones) y los actos permitidos por la misma a las instituciones responsables del patrimonio cultural (únicamente puesta a disposición). Sin embargo, el artículo 71.4 RD-ley 24/2021 incluye también la reproducción y la distribución, permitiendo así los mismos actos de explotación que respecto de la licencia. Esta ampliación no es contraria a la Directiva 2019/790, pues su artículo 25 permite a los Estados miembros adoptar disposiciones más amplias con respecto a los usos o ámbitos cubiertos por las excepciones establecidas en ella. Asimismo, los usos que se hagan al amparo de la excepción se entenderán producidos únicamente en el Estado miembro en el que esté establecida la institución responsable del patrimonio cultural que haga dicho uso (art. 9.2 Directiva 2019/790). Esta previsión puede ser entendida de dos maneras: 1) la prohibición de un uso transfronterizo de las OPFCC bajo el paraguas de la excepción, algo que casaría muy mal con los objetivos pretendidos mediante esta regulación; 2) la superación de las dificultades del principio de territorialidad en los casos de uso en línea de obras y prestaciones, conforme al cual la utilización se localiza en cada Estado miembro desde el que los usuarios pueden acceder a esos contenidos, lo que llevaría a analizar la legalidad de esos actos en virtud de la normativa de todos los países desde los que se puede acceder[67]. Esta última es la interpretación más plausi-

---

66 En la excepción relativa a las obras huérfanas, únicamente quedan afectados los derechos de reproducción y de puesta a disposición (arts. 6.1 Directiva 2012/28, 37bis.4 LPI y 1.1 RD 224/2016).

67 DE MIGUEL ASENSIO, P., «Territorialidad de los derechos de autor y mercado único digital», en *Cuadernos de Derecho Transnacional*, núm. 2, vol. 12, 2020, p. 368; SÁNCHEZ ARISTI, R., y OYARZABAL

ble. En consecuencia, aunque las OPFCC puestas a disposición del público por una institución responsable del patrimonio cultural española sean accesibles desde cualquier Estado miembro, el uso se entiende realizado en España (criterio del país de origen) y habrá que enjuiciar, llegado el caso, si se cumplen los requisitos conforme a la legislación española, evitando así la aplicación cumulativa de normas a que lleva el principio de *lex loci protectionis*. Con todo, el legislador español ha olvidado incorporar al artículo 71 RD-ley 24/2021 esta regla del país de origen del artículo 9.2 Directiva 2019/790.

Como toda excepción, el uso de OPFCC está sometido al cumplimiento de una serie de requisitos. En primer lugar, no se requiere la consecución de unos fines concretos y determinados, pero sí se prohiben los fines comerciales[68]. Además, la puesta a disposición no puede realizarse a través de cualquier medio, sino únicamente mediante sitios web no comerciales. Con ello se pretende evitar cualquier obtención de beneficios económicos por el uso de OPFCC, como pudiera ser su puesta a disposición en webs donde el titular obtiene ingresos por la descarga de estos contenidos o a través de *banners* de publicidad, por ejemplo. Esta prohibición de puesta a disposición en sitios web comerciales no se exige, en cambio, en el caso del uso licenciado, al menos no de

---

OYONARTE, N., «Decadencia y caída del Texto Refundido de la Ley de Propiedad Intelectual... op. cit., p. 78; GARROTE FERNÁNDEZ-DÍEZ, I., «La transposición al ordenamiento español de la Directiva 2019/790... op. cit., pp. 13-14.

68 Los usos a que las entidades beneficiarias de la excepción sobre obras huérfanas deben destinarlas están más limitados que en el caso de las OPFCC, dado que los artículos 6.2 Directiva 2012/28, 37bis.4 LPI y 3 RD 224/2016 se refieren a fines de conservación y restauración. Además, se prevé la posibilidad de que las entidades beneficiarias obtengan ingresos en el transcurso de dichos usos únicamente a los efectos de cubrir los costes generados por la digitalización de las obras huérfanas y su puesta a disposición.

una manera tan directa. Sin embargo, la condición de que la licencia se conceda para fines no comerciales impedirá que las instituciones responsables del patrimonio cultural acudan a ellos.

En segundo lugar, al igual que en el caso de la licencia, las beneficiarias de la excepción serán las instituciones responsables del patrimonio cultural. Además, las obras y prestaciones sujetas a la excepción deben encontrarse en la colección permanente de estas entidades, en el sentido ya apuntado anteriormente. Y, en tercer lugar, debe indicarse el nombre del autor o de cualquier otro titular de derechos identificable, salvo cuando esta indicación resulte imposible[69]. Se trata con ello de respetar el derecho moral de paternidad de los autores y de los artistas intérpretes o ejecutantes (arts. 14.3° y 113.1 LPI, respectivamente). La imposibilidad de indicar el nombre del autor o de cualquier otro titular de derechos puede ser de hecho o de derecho. La primera tendrá lugar, por ejemplo, cuando el nombre del autor no aparezca en la obra por encontrarse ésta deteriorada. La segunda puede ocurrir cuando el autor haya decidido ampararse en el anonimato o utilizar un seudónimo, en cuyo caso no sería posible indicar el nombre porque, de hacerlo, constituiría una infracción del derecho de paternidad.

Por otro lado, la aplicación de la excepción no está sujeta a compensación, lo que puede perjudicar a los titulares de derechos afectados por ella en comparación con aquellos titulares cuyos contenidos se acogen al uso licenciado. La Directiva 2019/790 no obliga a su reconocimiento, pero deja abierta la posibilidad a los Estados miembros. El legislador español debió haber previsto una compensación o, al menos, permitirles el ejercicio de una facultad de exclusión de uso de sus obras y prestaciones, al estilo de lo previsto en los artículos 6.5 Di-

---

69 La aplicación de la excepción sobre obras huérfanas también exige que se indique el nombre de los autores y de otros titulares de derechos que estén identificados (arts. 6.3 Directiva 2012/28 y 37bis.3 LPI).

rectiva 2012/28, 37bis.7 LPI y 7 RD 224/2016 para las obras huérfanas[70], o una reserva de derechos, como en el caso de las excepciones contempladas en los artículos 32.1.II y 33.1 LPI. La dificultad que pudieran encontrar esos titulares a la hora de cobrar la compensación, dado que no existe una entidad de gestión -o la hay pero no es suficientemente representativa- que la recaude, requisito exigido para aplicar la excepción, no debe ser motivo para considerarlos de peor condición que aquellos titulares sujetos al sistema de licencia[71].

Finalmente, conviene apuntar que los titulares de derechos no podrían impedir, a través de medidas tecnológicas, el disfrute de esta excepción por parte de las instituciones responsables del patrimonio cultural[72]. Lo contrario perjudicaría al objetivo pretendido con la excepción: asegurar el acceso masivo a las OPFCC. Téngase en cuenta que las disposiciones sobre medidas tecnológicas están previstas en el artículo 6 Directiva 2001/29 respecto de las excepciones contempladas en esta norma, y que el artículo 7.2 Directiva 2019/790 establece la aplicación de al-

70 El artículo 7 RD 224/2016, que desarrolla el régimen jurídico de las obras huérfanas, establece los criterios para determinar la compensación: a) el uso efectivamente realizado de la obra huérfana; b) la naturaleza no comercial de la utilización realizada por las entidades beneficiarias con el fin de alcanzar los objetivos relacionados con su misión de interés público, como el fomento del estudio o la difusión de la cultura; c) el posible perjuicio causado a los titulares de derechos.

71 Así también MORÁN RUIZ, M., «Uso de obras y prestaciones fuera del circuito comercial... *op. cit.*, p. 147. En contra, *vid.* SÁNCHEZ ARISTI, R., y OYARZABAL OYONARTE, N., «Decadencia y caída del Texto Refundido de la Ley de Propiedad Intelectual... *op. cit.*, p. 80, que consideran acertada la decisión del legislador de no someter la excepción a compensación, pues eso desincentivaría que las instituciones responsables del patrimonio cultural hicieran uso del límite. Sin embargo, ese mismo argumento podría aplicarse al uso sometido a licencia y, sin embargo, se debe pagar la correspondiente remuneración.

72 ROSATI, E., *Copyright in the Digital Single Market... op. cit.*, p. 199.

gunos párrafos del artículo 6.4 Directiva 2001/29 a las excepciones incluidas en los artículos 3 a 6 Directiva 2019/790, sin hacer mención expresa a la relativa a las OPFCC. Igualmente, aunque, según el artículo 7.2 Directiva 2019/790, la regla de los tres pasos está únicamente prevista para las excepciones de minería de textos y datos (arts. 3 y 4 Directiva 2019/790), la excepción sobre utilización de obras y prestaciones en actividades pedagógicas digitales y transfronterizas (art. 5 Directiva 2019/790) y la excepción relativa a la conservación del patrimonio cultural (art. 6 Directiva 2019/790), resulta igualmente aplicable a la excepción sobre el uso de OPFCC, pues se trata de un mandato de carácter internacional, recogido en los artículos 9.2 CB, 13 ADPIC, 10.1 TODA, 16.2 TOIEF y 13.2 TOIEA, entre otros, y dirigido al legislador y al juez, cuyo ámbito de aplicación son los límites con independencia del lugar donde se establezcan[73].

### 2.2.- Semejanzas y diferencias entre el uso licenciado y el uso excepcionado

Los dos regímenes de uso de las OPFCC guardan entre sí semejanzas, pero también bastantes diferencias. Las primeras tienen que ver con el objeto sobre el que recaen (las OPFCC), las beneficiarias de los dos sistemas (las instituciones responsables del patrimonio cultural) y la obligación de no perseguir fines comerciales al utilizarlas. Esta última obligación está redactada de diferente manera en uno y otro caso: respecto de la licencia, ésta se otorga «para fines no comerciales», mientras que la puesta a disposición a través de la excepción debe hacerse necesariamente a través de «sitios webs no comerciales». Sin embargo, ello no debe comportar una distinta interpretación en cuanto a su contenido. En ambos casos (licencia y excepción), además, solamente pueden utilizar aquellas obras y prestaciones que se

[73] ROSATI, E., *Copyright in the Digital Single Market… op. cit.*, p. 201.

encuentren en sus colecciones. También aquí la formulación es distinta en uno y otro caso: en el caso de las licencias, la normativa se refiere a las obras y prestaciones que se hallen «de forma permanente en la colección de la institución», mientras que en el caso de la excepción se habla de contenidos «que se encuentren en su colección permanente». Aunque ambas expresiones deben entenderse de la misma manera, la primera está mejor redactada, dado que la permanencia debe predicarse del estado en que la obra o prestación se encuentra en la institución responsable del patrimonio cultural, y no tanto de la propia colección.

Respecto a las diferencias, la principal es que el uso que se puede hacer conforme a la licencia es mucho más amplio que el que se puede hacer conforme a la excepción, al menos si nos atenemos a la Directiva 2019/790. Conforme a su artículo 8.1, la licencia permitirá la reproducción, la distribución y la comunicación pública, incluyendo la puesta a disposición. En cambio, la excepción del artículo 8.2 únicamente permite la puesta a disposición de las OPFCC -ni siquiera una comunicación pública en sentido amplio-. Esta diferenciación tiene su justificación en el hecho de que si bien la licencia estará sujeta a la correspondiente remuneración para los titulares de derechos, no ocurre lo mismo con la excepción, que no está sometida a compensación alguna, en tanto que se le otorga un carácter gratuito. Si acudimos a la transposición española de la Directiva, comprobaremos que tanto la licencia como la excepción permiten la reproducción, la distribución y la comunicación al público, incluyendo la puesta a disposición.

Otra diferencia entre el régimen de licencia y el régimen de excepción es la exigencia de indicar el nombre del autor o de cualquier otro titular de derechos identificable, prevista expresamente en el segundo y no en el primero. Sin embargo, debe entenderse que esta condición también se predica de la licencia, en aras del respeto al derecho moral de paternidad, configurado como irrenunciable e indisponible en nuestro artículo 14.3º LPI. La última diferencia tiene que ver con la posibilidad de cubrir o no los usos transfronterizos de las OPFCC. El artículo 9.1 Directiva 2019/790 establece que los Estados miembros garantizarán que las licencias concedidas a las instituciones responsables del patrimonio cultural puedan cubrir el uso de las OPFCC en cualquier Estado miembro. Similar previsión se recoge también en el artículo 71.3 RD-ley 24/2021. Hay, por tanto, un reconocimiento expreso a la posibilidad de usos transfronterizos de las OPFCC en el caso de la licencia. Por lo que se refiere al régimen de la excepción, el artículo 9.2 Directiva 2019/790 se limita a indicar que los usos realizados al amparo de la misma se considerarán producidos sólo en el Estado donde esté establecida la institución responsable del patrimonio cultural que haga dicho uso -no se indica nada al respecto en la legislación española-. A pesar de no mencionar explícitamente la posibilidad de utilizar de manera transfronteriza las OPFCC por parte de las instituciones responsables del patrimonio cultural que se acogen a la excepción, debe entenderse igualmente permitido[74]. Sólo así se garantizan los objetivos que la Directiva 2019/790 pretende conseguir con este régimen especial -entre ellos, el buen funcionamiento del mercado interior y la digitalización masiva y puesta a disposición de las OPFCC-.

### *3.- Medidas comunes a la licencia y a la excepción*

El legislador europeo ha previsto una serie de medidas comunes al sistema de la licencia y al sistema de la excepción. En particular tres: 1) el derecho de los titulares a excluir sus obras y prestaciones del mecanismo de concesión de licencias o de la aplicación de la excepción (art. 8.4 Directiva 2019/790); 2) las medidas de publicidad de las OPFCC a través de un portal único

---

74 Así parecen considerarlo SÁNCHEZ ARISTI, R., y OYARZABAL OYONARTE, N., «Decadencia y caída del Texto Refundido de la Ley de Propiedad Intelectual... *op. cit.*, p. 80.

y público (art. 10 Directiva 2019/790); 3) el diálogo entre las partes interesadas (art. 11 Directiva 2019/790). Ninguna de ellas ha sido implementada por el legislador español, una omisión especialmente grave dada la repercusión que todas ellas tienen a la hora de proteger los intereses de los titulares de derechos.

### 3.1.- La facultad de exclusión de las obras y prestaciones

Una primera cuestión común a ambos sistemas (licencia y excepción) es que los titulares de derechos deben tener la posibilidad de excluir sus contenidos de estos dos mecanismos (art. 8.4 Directiva 2019/790)[75]. De ejercitarla, la obra o prestación pasaría a ser explotada como cualquier otra, a pesar de estar fuera de los canales comerciales habituales. Esta facultad pretende, por un lado, otorgar a los titulares de derechos la posibilidad de controlar la difusión de sus contenidos protegidos para evitar que sean explotados de tal forma que perjudique sus intereses económicos -imagínese que una institución responsable del patrimonio cultural, con base en esa posibilidad de usos transfronterizos, está usando una obra en un país en el que el autor decidió no explotarla, amparándose en sus derechos de exclusiva-. Y, por otro lado, se trata con ella de respetar el carácter preventivo de los derechos de exclusiva, tal como ha reconocido el TJUE en numerosas sentencias[76]. Sobre las espaldas de los ti-

---

75 Los artículos 5 Directiva 2012/28, 37bis.7 LPI y 6 RD 224/2016 permiten que los titulares de derechos puedan poner fin a la condición de orfandad de la obra o fonograma.

76 Entre otras, las SSTJUE de 15 de marzo de 2012 (caso *Del Corso*, asunto C-135/10, ap. 75, ECLI:EU:C:2012:140), de 7 de agosto de 2018 (caso *Renckhoff*, asunto C-161/17, aps. 29 y 30, ECLI:EU:C:2018:634), de 18 de noviembre de 2020 (caso *Atresmedia*, asunto C-147/19, ap. 50, ECLI:EU:C:2020:935), de 9 de marzo de 2021 (caso *VG Bild-Kunst*, asunto C-392/19, ap. 21, ECLI:EU:C:2021:181), de 22 de junio de 2021 (caso *YouTube y Cyando*, asuntos acumulados C-682/18 y C-683/18, ap.

tulares se coloca la carga de tener que excluir el uso, puesto que, de no hacerlo, se presume que lo autorizan a cambio de una remuneración. El TJUE, en su sentencia de 16 de noviembre de 2016, admite también la posibilidad de que el consentimiento al uso de contenidos protegidos sea implícito, si bien el alto nivel de protección que debe garantizarse a los titulares de derechos exige que las circunstancias en que se admite tal autorización implícita sean definidas de manera estricta (aps. 35-37)[77]. Cabe concluir, entonces, que el régimen de las OPFCC funciona como una suerte de presunción *iuris tantum* de la voluntad del titular de derechos de permitir su utilización. Se entiende que éste au-

---

62, ECLI:EU:C:2021:503), de 13 de julio de 2023 (caso *Ocilion IPTV*, asunto C-426/21, ap. 53, ECLI:EU:C:2023:564), de 20 de abril de 2023 (caso *Blue Air Aviation*, asuntos acumulados C-775/21 y C-826/21, ap. 44, ECLI:EU:C:2023:307), de 11 de abril de 2024 (caso *Citadines*, asunto C-723/22, ap. 37, ECLI:EU:C:2024:289) y de 20 de junio de 2024 (caso *GEMA*, asunto C-135/23, ap. 17, ECLI:EU:C:2024:526).

77 Caso *Soulier*, asunto C-301/15, ECLI:EU:C:2016:878. En el caso resuelto por esta sentencia, los autores de varias obras literarias solicitaron al Consejo de Estado francés que anulase el régimen jurídico de los libros no disponibles (los libros publicados en Francia antes del 1 de enero de 2001, que ya no son objeto de comercialización ni de publicación en formato impreso o digital), incluido en los artículos L.134-1 a L.134-9 del Código francés de Propiedad Intelectual y en el Decreto núm. 2013-182, que viene a desarrollarlas. El Consejo de Estado planteó una cuestión prejudicial ante el TJUE para saber si los artículos 2 y 3.1 Directiva 2001/29 se oponían a una normativa como la señalada, en la que se atribuye a las entidades de gestión el ejercicio del derecho a autorizar la reproducción y la representación en formato digital de libros no disponibles, incluso para fines comerciales, al mismo tiempo que permite a los autores o a los titulares de derechos de dichos libros oponerse y poner fin a tal ejercicio, en un plazo de seis meses desde la inscripción de los libros en una base de datos creada al efecto. Ahora bien, esa facultad de oposición podían ejercitarla los autores de común acuerdo con los editores de las obras o por sí solos, pero, en este último caso, debían acreditar que eran los únicos titulares de derechos sobre ellas.

toriza implícitamente la digitalización, la distribución y la comunicación pública. Ahora bien, dicha presunción admite prueba en contrario, pues es posible que el titular de los derechos se oponga, al concederle esta facultad de exclusión. Y las razones que pueden llevar a un titular, sea o no miembro de la entidad de gestión que ha concedido la licencia colectiva ampliada, a ejercer esta facultad pueden ser diversas: porque desea autorizar individualmente los usos por él mismo o porque quiere permitir un uso libre y gratuito de sus OPFCC, entre otras.

La Directiva 2019/790 también establece que se les debe facilitar el ejercicio de esta opción y garantizárseles que se desarrollará de manera efectiva. Para ello resultará fundamental que los Estados miembros implementen medidas de publicidad que sean eficaces. En el caso de la licencia, deberá haber una información fluida de la entidad de gestión a los titulares de derechos, sobre todo a los no mandantes, respecto de los cuales hayan concedido licencia a las instituciones responsables del patrimonio cultural. Respecto de la excepción, la información deberá hacerse llegar directamente a las instituciones responsables del patrimonio cultural. En los casos en que se admite el consentimiento implícito al uso de obras y prestaciones, es esencial que el titular de los derechos esté efectivamente informado, en especial, sobre cómo se van a utilizar o se están utilizando y sobre los medios que tiene a su disposición para prohibirlo si así lo deseara. Sin esta información previa, el titular de derechos no está en disposición de posicionarse al respecto y, llegado el caso, impedirlo[78].

En todo caso, se trata de una previsión que los Estados miembros deben incorporar obligatoriamente en sus ordenamientos nacionales («establecerán»). Tiene un marcado carácter imperativo. Sin embargo, el legislador español no lo ha previsto en el RD-ley

---

78 En este sentido se pronunció el TJUE en su sentencia ya citada de 16 de noviembre de 2016 (caso *Soulier*, asunto C-301/15, aps. 37-40, ECLI:EU:C:2016:878).

24/2021 ni en la LPI, lo que resulta especialmente criticable[79]. En España, el autor es titular del derecho moral de retirada, previsto en el artículo 14.6º LPI, si bien debe demostrar un cambio en sus convicciones morales e intelectuales para poder retirar completamente la obra del comercio. Esto no supone la recuperación de las copias en poder de terceros, sino la paralización de su comercialización. En cambio, la facultad de exclusión no implica una retirada de la obra del comercio ni que se paralice su explotación, sino que se deje de utilizar conforme a la licencia o la excepción.

Esta facultad se concede en unos términos muy amplios. Así, cuando un titular de derechos haga uso de esta posibilidad, puede impedir el uso total de la OPFCC o de una manera más limitada, es decir, podría excluir: todas sus obras o prestaciones o contenidos concretos, cualquier uso de ellas o determinados usos, la aplicación de ambos sistemas (licencia y excepción) o únicamente alguno de ellos (cdo. 35 Directiva 2019/790). Igualmente, cabe excluir las OPFCC en cualquier momento: antes o durante el período de vigencia de la licencia y antes o durante los usos realizados al amparo de la excepción, lo que incluye el período de seis meses desde que se publican los datos en el portal de la EUIPO antes de comenzar a aplicarse la licencia o la excepción, al que alude el artículo 10.1 Directiva 2019/790. En definitiva, no se ha establecido un plazo concreto para el ejercicio de esta facultad, si bien hubiera sido importante, en aras de la seguridad jurídica para las instituciones responsables del patrimonio cultural. Además, hubiera sido bueno que el legislador hubiera previsto que el ejercicio de esta facultad de exclusión en un Estado miembro tendrá efectos en el resto de Estados miembros que vengan haciendo uso de la OPFCC[80]. Tampoco se ha establecido la exigencia de que exista un motivo razonable para el ejercicio

---

[79] Sí se contempla, en cambio, en Alemania (art. 52.2 GUvS) y en Francia (arts. L138-4 y R138-1 CPIf).

[80] EVANGELIO LLORCA, R., «La regulación de las obras y prestaciones fuera del circuito comercial… *op. cit.*, p. 261.

de esta facultad (ej.: el deseo de reemprender la explotación de la obra o prestación por parte del titular de los derechos por los cauces comerciales habituales o simplemente por no estar de acuerdo con el uso licenciado o realizado a través del límite que se está haciendo de sus contenidos). Ello habría garantizado que la decisión obedece a un motivo que permitirá seguir asegurando el derecho de acceso a la cultura y no a un mero capricho del titular de excluir el acceso a ese contenido en perjuicio del público en general, pudiendo dar lugar, llegado el caso, a un ejercicio abusivo.

Asimismo, la facultad se concede no sólo a los autores, sino, en general, a los titulares de derechos sobre las OPFCC -el artículo 8.4 Directiva 2019/790 habla de «todos los titulares»-. Ahora bien, el TJUE ha apuntado que no pueden otorgarse privilegios a titulares distintos de los autores si eso supone un perjuicio para los derechos de estos últimos. En particular, por lo que respecta a las obras literarias, ha entendido que la Directiva 2001/29 no prohíbe conceder determinados beneficios a terceros, como son los editores, pero a condición de que no vulneren los derechos que la Directiva atribuye de manera exclusiva a los autores (SSTJUE de 12 de noviembre de 2015[81] y de 16 de noviembre de 2016[82]). Por tanto, cuando un autor decida ejercitar la facultad de exclusión, debe poder hacerlo sin depender de la voluntad concorde de otros posibles titulares de derechos. De ahí que, si sobre una obra o prestación recaen los derechos de varios titulares, cualquiera de ellos podría ejercitar esta facultad de exclusión, lo que supondría la inaplicación del régimen de las OPFCC incluso para aquellos titulares que no la han ejercitado[83].

Si el titular de derechos decide ejercitar esta facultad y la utilización de la OPFCC por parte de la institución responsable del

---

81 Caso *Hewlett-Packard Belgium*, asunto C-572/13, aps. 47-49, ECLI:EU:C:2015:750.

82 Caso *Soulier*, asunto C-301/15, aps. 48-49, ECLI:EU:C:2016:878.

83 ROSATI, E., *Copyright in the Digital Single Market...* op. cit., p. 200.

patrimonio cultural tiene lugar al amparo de una licencia, la entidad de gestión, una vez informada de ello, tendrá que dejar de expedir licencias para tales usos. Conforme al considerando 35 Directiva 2019/790, esta exclusión no afectará a las reclamaciones que hagan los titulares de derechos de la remuneración por el uso efectivo que se haya hecho de sus contenidos objeto de la licencia. Es decir, que el hecho de que decidan impedir a futuro el uso de las OPFCC conforme a la licencia, no significa que no tengan derecho a la remuneración que hayan cobrado las entidades de gestión derivada de las licencias otorgadas hasta ese momento. Y, en el caso de que el uso obedezca a la aplicación de la excepción, las instituciones responsables del patrimonio cultural deberán dejar de utilizar dicha obra o prestación. Obsérvese que sólo se prevé la reclamación de la remuneración respecto del mecanismo de la licencia, pero no respecto de los usos realizados al amparo de la excepción. Por tanto, si un titular de derechos decide parar la aplicación de la excepción a su OPFCC, no podrá reclamar ningún tipo de retribución por el uso que se haya hecho durante ese período de tiempo, a diferencia de lo que ocurre con las obras huérfanas[84]. La posibilidad de reclamar esa compensación debería haberse previsto para ambos tipos de mecanismos de uso de las OPFCC[85]. En cualquier caso, tanto si la institución responsable del patrimonio cultural está amparada en una licencia como si se acoge a la excepción, el ejercicio de esta facultad

---

84 Respecto de las obras huérfanas, los artículos 6.5 Directiva 2012/28, 37bis.7 LPI y 7 RD 224/2016 prevén una compensación equitativa para reparar los posibles perjuicios ocasionados al titular de los derechos durante el tiempo en que la obra fue declarada huérfana.

85 Hay quien entiende que habría que hacer una interpretación amplia del considerando 35 Directiva 2019/790 para permitir que la compensación pudiera reclamarla también el titular de derechos cuya obra o prestación está siendo objeto de la excepción. *Vid.* MORÁN RUIZ, M., «Uso de obras y prestaciones fuera del circuito comercial... *op. cit.*, p. 147.

de exclusión no supone que tal utilización deba cesar inmediatamente, sino que el considerando 35 Directiva 2019/790 permite que se ponga fin dentro de un plazo de tiempo razonable, teniendo en cuenta los usos que se vengan haciendo.

Podría pensarse que esta necesidad de hacer uso de la facultad de exclusión para poder ejercitar los derechos de propiedad intelectual de manera plena es contraria al artículo 5.2 CB, que señala que el goce y ejercicio de los mismos no pueden estar subordinados a ninguna formalidad. El derecho de exclusión podría entenderse como una formalidad que debe cumplir el titular de los derechos para «recuperar» su control. Sin embargo, la licencia presume el mandato del titular de los derechos a la entidad de gestión, pero éste puede seguir ejercitando sus derechos, en tanto que la facultad de exclusión constituye únicamente una vía para poner fin a dicha presunción. No afecta al ejercicio de los derechos ni a su disfrute, por lo que no puede entenderse contraria al artículo 5.2 CB[86]. Con todo, el TJUE, en su sentencia de 16 de noviembre de 2016, establece que una facultad de exclusión u oposición destinada a poner fin a la explotación que realice un tercero de obras no disponibles, para ser acorde con el artículo 5.2 CB, no puede someterse al requisito de que el autor tenga que acreditar que no existen otros titulares de derechos sobre esa misma obra (ap. 51)[87]. Por tanto, si bien la propia facultad de exclusión del artículo 8.4 Directiva 2019/790 no supone una formalidad para el ejercicio y disfrute de los derechos de propiedad intelectual por parte de sus titulares, sería contraria al artículo 5.2 CB si se somete a algún requisito para su validez.

---

86 EVANGELIO LLORCA, R., «La regulación de las obras y prestaciones fuera del circuito comercial... *op. cit.*, p. 260.

87 Caso *Soulier*, asunto C-301/15, ECLI:EU:C:2016:878.

### 3.2.- La creación de un portal único y público

La segunda medida común a la licencia y a la excepción es la creación de un portal único y público, gestionado por la Oficina de Propiedad Intelectual de la Unión Europea (EUIPO), de conformidad con el Reglamento (UE) n.º 386/2012 (art. 10.1 Directiva 2019/790). Tal portal resulta fundamental para tres de los efectos que se pretenden conseguir con la regulación de las OPFCC: 1) facilitar la búsqueda de la información para determinar si una obra o prestación está fuera del circuito comercial; 2) permitir el otorgamiento de la licencia o la aplicación de la excepción; 3) posibilitar y controlar los usos transfronterizos de este tipo de contenidos. Se trata, de nuevo, de una medida de carácter imperativo para los Estados miembros, aunque el legislador español no ha hecho mención expresa a la obligatoriedad de transmitir esa información a la EUIPO. Por otro lado, apunta el artículo 10 Directiva 2019/290 que la publicidad en este registro no tiene efectos en los contratos que aún sigan en vigor celebrados por los titulares de derechos afectados con terceros (ej.: un contrato de edición en el caso de las obras literarias), ni tampoco en el ejercicio de los derechos de propiedad intelectual de los correspondientes titulares con respecto a quienes no sean beneficiarios de este régimen de las OPFCC, esto es, respecto del uso de estos contenidos por quienes no constituyan instituciones responsables del patrimonio cultural.

Toda la información de que dispongan las instituciones responsables del patrimonio cultural, las entidades de gestión colectiva o las autoridades pertinentes, tiene que estar disponible en ese portal único y público. La Directiva indica qué es lo que debe aparecer ahí: 1) la información que permita identificar las OPFCC; 2) la información sobre las opciones disponibles para los titulares de derechos señaladas en el artículo 8.4 (la posibilidad de poner fin al uso de la obra o prestación al amparo de la licencia o de la excepción); 3) la información sobre los términos más relevantes de las licencias concedidas, como las partes, los territorios cubiertos y los usos -respecto de estos datos, la Directiva apunta que se suministrarán tan pronto como sea posible y cuando sea pertinente, por lo que habrá que entender que su publicidad a través del portal de la EUIPO no es obligatoria en todo caso, pues no tiene por qué ser pertinente siempre-[88]. No se ha previsto, en cambio, la necesidad de incluir la información sobre el ejercicio de la facultad de exclusión, algo que habría sido muy importante, cuando ya se ha ejercitado, sobre todo respecto de los usos transfronterizos.

Conforme al artículo 10.1 Directiva 2019/790, todos esos datos deben ser accesibles permanentemente, con facilidad, de manera efectiva, públicamente y en línea, como mínimo seis meses antes de que las obras y prestaciones se distribuyan o se comuniquen al público de conformidad con la licencia o al amparo de la excepción -obsérvese que, en cambio, no se requiere esperar ese plazo de seis meses para la reproducción de las obras y prestaciones, por lo que las instituciones responsables del patrimonio cultural podrían proceder a ello antes incluso de que la información relevante sea publicada-. Por tanto, las beneficiarias del régimen de uso de las OPFCC sólo podrán hacer uso de ellas cuando hayan pasado seis meses desde la publicación de la información en ese portal online. La información del punto 1) servirá para que las instituciones responsables del patrimonio cultural no tengan que realizar ese

---

88 Las entidades beneficiarias de la excepción de obras huérfanas realizarán registros de las búsquedas que realicen, informando a las autoridades nacionales sobre: 1) los resultados de las búsquedas que hayan llevado a la conclusión de que una obra o fonograma tiene la condición de huérfano; 2) el uso que se hará de ellos; 3) los cambios de la condición de orfandad; 4) la información de contacto de la entidad (arts. 3.5 Directiva 2012/28, y 4.7 y 5 RD 224/2016). Toda esa información queda registrada en la base de datos en línea única y accesible al público, gestionada por la EUIPO (arts. 3.6 Directiva 2012/28, 37bis.6 LPI y 4, aps. 8 y 9 RD 224/2016), como ocurre con las OPFCC.

esfuerzo razonable si ya otra institución anterior lo ha hecho y ha llegado a la conclusión de que esa obra o prestación está fuera del circuito comercial. La información de los puntos 2) y 3) será útil para que los titulares de derechos puedan poner fin al uso que las instituciones estén haciendo de esos contenidos al amparo de la licencia o de la excepción, si así lo desean.

Por su parte, el artículo 10.2.I Directiva 2019/790 establece que los Estados miembros pueden adoptar medidas adicionales de publicidad, si fueran necesarias para conocimiento general de los titulares de derechos, sobre la facultad de las entidades de gestión de conceder licencias conforme al artículo 8.1, las licencias concedidas, los usos al amparo de la excepción del artículo 8.2 y las opciones que tienen conforme al artículo 8.4 -posibilidad de la que no ha hecho uso el legislador español-. Se trata, por ejemplo, de utilizar canales de comunicación adicionales para llegar a un público más amplio. Tales medidas dependerán de las características de la OPFCC, de los términos de las licencias o del tipo de uso que se esté haciendo conforme a la excepción, y de las practicas existentes en los Estados miembros (cdo. 41 Directiva 2019/790). Estas medidas adicionales adoptadas en virtud del artículo 10.2.I Directiva 2019/790 se tomarán, como regla general, en el Estado miembro en el que se haya solicitado la licencia o en el Estado miembro en el que esté establecida la institución responsable del patrimonio cultural que hará uso de la obra o prestación conforme a la excepción (art. 10.2.II Directiva 2019/790). Ahora bien, si hay pruebas, como el origen de la obra o prestación, que indiquen que se podría aumentar más eficazmente el conocimiento de los titulares de derechos en otros Estados miembros o terceros países, dichas medidas de publicidad podrían también cubrir estos Estados miembros y terceros países.

Según la Directiva, todas estas medidas de publicidad deberán ser eficaces, aunque no es necesario que se tenga que informar a cada titular de derechos a título individual (cdo. 41). Lo que establece la Directiva es una obligación de información general, no individualizada para cada titular de derechos, algo que habría dificultado el funcionamiento del régimen de uso de las OPFCC[89]. Con todo, esta previsión contradice la sentencia del TJUE de 16 de noviembre de 2016, en la que considera que toda facultad de exclusión u oposición al uso de una obra o prestación debe incluir un mecanismo que garantice la información efectiva e individualizada a los autores, pues únicamente así éstos tendrán realmente conocimiento de la utilización que se pretende de sus obras y estarán en condiciones de posicionarse al respecto (ap. 43)[90]. Sin embargo, el legislador europeo parece entender que dicha información a título individual puede resultar una carga excesiva y, además, eliminar las ventajas propias del régimen especial de las OPFCC.

### 3.3.- El diálogo entre las partes interesadas

Conforme al artículo 11 Directiva 2019/790, los Estados miembros consultarán a los titulares de derechos, a las entidades de gestión colectiva y a las instituciones responsables del patrimonio cultural por cada sector antes de establecer requisitos específicos para delimitar el concepto de OPFCC, y alentarán un diálogo regular entre las organizaciones de usuarios y titulares de derechos representativas, incluidas las entidades de gestión, y cualquier otra organización interesada, sobre una base sectorial,

---

89 GEIGER, C., FROSIO, G., y BULAYENKO, O., «Facilitating wider access to Europe's cultural heritage in the digital environment… *op. cit.*; SYNODINOU, T., «The New Copyright Directive: Out of Commerce Works (Articles 8 to 11): is it posible to untie the Gordian knotof mass digitization and copyright law without cutting it off? – Part II», en *Kluwer Copyright Blog*, 5 de Agosto de 2019 [en línea], <https://copyrightblog.kluweriplaw.com/2019/08/05/the-new-copyright-directive-out-of-commerce-works-articles-8-to-11-is-it-possible-to-untie-the-gordian-knot-of-mass-digitisation-and-copyright-law-without-cutting-it-off-part-ii> (Consulta 12/12/2023); EVANGELIO LLORCA, R., «La regulación de las obras y prestaciones fuera del circuito comercial… *op. cit.*, pp. 265-266.

90 Caso *Soulier*, asunto C-301/15, ECLI:EU:C:2016:878.

para fomentar la relevancia y facilidad de uso de los mecanismos de concesión de licencias ampliadas y para garantizar que las salvaguardias para los titulares de derechos sean eficaces. Aunque el precepto se refiere al mecanismo de la licencia, habría que entenderlo igualmente aplicable a la excepción[91]. El considerando 42 Directiva 2019/790 apunta que ese diálogo está encaminado a asegurar: a) que los mecanismos de licencia establecidos para las OPFCC son pertinentes y funcionan adecuadamente; b) que los titulares de derechos están convenientemente protegidos por dichos mecanismos; c) que las licencias reciben la publicidad adecuada; d) que se logra seguridad jurídica en cuanto a la representatividad de las entidades de gestión y la categorización de las obras y prestaciones. Aunque este proceso de consulta es imperativo, tal como se deriva de la norma europea («Los Estados miembros consultarán»), el legislador español no ha previsto ningún tipo de medida que permita garantizar ese diálogo a que alude la Directiva. Además, la Directiva no ha incluido las consecuencias aplicables en caso de no cumplirse esta obligación de consulta y esta obligación de fomentar el diálogo, por lo que parece que no se consideran realmente relevantes.

## BIBLIOGRAFÍA

BECHTOLD, S., «Artículo 5 de la Directiva 2001/29», en *Concise European Copyright Law*, ed. T. Dreier y P. B. Hugenholtz, Kluwer Law International, Países Bajos, 2006.

BENSAMOUN, A., «The French out-of-commerce books law in the light of the European Orphan Works Directive», en *Queen Mary Journal of Intellectual Property*, vol. 4, n.º 3, 2014.

BERCOVITZ RODRÍGUEZ-CANO, R., «La difusión de la cultura: las líneas rojas», en *Revista Doctrinal Aranzadi Civil-Mercantil*, 2017, BIB 2016/85973.

---

91 ROSATI, E., *Copyright in the Digital Single Market... op. cit.*, p. 218.

- «La transposición de las directivas de la UE sobre propiedad intelectual», en *Blog CIPI*, disponible en: https://blog.cipi.es/blog2-intelectual/item/217-la-transposicion-de-las-directivas-de-la-ue-sobre-propiedad-intelectual.

CÁMARA ÁGUILA, P., «Artículo 37bis», en *Comentarios a la Ley de Propiedad Intelectual*, coord. R. Bercovitz Rodríguez-Cano, Tecnos, Madrid, 2017.

DE MIGUEL ASENSIO, P., «Territorialidad de los derechos de autor y mercado único digital», en *Cuadernos de Derecho Transnacional*, núm. 2, vol. 12, 2020.

DUSOLLIER, S., «The 2019 Directive on Copyright in the Digital Single Market: Some Progress, a Few Bad Choices, and a Overall Failed Ambition», en *Common Market Law Review*, núm. 57, 2020.

EVANGELIO LLORCA, R., «La regulación de las obras y prestaciones fuera del circuito comercial en la Directiva (UE) 2019/790», en *Propiedad Intelectual y mercado único digital europeo*, dirs. C. Saiz García y R. Evangelio Llorca, Tirant lo Blanch, Valencia, 2019.

- «Un nuevo reto para la digitalización y puesta a disposición de obras intelectuales: el uso de obras huérfanas y descatalogadas», en *Diario La Ley*, n.º 7784, 2012.

GARROTE FERNÁNDEZ-DÍEZ, I., «La transposición al ordenamiento español de la Directiva 2019/790, de derechos de autor y derechos afines en el Mercado Único Digital», en *La Ley Unión Europea*, núm. 116, 2023.

GASAWAY, L., «Values Conflict in the Digital Environment: Librarians versus Copyright Holders», en *Columbia-VLA Journal of Law and the Arts*, núm. 24, 2000.

GEIGER, C., FROSIO, G. y BULAYENKO, O., «Facilitating Access to Out-of-Commerce Works in the Digital Single Market», en *Journal of Intellectual Property, Information Technology and Electronic Commerce Law*, n.º 9(3), 2018.

- «Facilitating wider access to Europe's cultural heritage in the digital environment: Opinion of the CEIPI on the European Commission's Copyright Reform Proposal, with a focus on access to out-of-commerce works», CEIPI Research Paper, n.º 2018-1 [en línea], p. 8, <https://papers.ssrn.com/sol3/papers.cfm?abstract_id=3287734>.

HILTY, R., LI, T., y MOSCON, V., «Out-of-commerce Works (Articles 7-9 COM(2016) 593 final)», en *Modernisation of the EU Copyright Rules Position Statement of the Max Planck Institute for Innovation and Competition*, 2016 [en línea], <https://ssrn.com/abstract=3036787>.

MORÁN RUIZ, M., «Uso de obras y prestaciones fuera del circuito comercial», en *Cuadernos jurídicos del Instituto de Derecho de Autor*, Instituto de Autor, Madrid, 2020.

ROSATI, E., *Copyright in the Digital Single Market Article-by-Article Commentary to the Provisions of Directive 2019/790*, Oxford University press, Oxford, 2021.

SÁNCHEZ ARISTI, R., «El nuevo límite de obras huérfanas», en *La reforma de la Ley de Propiedad Intelectual*, Tirant lo Blanch, Valencia, 2015.

SÁNCHEZ ARISTI, R., y OYARZABAL OYONARTE, N., «Decadencia y caída del Texto Refundido de la Ley de Propiedad Intelectual: la transposición de la Directiva 2019/790 sobre derechos de autor en el mercado único digital por el Real Decreto-ley 24/2021, de 2 de noviembre», en *Revista Pe.i.*, núm. 69, 2021.

SERRANO FERNÁNDEZ, M., «La digitalización del patrimonio cultural. La Directiva sobre derechos de autor y derechos afines en el mercado único digital, en *InDret*, núm. 3, 2020.

STAMATOUDI, I., y TORREMANS, P., «The Digital Single Market Directive», en *EU Copyright Law. A Commentary*, eds. I. Stamatoudi and P. Torremans, Edward Elgar Publishing, Reino Unido, 2021.

SUTHERSANEN, U., y FRABBONI, M. M., «The Orphan Works Directive», en *EU Copyright Law. A Commentary*, eds. I. Stamatoudi and P. Torremans, Edward Elgar Publishing, Reino Unido, 2021.

SYNODINOU, T., «The New Copyright Directive: Out of Commerce Works (Articles 8 to 11): is it posible to untie the Gordian knotof mass digitization and copyright law without cutting it off? – Part I», en *Kluwer Copyright Blog*, 29 de julio de 2019 [en línea], <https://copyrightblog.kluweriplaw.com/2019/07/29/the-new-copyright-directive-out-of-commerce-works-articles-8-to-11-is-it-possible-to-untie-the-gordian-knot-of-mass-digitisation-and-copyright-law-without-cutting-it-off-part-i/>.

- «The New Copyright Directive: Out of Commerce Works (Articles 8 to 11): is it posible to untie the Gordian knotof mass digitization and copyright law without cutting it off? – Part II», en *Kluwer Copyright Blog*, 5 de Agosto de 2019 [en línea], <https://copyrightblog.kluweriplaw.com/2019/08/05/the-new-copyright-directive-out-of-commerce-works-articles-8-to-11-is-it-possible-to-untie-the-gordian-knot-of-mass-digitisation-and-copyright-law-without-cutting-it-off-part-ii>.

# *Capítulo 6*
# *Los artículos 12, 13 y 14 de la Directiva de mercado único digital*

**PAUL TORREMANS**
*Catedrático de Propiedad Intelectual*
*Universidad de Nottingham*[1]

## I. INTRODUCCIÓN

En este capítulo nos centraremos en los artículos 12, 13 y 14 de la Directiva sobre los derechos de autor y derechos afines en el mercado único digital (DMUD).[2] Aunque no hayan merecido tanta atención como otros preceptos —por ejemplo, el artículo 17—, esas disposiciones constituyen elementos importantes en la evolución del derecho de autor en la UE. Empezaré comentando cada uno de los artículos para luego detenerme en su aplicación en los Estados miembros.

---

1 Agradezco la inestimable ayuda prestada en la preparación de este capítulo por Tia Bendaly, LLM 2021-2022, School of Law, University of Nottingham.

2 Directiva (UE) 2019/790 del Parlamento Europeo y del Consejo, de 17 de abril de 2019, sobre los derechos de autor y derechos afines en el mercado único digital y por la que se modifican las Directivas 96/9/CE y 2001/29/CE, [2019] DO L130/92, artículo 12 *(TOL 7.219.009)*.

## II. MEDIDAS PARA FACILITAR LA CONCESIÓN DE LICENCIAS COLECTIVAS. ARTÍCULO 12: LICENCIAS COLECTIVAS AMPLIADAS

El principal objetivo de la DMUD es lograr un equilibrio adecuado entre los intereses de los creadores y titulares de derechos, por una parte, y los usuarios de obras protegidas, por otra. Con ese fin, el artículo 12 reconoce a los Estados miembros la posibilidad de introducir disposiciones que faciliten la concesión de licencias colectivas ampliadas (LCA), un mecanismo que los países nórdicos llevan más de medio siglo utilizando.[3] En su momento, se concibieron con el objetivo de proteger los derechos tanto de los titulares como de los usuarios en el ámbito de la radiodifusión y las fotocopias.[4] Mediante la concesión de LCA, el artículo 12 de la Directiva pretende facilitar la remuneración de los creadores y permitir que los usuarios accedan a todas las obras de un determinado ámbito sin preocuparse por si forman parte de un repertorio de una entidad de gestión colectiva (EGC).[5]

No cabe duda de que la gestión colectiva es una herramienta excelente, pero requiere que los autores y otros titulares de

---

3 RIIS, T.H. y SCHOVSBO, J., "Extended Collective Licenses and the Nordic Experience: It's a Hybrid but is it a Volvo or a Lemon", *Colum. J.L. & Arts,* 33, 2009-2010, 471 y STROWEL, A., "The European Extended Collective Licensing Model", *Colum. J.L. & Arts,* 34, 2010-2011, 665.

4 EUROPEAN COPYRIGHT SOCIETY: "Comment of the European Copyright Society on the Implementation of the Extended Collective Licensing Rules (Arts. 8 and 12) of the Directive (EU) 2019/790 on Copyright in the Digital Single Market" [en línea], (2020), <https://europeancopyrightsocietydotorg.files.wordpress.com/2020/06/ecs-comment-ecl_art_8-12_20200613.pdf>. [Consulta: 12/12/2023.], p. 2.

5 *Vid.* también VERRONEN, V., "Extended Collective License in Finland: A Legal Instrument for Balancing the Rights of the Author with the Interests of the User", *Journal of the Copyright Society of the USA,* 2002, 1149.

derechos se adhieran voluntaria y proactivamente a la entidad de gestión correspondiente en cada país; o bien que la entidad de gestión a la que se adhieran en su país de origen tenga acuerdos de representación con sus contrapartes en todos los Estados miembros de la Unión Europea (y más allá). Esa idea no siempre —y no necesariamente— se corresponde con la realidad. Puede no haber acuerdos de representación, lo que conlleva una dificultad para los autores y titulares de derechos. Al mismo tiempo, los usuarios pueden encontrarse con que determinadas partes u obras no estén incluidas en el repertorio que gestiona la EGC. En ese caso, los usuarios no podrán utilizar esa parte del repertorio salvo que celebren acuerdos de licencia individuales con el autor o el titular de derechos, ya que raramente se dará la circunstancia de que otra EGC pueda ofrecer las obras no incluidas. La concesión de licencias colectivas con efecto ampliado permite superar estos obstáculos. Si este mecanismo se aplica de forma coherente en un determinado ámbito, los usuarios ya no tendrán que preocuparse por algunos elementos ausentes del repertorio. Simplemente podrán utilizar todas las obras con la garantía de que se trata de un uso legal y autorizado por una única licencia de la EGC, lo cual representa una gran ventaja desde el punto de vista de los usuarios. Por su parte, los autores o titulares de derechos se aseguran el acceso a una forma regular de remuneración por el uso de la obra. Además, conservan todo el control: no solo pueden adherirse a la EGC, sino que —lo que es más importante— pueden renunciar a ella si así lo desean (y confiar entonces en su capacidad individual para concluir acuerdos de licencia con los usuarios si quieren autorizar algún uso de la obra). Con estos antecedentes, pasamos ahora al marco concreto que prevé la DMUD para que los Estados miembros puedan aplicar un sistema de licencia colectiva ampliada.

Antes de entrar con más detalle en el artículo 12 de la DMUD, conviene señalar que se trata de una disposición discrecional, tal y como explicita su propio tenor literal.[6] Es decir, los Estados miembros no están obligados a aplicarla, sino que pueden valorar libremente la necesidad o conveniencia de hacerlo. Teniendo eso en cuenta, este apartado analiza en profundidad el artículo 12 para identificar sus objetivos y los mecanismos previstos para lograrlos.

La versión definitiva del artículo 12 de la DMUD permite ampliar un acuerdo de licencia celebrado por una EGC para incluir los derechos de aquellos titulares que no hayan autorizado su representación.[7] La ampliación tiene un uso limitado, en el sentido de que solo es aplicable en el territorio del Estado miembro que hubiera previsto esa posibilidad en su legislación interna. También existe la posibilidad de que la EGC reciba un mandato legal a este respecto o de que se establezca una "presunción de representación" en relación con aquellos titulares de derechos que no la hubieran autorizado.[8]

Aunque este apartado no entra en la definición de las EGC, conviene recordar que la gestión colectiva debe ser su fin único o principal, aparte de que deban cumplir determinados requisitos. En primer lugar, deben estar sujetas a las normas internas por las que se da cumplimiento a la Directiva de gestión colectiva -en adelante, Directiva CRM-.[9] Así lo confirma el considerando 49, que especifica que el mecanismo del artículo 12 de la DMUD se limita a las EGC que cumplan con los requisitos de la Directiva CRM. Parece que la intención del legislador era impedir que los Estados miembros fueran más allá de las dis-

6 Artículo 12 DMUD.

7 *Ibid.*, art. 12.1.

8 *Ibid.*, art 12.1.b).

9 Directiva 2014/26/UE del Parlamento Europeo y del Consejo, de 26 de febrero de 2014, relativa a la gestión colectiva de los derechos de autor y derechos afines y a la concesión de licencias multiterritoriales de derechos sobre obras musicales para su utilización en línea en el mercado interior, [2014] DO L 84/72 *(TOL 4.151.787)*.

posiciones de la Directiva en este punto, lo que podía suponer una complicación (por ejemplo, en Suecia, donde los sindicatos también gestionan los derechos de forma colectiva).[10] No obstante, el apartado 4[11] añade expresamente que los mecanismos de licencia colectiva ampliada basados en otras disposiciones de derecho de la UE no se verán afectados. Esto incluye, entre otras cosas, las disposiciones sobre excepciones y limitaciones. En tales casos se aplicará la disposición sobre derechos de los titulares que no sean miembros de la EGC.[12]

El apartado 2 del artículo 12 de la DMUD empieza señalando que el mecanismo de concesión de licencias colectivas con efecto ampliado se aplicará exclusivamente a sectores de uso bien definidos y no a todas las obras protegidas. En consecuencia, las LCA no pueden tener un alcance amplio. En segundo lugar, solo tendrán cabida cuando obtener autorizaciones de los titulares de derechos de manera individual resulte generalmente oneroso y dificultoso. Un ejemplo inmediato es el de las canciones y grabaciones para emisoras de radio. En esos casos, resulta difícil celebrar acuerdos individuales por la propia naturaleza o el tipo de obras u otras prestaciones. En ese contexto, el mecanismo previsto por el artículo 12.1 es el más práctico, ya que obtener la autorización individual de los titulares de derechos resulta muy complicado. Por otra parte, los Estados miembros deben velar por que el mecanismo de concesión de licencias

---

10 AXHAMN, J., "The New Copyright Directive: Collective licensing as a way to strike a fair balance between creator and user interests in copyright legislation (Article 12)", Kluwer Copyright Blog, [en línea], (2019), <http://copyrightblog.kluweriplaw.com/2019/06/25/the-new-copyright-directive-collective-licensing-as-a-way-to-strike-a-fair-balance-between-creator-and-user-interests-in-copyright-legislation-article-12/?doing_wp_cron=1590486428.5646700859069824218750>. [Consulta: 12/12/2023.]

11 Directiva 2019/790, art. 12.4.

12 Directiva 2014/26/UE, art. 7.

proteja los intereses legítimos de los titulares de derechos. Aunque esto recuerda al triple test del Convenio de Berna, en ningún momento se menciona su aplicación. El legislador elude así el debate académico en torno a si los mecanismos de concesión de licencias ampliadas constituyen en la práctica una excepción o limitación en beneficio del usuario, en el sentido de que el uso de las obras cubiertas por el efecto ampliado no representará un incumplimiento pese a la ausencia de una autorización explícita[13] por parte del titular de derechos.[14] El enfoque alternativo plantea las licencias colectivas ampliadas simplemente como acuerdos relativos a la gestión de los derechos.[15] Es decir, el foco se pone más en la propia licencia y su alcance que en el beneficio para el usuario (enfoque de la excepción): el usuario está cubierto por la licencia, a la vez que se protege el interés del titular de derechos gracias a las salvaguardas previstas en ella.

El apartado 3 añade salvaguardas adicionales que deberán establecer los Estados miembros para proteger a los titulares de derechos.[16] En primer lugar, la EGC debe ser suficientemente representativa de los titulares de derechos por lo que se refiere

---

[13] *Vid.* Sentencia del Tribunal de Justicia (Sala Tercera) de 16 de noviembre de 2016, asunto C-301/15, Marc Soulier y Sara Doke c. Premier ministre y Ministre de la Culture et de la Communication, ECLI:EU:C:2016:878 *(TOL 5.868.486).*

[14] AXHAMN, J. y GUIBAULT, L., "Cross-Border Extended Collective Licensing: A Solution to Online Dissemination of Europe's Cultural Heritage", *Amsterdam Law School Research Paper,* 2012-22. Disponible en SSRN: https://ssrn.com/abstract=2001347. VERRONEN, V., "Extended Collective License in Finland: A Legal Instrument for Balancing the Rights of the Author with the Interests of the User", *loc. cit.,* nota 206.

[15] AXHAMN, J. "Exceptions, limitations and collective management of rights as vehicles for access to information", en *Access to Information and Knowledge: 21st Century Challenges in Intellectual Property and Knowledge Governance,* Edward Elgar Publishing, Cheltenham, 2013, pp. 164–86.

[16] AXHAMN, J. "Exceptions, limitations and collective management of rights as vehicles for access to information", *loc. cit.,* nota 210.

al tipo de obras u otras prestaciones, así como en relación con los derechos objeto de licencia en el Estado miembro de que se trate.[17] Esto encaja con la idea de que la licencia se amplía simplemente para ofrecer una cobertura completa. El repertorio de la EGC cubre la mayoría de los derechos y autores, mientras que la ampliación cubre los elementos adicionales. En segundo lugar, debe garantizarse la igualdad de trato a todos los titulares de derechos, tanto si son miembros de la EGC como si solo participan a través de la ampliación. En tercer lugar, los titulares de derechos afectados por la ampliación podrán optar por excluir sus obras de dicho mecanismo de concesión de licencias. De hecho, los titulares de derechos deben poder elegir no participar en el mecanismo de LCA, y el método para hacerlo debe ser fácil y accesible para todos.[18] Eso permite que el sistema respete la importancia central de la autorización de los titulares de derechos.[19] En cuarto lugar, debe informarse con antelación a los titulares de derechos sobre el mecanismo que se establezca, aunque tales medidas de publicidad pueden considerarse efectivas sin necesidad de informar a título individual a cada titular de derechos.[20] Dicha información permitirá que los titulares de derechos puedan optar por excluir sus obras en caso de que así lo deseen.[21] Las medidas de publicidad deben ser eficaces a lo largo

---

17 El considerando 48 de la Directiva 2019/790 deja esto al arbitrio de los Estados miembros.

18 EUROPEAN COPYRIGHT SOCIETY, *loc.cit.*

19 Sentencia del Tribunal de Justicia (Sala Tercera) de 16 de noviembre de 2016, asunto C-301/15, *Marc Soulier y Sara Doke c. Premier ministre y Ministre de la Culture et de la Communication,* ECLI:EU:C:2016:878 *(TOL 5.868.486).*

20 AXHAMN, J. "Exceptions, limitations and collective management of rights as vehicles for access to information", *loc. cit.,* nota 210.

21 Cf. Sentencia del Tribunal de Justicia (Sala Tercera) de 16 de noviembre de 2016, asunto C-301/15, *Marc Soulier y Sara Doke c. Premier ministre y Ministre de la Culture et de la Communication,* ECLI:EU:C:2016:878 *(TOL 5.868.486).*

de todo el período de vigencia de la licencia, sin imponer una carga administrativa desproporcionada a ninguna de las partes.[22]

Por último, los apartados 5 y 6 establecen obligaciones de información. En virtud del apartado 5, los Estados miembros que utilicen el mecanismo previsto en el artículo 12 deberán informar a la Comisión, detallando sus medidas de aplicación internas, que la Comisión a su vez publicará. Por su parte, el apartado 6 obliga a la Comisión a remitir un informe al Parlamento y al Consejo sobre el uso de los mecanismos de concesión de licencias con efecto ampliado antes del 10 de abril de 2021. Es fundamental que dicho informe incluya una propuesta legislativa en cuanto a los efectos transfronterizos de esos mecanismos nacionales. Dicho informe se plasmó en un documento de trabajo de la Comisión remitido al Parlamento y al Consejo en noviembre bajo el título "Informe sobre el uso de mecanismos de concesión de licencias colectivas con un efecto ampliado, tal como exige el artículo 12, apartado 6, de la Directiva (UE) 2019/790 sobre los derechos de autor y derechos afines en el mercado único digital".[23] Básicamente, ese informe resume el uso que hacen los Estados miembros de los mecanismos de concesión de licencias colectivas con efecto ampliado.

---

[22] Directiva 2019/790, considerando 48.

[23] COMMISSION STAFF WORKING DOCUMENT, «Report on the use of collective licensing mechanisms with an extended effect under Article 12(6) of Directive 2019/790/EU on copyright and related rights in the Digital Single Market» [en línea], (2021), <https://digital-strategy.ec.europa.eu/en/library/reports-collective-management-and-extended-licensing>. [Consulta: 12/12/2023.]

## III. ACCESO Y DISPONIBILIDAD DE OBRAS AUDIOVISUALES EN PLATAFORMAS DE VÍDEO A LA CARTA. ARTÍCULO 13: MECANISMO DE NEGOCIACIÓN

Antes de cristalizar en su redacción actual, el artículo 13 de la DMUD fue objeto de varias revisiones. El tenor definitivo sustituye a una versión "antigua" que acabó convirtiéndose en el artículo 17. Aunque la disponibilidad de obras audiovisuales —y en particular, europeas— en los servicios de vídeo a la carta seguía siendo limitada en el momento de redactar la DMUD,[24] el punto de partida del "nuevo" artículo 13 fue la constatación de que tales servicios y plataformas desempeñarían un papel cada vez más importante en la difusión de obras audiovisuales en la Unión Europea.

En el momento de redactarse la DMUD, las plataformas y los servicios tenían dificultades para celebrar los acuerdos de licencia necesarios en relación con las obras audiovisuales. Además, en determinados territorios los titulares de derechos no siempre eran partidarios de la explotación en línea, que les ofrecía muy pocos incentivos económicos. Aquellas obras para las que no existía licencia no podían figurar en los servicios o plataformas a la carta, lo que limitaba su uso. Debe entenderse esta situación en el contexto de los modelos de explotación tradicionales para obras audiovisuales en Europa, conforme a los cuales los titulares de derechos rara vez entran en contacto directo con los usuarios individuales. En su lugar, tratan con los operadores de radiodifusión y los grandes grupos que explotan las salas de cine. Para el sector, el entorno de internet representaba fundamentalmente un problema de descargas ilegales e intercambio de archivos. La idea de monetizar usos individuales a través de un modelo de *streaming* resultaba absolutamente novedosa. Además, los titulares de derechos no gestionarían por sí

---

[24] Directiva 2019/790, considerando 51.

mismos la plataforma para dicha explotación, lo que planteaba dudas en cuanto al control y la supervisión. Para complicar más las cosas, los operadores de las plataformas serían generalmente grandes multinacionales, condenando a los titulares de derechos de zonas lingüísticas más pequeñas a una posición negociadora más débil. En esas circunstancias, llegar a un acuerdo parecía de todo menos fácil. No había un proceso establecido, ni confianza, ni igualdad de condiciones. Otro problema que se planteó en su momento se refería a las diferencias en las ventanas de explotación dentro de cada Estado miembro, lo que representaba un obstáculo para la prestación de servicios transfronterizos a la carta.[25] Por definición, los servicios a la carta y de *streaming* se ubican en el ciberespacio; por su propia naturaleza son fenómenos transfronterizos. Esto choca frontalmente con la tradición de explotación nacional, según la cual las obras audiovisuales se estrenan en distintos momentos en cada uno de los Estados miembros y las mismas copias en soporte físico se utilizan —y reutilizan— en países y en momentos distintos. Al existir un desfase entre el estreno en salas y en televisión en cada Estado miembro, resulta más difícil fijar una fecha para el lanzamiento en plataformas a la carta y de *streaming*, lo que compromete todo el proceso. Tal y como explico a continuación, el artículo 13 pretende dar respuesta a estos problemas o, al menos, facilitar el camino hacia una solución negociada.

El artículo 13 de la DMUD ofrece a los Estados miembros la posibilidad de establecer un mecanismo de negociación según el cual las partes interesadas en concluir un acuerdo podrían contar con la asistencia de un organismo imparcial o de uno o varios mediadores para resolver los conflictos relativos a los

---

25 KIVISTÖ, M., "The DSM Directive: A Package (too) Full of Policies", en *Online Distribution of Content in the EU*, Edward Elgar Publishing, Cheltenham, 2019, p. 15.

derechos de licencia.[26] Dicho organismo imparcial o mediador ayudará a las partes interesadas en negociar y concluir un acuerdo de licencia con los titulares de derechos a alcanzar la mejor solución para ambas partes.

Si se analiza el asunto más detenidamente, parece que el acuerdo de licencia puede ser de nueva creación o previo. Por otro lado, puede haber múltiples organismos o mediadores a disposición de las partes, que a su vez podrán elegir el Estado miembro en el que hacer uso de dicho mecanismo. Por último, los Estados miembros siguen siendo libres de decidir el funcionamiento específico del mecanismo de negociación (incluido el calendario, la duración de la asistencia y el reparto de los costes). No obstante, los Estados miembros deben velar por que las cargas administrativas y financieras sigan siendo proporcionadas para garantizar la eficacia del mecanismo de negociación.[27]

Finalmente, en clave más procedimental, los Estados miembros que decidieran acogerse al mecanismo de negociación del artículo 13 de la DMUD debían remitir a la Comisión, antes del 7 de junio de 2021, una lista con los organismos o mediadores seleccionados.

## IV. ARTÍCULO 14: OBRAS DE ARTE VISUAL DE DOMINIO PÚBLICO

Todos hemos tenido la experiencia de visitar un museo y disfrutar de una obra de arte visual como una escultura o un cuadro, hasta el punto de comprar una reproducción en la tienda. Aunque los derechos de autor de la obra de arte hayan expirado hace mucho tiempo, la reproducción —una postal o

---

[26] SCHWEMER, S. F., *Licensing and Access to Content in the European Union: Regulation between Copyright and Competition Law*, Cambridge University Press, Cambridge, 2019, p. 171.

[27] Directiva 2019/790, considerando 52.

un póster, por ejemplo— suele incorporar una advertencia de derechos de autor (normalmente referida a la fotografía que reproduce la obra de arte). Según el considerando 53 de la DMUD, "en el ámbito de las artes visuales, la circulación de reproducciones fieles de obras de dominio público contribuye al acceso a la cultura y su fomento y al acceso al patrimonio cultural". Dicho de otro modo, el público necesita la reproducción fiel para tener acceso a la obra y, a través de ella, al patrimonio cultural. La circunstancia de que la obra sea de dominio público debería ayudar, pero el hecho de que la reproducción pueda estar protegida por derechos de autor plantea un nuevo problema, ya que en la práctica vuelve a retirar el acceso a la obra de dicho dominio público.[28] El considerando 53 reconoce la existencia de esta dificultad en la esfera digital: "En el entorno digital, la protección de tales reproducciones por medio de derechos de autor o derechos afines es incoherente con la expiración de la protección de las obras por derechos de autor".[29] En sí, la mención del entorno digital no aporta nada. La clave aquí es que la obra sea de dominio público; eso implica no solo que exista vía libre para realizar reproducciones fieles, sino que dichas reproducciones no pueden aspirar a la protección de los derechos de autor al carecer de cualquier forma de originalidad. Lo que sí aporta el entorno digital es que cada vez accedemos más a obras a través de Internet, incluidas obras protegidas por derechos de autor que han pasado al dominio público. En otras palabras, las reproducciones digitales fieles son la principal forma en que una mayoría de la población

---

28 EUROPEAN COPYRIGHT SOCIETY: "Comment of the European Copyright Society on the Implementation of Art. 14 of the Directive (EU) 2019/790 on Copyright in the Digital Single Market, [en línea], (2020), <https://europeancopyrightsocietydotorg.files.wordpress.com/2020/04/ecs_cdsm_implementation_article_14_final.pdf>. [Consulta: 12/12/2023.].

29 Considerando 53 de la Directiva 2019/790.

accede a estas obras. El acceso gratuito a la copia física de las obras de dominio público ha sido sustituido *de facto* por el acceso digital en línea a su reproducción fiel. De ahí que resulte tan restrictivo y peligroso cualquier intento de ocultar estas reproducciones tras una pantalla de derechos de autor o tras un muro de pago. En última instancia, esa estrategia podría socavar el concepto mismo de dominio público. Salvaguardar el dominio público es, por tanto, uno de los elementos centrales en este debate. Otra cuestión es la idea misma de originalidad como requisito básico para acceder a la protección de los derechos de autor. La tecnología digital en forma de escaneado bidimensional o tridimensional permite un grado de precisión que nunca antes habíamos conocido mediante el uso de tecnologías analógicas como la fotografía tradicional. La reproducción se acerca cada vez más al original y la tecnología está diseñada para filtrar cualquier pequeña diferencia o discrepancia. El concepto de reproducción fiel cobra todo su sentido. Cada vez más, la palabra "fiel" debe interpretarse literalmente. En cambio, cualquier forma de originalidad en una reproducción dependía de la contribución de la persona que la realizaba. No solo era esencial alguna forma de restauración,[30] sino también la presencia de pequeñas diferencias e inexactitudes (por ejemplo, debido al ángulo particular bajo el que se tomó la fotografía o como consecuencia de la iluminación). Tradicionalmente se invocaban estos aspectos para afirmar un cierto grado de originalidad que, a su vez, abría la puerta a la protección de los derechos de autor. Por tanto, si queremos preservar el concepto de originalidad, debemos excluir las reproducciones digitales fieles de ese ámbito de protección. La originalidad siempre ha sido la clave de bóveda del sistema, una herramienta crucial para delimitar la protección de los derechos de autor

30 *Vid. Hyperion Records Ltd v Dr Lionel Sawkins* [2005] EWCA Civ 565, [2005] 1 WLR 3281, [2005] 3 All ER 636.

frente al dominio público. Sin originalidad, nada justifica los derechos de autor; de ahí su importancia capital en relación con las reproducciones. El artículo 14 de la DMUD pretende resolver esta cuestión, tal y como explico a continuación.

Para abordar este problema, el artículo 14 empieza insistiendo en que se puede reproducir, comunicar al público o usar de cualquier otro modo una obra de arte visual sin la autorización del autor siempre que haya expirado su plazo de protección. Asimismo, establece que cualquier reproducción fiel de una obra de arte visual que haya pasado al dominio público ya no podrá seguir beneficiándose de la protección que confieren los derechos de autor. En mi opinión, esto es lo que recoge el artículo 14, aunque lo haga de forma tan torpe. La cuestión de la ausencia de derechos de autor para reproducciones fieles comprende los derechos de autor en el sentido que le da, por ejemplo, la ley británica sobre derechos de autor, diseños y patentes de 1988. Es decir, incluye tanto los derechos de autor en sentido estricto como los derechos afines. También impide la aplicación de mecanismos como el previsto en el artículo 72 de la ley alemana sobre derechos de autor,[31] que contempla un régimen de protección más débil para las fotografías no originales. De hecho, el Tribunal Supremo alemán consideró que dicha disposición se aplicaba a fotografías de cuadros u otras obras bidimensionales que constituyan reproducciones fieles.[32] Llama la atención que el Tribunal considerara que dicha protección se aplicaba independientemente de que la obra fotografiada formara parte del dominio público o estuviera todavía protegida por derechos de

[31] Urheberrechtsgesetz – UrhG, <https://www.gesetze-im-internet.de/englisch_urhg/>. [Consulta: 12/12/2023.].

[32] Asunto I ZR 104/17 *Museumsfotos,* Tribunal Supremo alemán (Bundesgerichtshof), 20 de diciembre de 2018, <http://juris.bundesgerichtshof.de/cgibin/rechtsprechung/document.py?Gericht=bgh&Art=en&nr=92142&pos=0&anz=1>. [Consulta: 12/12/2023.].

autor. Es decir, con su aplicación puede impedirse el acceso a obras de dominio público, lo cual se consideraba en principio inaceptable. Este caso podría explicar por qué el artículo 14, que no estaba incluido en la Directiva original, apareció en una fase tan avanzada.[33] Volveré sobre esta cuestión más adelante, pero conviene señalar que el artículo 6 de la Directiva sobre plazos de protección[34] abre la puerta —sin armonizar— a regímenes alternativos de protección para fotografías no originales. El artículo 14 de la DMUD no deroga esa disposición, sino que se limita a restringirla en relación con las obras de arte visual.[35] El artículo 14 está pensado fundamentalmente para los derechos afines de fotografías no originales, pero pueden verse afectados otros derechos afines que cubran reproducciones de obras de arte visual. Por ejemplo, podría pensarse en derechos relativos a grabaciones audiovisuales no originales.[36]

Si nos fijamos en el ámbito de aplicación del artículo 14, observamos que dicho precepto se aplica exclusivamente a las reproducciones fieles. Es más, el tenor literal señala claramente que se mantendrá la protección de los derechos de autor para cualquier reproducción (de una obra de arte visual) que sea original en el sentido de ser una creación intelectual del autor. Dicho de otro modo, aquellas reproducciones que superen el test

---

33 EUROPEAN COPYRIGHT SOCIETY, *loc. cit.*

34 Directiva 2006/116/CE del Parlamento Europeo y del Consejo, de 12 de diciembre de 2006, relativa al plazo de protección del derecho de autor y de determinados derechos afines (versión codificada) [2006] DO L 372/12 *(TOL 2.254.242).*

35 ROSATI, E., «DSM Directive Series #3: How far does Article 14 go?», IPKat, [en línea], (2019), <http://ipkitten.blogspot.com/2019/04/dsm-directive-series-3-how-far-does.html>. [Consulta: 12/12/2023.]

36 EUROPEAN COPYRIGHT SOCIETY, *loc. cit.*

de originalidad formulado en el asunto *Infopaq*[37] seguirán protegidas por los derechos de autor.[38] Tal y como lo expresa el Tribunal de Justicia de la Unión Europea: "Por un lado, la prestación de que se trate debe ser original, en el sentido de constituir una creación intelectual propia de su autor. Para que una creación intelectual pueda considerarse propia de su autor, debe reflejar la personalidad de este, lo que sucede cuando el autor ha podido expresar su capacidad creativa al realizar la obra tomando decisiones libres y creativas".[39] Así, podría interpretarse el artículo 14 como una mera clarificación del criterio de originalidad formulado en *Infopaq*; pero quizá vaya un poco más allá y esté codificando (dentro del limitado ámbito de las obras afectadas) el argumento jurisprudencial de que los derechos de autor solo pueden existir en relación con obras suficientemente originales en el sentido de la doctrina *Infopaq*.[40] En cualquier caso, las reproducciones "originales" estarán protegidas y no se verán

---

37 Sentencia del Tribunal de Justicia (Sala Cuarta) de 16 de julio de 2009, asunto C-05/08, *Infopaq International A/S c. Danske Dagblades Forening*, ECLI:EU:C:2009:465 *(TOL 2.164.088)*.

38 Para un ejemplo en relación con fotografías, *vid.* Cour de Cassation (France), Cass. 1ère civ. 11 de mayo de 2017, n°15-29.374, ECLI:FR:CCASS:2017:C100563
<https://www.legifrance.gouv.fr/affichJuriJudi.do?oldAction=rechJuriJudi&idTexte=JURITEXT000034705564&fastReqId=441085215&fastPos=1>. [Consulta: 12/12/2023.] .

39 Sentencia del Tribunal de Justicia (Gran Sala) de 29 de julio de 2019, asunto C-469/17, *Funke Medien NRW GmbH c. Bundesrepublik Deutschland* ECLI:EU:C:2019:623 *(TOL 7.432.597)*, pár. 17; y sentencia del Tribunal de Justicia (Sala Tercera) de 1 de diciembre de 2011, asunto C-145/10, *Eva-Maria Painer c. Standard VerlagsGmbH, Axel Springer AG, Süddeutsche Zeitung GmbH, Spiegel-Verlag Rudolf Augstein GmbH & Co KG, Verlag M. DuMont Schauberg Expedition der Kölnischen Zeitung GmbH & Co KG*, ECLI:EU:C:2011:798 *(TOL 2.513.740)*, pár. 87–89.

40 ROSATI, E., «DSM Directive Series #3: How far does Article 14 go?», *loc. cit.*, nota 232.

afectadas por el artículo 14. Aunque dicho precepto se refiera tanto a los derechos de autor como a los derechos afines, en la práctica afectará principalmente a estos últimos.[41]

La Directiva sobre plazos de protección[42] creó otra serie de derechos que, a primera vista, podrían considerarse afectados por el artículo 14. Básicamente, el artículo 5 de la Directiva sobre plazos de protección permite que los Estados miembros protejan las ediciones críticas y científicas de obras que hayan pasado a ser de dominio público. Esas obras podrían ser obras de arte visual y las ediciones podrían incluir obras de arte visual. Sin embargo, si analizamos con más detalle el artículo 5, cuesta pensar cómo podría verse afectado por el artículo 14 de la DMUD, ya que las ediciones "críticas y científicas" a las que se refiere superarán con toda probabilidad el umbral de originalidad. Como mucho, puede ocurrir que dichas ediciones no puedan dar lugar a derechos de autor en relación con la reproducción fiel de alguna obra de arte visual. Sin embargo, la edición en sí es obviamente una obra que implica originalidad y, por tanto, merecedora de protección.

No cabe decir lo mismo del artículo 4 de la Directiva sobre plazos de protección y la protección que establece para obras no publicadas previamente cuya protección de derechos de autor ya ha expirado. Lo que crea el artículo 4 no son derechos de autor ni derechos afines en ese sentido. El artículo 4 habla expresamente de una "protección equivalente a la de los derechos económicos del autor". Se trata de una protección que excluye los derechos morales, con un plazo específico (más breve) y que opera en paralelo a parte de los derechos de autor. Por tanto, no puede identificarse con ellos. La originalidad no tiene cabida

41 EUROPEAN COPYRIGHT SOCIETY, *loc. cit.*

42 Directiva 2006/116/CE del Parlamento Europeo y del Consejo, de 12 de diciembre de 2006, relativa al plazo de protección del derecho de autor y de determinados derechos afines (versión codificada) [2006] DO L 372/12 *(TOL 2.254.242).*

ni se exige en este contexto. En consecuencia, no hay margen para que la doctrina *Infopaq* pueda amparar la protección de los derechos de autor. El artículo 14 de la DMUD se limita a los derechos de autor y derechos afines, por lo que no resulta de aplicación en este ámbito. También hay motivos fundados de orden público. El artículo 4 de la Directiva sobre plazos de protección pretende favorecer la publicación de obras inéditas y ponerlas a disposición del público. En la medida en que el acceso público es uno de los fundamentos del artículo 14, resultaría contradictorio suprimir el derecho que pretende fomentar ese acceso a obras inéditas, y no hay ningún motivo por el que esta consideración no se aplique exactamente igual a las obras de arte visual.[43]

Sin embargo, existe una segunda definición que resulta crucial en relación con el artículo 14 de la DMUD, aparte de la definición de las reproducciones originales que no se ven afectadas por dicha disposición (en contraste con las reproducciones fieles, a las que sí se aplica). A fin de cuentas, el artículo 14 se limita a las reproducciones de las obras de arte visuales. ¿Cómo se define una obra de arte visual? Ni esta ni ninguna otra directiva ofrecen una definición. El artículo 2.1 del Convenio de Berna[44] ni siquiera emplea los términos "obra de arte visual", aunque incluye una amplia lista de ejemplos que podrían considerarse dentro de la categoría de obras de arte visual: dibujos, pinturas, esculturas, grabados, litografías y obras arquitectónicas, pero también fotografías y obras de artes aplicadas, mapas y planos. Los Estados miembros tampoco comparten un único concepto de obras de arte visual: algunos de los ejemplos anteriores forman parte de una categoría independiente en algunas legislaciones nacionales, mientras que otras sí los incluyen en el marco de las obras de arte visual. En la línea del considerando 53, que apunta al objetivo de facilitar el acceso al patrimonio cultural y

---

[43] *Cfr.* EUROPEAN COPYRIGHT SOCIETY, *loc. cit.*, nota 226.

[44] Convenio de Berna de 1886 *(TOL 114.980)*.

el fomento de la cultura, parece conveniente asumir una definición amplia. Es lo que parece sugerirse a los Estados miembros de cara a la transposición de la directiva en sus ordenamientos internos. Todo aquello susceptible de percepción visual y que cumpla el criterio de originalidad debería quedar incluido. No en vano, es en relación con esas obras como se plantea la protección de las reproducciones, incluso aunque se trate meramente de reproducciones fieles.[45] Eso no es posible en relación, por ejemplo, con obras literarias: una copia exacta de una obra ya no sujeta a protección no podrá generar nunca nuevos derechos de autor. El eje fundamental, por tanto, es la fidelidad de la reproducción mucho más que el concepto de obra de arte visual. Por otra parte, una definición amplia de dichas obras en el contexto del artículo 14 no rebajará en ningún caso la protección de los derechos de autor en relación con las reproducciones originales.

También es importante señalar que estas reproducciones fieles pueden ser tanto en 2D como en 3D. Las impresoras o los moldes de yeso 3D para obras tridimensionales no son, por definición, transformadores ni creativos. El artículo 14 se aplica tanto a las reproducciones digitales como a las analógicas. Sin embargo, el artículo 14 sí exige que los derechos de autor o los derechos afines hayan expirado, por lo que no resulta de aplicación a las reproducciones fieles de obras de la antigüedad u otras obras anteriores a la regulación de los derechos de autor. No obstante, los objetivos del considerando 53 sí comprenden estas obras y su reproducción, y se anima a los Estados miembros a incluirlas en su transposición interna.[46]

Lo anterior deja abierta la cuestión de cuándo entrará en juego el artículo 14. El tenor literal no es del todo claro al respecto, pero para ello puede servir de ayuda el considerando

45 EUROPEAN COPYRIGHT SOCIETY, *loc. cit.*

46 *Ibid.*

53 y su objetivo de facilitar el acceso.[47] Dicho acceso viene asociado al hecho de que la obra de arte visual se incorpore al dominio público en un determinado momento. La mayoría de las obras de arte visual existen en una única copia (o en un número muy limitado de ellas), y por tanto las reproducciones se convierten en condición necesaria o muy importante para dicho acceso. La ausencia de protección de derechos de autor o derechos afines para las reproducciones fieles solo tiene sentido si se produce de forma simultánea; es decir, cuando la obra de arte visual pasa a formar parte del dominio público. Al mismo tiempo que expira la protección asociada a las reproducciones fieles ya existentes, dejará de reconocerse esa protección para cualquier nueva reproducción. Como lectura alternativa, cabría entender que el artículo 14 solo resultaría de aplicación a reproducciones fieles de nuevo cuño que se realicen después de que la obra de arte visual pase al dominio público. Sin embargo, esta interpretación resulta poco convincente, ya que resulta contradictoria con los objetivos enunciados en el considerando 53.[48] Las galerías, museos y demás instituciones con obras de arte visual en sus colecciones seguirán pudiendo ofrecer reproducciones fieles de alta calidad en sus tiendas web, aplicando los precios correspondientes.[49] El artículo 14 simplemente limita la protección de los derechos de autor y derechos afines, de tal forma que una vez adquirida dicha reproducción, podrá utilizarse libremente salvo que se haya acordado alguna restricción contractual.

---

47 Directiva 2019/790, considerando 53.

48 EUROPEAN COPYRIGHT SOCIETY, *loc. cit.*

49 TORREMANS, P., "Presenting Best Practices for Copyright and Trademarks in Common Law Countries for Cultural Heritage and Museum Collections", ponencia presentada el 11 de septiembre de 2019 en el Taller de la OMPI para bibliotecas/museos en la Biblioteca de Alejandría (Egipto).

## V. APLICACIÓN

Una vez analizados los artículos 12, 13 y 14 de la DMUD, corresponde revisar la aplicación de dichas disposiciones por distintos Estados miembros, incluidos Francia, Alemania, Irlanda y los Países Bajos. ¿Hay diferencias entre la aplicación a nivel interno en cada uno de esos países? En caso afirmativo, ¿son considerables esas diferencias?

En primer lugar, volviendo a las observaciones en relación con el artículo 12 de la DMUD, parece que no hay nada controvertido en ese precepto, en el sentido de que los Estados miembros lo acogieron bien en general. De hecho, la legislación interna de varios de ellos ya contemplaba mecanismos de concesión de licencias similares al previsto en el artículo 12 antes de que se aprobara la DMUD.[50] Así ocurría, por ejemplo, en Dinamarca, Finlandia, Suecia y Eslovaquia, todos los cuales tenían su propia versión doméstica de la licencia colectiva ampliada (LCA) como mecanismo de concesión de licencias colectivas.[51] Lo mismo puede decirse de Francia, Alemania y Polonia, que cuentan todos ellos con sistemas de licencias colectivas que varían ligeramente entre sí.[52] Por su parte, el artículo 12 es relativamente flexible, permitiendo a los Estados miembros amoldar su propia normativa a la Directiva sin perder sus mecanismos nacionales específicos.

A pesar de que muchos Estados miembros cuentan con sus propios mecanismos de concesión de licencias colectivas al

---

50 COMISIÓN EUROPEA: «Report on the Use of Collective Licensing Mechanisms with an Extended Effect Under Article 12(6) of Directive 2019/790/EU on Copyright and Related Rights in the Digital Single Market» [en línea], (2021), <https://digital-strategy.ec.europa.eu/en/library/reports-collective-management-and-extended-licensing>. [Consulta: 12/12/2023.]

51 *Ibid.*, 5.

52 *Ibid.*, 8.

margen de la DMUD, solo unos pocos han dado los pasos necesarios para asegurarse de que su legislación interna se ajusta al artículo 12. También son pocos los países que, careciendo de esos mecanismos en su ordenamiento nacional, los hayan introducido de conformidad con dicha disposición. Sin embargo, existen excepciones como la de Francia. Antes de la aprobación de la DMUD, Francia ya había adoptado un mecanismo de concesión de licencias colectivas con efecto ampliado dirigido a las "obras fuera del circuito comercial" con el fin de reducir los costes de transacción asociados al proceso de otorgamiento de "licencias para la reproducción digital o [...] la puesta a disposición de determinados libros fuera del circuito comercial, incluido para usos comerciales".[53] No obstante, tras la aprobación de la DMUD, Francia ha modificado sus disposiciones para adaptarse a la nueva normativa europea. Por ejemplo, ha introducido el artículo 28 en la Ley nº 2020-1674,[54] permitiendo el uso de LCA en relación con obras de arte visual que "ilustran ediciones educativas o de investigación puestas a disposición en línea para fines no comerciales".[55] Asimismo, más recientemente, Francia ha aprobado la Ordenanza nº 1518, cuyo artículo 9 básicamente contempla la posibilidad de otorgar licencias colectivas ampliadas en los términos del artículo 12 de la DMUD.

---

53 *Ibid.*

54 Ley nº 2020-1674 de 24 de diciembre 2020 de programación de la investigación para los años 2021 a 2030 y por la que se establecen diversas disposiciones relativas a la investigación y a la enseñanza superior (*Loi n 2020-1674 du 24 Décembre 2020 de Programmation de la Recherche pour les Années 2021 à 2030 et Portant Diverses Dispositions Relatives à la Recherche et à l'Enseignement Supérieur*).

55 COMISIÓN EUROPEA: «Report on the Use of Collective Licensing Mechanisms with an Extended Effect Under Article 12(6) of Directive 2019/790/EU on Copyright and Related Rights in the Digital Single Market», *loc. cit.*, p. 10.

De forma parecida al sistema francés, la legislación alemana sobre licencias colectivas previa a la DMUD se aplica únicamente a un tipo concreto de obras: aquellas que no se comercializan o que han dejado de comercializarse. Igual que en Francia, la aplicación de esas normas depende de la fecha de publicación de la obra. En Alemania, la fecha de referencia es el 1 de enero de 1966 para "libros, revistas profesionales o científicas, periódicos y otros escritos" incluidos "en una colección accesible al público de bibliotecas, instituciones educativas, museos, archivos e instituciones activas en el patrimonio cinematográfico o sonoro".[56] La legislación alemana no cubre las obras publicadas por primera vez antes de esta fecha. Por otra parte, y también como ocurre en Francia, existe una autoridad nacional alemana encargada de supervisar el cumplimiento de los requisitos que rigen el mecanismo de concesión de licencias colectivas ampliadas. Sin embargo, y a diferencia del país vecino, no se han introducido modificaciones en la legislación interna alemana tras la aprobación de la DMUD, cuya transposición ha resultado muy fragmentada. De hecho, solo se han transpuesto los artículos 15, 3 a 7 y 17 de la DMUD (este último, en un momento posterior).[57]

Por su parte, el legislador español no consideró adecuado transponer el artículo 12 al ordenamiento interno. Así, no se adoptó ninguna disposición para habilitar la concesión de licencias colectivas ampliadas. Esto resulta particularmente sorprendente en el marco de la legislación española, que regula de forma muy exhaustiva el sistema de gestión colectiva. Quizá el legislador español consideró que no era necesario añadir nada más a dicho sistema mediante la introducción de mecanismos de concesión de licencias colectivas con efecto ampliado. Sin embargo, ese enfoque podría resultar equivocado, ya que las licencias colectivas ampliadas responden a un funda-

---

56 *Ibid.*, 8.

57 *Ibid.*

mento y a una filosofía diferentes. Por una parte, refuerzan las ventajas de la gestión colectiva, pero al mismo tiempo respetan la libertad individual de cada autor en mucha mayor medida que el modelo tradicional de gestión y concesión de licencias colectivas obligatorias.[58] Basta señalar al respecto la capacidad de los autores de optar por no participar, así como las mayores oportunidades que tienen los usuarios individuales de obtener una licencia completa y sin problemas como dos caras de la misma moneda. Una herramienta de gestión y concesión de licencias colectivas más sofisticada como esta podría haber encontrado acomodo en la legislación española, enriqueciendo con ello el amplio marco ya existente.

En cuanto al artículo 13 de la DMUD, esta disposición ha sido aplicada con éxito por algunos Estados miembros como Irlanda y los Países Bajos. Los Estados miembros no parecen haber encontrado grandes dificultades en su aplicación, ya que se trata de una disposición muy flexible en su planteamiento. Como sabemos, permite a los Estados miembros decidir el funcionamiento específico del mecanismo de negociación (incluido el calendario, la duración de la asistencia a las negociaciones y el reparto de los costes). La mayoría de los países parece haber optado por la mediación, aunque algunos no han incorporado específicamente el artículo 13 porque ya disponen de una opción general de mediación en su legislación nacional. Bélgica es un buen ejemplo de ello. La ley de transposición de 19 de junio de 2022[59] no incluye ninguna disposición específica a este respecto, pero ya existe un sistema genérico de me-

---

58 SANCHEZ-ARISTI, R.: «Transposición de la Directiva 2019/790 sobre derechos de autor y mercado único digital (i). Blog Cuatrecasas» [en línea], (2008), <https://www.cuatrecasas.com/es/spain/propiedad-intelctual/art/ue-transposicion-de-la-directiva-ue-2019-790–i>. [Consulta: 12/12/2023.]

59 <http://www.ejustice.just.fgov.be/eli/loi/2022/06/19/2022015053/justel>. [Consulta: 12/12/2023.].

diación. Irlanda, por otro lado, tiene una disposición de transposición específica en el artículo 9 del Instrumento Legislativo 567/2021, pero se limita a hacer referencia al procedimiento de mediación descrito en la Ley de Mediación de 2017, que está en consonancia con el enfoque de la DMUD. Por su parte, los Países Bajos incluyeron un artículo 45ga en su ley de derechos de autor.[60] Este es otro ejemplo de aplicación que rehúye la creación de un organismo y confía exclusivamente en los mediadores. Tanto el texto neerlandés como el irlandés se ciñen en gran medida a la redacción de la directiva, permitiendo que los mediadores formulen sugerencias y concediéndoles preferencia sobre la creación de organismos.

Otro buen ejemplo de este enfoque de transposición lo ofrece España en el apartado nueve del artículo 80 del Real Decreto-Ley 24/2021, de 2 de noviembre de 2021. Técnicamente, supone la incorporación de un nuevo apartado 5 al artículo 194 de la Ley de Propiedad Intelectual. En la práctica, esto supone que la Comisión de Propiedad Intelectual (Sección Primera) se encargará de aplicar el artículo 13 de la DMUD. La disposición se refiere a las funciones de mediación y/o arbitraje ejercidas por la Comisión de Propiedad Intelectual no solo para facilitar las negociaciones, sino también para formular propuestas. Más en concreto, el tenor literal del artículo 194.5.a) de la Ley de Propiedad Intelectual pasa a ser el siguiente:

"5. El ámbito material de actuación de la Sección Primera de la Comisión de Propiedad Intelectual en el ejercicio de sus funciones de mediación y/o arbitraje señaladas en los apartados 1 y 2 del presente artículo podrá comprender, asimismo, los siguientes aspectos: a) Mediación para prestar asistencia, ayudar a alcanzar acuerdos y presentar propuestas en aquellos casos en

60 Introducido por la ley de 16 de diciembre de 2020 que modifica la ley de derechos de autor, [2020] Staatsblad van het Koninkrijk der Nederlanden, nr. 558.

que las partes encuentren dificultades relacionadas con alcanzar un acuerdo con la concesión de autorizaciones para poner a disposición obras audiovisuales en servicios de vídeo a la carta".

Por último, corresponde analizar la aplicación del artículo 14 de la DMUD. En su Comentario sobre la aplicación del artículo 14 de la Directiva, la European Copyright Society (ECS) se refirió a dicho precepto como una "disposición relevante que, por primera vez en la UE, concede un estatus positivo a las obras que pertenecen al dominio público, prohibiendo cualquier recuperación de la exclusividad".[61] ¿Comparten este enfoque los Estados miembros? Antes de que se aprobara la DMUD, la legislación nacional en materia de obras de arte visual de dominio público variaba considerablemente de un país a otro. Al no existir un sistema armonizado, se generaba mucha inseguridad jurídica. El artículo 14 trató de resolver esta situación con una disposición armonizadora a la que se pudieran adherir todos los Estados miembros. Dicha norma fue aplicada por el tribunal neerlandés de apelación de Arnhem-Leeuwarden en el año 2019, en el marco de un asunto relativo a una copia exacta de un cuadro de Rembrandt que pertenecía al dominio público.[62] En este caso, como en otros asuntos similares planteados en los Países Bajos, el tribunal concluyó que para que una obra de arte estuviera protegida por derechos de autor debía ser el resultado de un esfuerzo creativo del artista. Las meras copias o reproducciones fieles no pueden acogerse

---

61 EUROPEAN COPYRIGHT SOCIETY: "Comment of the European Copyright Society on the Implementation of Art.14 of the Directive (EU) 2019/790 on Copyright in the Digital Single Market" [en línea], (2020) <https://europeancopyrightsocietydotorg.files.wordpress.com/2020/04/ecs cdsm implementation article 14 final.pdf>. [Consulta: 12/12/2023.], p. 1.

62 Asunto 200.208.912/01, *X c. V.O.F. Café-Restaurant Expo-Madrid et al*, [en línea], <https://uitspraken.rechtspraak.nl/#!/details?id=ECLI:NL:GHARL:2019:2423>. [Consulta: 12/12/2023.]

a esta protección. Es decir, una solución que asume el enfoque de la DMUD, cuyo artículo 14 protege únicamente las obras que sean "una creación intelectual de su autor".[63]

La transposición española del artículo 14 refleja esa misma idea: por un lado, la confirmación del estatus de dominio público para esas obras en ausencia de un esfuerzo creativo nuevo que aporte valor añadido más allá de la mera reproducción; y, por otro, la necesidad de confirmar este extremo de forma explícita a la luz de los numerosos intentos de explotar esas reproducciones de obras de dominio público invocando la protección de los derechos de autor. El legislador español consideró que no era necesario añadir nada a ese respecto ni introducir una disposición detallada, en la medida en que su contenido ya estaba básicamente reflejado en la legislación vigente. Así, lo que hizo el legislador español fue limitarse a transponer el artículo 14 de forma literal a través del artículo 72 del Real Decreto-ley 24/2021.

Para concluir, parece que los artículos 12, 13 y 14 de la DMUD no revisten grandes dificultades y no han planteado obstáculos relevantes en su aplicación por parte de los Estados miembros. En gran medida, esto se debe a que los propios Estados miembros ya contaban con disposiciones similares en su legislación interna, siendo necesarios ajustes menores para adaptarse a la norma europea. No obstante, la aplicación de la DMUD ha resultado bastante fragmentada dentro de cada Estado miembro, como demuestra el caso francés y alemán, entre otros.

## VI. CONCLUSIÓN

Probablemente, estos tres artículos de la DMUD no sean los que más atención han recabado, pero proporcionaron un con-

---

[63] Directiva 2019/790, artículo 14.

junto de herramientas muy útiles en el marco de los derechos de autor. Se han reconocido a nivel de la UE los mecanismos de concesión de licencias colectivas ampliadas, lo cual resulta interesante para los países que ya operaban con ese sistema. Para los demás, se trata de una nueva posibilidad, tal y como ha quedado reflejado en su aplicación. Y, según hemos visto, esta herramienta adicional ofrece considerables ventajas para los autores y titulares de derechos (que conservan la libertad de gestionar sus propios derechos); pero también para los usuarios. El artículo 13 incorpora el recurso a la mediación en el ámbito específico de los derechos de autor. Muchos Estados miembros ya disponían de instrumentos generales de mediación, por lo que no ha sido necesaria ninguna medida de aplicación o transposición. Sin embargo, fomentar el uso de esos mecanismos en un sector tan concreto puede mejorar la explotación de las obras protegidas por derechos de autor en el entorno digital contemporáneo. No solo facilitará la aparición y la popularidad de las plataformas de *streaming* en línea, sino que también permitirá a los titulares de derechos explotar sus obras de forma efectiva y eficiente, obteniendo una remuneración adecuada por dicha explotación. Por otra parte, si se quiere adoptar un punto de vista cínico, el artículo 14 confirma la regla de la originalidad. La jurisprudencia neerlandesa muestra que quizá no sea necesaria ninguna medida de aplicación o transposición. Pero, en cualquier caso, el artículo 14 constituye un paso relevante y radical en cuanto a la confirmación del dominio público en el derecho de autor a nivel europeo. Dicho precepto ayuda a asegurar un equilibrio adecuado entre los derechos de autor y el dominio público, contribuyendo a la aceptación y el respeto de los derechos de autor en el conjunto de la sociedad. Se trata, por tanto, de tres artículos e instrumentos que a primera vista pueden pasar desapercibidos, pero que —si se interpretan correctamente— pueden suponer una contribución importante para el sector y para todos aquellos implicados cotidianamente en el funcionamiento del sistema de derechos de autor en Europa.

## BIBLIOGRAFÍA

AXHAMN, J.: «The New Copyright Directive: Collective licensing as a way to strike a fair balance between creator and user interests in copyright legislation (Article 12)», Kluwer Copyright Blog, [en línea], (2019), <http://copyrightblog.kluweriplaw.com/2019/06/25/the-new-copyright-directive-collective-licensing-as-a-way-to-strike-a-fair-balance-between-creator-and-user-interests-in-copyright-legislation-article-12/?doing_wp_cron=1590486428.5646700859069824218750>. [Consulta: 12/12/2023.]

AXHAMN, J.: «Exceptions, limitations and collective management of rights as vehicles for access to information», en *Access to Information and Knowledge: 21st Century Challenges in Intellectual Property and Knowledge Governance,* Edward Elgar Publishing, Cheltenham, 2013, pp. 164–86.

AXHAMN, J. y GUIBAULT, L.: «Cross-Border Extended Collective Licensing: A Solution to Online Dissemination of Europe's Cultural Heritage», *Amsterdam Law School Research Paper,* 2012-22.

COMMISSION STAFF WORKING DOCUMENT, «Report on the use of collective licensing mechanisms with an extended effect under Article 12(6) of Directive 2019/790/EU on copyright and related rights in the Digital Single Market» [en línea], (2021), <https://digital-strategy.ec.europa.eu/en/library/reports-collective-management-and-extended-licensing>. [Consulta: 12/12/2023.]

COMISIÓN EUROPEA: «Report on the Use of Collective Licensing Mechanisms with an Extended Effect Under Article 12(6) of Directive 2019/790/EU on Copyright and Related Rights in the Digital Single Market» [en línea], (2021), <https://digital-strategy.ec.europa.eu/en/library/reports-collective-management-and-extended-licensing>. [Consulta: 12/12/2023.]

EUROPEAN COPYRIGHT SOCIETY: «Comment of the European Copyright Society on the Implementation of the Extended Collective Licensing Rules (Arts. 8 and 12) of the Directive (EU) 2019/790 on Copyright in the Digital Single Market» [en línea], (2020), <https://europeancopyrightsocietydotorg.files.wordpress.com/2020/06/ecs-comment-ecl_art_8-12_20200613.pdf>. [Consulta: 12/12/2023.], p. 2.

EUROPEAN COPYRIGHT SOCIETY: «Comment of the European Copyright Society on the Implementation of Art. 14 of the Directive (EU) 2019/790 on Copyright in the Digital Single Market», [en línea], (2020), <https://europeancopyrightsocietydotorg.files.wordpress.com/2020/04/ecs_cdsm_implementation_article_14_final.pdf>. [Consulta: 12/12/2023.].

KIVISTÖ, M., "The DSM Directive: A Package (too) Full of Policies", en *Online Distribution of Content in the EU*, Edward Elgar Publishing, Cheltenham, 2019, p. 15.

RIIS, T.H. y SCHOVSBO, J.: "Extended Collective Licenses and the Nordic Experience: It's a Hybrid but is it a Volvo or a Lemon", *Colum. J.L. & Arts*, 33, 2009-2010, 471 y STROWEL, A., "The European Extended Collective Licensing Model", *Colum. J.L. & Arts*, 34, 2010-2011, 665.

ROSATI, E.: «DSM Directive Series #3: How far does Article 14 go?», IPKat, [en línea], (2019), <http://ipkitten.blogspot.com/2019/04/dsm-directive-series-3-how-far-does.html>. [Consulta: 12/12/2023.]

SANCHEZ-ARISTI, R.: «Transposición de la Directiva 2019/790 sobre derechos de autor y mercado único digital (i). Blog Cuatrecasas» [en línea], (2008), <https://www.cuatrecasas.com/es/spain/propiedad-intelctual/art/ue-transposicion-de-la-directiva-ue-2019-790–i>. [Consulta: 12/12/2023.]

SCHWEMER, S. F.: *Licensing and Access to Content in the European Union: Regulation between Copyright and Competition Law*, Cambridge University Press, Cambridge, 2019, p. 171.

TORREMANS, P.: "Presenting Best Practices for Copyright and Trademarks in Common Law Countries for Cultural Heritage and Museum Collections", ponencia presentada el 11 de septiembre de 2019 en el Taller de la OMPI para bibliotecas/museos en la Biblioteca de Alejandría (Egipto).

VERRONEN, V.: "Extended Collective License in Finland: A Legal Instrument for Balancing the Rights of the Author with the Interests of the User", *Journal of the Copyright Society of the USA*, 2002, 1149.

## RESOLUCIONES DEL TJUE

Sentencia del Tribunal de Justicia (Sala Tercera) de 16 de noviembre de 2016, asunto C-301/15, *Marc Soulier y Sara Doke c. Premier ministre y Ministre de la Culture et de la Communication*, ECLI:EU:C:2016:878 *(TOL 5.868.486)*.

Sentencia del Tribunal de Justicia (Sala Cuarta) de 16 de julio de 2009, asunto C-05/08, *Infopaq International A/S c. Danske Dagblades Forening*, ECLI:EU:C:2009:465 *(TOL 2.164.088)*.

Sentencia del Tribunal de Justicia (Gran Sala) de 29 de julio de 2019, asunto C-469/17, *Funke Medien NRW GmbH c. Bundesrepublik Deutschland* ECLI:EU:C:2019:623 *(TOL 7.432.597)*.

Sentencia del Tribunal de Justicia (Sala Tercera) de 1 de diciembre de 2011, asunto C-145/10, *Eva-Maria Painer c. Standard VerlagsGmbH, Axel Springer AG, Süddeutsche Zeitung GmbH, Spiegel-Verlag Rudolf Augstein GmbH & Co KG, Verlag M. DuMont Schauberg Expedition der Kölnischen Zeitung GmbH & Co KG* ECLI:EU:C:2011:798 *(TOL 2.513.740).*

# *Capítulo 7*
# *Protección de las publicaciones de prensa en lo relativo a los usos en línea*

**SEBASTIÁN LÓPEZ MAZA**
*Prof. Titular de Derecho Civil*
*Secretario Centro de Investigación en Propiedad Intelectual*
*Universidad Autónoma de Madrid*

## I.- LA JUSTIFICACIÓN DEL NUEVO DERECHO CONEXO

Entre las numerosas novedades que introduce la Directiva 2019/790, de 17 de abril, sobre los derechos de autor y derechos afines en el mercado único digital, se encuentra el reconocimiento, en su artículo 15, de un nuevo derecho conexo a favor de las editoriales de publicaciones de prensa -incluyéndose también a las agencias de noticias (cdo. 55 Directiva 2019/790). Este precepto fue objeto de numerosas modificaciones a lo largo del proceso que dio lugar a su aprobación, dadas las polémicas que fue planteando su redacción[1]. Así, las editoriales de publicaciones de prensa pasan a engrosar el listado de titula-

---

1 No hay nada más que ver las diferencias del artículo 15 Directiva 2019/790 con el artículo 11 de la Propuesta de Directiva presentada por la Comisión Europea, de 14 de septiembre de 2016 (COM(2016) 593 final). El documento está disponible en línea: https://eur-lex.europa.eu/legal-content/ES/TXT/?uri=CELEX:52016PC0593 (Consulta: 15/05/2024).

res de derechos afines a los derechos de autor, junto a los artistas intérpretes o ejecutantes, los productores audiovisuales, los productores de fonogramas, las entidades de radiodifusión, los realizadores de meras fotografías y las editoriales que publican obras inéditas en dominio público y obras no protegidas. En Europa, el uso de contenidos informativos por parte de los prestadores de servicios en línea no constituye un límite a los derechos de propiedad intelectual, lo que habría potenciado el derecho de acceso a la información, consagrado en el artículo 11 de la Carta de Derechos Fundamentales de la UE, sino una utilización que debe ser autorizada por el correspondiente titular de derechos. La única excepción que tiene por objeto contenidos aparecidos en la prensa es la recogida en el artículo 5.3.c) Directiva 2001/29: el uso de trabajos sobre temas de actualidad.

El legislador europeo ha preferido otorgar un derecho conexo a las editoriales de publicaciones de prensa y a las agencias de noticias, priorizando, de esta manera, el interés económico de éstas en recuperar las inversiones realizadas a la hora de realizar este tipo de publicaciones[2]. Entiende que es muy importante que exista una prensa libre y plural para poder garantizar un periodismo de calidad y el acceso de los ciudadanos a la información (cdo. 54 Directiva 2019/790). Además, es consciente de que la prensa contribuye al debate político y al correcto funcionamiento de una sociedad democrática. El origen de esta preocupación tiene que ver con el desarrollo de las nuevas tecnologías y, en especial, la explotación de publicaciones de prensa a través de servicios en línea, como agregadores

---

2 Esto va en consonancia con la jurisprudencia del Tribunal de Justicia de la Unión Europea (en adelante, TJUE) en la que declara que la libertad de información no es causa suficiente para crear límites nuevos que no estén contemplados en la normativa europea. *Vid.* sendas SSTJUE de 29 de julio de 2019: el caso *Spiegel Online* (asunto C-516/17, ap. 49, ECLI:EU:C:2019:625) y el caso *Funke Medien* (asunto C-469/17, ap. 64, ECLI:EU:C:2019:623).

de noticias o servicios de seguimiento de medios de comunicación (ej.: *newsletters*), algo que venía afectando considerablemente al negocio de las editoriales de este tipo de publicaciones. En estos servicios en línea, se utilizaban sin autorización y sin pago alguno a los titulares de derechos los contenidos de publicaciones de prensa, lo que influía en los ingresos de las editoriales. Según el legislador europeo, éstas tenían verdaderos problemas para licenciar fácil y eficientemente la explotación en línea de sus publicaciones a los prestadores de tales servicios. De ahí que, en la práctica, se estuviera haciendo una utilización gratuita. Esa pérdida de dinero afectaba a su objetivo de recuperar sus inversiones en la elaboración de las publicaciones. En consecuencia, la explotación masiva y abusiva que se hacía de este tipo de contenidos en blogs, en agregadores de noticias o en redes sociales, entre otros, y el perjuicio que el uso en línea de los mismos ocasionaba hizo que el legislador se preocupara por estos titulares de derechos[3]. Primó más el efecto sustitutivo que podían ejercer los prestadores de servicios en línea respecto de los contenidos informativos, que la labor que éstos podían desempeñar dándoles una difusión masiva.

Ante esta problemática, se ha querido reconocer y potenciar la labor de las editoriales a la hora de producir las publicaciones de prensa, asegurándoles la sostenibilidad del sector y favoreciendo la disponibilidad de información fiable (cdo. 55 Directiva 2019/790). La realización de este tipo de publicaciones supone

---

3 Este conflicto recuerda al que, en su momento, se planteó con ocasión del *press-clipping* en España, donde las empresas de seguimiento de medios llevaban a cabo revistas de prensa con fines lucrativos sin pedir autorización y sin abonar ningún tipo de remuneración, pues, con anterioridad a la reforma de la LPI por la Ley 23/2006, todas las revistas de prensa estaban equiparadas a las citas. Fue a raíz de esta reforma cuando esta práctica se contempló expresamente en la normativa para permitir que los editores pudieran autorizarla o no a través de una reserva de derechos.

un esfuerzo organizativo y financiero considerable. De ahí la necesidad de garantizarles una protección jurídica armonizada. Lo que se protege en estos casos es la inversión económica realizada por las editoriales de prensa y por las agencias de noticias a la hora de realizar publicaciones de prensa, permitiéndoles controlar los usos digitales llevados a cabo por parte de los prestadores de servicios y reforzando su posición negociadora. Así se encarga de recordarlo el legislador en los considerandos 54, 58 y 60 Directiva 2019/790. No se trata, por tanto, de proteger el esfuerzo creativo realizado por un sujeto, supuesto para el que procede el derecho de autor, sino de amparar el esfuerzo económico que realizan este tipo de titulares. En definitiva, son únicamente motivos económicos los que han llevado a la introducción de este derecho conexo y a la protección especial de las publicaciones de prensa. En el ámbito europeo, los editores en general, a diferencia de otros titulares de derechos, no han sido objeto de atención, incluso el TJUE ha llegado a señalar, en su sentencia de 12 de noviembre de 2015, que es contraria a los artículos 5.2.a) y 5.2.b) Directiva 2001/29 una normativa en la que se atribuya una parte de la compensación equitativa por copia privada a los editores de las obras creadas por los autores, si no están obligados a compartirla con estos últimos y se les priva de ella (ap. 49)[4].

Por otro lado, a través de este régimen el legislador europeo ha tratado también de armonizar el tratamiento de la puesta a disposición de contenidos periodísticos por parte de prestadores de servicios en línea. En Alemania, la Ley de 7 de mayo de 2013, de modificación de la Urheberrechtgesetz, introdujo, en los artículos 87.f a 87.h, un nuevo derecho conexo a favor de los editores de prensa, relacionado con la puesta a disposición de sus publicaciones y que es el que el legislador europeo ha tomado como modelo para regularlo en la Directiva 2019/790. Se configuró como un derecho transmisible, de gestión colec-

---

[4] Caso *Reprobel*, asunto C-572/13, ECLI:EU:C:2015:750.

tiva voluntaria, renunciable y con una duración de un año. No obstante, esta regulación fue considerada por el TJUE, a través de su sentencia de 12 de septiembre de 2019, contraria al artículo 1.11 Directiva 98/34, por no haberse informado previamente a la Comisión sobre su adopción (ap. 40)[5]. En España, el uso de contenidos de publicaciones de prensa por parte de prestadores de servicios en línea constituía un límite a los derechos de propiedad intelectual, recogido en el artículo 32.2.I LPI. En nuestro país, la atención que han recibido los editores de prensa ha sido de manera indirecta, a través de los límites, de los cuales pueden ser sujetos activos o beneficiarios y sujetos pasivos o «sufridores» del uso de los contenidos informativos por parte de terceros, si bien en algunos de ellos pueden reservarse los derechos e impedirlas, como ocurre con el *pressclipping*, contemplado en el artículo 32.1.II LPI.

Con todo, el derecho reconocido a las editoriales de publicaciones de prensa y a las agencias de noticias está muy delimitado en cuanto a sus titulares, la contraparte, el objeto y el plazo, por lo que no se podría concluir que se trate de un derecho tan amplio como el que gozan los artistas intérpretes o ejecutantes, los productores o los realizadores de meras fotografías, por ejemplo.

## II.- EL TRATAMIENTO EN ESPAÑA DEL USO DE PUBLICACIONES DE PRENSA POR LOS PRESTADORES DE SERVICIOS EN LÍNEA

En España, los usos en línea de las publicaciones de prensa han tenido un tratamiento muy dispar. Desde 2014 hasta finales de 2021, tras la reforma de la LPI por la Ley 21/2014, la puesta a disposición, por parte de agregadores, de fragmentos breves no significativos de contenidos aparecidos en publicaciones de pren-

---

[5] Caso *VG Media*, asunto C-299/17, ECLI:EU:C:2019:716.

sa constituía un límite a los derechos de propiedad intelectual (anterior art. 32.2.I LPI)[6]. Su utilización no estaba sujeta a autorización, pero sí a compensación, que debían recibirla los editores o, en su caso, el autor. Dicha compensación era irrenunciable para los editores, que se veían abocados a cobrarla sin poder consentir un uso gratuito de los contenidos[7]. A partir del RD-ley 24/2021, de 2 de noviembre, de transposición de directivas de la Unión Europea -entre ellas, la Directiva 2019/790-, tales usos pasan a estar sometidos a la autorización de las editoriales de prensa y de las agencias de noticias, a las que se les concede un derecho conexo a través del artículo 129bis LPI. De ahí que el artículo 80.2 RD-ley 24/2021 suprimiera el límite sobre agregadores.

Conviene aclarar, no obstante, que no se elimina el precepto como tal, sino su contenido, pues el actual artículo 32.2.I LPI remite al artículo 129bis LPI. No obstante, resulta imprescindible advertir la deficiente técnica legislativa que se ha utilizado en la nueva redacción del artículo 32.2.I LPI. Y ello por varios motivos. En primer lugar, porque el artículo 32.2.I LPI no se refiere a la puesta a disposición de publicaciones de prensa, como el artículo 129bis LPI, sino de textos o fragmentos de textos, obviando la po-

---

6 Constituía un límite que no tenía acomodo en ninguno de los establecidos en la Directiva 2001/29, por lo que era contrario al principio de lista cerrada establecido por esta norma europea. Además, el legislador español, en el procedimiento que dio lugar a la Ley 21/2014, no cumplió un trámite fundamental, como es la notificación a la Comisión de la UE del establecimiento de ese nuevo límite. El artículo 8.1.3 Directiva 98/34 obliga a esta notificación respecto de normas que tengan relación con los servicios de la sociedad de la información, con el fin de preservar la unidad del mercado interior. Al no notificarse en tiempo y forma por el legislador, no podía exigirse el cumplimiento del artículo 32.2 LPI. *Vid.* BERCOVITZ RODRÍGUEZ-CANO, R., «Tasa Google o canon AEDE: una reforma desacertada», en *Revista doctrinal Aranzadi Civil-Mercantil*, n.º 11, 2015, BIB 2015/427.

7 Esto fue lo que motivó el cierre del servicio de *Google News* en España en 2015.

sibilidad de que aquéllas puedan contener otro tipo de elementos (ej.: fotografías o imágenes). En segundo lugar, porque el artículo 32.2.I LPI menciona únicamente la puesta a disposición como acto sujeto a autorización, olvidando que el derecho conexo del artículo 129bis LPI también abarca la reproducción. En tercer lugar, porque se centra únicamente en los usos en línea que hagan los agregadores de contenidos, cuando el artículo 129bis LPI es mucho más amplio, al cubrir cualquier prestador de servicios. Y, en cuarto lugar, porque el artículo 32.2.I LPI alude a la autorización que deben conceder los titulares de derechos en general, siendo que el artículo 129bis LPI otorga el derecho conexo a un grupo muy concreto de titulares: las editoriales de publicaciones de prensa y las agencias de noticias. El legislador debió haber eliminado sin más el artículo 32.2.I LPI o, al menos, haber remitido al artículo 129bis para los usos en línea de publicaciones de prensa por parte de prestadores de servicios, sin mayor añadido.

Se mantiene, en cambio, el límite a favor de los prestadores de servicios que facilitan instrumentos de búsqueda, en el artículo 32.2.II LPI, pues el legislador considera que resultan herramientas esenciales para la navegación por Internet[8]. Cabe cuestionarse su ubicación y su necesidad. Lo primero porque se encuentra entre límites que se refieren a los derechos de autor, en tanto que el uso de contenidos por buscadores afecta al derecho conexo concedido a las editoriales de publicaciones de prensa y a las agencias de noticias. Este inconveniente

---

8 El artículo 80.2 RD-ley 24/2021 introduce una modificación muy menor en el artículo 32.2.II LPI, para eliminar las referencias que se hacían al anterior artículo 32.2.I LPI. Este límite excluye de autorización y de compensación la puesta a disposición del público, por parte de agregadores, siempre que ésta se produzca sin finalidad comercial propia y se circunscriba estrictamente a lo imprescindible para ofrecer los resultados de búsqueda en respuesta a consultas formuladas previamente por un usuario, debiéndose incluir un enlace a la página de origen de los contenidos.

se puede salvar con el artículo 132 LPI, que entiende aplicables los límites de los artículos 31 y siguientes de la LPI a los derechos conexos recogidos en el Libro II LPI. Las razones que pueden justificar que se mantenga aquí este límite son: 1) entender que el artículo 32.2.II LPI está pensando en los derechos de los autores de los contenidos concretos utilizados por los buscadores; 2) considerar que el límite se refiere a los buscadores en general y no sólo a los que rastrean los contenidos informativos (nótese que los buscadores, al mostrar los resultados de la búsqueda, reproducen pequeños fragmentos de las páginas web incluidas en el listado, que no necesariamente tienen por qué tratarse de publicaciones de prensa); 3) interpretar que el legislador está considerando las publicaciones de prensa como obras colectivas y mira a los editores como titulares del derecho de autor en virtud del artículo 8 LPI. Y se cuestiona la necesidad, si obviamos las consideraciones anteriores, porque si se refiere el límite únicamente al derecho conexo, la posibilidad de utilizar fragmentos de publicaciones de prensa por parte de buscadores ya está contemplada en los artículos 15.1.IV Directiva 2019/790 y 129bis.6.c) LPI.

Volviendo al derecho conexo de las editoriales de publicaciones de prensa y agencias de noticias, los apartados 7 y 8 del artículo 80 RD-ley 24/2021 incluyen respectivamente en la LPI un artículo nuevo, el 129bis, y un nuevo apartado en el artículo 130, el tercero[9]. Ambos constituyen la transposición del artículo 15 Directiva 2019/790. El legislador español, acertadamente, ha preferido llevar esta cuestión a la LPI, en lugar de mantenerla en el RD-ley 24/2021, como sí hizo, en cambio, a la hora de transponer los límites recogidos en dicha directiva. Sin embargo, parece haber errado en su ubicación, al situar la regulación

---

[9] En Francia, este derecho conexo se ha recogido en los artículos L218-1 a L218-5 del *Code de la Propriété Intellectuelle* (CPIf). En Alemania, se establece en los artículos 87f a 87k de la *UrherrechtGesetz* (UrhG).

en el Título VI del Libro II LPI, centrado en la protección de determinadas producciones editoriales y que incluye los artículos 129 y 130 LPI, que parecen pensados más bien para los editores de libros[10]. Además, en la transposición no se ha seguido el orden de contenidos del artículo 15 Directiva 2019/790, por lo que ha resultado un artículo 129bis LPI un tanto caótico.

Estamos ante una regulación innecesariamente extensa de este derecho conexo. Y ello por dos motivos. En primer lugar, porque va más allá de lo marcado por la Directiva 2019/790. El legislador español ha añadido algunas cuestiones que no provienen de la Directiva, lo que permite cuestionar si estamos ante una transposición adecuada o no. Y, en segundo lugar, porque recoge previsiones que no resultan necesarias porque son las comúnmente aplicables a cualquier otro titular de derechos de propiedad intelectual. Son meras tautologías. Con todo, la regulación europea y española dejan bastantes puntos sin aclarar, lo que previsiblemente dará lugar a numerosas cuestiones prejudiciales ante el TJUE.

---

10 Recomendó esta ubicación CASAS VALLÉS, si bien cambiando la rúbrica del Título VI para abarcar a otros editores distintos. *Vid.* CASAS VALLÉS, R., «Propiedad intelectual y derecho a la información. De las reseñas o revistas de prensa a los agregadores de noticias: el nuevo derecho afín de los editores de prensa» en *Cuadernos jurídicos del Instituto de Derecho de Derecho de Autor*, dir. Á. Díez Alfonso, Instituto de Derecho de Autor, Madrid, 2020, p. 70. Propone GARROTE FERNÁNDEZ-DÍEZ un nuevo Título en la LPI, renumerando los siguientes, o bien haber incluido el nuevo derecho conexo en un artículo 130bis LPI. *Vid.* GARROTE FERNÁNDEZ-DÍEZ, I., «La transposición al ordenamiento español de la Directiva 2019/790, de derechos de autor y derechos afines en el Mercado Único Digital», en *La Ley Unión Europea*, núm. 116, 2023, p. 27.

## III.- EL OBJETO DE PROTECCIÓN POR EL DERECHO CONEXO

El objeto protegido a través del derecho conexo concedido a las editoriales y a las agencias es la «publicación de prensa». Dentro de ese concepto únicamente cabe amparar las publicaciones periodísticas, publicadas en cualquier soporte, incluso en papel, en el contexto de una actividad económica constitutiva de una prestación de servicios con arreglo al Derecho de la UE (cdo. 56 Directiva 2019/790). Según dicho considerando, se incluyen los periódicos de publicación diaria, las revistas semanales o mensuales de interés general o especial, incluidas las revistas obtenidas mediante suscripción, y los sitios web de noticias. La Directiva 2019/790 y la LPI se refieren a las publicaciones de prensa en general, sin distinguir su formato. Dado que el objetivo de esta regulación es controlar los usos en línea que se hace de la prensa por parte de los prestadores de servicios de la sociedad de la información, es evidente que mayormente se referirá a la prensa explotada a través de las redes digitales. Respecto de ésta, mal elegido está el término «publicación de prensa», que parece estar pensando en contenidos explotados en formato físico. De hecho, el artículo 4 LPI considera «publicación» la divulgación que se realice mediante la puesta a disposición del público de un número de ejemplares de la obra que satisfaga razonablemente sus necesidades estimadas de acuerdo con la naturaleza y finalidad de la misma. Quizá para la prensa explotada a través de Internet habría sido más apropiado hablar de «prensa online». Con todo, las publicaciones de prensa explotadas en formato papel también están amparadas en los artículos 15 Directiva 2019/790 y 129bis LPI, por lo que su digitalización y posterior puesta a disposición requerirá la autorización de las editoriales de prensa y las agencias de noticias. Igualmente, es indiferente el formato en que se presente la publicación de prensa: textual (escrito u oral) o, incluso, audiovisual, siempre que se cumplan los requisitos establecidos por las normas apuntadas.

El artículo 2.4 Directiva 2019/790 recoge un concepto de «publicación de prensa». En nuestro ordenamiento, tal concepto se ha incluido en el artículo 129bis.5 LPI, que calca la definición de la norma europea -obsérvese que hay que esperar al apartado quinto para encontrar el concepto de «publicación de prensa», en lugar de ubicarlo al principio del precepto-. Además, la norma española deja claro que esta definición de «publicación de prensa» es únicamente a los efectos de aplicar este precepto, pero no a otros efectos (ej.: el pago de la compensación equitativa por copia privada). Por tanto, no cabría su aplicación analógica a otros ámbitos.

La publicación de prensa queda definida como una recopilación compuesta principalmente por obras literarias de carácter periodístico, pero que también puede incluir otras obras y prestaciones, como fotografías, gráficos o contenidos audiovisuales[11]. Así, por lo que se refiere a sus contenidos, pueden ser de tres tipos: a) obras literarias de carácter periodístico, lo que abarcaría las noticias, los reportajes, las entrevistas, las crónicas, las reseñas y las opiniones; b) obras distintas de las literarias (ej.: obras fotográficas, imágenes); c) prestaciones protegidas por derechos de propiedad intelectual (ej.: meras fotografías o grabaciones audiovisuales). Cabe hacer varias consideraciones en torno a ellos: 1) no se exige que provengan de diferentes autores o realizadores, aunque será lo más habitual; 2) no se requiere un número mínimo de tales contenidos para aplicar el concepto de «publicación de prensa», si bien uno solo no podría ser considerado publicación de prensa,

---

[11] El artículo 2.4 de la Propuesta de Directiva, que recogía el concepto de «publicación de prensa», hablaba de *fijación de una colección* de obras literarias de carácter periodístico, si bien podía incluir otras obras y prestaciones. *Vid.* Propuesta de Directiva presentada por la Comisión Europea, de 14 de septiembre de 2016 (COM(2016) 593 final). El documento está disponible en línea: https://eur-lex.europa.eu/legal-content/ES/TXT/?uri=CELEX:52016PC0593 (Consulta: 15/05/2024).

pues se habla de «recopilación» -el problema está en determinar cuántos contenidos hacen falta para estar ante una publicación de prensa-; 3) que su composición deba ser «principalmente» de obras literarias de carácter periodístico debe llevar a cuestionar la aplicación de este concepto a una publicación que estuviera formada básicamente por fotografías o contenidos audiovisuales, lo que debería aceptarse en tanto que exista una finalidad informativa, pues, en caso contrario, resultaría en una discriminación sin justificación alguna. Asimismo, el carácter periodístico se adquiere cuando los contenidos tienen una finalidad informativa y son elaborados por profesionales de la información para incluirlos en algún medio de comunicación[12]. El TJUE, en su sentencia de 16 de diciembre de 2008, entiende que se produce una actividad periodística cuando su finalidad sea divulgar información, opiniones o ideas al público, con independencia del medio de transmisión (ap. 61)[13].

La publicación de prensa, para serlo, debe cumplir, además, una serie de requisitos de carácter cumulativo, enumerados en los artículos 2.4 Directiva 2019/790 y 129bis.5 LPI[14]. En primer lugar, debe constituir un elemento unitario dentro de una publicación periódica o actualizada regularmente bajo un único título, como un periódico o una revista de interés general o especial. No se exige que la publicación esté inscrita en ningún

---

12 No basta únicamente con tener una finalidad informativa y no es indiferente el carácter profesional de la persona que elabora el contenido ni su inclusión en un medio de comunicación, como considera el TJUE en su sentencia de 14 de febrero de 2019 (caso *Buivids*, asunto C-345/17, ap. 53, ECLI:EU:C:2019:122).

13 Caso *Tietosuojavaltuutettu*, asunto C-73/07, ECLI:EU:C:2008:727.

14 Entiende también que se trata de requisitos cumulativos ROSATI, E., *Copyright in the Digital Single Market Article-by-Article Commentary to the Provisions of Directive 2019/790*, Oxford University press, Oxford, 2021, p. 261.

registro oficial para recibir protección[15]. Además, el legislador no determina la cadencia en la que debe publicarse la publicación, por lo que puede ser diaria, semanal, quincenal, mensual o anual, entre otras. Tampoco aclara cada cuánto tiempo deben actualizarse los contenidos. Lo importante es que aparezca la publicación de manera periódica o se actualice de manera regular. Se excluyen, por tanto, publicaciones que sean puntuales o de ejemplar único, no periódicas o repetidas en el tiempo. En cualquier caso, da igual que estemos ante una publicación de interés generalizado, como podría ser un periódico, o una publicación de interés especial, como podría ser una revista sobre arte, por ejemplo. Por otro lado, el título es fundamental, pues es lo que genera la confianza en el público respecto de la información que ofrece esa publicación de prensa. Ese título debe ser el mismo en los diferentes números de ésta.

En segundo lugar, debe tener por finalidad proporcionar al público información sobre noticias u otros temas. La finalidad informativa es esencial para poder estar ante una publicación de este tipo. Asimismo, téngase en cuenta que no se exige que la información que aparezca en una publicación de prensa sea de actualidad ni que tenga que referirse a un tema determinado, aunque lo normal es que versen sobre cuestiones de actualidad[16]. La ausencia de finalidad informativa hace que queden fuera del derecho conexo: 1) los contenidos de una publicación de prensa que tengan, más bien, una finalidad de entretenimiento o publicitaria (ej.: un poema aparecido en un periódico); 2)

---

15 En el ámbito del derecho de autor, recuérdese que el artículo 5.2 CB prohíbe someter la protección al cumplimiento de requisitos formales, como podría ser la inscripción en un registro.

16 Se exige la actualidad en el artículo L218-1.I CPIf y en el artículo 1 de la Ley n.º 86-897, de 1 de agosto de 1986, que regula el régimen jurídico de la prensa, en ambos casos al definir las publicaciones de prensa.

las obras literarias seriadas o por fascículos (ej.: una novela o un cómic que, cada cierto tiempo, se van completando).

Y, en tercer lugar, debe publicarse en cualquier medio de comunicación por iniciativa y bajo la responsabilidad editorial y el control de un prestador de servicios. El editor o agencia dirigirá y coordinará la labor de los autores que intervienen en la publicación de prensa y tomará una serie de decisiones sobre lo que se inserta o no en ella.

Por otro lado, no se exige, para otorgar el derecho conexo a las editoriales y a las agencias de noticias, que la publicación de prensa tenga originalidad. Este derecho no trata de proteger el esfuerzo creativo de quienes elaboran los contenidos incluidos en la publicación de prensa, sino las inversiones económicas realizadas por tales titulares para su realización. En cambio, desde el punto de vista del derecho de autor, lo que se protege es la manera en la que el periodista trata la información y la expresa de una determinada manera. Es ahí donde puede estar la originalidad. Así lo han señalado la STS de 25 de febrero de 2014[17] y la STJUE de 16 de julio de 2009[18].

Finalmente, cabe apuntar que la Directiva 2019/790 y la LPI recogen también supuestos en los que no se aplicaría la protección especial de las publicaciones de prensa a través del derecho conexo. Y ello por entender que no encajan en este concepto. En particular, son tres casos: 1) los contenidos literarios que no tengan la condición de publicación de prensa [art. 129bis.6.d) LPI]; 2) las publicaciones periódicas con fines científicos o académicos, como las revistas científicas [cdo. 56 y art. 2.4 Directiva 2019/790 y art. 129bis.6.e) LPI]; 3) los sitios web, como blogs, que proporcionan información como parte de una actividad que no se lleva a cabo por iniciativa ni con la responsabilidad y

---

17 Tol 4.259.891.

18 Caso *Infopaq*, asunto C-5/08, ap. 44, ECLI:EU:C:2009:465.

control editorial de un prestador de servicios como lo que caracterizan a una editorial de noticias [cdo. 56 Directiva 2019/790 y art. 129bis.6.f) LPI]. El legislador español incluye estos tres supuestos en el apartado 6 del artículo 129bis LPI, que contiene una enumeración de casos a los que no se extiende el derecho conexo. Hubiera sido más razonable insertarlos en el apartado 5, dentro del concepto de «publicación de prensa», para delimitarlo negativamente -el legislador europeo así lo hace, si bien parcialmente, pues el artículo 2.4 Directiva 2019/790 únicamente se refiere al segundo de los casos aquí mencionados-.

Respecto al primer caso apuntado, se plantea la duda de si el artículo 129bis.6.d) LPI se refiere a una publicación de contenido exclusivamente literario, que, al no constituir una publicación de prensa, queda excluida de estos derechos y se acogerá al régimen general de las obras literarias, o a los posibles contenidos literarios que pudiera incluir una publicación de prensa y que carecen de finalidad informativa. Si nos acogemos a la primera interpretación, la expresión «contenidos literarios que no tengan la condición de publicación de prensa» es un tanto extraña para referirse a las obras literarias sin contenido informativo. Resultaría totalmente prescindible, pues no es necesario decir que las obras puramente literarias, sin contenido informativo, quedan fuera de este régimen jurídico. Si nos acogemos a la segunda interpretación (contenidos literarios incluidos en las publicaciones de prensa), el legislador estaría previendo dos sistemas distintos para los diferentes contenidos incluidos en una publicación de prensa: 1) los contenidos informativos se regirán por lo establecido en el artículo 129bis LPI; 2) los contenidos literarios por el régimen general de las obras literarias. La redacción del artículo 129bis.6.d) LPI es bastante confusa, pues no debería hablarse de «contenidos literarios que no tengan la condición de publicación de prensa», sino, más bien, de «contenidos literarios no informativos incluidos en una publicación de prensa». Un contenido literario nunca va a tener la consideración de publicación de prensa, pues una parte (el contenido literario) no se puede identificar con el todo (la publicación de prensa). Lo que parece pretender el legislador es que las editoriales de publicaciones de prensa únicamente puedan ejercitar este derecho conexo respecto de contenidos informativos, no respecto de los contenidos literarios no informativos, cuyo uso por parte de los prestadores de servicios estará sujeto a autorización, salvo que resulte aplicable alguno de los límites de los artículos 31 y siguientes LPI.

En cuanto a la segunda exclusión, no están cubiertas por esta protección las publicaciones con fines científicos o académicos, como las revistas científicas (ej.: la *Revista Pe.i.*)[19]. Estas revistas tienen un target más reducido que el de otro tipo de publicaciones periódicas. A pesar de tener un contenido informativo, no otorgará a su editorial el derecho conexo. En cambio, una revista como *National Geographic* sí que podrá acogerse al régimen de los artículos 15 Directiva 2019/790 y 129bis LPI por tener un fin divulgativo.

En tercer lugar, no constituyen publicaciones de prensa los sitios web (ej.: blogs) que proporcionen información como parte de una actividad que no se lleva a cabo por iniciativa ni con la responsabilidad y control editorial de un prestador de servicios (ej.: una editorial de noticias). Visto desde el otro lado, los particulares que dispongan de blogs en los que hablen de cuestiones de actualidad tratadas en publicaciones de prensa podrán seguir haciéndolo sin tener que pedir autorización. Ob-

---

[19] En el concepto de «publicación de prensa» recogido en el artículo 2.4 de la Propuesta de Directiva, no se excluían las publicaciones periódicas con fines científicos o académicos, aunque el considerando 33 las excluía de la protección a través del derecho conexo. *Vid.* Propuesta de Directiva presentada por la Comisión Europea, de 14 de septiembre de 2016 (COM(2016) 593 final). El documento está disponible en línea: https://eur-lex.europa.eu/legal-content/ES/TXT/?uri=CELEX:52016PC0593 (Consulta: 15/05/2024).

sérvese que, en este caso, no se trata de utilizar los contenidos aparecidos en una publicación de prensa, sino de informar -y la información no está protegida por la propiedad intelectual-. Podrían también establecer enlaces a esos contenidos, acto que está excluido de autorización conforme a los artículos 15.1.III Directiva 2019/790 y 129bis.6.b) LPI.

## IV.- LOS TITULARES DEL DERECHO CONEXO

El derecho conexo se concede a las editoriales de publicaciones de prensa y a las agencias de noticias. No se exige que se trate de personas jurídicas, por lo que las personas físicas pueden obtener esta consideración y disfrutar de la protección[20]. No obstante, ni la Directiva 2019/790 ni la LPI incluyen un concepto de estos dos tipos de titulares[21]. El considerando 55 Directiva 2019/790 señala que concepto de «editorial de publicaciones de prensa» comprende a los prestadores de servicios, tales como editoriales de noticias o las agencias de noticias, cuando publican publicaciones de prensa en el sentido de la Directiva. De ahí que el legislador español haya incluido expresamente en el

---

20 ROSATI, E., *Copyright in the Digital Single Market… op. cit.*, p. 259.

21 El artículo L218-1.II CPIf define a las agencias de noticias como toda empresa cuya actividad principal sea la recopilación, el procesamiento y el formato, bajo su propia responsabilidad, de contenidos periodísticos. El precepto remite al artículo 1 de la Ordenanza n.º 45-2646, de 2 de noviembre de 1945, que regula a las agencias de prensa, que considera como tales a las empresas que recopilan, procesan, formatean y facilitan, a título profesional, elementos informativos, bajo su propia responsabilidad, a las empresas editoras de publicaciones de prensa. El artículo L218.1.III CPIf contiene el concepto de «editor de prensa», comprendiendo en él a toda persona física o jurídica que edite una publicación de prensa o servicio de prensa en línea. Por su parte, el artículo 87f.2 UrhG define al editor como cualquier persona que produzca una publicación de prensa.

artículo 129bis LPI a las agencias de noticias. Por tanto, ambas se convierten en titulares originarias de un derecho conexo, si bien no es tan amplio, por contenido y por plazo de duración, como el de otros titulares, como, por ejemplo, los que se otorgan a los productores de fonogramas o de grabaciones audiovisuales.

En España, para disfrutar de este derecho, deberán cumplir tres requisitos: 1) que publiquen publicaciones de prensa en el sentido del artículo 129bis.5 LPI; 2) que estén establecidas en territorio español (art. 129bis.1 LPI); 3) que se realicen publicaciones de prensa de una manera profesional[22]. Respecto al primer requisito, aunque el artículo 129bis.1 LPI se refiere a las editoriales y a las agencias como titulares de este derecho conexo, el resto del precepto parece pensado únicamente para las editoriales de publicaciones de prensa. Las agencias de noticias no suelen elaborar publicaciones de prensa, sino que principalmente emiten noticias. Los contenidos elaborados por las agencias de noticias no casan bien con la definición de «publicación de prensa» recogida en el artículo 129bis.5 LPI, pues, a pesar de haber una finalidad informativa, no constituye un cuerpo unitario publicado de forma periódica o actualizado regularmente bajo un único título. Con todo, en los casos en que produzcan este tipo de publicaciones, estarán protegidas al igual que las editoriales.

El segundo requisito apuntado puede plantear auténticos problemas a la hora de determinar el juez competente y la ley aplicable. Si, por ejemplo, un agregador español utiliza publicaciones de prensa francesa sin pedir el consentimiento, resulta complejo establecer el órgano judicial que debe resolver el caso y la normativa por la que debe regirse. Realmente, en España no habría una infracción del derecho conexo, pues el artículo 129 bis LPI habla de editoriales establecidas en territorio español. Sin embargo, no resulta conveniente, so pena de no alcan-

---

22 Apunta también este requisito ROSATI, E., *Copyright in the Digital Single Market... op. cit.*, p. 259.

zar el objetivo pretendido por la Directiva 2019/790, excluir de la protección en España de las editoriales de publicaciones de prensa que estén ubicadas en otros Estados miembros, pero que presten sus servicios también en nuestro país. Por tanto, la protección otorgada por la LPI debería dispensarse a toda editorial de publicaciones de prensa que dirija sus servicios a España, con independencia de que tenga aquí o no presencia[23]. En todo caso, el considerando 55 Directiva 2019/790 señala que se benefician de esta protección aquellas editoriales que estén establecidas en un Estado miembro y que tengan su sede oficial, administración central o centro principal de actividades en la Unión.

Por otro lado, el artículo 129bis LPI no presume la condición de obra colectiva de las publicaciones de prensa. Y no lo hace porque no tendría sentido reconocer un derecho conexo a las editoriales de este tipo de publicaciones, cuando ya son titulares con carácter originario de los derechos de autor que recaigan sobre ellas conforme al artículo 8 LPI y el régimen de las obras colectivas[24]. Ningún editor va a renunciar a tener un derecho de autor para ostentar un derecho de mucho menos calado, como es el derecho conexo[25]. Tampoco tendría sentido

---

[23] FERNÁNDEZ-LASQUETTY MARTÍN, J., «De límite a derecho conexo: la agregación de prensa en España», en *Revista Pe.i.*, núm. 74, 2023, p. 46.

[24] Se plantea CASAS VALLÉS si los agregadores deberán tener en cuenta no sólo el derecho conexo contemplado en el artículo 129bis LPI, sino también el derecho de los editores como autores de una obra colectiva. *Vid.* CASAS VALLÉS, R., «Propiedad intelectual y derecho a la información… *op. cit.*, pp. 67-68.

[25] Existen autores que cuestionan la necesidad de este derecho conexo cuando los periodistas ya han cedido sus derechos de autor sobre los contenidos a incorporar a una publicación de prensa a la editorial o agencia. *Vid.* GEIGER, C., FROSIO, G., y BULAYENKO, O., «Opinión of the CEIPI on the European Commission's Copyright Reform Proposal with a Focus on the Introduction of Neighbouring Rights for Press Publishers in EU Law», CEIPI, núm. 1, 2016 [en línea], p. 13, <https://papers.ssrn.com/sol3/papers.cfm?abstract_id=2921334>

respecto de publicaciones de prensa que no constituyan obra por carecer de originalidad, pues en tal caso el editor sería titular del derecho conexo recogido en el artículo 129.2 LPI, mucho más amplio en cuanto a contenido -al abarcar también la distribución- y en cuanto a duración -al extenderse durante veinticinco años (art. 130.2 LPI)-. Por tanto, el derecho conexo del artículo 129bis LPI tendría virtualidad únicamente respecto de las siguientes editoriales: 1) aquellas que realicen publicaciones de prensa que constituyan obras colectivas, pero donde se haya pactado un régimen de autoría distinto al previsto en el artículo 8 LPI -según el párrafo segundo de este precepto, los derechos sobre la obra colectiva corresponderán a quien edite y divulgue dicha obra, salvo pacto en contrario-; 2) aquellas que editen publicaciones de prensa que constituyan obras en colaboración -piénsese, por ejemplo, en un diario cuyos contenidos son elaborados por varios periodistas en régimen de coautoría, que encargan la edición y la publicación a un tercero-.

---

(Consulta: 04/01/2024); HILTY, R. M., y MOSCON, V., *Modernisation of the EU Copyright Rules Position Statement of the Max Planck Institute for Innovation and Competition*, Max Planck Institute for Innovation and Competition, 2017 [en línea], p. 82, <https://papers.ssrn.com/sol3/papers.cfm?abstract_id=3036787> (Consulta: 05/01/2014). La European Copyright Society apunta que la recuperación de las inversiones realizadas por las editoriales de publicaciones de prensa no es motivo suficiente para la creación de un nuevo derecho conexo a su favor, señalando, además, que su eficacia es cuestionable, dada la rapidez con que avanzan las nuevas tecnologías. *Vid.* EUROPEAN COPYRIGHT SOCIETY, «Answer to the EC Consultation on the Role of Publishers in the Copyright Value Chain», 15 de junio de 2016 [en línea], <https://europeancopyrightsocietydotorg.files.wordpress.com/2016/06/ecs-answer-to-ec-consultation-publishers-role-june16.pdf> (Consulta: 05/01/2024). En similar sentido se expresa HUGENHOLTZ, para quien los derechos conexos se han quedado obsoletos. *Vid.* HUGENHOLTZ, P. B., «Neighbouring Rights are Obsolete», en *IIC*, núm. 50, 2019, p. 1011.

## V.- EL SUJETO PASIVO DE LA PROTECCIÓN

Los artículos 15.1 Directiva 2019/790 y 129bis.1 y 3 LPI permiten a las editoriales de publicaciones de prensa y a las agencias de noticias ejercitar el derecho conexo reconocido únicamente frente a los prestadores de servicios de la sociedad de la información[26]. A la hora de saber qué se entiende por tales, hay que acudir al artículo 1.1.b) Directiva 2015/1535 (cdo. 55 y art. 2.5 Directiva 2019/790) y a la letra a) del anexo de la Ley 34/2002 (art. 66.5 RD-ley 24/2021). Sin embargo, estas normas no recogen el concepto de «prestador de servicio», sino únicamente de «servicio». La definición de «prestador de servicios de la sociedad de la información» la encontramos realmente en el artículo 2.b) Directiva 2000/31 y en la letra c) del anexo de la Ley 34/2002, que incluyen a cualquier persona física o jurídica que suministre un servicio de la sociedad de la información. El artículo 1.1.b) Directiva 2015/1535 y la letra a) del anexo de la Ley 34/2002 consideran «servicio de la sociedad de la información» todo servicio prestado normalmente a cambio de una remuneración, a distancia, por vía electrónica y a petición individual de un destinatario de servicios. A continuación, la Directiva 2015/1535 desgrana cada uno de estos requisitos: a) «a distancia» se refiere a un servicio prestado sin que las partes estén presentes simultáneamente; b) «por vía electrónica» tiene que ver con los servicios enviados desde la fuente y recibidos por el destinatario mediante equipos electrónicos de

---

26 El texto del artículo 11.1 de la Propuesta de Directiva estaba redactado en unos términos más amplios, pues no hacía referencia expresa a los prestadores de servicios, algo que había que deducir del objetivo planteado de controlar los usos digitales de las publicaciones de prensa, tal como mencionaba su considerando 32. *Vid.* Propuesta de Directiva presentada por la Comisión Europea, de 14 de septiembre de 2016 (COM(2016) 593 final). El documento está disponible en línea: https://eur-lex.europa.eu/legal-content/ES/TXT/?uri=CELEX:52016PC0593 (Consulta: 15/05/2024).

tratamiento y de almacenamiento de datos y que se transmiten, canalizan y reciben enteramente por hilos, radio, medios ópticos o cualquier otro medio electromagnético; c) «a petición individual de un destinatario de servicios» supone un servicio prestado mediante transmisión de datos a petición individual. No se exige que el prestador del servicio de la sociedad de la información esté establecido en la UE para caer dentro del ámbito de aplicación del artículo 15 Directiva 2019/790. Basta con que a su servicio se pueda acceder desde cualquier Estado miembro, aunque se debería requerir, al menos que los servicios estuvieran orientados al público de la UE[27].

Por tanto, el derecho conexo no tiene una eficacia *erga omnes,* sino únicamente frente a los prestadores de servicios de la sociedad de la información. Pierde, de esta manera, una característica esencial de todo derecho real, como es su oponibilidad frente a todos. Recuérdese que los derechos de propiedad intelectual son derechos de propiedad y, en consecuencia, derechos reales (*vid.* arts. 428 y 429 CC). De esta manera, todo tercero que no sea un prestador de servicios de la sociedad de la información tendrá que pedir autorización para la reproducción y puesta a disposición de una publicación de prensa no al titular de este derecho conexo, sino, de haberlo, al titular del derecho de autor sobre la publicación -en caso de ser una obra colectiva- o al autor del contenido concreto utilizado (art. 129bis.2 LPI), salvo que el uso se acomode a alguna de las excepciones previstas en los artículos 31 y siguientes LPI.

La Directiva 2019/790 y la LPI parecen estar pensando en los servicios de agregación de noticias en línea, tales como *Google News, Yahoo News* y similares. Los agregadores de noticias se caracterizan por las siguientes notas: 1) utilizan rastreadores de sitios web (*spiders*) con el fin de aglutinar los contenidos

---

27 ROSATI, E., *Copyright in the Digital Single Market... op. cit.*, p. 263.

informativos de distintos medios y disponerlos, de manera ordenada, en un único sitio web; 2) de cada artículo utilizado suelen reproducir el titular y un fragmento del texto muy corto (*snippet*), acompañados de un enlace que lleva a la fuente -en ocasiones, también se incluye una fotografía a tamaño reducido (*thumbnail*)-; 3) al contrario de lo que ocurre con los buscadores, la puesta a disposición de los contenidos no obedece a una búsqueda previa realizada por el usuario, sino que la llevan a cabo los agregadores de manera automática. El agregador de noticias se limita a reproducir los contenidos aparecidos en publicaciones de prensa, no los transforma.

Se incluyen no sólo aquellos que realizan la agregación por sí mismos, sino también aquellos que ponen los instrumentos para la agregación a disposición de los usuarios y son éstos quienes la realizan, la llamada «agregación colaborativa» (ej.: *Menéame*). Además, es indiferente si los agregadores prestan sus servicios a través de sitios web o mediante aplicaciones para móviles (ej.: *Flipboard, Pocket* o similares). En definitiva, la contraparte del derecho conexo de las editoriales de publicaciones de prensa y de las agencias de noticias son los agregadores que se dedican profesionalmente a esta labor. Y ello con independencia de si tienen o no ánimo de lucro, o, en caso de tenerlo, si se trata de un lucro directo (ej.: cobro a los clientes por el servicio de agregación) o de un lucro indirecto (ej.: obtención de ingresos por publicidad). En cambio, el derecho conexo no es oponible a los blogs, donde los usuarios, ocasionalmente y de manera no comercial, pudieran utilizar los contenidos aparecidos en publicaciones de prensa -así se deriva de los artículos 15.1.II Directiva 2019/790 y 129bis.6.a) y f) LPI-.

Con todo, ni la Directiva 2019/790 ni la LPI hablan exclusivamente de agregadores, sino, en general, de prestadores de servicios de la sociedad de la información, lo que podría incluir las redes sociales -no deben perderse de vista los artículos 17 Directiva 2019/790 y 73 RD-ley 24/2021, sobre el uso de contenidos protegidos por prestadores de servicios para compartir contenidos en línea-, las empresas de seguimiento de medios o los medios de comunicación de la competencia cuando actúen como prestadores de servicios. Ahora bien, habrá que tener en cuenta que estos últimos podrían ampararse en determinados límites para justificar el uso que hagan de contenidos aparecidos en publicaciones de prensa, como las revistas de prensa [arts. 5.3.c) Directiva 2001/29 y 32.1.II LPI] o el uso de trabajos y artículos sobre temas de actualidad [arts. 5.3.c) Directiva 2001/29 y 33.1 LPI]. Por el contrario, este derecho conexo no se podrá invocar frente a los autores y otros titulares de derechos, pues no puede privar a éstos de explotar sus obras y prestaciones de manera independiente a la publicación a la que se incorporen (arts. 15.2 Directiva 2019/790 y 129bis.1.II LPI).

## VI.- CONTENIDO DEL DERECHO CONEXO

### *1.- Los derechos incluidos en la protección de las editoriales de publicaciones de prensa y de las agencias de noticias*

A las editoriales de publicaciones de prensa y a las agencias de noticias se les reconoce el derecho de reproducción y el derecho de puesta a disposición del público (arts. 15.1.I Directiva 2019/790 y 129bis.1 LPI). En cambio, el derecho conexo de las editoriales y de las agencias no abarca el derecho de distribución. Ello va en consonancia con el hecho de que únicamente los usos en línea que hagan los prestadores de servicios estén sujetos a autorización. Todo uso no en línea de una publicación de prensa no estará sujeto al *ius prohiendi* de las editoriales y agencias[28]. Tampoco alcanza el derecho de transformación.

---

[28] DUSSOLIER, S., «The 2019 Directive on Copyright in the Digital Single Market: Some Progress, a Few Bad Choices, and an Overall Failed Ambition», en *Common Market Law Review*, núm. 57, 2020, p. 1007.

En cuanto al derecho de reproducción, el considerando 57 y el artículo 15.1.I Directiva 2019/790 remiten, para conocer su alcance, al artículo 2 Directiva 2001/29, que es el precepto que contiene la regulación de dicho derecho a nivel europeo. El artículo 129bis.1.I LPI, en cambio, no remite al artículo 18 LPI, precepto que viene a transponer el artículo 2 Directiva 2001/29, sino que, en su propio tenor literal, recoge un concepto extenso de «reproducción», en los mismos términos que la Directiva 2001/29. No obstante, en ambos casos (Directiva 2019/790 y LPI), este derecho les permitirá autorizar o prohibir la reproducción directa o indirecta, provisional o permanente, por cualquier medio y en cualquier forma, de la totalidad o parte de una publicación de prensa. Se entiende la reproducción en sentido amplio, tal como se deriva de los considerados 9 a 11 y 21 Directiva 2001/29, con el fin de conseguir un alto nivel de protección. Este derecho de reproducción tiene la misma amplitud que el reconocido a otros titulares de derechos conexos, donde el objetivo no es proteger la creatividad y la innovación, sino la inversión económica. A los efectos de afectar a este derecho, es indiferente la cantidad y la originalidad del contenido copiado, pues lo decisivo es que lo reproducido refleje la inversión hecha por la editorial o agencia en la publicación de prensa. La autorización concedida por la editorial o la agencia de noticias determinará la extensión de la reproducción, sin que tenga que reducirse a un fragmento, y la necesidad o no de esperar un determinado período de tiempo entre la salida de la publicación de prensa y el uso digital por el prestador de servicios -en caso de que se quiera evitar la concurrencia en el mercado-.

El otro derecho reconocido tiene que ver con la posibilidad de autorizar o prohibir la puesta a disposición de la publicación de prensa. Obsérvese que, si bien el derecho de reproducción se reconoce en unos términos muy amplios, el derecho de comunicación al público es mucho más reducido, pues únicamente cubre la modalidad de puesta a disposición. Por tanto, sería necesaria autorización si los prestadores de servicios quisieran poner a disposición del público publicaciones de prensa, ya se encuentren éstas en formato digital, ya en formato físico, previa su digitalización. El artículo 15.1.I Directiva 2019/790 remite también al artículo 3.2 Directiva 2001/29 para determinar la extensión de este derecho. Sin embargo, el artículo 129bis.1 LPI no alude al artículo 20.2.i) LPI, que recoge esta modalidad de comunicación al público, sino que se limita a incluir en el derecho conexo «la puesta a disposición, por procedimientos alámbricos o inalámbricos». Cabe plantearse, así, si la puesta a disposición del artículo 129bis LPI abarca no sólo aquella en la que cualquier persona puede tener acceso a los contenidos desde el lugar y en el momento que elija, sino también los casos de puesta a disposición no interactiva, pues este matiz no se indica expresamente en el artículo 129bis.1 LPI. Respecto de otros derechos conexos, el legislador o bien se ha remitido al artículo 20.2.i) LPI a la hora de definir su contenido (arts. 108 LPI para los artistas intérpretes o ejecutantes y 116 LPI para los productores de fonogramas), o bien ha definido la puesta a disposición en los mismos términos que el artículo 20.2.i) LPI, como sucede con el artículo 126.1.c) LPI, al otorgar a las entidades de radiodifusión este derecho. En consecuencia, hay que entender que el artículo 129bis.1 LPI concede a las editoriales de publicaciones de prensa y a las agencias de noticias un derecho de puesta a disposición que incluye los casos en los que el usuario no decide el lugar y el momento en que disfrutar del contenido (ej.: una revista de prensa en formato audiovisual que únicamente está disponible en la página web de la editorial durante un instante cada día y de cuyo contenido se quiere hacer eco un prestador de servicios tan solo durante ese momento).

Esta interpretación es acorde con la sentencia del TJUE de 26 de marzo de 2015, de la que se deriva que el considerando 7 Directiva 2001/29 obliga a la armonización de los derechos de propiedad intelectual únicamente en la medida en que sea necesaria para garantizar el correcto funcionamiento del mercado interior (ap. 29)[29]. Por tanto, nada impediría que un Estado miembro ampliara la protección dispensada por una directiva en tanto que no repercutiera negativamente en el mercado interior[30]. Además, la normativa nacional de los Estados miembros debe ser interpretada conforme a los objetivos pretendidos por la directiva que transponen[31]. Si el objetivo del artículo 15 Directiva 2019/790 es que las editoriales de publicaciones de prensa recuperen las inversiones realizadas, hay que entender que, en España, su derecho de puesta a disposición cubre también la modalidad no interactiva.

Los derechos atribuidos a estos nuevos titulares tienen las siguientes características: 1) son derechos de exclusiva, no de mera remuneración, lo que implica que van a poder autorizar o prohibir la reproducción y la puesta a disposición de estas publicaciones en el ámbito online; 2) son derechos renunciables y transmisibles[32]; 3) no son derechos de gestión colectiva obligatoria, por lo que sus titulares pueden optar por una gestión individual o a través de las entidades de gestión[33]. Estas

---

29 Caso *C-More Entertainment,* asunto C-279/13, ECLI:EU:C:2015:199.

30 ROSATI, E., «Neighbouring Rights for Publishers: Are National and (Possible) EU Initiatives Lawful?», en *IIC,* vol. 47, núm. 5, 2016, p. 580.

31 Así lo ha señalado el TJUE en la sentencia de 29 de enero de 2008 (caso *Promusicae,* asunto C-275/06, ap. 68, ECLI:EU:C:2008:54).

32 Los artículos L218.3 CPIf y 87g.3 UrhG reconocen expresamente que los derechos otorgados a las editoriales de publicaciones de prensa y a las agencias de noticias pueden ser cedidos y objeto de licencia.

33 Aplauden la gestión colectiva voluntaria SAIZ GARCÍA, C., «El retorno de Google News», en *Diario La Ley,* núm. 12071, 2021, p. 4; ROSATI, E., «DSM Directive Series #2: Is the press publishers' right waivable?», en *The IPKat Blog,* 1 de abril de 2019 [en línea], <https://ipkitten.blogspot.com/2019/04/dsm-directive-series-2-ispress.html> (Consulta: 04/01/2024). En contra de la gestión colectiva voluntaria de este derecho se muestra MORÁN RUIZ, para quien la gestión colectiva obligatoria sería más beneficioso para todas las partes implicadas. *Vid.* MORÁN RUIZ, M., «Gestión colectiva obligatoria para ga-

cualidades del derecho conexo permitirían a las editoriales y a las agencias de noticias consentir un uso gratuito de sus contenidos a aquellos prestadores de servicios que se resistan a pagar, cuando consideren que la amplia difusión que pueden conseguir a través de éstos de las publicaciones de prensa puede beneficiarles más que la posible remuneración que reciban. Sólo configurando el derecho como renunciable se permite a sus titulares poder ejercitar ampliamente su carácter exclusivo. Recuérdese que, anteriormente, el límite relativo a los agregadores, contemplado en el artículo 32.2.I LPI, no era gratuito, sino que se preveía una compensación equitativa a favor de los editores y demás titulares de derechos sobre los contenidos. Dicha remuneración tenía un carácter irrenunciable y era de gestión colectiva obligatoria. En consecuencia, los editores no podían permitir un uso gratuito de sus contenidos, por mucho que les interesara para tener una mayor difusión, sobre todo a través de los agregadores que se negaban al pago de la compensación.

En definitiva, la reproducción o la puesta a disposición del público, por parte de los prestadores de servicios, de las publicaciones de prensa estará sujeta a la autorización de las editoriales y de las agencias de noticias. Ahora bien, la reproducción o puesta a disposición del público, por parte de terceros usuarios, de cualquier texto, imagen, obra fotográfica o mera fotografía incluidos en una publicación de prensa estará sujeta a la autorización de su correspondiente autor o titular de derechos (art. 129bis.2 LPI). El derecho conexo recae sobre la publicación de prensa, en tanto que el derecho de autor descansa sobre el contenido concreto. Este artículo 129bis.2 LPI viene a recalcar la compatibilidad entre ambos derechos, previamente establecida

---

rantizar la sostenibilidad de una prensa plural veraz y de calidad», en *El Derecho.com*, 27 de enero de 2021 [en línea], <https://elderecho.com/gestioncolectiva-obligatoria-para-garantizar-la-sostenibilidad-de-una-prensa-plural-veraz-y-de-calidad> (Consulta: 04/01/2024).

en el artículo 129bis.1.II LPI. Con todo, la redacción del artículo 129bis.2 LPI es bastante desafortunada por varios motivos. En primer lugar, peca por defecto, pues se debe requerir autorización por el uso de cualquier contenido de una publicación de prensa, tenga carácter informativo o no (ej.: una colaboración literaria). Además, esa enumeración no cubre todos los contenidos de carácter informativo que pueden mostrarse en una publicación de prensa. Cabría, por ejemplo, añadir una grabación audiovisual o el relato de una noticia mediante la voz (ej.: en formato *podcast*). Y, en segundo lugar, peca por exceso, pues añade el artículo 129bis.2 LPI que la falta de autorización en estos casos generará en el tercero usuario responsabilidad civil o penal. Se trata de un inciso totalmente innecesario. Obviamente, cuando un uso no esté autorizado y tampoco pueda ampararse en alguno de los límites, se desencadenará la responsabilidad correspondiente, sin que sea preciso indicarlo expresamente[34].

## *2.- La autorización para los usos en línea*

Únicamente estarán sujetos a autorización los usos en línea de las publicaciones de prensa que hagan los prestadores de servicios de la sociedad de la información, cuando no puedan quedar amparados en alguna de las excepciones o utilizaciones exentas de consentimiento. No siendo aplicables éstas, las editoriales y las agencias de noticias podrán autorizar la reproducción y la puesta a disposición de la publicación, puesto que entrarían dentro de su *ius prohibendi*. Así lo afirma innecesariamente el artículo 129bis.3 LPI, pues, obviamente, si uno es titular de un derecho, lo normal es que pueda autorizar su ejercicio a un tercero mediante el correspondiente consenti-

---

34 La responsabilidad civil se resolverá conforme a los artículos 138 y siguientes LPI, mientras que para la responsabilidad penal habrá que acudir a los artículos 270 y siguientes del Código Penal.

miento, salvo que la norma expresamente indique que se trata de un derecho irrenunciable e intransmisible, cosa que aquí no ocurre. El legislador ha querido indicar, de esta manera, que los derechos que otorga a las editoriales de publicaciones de prensa y a las agencias de noticias son transmisibles.

A la hora de otorgar esas autorizaciones, los titulares pueden acudir a dos mecanismos: 1) conceder el consentimiento por ellos mismos; 2) valerse de la gestión colectiva, posibilidad contemplada en el artículo 129bis.4 LPI. En el primer caso, el artículo 129bis.3 LPI señala también los principios (párrafo I) y requisitos (párrafo II) que deben regir la negociación de la autorización entre la editorial o la agencia de noticias y los prestadores de servicios de la sociedad de la información. En el segundo caso, según el artículo 129bis.4 LPI, cuando estos titulares de derechos acudan a la gestión colectiva a la hora de conceder las autorizaciones para el uso de las publicaciones de prensa, deberán respetarse los requisitos enumerados en el apartado 3.II de dicho precepto. Nada se dice, en cambio, sobre el respeto de los principios apuntados en el apartado 3.I. No obstante, son principios que deberían regir toda relación contractual, por lo que serían igualmente aplicables. Con todo, la LPI no establece las consecuencias en caso de que el acuerdo entre los titulares del derecho conexo y los prestadores de servicios de la sociedad de la información incumpla estos requisitos o principios[35].

En cuanto a los principios que deben guiar esa negociación, se enumeran los siguientes (art. 129bis.3.I LPI): buena fe contractual, diligencia debida, transparencia y respeto a las reglas de la libre competencia, excluyendo el abuso de posición de dominio. Una redacción similar la encontramos respecto de la negociación de la autorización que deben obtener los prestadores de servicios

---

[35] Lo destaca PEGUERA, M., «Spanish transposition of Arts. 15 and 17 of the DSM Directive: overview of selected issues», en *Journal of Intellectual Property Law & Practice*, vol. 17, núm. 5, 2022, p. 452.

para compartir contenidos en línea (art. 73 RD-ley 24/2021) y respecto del principio de remuneración adecuada y proporcionada (art. 74 RD-ley 24/2021). Se trata de principios generales del Derecho, propios de cualquier proceso de negociación (arts. 7.2º, 1265 a 1270 y 1104 CC), cuya enumeración es innecesaria porque se aplicarían aunque no se establecieran en este precepto[36]. De hecho, la prohibición del abuso de posición dominante se recoge ya en el artículo 102 del TFUE y en el artículo 2 LDC.

A continuación, el artículo 129bis.3.II LPI establece los requisitos que deberá reunir el acuerdo celebrado entre las partes. En primer lugar, el prestador de servicios tendrá que respetar la independencia editorial de las editoriales y de las agencias de noticias [art. 129bis.3.II.a) LPI]. Obviamente, nadie puede obligar a éstas a cambiar su línea ideológica, pues lo contrario constituiría un abuso de posición dominante, prohibido conforme a las consideraciones antes realizadas[37]. Esto también implica que el prestador de servicios no podrá distorsionar o tergiversar los contenidos utilizados, dando a los usuarios una versión de la información totalmente distinta a la que aparece en la publicación de prensa.

En segundo lugar, el prestador de servicios deberá informar detallada y suficientemente sobre los parámetros principales que rijan la clasificación de los contenidos, conforme al Reglamento 2019/1150, sobre el fomento de la equidad y la transparencia para los usuarios profesionales de servicios de intermediación en línea, información que debe mantenerse actualizada en todo momento [art. 129bis.3.II.b) LPI]. Habría que plan-

---

36 SÁNCHEZ ARISTI, R., y OYARZABAL OYONARTE, N., «Decadencia y caída del Texto Refundido de la Ley de Propiedad Intelectual: la transposición de la Directiva 2019/790 sobre derechos de autor en el mercado único digital por el Real Decreto-ley 24/2021, de 2 de noviembre», en *Revista Pe.i.*, núm. 69, 2021, p. 111.

37 FERNÁNDEZ-LASQUETTY MARTÍN, J., «De límite a derecho conexo... *op. cit.*, p. 57.

tearse si dicho Reglamento resulta aplicable en estos casos. Según el artículo 1.1 de dicha norma, la finalidad del Reglamento es establecer normas que permitan garantizar la transparencia, la equidad y la reclamación a los usuarios profesionales de servicios de intermediación en línea. Realmente, la editorial y la agencia no son usuarios de tales servicios cuando autorizan los usos en línea, sino cedentes de unos derechos de propiedad intelectual. Además, el artículo 1.2 del Reglamento apunta que se aplicará a los servicios de intermediación en línea que se faciliten o cuyo uso se proponga a los usuarios profesionales, lo que tampoco encaja en este caso. No obstante, el legislador español considera que deben aplicarse estos principios aquí. En concreto, el artículo 5.1 del Reglamento establece que los proveedores de servicios de intermediación en línea señalarán en sus condiciones generales los parámetros principales que rigen la clasificación y los motivos por los que aquellos cuentan con una importancia superior a la de otros parámetros. Según su artículo 5.5, el mecanismo de clasificación debe tener en cuenta: a) las características de los bienes y servicios ofrecidos a los consumidores por medio del servicio de intermediación en línea; b) la importancia de tales características para los consumidores. En definitiva, los prestadores deberán informar sobre los criterios que utilizan a la hora de ordenar y mostrar a los usuarios las publicaciones de prensa, en aras de la transparencia.

En tercer lugar, no podrán establecerse otros contratos o prestaciones vinculados a ese acuerdo que no se refieran al uso de las publicaciones de prensa [art. 129bis.3.II.c) LPI]. Se limita, de esta manera, el ejercicio del derecho de exclusiva y la autonomía de la voluntad, pues los titulares del derecho conexo no son libres de decidir qué contraprestación quieren a cambio de la autorización para el uso de sus contenidos[38]. Así, una editorial o agencia

---

[38] En este sentido también, *vid.* SÁNCHEZ ARISTI, R., y OYARZABAL OYONARTE, N., «Decadencia y caída del Texto Refundido de la Ley

no podría pactar, como contrapartida a la concesión de la autorización, un acuerdo relativo a la publicidad o a la cesión de datos personales de usuarios, por ejemplo. Esta previsión tiene una finalidad muy concreta: evitar que las editoriales y agencias dejen en papel mojado la obligatoriedad de compartir con los autores de los contenidos utilizados las cantidades que reciban por la autorización en el uso de las publicaciones de prensa, prevista en los artículos 15.5 Directiva 2019/790 y 129bis.8 LPI, mediante el pacto de una contraprestación de este estilo. Si la editorial o la agencia llegan a algún tipo de acuerdo de este estilo, en lugar del pago de una retribución, a cambio de la autorización en el uso, ya no habrá «cantidades» a compartir con el autor.

Y, en cuarto lugar, la resolución de las cuestiones litigiosas que surjan al respecto corresponderá a la Sección Primera de la Comisión de Propiedad Intelectual (en adelante, CPI) [art. 129bis.3.II.d) LPI]. Cabe hacer varios comentarios a esta regla. Primero: no se determina el procedimiento conforme al cual se desarrollará esta función de la CPI, ni el órgano competente para revisar sus resoluciones -únicamente señala que contra las resoluciones cabrá recurso ante los órganos jurisdiccionales españoles que resulten competentes-. Segundo: la expresión «cuestiones litigiosas sobre el acuerdo» se refiere a los conflictos que surjan con ocasión de la ejecución del acuerdo (no con ocasión de la negociación, pues la Sección Primera de la CPI no interviene en esa fase previa). Y tercero: esta norma atribuye a la Sección Primera de la CPI una función que no aparece recogida entre las enumeradas en el artículo 194 LPI. Este supuesto de intervención de la CPI no se ha visto reflejado en el artículo 194.5 LPI, que establece los supuestos particulares en los que la Sección Primera desarrolla su función de mediación o arbitraje. El artículo 80.9 RD-ley 24/2021 añadió ese apartado 5 del artículo 194 LPI para someter a la CPI determinadas

---

de Propiedad Intelectual... *op. cit.*, p. 112.

cuestiones que tienen que ver los conflictos que surjan sobre la acción de revisión de autores o artistas, entre otros. Sin embargo, no se hace ninguna mención a los problemas que pudiera haber con los acuerdos relacionados con este derecho conexo. Se incorpora esta facultad directamente en el propio artículo 129bis.3.II.d) LPI. Además, este precepto parece obligar a las partes a someterse a la consideración de la CPI, cuando realmente debería ser voluntario, conforme al artículo 194.2 LPI, al menos en su función de arbitraje. Habría que interpretarlo como una posibilidad que tienen, pues de entenderlo como un requisito obligatorio atentaría contra el artículo 24 CE[39].

No obstante lo anterior, la DF 1ª.3 Real Decreto 1130/2023, de 19 de diciembre, por el que se desarrollan la composición y el funcionamiento de la Sección Segunda de la Comisión de Propiedad Intelectual, introduce el artículo 16bis en el Real Decreto 1023/2015, de 13 de noviembre, por el que se desarrolla reglamentariamente la composición, organización y ejercicio de funciones de la Sección Primera de la Comisión de Propiedad Intelectual. Este nuevo precepto recoge el procedimiento aplicable a las cuestiones litigiosas sobre el acuerdo a que se refiere el artículo 129bis.3 LPI, atribuyendo la competencia a la Sección Primera de la CPI e imponiendo la aplicación de las disposiciones del capítulo V RD 1023/2015, sobre el procedimiento de arbitraje general. Su artículo 16.2 apunta que los laudos se pueden impugnar conforme a la Ley 60/2003, de 23 de diciembre, de arbitraje, cuyos artículos 40 y siguientes se refieren a su anulación y revisión. No obstante, los apartados 2 a 4 del artículo 16bis RD 1023/2025 establecen una serie de especialidades: 1) la solicitud de inicio del procedimiento deberá invocar el acuerdo a través

---

39 DE MIGUEL ASENSIO, P. A., «Modernización de las normas sobre propiedad intelectual y protección de los consumidores en el entorno digital mediante el Real Decreto-ley 24/2021», en *La Ley Unión Europea*, núm. 98, 2021, p. 11.

del cual se autorizan los usos en línea; 2) la falta de presentación de la respuesta a la solicitud de inicio dentro del plazo no suspenderá ni impedirá proseguir el procedimiento; 3) el procedimiento acabará con una resolución de la Sección Primera CPI, en la que se recogerán los acuerdos alcanzados por las partes para poner fin, total o parcialmente, a la controversia, acuerdos que deberán formalizarse por escrito y comunicarse a la CPI.

Cabe plantearse la razón por la cual el legislador se toma la molestia de señalar expresamente en este ámbito los principios y los requisitos que deben aplicarse al proceso de concesión de la autorización, sobre todo porque, en otras negociaciones, como la cesión de derechos entre el artista intérprete o ejecutante y el productor o la cesión entre el autor y un tercero, también deberían aplicarse estos principios, a pesar de no estar recogidos expresamente en la regulación correspondiente. Una razón que cabe imaginar es la protección de estos titulares de derechos conexos. Si así fuera, serían los únicos empresarios en la LPI que disfrutan de una regulación tan protectora en el momento de la cesión de sus derechos. Es la primera vez en el ámbito de la propiedad intelectual que el legislador establece cómo debe desarrollarse la negociación de la autorización entre las dos partes fuertes de un contrato. La protección en ese momento tan crítico suele otorgarse a la parte más débil del contrato (ej.: los artistas intérpretes o ejecutantes, o los autores).

Hubiera sido bueno conocer la justificación que llevó al legislador español a establecer estos principios expresamente. Quizá entienda que existen riesgos lo suficientemente relevantes como para «atar» de esta manera el proceso de negociación entre las editoriales o agencias y los prestadores de servicios de la sociedad de la información, distintos de los que se pueden producir en un proceso normal de autorización de uso de los contenidos protegidos, pues, de no ser así, hubiera bastado con una remisión a los artículos 43 y siguientes LPI y su aplicación analógica. Si la editorial, de una manera libre y voluntaria, decide negociar con un prestador de servicios el uso de la publicación de prensa, debe asumir los riesgos y estará lo suficientemente cubierta como para no requerir de una protección especial. Piénsese que el titular de este derecho conexo no está obligado a autorizar. Ahora bien, si la editorial encomienda la administración de sus derechos a una entidad de gestión, ésta sí se ve obligada a autorizar el uso de los contenidos a los usuarios que lo soliciten, salvo causa justificada, conforme al artículo 163.1 LPI.

Por otro lado, la autorización debe ser fruto de un acuerdo celebrado al efecto con el prestador de servicios de la sociedad de la información (art. 129bis.3.II LPI). Por tanto, debe tratarse de acuerdos individuales -autorizaciones *ad hoc* para un concreto prestador-, no de autorizaciones generales concedidas a todo prestador de servicios. La autorización a un prestador puntual no permite presumir que la editorial o la agencia vaya a autorizar a otro. Asimismo, el hecho de que la editorial o agencia tenga ya una relación con un prestador de servicios sobre determinadas cuestiones, no legitima a éste a utilizar los contenidos de la publicación de prensa, pues es necesario un acuerdo específico que contenga la autorización para los usos en línea.

Ni la Directiva 2019/790 ni la LPI señalan nada sobre cómo debe ser, llegado el caso, la remuneración a percibir por parte de las editoriales y agencias[40]. Se plantean dos opciones: 1) una participación proporcional a los ingresos que obtengan los

---

40 Conforme al artículo L218-4 CPIf, la remuneración que deben pagar los prestadores de servicios de la sociedad de la información por los usos digitales de publicaciones de prensa se debe basar en los ingresos de explotación de cualquier naturaleza, directos o indirectos, esto es, será proporcional a ellos, o, en su defecto, a tanto alzado (en los casos previstos en el artículo L.131-4 CPIf). A la hora de fijarla, además, señala que deben tenerse en cuenta las inversiones humanas y económicas realizadas por los titulares de este derecho conexo, la contribución de las publicaciones de prensa a la información política y general, y la importancia que tiene su uso para los prestadores de servicios. Asimismo, se obliga a éstos a que proporcionen toda la

prestadores de servicios por los usos en línea que hagan de las publicaciones de prensa; 2) una cantidad a tanto alzado. Resulta preferible la primera opción, con el fin de garantizar la recuperación de las inversiones realizadas, que es, en definitiva, el objetivo perseguido a través de este nuevo derecho conexo[41]. Asimismo, se evita la desvinculación del interés económico de la editorial o la agencia respecto del resultado económico de la explotación: si los usos que hagan los prestadores de la publicación de prensa generan muchos ingresos, recibirán más como contraprestación por la cesión (y viceversa). El problema es que se deja también a la voluntad de las partes la determinación del porcentaje de participación, lo que puede llevar a un desequilibrio, cuestión que habría que resolverla aplicando los principios ya analizados y recogidos en el artículo 129bis.3.I LPI. Téngase en cuenta, además, que no cabe, en este ámbito, la revisión de la remuneración, como sí ocurre, en cambio, con la correspondiente a los autores en virtud del artículo 47 LPI. Derivado de todo lo anterior, cabe concluir que la obligación de los prestadores de servicios de rendir cuentas sobre los ingresos que generen los usos digitales de las publicaciones de prensa será fundamental.

### *3.- Las exclusiones al derecho conexo*

Los derechos de las editoriales de publicaciones de prensa y de las agencias de noticias no son derechos absolutos, sino que, al igual que el resto de derechos de propiedad intelectual, están sometidos a límites y a supuestos donde tales derechos quedan

---

información necesaria sobre los usos digitales que hagan de las publicaciones de prensa con el fin de determinar la remuneración.

41 FERNÁNDEZ-LASQUETTY MARTÍN, J., «De límite a derecho conexo… *op. cit.*, p. 62.

excluidos[42]. Dado que se trata de excepciones a la regla general de solicitud de autorización, deberán ser objeto de una interpretación restrictiva. Por tanto, todo uso que no se encuentre contemplado en alguno de estos supuestos, estará sujeto al consentimiento de editoriales de publicaciones de prensa o de agencias de noticias. Estos ámbitos en los que no se extiende el derecho conexo de las editoriales y de las agencias se han recogido en los artículos 15.1.II-IV Directiva 2019/790 y 129bis.6 y 7 LPI. Constituyen un auténtico cajón de sastre, pues en ellos se pueden diferenciar excepciones, casos de delimitación negativa del derecho conexo (qué no abarca la exclusividad) y objetos sobre los que no se aplica el derecho conexo por no constituir una «publicación de prensa» en el sentido del artículo 129bis.5 LPI[43]. Resulta muy importante diferenciar unos supuestos y otros, pues sólo las excepciones al

---

42 Por lo que respecta a la regulación de este derecho conexo, la gran diferencia entre el texto final de la Directiva (art. 15) y el de su Propuesta (art. 11) estaba en la ausencia de estas exclusiones. Así, la Propuesta no hacía referencia a los casos a los que no se extendía el derecho conexo (el uso privado y no comercial, los actos de hiperenlace, el uso de palabras sueltas o extractos muy breves de una publicación de prensa, el uso de obras y prestaciones cuya protección hubiera expirado o el uso de obras y prestaciones por parte de usuarios autorizados cuando los titulares de derechos sobre éstas hubieran cedido los derechos a las editoriales o agencias mediante una licencia no exclusiva). Además, aunque su artículo 11.3 mencionaba el respeto a las excepciones del artículo 5 Directiva 2001/29 y de la excepción sobre obras huérfanas de la Directiva 2012/28, nada se decía, en cambio, sobre la relativa al uso de obras y prestaciones a favor de personas con discapacidades visuales, recogida en la Directiva 2017/1564. *Vid.* Propuesta de Directiva presentada por la Comisión Europea, de 14 de septiembre de 2016 (COM(2016) 593 final). El documento está disponible en línea: https://eur-lex.europa.eu/legal-content/ES/TXT/?uri=CELEX:52016PC0593 (Consulta: 15/05/2024).

43 El estudio de estos últimos se ha llevado a cabo con ocasión de la delimitación del objeto sobre el que recae el derecho conexo de las editoriales de publicaciones de prensa y de las agencias de noticias.

derecho conexo estarán sujetas a la regla de los tres pasos. Además, todas estas exclusiones se aplican a cualquier usuario de las publicaciones de prensa: a) los prestadores de servicios, por ser los beneficiarios de estos supuestos de exclusión; 2) los usuarios que no tienen la condición de prestadores de servicios, por escapar del derecho conexo reconocido a las editoriales y a las agencias.

### 3.1.- Las excepciones al derecho conexo

El derecho conexo de las editoriales de prensa y de las agencias de noticias está sujeto a las mismas excepciones que las aplicables a cualquier otro titular de derechos, incluidos los autores [cdo. 57 y art. 15.3 Directiva 2019/790 y art. 129bis.6.g) LPI]. El artículo 15.3 Directiva 2019/790 menciona expresamente los artículos 5 a 8 Directiva 2001/29, la Directiva 2012/28 y la Directiva 2017/1564. Los artículos 5 a 8 Directiva 2001/29 regulan las excepciones a los derechos de propiedad intelectual (art. 5), el régimen de las medidas tecnológicas (art. 6), las obligaciones sobre la información para la gestión de derechos (art. 7) y las sanciones y vías de recursos para los casos de infracciones de los derechos (art. 8). De esta forma, los prestadores de servicios podrán beneficiarse de las excepciones previstas en la Directiva 2001/29, que limitan el ámbito de aplicación de los derechos de propiedad intelectual, siempre que se cumplan los requisitos correspondientes, si bien las editoriales de publicaciones de prensa y las agencias de noticias podrán utilizar medidas tecnológicas para impedir su aplicación. Así, el artículo 6.4.4 Directiva 2001/29 establece que los titulares de derechos no estarán obligados a respetar las excepciones mencionadas en el párrafo primero de ese artículo 6.4 ni la relativa a copia privada -tampoco el resto de excepciones- cuando la obra o prestación se haya puesto a disposición del público con arreglo a lo convenido por contrato. Dado que, respecto de los contenidos incluidos en publicaciones de prensa, se cumple ese supuesto de hecho en la inmensa mayoría de las veces, las editoriales y las agencias podrían utilizar medidas tecnológicas para impedir que los prestadores de servicios pudieran acogerse a cualquiera de las excepciones, lo que deja en papel mojado la previsión del artículo 15.3 Directiva 2019/790 en lo que tiene que ver con ellas. En cambio, no podrían evitar la aplicación de las excepciones mencionadas en el apartado primero y segundo del artículo 6.4 Directiva 2001/29 respecto de obras y prestaciones explotadas en el entorno fuera de línea o en línea pero sin un contrato, supuestos muy excepcionales.

Por su parte, la Directiva 2012/28 se refiere a la excepción relativa al uso de obras huérfanas y la Directiva 2017/1564 al uso de obras y prestaciones en beneficio de personas con discapacidades visuales. La primera no hace mención alguna a la aplicación de medidas tecnológicas, luego se entiende que no puede restringirse el disfrute de la excepción de obras huérfanas mediante su empleo. En cambio, la segunda Directiva mencionada establece, en su artículo 3.4, que los párrafos primero, tercero y quinto del artículo 6.4 Directiva 2001/29 se aplicarán a la excepción en beneficio de personas con discapacidades visuales. En consecuencia, deberá respetarse en todo caso, sin que pueda impedirse su disfrute a través de medidas tecnológicas. Queda claro, por tanto, que los legisladores nacionales no pueden, en teoría, restringir la aplicación de una excepción ya transpuesta en un Estado miembro para ampliar el ámbito de aplicación del artículo 15 Directiva 2019/790[44].

A nivel nacional, las excepciones se recogen en los artículos 31 y siguientes LPI. La previsión del artículo 129bis.6.g) LPI es totalmente innecesaria, dado que el artículo 132 LPI declara aplicables a los derechos conexos las disposiciones contenidas en el capítulo II del Título III del Libro I, entre ellas, las relativas a los límites. Si tan explícito y completo quería ser el legis-

---

[44] ROSATI, E., *Copyright in the Digital Single Market... op. cit.*, p. 289.

lador español, también debió haber incorporado la mención que hace el artículo 15.3 Directiva 2019/790 a la aplicación de las disposiciones sobre medidas tecnológicas y sobre la información para la gestión de los derechos -en nuestro caso, previstas en los artículos 196 a 198 LPI-, cosa que no ha hecho. Además, el someter a las editoriales de publicaciones de prensa y a las agencias de noticias a las excepciones implica reconocerles indirectamente las compensaciones establecidas en los artículos 31 y siguientes a los titulares de derechos, cuando ello proceda.

En todo caso, de todas las excepciones establecidas en la normativa europea y española, únicamente entrarán en juego aquellas que resulten aplicables a los prestadores de servicios de la sociedad de la información por los usos digitales. Entre ellas, cabe pensar en la parodia, las reproducciones provisionales, el uso por personas con discapacidad, la utilización de contenidos para el correcto desarrollo de un procedimiento judicial o con fines de seguridad pública, las revistas de prensa o el uso de trabajos sobre temas de actualidad. Otras, en cambio, no tienen ningún tipo de aplicación a los prestadores de servicios, como ocurre con la utilización de obras en actos oficiales y ceremonias religiosas, aquellas excepciones destinadas a las entidades responsables del patrimonio cultural (bibliotecas, museos y archivos), el uso de obras situadas en la vía pública o la ilustración de la enseñanza.

El considerando 57 Directiva 2019/790 menciona expresamente el límite de cita, recogido en el artículo 5.3.d) Directiva 2001/29. Aplicándolo en este contexto, cabe apuntar los siguientes requisitos: a) la publicación de prensa citada debe haber sido divulgada previamente; b) debe indicarse la fuente y el nombre del autor del contenido citado, salvo que resulte imposible; c) debe hacerse un buen uso de ella; d) sólo se puede utilizar en la medida en que lo exija el objetivo específico perseguido; e) debe ir acompañada de una reseña, comentario o juicio crítico por parte de quien cita. También es posible citar a través de enlaces, tal como ha señalado el TJUE en su sentencia 29 de julio de 2019 (ap. 84)[45]. Sin embargo, en España resulta complicada la aplicación de este límite a los prestadores de servicios de la sociedad de la información, dado que el artículo 32.1 LPI exige la concurrencia de fines docentes o de investigación, descartándose los fines informativos.

### 3.2.- Delimitación negativa del derecho conexo

Este derecho de las editoriales y agencias no se extenderá: a) a los meros hechos comunicados en las publicaciones de prensa (cdo. 57 Directiva 2019/790); b) al uso privado o no comercial de las publicaciones de prensa por parte de usuarios individuales [arts. 15.1.II Directiva 2019/790 y 129bis.6.a) LPI]; c) a los actos de hiperenlace [arts. 15.1.III Directiva 2019/790 y 129bis.6.b) LPI]; d) al uso de palabras sueltas o de extractos muy breves de publicaciones de prensa [cdo. 58 y art. 15.1.IV Directiva 2019/790 y art. 129bis.6.c) LPI][46]; e) a la utilización de los contenidos de una publicación de prensa por parte de usuarios ya autorizados, cuando la incorporación de los mismos a ésta se haya hecho sobre la base de una licencia no exclusiva [arts. 15.2.II Directiva 2019/790 y 129bis.7.a) LPI]; f) al uso de obras y prestaciones cuya protección haya ya expirado [art. 15.2.II Directiva 2019/790 y 129bis.7.b) LPI]. No constituyen

---

45 Caso *Spiegel Online*, asunto C-516/17, ECLI:EU:C:2019:625.

46 Así lo entiende también RENDAS, que considera que no es una excepción, sino una delimitación del ámbito de aplicación del derecho conexo. *Vid.* RENDAS, T., «Taking freedom of information seriously: the "very short extracts" limitation in Article 15 CDSM Directive and how not to implement it – Part 1», en *Kluwer Copyright Blog*, 30 de marzo de 2022 [en línea], <https://copyrightblog.kluweriplaw.com/2022/03/30/taking-freedom-of-information-seriously-the-very-short-extracts-limitation-in-article-15-cdsm-directive-and-how-not-to-implement-it-part-1/> (Consulta: 05/01/2024).

límites al derecho conexo, pues no responden a la naturaleza propia de una excepción, sino que lo delimitan negativamente.

En primer lugar, el derecho conexo no abarca los meros hechos comunicados en las publicaciones de prensa, esto es, la información. Cabe recordar que, respecto de los contenidos informativos, el artículo 2.8 CB excluye de la protección las noticias del día y las simples informaciones de prensa[47]. Su falta de protección no se debe a que prime el derecho de acceso a la información, sino a su falta de originalidad. El CB les niega la protección porque se entiende que no tienen la originalidad necesaria, pues se limitan a materializar los acontecimientos que forman parte de nuestra realidad cotidiana. De hecho, este principio debería ser aplicable no sólo al derecho conexo de editoriales y agencias, sino también con carácter general: ningún derecho de propiedad intelectual debe extenderse a la mera información comunicada[48].

La segunda exclusión al derecho conexo es el uso privado o no comercial de la publicación de prensa. El uso privado abarcaría no sólo la utilización personal que haga el usuario de la publicación de prensa, sino también el uso que puedan hacer sus familiares o amigos. Con todo, que el legislador indique que el uso privado queda excluido del derecho conexo resulta igualmente innecesario, pues el *ius prohibendi* propio de los derechos de propiedad intelectual no se extiende a los usos que se hagan de obras y prestaciones en ese entorno. El uso comercial debe entenderse en sentido amplio, esto es, no sólo el intercambio de la publicación por precio (ej.: solicitar una cantidad de dinero para poder acceder a su contenido), sino también el obtener indirectamente algún tipo de beneficio por el uso que hicieran terceros (ej.: a

---

47 *Vid.* sobre esta cuestión a BERCOVITZ RODRÍGUEZ-CANO, R., «Artículo 2.8», en *Comentarios al Convenio de Berna*, coord. R. Bercovitz Rodríguez-Cano, Tecnos, Madrid, 2013, pp. 104-107.

48 DE MIGUEL ASENSIO, P. A., «Modernización de las normas sobre propiedad intelectual… *op. cit.*, pp. 10-11.

través de ingresos por publicidad). Por tanto, se excluye tanto el lucro directo como el lucro indirecto. Dado su tenor literal -el uso de la conjunción «o»-, pareciera que los artículos 15.1.II Directiva 2019/790 y 129bis.6.a) LPI hacen equivalentes «uso privado» y «uso no comercial» o los trata como condiciones alternativas. Sin embargo, ambos deben tratarse como requisitos distintos y exigirse de manera cumulativa[49]. Por tanto, no es posible hacer un uso privado pero comercial de la publicación de prensa (ej.: su envío a un miembro de la familia del usuario a cambio de una cantidad de dinero), ni un uso colectivo y no comercial (ej.: el intercambio de publicaciones de prensa entre los miembros de una ONG)[50].

Los artículos 15.1.II Directiva 2019/790 y 129bis.6.a) LPI se refieren al «uso privado o no comercial», que es algo distinto a la «reproducción para uso privado», excepción recogida en los artículos 5.2.b) Directiva 2001/29 y 31.2 y 3 LPI. De ser lo mismo, no tendría sentido que el legislador estableciera expresamente la exclusión del uso privado cuando, al mismo tiempo, prevé la aplicación de los límites a los derechos de autor o derechos afines también al derecho conexo de las editoriales y agencias de noticias en los artículos 15.3 Directiva 2019/790 y 129bis.6.g) LPI. En consecuencia, debe tratarse de un uso que no implique reproducción ni puesta a disposición, lo que podría ocurrir, por ejemplo, con la mera lectura de los contenidos incluidos en una publicación

---

49 ROSATI, E., *Copyright in the Digital Single Market... op. cit.*, p. 273. Así también lo entendió la Comisión de Cultura y Educación, al proponer la enmienda 73 a la propuesta de Directiva en los siguientes términos: *Los derechos a que se refiere el apartado 1 no serán un obstáculo para el uso privado legítimo y no comercial de las publicaciones de prensa por parte de los usuarios individuales.* En línea, <https://www.europarl.europa.eu/doceo/document/A-8-2018-0245_ES.html#_section4> (Consulta: 04/01/2024).

50 En este mismo sentido lo considera igualmente DUSSOLIER, S., «The 2019 Directive on Copyright in the Digital Single Market... *op. cit.*, p. 1007.

de prensa. Derivado de lo anterior, conviene tener presente que únicamente son beneficiarios de esta exclusión los usuarios individuales, tal como indican expresamente los artículos 15.1.II Directiva 2019/790 y 129bis.6.a) LPI. Por tanto, el uso que se haga de las publicaciones de prensa por parte de los prestadores de servicios, para estar excluido de autorización, además de los dos requisitos ya apuntados, debe llevarse a cabo por parte de personas concretas -recuérdese, a estos efectos, que la definición de «prestador de servicios» cubre tanto a las personas físicas como a las jurídicas-. En cualquier caso, resulta complicado pensar en un uso privado y no comercial por parte de los prestadores de servicios, pues su objetivo será la reproducción y puesta a disposición de las publicaciones de prensa con el fin de obtener algún beneficio económico.

En tercer lugar, enlazar a publicaciones de prensa queda fuera de la exclusiva concedida por el derecho conexo. A estos efectos, habrá que tener en cuenta la jurisprudencia del TJUE en materia de enlaces, especialmente las sentencias de 13 de febrero de 2014[51] y de 8 de septiembre de 2016[52]. En ellas vino a señalar que, en principio, el establecimiento de enlaces a obras y prestaciones protegidas no constituye un acto de comunicación al público que requiera autorización, si bien es necesario que se cumplan varios requisitos: 1) que el enlace dé acceso a contenidos que han sido puestos a disposición del público con el consentimiento del titular de los derechos; 2) que el enlace remita a obras y prestaciones de acceso libre, respecto de las cuales no se haya establecido ningún tipo de control de acceso (ej.: pago por acceso, contraseña), esto es, que no se dé acceso a ellas, a través del enlace, a un público nuevo, que no fue tenido en cuenta por el titular de los derechos al autorizar la comunicación pública inicial. Por tanto, si según la jurisprudencia del TJUE el enlace es ilícito, supondrá una in-

---

[51] Caso *Svensson*, asunto C-466/12, ECLI:EU:C:2014:76.

[52] Caso *GS Media*, asunto C-160/15, ECLI:EU:C:2016:644.

fracción del derecho conexo[53]. Como la Directiva 2019/790 y la LPI no distinguen entre los distintos tipos de enlaces, habrá que entender que dentro de la exclusión se incluye cualquier modalidad de enlazamiento (simples, profundos y marcos). De hecho, la jurisprudencia del TJUE sobre el establecimiento de enlaces a contenidos protegidos se ha aplicado a todas estas modalidades[54].

La cuarta exclusión del derecho conexo es el uso de palabras sueltas o de extractos muy breves de publicaciones de prensa. Según el considerando 58 Directiva y el artículo 129bis.6.c) LPI, este uso por parte de los prestadores de servicios no puede perjudicar las inversiones realizadas por las editoriales y las agencias ni afectar a la efectividad de sus derechos. Se trata de dos requisitos cumulativos[55]. El legislador quiere impedir la utilización de contenidos para los que el editor de prensa o la agencia de noticias ha tenido que realizar una inversión importante (ej.: para conseguir imágenes o información sobre un determinado evento deportivo). Se cumplirán estas dos condiciones cuando el objetivo perseguido con este uso de palabras sueltas o de extractos breves sea despertar el interés del lector para que acuda a la fuente originaria de la información[56]. Si se utiliza un fragmento lo suficientemente amplio como para que no se cumpla

---

53 ROSATI, E., *Copyright in the Digital Single Market… op. cit.*, p. 276.

54 En el caso de los marcos, *vid.* especialmente la STJUE de 9 de marzo de 2021 (caso *VG Bild-Kunst*, asunto C-392/19, ECLI:EU:C:2021:181).

55 RENDAS, T., «Does size matter? The press publishers' right and the implementation of the "very short extracts" limitation», en *Journal of Intellectual Property Law & Practice*, vol. 17, núm. 6, 2022, p. 473.

56 RENDAS, T., «Taking freedom of information seriously: the "very short extracts" limitation in Article 15 CDSM Directive and how not to implement it – Part 2», en Kluwer Copyright Blog, 31 de marzo de 2022 [en línea], <https://copyrightblog.kluweriplaw.com/2022/03/31/taking-freedom-of-information-seriously-the-very-short-extractslimitation-in-article-15-cdsm-directive-and-how-not-to-implement-itpart-2/?output=pdf> (Consulta: 05/01/2024).

ese objetivo porque el lector se da ya por informado (efecto sustitutivo), entonces el prestador del servicio no podría acogerse a esta exclusión y debería solicitar la correspondiente autorización a la editorial o agencia, pues se estaría perjudicando a las inversiones realizadas y afectando a la efectividad de sus derechos. Además, esta exclusión se refiere únicamente a los contenidos de carácter textual, pues no cabe hablar de extractos breves o palabras sueltas en el caso de, por ejemplo, las fotografías o las imágenes, por lo que su utilización estará sujeta, en todo caso, a autorización. Asimismo, para aplicar esta exclusión resulta irrelevante: a) que los fragmentos o palabras se hayan expresado por escrito o de manera oral (ej.: en una grabación audiovisual); b) el idioma en el que se expresen.

Se habla de «palabras sueltas» y de «extractos muy breves». En cuanto a las primeras, es indiferente su longitud. Las palabras, como tales, no están individualmente protegidas por la propiedad intelectual. Ahora bien, la secuencia y combinación de palabras elegida por un autor que exprese su creatividad de una manera original, podría dar lugar a una obra protegida. Respecto a los segundos, hay que tener en cuenta que deberá tratarse de extractos muy cortos. Se exige su brevedad. El TJUE, en su sentencia de 16 de julio de 2009, hace afirmaciones muy importantes a este respecto[57]. En primer lugar, considera que no puede descartarse que determinadas frases sueltas, o incluso algún elemento de las frases que integran el texto de que se trate, puedan transmitir al lector la singularidad de una determinada publicación, como un artículo de prensa, convirtiéndola en una creación única de su autor (ap. 47). En ocasiones, una sola frase puede dar idea de la creatividad del periodista a la hora de transmitir una noticia al lector, por lo que debe quedar protegida. Y, en segundo lugar, entiende que la reelaboración de un extracto de una obra protegida por el derecho de autor -en el caso plan-

---

57 Caso *Infopaq*, asunto C-5/08, ECLI:EU:C:2009:465.

teado aquí, eran once palabras- será una reproducción parcial en el sentido del artículo 2 de la Directiva 2001/29 si el citado extracto contiene algún elemento capaz de expresar la creación intelectual propia del autor (ap. 48). A estos efectos, es indiferente si ese extracto, por sí solo, tiene originalidad o no -si la noticia de donde procede es original, también lo será el extracto-.

Extrapolando la doctrina del caso *Infopaq* al ámbito del derecho conexo, habría que concluir que, puesto que aquí no se trata de proteger la creatividad del autor, el fragmento no puede ser expresión ni afectar a la inversión económica que realizó la editorial o agencia a la hora de realizar la publicación de prensa en la que se inserta[58]. La longitud del extracto que se puede utilizar dependerá del caso concreto. En todo caso, determinar a partir de qué cantidad de palabras es necesario pedir autorización a los titulares de este derecho conexo y cuándo no es necesario por constituir un extracto muy breve será bastante complicado. Esto va a generar una gran confusión en cuanto a la aplicación práctica de esta exclusión, pues los prestadores de servicios no suelen utilizar las noticias enteras aparecidas en publicaciones de prensa. Lo único claro es que, si éstos quisieran utilizar el contenido entero, deberían solicitar la correspondiente autorización, por muy corta que sea la noticia agregada.

---

[58] RENDAS, T., «Taking freedom of information seriously: the "very short extracts" limitation in Article 15 CDSM Directive and how not to implement it – Part 2», en Kluwer Copyright Blog, 31 de marzo de 2022 [en línea], <https://copyrightblog.kluweriplaw.com/2022/03/31/taking-freedom-of-information-seriously-the-very-short-extractslimitation-in-article-15-cdsm-directive-and-how-not-to-implement-itpart-2/?output=pdf> (Consulta: 05/01/2024); STAMATOUDI, I., y TORREMANS, P., «Article 15 of Directive (EU) 2019/790», en *EU Copyright Law*, dirs. I. Stamatoudi y P. Torremans, Edward Elgar Publishing, Estados Unidos, 2021, p. 727. Estos autores también señalan que el fragmento debe tener sentido.

El legislador español, en el artículo 129bis.6.c) LPI, ha ido más allá que el legislador europeo, al restringir el ámbito de aplicación de esta exclusión al uso de palabras sueltas o extractos muy breves *o poco significativos, cuantitativa y cualitativamente*, de publicaciones de prensa. Esto permitiría extender el *ius prohibendi* de las editoriales a usos que quedarían exonerados de autorización conforme a la Directiva[59]. Quizá la razón que llevó al legislador español a restringir esta exención fue el asegurar a los titulares de este derecho conexo la recuperación de las inversiones realizadas[60]. Se trata de una redacción muy confusa que generará bastantes problemas en la práctica, pues, al problema de determinar cuántas palabras conforman un extracto breve, se añade otro, que es el conocer qué debe entenderse por «extracto poco significativo». Téngase en cuenta también que, en bastantes ocasiones, estamos ante contenidos muy cortos (ej.: una noticia redactada en cinco renglones). Si un contenido es ya corto de por sí, resultaría difícil la aplicación de la letra c). Además, el extracto debe ser poco significativo desde el punto de vista cuantitativo y cualitativo. Un extracto poco significativo desde el punto de vista cuantitativo es lo mismo que un extracto breve. Por lo que al aspecto cualitativo se refiere, el extracto utilizado por el prestador de servicios no debería incorporar la esencia de la publicación de prensa, pues, de ser así, se correría el riesgo de que el lector prescindiera de acudir a la fuente originaria para ampliar la información, afectando, como se ha indicado anteriormente, a las inversiones realizadas por las editoriales y las agencias de noticias. No obstante, no es fácil determinar cuándo estamos ante extractos no significativos desde el punto de vista cualitativo.

---

59 PEGUERA, M., «Spanish transposition of Arts. 15 and 17 of the DSM Directive… *op. cit.*, p. 450.

60 FERNÁNDEZ-LASQUETTY MARTÍN, J., «De límite a derecho conexo… *op. cit.*, p. 52.

El Juzgado de lo Mercantil núm. 16 de Madrid, en su sentencia de 20 de diciembre de 2021, analizó la cuestión de los fragmentos no significativos, si bien respecto del límite que estaba contemplado en el artículo 32.2.I LPI, antes de su reforma por el RD-ley 24/2021, en un litigio que enfrentó a CEDRO y a Google, por su servicio de *Google Discover*[61]. Según el Juez, «fragmento no significativo» no debe identificarse con un fragmento carente de entidad, carente de altura creativa, carente de significado o referido a un aspecto puramente secundario, sino que tiene que ver con la brevedad, en relación con la extensión del artículo del que procede, si bien susceptible de permitir formarse una idea aproximada sobre el contenido del artículo extractado. Considera que dos líneas de texto de un artículo periodístico no constituyen un fragmento. Apunta el Juez que la reproducción de entre 67 y 75 caracteres sin espacios (79-87 con espacios) que, aisladamente leídos, no proporcionan ninguna información inteligible, no puede entenderse constitutiva de agregación de fragmentos de los contenidos periodísticos, sino de palabras sueltas. Cuando el fragmento utilizado por el agregador no permite al usuario hacerse un juicio de relevancia o interés de la noticia a efectos de sus necesidades de información, no será necesario el pago de la compensación prevista en el antiguo límite sobre agregadores, pues no estaremos ante una agregación en el sentido del artículo 32.2.I LPI[62]. De ahí que acabara desestimando la demanda de CEDRO. La conclusión del JM resulta bastante cuestionable y, además, es contraria a las conclusiones alcanzadas por el TJUE en la sentencia sobre

---

61 Tol 8693007.

62 En la sentencia de 12 de septiembre de 2019, el TJUE define el *snippet* como un texto breve o un fragmento de texto con una vista previa destinada a permitir al usuario valorar la relevancia de la página de Internet indicada respecto de su necesidad de información (caso *VG Media*, asunto C-299/17, ap. 11, ECLI:EU:C:2019:716).

el caso *Infopaq*[63]. Se pueden hacer, al menos, dos consideraciones a la misma. En primer lugar, en dos líneas de texto es perfectamente posible que el periodista deje su impronta personal o se reflejen las inversiones de la editorial o agencia. Y, en segundo lugar, un fragmento será no significativo desde el punto de vista cualitativo cuando no permita hacerse una idea sobre la relevancia o el interés del contenido reproducido.

Surge la duda de si cabría amparar en esta exclusión el uso de los titulares de los contenidos incorporados a una publicación de prensa. Los titulares pueden constituir fragmentos breves, pero son muy significativos desde el punto de vista cualitativo, ya que los periodistas tratan, a través de él, de captar la atención del público, y pueden ser expresión de la inversión realizada por las editoriales. Además, no debe olvidarse que los títulos pueden estar protegidos por el derecho de autor si tienen la suficiente originalidad (art. 10.2 LPI). En consecuencia, el uso de los titulares debería quedar sujeto a autorización[64].

Podría pensarse que el artículo 129bis.6.c) LPI resulta innecesario dada la excepción contenida en el artículo 32.2.II LPI y la remisión que el artículo 129bis.6.g) LPI hace a los límites de los artículos 31 y siguientes LPI. Sin embargo, el tenor literal de ambos preceptos, el 129bis.6.c) y el 32.2.II LPI, difieren bastante. Según éste último, el uso de palabras aisladas por parte de buscadores no estará sujeto a autorización ni compensación, siempre que se produzca sin finalidad comercial propia y se circunscriba a lo estrictamente imprescindible para ofrecer los resultados de búsqueda en respuesta a consultas previamente formuladas por los usuarios al buscador y siempre que se incluya en el resultado el enlace a la página de origen de los contenidos. No hay una correlación exacta entre este límite y el uso excluido de autorización

---

63 En este sentido también, FERNÁNDEZ-LASQUETTY MARTÍN, J., «De límite a derecho conexo… *op. cit.*, p. 22.

64 ROSATI, E., *Copyright in the Digital Single Market… op. cit.*, p. 275.

del artículo 129bis.6.c) LPI. Existen diferencias notables: a) el artículo 32.2.II LPI se refiere a «palabras aisladas», mientras que el artículo 129bis.6.c) LPI habla de «palabras sueltas o extractos muy breves o poco significativos»; b) el artículo 32.2.II LPI establece una serie de requisitos adicionales que no aparecen en el artículo 129bis.6.c) LPI, como la necesidad de la ausencia de finalidad comercial propia y que se incluya el enlace en los resultados de la búsqueda, que sólo serían aplicables a los buscadores; c) el artículo 32.2.II LPI tiene como únicos beneficiarios a éstos, en tanto que el artículo 129bis.6.c) LPI tiene un alcance más general, al abarcar a cualquier prestador de servicios; d) el artículo 32.2.II LPI supone un límite al derecho de autor y a todos los derechos conexos que pudieran recaer sobre publicaciones de prensa, y el artículo 129bis.6.c) LPI constituye una exclusión al derecho conexo de las editoriales y las agencias de noticias.

La quinta exclusión al derecho conexo es la utilización de los contenidos de una publicación de prensa por parte de usuarios ya autorizados, cuando la incorporación de los mismos a ésta se haya hecho sobre la base de una licencia no exclusiva [arts. 15.2.II Directiva 2019/790 y 129bis.7.a) LPI]. Las editoriales y las agencias no pueden prohibir el uso de las publicaciones de prensa por otros usuarios autorizados antes de la entrada en vigor de la Directiva 2019/790 o que pudieran ser autorizados después. Si la editorial o agencia ha permitido que los autores u otros titulares puedan explotar separadamente su contribución -porque el uso autorizado por éstos a la editorial o agencia es no exclusivo-, no se podrá después alegar este derecho conexo para impedir que terceros autorizados (cesionarios) puedan utilizar ese contenido concreto. Y viceversa: si los autores o titulares de derechos han cedido a la editorial o agencia sus derechos con carácter exclusivo, ésta podrá ejercer su derecho conexo frente a los eventuales cesionarios a los que aquéllos hayan consentido el uso de sus contenidos. Esto va en consonancia con el artículo 52 LPI, que establece el derecho de los autores de obras incluidas en publicaciones periódicas a explotar separadamente su contribución, siempre que no afecte a la explotación normal de la publicación en la que esté insertada y siempre que no se haya estipulado lo contrario.

Finalmente, por lo que respecta a la sexta exclusión, las editoriales y las agencias de noticias tampoco pueden invocar su derecho conexo para prohibir la utilización de obras y prestaciones cuya protección haya ya expirado. El derecho conexo no sirve para «resucitar» la protección de contenidos que ya habían entrado en dominio público. Por tanto, si se incopora una noticia o una fotografía que está en el dominio público en una publicación de prensa que estaría protegida conforme a los artículos 15 Directiva 2019/790 y 129bis LPI, la protección de dicho contenido no resucitaría, por lo que ese editor no podría impedir su reproducción y puesta a disposición por parte de prestadores de servicios en línea. Como señala el artículo 15.2.II Directiva 2019/790, esta exclusión se aplica tanto a obras como a otras prestaciones protegidas por la propiedad intelectual (ej.: las meras fotografías), a pesar de que el artículo 129bis.7.b) LPI sólo se refiere a las primeras.

### *4.- La duración del derecho conexo*

El derecho conexo a favor de las editoriales de publicaciones de prensa y de las agencias de noticias expirará dos años después de haberse publicado la publicación de prensa, contados a partir del 1 de enero del año siguiente a la fecha en que se publicó ésta (arts. 15.4.I Directiva 2019/790 y 130.3 LPI)[65]. El artículo 80.8 RD-ley 24/2021 introdujo el tercer apartado del

---

[65] En la Propuesta de Directiva, los derechos conexos otorgados a las editoriales y a las agencias duraban veinte años, contados desde la aparición de la publicación de prensa (art. 11.4). Sin duda, una duración excesivamente amplia. *Vid.* Propuesta de Directiva presentada por la Comisión Europea, de 14 de septiembre de 2016 (COM(2016) 593 final). El do-

artículo 130 LPI, si bien habría sido más razonable incluir la regulación del plazo en el propio artículo 129bis LPI y el resto de los apartados del artículo 130 LPI llevarlos al artículo 129 LPI -de esta manera, se podría haber dedicado el artículo 130 LPI al derecho conexo de editoriales y agencias, en lugar del 129bis LPI, haciendo una correlación más clara de preceptos-[66]. El legislador prevé una duración tan reducida debido a que estos contenidos, de carácter informativo, pierden la actualidad muy rápido[67]. No tiene sentido protegerlos durante un período tan largo como el que disfrutan los autores (70 años) u otros titulares de derechos conexos (50 años, con carácter general).

Se plantea la cuestión de cuál es la fecha de la publicación de prensa. Si bien, a este respecto, la Directiva y la LPI se expresan de manera diferente -la primera habla de la «fecha en que se publicó dicha publicación de prensa», en tanto que la segunda se refiere a la «fecha de la publicación de prensa»-, en la práctica es lo mismo. Si la publicación de prensa es exclusivamente online, no hay publicación, al menos en el sentido de los artículos 3.3 CB y 4 LPI, sino, más bien, comunicación pública mediante la modalidad de puesta a disposición. En este caso, habrá que atender a la fecha en que el público pudo acceder a la publicación a través de Internet[68]. Por tanto, tendremos que acudir a los artículos 3.1 Directiva 2001/29 y 20.2.i) LPI: cuando se ponga a disposición del público de tal manera que cualquier usuario pueda acceder al contenido desde el lugar y en el momento en que elija. Si la publicación de prensa se

---

cumento está disponible en línea: https://eur-lex.europa.eu/legal-content/ES/TXT/?uri=CELEX:52016PC0593 (Consulta: 15/05/2024).

66 GARROTE FERNÁNDEZ-DÍEZ, I., «La transposición al ordenamiento español de la Directiva 2019/790… *op. cit.*, p. 30.

67 HILTY, R. M., y MOSCON, V., *Modernisation of the EU Copyright Rules… op. cit.*, p. 87.

68 Así lo considera también, FERNÁNDEZ-LASQUETTY MARTÍN, J., «De límite a derecho conexo… *op. cit.*, p. 33.

explota únicamente en formato tangible, habrá publicación en el sentido de los artículos 3.3 CB y 4 LPI y habrá que considerar la fecha en que la misma se pone a disposición del público en un número de ejemplares que satisfaga razonablemente sus necesidades estimadas de acuerdo con la naturaleza y finalidad de la misma. Finalmente, si la publicación de prensa aparece primero en papel y posteriormente en digital, se atenderá a la fecha en que el público puede acceder a ella por primera vez. Que aparezca posteriormente en un formato distinto no implica que estemos ante un contenido diferente que genere un nuevo plazo de protección. Asimismo, si una publicación de prensa cuyo plazo de protección ha expirado fuera actualizada, se abriría un nuevo plazo de protección siempre y cuando las novedades incluidas fueran expresión de una inversión económica que debe ser recuperada por la editorial o la agencia[69].

Finalmente, conviene indicar que este derecho conexo se otorgará respecto de publicaciones de prensa que se publiquen por primera vez después del 6 de junio de 2019 (art. 15.4.II Directiva 2019/790)[70]. El artículo 80.10 del RD-ley 24/2021 introdujo la DT 22ª en la LPI, que señala que los derechos reconocidos a las editoriales de prensa y a las agencias de noticias para el uso en línea de sus publicaciones por parte de prestadores de servicios de la sociedad de la información no se aplicarán a las publicaciones de prensa que se hayan publicado por prime-

---

69 ROSATI, E., *Copyright in the Digital Single Market… op. cit.*, p. 294.

70 En la Propuesta de Directiva, la inaplicación retroactiva de la protección dispensada a las publicaciones de prensa no se recogía en el artículo 11, que incorporaba el derecho conexo de las editoriales, sino en el artículo 18, junto con otras reglas sobre el ámbito de aplicación temporal de la Directiva. *Vid.* Propuesta de Directiva presentada por la Comisión Europea, de 14 de septiembre de 2016 (COM(2016) 593 final). El documento está disponible en línea: https://eur-lex.europa.eu/legal-content/ES/TXT/?uri=CELEX:52016PC0593 (Consulta: 15/05/2024).

ra vez antes del 6 de junio de 2019, fecha de entrada en vigor de la Directiva 2019/790. Se excluye, así, la aplicación retroactiva del artículo 15 Directiva 2019/790.

## VII.- LA RELACIÓN DEL DERECHO CONEXO CON EL DERECHO DE LOS AUTORES PARTICIPANTES EN LA PUBLICACIÓN

La protección concedida a las editoriales de publicaciones de prensa y a las agencias de noticias a través de este derecho conexo no puede perjudicar los derechos de los autores y de otros titulares de derechos sobre las obras y prestaciones incorporadas en ellas (cdo. 59 y art. 15.2.I Directiva 2019/790 y art. 129bis.1.II LPI). Ni siquiera al derecho que tienen a explotar tales contenidos de manera independiente a la publicación de prensa a la que están incorporados. Así, ni las editoriales ni las agencias de noticias pueden invocar su derecho conexo frente a los autores y otros titulares de derechos para privarles del derecho a explotar sus obras y prestaciones de manera independiente a la publicación de prensa a la que se incorporen. La transposición de esta disposición en España resulta innecesaria, pues ya el artículo 131 LPI establece que los derechos conexos no deben perjudicar los derechos de los autores.

Los artículos 15.2 Directiva 2019/790 y 129bis.1.II LPI no están estableciendo una relación de jerarquía, sino, más bien, una relación de complementariedad[71]. Así, unas veces prevale-

---

[71] Entiende también que es una relación de coexistencia LUCAS, A., «Chroniques. Droit d'auteur et droits voisins. Droit voisin de l'éditeur de presse», en *Propriétés Intellectuelles,* núm. 72, 2019, pp. 66 y 67. Por el contrario, considera que es una relación de jerarquía MARTIAL-BRAZ, N., «Le droit voisin des éditeurs de presse… ou la négociation biaisée», en *RIDA*, núm. 264, 2020, pp. 178 y 179.

cerán los derechos de las editoriales de publicaciones de prensa y las agencias de noticias y otras veces los derechos de los autores. Y es que no se puede afirmar con rotundidad que los derechos de los autores tengan siempre preferencia, pues la posibilidad de explotar separadamente sus contribuciones sólo la tendrán si no se ha pactado lo contrario y ello no perjudica la explotación normal de la obra colectiva en la que se integran.

Por otro lado, los autores cuyas obras se incorporen a una publicación de prensa tienen derecho a una parte adecuada de los ingresos que las editoriales y las agencias reciban por los usos digitales que los prestadores de servicios hagan de sus publicaciones de prensa (cdo. 59 y arts. 15.5 Directiva 2019/790 y 129bis.8 LPI)[72]. Se pretende con esta medida proteger a la parte «débil» en la relación autor-editor/agencia y permitir a los autores participar en los ingresos que genere la explotación de sus obras, cuando se autorizan los usos digitales a los prestadores de servicios, si bien dificultará la recuperación de las inversiones realizadas en la elaboración de las publicaciones de prensa, que es el objetivo a conseguir con este derecho conexo. En todo caso, los autores recibirán esa retribución con independencia de si lo utilizado por el prestador de servicios es original o no[73].

Se establece, por tanto, la obligación de compartirla. Ahora bien, los autores únicamente recibirán esa parte adecuada de

---

72 El artículo 11 de la Propuesta de Directiva no recogía el derecho de los autores de las obras incorporadas a una publicación de prensa a recibir una parte adecuada de los ingresos recibidos por las editoriales por los usos digitales de las publicaciones de prensa por parte de los prestadores de servicios. *Vid.* Propuesta de Directiva presentada por la Comisión Europea, de 14 de septiembre de 2016 (COM(2016) 593 final). El documento está disponible en línea: https://eur-lex.europa.eu/legal-content/ES/TXT/?uri=CELEX:52016PC0593 (Consulta: 15/05/2024).

73 STAMATOUDI, I., y TORREMANS, P., «Article 15 of Directive… *op. cit.*, p. 729.

la remuneración cuando la editorial o la agencia hayan recibido algo. Si han consentido a los prestadores de servicios un uso gratuito de la publicación de prensa y, en consecuencia, no han cobrado una contraprestación económica, no habrá nada que repartir con los autores. El derecho conexo les permite cobrar o no por los usos digitales. Como se señaló anteriormente, las editoriales o las agencias pueden preferir consentir un uso gratuito para así conseguir una mayor difusión de sus publicaciones de prensa entre los prestadores de servicios que no estén dispuestos a pagar -algo de lo que se verían favorecidos indirectamente los autores-. No pueden, en cambio, sustituir la retribución por otras prestaciones que nada tengan que ver con la explotación de la publicación (ej.: intercambio por datos personales de los usuarios o acuerdo de publicidad), algo prohibido por el artículo 129bis.3.e) LPI y de lo que no se beneficiarían los autores. Con todo, este derecho de los autores no constituye un derecho de exclusiva, sino un derecho de mera remuneración. Sin embargo, el artículo 129bis.8 LPI no lo configura como un derecho de gestión colectiva obligatoria, sino que podrán gestionarlo ellos mismos o acudir a los mecanismos de la gestión colectiva.

Habiendo remuneración, el deudor, frente al autor, es la editorial o agencia, no el prestador de servicios de la sociedad de la información -el autor no tiene una acción directa contra el prestador-. Los acreedores de estas cantidades únicamente serán los autores de contenidos informativos que hayan sido utilizados por los prestadores de servicios conforme a la autorización otorgada por la editorial o la agencia. En cambio, no tendrán derecho a ellas: 1) los autores de contenidos literarios no informativos incorporados a esa publicación de prensa; 2) aquellos titulares que no sean autores, por mucho que sus contenidos se hayan utilizado por los prestadores de servicios en línea (ej.: los meros fotógrafos o los productores de grabaciones audiovisuales con contenido informativo, los presentadores de un boletín informativo en formato vídeo o podcast)[74]. Ello sin perjuicio de la normativa nacional de los Estados miembros sobre el ejercicio de derechos en el contexto de los contratos de trabajo, siempre que sea acorde con lo dispuesto en el Derecho de la UE (cdo. 59 Directiva 2019/790). Asimismo, a los efectos de atribuir esta remuneración, es indiferente la relación laboral, de servicios o de obra que una al autor con la editorial de la publicación de prensa.

Sin embargo, no se trata de un reparto al 50% de esas cantidades, sino que los artículos 15.5 Directiva 2019/790 y 129bis.8 LPI hablan de que los autores perciban una «parte adecuada» -ni siquiera se exige que constituya un porcentaje proporcional a los ingresos generados por el uso de los contenidos por parte de los prestadores de servicios, aunque sería lo razonable-[75]. De nuevo, esta indeterminación va a generar más problemas. Primeramente, porque no se han previsto los criterios conforme a los cuales se fijará la cantidad que percibirán los autores. Y, en segundo lugar, porque resultará muy complejo determinar ese reparto cuando esté asociado a la remuneración que reciben los periodistas por la cesión de sus derechos de autor a la editorial o cuando se aplique a la retribución que reciban por el contrato que les une a ella[76]. Se corre el riesgo de que ese pago incluya cantidades por todos estos conceptos en una fusión que perjudique a los autores[77]. En todo caso, la cuantía parece que se establecerá por pacto entre las partes.

---

[74] ROSATI, E., *Copyright in the Digital Single Market… op. cit.*, p. 293.

[75] Los artículos L218-5 CPIf y 87k.1 UrhG exigen que esta remuneración de los autores sea equitativa a los ingresos recibidos por los editores y agencias. De hecho, la norma alemana establece que, como mínimo, sea un tercio de esos ingresos.

[76] DUSSOLIER, S., «The 2019 Directive on Copyright in the Digital Single Market… *op. cit.*, p. 1008.

[77] El artículo L218.5.I CPIf apunta que esta remuneración adicional no puede tener la consideración de salario, precisamente para evitar que, bajo dicho concepto, se incluyan cantidades que nada

Además, habrá que tener en cuenta el artículo 16.1 Directiva 2019/790, conforme al cual los Estados miembros podrán establecer -no están obligados- que, cuando un autor haya cedido o concedido una licencia de un derecho a una editorial, tal cesión o licencia constituya un fundamento jurídico suficiente para que la editorial tenga derecho a una parte de la compensación por el uso de la obra que se hayan efectuado al amparo de una excepción o limitación del derecho cedido u objeto de licencia. Así, los Estados miembros podrán establecer las condiciones de reparto de la compensación entre los autores y las editoriales, conforme a sus sistemas nacionales. La Directiva 2019/790 garantiza, así, que las compensaciones derivadas de los usos al amparo de excepciones sigan pudiendo repartirse entre autores y editoriales, entre ellas, las de publicaciones periódicas. Así ocurre, por ejemplo, con la compensación por copia privada. Se establece, por tanto, la compatibilidad en cuanto a todas estas compensaciones. El legislador parece acoger aquí la jurisprudencia del TJUE derivada de su sentencia de 12 de noviembre de 2015[78]. Apunta que la excepción de copia privada, recogida en el artículo 5.2 Directiva 2001/29, no permite atribuir una parte de la compensación equitativa a los editores de las obras creadas por los autores, si eso supone privar a estos últimos de su participación en dicha compensación (ap. 49).

## BIBLIOGRAFÍA

BERCOVITZ RODRÍGUEZ-CANO, R., «Artículo 2.8», en *Comentarios al Convenio de Berna,* coord. R. Bercovitz Rodríguez-Cano, Tecnos, Madrid, 2013.

---

tienen que ver entre ellas, en perjuicio del autor. Igualmente, su apartado IV, al objeto de determinar esta remuneración, obliga a los deudores a suministrar a los acreedores, al menos una vez al año, información actualizada, pertinente y completa sobre los métodos de cálculo de la parte que les corresponde a los autores.

[78] Caso *Reprobel,* asunto C-572/13, ECLI:EU:C:2015:750.

- «Tasa Google o canon AEDE: una reforma desacertada», en *Revista doctrinal Aranzadi Civil-Mercantil*, n.º 11, 2015.

CASAS VALLÉS, R., «Propiedad intelectual y derecho a la información. De las reseñas o revistas de prensa a los agregadores de noticias: el nuevo derecho afín de los editores de prensa» en *Cuadernos jurídicos del Instituto de Derecho de Derecho de Autor*, dir. Á. Díez Alfonso, Instituto de Derecho de Autor, Madrid, 2020.

DE MIGUEL ASENSIO, P. A., «Modernización de las normas sobre propiedad intelectual y protección de los consumidores en el entorno digital mediante el Real Decreto-ley 24/2021», en *La Ley Unión Europea*, núm. 98, 2021.

DUSSOLIER, S., «The 2019 Directive on Copyright in the Digital Single Market: Some Progress, a Few Bad Choices, and an Overall Failed Ambition», en *Common Market Law Review*, núm. 57, 2020.

FERNÁNDEZ-LASQUETTY MARTÍN, J., «De límite a derecho conexo: la agregación de prensa en España», en *Revista Pe.i.*, núm. 74, 2023.

GARROTE FERNÁNDEZ-DÍEZ, I., «La transposición al ordenamiento español de la Directiva 2019/790, de derechos de autor y derechos afines en el Mercado Único Digital», en *La Ley Unión Europea*, núm. 116, 2023.

GEIGER, C., FROSIO, G., y BULAYENKO, O., «Opinión of the CEIPI on the European Commission's Copyright Reform Proposal with a Focus on the Introduction of Neighbouring Rights for Press Publishers in EU Law», CEIPI, núm. 1, 2016 [en línea], <https://papers.ssrn.com/sol3/papers.cfm?abstract_id=2921334>.

HILTY, R. M., y MOSCON, V., *Modernisation of the EU Copyright Rules Position Statement of the Max Planck Institute for Innovation and Competition*, Max Planck Institute for Innovation and Competition, 2017 [en línea], <https://papers.ssrn.com/sol3/papers.cfm?abstract_id=3036787>.

HUGENHOLTZ, P. B., «Neighbouring Rights are Obsolete», en *IIC*, núm. 50, 2019.

LUCAS, A., «Chroniques. Droit d'auteur et droits voisins. Droit voisin de l'éditeur de presse», en *Propriétés Intellectuelles*, núm. 72, 2019.

MARTIAL-BRAZ, N., «Le droit voisin des éditeurs de presse… ou la négociation biaisée», en *RIDA*, núm. 264, 2020.

MORÁN RUIZ, M., «Gestión colectiva obligatoria para garantizar la sostenibilidad de una prensa plural veraz y de calidad», en *El Derecho.com*, 27 de enero de 2021 [en línea], <https://elderecho.com/gestion-colectiva-obligatoria-para-garantizar-la-sostenibilidad-de-una-prensa-plural-veraz-y-de-calidad>.

PEGUERA, M., «Spanish transposition of Arts. 15 and 17 of the DSM Directive: overview of selected issues», en *Journal of Intellectual Property Law & Practice*, vol. 17, núm. 5, 2022.

RENDAS, T., «Does size matter? The press publishers' right and the implementation of the "very short extracts" limitation», en *Journal of Intellectual Property Law & Practice*, vol. 17, núm. 6, 2022.

- «Taking freedom of information seriously: the "very short extracts" limitation in Article 15 CDSM Directive and how not to implement it – Part 1», en *Kluwer Copyright Blog*, 30 de marzo de 2022 [en línea], <https://copyrightblog.kluweriplaw.com/2022/03/30/taking-freedom-of-information-seriously-the-very-short-extracts-limitation-in-article-15-cdsm-directive-and-how-not-to-implement-it-part-1/>.

- «Taking freedom of information seriously: the "very short extracts" limitation in Article 15 CDSM Directive and how not to implement it – Part 2», en *Kluwer Copyright Blog*, 31 de marzo de 2022 [en línea], <https://copyrightblog.kluweriplaw.com/2022/03/31/taking-freedom-of-information-seriously-the-very-short-extracts-limitation-in-article-15-cdsm-directive-and-how-not-to-implement-it-part-2/?output=pdf>.

ROSATI, E., «DSM Directive Series #2: Is the press publishers' right waivable?», en *The IPKat Blog*, 1 de abril de 2019 [en línea], <https://ipkitten.blogspot.com/2019/04/dsm-directive-series-2-is-press.html>.

- «Neighbouring Rights for Publishers: Are National and (Possible) EU Initiatives Lawful?», en *IIC*, vol. 47, núm. 5, 2016.

- *Copyright in the Digital Single Market Article-by-Article Commentary to the Provisions of Directive 2019/790*, Oxford University press, Oxford, 2021.

SAIZ GARCÍA, C., «El retorno de Google News», en *Diario La Ley*, núm. 12071, 2021.

SÁNCHEZ ARISTI, R., y OYARZABAL OYONARTE, N., «Decadencia y caída del Texto Refundido de la Ley de Propiedad Intelectual: la transposición de la Directiva 2019/790 sobre derechos de autor en el mercado único digital por el Real Decreto-ley 24/2021, de 2 de noviembre», en *Revista Pe.i.*, núm. 69, 2021.

STAMATOUDI, I., y TORREMANS, P., «Article 15 of Directive (EU) 2019/790», en *EU Copyright Law*, dirs. I. Stamatoudi y P. Torremans, Edward Elgar Publishing, Estados Unidos, 2021.

# *Capítulo 8*
# *La trasposición al derecho español de los arts. 17 y 2 6) de la Directiva de derechos de autor en el mercado único digital*

**IGNACIO GARROTE FERNÁNDEZ-DÍEZ**

*Catedrático de Derecho Civil*
*Universidad Autónoma de Madrid*

## I. INTRODUCCIÓN

La responsabilidad en la que pueden incurrir los prestadores de servicios de la sociedad de la información en casos de infracción de derechos de propiedad intelectual se regula tras la entrada en vigor de la Directiva (UE) 2019/790, sobre derechos de autor y derechos afines en el mercado único digital (DDAMUD o "la Directiva") de manera separada en función de las características que tenga el propio prestador del servicio y del tipo de obras y prestaciones cuyos derechos patrimoniales hayan sido infringidos en el caso concreto.

Ello parte del presupuesto de que, en el momento actual, coexisten dos regímenes de responsabilidad aplicables a distintos "prestadores de servicios de la sociedad de la información"[1], el previsto en el art. 17 DDAMUD, que debe emplearse en relación con los llamados "prestadores de servicios para compartir contenidos en línea" (PSCCL), definidos de acuerdo con lo previsto en el art. 2 6) de la DDAMUD, y el regulado originariamente en los arts. 12 a 15 de la Directiva de Comercio Electrónico (DCE[2]), sustituido ahora en este ámbito por el Reglamento de Servicios Digitales (RSD[3]).

La DCE estableció originariamente un régimen de exención de responsabilidad para distintas categorías de prestadores de servicios de la sociedad de la información que se caracterizan por llevar a cabo actividades de mera intermediación, lo que les priva de control sobre los datos que circulan por sus sistemas. A los efectos de este trabajo la norma más relevante es la del art. 14.1 DCE, en relación con los prestadores de servicios de alma-

---

1 Esos prestadores han sido definidos por el art. 1.1 b) de la Directiva (UE) 2015/1535 como quienes prestan un servicio a distancia, por vía electrónica, a petición individual de un destinatario de servicios y normalmente a cambio de una remuneración. El art. 1.1 b) de dicha Directiva señala que a los efectos de dicha definición, se entenderá por:
i) «a distancia», un servicio prestado sin que las partes estén presentes simultáneamente,
ii) «por vía electrónica», un servicio enviado desde la fuente y recibido por el destinatario mediante equipos electrónicos de tratamiento (incluida la compresión digital) y de almacenamiento de datos y que se transmite, canaliza y recibe enteramente por hilos, radio, medios ópticos o cualquier otro medio electromagnético,
iii) «a petición individual de un destinatario de servicios», un servicio prestado mediante transmisión de datos a petición individual.

2 Directiva 2001/31/CE, relativa a determinados aspectos jurídicos de la Sociedad de la Información, en particular el comercio electrónico en el mercado interior.

3 Reglamento (UE) 2022/2065 del Parlamento Europeo y del Consejo, de 19 de octubre de 2022 relativo a un mercado único de servicios digitales y por el que se modifica la Directiva 2000/31/CE.

cenamiento de datos, que se implementó en el derecho interno a través del art. 16 de la Ley 34/2002, de 11 de julio, de servicios de la sociedad de la información y de comercio electrónico (LSSI) bajo la rúbrica de "Responsabilidad de los prestadores de servicios de alojamiento o almacenamiento de datos".

Dicho art. 16 LSSI devino, sin embargo, inaplicable en nuestro derecho con la entrada en vigor del art. 6 RSD[4], de manera que todas las referencias que se hacen en la legislación europea al art. 14 DCE se tienen que entender hechas ahora al art. 6 RSD, que resulta de aplicación a los que el art. 3 g) iii) RSD denomina como prestadores de servicios de "alojamiento de datos".

La superposición de ambos regímenes ha dado lugar a un panorama especialmente complejo en la práctica desde la perspectiva del derecho europeo, que presenta, además, problemas particulares desde el punto de vista del Ordenamiento español.

Dichos problemas nacen, en primer lugar, del hecho de que en nuestro derecho existe una regla específica, el art. 17 LSSI, para determinar la responsabilidad de una categoría muy particular de intermediarios, los prestadores de enlaces e instrumentos de servicios de búsqueda. Se trata de una norma que sigue vigente tras la entrada en vigor del RSD, y que debe hacerse, por tanto, compatible con el nuevo régimen que se establece tanto en el RSD como en la DDAMUD.

---

4 El art. 89 RSD suprimió los artículos 12 a 15 de la DCE y estableció que las referencias a dichos preceptos se debían entender ahora hechas a los arts. 4, 5, 6 y 8 del Reglamento. El resto de la DCE, incluyendo la vigencia de las reglas del art. 3 sigue siendo, sin embargo aplicable, y a estos efectos el art. 2.3 RSD señala que "El presente Reglamento no afectará a la aplicación de la Directiva 2000/31/CE".

Resulta también problemático que los arts. 66.6 y 73 del Real Decreto-ley 24/2021[5], de 2 noviembre ("RD-ley 24/2021" o "RD-ley")[6], que han incorporado a nuestro Ordenamiento los arts. 2) 6 y 17 DDAMUD, incluyan algunas modificaciones que distorsionan el régimen diseñado por el legislador europeo hasta el punto de que la mayor parte de ellas contravienen lo dispuesto en la Directiva, por lo que deben considerarse contrarias al derecho de la UE, y por tanto, inaplicables.

En el presente trabajo nos ocuparemos de la descripción del nuevo régimen de responsabilidad por las infracciones de derechos de propiedad intelectual por parte de los PSCCL que se contiene en los arts. 66.6 y 73 del RD-ley 24/2021, señalando sus características y elementos principales, sus desviaciones respecto de lo dispuesto en los arts. 2 6) y 17 de la DDAMUD y la interacción de dicho régimen con lo dispuesto para los prestadores de alojamiento de datos en el art. 6.1 RSD y para los prestadores de enlaces y servicios en instrumentos de búsqueda en el art. 17 de la LSSI.

---

5 Real Decreto-ley 24/2021, de 2 de noviembre, de transposición de directivas de la Unión Europea en las materias de bonos garantizados, distribución transfronteriza de organismos de inversión colectiva, datos abiertos y reutilización de la información del sector público, ejercicio de derechos de autor y derechos afines aplicables a determinadas transmisiones en línea y a las retransmisiones de programas de radio y televisión, exenciones temporales a determinadas importaciones y suministros, de personas consumidoras y para la promoción de vehículos de transporte por carretera limpios y energéticamente eficientes (BOE de 3 de noviembre).

6 El mencionado Real Decreto-Ley fue convalidado por el Congreso de los Diputados el 2 de diciembre de 2021, siendo tramitado posteriormente como Proyecto de Ley. Sin embargo, la disolución del Congreso de los Diputados y del Senado para convocar elecciones generales para el 23 de julio de 2023 provocó la caducidad del mencionado Proyecto.

## II. UN RÉGIMEN DUAL DE RESPONSABILIDAD: PSCCL REGULADOS EN LA DDAMUD Y PRESTADORES DE ALOJAMIENTO DE DATOS DE LA DCE/RSD

### *1. La adopción de un régimen especial o sectorial para afrontar la responsabilidad de los PSCCL en el ámbito de la UE*

Como ya hemos avanzado, la DDAMUD contiene en sus arts. 2.6) y 17 un régimen específico de responsabilidad por infracciones de derechos de propiedad intelectual que ha sido diseñado *ad hoc* por el legislador europeo para los PSCCL.

Ello supone que el legislador europeo se ha apartado en la DDAMUD por primera vez de un enfoque "horizontal" para regular la responsabilidad de los prestadores de servicios que alojan contenidos por cuenta de sus usuarios. Dicha aproximación horizontal tiene como objetivo esencial regular de manera unitaria todas las posibles fuentes de responsabilidad que afronta un prestador de servicios de la sociedad de la información que aloja contenidos por cuenta de terceros, de manera que se aplique en todos los casos en los que los usuarios de estos servicios infringen un derecho o interés protegido por una norma jurídica (por ejemplo, en caso de violación de los derechos de la personalidad, de los derechos de propiedad intelectual, de los de propiedad industrial, etc.).

El sistema que se establece en los arts. 2 6) y 17 de la DDAMUD parte, sin embargo, de un enfoque sectorial o "vertical" puesto que, además de aplicarse únicamente desde el punto de vista subjetivo a los PSCCL que encajan de manera específica en la definición que se establece en el art. 2 6) de la propia Directiva, desde un punto de vista objetivo sólo resulta aplicable en relación con los actos de comunicación pública o puesta a disposición del público de ciertas obras y prestaciones protegidas por la propiedad intelectual[7].

Cabe legítimamente dudar acerca de si esta decisión del legislador de la DDAMUD de utilizar un enfoque sectorial es acertada. Ello supone separarse de la tradición de la DCE y de la continuidad que supone en este ámbito el RSD, normas que siguen la tradicional aproximación "horizontal" para la responsabilidad del prestador de alojamiento de datos.

La existencia de un régimen especial en la DDAMUD plantea, además, en la práctica problemas de delimitación entre los casos de responsabilidad de los PSCCL y los de los prestadores de alojamiento de datos de la DCE/RSD, problemas que son especialmente agudos cuando a partir de un mismo acto de almacenamiento por parte de los usuarios se infringe de manera conjunta el derecho de comunicación pública o puesta disposición sobre una obra o prestación protegida comprendida en el ámbito de aplicación de la DDAMUD y otro derecho o interés protegido (pensemos por ejemplo, en un derecho de propiedad industrial en el caso de una obra que goza también de la tutela del diseño industrial).

Sin embargo, pese a dichos inconvenientes, creo que el establecimiento de un régimen de responsabilidad especial diseñado para el caso concreto de la infracción de los derechos de comunicación pública y puesta a disposición sobre ciertas obras y prestaciones protegidas por parte de los PSCCL permite abordar con un mayor grado de precisión los problemas específicos que se plantean en este caso.

---

7 Debe hacerse notar, sin embargo, que no todos los casos de infracción de derechos de propiedad intelectual por parte de un PSCCL deberán resolverse conforme a lo dispuesto en el art. 17 DDAMUD pues, como se verá a lo largo del presente trabajo, el régimen especial de la Directiva sólo se aplica en relación con los titulares de obras y prestaciones protegidas contemplados en el art. 3 de la Directiva 2001/29.

Así ocurre, por ejemplo, cuando la DDAMUD establece una obligación para los PSCCL de garantizar la indisponibilidad de obras y prestaciones protegidas en sus servidores, lo que implica en la práctica en la gran mayoría de las ocasiones la utilización por parte del prestador del servicio de un mecanismo de reconocimiento y filtrado automatizado de contenidos protegidos. Dicho mecanismo se adecua mucho mejor al enorme volumen de usuarios y contenidos protegidos existentes en los servidores del PSCCL que el tradicional sistema de "notificación y retirada" individual de contenidos ilícitos que sigue siendo la base del régimen establecido para el prestador de alojamiento de datos en el art. 6.1 RSD.

Es importante tener en cuenta, además, el impacto de la evolución tecnológica, ya que el sistema que se estableció en el art. 14.1 DCE para fijar la responsabilidad de los prestadores de servicios de alojamiento de datos (que es, en esencia, el mismo que se ha seguido en el RSD) se diseñó hace más de 25 años, en un entorno radicalmente distinto al actual en el que no existían las plataformas de intercambio de contenidos protegidos a través de la Red, lo que provoca la existencia de una laguna en este ámbito.

En el caso de estas plataformas no estamos ante un prestador de almacenamiento o alojamiento de datos "clásico", que cede espacio a terceros de una manera pasiva y más o menos neutral para que estos almacenen sus datos, sino ante una estructura tecnológica compleja que se orienta, de manera fundamental, a permitir intercambios de archivos entre los usuarios, archivos que pueden contener obras y prestaciones protegidas cuyos derechos de propiedad intelectual pertenecen a terceros.

Además, como antes avanzamos, la DCE tampoco incluyó entre el elenco de prestadores de servicios intermediarios a quienes suministran enlaces u operan motores o instrumentos de búsqueda, lo que provocaba otra laguna evidente en dicho ámbito.

Es cierto que la jurisprudencia del TJUE ha cubierto en cierto modo dichas lagunas a través de sentencias como las de los casos *Google France*[8], *L'Oreal* [9] o *GlawischnigPiesczek*[10] (a veces etiquetado también en la doctrina como *Facebook Ireland*). En ellas se da respuesta a la cuestión de si los operadores de servicios de búsqueda en internet o las plataformas de internet pueden beneficiarse de las exenciones de responsabilidad previstas en el art. 14.1 DCE para el prestador de almacenamiento de datos, pero lo cierto es que la solución dada por el Tribunal de Justicia en estos casos está extremadamente ligada a los hechos concretos del caso y resulta además deliberadamente ambigua en su formulación, lo que provocaba una importante inseguridad jurídica en un ámbito de gran relevancia económica.

---

8 Sentencia del Tribunal de Justicia (Gran Sala) de 23 de marzo de 2010, *Google France,* asuntos acumulados C-236/08 a C-238/08, EU:C:2010:159. En esta sentencia el Tribunal de Justicia se vio forzado a incluir a un buscador de internet dentro del concepto de "prestador de almacenamiento" ante la ausencia de una norma en al DCE similar a la de nuestro art. 17 LSSI.

9 Sentencia del Tribunal de Justicia (Gran Sala) de 12 de julio de 2011, asunto C-324/09, *L'Oreal y otros,* EU:C:2011:474. En ella el TJUE afrontó por primera vez la cuestión de la responsabilidad que pueden tener los operadores de plataformas en internet. Se trataba de una plataforma de venta de productos físicos falsificados en donde se planteaba la duda de si el operador podía ser considerado responsable de la infracción del derecho de marca. El TJUE afirmó que una plataforma de intercambio de productos o contenidos ("el operador un mercado electrónico", en palabras del Tribunal), podía beneficiarse del "puerto seguro" previsto en el art. 14.1 DCE siempre que dicho operador "no desempeñe un papel activo que le permita adquirir conocimiento o control de los datos almacenados". Por el contrario, si el operador del mercado electrónico no desempeña dicho papel pasivo o neutral no puede considerado un "intermediario" en el sentido de la sección 4 del capítulo II de la DCE, y pierde por tanto la posibilidad de ampararse en la exención de responsabilidad que corresponde al prestador de almacenamiento. *Vid.* los apartados 112 y 13 de la sentencia.

10 Sentencia del Tribunal de Justicia (Sala Tercera), de 3 de octubre de 2019, *GlawischnigPiesczek,* asunto C-18/18, EU:C:2019:821, apartados 41 a 47.

De ahí que, en mi opinión, fuera conveniente una reforma a nivel europeo que abordara la cuestión teniendo en cuenta el fenómeno específico de las plataformas de intercambio de archivos en internet, especialmente en un ámbito en el que estas plataformas compiten de forma directa con los servicios de oferta legal de contenidos, como es el caso de las obras y prestaciones protegidas por la propiedad intelectual.

Para ello la DDAMUD parte de un principio radicalmente distinto al del art. 14 DCE, que implica una atribución de responsabilidad *directa* cuando estos prestadores de servicios permiten que sus usuarios carguen en sus servidores y compartan con otros usuarios contenidos protegidos por derechos de autor y conexos sin la autorización de los titulares de dichos derechos. Dicha responsabilidad surge porque la Directiva considera (art. 17.1 DDAMUD) que los PSCCL llevan a cabo en este caso actos de comunicación pública o puesta a disposición del público de dichas obras o prestaciones protegidas, de manera que cuando no disponen de una autorización o licencia para llevar a cabo dicha actividad responderán por la infracción a no ser que cumplan con una serie de obligaciones previstas en la propia Directiva (art. 17.4 DMUD)

Estamos, por tanto, ante un caso de responsabilidad por hechos propios que se aleja de manera significativa del sistema de atribución de responsabilidad a los prestadores de almacenamiento de datos previsto en el art. 14.1 DCE/6.1 RSD, que parte de la base de que la infracción del derecho es cometida por el usuario del servicio y utiliza la técnica de establecer exenciones específicas de responsabilidad de las que podrá beneficiarse el prestador si reúne ciertas condiciones (lo que en la jerga jurídica anglosajona se conoce como sistema de *safe harbours* o "puertos seguros").

El establecimiento de un "puerto seguro" para estos casos se justifica tradicionalmente con el argumento de que quienes realizan meras labores de intermediación en el entorno *on-line* no tienen la posibilidad técnica de supervisar la actividad de los usuarios a los que prestan sus servicios. En especial, en el caso del prestador de almacenamiento se da por hecho que, dado el volumen masivo de datos almacenados por dichos prestadores de servicios, resulta técnicamente inviable controlar si los contenidos alojados por el intermediario son respetuosos con los derechos e intereses de terceros. Este sistema de "puertos seguros" resulta aplicable a todas las posibles fuentes de responsabilidad (en el ámbito penal, civil y administrativo), aunque en todo caso quedan a salvo las distintas medidas cautelares o definitivas de cesación existentes en cada legislación nacional (como dicen, para el prestador de alojamiento de datos, los arts. 14.3 DCE y 6.4 RSD).

Sin embargo, el desarrollo de los sistemas de reconocimiento y filtrado automatizado de contenidos, basados en algoritmos y sistemas de aprendizaje automático o inteligencia artificial, ha abierto la posibilidad técnica de establecer un control *ex ante* de los contenidos sin necesidad de llevar a cabo una labor de supervisión humana de cada uno de ellos, labor que sigue siendo a todas luces en la actualidad imposible.

Todo ello ha dado como resultado el establecimiento en la DDAMUD de un sistema de responsabilidad especial para el caso de las obras y prestaciones protegidas almacenadas y puestas a disposición del público en los servidores de los PSCCL que impone a estos prestadores de servicios unas obligaciones de conducta sensiblemente más exigentes que las previstas en el sistema de la DCE/RSD, que en la práctica se traducen en la inmensa mayoría de los casos únicamente en una obligación de bloquear o eliminar con prontitud los contenidos ilícitos tras la pertinente notificación por parte del titular del derecho afectado.

Con ello la DDAMUD pretendía incentivar la consecución de acuerdos entre las principales plataformas de intercambio de contenidos protegidos en internet y los titulares de derechos de propiedad intelectual[11], aunque es muy posible que dicho objetivo no llegue a conseguirse en la práctica[12]. Dadas las enormes diferencias económicas que hay entre los operadores de las plataformas de intercambio de archivos y los derechohabientes en relación con la explotación de obras y prestaciones protegidas en dichas plataformas parece que el escenario más probable, al menos a corto y medio plazo, es que los PSCCL se limiten a cumplir con las obligaciones que para ellos se establecen en el art. 17.4 de la Directiva.

En todo caso, una vez tomada por parte del legislador europeo la decisión de que había que redactar normas de responsabilidad pensadas específicamente para las plataformas de intercambio de contenidos protegidos en internet resultaba claro que el objetivo fundamental del art. 17 DDAMUD debía de ser encontrar un equilibrio adecuado entre garantizar la protección eficaz de los derechohabientes en el entorno en línea y dotar a los PSCCL de una seguridad jurídica adecuada. Pero alcanzar dicho equilibro resultó ser extraordinariamente complejo en la práctica, dado el enorme volumen de usuarios (y los riesgos que ello supone para los titulares de derechos de propiedad intelectual) y la gran variedad de tecnologías y plataformas que existen en mercado, lo que explica lo complejo

---

11 Señala la última parte del Considerando 61 de la DDAMUD lo siguiente: "*Por lo tanto, es importante fomentar el desarrollo del mercado de licencias entre titulares de derechos y prestadores de servicios para compartir contenidos en línea. Estos acuerdos de licencia deben ser equitativos y mantener un equilibrio razonable entre ambas partes. Los titulares de derechos deben recibir una remuneración adecuada por el uso de sus obras y otras prestaciones. No obstante, al no verse afectada la libertad contractual por esas disposiciones, los titulares de derechos no deben estar obligados a conceder una autorización o concluir acuerdos de licencia*".

12 Así lo señala LÓPEZ RICHART, J., "Responsables, *ma non troppo*: las reglas de exención de responsabilidad de las plataformas para el intercambio de contenidos en línea en la directiva sobre derechos de autor en el mercado único digital", cit., p. 309.

del itinerario legislativo de la Propuesta de Directiva en este ámbito (art. 13) a través de las instituciones europeas[13].

## 2. *Opciones para la implementación un régimen especial de responsabilidad para los PSCCL en el derecho español*

La implementación de los arts. 2 6) y 17 de la Directiva en nuestro derecho se presentaba especialmente compleja desde el punto de vista sistemático, en la medida en que establecía un régimen especial o sectorial que debía coordinarse adecuadamente con el marco general de responsabilidad "horizontal" previsto para el prestador de alojamiento de datos en el art. 16.1 LSSI y con lo dispuesto en el art. 17 LSSI para los prestadores de enlaces y buscadores de internet. Y creo que el legislador español no ha estado acertado al tratar de resolver la cuestión incluyendo de manera mecánica los arts. 66.6 y 73 junto al resto de la trasposición de la DDAMUD en el RD-ley 24/2021.

Es verdad que esta solución es mejor que la adoptada en países como Austria o Francia, que, condicionados por la sistemática previa de sus respectivas leyes nacionales, han preferido fraccionar el contenido del art. 17 DDAMUD dentro del articulado de la Ley de derechos de Autor[14] y del *Code de la Proprieté Intellectuelle (CPI*[15]*)*, respectivamente, separando entre su aplicación al

---

[13] Propuesta de Directiva del Parlamento Europeo y del Consejo sobre los derechos de autor en el mercado único digital, de 14 de septiembre de 2016, COM(216) 593 final.

[14] *Vid.* la *Bundesgesetz, mit dem das Urheberrechtsgesetz, das Verwertungsgesellschaftengesetz 2016 und das KommAustria-Gesetz geändert werden (Urheberrechts-Novelle 2021– Urh-Nov 2021*), publicada en el BGBl. I Nr. 244/2021, de 31 de diciembre (ELI: https://www.ris.bka.gv.at/eli/bgbl/I/2021/244/20211231).

[15] *Vid.* la *Ordonnance no 2021-580 du 12 mai 2021 portant transposition du 6 de l'article 2 et des articles 17 à 23 de la directive 2019/790 du Parlement*

caso de los derechos de autor y a los distintos derechos afines. Ello tiene la ventaja de que simplifica la aplicación a estos casos de los límites y excepciones a los derechos patrimoniales a los que se refiere el art. 17.7 DDAMUD, pero presenta el obvio inconveniente de fragmentar el régimen de responsabilidad de los PSCCL a lo largo de la ley de derechos de propiedad intelectual.

Otra posible opción hubiera sido proceder a una reforma parcial de la LSSI para incorporar allí los arts. 2 6) y 17 DDAMUD. De este modo se hubiera facilitado la conexión entre el régimen previsto para los PSCCL y el que corresponde a los prestadores de almacenamiento de datos y a los prestadores de enlaces. Debe recordarse, además, que aunque el art. 17 DDAMUD tiene como ámbito material la infracción de una facultad integrante de los derechos de propiedad intelectual (el derecho de comunicación pública o puesta a disposición del público), desde el punto de vista subjetivo se está regulando la responsabilidad de los PSCCL, que no son sino un tipo especial de prestadores de servicios de la sociedad de la información, lo que refuerza la conexión con la Ley 34/2022.

Con todo, es claro que la trasposición de dichos preceptos a través de su inclusión en la LSSI también presentaba inconvenientes de calado, como era, en particular, fragmentar la incorporación de la Directiva en tres normas (el RD-ley 24/2021, el

---

*européen et du Conseil du 17 avril 2019 sur le droit d'auteur et les droits voisins dans le marché unique numérique et modifiant les directives 96/9/CE et 2001/29/CE, Journal Officiel de la République Française* de 13 de mayo de 2021, ELI: <https://www.legifrance.gouv.fr/eli/ordonnance/2021/5/12/MICB2106674R/jo/texte>. Así, se ha introducido un nuevo Capítulo VII en el Titulo III del Libro I del CPI, dedicado al derecho de autor, (arts. L-137-1 a 137-4), un nuevo Capítulo IX en el título único del Libro II, dedicado a los derechos vecinos (arts. L. 219-1 a 219-4) y un nuevo art. L. 331-23-1 en el Libro III, dedicado a las disposiciones generales aplicables a los derechos de autor, derechos conexos y derecho *sui generis* de los productores de las bases de datos.

TRLPI y la Ley 34/2002) y alejar la regulación de la responsabilidad de los PSCCL por infracción de los derechos de propiedad intelectual del resto de la legislación sectorial en la materia, y, en concreto, de las acciones y procedimientos previstos en el Título I del Libro Tercero del TRLPI (arts. y 138 siguientes del TRLPI). Además, desde que entró en vigor el RSD el régimen de responsabilidad del prestador de alojamiento o almacenamiento de datos que se debe aplicar en España es el previsto en dicha norma, de manera que el incentivo para ubicar las reglas de responsabilidad especial de los PSCCL en la LSSI se ha reducido sensiblemente.

Parece, por tanto, que las dos mejores opciones hubieran sido publicar una Ley específica que regule la responsabilidad de los PSCCL, como se ha hecho en países como Alemania[16] o, alternativamente, recurrir a la solución adoptada por el legislador italiano, que ha consistido en incluir un nuevo capítulo en la Ley de Derecho de Autor[17] para abordar la cuestión, lo que en nuestro derecho podría haberse hecho añadiendo un nuevo Capítulo II al precitado Título I del Libro III del TRLPI, a continuación de lo dispuesto en el art. 143.

---

16 El parágrafo 3 de la *Gesetz zur Anpassung des Urheberrechts an die Erfordernisse des digitalen Binnenmarktes* de 31 de mayo de 2021 (Gaceta Oficial Federal de 4 de junio) introdujo en el derecho alemán la *Urheberrechts-Diensteanbieter-Gesetz (UrhDaG)*, incorporando así el art. 17 de la DDAMUD al derecho germano e introduciendo numerosas novedades en cuanto a su aplicación en el derecho alemán que han dado lugar a un complejo texto compuesto por un total de 22 preceptos que se aleja de lo previsto de la Directiva en aspectos muy relevantes. Para un análisis de la *UrhDaG* puede verse, en esta misma obra, LUCAS-SCHLOETTER, A., "La trasposición de la Directiva 2019/790 en Alemania".

17 *Vid.* el Decreto Legislativo de 8 de noviembre de 2021, n. 177, publicado en la *Gazzetta Ufficiale de la Repubblica Italiana* de 27 de noviembre, disponible en la dirección de internet <https://www.gazzettaufficiale.it/eli/gu/2021/11/27/283/sg/pdf>. El Decreto introduce un nuevo Título II-quater en la Ley de Derecho de Autor de 22 de abril de 1941 (arts. 102-sexies a 102-decies).

La vía alemana facilita un tratamiento más sistemático y específico de la cuestión, aunque con el inconveniente, ya mencionado, de alejarse de la normativa sectorial en materia de propiedad intelectual. La vía italiana hace realidad la necesaria conexión con la legislación en materia de derecho de autor y derechos conexos, pero a costa de integrar un elemento extraño en la ley de derecho de autor, como son las reglas de responsabilidad de determinados prestadores de servicios de la sociedad de la información.

### *3. Los prestadores de servicios de almacenamiento de datos sometidos al RSD y su distinción de los PSCCL*

La definición de "prestadores de servicios de la información" del art. 1.1 b) de la Directiva 2015/1535 es deliberadamente amplia, busca cubrir los principales servicios *on-line*, como los que se centran en el suministro de información a través de páginas o sitios web, la actividad de los buscadores de internet, de las plataformas de *streaming* y descarga de video y música, de las redes sociales, etc. Dicha norma se incorporó en el derecho español a través de la letra a) del Anexo de definiciones de la LSSI.

Operando dentro de esta categoría general, los ahora derogados arts. 12 a 15 DCE establecían una serie de exenciones de responsabilidad que únicamente resultaban aplicables cuando los prestadores de servicios de la sociedad de la información actuaban como meros intermediarios de la información transmitida o suministrada por los usuarios de sus servicios. A estos efectos, el encabezamiento de la Sección 4ª de la DCE hablaba de "Responsabilidad de los *prestadores de servicios intermediarios*".

No existía, sin embargo, en la DCE, una definición explícita de cada una de las categorías de prestadores de servicios de intermediación, seguramente porque las características de su actividad se perfilan de manera detallada e individualizada en cada precepto cuando se regulan sus exenciones de responsabilidad en los arts.

12, 13 y 14. Así, para el prestador de almacenamiento de datos el art. 14.1 contenía una definición implícita cuando se refería a él como "un servicio de la sociedad de la información consistente en almacenar datos facilitados por el destinatario del servicio".

En el derecho español la LSSI se refiere a los "prestadores de servicios por el ejercicio de actividades de intermediación" (art. 13.2 LSSI) o, sin más, a los "prestadores de servicios de intermediación ", término éste que sí se define en el Anexo de la ley[18] y que incluye a los prestadores de servicios de alojamiento o almacenamiento de datos (art. 16 LSSI).

La relativa indeterminación que existía entre las distintas categorías de "prestadores de servicios intermediarios" en el derecho de la UE ha sido ahora corregida por el art. 3 g) RSD, que define explícitamente las distintas modalidades existentes de servicios intermediarios para regular el régimen de exenciones de responsabilidad que les corresponde según los arts. 4 a 10 de dicha norma, régimen que resulta similar, aunque no idéntico, al que se contenía en la DCE.

En concreto, el "prestador de servicios de almacenamiento de datos" tiene una definición específica en el art. 3 g) iii) RSD[19] que resulta consistente con la que indirectamente se contenía en el art.

---

18 Así, se define un "servicio de intermediación" como todo "*servicio de la sociedad de la información por el que se facilita la prestación o utilización de otros servicios de la sociedad de la información o el acceso a la información. Son servicios de intermediación la provisión de servicios de acceso a internet, la transmisión de datos por redes de telecomunicaciones, la realización de copia temporal de las páginas de internet solicitadas por los usuarios, el almacenamiento en los propios servidores de datos, aplicaciones o servicios suministrados por otros y la provisión de instrumentos de búsqueda, acceso y recopilación de datos o de enlaces a otros sitios de internet*".

19 Señala dicha norma que: "*A efectos del presente Reglamento, se entenderá por: […] «servicio intermediario»: uno de los siguientes servicios de la sociedad de la información: […] iii) un servicio de «almacenamiento de datos», consistente en almacenar datos facilitados por el destinatario del servicio y a petición de este*".

14.1 DCE. A estos prestadores de almacenamiento de datos no sólo les resulta aplicable la regulación del art. 6 RSD, sino también las normas comunes de responsabilidad aplicables a todos los prestadores de servicios de intermediación de los arts. 7 a 10 del RSD.

Además de las reglas que establecen su exención de responsabilidad, también resultan de aplicación al prestador de almacenamiento las obligaciones de diligencia debida de la Sección 1ª del Capítulo III (arts. 11 a 15 RSD), que son aplicables a todos los prestadores de servicios intermediarios y las de la Sección 2ª de ese mismo Capítulo (arts. 16 a 18 RSD), previstas para el caso específico del prestador de almacenamiento. Además, las reglas de la Sección 3° (19 a 28 RSD) se aplicarán al caso concreto de las "plataformas en línea", definidas de acuerdo con el art. 3 i) del RSD como una subespecie de servicio de almacenamiento de datos.

Desde el punto de vista del derecho internacional privado el RSD se aplica, de acuerdo con su art. 2.1, a los servicios intermediarios ofrecidos a usuarios (destinatarios del servicio) que tengan su lugar de establecimiento o estén situados en la UE, con independencia de donde los prestadores de dichos servicios intermediarios tengan su lugar de establecimiento. Se trata de una regla que, en la práctica, desplaza para el caso de los servicios de intermediación al criterio de origen que se establece como regla general para el resto de prestadores de servicios de la sociedad de la información en el art. 3.1 DCE[20].

---

[20] Dicha norma, como el resto de la DCE (a excepción de los arts. 12 a 15) sigue siendo aplicable tras el RSD, puesto que el art. 2.3 RSD señala que "El presente Reglamento no afectará a la aplicación de la Directiva 2000/31/CE". De ahí que las reglas responsabilidad de la LSSI sólo eran aplicables, en principio, a los prestadores de almacenamiento establecidos en España (art. 2 LSSI) o para prestadores de servicios establecidos en la UE o en el EEE cuando el destinatario de los servicios radique en España (art. 3 a) LSSI).

A la vista de dicha regulación, es claro que si los PSCCL fueran una subespecie de "prestador de servicios de almacenamiento de datos" en el sentido del RSD cabría plantearse la aplicación directa de todas aquellas reglas del RSD que no fueran incompatibles con lo dispuesto en el art. 17 DDAMUD también a los supuestos de infracción del derecho de comunicación pública o puesta a disposición de obras y prestaciones protegidas por la propiedad intelectual llevados a cabo por estos PSCCL.

Ello incluiría, en particular, las reglas de los arts. 7 (investigaciones voluntarias); 8 (inexistencia de una obligación general de monitorizar contenidos[21]); 9 (órdenes de actuación contra contenidos ilícitos) y 10 (órdenes de entrega de información), que están pensadas como normas generales de responsabilidad aplicables a todos los prestadores de servicios de intermediación, incluyendo, por tanto, a los de almacenamiento de datos.

En mi opinión, sin embargo, de acuerdo con la definición que se nos proporciona en el art. 2 6) de la DDAMUD, es claro que un PSCCL no es (por lo menos a efectos de definir su régimen de responsabilidad) un "servicio intermediario" del art. 3 g) RSD, ni, por tanto, un "prestador de almacenamiento de datos" en el sentido de los arts. 14.1 DCE y 3 g) iii) del RSD.

En rigor, desde el punto de vista meramente técnico los PSCCL prestan unos servicios que sí incluyen "almacenar datos proporcionados por el destinatario de este servicio" (art. 14.1 DCE) o "almacenar datos facilitados por el destinatario del servicio y a petición de este" (art. 3 g) iii) RSD). El propio art. 2 6) de la DDAMUD señala que el fin principal o uno de los fines principales de un PSCCL es "*almacenar* (...) una gran cantidad de obras y otras prestaciones protegidas cargadas por sus usuarios",

---

21 Esta regla se reitera, sin embargo, en el art. 17.8.I DDMUD, por lo resulta aplicable de forma directa a los PSCCL por esta vía, como luego se detalla más ampliamente en el texto.

y dado que dichas obras y prestaciones se encuentran en formato digital cabría entender que son, en sentido amplio, "datos".

Sin embargo, la definición del art. 2 6) de la DDAMUD incluye muchos otros elementos a los efectos de perfilar cuál es la actividad de un PSCCL, y del análisis de dichos elementos cabe concluir que su actividad desde el punto de vista económico y tecnológico en modo alguno puede ser calificada de "prestación de servicios de intermediación".

Así, por ejemplo, el art. 2 6) DDAMUD señala que la finalidad principal o una de las finalidades principales del servicio debe ser almacenar y dar al público acceso a un gran número de obras o prestaciones protegidas, que el propio PSCCL "organiza y promociona con fines lucrativos". Y es claro que está conducta activa de organización y promoción con fines lucrativos no encaja en absoluto con la neutralidad técnica que debe estar presente en la actividad de un prestador de servicios intermediario, y, muy especialmente de un prestador de almacenamiento de datos de los descritos en el art. 14.1 DCE/art. 3 g) iii) RSD.

El PSCCL no se limita, además, a *almacenar* los datos (en nuestro caso, las obras y prestaciones protegidas por la propiedad intelectual) también da acceso al resto de usuarios a dichas obras o prestaciones, permitiendo así su visualización o audición en línea (reproducción mediante *streaming*) o incluso, en algunos casos, su descarga en el dispositivo elegido por el propio usuario.

Este papel central como organizador y facilitador del intercambio entre los usuarios del servicio que tiene el PSCCL en relación con los contenidos protegidos almacenados implica el desarrollo de una conducta activa y no neutral que impide entender que estamos ante un mero servicio de almacenamiento de datos por cuenta de terceros. De hecho, el papel del PSCCL en relación con el intercambio de los contenidos protegidos almacenados tiene tal grado de protagonismo que la DDAMUD afirma que el prestador del servicio está llevando a cabo en este caso un acto de comunicación pública o de puesta a disposición del público de los mismos (art. 17.1 DDAMUD).

Un PSCCL no es, por tanto, un prestador de servicios intermediario, sino una especie particular de prestador de *contenidos* o servicios en internet, y de ahí que el art. 17.3 DDAMUD se cuide muy mucho de referirse a los PSCCL como "prestadores de servicios intermediarios".

Ello resulta consistente con el hecho de que el art. 3 g) del RSD contiene una lista cerrada de los "prestadores de servicios intermediarios" al referirse a "*uno de los siguientes* servicios de la sociedad de la información", citando de manera taxativa a continuación los servicios de "mera transmisión", "memoria caché" y "almacenamiento de datos" a través distintas definiciones que tienen unas características precisas establecidas por el propio Reglamento.

Por este mismo motivo creo que no es posible que un PSCCL pueda ser eventualmente calificado *también* como una "plataforma en línea" en el sentido del art. 3 i) del RSD, que no deja de ser una modalidad de prestador de almacenamiento que se caracteriza por almacenar y difundir al público información a petición de un destinatario del servicio.

En resumen, la actividad que desarrolla el PSCCL le deja al margen de la definición general de "servicio intermediario" del RSD, y por tanto, de la de "prestador de servicios de almacenamiento de datos" (que es una especie o modalidad de intermediario) y de la de "plataforma en línea" (que es, a su vez, una modalidad de prestador de servicio de almacenamiento de datos). De ahí que, como luego se explicará con mayor detalle, el art. 17.3.I DDAMUD establezca que la exención de responsabilidad prevista en el art. 14.1 DCE (ahora, en el art. 6.1 RSD) para los prestadores de almacenamiento datos no debe aplicarse al caso de los PSCCL.

## *4. La definición de PSCCL del art. 66.6 RD-ley 24/2021*

### A. Elementos relevantes de la definición: el párrafo primero del art. 66.6 del RD-ley

El párrafo primero del art. 66.6 del RD-ley, con algunas modificaciones respecto de lo señalado en el art. 2 6).I DDAMUD[22], contiene la definición de lo que hay que entender por "prestador de servicios para compartir contenidos en línea" al señalar que es "*todo prestador de un servicio de la sociedad de la información cuyo fin principal o uno de cuyos fines principales es almacenar y dar al público acceso a obras u otras prestaciones protegidas, en gran número o con un alto nivel de audiencia en España, cargadas por sus usuarios, que el servicio organiza y promociona con fines lucrativos directos o indirectos*".

Las novedades que el texto de este art. 66.6.I del RD-ley incorpora respecto del que se contiene en el art. 2 6).I de la Directiva se refieren a la alusión que se hace a "un alto nivel de audiencia en España" y a la adición de que los fines lucrativos perseguidos por el PSCCL pueden ser "directos o indirectos".

Del precitado tenor literal resulta que el primer elemento relevante de la definición de PSCCL es que debemos estar ante un *prestador de servicios de la sociedad de la información*, lo que únicamente requiere que preste sus servicios en las condiciones previstas en la letra a) del Anexo de la LSSI, como ya se ha explicado.

En segundo lugar, de acuerdo con el art. 66.6.I del RD-ley, una de las finalidades principales del servicio prestado por el PSCCL (o la única) debe ser, "*almacenar y dar al público acceso* a un gran número de obras y prestaciones protegidas *cargadas por los usuarios*".

---

22 Dicha norma señala que un "prestador de servicios para compartir contenidos en línea" es "*un prestador de un servicio de la sociedad de la información cuyo fin principal o uno de cuyos fines principales es almacenar y dar al público acceso a una gran cantidad de obras u otras prestaciones protegidas cargadas por sus usuarios, que el servicio organiza y promociona con fines lucrativos*".

La norma subraya así que los archivos que contienen las obras y prestaciones protegidas no son cargados en el sistema por los propios PSCCL, sino por los usuarios de sus servicios, pero también que una de las finalidades principales del servicio prestado (o, en su caso, la finalidad principal o única) debe ser precisamente hacer posible este intercambio de contenidos protegidos entre los usuarios, sin perjuicio de que puedan concurrir otras finalidades secundarias, como pudiera ser, por ejemplo, el suministro de información.

La referencia al *almacenamiento* supone que los archivos que contienen las obras y prestaciones protegidas deben quedar guardados en la memoria de los servidores del prestador del servicio, bien de manera temporal, bien de manera permanente[23].

De manera concurrente al almacenamiento a iniciativa de los usuarios de sus servicios el PSCCL debe, *además,* "dar acceso al público" a los contenidos protegidos al resto de los usuarios. Parece probable que dicha expresión tenga un sentido muy similar al del concepto autónomo de "comunicación al público" que está presente en las Directivas 2001/29 ("DDASI[24]") y 2006/115, tal y como ha sido definido por el TJUE. Y ello porque, en esencia, lo que hacen los PSCCL es precisamente ofrecer las obras y prestaciones protegidas para su disfrute por el conjunto de usuarios de sus servicios (es decir "dar acceso" a las mismas). A estos efectos, el propio art. 17.7 de la Directiva se refiere al caso específico de "cargar y *poner a disposición* contenidos" (protegidos por la propiedad intelectual).

---

23 No son, sin embargo, actos de "almacenamiento" los de duración efímera y de carácter ancilar o técnico, que, según el art. 31.1 TRLPI, están exentos del derecho de reproducción, en virtud de lo dispuesto en el art. 5.1 de la Directiva 2001/29.

24 Directiva 2001/29/CE del Parlamento Europeo y del Consejo, de 22 de mayo de 2001, relativa a la armonización de determinados aspectos de los derechos de autor y derechos afines a los derechos de autor en la sociedad de la información.

Y es más que probable que el conjunto de usuarios de un PSSCL pueda ser identificado con el "público" definido por el TJUE, ya que implica la existencia de un número *considerable* e *indeterminado* de personas como destinatarios potenciales de las obras y prestaciones protegidas (sentencias de los casos *Citadines Betrieb*[25], *YouTube y Cyando*[26], *VG Bild-Kunst*[27] y *BY contra CX (prueba fotográfica)*)[28].

En tercer lugar, las actividades antes referidas de almacenamiento y puesta a disposición del público deben llevarse a cabo en relación con una "gran cantidad" de obras o prestaciones protegidas (como se señala en el art. 2 6).I DDAMUD) o referirse a obras o prestaciones "en gran número" (art. 66.6.I RD-ley).

Se trata éste de un concepto deliberadamente ambiguo, que deberá ser en última instancia perfilado por el TJUE. Pero con él queda claro que el objetivo de la DDAMUD son las plataformas de intercambio de contenidos protegidos más relevantes en el mercado, que son las que realmente compiten con los servicios legales de *streaming* y descarga de obras y prestaciones protegidas, como expresamente se señala en el considerando 62 de la Directiva.

Esta gran *cantidad* o *número* de obras o prestaciones protegidas debe computarse incluyendo tanto los archivos lícitos que se encuentran en el sistema como aquellos que se encuentran en él de manera ilícita, esto, es, sin la licencia o autorización de los derechohabientes, pero dejando al margen los meros da-

---

25 Sentencia del Tribunal de Justicia (Sala Sexta) de 11 de abril de 2024, *Citadines Betrieb,* asunto C-723/22, apartado 44.

26 Sentencia del Tribunal de Justicia (Gran Sala) de 22 junio 2021, *YouTube y Cyando,* asuntos C-682/18 y C-683/18, EU:C:2021:503, apartado 69.

27 Sentencia del Tribunal de Justicia (Gran Sala) de 9 de marzo de 2021, *VG Bild-Kunst,* asunto C-392/19, EU:C:2021:181, apartado 31.

28 *Vid* la sentencia del Tribunal de Justicia (Sala Quinta) de 28 de octubre de 2020, *BY contra CX. (Prueba fotográfica),* asunto, C-637/19, EU:C:2020:863, apartado 26, y jurisprudencia allí citada.

tos o contenidos no protegidos, las obras y prestaciones que ya han caído en el dominio público y las obras y prestaciones no incluidas en el art. 3 DDASI, que no deben resultar relevantes a estos efectos, como se detalla más adelante.

En relación con este tercer requisito, y como antes avanzamos, el legislador español ha añadido, como novedad a lo dispuesto en la Directiva, que el almacenamiento y la puesta a disposición debe hacerse en relación con obras o prestaciones en gran número "o con un alto nivel de audiencia en España".

En realidad, esta referencia al "nivel de audiencia en España" de los prestadores de servicios de la sociedad de la información no es un criterio novedoso en la legislación de propiedad intelectual, puesto que, tras la Ley 21/2014, uno de los criterios que hay que tener en cuenta a la hora de solicitar diligencias preliminares contra estos prestadores es precisamente el de la "existencia de un *nivel apreciable de audiencia* en *España de dicho prestador, o un volumen asimismo apreciable* de obras y prestaciones protegidas no autorizadas puestas a disposición o difundidas" (art. 256, 10º LEC). Parece, por tanto, que el legislador español entiende en este caso que los términos "nivel apreciable de audiencia" y "volumen apreciable de obras y prestaciones protegidas" son equivalentes.

Esta misma idea, acompañada de una referencia al volumen de obras ilícitamente explotadas, se reitera en el art. 195.2 a) del TRLPI cuando se señala que para tomar la decisión de iniciar el procedimiento de restablecimiento de la legalidad previsto en dicha norma la Sección Segunda de la Comisión de Propiedad Intelectual tendrá en cuenta, entre otros criterios, "*su nivel de audiencia en España, y al número de obras y prestaciones protegidas indiciariamente no autorizadas a las que es posible acceder a través del servicio o a su modelo de negocio*". Se trata de criterios que se pueden aplicar a cualquier prestador de servicios de la sociedad de la información, incluyendo también, por tanto, a los PSCCL y a los prestadores de almacenamiento de datos.

Nuestro legislador ha decidido seguir ahora esta misma senda inspirado, sin duda, por la referencia incluida en el considerando 63 de la Directiva, que señala como elementos a tener en cuenta para determinar cuándo se almacena y da acceso a una "gran cantidad" de contenidos protegidos a la "*audiencia del servicio* y el número de ficheros de contenido protegido por derechos de autor cargado por los usuarios de los servicios".

Sin embargo, es dudoso que esta referencia al "alto nivel de audiencia en España" sea conforme con la Directiva, al menos en la redacción elegida por nuestro legislador. Ello ocurre porque el precitado art. 66.6.I del RD-ley aparentemente configura el requisito del alto nivel de audiencia en España como una posibilidad *alternativa* al almacenamiento y puesta a disposición de obras y prestaciones protegidas en gran número ("en gran número o con un alto nivel de audiencia en España"), cuando, según la DDAMUD, la presencia de una gran cantidad de obras y prestaciones protegidas en el sistema del PSCCL es un requisito del que no cabe prescindir en la definición del prestador del servicio. La "audiencia del servicio" o el "número de ficheros de contenido protegido" a los que se refiere el considerando 63 son únicamente criterios para ayudar a precisar cuándo existe en un caso concreto este almacenamiento y suministro de acceso a una "gran cantidad" de obras y prestaciones protegidas.

El añadido presente en la legislación española tiene la consecuencia de que cabría hablar de "prestador de servicios para compartir contenidos en línea" también en los casos en los que un número relativamente reducido de obras y prestaciones protegidas se almacenan y se hacen accesible a un gran número de usuarios en España (que es lo que, con toda probabilidad, significa que el prestador del servicio tenga "un alto nivel de audiencia en España").

Sin embargo, según el art. 2.6) de la Directiva la existencia de un número elevado de archivos que contienen obras y prestaciones protegidas en el sistema es necesario en todo caso para que podamos hablar de la existencia de almacenamiento y acceso a contenidos protegidos "en gran *cantidad*". La referencia a la "cantidad" en la DDAMUD debe entenderse hecha, ante todo, al número de archivos que contienen obras y prestaciones protegidas presentes en el sistema, de modo que el número de usuarios del servicio en España (o su "audiencia") puede ser un criterio *complementario*, pero no *alternativo* al de la elevada cuantía de obras y prestaciones protegidas.

Se trata, por tanto, de un añadido no conforme con la Directiva, que por ser una norma de armonización máxima impide modificar en el derecho nacional tanto el régimen especial de responsabilidad previsto en el art. 17 como la propia definición de PSCCL del art. 2 6) DDAMUD, que es uno de los elementos centrales para definir el ámbito de aplicación de dicho régimen especial.

En cuarto, y último lugar, el art. 66.6.I del RD-ley exige que el PSCCL "organice y promocione con fines lucrativos directos o indirectos" el almacenamiento y puesta a disposición del público de los archivos que contienen las obras y prestaciones protegidas por la propiedad intelectual.

La "organización" se refiere a la ordenación más o menos sistemática de las obras y prestaciones para mejorar la accesibilidad de los contenidos protegidos, mientras que la "promoción" apunta a incentivar activamente el intercambio entre los usuarios. Ello se llevará a cabo, típicamente, mediante su división por categorías, implementación de filtros de búsqueda o de un sistema de recomendaciones adaptado a los gustos del usuario, entre otras posibles medidas.

Esta labor de "organización y promoción" que lleva a cabo el PSCCL se debe ordenar, además, a la consecución de "fines lucrativos" (art. 2 6).I DDAMUD), fines que el art. 66.6.I del RD-ley aclara que pueden ser "directos" (cargando un precio a los usuarios) o "indirectos" (por ejemplo, obteniendo ingresos derivados de la publicidad).

El objetivo último que debe perseguir el PSCCL al ordenar e incentivar las labores de intercambio de archivos entre los usuarios tiene que ser, por tanto, la obtención de un rendimiento económico.

Dicho rendimiento debe apreciarse en relación con el servicio considerado en su totalidad, y no respecto del intercambio concreto de un archivo o de un grupo de ellos entre los usuarios de los servicios. Cabe, por tanto, apreciar este carácter lucrativo en las labores de organización y promoción (y, por tanto, en el propio servicio) cuando convivan la presencia de intercambios gratuitos en el sistema (por ejemplo, cuando sólo se facilita su escucha o visionado al resto de usuarios en la modalidad de *streaming*) con otros casos en los que se carga un precio, típicamente, cuando el usuario solicita la descarga en su dispositivo. Y cabe, sin duda, que la obtención de ingresos publicitarios se considere un lucro indirecto, lo que provoca interferencias con algunas de las exclusiones previstas por el legislador europeo en el art. 2 6).II DDAMUD, como se señala a continuación.

### B. Las exclusiones del art. 66.6.II del RD-ley

El legislador europeo, consciente de las dudas que podía suscitar en algunos casos concretos la definición del art. 2 6).I DDAMUD, añadió en el segundo párrafo del art. 2 6) una serie de exclusiones o excepciones legales al concepto de "PSCCL", es decir, distintos casos o tipologías de servicios en los que el propio legislador de la UE señala que no estamos ante un "prestador de servicios para compartir contenidos en línea". Se trata de un listado abierto o ejemplificativo, que el TJUE o el propio legislador europeo (pero no el legislador nacional) podrán ampliar en el futuro[29].

---

[29] *Vid.* la Comunicación de la Comisión al Parlamento Europeo y el Consejo "Orientaciones sobre el artículo 17 de la Directiva 2019/790

Dichas exclusiones se han incluido en el derecho español a través del art. 66.6.II del RD-ley, que señala que no serán considerados prestadores de servicios para compartir contenidos en línea "*Los prestadores de servicios como las enciclopedias en línea sin fines lucrativos directos ni indirectos, los repositorios científicos o educativos sin fines lucrativos directos ni indirectos, las plataformas para desarrollar y compartir programas informáticos de código abierto, los proveedores de servicios de comunicaciones electrónicas, los mercados en línea y los prestadores de servicios entre empresas y en la nube, que permiten que los usuarios carguen contenido para su propio uso*".

En la mayoría de estos casos lo que ocurre, en realidad, es que falta alguno de los ingredientes o elementos de la definición del párrafo primero del art. 66.6 del RD-ley. Así, por ejemplo, en el caso de los mercados en línea o de los proveedores de servicios de comunicaciones electrónicas cabe afirmar que no tienen como finalidad principal o única facilitar el intercambio de un gran número de obras y prestaciones protegidas por la propiedad intelectual, sino facilitar el intercambio de bienes y servicios en el mercado y las comunicaciones a través de las redes digitales, respectivamente.

Como antes se apuntó, la ampliación que ha realizado el art. 66.6.II del concepto de "ánimo de lucro" para incluir el lucro "indirecto" puede resultar problemática en el caso de las enciclopedias en línea y los repositorios científicos o educativos, que en muchas ocasiones obtienen ingresos por publicidad o aceptan donaciones voluntarias de sus usuarios para cubrir total o parcialmente sus costes.

Dado que, como hemos dicho, el legislador español no puede modificar el concepto de PSCCL previsto en la Directiva (ni, por tanto, las exclusiones al mismo), habrá que entender

---

sobre los derechos de autor en el mercado único digital" de 4.6.2021, COM/2021/288 final, ("Orientaciones sobre el art. 17"), p. 4.

que siempre que dichos ingresos no superen los costes del servicio no existe un ánimo de lucro indirecto por parte del prestador del servicio, que, por tanto, no debe ser considerado un PSCCL a los efectos del régimen de responsabilidad especial previsto en el art. 73 del RD-ley.

La referencia a los "prestadores de servicios entre empresas y en la nube, que permiten que los usuarios carguen contenido para su propio uso" puede resultar confusa, ya que proviene de una mala traducción al castellano de la Directiva. Pero si acudimos a otras versiones lingüísticas del art. 2 6).II DDAMUD queda claro que la norma pretende distinguir entre dos supuestos distintos.

El primero es el de la prestación de servicios B2B a través de la nube, en donde faltan los usuarios que almacenan y ponen a disposición del público un gran número de archivos que contienen obras o prestaciones protegidas.

El segundo es el de los servicios de almacenamiento en la nube en los que los usuarios cargan archivos para su uso personal (como puede ser, por ejemplo, *Google Drive*). En estos casos, si realmente el servicio se presta al usuario "para su propio uso" el prestador no lleva a cabo una labor de organización y promoción con fines lucrativo del intercambio de un gran número de archivos que contienen obras o prestaciones protegidas, simplemente se limita a ceder espacio a usuarios particulares para que estos almacenen sus contenidos para su uso personal. Aunque dichos contenidos pueden incluir obras y prestaciones protegidas por la propiedad intelectual en la mayoría de los casos nos encontraremos ante un mero prestador de almacenamiento de datos de los regulados en el RSD.

## 5. *Titulares y derechos patrimoniales sometidos al régimen especial previsto en la DDAMUD*

### A. Titulares de derechos incluidos y excluidos

El art. 66.6.I del RD-ley señala que la actividad de almacenamiento y suministro de acceso al público se refiere a "obras u otras prestaciones protegidas [por la propiedad intelectual]". Esta misma referencia a las "obras y prestaciones" se hace a lo largo de todo el texto del art. 73 del RD-ley, aunque su rúbrica, por mimetismo con el art. 17 de la DDAMUD, se refiera de manera algo más genérica a los "contenidos protegidos".

Ello implica que el régimen especial del art. 17 DDAMUD/ art. 73 RD-ley resulta de aplicación únicamente a los casos en los que lo que se almacenan en los servidores de los PSSCL son *obras* protegidas por el derecho de autor o *prestaciones* objeto de derechos conexos o afines que posteriormente se ponen a disposición del resto de usuarios del servicio.

Es claro, por tanto, que cuando los PSSCL almacenan y dan acceso público a meros datos u otros contenidos que no cabe calificar de "obras" o de "otras prestaciones protegidas por la propiedad intelectual" no estaremos ante un supuesto que encaje en el régimen especial previsto en el art. 17 DDAMUD/ art. 73 RD-ley, sino, en su caso, ante un supuesto de responsabilidad de los prestadores de almacenamiento de datos de los regulados en el art. 14.1 DCE/art. 6.1 RSD.

Pero dentro del ámbito estricto de los derechos de propiedad intelectual la DDAMUD establece una restricción ulterior, referida en este caso a qué tipos concretos de "obras" o "prestaciones" (y, por tanto, qué titulares) quedan sujetos al régimen de responsabilidad especial cuando son almacenados y puestos a disposición del público por los PSCCL.

Y ello porque dicho régimen sólo se aplica en casos de comunicación al público o puesta a disposición del público *de las obras y prestaciones protegidas por derechos de propiedad intelectual contempladas en el art. 3 de la Directiva 2001/29.* Así se desprende de lo dispuesto en el art. 17.1.II DDAMUD, que señala que corresponde autorizar el acto de comunicación pública o puesta a disposición que llevan a cabo los PSCCL a los "titulares de derechos a los que se refiere el artículo 3, apartados 1 y 2 de la Directiva 2001/29/CE".

En el caso de las obras protegidas por el derecho de autor ello significa que la DMDUD (y, por tanto, lo dispuesto en el art. 73 del RD-ley) no resulta de aplicación a los casos en los que los PSCCL almacenan y ponen a disposición del público programas de ordenador y bases de datos electrónicas protegidas por el derecho de autor (arts. 1.2 a) y 1.2 e) de la Directiva 2001/29).

Algo similar ocurre en el ámbito de las prestaciones protegidas, de modo que el art. 73 del RD-ley sólo resulta de aplicación a los titulares de derechos conexos específicamente mencionados en el art. 3.2 de la Directiva 2001/29, es decir, a los artistas, intérpretes o ejecutantes, a los productores de fonogramas, a los productores de grabaciones audiovisuales y a los organismos de radiodifusión, en relación con las prestaciones protegidas que cada uno de ellos titulan.

Ello deja fuera del régimen especial que se contiene en dicho precepto los casos de puesta disposición en los servidores de los PSCCL de meras fotografías (art. 128 TRLPLI), de las "producciones editoriales" mencionadas en el art. 129 LPI o de las publicaciones de prensa sometidas al derecho conexo previsto en el art. 129 bis TRLPI.

## B. Derechos patrimoniales implicados

Desde el punto de vista de los derechos patrimoniales implicados en la actividad de los PSSCC, el régimen especial de responsabilidad de la DDAMUD sólo se aplica en casos de *comunicación al público o puesta a disposición del público* de las obras y prestaciones protegidas por derechos de propiedad intelectual contempladas en el art. 3 DDASI. Así se desprende de lo dispuesto en los arts. 17.1, 17.2 y 17.4 DDAMUD.

Cabe, sin duda, plantearse por qué la DDAMUD se ha limitado a contemplar únicamente la facultad de comunicación pública o puesta a disposición regulada por el art. 3 de la Directiva 2001/29 en relación con las utilizaciones de obras y prestaciones protegidas llevadas a cabo por los PSCCL, sin mencionar el resto de facultades o derechos patrimoniales previstos en dicha Directiva, que es la que contiene la armonización de mayor calado de los derechos patrimoniales en el ámbito de la UE.

La respuesta es evidente en relación con el derecho de distribución regulado en su art. 4, dado que la definición técnica de "PSCCL" del art. 2 6) DDAMUD impide que estos puedan llevar a cabo actos de distribución de obras y prestaciones protegidas, que requerirían la existencia de un soporte tangible inexistente en este caso[30], en el que los archivos que contienen obras y prestaciones protegidas por la propiedad intelectual se almacenan y ponen a disposición del público en los servidores de los PSSCL de forma inmaterial, sin presencia de un soporte físico[31].

---

30 El art. 4 de la Directiva 2001/29 señala que "1. Los Estados miembros establecerán en favor de los autores, *respecto del original de sus obras o copias de ellas*, el derecho exclusivo de autorizar o prohibir toda forma de distribución al público, ya sea mediante venta o por cualquier otro medio" (la cursiva es propia). El considerando 28 aclara al respecto que "La protección de los derechos de autor, a efectos de la presente Directiva, incluye el derecho exclusivo a controlar la distribución de la obra *incorporada en un soporte tangible*" (la cursiva es propia). El art. 19.1 TRLPI es aún más claro al respecto cuando señala que "1. Se entiende por distribución la puesta a disposición del público del original o de las copias de la obra, *en un soporte tangible*, mediante su venta, alquiler, préstamo o de cualquier otra forma" (la cursiva es propia).

31 El derecho de transformación no se encuentra armonizado a nivel europeo, pero en todo caso su infracción requeriría la existencia de una modificación de la obra original que los PSCCL nunca pueden

Mucho más discutible, es, sin embargo, la ausencia en el art. 17 de la DDAMUD del derecho de reproducción regulado en el art. 2 de la DDASI. Como ya se avanzó al hilo de la definición de "PSCCL", estamos ante prestadores de servicios que *almacenan* (frecuentemente de manera prolongada en el tiempo) los archivos que contienen obras y prestaciones protegidas, que los usuarios *cargan* en sus servicios. Y este almacenamiento en sus servidores supone que los PSCCL llevan a cabo una conducta que encaja sin duda con una actividad de reproducción, tal y como ha sido definida en el precitado art. 2 de la Directiva 2001/29[32].

---

llevar a cabo por sí mismos a la luz de la definición del art. 66.6.I RD-ley 24/2021 (art. 2 6).I Directiva), que señala que su actividad se limita al almacenamiento y la puesta a disposición de obras y prestaciones protegidas cargadas por los usuarios de sus servicios. Ello implica que los únicos que pueden transformar las obras en este caso son los propios usuarios de los servicios, que son los que posteriormente las cargan en los servidores de los PSCCL. Ello implica, también, que cuando un prestador de servicios de la sociedad de la información transforma una obra original por sus propios medios y la pone a disposición del público en internet está actuando como un prestador de contenidos, no como como un PSCCL o un prestador de almacenamiento de datos del RSD.

32 Dicha norma señala que: "Los Estados miembros establecerán el derecho exclusivo a autorizar o prohibir *la reproducción directa o indirecta, provisional o permanente, por cualquier medio y en cualquier forma, de la totalidad o parte*:
a) a los autores, de sus obras;
b) a los artistas, intérpretes o ejecutantes, de las fijaciones de sus actuaciones;
c) a los productores de fonogramas, de sus fonogramas;
d) a los productores de las primeras fijaciones de películas, del original y las copias de sus películas;
e) a los organismos de radiodifusión, de las fijaciones de sus emisiones, con independencia de que éstas se transmitan por procedimientos alámbricos o inalámbricos, inclusive por cable o satélite" (la cursiva es propia).

Sin embargo, la DDAMUD ha tomado la decisión expresa de no tener en cuenta esta actividad de reproducción a la hora de establecer el régimen de responsabilidad especial de los PSCCL, subsumiendo todo el contenido de la actividad de explotación que estos prestadores de servicios llevan cabo en el derecho de comunicación pública o puesta a disposición (arts. 17.1 DDAMUD y 73.1 del RD-ley).

No cabe, por tanto, interpretar de forma conjunta los arts. 2 6) y 17 de la DDAMUD para concluir que los PSCCL llevan a cabo por sí mismos un acto de reproducción derivado de su actividad de almacenamiento de las obras y prestaciones protegidas cargadas en sus servidores por los usuarios de sus servicios que necesita de la pertinente licencia o autorización de los titulares de derechos. Tal interpretación privaría a todo el régimen especial de responsabilidad previsto en el art. 17 DDAMUD de su efecto útil.

La referencia a los actos de almacenamiento en la definición de la actividad que despliegan los PSCCL tiene, por tanto, un significado únicamente funcional, se utiliza para describir desde el punto de vista técnico las características del servicio prestado.

Dicha referencia, tiene, además, el efecto de excluir del régimen de responsabilidad de la DDAMUD el caso de los prestadores de servicios de la sociedad de la información que se limitan a suministrar enlaces a obras y prestaciones protegidas por la propiedad intelectual.

Estos casos de suministro de enlaces pueden suponer en algunas circunstancias, de acuerdo con la doctrina vigente del TJUE, la realización de un acto de comunicación pública del art. 3 de la Directiva 2001/29 (sentencias de los casos *Svensson*[33],

[33] Sentencia del Tribunal de Justicia de la UE (Sala Cuarta) de 13 de febrero de 2014, *Svensson y otros,* asunto C-466/12, EU:C:2014:76.

*GS Media*[34], *The Pirate Bay/Ziggo*[35] y *VG Bild/Kunst*[36]). Pero se trata de supuestos que deben quedar al margen del régimen especial de la DDAMUD al faltar la actividad de almacenamiento por parte el prestador del servicio.

Se trata de casos, además, en los que tampoco podemos aplicar el régimen del art. 6.1 RSD, puesto que el Reglamento únicamente regula casos de infracción *indirecta* de distintos derechos e intereses patrimoniales respecto de algunos prestadores de servicios intermediarios, mientras que cuando el enlace se lleva a cabo en las circunstancias descritas por la doctrina del TJUE estamos ante casos de infracción *directa* del derecho de comunicación al público o puesta a disposición del público por parte del propio prestador del servicio que suministra el enlace.

Sí cabe plantarse la aplicación del RSD, sin embargo, en los casos en los que la provisión del enlace a una obra o prestación protegida no implica la infracción directa del derecho de comunicación al público de acuerdo con la doctrina del TJUE (por ejemplo, porque falta una voluntad de *contribución deliberada* al acto de comunicación, que es un requisito imprescindible para ello según el TJUE).

En principio, y como ya hemos adelantado, el RSD no incluye dentro de su ámbito de aplicación la actividad de los prestadores de enlaces. Sin embargo, el Tribunal de Justicia ha señalado en relación con lo dispuesto en la DCE que cuando la conducta del prestador del servicio se limita a proporcionar

---

34 Sentencia del Tribunal de Justicia (Sala Segunda) de 8 de septiembre de 2016, *GS Media,* asunto C-160/15, ECLI:EU:C:2016:644.

35 Sentencia del Tribunal de Justicia (Sala Segunda) de 14 de junio de 2017, *Stichting Brein II,* (conocida en la doctrina como caso *The Pirate Bay* o *Ziggo*), asunto C-610/15, ECLI:EU:C:2017:456. *Vid.* los apartados 36, 38, 39, 45 y 48 de la sentencia.

36 *Vid.* sentencia del Tribunal de Justicia (Gran Sala) de 9 de marzo de 2021, *VG Bild-Kunst,* asunto C-392/19, EU:C:2021:181, apartado 30.

el enlace a petición del usuario del servicio y de manera totalmente automatizada y pasiva (como ocurre, en particular, con los servicios de búsqueda de contenidos en internet) cabe la aplicación por analogía a este supuesto del "puerto seguro" previsto para el prestador de alojamiento de datos en el art. 14.1 DCE (caso *Google France*[37]). Cabe esperar, por tanto, que una solución similar se adopte al aplicar el art. 6.1 RSD.

El derecho español contiene, además, como antes avanzamos, una peculiaridad importante en relación con esa cuestión, que deriva de la existencia en el art. 17 LSSI de una regla específica que regula la responsabilidad de los prestadores de enlaces y de servicios de búsqueda en internet, norma que sigue siendo aplicable en nuestro derecho interno tras la entrada en vigor del art. 17 DDAMUD (de ahí que no haya sido mencionada por el art. 73.3.I del RD-ley, que únicamente hace referencia al art. 16 LSSI).

Dicho art. 17 LSSI señala que el prestador de servicios de la sociedad de la información que facilite enlaces a otros contenidos o incluya en los suyos directorios o instrumentos de búsqueda sabiendo, o debiendo saber, que al hacerlo está colaborando o induciendo a la infracción de los derechos de un tercero responderá de los daños causados por dicha infracción salvo que se pueda amparar en el "puerto seguro" definido por la norma en el art. 17.1.I, lo que exige el cumplimiento de ciertas circunstancias. Dichas circunstancias, son, en esencia, que el prestador del servicio no tenga conocimiento efectivo de que el contenido enlazado es ilícito o lesiona derechos de terceros o que, cuando se adquiera dicho conocimiento, actúe "con diligencia" para suprimir o inutilizar el enlace correspondiente (principio de reacción diligente).

---

[37] *Vid.* la sentencia del Tribunal de Justicia (Gran Sala) de 23 de marzo de 2010, *Google France,* asuntos acumulados C-236/08 a C-238/08, EU:C:2010:159, apartado 114 y la sentencia del Tribunal de Justicia (Gran Sala) de 12 de julio de 2011, asunto C-324/09, *L'Oreal y otros,* EU:C:2011:474, apartado 123.

Para definir lo que debe entenderse por "conocimiento efectivo" el segundo párrafo del art. 17.1 reproduce punto por punto el concepto establecido previamente para los prestadores de almacenamiento en el art. 16.1.II de la LSSI[38]. Y dada la semejanza en el tenor literal de ambos preceptos cabe razonablemente pensar que la jurisprudencia establecida por el Tribunal Supremo en relación con dicho art. 16.1.II LSSI (fijada, entre otras, en las SSTS (Sala 1ª) de 9 de diciembre de 2009[39]; 18 de mayo de 2010[40]; 4 de diciembre de 2012[41]; 26 de febrero de 2013[42]; 4 de marzo de 2013[43]; 7 de enero de 2014[44] y 5 de mayo de 2016[45]) es en buena medida trasladable al supuesto del suministro de enlaces a contenidos ilícitos.

Dicha jurisprudencia sobre cuándo existe por parte del prestador del servicio este "conocimiento efectivo" sobre la ilicitud de los contenidos alojados (o, en nuestro caso, enlazados) señala, en esencia, que las vías para adquirirlo enumeradas en el art. 16.1.II (que son la notificación al prestador del servicio por parte de un órgano judicial o administrativo competente y el

---

38 Así señala el art. 17.1.II que "Se entenderá que el prestador de servicios tiene el conocimiento efectivo a que se refiere el párrafo a) cuando un órgano competente haya declarado la ilicitud de los datos, ordenado su retirada o que se imposibilite el acceso a los mismos, o se hubiera declarado la existencia de la lesión, y el prestador conociera la correspondiente resolución, sin perjuicio de los procedimientos de detección y retirada de contenidos que los prestadores apliquen en virtud de acuerdos voluntarios y de otros medios de conocimiento efectivo que pudieran establecerse".

39 RJ 2010\131, caso "Putasgae".

40 RJ 2010\2319, caso "Ruboskizo, S.L.".

41 ES:TS:2012:8307.

42 ES:TS:2013:1441, caso «El Economista».

43 RJ 2013\3380.

44 RJ 2014/773, "caso Aiguamolls".

45 RJ 2016\2451, "caso IU".

incumplimiento del procedimiento de detección y retirada de contenidos que el propio prestador del servicio haya establecido voluntariamente) constituyen un listado abierto, de modo que a estas cabe añadir otras como son, en particular, el conocimiento indiciario a través de una notificación o aviso privado por parte del titular del derecho o la adquisición del conocimiento *ex re ipsa* en casos de contenidos manifiestamente ilícitos.

La admisión de estas dos últimas vías para que el prestador de alojamiento (o el prestador del enlace) adquiera conocimiento efectivo sobre la ilicitud del contenido ha sido reiterada de manera reciente por el Alto Tribunal. Así ocurre con la STS (Sala 1ª) de 2 de junio de 2020[46], que señala que el conocimiento efectivo al que se refiere el art. 16.1.II LSSI debe ser interpretado de modo amplio, de suerte que puede adquirirse no sólo a través de las vías mencionadas en dicho precepto, sino también a través de cualquier método que pueda reputarse como idóneo para dar cuenta de la ilicitud del contenido, como es el correo electrónico enviado por una persona física que ha visto vulnerado su derecho al honor. El Alto Tribunal reitera así, por tanto, que una mera notificación privada puede ser suficiente para poner al prestador del servicio en esta situación de "conocimiento efectivo" de la ilicitud del contenido, obligándole a reaccionar para eliminar dicho contenido (o, en nuestro caso, retirar el enlace a él).

Por su parte, respecto de los contenidos manifiestamente ilícitos la STS (Sala 1ª) de 27 de abril de 2021[47], señaló que la responsabilidad del prestador del servicio emana simplemente en el caso debatido de que "*La editorial periodística demandada pudo evitar la inserción de tales comentarios o, cuanto menos, tener conocimiento efectivo de esos comentarios que reconoce como ofensivos en los momentos inme-*

---

[46] ES:TS:2020:1534. Según el TC, además, ello no supone una vulneración del derecho a la tutela judicial efectiva (vid. STC 83/2003, de 4 de julio, ES:TC.2023:83, FJ 7º).

[47] RJ 2021\1946.

*diatamente posteriores a su inserción y eliminarlos*[48]". La mera posibilidad de conocer un contenido que es abierta o manifiestamente ofensivo es, por tanto, considerada suficiente para desencadenar la obligación de eliminarlo con celeridad[49] y para incurrir en responsabilidad si no se hace así por parte del prestador del servicio.

En un sentido similar se pronuncia la STS de 3 de noviembre de 2022[50], que afirma que el deber de control de unos comentarios abiertamente ofensivos vertidos por terceros en el "muro" de *Facebook* del demandado deriva de que su contenido era "manifiestamente atentatorio contra el derecho al honor de los recurridos[51]". De dicha doctrina se desprende, por tan-

---

48 *Vid.* el FJ 5ª.

49 En esta sentencia se da incluso un paso hacia un criterio de imputación de responsabilidad puramente objetivo cuando, en relación con una noticia relativa al homicidio de una persona por parte de un familiar, se señala que "*El propio hecho de abrir un chat anejo a este tipo de noticias supone un riego objetivo ante la posibilidad de comentarios ofensivos, malintencionados o simplemente poco cuidadosos, que acentúen el dolor de las personas afectadas por hechos tan luctuosos, lo que aumenta el deber de supervisión del responsable de la página web*" (vid. el FJ 5º).

50 ES:TS:2022:3970.

51 *Vid.* el FJ 4º de la sentencia, en donde se señala que "*La Audiencia Provincial considera que el recurrente es responsable. Y nosotros también, porque permitió que los comentarios publicados por los terceros en su perfil público de DIRECCION000 permanecieran en él, en vez de eliminarlos, que es lo que debía haber hecho al tener no solo un cabal y completo conocimiento de su contenido, manifiestamente atentatorio contra el honor de los recurridos, sino también un poder de control y decisión sobre su perfil que le legitimaba, igual que había hecho con otros, para borrarlos. En un caso como el presente, en el que se produce una intromisión ilegítima de carácter evidente en el derecho al honor de los recurridos por los comentarios publicados por terceros en el DIRECCION000 del recurrente, la responsabilidad de este por no eliminarlos de su perfil público, una vez conocidos, no puede ser excusada por falta de legitimación, peligro de censura o dificultades de ponderación, puesto que existe un deber de diligencia reactiva y cuidado que le obliga, ejercitando su poder de control, a su borrado inmediato. Y si no actúa y se desentiende, incumple ese*

to, que si la ilicitud de un contenido puede ser advertida *ex re ipsa* por cualquiera por ser dicho contenido de manera manifiesta contrario a derecho no es necesario ni siquiera una notificación privada informando sobre dicha ilicitud al prestador del servicio, ya que este debe apreciarla por sí mismo.

Dicha doctrina parece trasladable el caso del suministro de enlaces cuando el enlace se establece de manera voluntaria por el prestador del servicio (por ejemplo, en una página web), pero no cuando los enlaces se crean de manera automatizada a raíz de una búsqueda por parte del usuario en un buscador de internet.

En resumen, tanto en el caso del art. 16.1.II como en el del art. 17.1.II LSSI los prestadores de servicios intermediarios pueden adquirir el conocimiento efectivo sobre la ilicitud del contenido alojado o enlazado tras la pertinente notificación privada del titular del derecho. Sin embargo, cuando dicha ilicitud resulta manifiesta o evidente[52], de modo que no puede ser ignorada por el prestador del servicio sin faltar a la buena fe, sólo debe reputarse que ha adquirido conocimiento efectivo sobre la ilicitud del contenido enlazado el prestador que establece voluntariamente el enlace, y no el que simplemente muestra los enlaces de manera automatizada como consecuencia de una búsqueda realizada por el usuario de sus servicios.

Si aplicamos dicha doctrina a los casos de suministro de enlaces a contenidos protegidos por la propiedad intelectual en los que no hay infracción directa del derecho de comunicación

---

*deber, convirtiéndose en responsable de los daños y perjuicios causados a título de culpa por omisión derivada de dicha falta de diligencia y cuidado*".

52 *Vid.* en ese sentido, señalando que se tiene dicho conocimiento en caso de ilicitud manifiesta de los contenidos enlazados SÁNCHEZ ARISTI, R., "Enlazadores y seudoelazadadores en internet: del rol de intermediarios hacia el de proveedores de contenidos que explotan obras y prestaciones intelectuales", *Revista Doctrinal Aranzadi Civil-Mercantil*, núm. 5/2012, BIB 2012/1269, p. 14 del documento en formato PDF.

pública de acuerdo con la doctrina del TJUE debemos concluir que la adquisición del conocimiento efectivo por parte el prestador del servicio desencadenará la obligación actuar "con diligencia" para retirar el enlace, de manera que el incumplimiento de dicha obligación generará en, su caso, la correspondiente responsabilidad de acuerdo con lo dispuesto en el art. 17 LSSI, que resulta ser así, por tanto, plenamente compatible con lo dispuesto en el art. 73 del RD-ley.

Para finalizar este apartado debe recordarse que, al margen de lo establecido en el art. 17 LSSI, que opera en el ámbito de la responsabilidad civil, en nuestro derecho también existen desde hace tiempo distintos mecanismos que permiten imputar responsabilidad en vía penal[53] y administrativa[54] a quienes establecen un enlace a obras y prestaciones protegidas que se han puesto en la red sin la autorización de los derechohabientes en perjuicio de los titulares. Y dichos mecanismos operan sin necesidad alguna de entender (como hace el TJUE en determinados casos), que el establecimiento del enlace implica la realización de forma directa de un acto de comunicación pública que tiene que estar autorizado por el titular de dicho derecho.

---

53 Así, desde el punto de vista penal, la reforma introducida en el Código Penal por la Ley Orgánica 1/2015, de 30 de marzo, BOE núm. 77, de 31 de marzo de 2015 modificó el tenor del art. 270.2 del Código Penal para imponer una pena de prisión de seis meses a cuatro años a los operadores de páginas de enlaces que ofrezcan "listados ordenados y clasificados de enlaces" a las obras y prestaciones protegidas por la propiedad intelectual siempre que se den ciertas condiciones ( que se tenga ánimo de obtener un beneficio económico directo o indirecto, y en perjuicio de tercero, que el acceso a las obras se facilite de modo activo y no neutral). Quedan fuera además del tipo quienes se limitan a realizar un tratamiento meramente técnico para el acceso o la localización en internet de obras o prestaciones protegidas, como ocurre, señaladamente, con los buscadores.

54 *Vid.* el art. 195.2 b) TRLPI.

### *6. La interacción entre el régimen del art. 17 DDAMUD y el previsto en el art. 14.1 DCE (ahora, art. 6.1 RSD)*

Para coordinar la aplicación del régimen especial contenido en la DDAMUD para los PSCCL con el que se establece para los prestadores de almacenamiento en la DCE (y, ahora, en el RSD), el art. 17.3.I DDAMUD señala, como antes avanzamos, que cuando los prestadores de servicios para compartir contenidos en línea sean responsables de actos de comunicación al público o de puesta a disposición del público de acuerdo con lo dispuesto en la DDAMUD, la limitación de responsabilidad prevista en el artículo 14.1 de la Directiva 2000/31/CE "no se aplicará a las situaciones contempladas por el presente artículo[55]". A renglón seguido se añade en el art. 17.3.II DDAMUD que "*El párrafo primero del presente apartado no afectará a la posible aplicación del artículo 14, apartado 1, de la Directiva 2000/31/CE a esos prestadores de servicios con respecto a fines ajenos al ámbito de aplicación de la presente Directiva*".

Esta regla general de la incompatibilidad a efectos de responsabilidad entre el régimen previsto para los PSCCL y el que corresponde al prestador de almacenamiento de datos se sitúa en el ámbito del derecho español en el art. 73.3.I del RD-ley 24/2021, en donde señala que "*Cuando los prestadores de servicios para compartir contenidos en línea sean responsables de actos de comunicación al público o de puesta a disposición del público en las condiciones establecidas en el presente artículo, no se beneficiarán de la limitación de responsabilidad prevista en el artículo 16 de la Ley 34/2002, de 11 de julio*".

Pero dado que el citado art. 16 LSSI ha dejado de ser aplicable en este ámbito tras la entrada en vigor del art. 6.1 del RSD, como ya hemos explicado, la referencia del art. 73.3.I del RD-ley 24/2021 debe entenderse ahora hecha a esta última norma.

---

55 *Vid.* a este mismo respecto el considerando 65 de la Directiva

Además, el art. 2.2 del RSD añade ahora que "*El presente Reglamento no se aplicará a ningún servicio que no sea un servicio intermediario ni a ningún requisito que se imponga respecto de un servicio de esa índole, con independencia de si el servicio se presta mediante el uso de un servicio intermediario*".

Ello implica que, como antes avanzamos, además de la exclusión de la aplicación del art. 6.1 RSD que se establece en la DDAMUD, tampoco es posible aplicar (al menos, de forma directa) el resto de las normas del Reglamento relativas a la responsabilidad del prestador de almacenamiento de datos y, en especial, los arts. 7 a 10, al caso específico de los PSCCL.

En la implementación en España de lo previsto en el art. 17.3.II DDAMUD, el art. 73.3.II del RD-ley señala que: "*La limitación de responsabilidad mencionada en este artículo no afectará a prestadores de servicios con respecto a fines ajenos al ámbito de aplicación del presente artículo*".

Con dicho tenor literal la norma de trasposición española omite alguna de las precisiones de la Directiva, oscureciendo en alguna medida su significado. Así, no se menciona de manera expresa, la *posible* aplicación del art. 16.1 LSSI a *esos* prestadores de servicios (es decir, a los prestadores de servicios de almacenamiento de datos, que son los mencionados en el art. 14.1 DCE/16.1 LSSI).

Debe tenerse en cuenta, además, que tanto el art. 17.3 DDAMUD como el art. 73.3 del RD-ley 24/2021 únicamente están coordinando la aplicación de los dos regímenes de responsabilidad basándose en la distinción de carácter subjetivo entre el "PSCCL" de la DDAMUD y el prestador de servicios de alojamiento de datos del art. 14.1 DCE/16.1 LSSI (hoy, del art. 6.1 RSD). Pero además de esta distinción de carácter subjetivo, para entender correctamente las relaciones entre los dos regímenes de responsabilidad debemos recordar también los diferentes ámbitos de aplicación objetivos de las respectivas normas.

Ello implica que el régimen del art. 73 del RD-ley únicamente se aplicará cuanto estemos ante un prestador de servicios cuya actividad encaje en la definición de "PSCCL", y, *además*, esté almacenando y dando acceso al público a obras o prestaciones protegidas de las incluidas en el art. 3 de la Directiva 2001/29.

Por el contrario, cuando un prestador de servicios que encajaría en la definición de "PSCCL" almacene y ponga a disposición de otros usuarios de sus servicios programas de ordenador o bases de datos electrónicas, o alguna prestación protegida que no se encuentre incluida en el art. 3.2 de la Directiva 2001/29, no resultará de aplicación la regulación del art. 73 del RD-ley 24/2021.

La infracción del derecho de comunicación pública o puesta a disposición del público (y, en su caso, del derecho de reproducción) de este tipo de obras o prestaciones por parte de los prestadores de servicios deberá determinarse, por tanto, en cada caso concreto conforme a las reglas generales de responsabilidad por infracción de derechos de propiedad intelectual definidas en el Derecho de la UE (en especial, en la Directivas sobre programas de ordenador[56] y bases de datos[57]), en el Derecho nacional y en la doctrina del TJUE. Y ello porque si realmente estamos ante un prestador de servicios que desarrolla una actividad como la descrita en el art. 66.6.I del RD-ley 24/2021, no estaremos ante un prestador de servicios intermediario al que se le pueda aplicar el "puerto seguro" del art. 6.1 RSD por carecer su actividad del carácter pasivo o neutral que se requiere en el Reglamento, como ya se ha señalado.

---

56 Directiva 2009/24/CE del Parlamento Europeo y del Consejo, de 23 de abril de 2009 , sobre la protección jurídica de programas de ordenador (Versión codificada).

57 Directiva 96/9/CE del Parlamento Europeo y del Consejo, de 11 de marzo de 1996, sobre la protección jurídica de las bases de datos.

Cuestión distinta será si se ha producido la infracción del derecho de comunicación pública o puesta a disposición del público en relación con obras o prestaciones protegidas contempladas en el art. 3 de la Directiva 2001/29, pero estamos ante un prestador de servicios que no encaja en la definición legal del art. 66.6.I del RD-ley (pensemos, en especial, en un prestador de servicios que ha sido expresamente excluido por el art. 66.6.II del RD-ley).

En este caso estaremos ante supuestos que quedan fuera del ámbito de aplicación del art. 73 del RD-ley, pero respecto de los que aún deberemos verificar si se reúnen los requisitos para la aplicación del art. 6.1 RSD por poder calificarse el servicio de como de "almacenamiento de datos" en el sentido del art. 3 g) iii) RSD, lo que dependerá, lógicamente, del tipo de servicio prestado en cada caso.

En la práctica será frecuente que un prestador de servicios que encaja en la definición de PSCCL infrinja de manera simultánea tanto el derecho de comunicación pública o puesta a disposición sobre una obra o prestación de las recogidas en el art. 3 de la Directiva 2001/29 como otros derechos de propiedad intelectual no contemplados en dicha norma (programas de ordenador, prestaciones excluidas del art. 3.2 de la Directiva). Y también es posible que junto con la infracción del derecho de comunicación pública del art. 3 de la DDASI se produzca la de otros derechos o intereses ajenos a la propiedad intelectual.

Se trata de casos en los que prestador del servicio deberá responder o no de los daños sufridos por los derechohabientes de acuerdo con la normativa que resulte de aplicación en cada caso, de acuerdo con las reglas que se acaban de exponer.

# III. EL ACTO DE COMUNICACIÓN PÚBLICA O PUESTA A DISPOSICIÓN DEL PÚBLICO QUE LLEVAN A CABO LOS PSCCL

## *1. Los precedentes de la DDAMUD*

### A. La ampliación del concepto autónomo de "comunicación al público" en la doctrina del TJUE

El mecanismo de exención de responsabilidad basado en la idea de un "puerto seguro" de la DCE, y, luego, del RSD, parte de la base de que los intermediarios de la red no llevan a cabo por sí mismos actos ilícitos, únicamente hacen posible técnicamente la comisión de dichos actos por parte de los usuarios de sus servicios. Y dicho fundamento es válido tanto para los sistemas de responsabilidad "horizontales", como el vigente en la Unión Europea en la DCE/RSD, como para los "verticales", pensados de forma específica para el caso de los derechos de propiedad intelectual (como ocurre, por ejemplo, con la Sección 512 de la *Digital Millenium Copyright Act* norteamericana).

Pero este papel neutral de los intermediarios respecto de la infracción de los derechos ha sido puesto en cuestión por el Tribunal de Justicia al definir de manera muy amplia e imprecisa el concepto autónomo de "comunicación al público" presente tanto en el art. 3 de la Directiva 2001/29 como en el art. 8 de la Directiva 2006/115.

Así, de un concepto pensado fundamentalmente para la radiodifusión, que definía la actividad de comunicación como la "*transmisión* de las obras protegidas, con independencia del medio técnico o del proceso técnico utilizado[58]" se ha pasado a un

---

[58] Así ocurre en especial, desde la sentencia del Tribunal de Justicia (Gran Sala) de 31 de mayo de 2016, *Reha Training*, asunto C-117/15, ECLI:EU:C:2016:379, apartado 38. Dicha doctrina se ha reiterado

concepto más amplio y adaptado al entorno *online*, que considera que existe un acto de comunicación también en los casos de mera "facilitación de acceso" a las obras o prestaciones protegidas[59].

Ello supone una ampliación considerable del concepto autónomo de comunicación al público que incide de manera directa en algunas actividades consideradas tradicionalmente como cubiertas por el mecanismo de los "puertos seguros", como es, en particular, la de los prestadores de enlaces y operadores de instrumentos de búsqueda, regulados en el derecho español en el art. 17 LSSI, como ya hemos explicado.

Pero esta ampliación del concepto autónomo también ha impactado de lleno en la actividad de las plataformas de intercambio de contenidos protegidos en internet. Y ello porque el Tribunal de Justicia ha mencionado en diversas ocasiones que resulta importante verificar si quien realiza el acto de comunicación interviene en dicho proceso para dar a sus clientes acceso a las obras o prestaciones protegidas con *pleno conocimiento de las consecuencias de su comportamiento*, especialmente cuando, si no tuviera lugar tal intervención, los clientes no podrían, en

---

posteriormente en la sentencia del Tribunal de Justicia (Gran Sala) de 16 de marzo de 2017, *AKM*, asunto C-138, EU:C:2017:218, apartado 23; sentencia del Tribunal de Justicia (Sala Tercera) de 29 de noviembre 2017, asunto C-265/16, *VCAST*, EU:C:2017:913, apartado 42 y sentencia del Tribunal de Justicia, (Sala Primera), de 13 de julio de 2023, asunto C-426/21, *Ocilion IPTV*, EU:C:2023:564, apartado 57.

59 *Vid*, en especial, la sentencia del Tribunal de Justicia de la UE (Sala Cuarta) de 13 de febrero de 2014, *Svensson y otros*, asunto C-466/12, EU:C:2014:76, la sentencia del Tribunal de Justicia (Sala Segunda) de 8 de septiembre de 2016, *GS Media*, asunto C-160/15, ECLI:EU:C:2016:644 y la sentencia del Tribunal de Justicia (Sala Segunda) de 14 de junio de 2017, *Stichting Brein II*, (conocida en la doctrina como caso *The Pirate Bay* o *Ziggo*), asunto C-610/15, ECLI:EU:C:2017:456 y la sentencia del Tribunal de Justicia (Gran Sala) de 9 de marzo de 2021, *VG Bild-Kunst*, asunto C-392/19, EU:C:2021:181, apartado 30.

principio, disfrutar de la obra o prestación difundida[60]. Para ello resulta esencial determinar si ha existido una *contribución deliberada* al mismo por parte de quien realiza el acto de comunicación, lo que resulta discutible en el caso de las plataformas de intercambio de contenidos protegidos, dado el protagonismo que tienen a la hora de organizar e incentivar la puesta a disposición de las obras y prestaciones protegidas en sus servidores.

Ilustra bien los problemas que se plantean en este ámbito un caso resuelto por el Tribunal de Justicia que guarda ciertas similitudes con el de las plataformas de intercambio de contenidos protegidos, el del operador de una página web que lleva a cabo una labor sistemática de organización de enlaces que remiten a contenidos protegidos puestos en la red sin la pertinente autorización de los titulares, obteniendo un lucro con dicha actividad (sentencia del caso *The Pirate Bay/Ziggo*)[61].

En dicha sentencia el TJUE señaló que los administradores de la página web intervienen para proporcionar acceso a los usuarios

---

60 *Vid.*, por ejemplo la sentencia del Tribunal de Justicia (Sala Tercera) de 15 de marzo de 2012, *Phonographic Performance*, asunto C-162/10, EU:C:2012:141, apartados 31 y 36, la sentencia del Tribunal de Justicia (Sala Tercera) de 15 de marzo de 2012, *Del Corso* (el caso se denomina oficialmente *SFC*), asunto C 135/10, EU:C:2012:140, apartado 82, y, más recientemente, la sentencia del Tribunal de Justicia (Sala Sexta) de 20 de abril de 2023, *Blue Air Aviation*, asuntos, C775/21 y C826/21, EU:C:2023:307, apartado 49 y la sentencia del Tribunal de Justicia, (Sala Primera), de 13 de julio de 2023, *Ocilion IPTV*, asunto C-426/21, EU:C:2023:564, apartado 59.

61 *Vid.* los apartados 36, 38, 39, 45 y 48 de la sentencia. El Tribunal subraya que los administradores de la plataforma llevan a cabo una conducta activa que supera con mucho el mero suministro de instalaciones técnicas, dado que el sistema no sólo indexa los archivos, también los clasifica por categorías, suprime enlaces obsoletos y filtra activamente algunos contenidos, facilitando con todo ello el acceso a las obras y prestaciones protegidas a las que apuntan o dirigen estos enlaces (vid. los apartados 36 y 38 de la sentencia).

a las obras y prestaciones, indexando y catalogando en ella los ficheros que permiten a los usuarios de ésta localizar esas obras y prestaciones y compartirlas en redes P2P, desempeñando así *un papel ineludible* en la puesta a disposición del público de tales obras.

Además, el Tribunal de Justicia apuntó que, como a través de dicho acto de comunicación la obra se está haciendo accesible a un número *indeterminado* y *considerable* de personas, existe un "público[62]", que es además un "público nuevo", es decir, un público que el derechohabiente no tuvo en cuenta cuando autorizó anteriores comunicaciones de su obra o prestación[63].

De esta manera el TJUE deja la actividad de esta página web al margen del sistema de "puertos seguros" existente para los prestadores de servicios de intermediación, puesto que al comunicar al público por sí mismas las obras y prestaciones protegidas el prestador del servicio es un infractor *directo* del derecho exclusivo de comunicación pública o puesta a disposición del público.

### B. La aplicación del concepto autónomo a la actividad de las plataformas de intercambio de contenidos protegidos: el caso "YouTube y Cyando"

La amplitud con la que el TJUE ha definido el concepto autónomo de "comunicación al público" claramente abría la puerta a considerar que un servicio de la sociedad de la información que facilita los intercambios de archivos que contienen obras y prestaciones protegidas entre los usuarios del mismo en determinados casos está llevando a cabo un acto de comunicación pública de dichos contenidos protegidos.

---

62 *Vid.* los apartados 41 y 42 de la sentencia.

63 *Vid.* el apartado 44 de la sentencia.

Ello es lo que explica, a mi juicio, que en el primer párrafo del considerando 38.I de la Propuesta de DDAMUD se señalara que cuando los proveedores de servicios de la sociedad de la información almacenan y *facilitan el acceso público* a obras u otras prestaciones protegidas por derechos de autor cargadas por sus usuarios, dicha actividad no se limita a la mera puesta a disposición de instalaciones materiales, sino que constituye un acto de comunicación al público (la cursiva es propia).

En efecto, desde que el TJUE integró en el concepto autónomo de "comunicación al público" elementos de índole puramente subjetiva (como es, en especial, el de la "contribución deliberada" al acto de comunicación) cabía legítimamente dudar acerca de si los "proveedores de servicios de la sociedad de la información que almacenen y faciliten acceso público a grandes cantidades de obras u otras prestaciones cargadas por sus usuarios" a los que se refería el art. 13 de la Propuesta de Directiva llevaban a cabo dicha contribución deliberada en relación con la comunicación al público.

Que la afirmación del considerando 38.I de la propuesta de Directiva tenía una base razonable lo demuestra que el propio TJUE ha estudiado con detenimiento en el caso *You Tube y Cyando*[64] una vez aprobada la DDAMUD la cuestión de si las

---

64 Sentencia del Tribunal de Justicia (Gran Sala) de 22 junio 2021, asuntos C682/18 y C683/18, *You Tube y Cyando*, EU:C:2021:503. La sentencia resuelve una cuestión prejudicial planteada por el BGH alemán en la que, en esencia, se preguntaba al TJUE si la plataforma de intercambio de videos *YouTube* lleva a cabo actos de comunicación al público en el sentido del art. 3 de la Directiva 2001/29 207, y si lo hace sabiendo o debiendo saber que con ello se produce en algunos casos la infracción de los derechos de propiedad intelectual de terceros. A dicha cuestión se le unió otra en la cual el BGH planteaba cuestiones muy similares respecto de un prestador de almacenamiento de contenidos de terceros (la plataforma *Uploaded*, operada por *Cyando*), lo que provocó la acumulación de ambos asuntos.

plataformas de intercambio de contenidos protegidos llevan a cabo un acto de comunicación al público en el sentido del art. 3 de la Directiva 2001/29.

La sentencia, naturalmente, resuelve el caso aplicando el régimen de responsabilidad previsto para el prestador de almacenamiento de datos en el 14.1 DCE, dado que el art. 17 de la DDAMUD no puede tener aplicación retroactiva[65], pero se plantea con carácter previo si estas plataformas de intercambio de archivos llevan a cabo *por sí mismas* un acto de comunicación al público porque, de ser así, estarían infringiendo de manera directa el derecho exclusivo y no podrían ampararse en el "puerto seguro" previsto en la DCE.

Para ello el TJUE aplica a dichas plataformas el concepto autónomo ya acuñado en su jurisprudencia[66], que, como ya hemos apuntado, no se basa únicamente en elementos objetivos (como la existencia de un "acto de comunicación" o un "público nuevo"), sino que integra también elementos de índole subjetiva que corresponden, en realidad, a un nivel de análisis posterior, el de la imputación de responsabilidad. Y en su sentencia el Tribunal de Justicia afirma con toda claridad que existen distintos escenarios en los que este tipo de plataformas pueden llevar a cabo por sí mismos (es decir, de forma directa) actos de comunicación pública.

Así, el TJUE señala que plataformas como *YouTube* y *Uploaded*, en las que los usuarios pueden poner ilegalmente a disposición del público contenidos protegidos, realizan un acto de comunicación pública en el sentido del art. 3.1 de la Directiva 2091/29 si tienen un *papel ineludible* en el acto de comunica-

---

65 *Vid.* el apartado 59 de la sentencia. Así lo señalaban también las *Conclusiones del Abogado General Sr. Henrik Saugmandsgaard Øe en los asuntos acumulados C-682/18 y C683-18, El prestador de almacenamiento y Cyando*, cit., apartado 6, como señala ROSATI, E. "Commentary to art. 17", cit., p. 329.

66 *Vid.* los apartados 63 y 69 de la sentencia.

ción y *contribuyen deliberadamente*[67] (es decir, con pleno conocimiento de las consecuencias de su comportamiento) con su intervención en la comunicación ilícita de dichos contenidos.

Dado que resultaba claro que las dos plataformas de intercambio desempeñan un papel *ineludible* en el proceso de comunicación al pública (lo que tiene un componente más bien objetivo), la sentencia se centra en el aspecto subjetivo, esto es, en el carácter *deliberado* de dicha comunicación.

El TJUE argumenta que esta contribución deliberada al acto de comunicación pública sucede en tres escenarios o circunstancias en las que las plataformas pierden su papel neutral en el intercambio de archivos, circunstancias que tienen numerosos puntos de conexión con las señaladas en los art. 14.1 DCE/6.1 RSD y 2 6) y 17.4 DDAMUD.

En concreto, aunque con una formulación "a contrario" bastante confusa, el TJUE señala que "El operador de una plataforma de intercambio de vídeos o de una plataforma de almacenamiento y de intercambio de archivos en la que los usuarios pueden poner ilegalmente a disposición del público contenidos protegidos no realiza una "comunicación al público" de estos, en el sentido de dicha disposición, *a menos que*, más allá de la mera puesta a disposición de la plataforma, *contribuya a proporcionar al público acceso a tales contenidos vulnerando los derechos de autor*" [el énfasis es propio[68]].

El mero hecho de explotar una plataforma de intercambio de contenidos protegidos no es, por tanto, suficiente para que exista un acto de explotación de dichos contenidos. La actividad del prestador debe, *además*, "contribuir a proporcionar al público acceso" a dichos contenidos vulnerando los derechos de autor, lo que, según el TJUE, ocurre en tres escenarios o situaciones.

---

67 *Vid.* el apartado 68 de la sentencia.

68 *Vid.* el apartado 102 de la sentencia.

Así sucede, en primer lugar, cuando tienen *conocimiento concreto* (es decir, conocimiento *efectivo*) de la puesta a disposición ilícita de un contenido protegido en su plataforma *y se abstienen de eliminarlo o de bloquear el acceso a él con prontitud*[69]. Por tanto, para que haya comunicación al público, además de que estén presentes los elementos puramente objetivos del concepto autónomo (la existencia de un "público", que dicho público sea un "público nuevo", etc.), resulta necesario que el prestador del servicio sepa de manera efectiva que el contenido protegido está siendo puesto a disposición del público en su plataforma sin autorización de los derechohabientes[70] y despliegue una conducta negligente a hora de bloquear o eliminar dicho contenido, lo que, en esencia, reconduce a los requisitos del "puerto seguro" del prestador de alojamiento de datos al que se refieren el art. 14.1 DCE y, ahora, el art. 6.1 RSD.

El TJUE apunta, además, un segundo escenario en el que cabe hablar de "comunicación pública" por parte del operador de la plataforma de intercambio de contenidos protegidos por estar contribuyendo a *proporcionar al público acceso* a tales contenidos vulnerando los derechos de autor. Se trata del supuesto en el que

---

69 *Ibidem.*

70 Resulta sin duda criticable que se añada al concepto autónomo de un acto de explotación, que debe quedar delimitado por elementos puramente objetivos, un elemento claramente subjetivo como es la contribución deliberada al acto de comunicación, que debería quedar reservado para un momento posterior, el de imputación de responsabilidad. Inciden también en esta crítica LÓPEZ RICHART, J., "Responsables, ma non troppo: las reglas de exención de responsabilidad de las plataformas para el intercambio de contenidos en línea en la directiva sobre derechos de autor en el mercado único digital", cit., p. 323 y RUBÍ PUIG, A., y RAMIREZ SILVA, P., "El nuevo derecho de acceso (evolución de la jurisprudencia del TJUE en materia de comunicación al público en relación con las actividades que facilitan el acceso a la obra protegida)", *Pe.i (Revista de Propiedad Intelectual),* núm. 58, 2018, p. 63.

dicho operador, pese a que sabe o debería saber que, de manera general, los usuarios de sus servicios ponen ilegalmente a disposición del público por medio de ella contenidos protegidos, *se abstiene de aplicar las medidas técnicas apropiadas que cabe esperar de un operador normalmente diligente en su situación con el fin de combatir de forma creíble y eficaz violaciones de los derechos de autor en esa plataforma*[71].

Ello supone, en la práctica, que el prestador del servicio debe utilizar los sistemas tecnológicos que tiene a su disposición para combatir de manera eficaz la presencia no autorizada de contenidos protegidos en la plataforma, lo que claramente recuerda a lo dispuesto en el art. 17.4 b) de la DDAMUD.

Existe, por último, según el TJUE, un tercer caso en el que puede considerarse que una plataforma de intercambio de archivos está llevando a cabo un acto de comunicación al público de los contenidos protegidos presentes en sus servidores. Se trata del supuesto en el que *participa en la selección* de contenidos protegidos y comunicados ilegalmente al público (es decir, de alguna manera los *organiza*), proporciona en su plataforma herramientas destinadas específicamente al intercambio ilícito de tales contenidos o *promueve* a sabiendas esos intercambios[72].

Se trata de conductas pueden ser reconducidas sin dificultad a la propia definición de PSCCL del art. 2 6).I de la DDAMUD, definición que se apoya en la idea de que el prestador del servicio deja de desempeñar un papel neutral en el intercambio de archivos que llevan a cabo los usuarios de sus servicios, convirtiéndose así en un auténtico proveedor de contenidos que está llevando a cabo por sí mismo (es decir, de forma directa) actos de comunicación pública o de puesta a disposición del público.

En su aplicación de la antedicha doctrina al caso concreto que se le planteaba el TJUE apuntó la idea de que los dos ser-

---

71 *Vid.* el apartado 102 de la sentencia.

72 *Vid.* el apartado 102 de la sentencia

vicios objeto del litigio (*YouTube* y *Uploaded*) no llevaban a cabo un acto de comunicación pública ya que, debido a sus características concretas, no estaban en ninguna de las tres situaciones descritas en la sentencia, de manera que no contribuían deliberadamente al acto de comunicación[73]. Sin embargo, cuando el BGH[74] alemán resolvió el caso tras la respuesta a las cuestiones prejudiciales planteadas, aunque en un principio señaló que era el tribunal que planteó la cuestión de casación[75] el que debía determinar si *YouTube* llevaba a cabo actos de comunicación al público (lo que seguramente tendrá una respuesta negativa, al ser las medidas técnicas adoptadas por la plataforma adecuadas)[76] también apuntó que en algunos de los seis procedimientos sustanciados contra *Uploaded* en Alemania había serios indicios de que se daba alguna de las circunstancias descritas por el TJUE en su sentencia para entender que dicha plataforma había llevado a cabo actos de comunicación al público.

En concreto, el BGH señaló que había indicios razonables de que no se habían adoptado las medidas técnicas apropiadas

---

73 El TJUE deja entrever que a su juico YouTube no realiza un acto de comunicación pública en el sentido del art. 3.1 de la Directiva bajo el régimen de la DCE (vid los apartados 92 a 95 de la sentencia), aunque lógicamente esta es una cuestión de hecho, que debía ser resuelta por el Tribunal remitente de la cuestión.

74 BGH es la abreviatura habitual de *Bundesgerichtshof* o Tribunal Supremo (Civil y Penal).

75 Es decir, el *Oberlandesgericht Hamburg* (Tribunal Superior Regional de lo Civil y Penal de Hamburgo).

76 *Vid.* la sentencia del BGH de 2 de junio de 2022, "YouTube II" (DE :BGH:2022:020622UIZR140.15.0), disponible en *IIC,* (2023) 54, p. 119. La sentencia resuelve el litigio seguido contra *YouTube* y los seis procedimientos judiciales emprendidos en Alemania contra *Uploaded.* Para el caso concreto de *YouTube,* el BGH remite de nuevo la cuestión al Tribunal frente al que se interpuso el recurso de casación, el *Oberlandesgericht Hamburg* (Tribunal Superior Regional de lo Civil y Penal de Hamburgo).

que cabe esperar de un operador normalmente diligente con el fin de combatir de forma creíble y eficaz las violaciones de los derechos de autor en esa plataforma. Dichos indicios debían ser verificados, en principio, por los tribunales remitentes de los distintos recursos de casación, pero en uno de ellos el BGH apreció por sí mismo la existencia de la realización de un acto de comunicación pública por parte de *Cyando*, puesto que había resultado acreditado que la compañía no había tomado de manera inmediata medidas para impedir el acceso a los contenidos protegidos tras la pertinente notificación de los titulares de derechos[77].

El BGH ha llevado a cabo, además, una modificación sustancial en su doctrina a luz de la sentencia del TJUE, de modo que la responsabilidad de las plataformas de intercambio de contenidos protegidos, que tradicionalmente se concebía como un supuesto de responsabilidad indirecta[78], pasa a ser ahora, cuando se dan las circunstancias señaladas por el Tribunal de Justicia, un caso de responsabilidad directa[79].

---

77 *Vid.* HÜMMER, F., "News in Youtube/Cyando: German Federal Court rules following CJUE Decision" [en línea], [2022], disponible en <https://ipkitten.blogspot.com/2022/06/guest-post-news-in-youtubecyando-german.html>. [Consulta: 10.3.2024].

78 El BGH desarrolló durante más de 20 años la llamada doctrina del *Störerhaftung* para aplicarla de manera específica al caso de los derechos de propiedad intelectual e industrial a partir de las reglas del derecho común. Se trata éste de un término de difícil traducción, pero que, en esencia, se refiere a la responsabilidad de quien no responde diligentemente ante la infracción de derechos (en especial derechos reales) llevada a cabo por parte de un tercero del que debe responder. Se trata, por tanto, de un caso de responsabilidad indirecta o por hechos ajenos.

79 *Vid.* HÜMMER, F., "News in Youtube/Cyando: German Federal Court rules following CJUE Decision" [en línea], [2022], disponible en <https://ipkitten.blogspot.com/2022/06/guest-post-news-in-youtubecyando-german.html>. [Consulta: 10.3.2024].

## *2. La comunicación al público del PSCCL en la DDAMUD*

Dada la incertidumbre creada por la doctrina del TJUE en torno al derecho de comunicación pública, y las dudas que suscitaba su aplicación al caso concreto de las plataformas de intercambio de contenidos protegidos, resulta un acierto la claridad con la que el art. 17.1.I obliga a los Estados miembros a establecer que los PSCCL realizan por sí mismos un acto de comunicación al público o puesta a disposición del público[80] "*cuando ofrecen al público el acceso a obras protegidas por derechos de autor u otras prestaciones protegidas que hayan sido cargadas por sus usuarios*".

A renglón seguido, el art. 17.1.II de la Directiva señala que, dado que los PSCCL llevan a cabo dicho acto, deben obtener, en consecuencia, una autorización o licencia de los titulares de derechos a los que se refieren los arts. 3.1 y 3.2 de la Directiva 2001/29. Y el art. 17.3.I añade, por último, que ello implica que los PSCCL son responsables de la comunicación pública o puesta a disposición al público de las obras o prestaciones a menos que obtengan una autorización o licencia del titular del derecho o que cumplan con las obligaciones descritas en el art. 17.4 de la DDAMUD.

---

80 Debe tenerse en cuenta que, de acuerdo con la doctrina del TJUE, el derecho de puesta a disposición del público mencionado en el art. 3.2 de la Directiva 2001/29 es una modalidad de explotación que cabe integrar dentro del derecho de comunicación al público descrito en el apartado 1 del precepto (*Vid.* la sentencia del Tribunal de Justicia (sala novena) de 25 de marzo de 2015, asunto C-279/13, *C More Entertainment,* EU:C:2015:199, apartado 24). Sin embargo, dado que ambos apartados del art. 3 siguen distinguiendo desde el punto terminológico entre el derecho de comunicación al público (para autores) y el derecho de puesta a disposición (para titulares de derechos afines) resulta conveniente que tanto el art. 17 de la DDAMUD como el art. 73 del RD-ley mantengan la doble referencia a los "actos de comunicación pública o de puesta a disposición del público".

La referencia del art. 17.1.I DDAMUD a que los PSCCL llevan a cabo un acto de comunicación al público o puesta a disposición del público "a los efectos de la presente Directiva" podría suscitar la duda de si estamos ante una actividad distinta de la comprendida dentro del concepto autónomo de "comunicación al público" acuñado por el TJUE a los efectos de las Directivas 2001/29 y 2006/115. Ello significaría que la conducta del PSCCL únicamente vulneraría una suerte de facultad *sui generis* de comunicación pública que habría sido introducida en el ordenamiento de la UE por la propia DDAMUD.

Sin embargo, es claro que ello no es así. El art. 17.1.II DDAMUD señala que la autorización que deben de obtener los PSCCL es la "*de los titulares de derechos a que se refiere el artículo 3, apartados 1 y 2, de la Directiva 2001/29/CE*", y que dicha autorización o licencia se concede "*con el fin de comunicar al público o de poner a su disposición* [lícitamente] *obras u otras prestaciones*".

De dicho tenor literal cabe concluir que el acto de comunicación pública o puesta a disposición del público que llevan a cabo los PSCCL según el art. 17.1.I DDAMUD se corresponde con el que ha sido definido por el TJUE para las Directivas 2001/29 y 2006/115, lo que asegura una interpretación uniforme de las tres normas. Así se desprende, además, del art. 1.2 DDAMUD, que expresamente deja a salvo la regulación de las precitadas Directivas 2001/29 y 2006/115.

Lo que tiene de especial el régimen del art. 17 DDAMUD son las consecuencias que tiene que el PSCCL lleve a cabo dicho acto de comunicación pública o de puesta a disposición del público, ya que, en ausencia de una autorización o licencia por parte de los derechohabientes, el PSCCL podrá excluir su responsabilidad si cumple con las obligaciones que le impone el art. 17.4 DDAMUDD.

En el ámbito del derecho español el art. 17.1.I se ha incorporado a nuestro Ordenamiento a través del art. 73.1.I. del RD-ley, en donde se señala que:

> *"Se considerará que los prestadores de servicios para compartir contenidos en línea realizan un acto de comunicación al público o de puesta a disposición del público a efectos de la presente ley, cuando ofrezcan al público el acceso a obras o prestaciones protegidas por derechos de propiedad intelectual que hayan sido cargadas por sus usuarios"*

El primer inciso del art. 73.1.II añade que:

> *"En consecuencia, los prestadores de servicios para compartir contenidos en línea deberán obtener previamente la autorización de los titulares de los derechos referidos a los actos de comunicación pública que define el artículo 20 del texto refundido de la Ley de Propiedad Intelectual, para llevar a cabo dicho acto de explotación".*

Aunque el legislador español se refiera de manera indiscriminada en este primer inciso del art. 73.1.II del RD-ley a los "titulares de derechos referidos a los actos de comunicación pública que define en art. 20 TRLPI", en realidad, como sabemos, los titulares del derecho de comunicación pública o puesta a disposición que deben conceder la autorización o licencia en este caso son únicamente los mencionados en los arts. 3.1 y 3.2 de la Directiva 2001/29.

Ello incluye, desde la perspectiva del derecho español, a los autores de obras originales (con la excepción de los programas de ordenador y las bases de datos electrónicas, art. 20 TRLPI), a los artistas, intérpretes o ejecutantes (art. 108.1 TRLPI), a los productores de fonogramas (art. 116.1 TRLPI), a los productores de grabaciones audiovisuales (art. 122.1 TRLPI) y a las entidades de radiodifusión (art. 126.1 c) TRLPI).

Nuestro legislador ha decidido, además, al contrario de lo que han hecho países como Alemania, no incluir ningún derecho de remuneración adecuada y proporcionada asociado a la comunicación pública de las obras y prestaciones protegidas que realizan las plataformas de intercambio de contenidos protegidos.

En cuanto al alcance de la autorización concedida, el considerando 69 de la DDAMUD aclara que cuando los derechohabientes hayan concedido una autorización o licencia expresa *a los usuarios* para cargar y poner a disposición del público obras o prestaciones protegidas en los servidores de un PSCCL, el acto de comunicación al público del prestador del servicio se entiende también autorizado dentro del alcance de licencia concedida.

A la inversa, el art. 17.2 DDAMUD señala que cuando los derechohabientes hayan concedido una autorización a los PSCCL, los Estados miembros deben disponer en su derecho que dicha autorización "*comprenda también los actos realizados por usuarios de los servicios que entren en el ámbito de aplicación del artículo 3 de la Directiva 2001/29/CE cuando no actúen con carácter comercial o en caso de que su actividad no genere ingresos significativos*".

El art. 73.2 del RD-ley, por su parte, expresa esta misma idea cuando señala que:

> *"Cuando un prestador de servicios para compartir contenidos en línea solicite y obtenga una autorización a esos efectos, ésta incluirá también, dentro del alcance de la autorización concedida y en las mismas condiciones, los actos realizados por usuarios de dichos servicios que entren en el ámbito de aplicación del artículo 20 del texto refundido de la Ley de Propiedad Intelectual siempre que dichos usuarios no actúen con carácter comercial o su actividad no genere ingresos significativos".*

Esta extensión a las actividades de los usuarios de la autorización o licencia concedida por los derechohabientes al PSCCL se produce, por tanto, en todo su alcance temporal y territorial, pero únicamente cubre a los usuarios que no actúen con carácter comercial (es decir, con ánimo lucrativo o de obtener una ganancia comercial) o a aquellos cuya actividad no genere ingresos significativos (es decir, que sean económicamente relevantes).

## IV. LA EXENCIÓN DE RESPONSABILIDAD DE LOS PSSCL

### *1. Obligaciones impuestas a los PSCCL y criterios para su valoración*

Los arts. 17.4 a 17.6 de la DDAMUD establecen una serie de obligaciones que deben cumplir los PSCCL para eximirse de responsabilidad en el supuesto de que no cuenten con la pertinente autorización o licencia de los titulares de derechos de propiedad intelectual para llevar a cabo los actos de comunicación al público o puesta a disposición que tienen lugar según el art. 17.1.I cuando almacenan y dan acceso a obras y prestaciones protegidas a los usuarios de sus servicios en sus plataformas de intercambio de archivos.

Dado que el cumplimiento de dichas obligaciones depende del propio PSCCL estamos ante una responsabilidad directa o por hechos propios, como ya señalamos, de manera que el PSCCL evitará incurrir en ella cuando demuestre que ha cumplido con los distintos deberes de conducta establecidos por la Directiva.

Dicho régimen de obligaciones se ha trasladado al derecho español a través de lo dispuesto en los arts. 73.4, 73.6 y 73.7 del RD-ley. Así, para poder excluir su responsabilidad por los actos de comunicación al público o puesta a disposición del público que llevan a cabo los PSCCL deben probar que "han hecho sus mayores esfuerzos por obtener una autorización" (art. 73.4.I a) RD-ley); que han "hecho, de acuerdo con estrictas normas sectoriales de diligencia profesional, sus mayores esfuerzos por garantizar la indisponibilidad de las obras y prestaciones respecto de las cuales los titulares de derechos les hayan facilitado la información pertinente y necesaria" (art. 73.4.I b) RD-ley); que han "actuado de modo expeditivo al recibir una notificación suficientemente motivada de los titulares de derechos, para inhabilitar el acceso a las obras u otras prestaciones notificadas o para retirarlas de sus sitios web" (art. 73.4.I c), primer inciso, del RD-ley) y, por último, que una vez notificados sobre el carácter ilícito de una obra o prestación por parte de los derechohabientes "han hecho sus mayores esfuerzos por evitar que se carguen en el futuro" en sus servidores (art. 73.4.I c), segundo inciso, del RD-ley).

Estas cuatro obligaciones tienen que ser cumplidas de forma simultánea por los PSCCL para poder excluir su responsabilidad, aunque el art. 73.6 del RD-ley exonera de la observancia de algunas de ellas a los llamados "nuevos PSCCL", es decir, los prestadores de servicios para compartir contenidos en línea que llevan menos de tres años operando en el mercado de la UE, como luego se señalará con mayor detalle.

El art. 73.6 del RD-ley (que implementa el art. 17.5 de la DDAMUD) establece una serie de criterios para modular las obligaciones establecidas en el apartado cuarto del precepto. Dichos criterios parten de la base de que, con la excepción de lo dispuesto en el art. 73.4.I c), segundo inciso, las obligaciones impuestas a los PSCCL son de medios, de modo que lo que se exige al prestador del servicio es únicamente que haga sus "mayores esfuerzos" por conseguir el objetivo reclamado por la ley en cada caso.

La DDAMUD, sin embargo, no ha precisado qué debe entenderse por "mayores esfuerzos", ni ha remitido al derecho nacional para definir el término. Estamos, por tanto, ante un concepto autónomo de derecho de la UE que tendrá que ser interpretado en última instancia por el TJUE para determinar su significado.

Pese a que desde su mera literalidad esta referencia a los "mayores" esfuerzos (o "mejores" esfuerzos, como se señala en otras versiones lingüísticas de la Directiva[81]) pudiera hacer pensar que es necesario un nivel de diligencia máximo por parte del PSCCL, en realidad el prestador del servicio no debe desplegar una diligencia exorbitante para cumplir con las obligaciones impuestas por la ley: como en toda obligación de me-

---

81 Así, la versión inglesa de la Directiva se refiere a "best efforts" y la francesa a "meilleurs efforts" (francés) mientras que la versión italiana habla de los "massimi sforzi".

dios lo que le es exigible es una conducta adecuada a la *lex artis* profesional en cada caso concreto.

La determinación del nivel de exigencia exigible está presidida por la vigencia del principio de proporcionalidad, ya que este art. 73.6 del RD-ley comienza diciendo que "*Para determinar si el prestador del servicio ha cumplido con sus obligaciones en virtud del apartado 4, y a la luz del principio de proporcionalidad, se tendrán en cuenta, al menos, los siguientes elementos:* (...)", enumerando a continuación el precepto de manera ejemplificativa ("al menos") una serie de criterios para valorar la conducta del PSCCL en el caso concreto.

Ello significa que el nivel de diligencia exigible en el cumplimiento de las obligaciones debe fijarse de manera individual para cada PSCCL en función de las características concretas del servicio que presta y del número de usuarios y obras y prestaciones que hay en su sistema, así como del resto de elementos determinantes en su actividad, de manera que dicha exigencia sea proporcional al riesgo que representan para los derechos de propiedad intelectual de las obras y prestaciones protegidas.

Ello significa, también, que el nivel de exigencia debe ser adecuado al contexto tecnológico que existe en un momento dado, de manera que el nivel de "mejores esfuerzos" requerido al PSCCL puede modificarse en función de la evolución tecnológica y de los riesgos que dicha evolución implica para los titulares de derechos de propiedad intelectual.

Partiendo del precitado principio de proporcionalidad, el art. 73.6 a) del RD-ley obliga a valorar como elementos relevantes para determinar si el PSCCL ha desplegado los "mejores esfuerzos" en el cumplimiento de sus obligaciones "*El tipo, la audiencia y la magnitud del servicio, así como el tipo de obras u otras prestaciones cargadas por los usuarios del servicio*".

Ello obligará a tener en cuenta las características concretas del servicio prestado (aunque este debe ser en buena medida similar en todos los casos, dado lo concreto de la definición del art. 66.6.I del RD Ley). También deberá valorarse la presencia o ausencia de las distintas clases de obras y prestaciones protegidas que pueden estar presentes en estas plataformas (obras literarias, plásticas, audiovisuales, fonogramas, grabaciones audiovisuales, fijaciones de emisiones de entidades de radiodifusión, etc.), en especial si existe una cierta "especialización" en el servicio en relación con un tipo de obra o prestación protegida que provoque que sea muy conocido o utilizado por los usuarios como fuente de contenidos protegidos ilegales en relación con este tipo concreto de obra o prestación, en cuyo caso el nivel de esfuerzo exigido al prestador puede incrementarse notablemente.

La referencia legal a la "audiencia y la magnitud del servicio" obliga a tener en cuenta el número total de usuarios que tiene el servicio en un momento temporal concreto (lo que puede variar notablemente a lo largo de tiempo), así como el número de obras o prestaciones protegidas que están presentes en sus servidores. De esta forma, a mayor tamaño del PSCCL, mayor será el esfuerzo que deba desplegar por cumplir con las obligaciones de medios establecidas por la Ley.

El art. 76.6 b) del RD-ley, por su parte, obliga a tener en cuenta para valorar el nivel de exigencia que cabe requerir al PSCCL "*La disponibilidad de medios adecuados y eficaces y su coste para los prestadores de servicios*".

Estamos, en realidad, ante una aplicación concreta del principio de proporcionalidad, de manera que las obligaciones del prestador del servicio (en especial, la prevista en el art. 73.4.I b) del RD-ley) se vinculan muy estrechamente a la existencia, eficacia y coste de los distintos sistemas tecnológicos que existen en el mercado en un momento dado para garantizar la indisponibilidad de obras y prestaciones protegidas en los sistemas de los PSCCL.

El PSCCL sólo tiene, por tanto, la obligación de utilizar medidas técnicas para garantizar la indisponibilidad de los contenidos protegidos que estén *ya disponibles* en el mercado (lo que le exime de desarrollar por sí mismo nuevos medios de control) y que resulten *adecuados* a la finalidad perseguida. Dicha finalidad es en el art. 73.4.I b) del RD-ley establecer mecanismos eficaces para bloquear el acceso o eliminar los contenidos protegidos sobre los cuales los derechohabientes haya suministrado la información "pertinente y necesaria" a la que se refiere la ley y, en el art. 73.4.i c), segundo inciso, prevenir que los contenidos protegidos que ya han sido notificado como "infractores" por los derechohabientes vuelvan a estar disponibles en el sistema en el futuro.

Debe existir, además, en todo caso una relación de proporcionalidad entre la eficacia de dichos mecanismos de control y el coste que suponen para los PSCCL, lo que supone descartar la exigencia de medios que sean marginalmente más eficaces para cumplir con las obligaciones impuestas por la Ley, pero que resulten ser significativamente más costosos de desarrollar o mantener por parte del prestador del servicio.

De acuerdo con el considerando 66.2, estos factores deben valorarse a la luz de la "evolución técnica de los medios existentes, incluidos posibles desarrollos futuros" lo que en la práctica obliga a los PSCCL a actualizar de manera periódica sus protocolos de actuación para cumplir con las obligaciones señaladas por la Ley a la luz de la evolución tecnológica, en especial en relación con los mecanismos de reconocimiento y selección automatizada de contenidos protegidos que eventualmente utilicen.

## 2. El art. 73.4.I del RD-ley 24/2021

El párrafo primero del art. 73.4 del RD-ley contiene las cuatro obligaciones que deben ser cumplidas por los PSCCL para excluir su responsabilidad por los actos de comunicación y puesta a disposición del público que llevan a cabo. Como antes señalamos, sólo aquellos prestadores de servicios que prueben (que "demuestren", dice el precepto) el estricto cumplimento *de todas ellas* podrán evitar una reclamación indemnizatoria por parte de los derechohabientes.

### A. Intentar obtener la pertinente licencia o autorización

En primer lugar, de acuerdo con el art. 73.4.I a) del RD-ley, los PSCCL deben demostrar que "*[H]an hecho sus mayores esfuerzos por obtener una autorización*" por parte de los titulares de derechos para comunicar al público o poner a disposición del público las obras y prestaciones protegidas cargadas por los usuarios en sus servidores.

Estamos ante una mera obligación de medios (de hacer los "mayores esfuerzos") por lo que resulta evidente que el PSCCL en ningún caso tiene la obligación de concluir un acuerdo o licencia con los derechohabientes, únicamente debe hacer unos esfuerzos razonables (*proporcionados* a su situación concreta) por obtener dicha autorización o licencia.

Para ello serán decisivos factores como los sectores del mercado concretos afectados por la actividad del prestador del servicio (lo que se determinará en función del tipo de obras y prestaciones protegidas que almacena en sus sistemas), el número de usuarios que tenga el PSCCL en un momento temporal concreto o el número de derechohabientes existentes en cada uno de dichos sectores del mercado.

Ni la DDAMUD ni el legislador español han precisado la intensidad que cabe requerir en este esfuerzo negociador por parte del PSCCL, pero no parece que pueda exigirse que el prestador del servicio llegue a realizar una oferta a los distintos titulares de derechos que contenga condiciones jurídicas y/o económicas concretas.

A lo único a lo que está obligado el prestador del servicio es a contactar con dichos titulares y a comunicarles que está dispuesto a iniciar las pertinentes negociaciones para obtener una autorización o licencia. Lógicamente, dicha invitación a negociar tiene que estar sujeta a los principios de buena fe y confianza mutua en las relaciones contractuales, de manera que debe tener un contenido real, y no meramente formal o simbólico.

Así se ha señalado, además, por el legislador español, que ha añadido, como novedad respecto de lo previsto en la Directiva (art. 73.1.II *in fine* del RD-ley) que "*La negociación de las correspondientes autorizaciones se realizará de acuerdo con los principios de buena fe contractual, diligencia debida, transparencia y respeto a la libre competencia, lo que excluye el ejercicio de posición de dominio*".

No parece, sin embargo, que dicha adición aporte en realidad nada relevante respecto de lo dispuesto en la Directiva, en la medida en que se está haciendo referencia a principios generales del derecho (muchos de ellos volcados, además, en normas de derecho positivo), que igualmente serían de aplicación aunque no se hubiera añadido el mencionado segundo inciso al art. 73.1.II del RD-ley.

De la aplicación del principio de proporcionalidad se desprende que un PSCCL no está obligado a identificar y localizar correctamente *a todos* los titulares de derechos de las obras y prestaciones protegidas presentes en sus sistemas (que serán, por definición, un "gran número" de ellas).

Sí parece, por el contrario, que el prestador del servicio deberá hacer los esfuerzos necesarios para identificar y localizar correctamente a las entidades de gestión colectiva que operan en un ámbito territorial concreto (nacional o multiterritorial) y a aquellos titulares de derechos que sean fácilmente identificables en un sector concreto del mercado por el volumen de su repertorio[82].

Parece, también, que los esfuerzos para localizar a los titulares de derechos relevantes en cada caso deben hacerse de manera periódica, sin que sea suficiente un único intento para dar por cumplida esta obligación de manera permanente.

Para facilitar en la práctica la cooperación entre los distintos titulares de derechos y los PSCCL, el último inciso del art. 73.9 del

82 *Vid. Orientaciones sobre el art. 17,* cit., pp. 10-11.

RD-ley señala (en cumplimiento de lo dispuesto en el art. 17.8.II DDAMUD) que cuando se celebren acuerdos de licencia con los titulares de derechos, los PSCCL proporcionarán información sobre el uso de los contenidos contemplados por dichos acuerdos. Se trata de una previsión seguramente superflua, en la medida en que lo normal será que las partes, en el uso de su autonomía de la voluntad, establezcan voluntariamente los mecanismos de intercambio de información que estimen más convenientes.

### B. Hacer los mayores esfuerzos para garantizar la indisponibilidad de obras y prestaciones protegidas en los servicios del PSCCL

De acuerdo con el art. 73.4.I b) del RD-ley, los PSCCL deben demostrar que *"[H]an hecho, de acuerdo con estrictas normas sectoriales de diligencia profesional, sus mayores esfuerzos por garantizar la indisponibilidad de las obras y prestaciones respecto de las cuales los titulares de derechos les hayan facilitado la información pertinente y necesaria (…)"*.

Con ello se establece una obligación de desplegar los medios adecuados para prevenir la presencia de obras y prestaciones no autorizadas en las plataformas de intercambio de contenidos protegidos, lo que constituye el objetivo central del art. 17 de la Directiva.

Su carácter de obligación de medios implica que la eficacia de dichas labores de prevención *ex ante* no ha de ser absoluta: a lo que se obliga al prestador es a implementar todas las medidas que, a la luz del principio de proporcionalidad, sean adecuadas para asegurar la indisponibilidad de las obras y prestaciones protegidas en sus servidores en función de las características del propio PSCCL y de los factores mencionados en el art. 73.6 del RD-ley, que ya hemos analizado.

Para examinar si ello sucede en el caso concreto la norma fija como criterio de referencia las "estrictas normas sectoriales de diligencia profesional", es decir, "todas las medidas que tomaría *un operador diligente* para alcanzar el resultado de impedir que estén disponibles en su sitio web obras u otras prestaciones no autorizadas", lo que obliga a tener en cuenta "las mejores prácticas sectoriales" (considerando 66).

Lo importante será, por tanto, que el PSCCL utilice, al menos, los mismos sistemas para prevenir la aparición en sus servidores de contenidos protegidos que utilizan otros prestadores de servicios similares a él, o que sean de uso generalizado en la industria. Dicha obligación de medios debe adaptarse además, a los desarrollos tecnológicos del momento, de manera que las medidas tomadas por el PSCCL para garantizar la indisponibilidad de obras y prestaciones protegidas en su servicio no queden obsoletas a la luz de dichos desarrollos (considerando 66.2).

Para alcanzar dicho objetivo, y dado el gran número de archivos y usuarios presentes en este tipo de servicios, parece que *de facto* resultará imprescindible el uso de sistemas de reconocimiento y selección automatizada de contenidos protegidos, como señaló el TJUE en su sentencia del caso *Polonia vs. Parlamento Europeo y Consejo*[83].

Con todo, lo cierto es que la Directiva no se refiere de manera expresa a dichos sistemas, ni impone en todo caso de manera obligatoria su uso, por lo que, en atención al principio de proporcionalidad, puede que en algún caso concreto pueda darse por cumplida para el PSCCL la obligación de medios descrita en el art. 73.4.I b) del RD-ley sin necesidad de implementar uno de estos sistemas automatizados, o, más probablemente en la práctica, implementando únicamente una versión simplificada o de bajo coste de los mismos (por ejemplo, reducida a un filtrado basado en palabras clave ligadas a los títulos de las obras y prestaciones protegidas).

En relación con el uso de estos sistemas de reconocimiento y selección automatizada de contenidos debe tenerse en cuenta además que, siguiendo la línea de lo dispuesto en el art. 15 DCE

---

[83] Sentencia (Gran Sala) de 26 de abril de 2022, asunto C-401/19, *República de Polonia contra Parlamento Europeo y Consejo de la Unión Europea*, EU:C:2022:297.

y en el art. 8 RDS, el art. 17.8.I DDAMUD establece que "*La aplicación del presente artículo no dará lugar a ninguna obligación general de supervisión*". Dicha norma ha sido incorporada al derecho español a través del primer inciso del art. 73.9 del RD-ley, en donde se señala que "*los prestadores de servicios para compartir contenidos en línea no tendrán una obligación general de supervisión*".

En coherencia con ello, la obligación de hacer los mayores esfuerzos para garantizar la indisponibilidad de las obras y prestaciones protegidas que se ha establecido en el art. 73.4.I b) únicamente alcanza a aquellas sobre las cuales los titulares del derecho hayan facilitado al PSCCL con carácter previo la "información pertinente y necesaria".

No se ha precisado, sin embargo, ni la Directiva ni en el derecho español, en qué consiste exactamente esta información "pertinente y necesaria". Pero es claro que debe suministrarse de manera individualizada para todas las obras y prestaciones que los derechohabientes deseen excluir de las plataformas de intercambio de archivos, y que debe incluir los elementos suficientes para que el PSCCL pueda llevar desde el punto de vista técnico las labores de control, y, en su caso, de reconocimiento y selección automatizada de contenidos. Ello implica, como señala el considerando 66.5 de la Directiva, que el PSCCL no responderá por la presencia en sus sistemas de archivos que contienen obras o prestaciones no identificadas o incorrectamente identificadas.

En la práctica será necesario que el PSCCL y los distintos titulares de derechos se pongan de acuerdo en las modalidades y formatos técnicos elegidos para el suministro de dicha información, de forma que exista un procedimiento para corregir de manera rápida y sencilla los posibles errores o inexactitudes y para actualizar la información compartida de manera periódica, incluyendo nuevas obras o prestaciones o eliminando la información de otras que ya no estén siendo explotadas por los derechohabientes.

Para facilitar esta cooperación entre los PSCCL y los derechohabientes, el art. 73.9 del RD-ley, en cumplimiento de lo dispuesto en el art. 17.8 de la Directiva, señala que los prestadores de servicios "*Deberán proporcionar a los titulares de derechos que lo soliciten información adecuada, con carácter semestral, sobre el funcionamiento de sus prácticas en relación con la cooperación a que se refiere el apartado 4*[84]". A tal efecto, el considerando 68 de la Directiva señala que dicha información deberá ir referida al tipo de medidas tomadas y el modo en que se emprenden, lo que supone una referencia a su funcionamiento práctico.

### C. Bloquear o eliminar las obras o prestaciones previamente notificadas como ilícitas

El art. 73.4.I. c), primer inciso, del RD-ley dispone que los PSCCL serán responsables de los actos de comunicación pública o puesta disposición que lleven a cabo a menos que demuestren que "*[H]an actuado de modo expeditivo al recibir una notificación suficientemente motivada de los titulares de derechos, para inhabilitar el acceso a las obras u otras prestaciones notificadas o para retirarlas de sus sitios web*".

Al contrario que el resto de las obligaciones que se establecen en este art. 73.4.I, y como ya hemos adelantado, en este caso estamos ante una obligación de resultado, lo que implica que para evitar incurrir en responsabilidad el PSCCCL no sólo tiene que conseguir el objetivo marcado por la norma (bloquear o inhabilitar *ex post* el acceso a las obras), sino que dicho objetivo debe conseguirse por medio de una actuación rápida o expeditiva.

Esta obligación de resultado alcanza únicamente a las obras o prestaciones protegidas que hayan sido objeto de una notificación previa "suficientemente motivada" por parte de los derechohabientes, con independencia de que dichos contenidos protegidos

---

84 El carácter semestral del deber de proporcionar información ha sido añadido por el legislador español, pues no estaba presente en la Directiva.

hubieran sido, además, previamente incluidos en el listado de los que debían ser objeto de un control *ex ante* por haberse suministrado ya la información a la que se refiere el art. 73.4.I b) y con independencia, también, de que se haya intentado obtener con carácter previo la autorización o licencia mencionada en el art. 73.4.I a).

Al contrario de lo que ocurre en el art. 16 RSD para los prestadores intermediarios (y, por tanto, también para los prestadores de almacenamiento de datos) la DDAMUD no contiene regla alguna sobre cómo debe llevarse a cabo la notificación ni cuáles son sus requisitos de forma y de fondo para que pueda surtir el efecto de obligar al PSSCL a actuar de forma expedita.

Pero del tenor literal del art. 73.4.I c), primer inciso, del RD-ley se desprende que estas notificaciones deben ser enviadas por los propios titulares de derechos o por sus causahabientes, y que dichos titulares que deben probar, además, que las obras o prestaciones a las que se refiere la notificación son “suyas” (art. 73.11, primer inciso, del RD-ley). Ello obliga, en la práctica, a que el titular se identifique correctamente y a aportar un principio de prueba de la titularidad sobre la obra o prestación a la que se refiere la notificación, que deberá, además, estar correctamente identificada a través de su localización exacta en el sistema del PSCCL.

Ni la Directiva ni el legislador español han aclarado, tampoco, cuándo puede considerarse que la notificación se encuentra “suficientemente motivada” (art. 17.4 c), primer inciso DDAMUD y art. 73.4.I c), primer inciso, del RD-ley) o cuándo entender que el titular ha “justificado debidamente los motivos de su solicitud” (art. 17.9.II, primer inciso DDAMUD y art. 73.11, primer inciso, del RD-ley).

Sin embargo, dado el carácter exclusivo (“carácter preventivo” del derecho[85], en la jerga del TJUE) de la facultad de comunica-

---

85 *Vid.*, entre las últimas, la sentencia del Tribunal de Justicia (Sala Sexta) de 11 de abril de 2024, *Citadines Betrieb*, asunto C-723/22, aparta-

ción pública o puesta a disposición no parece necesario que se deba aportar una fundamentación muy detallada en cada notificación. Bastará con aportar el principio de prueba al que antes me referí sobre la titularidad del derecho afectado en relación con las obras y prestaciones a la que se refiere la notificación, junto con una declaración responsable de que no se ha concedido autorización o licencia alguna para la explotación de dichas obras o prestaciones en la plataforma operada por el PSCCL.

El PSCCL no está obligado a contrastar si el uso que ha hecho el usuario de las obras o prestaciones incluidas en la notificación motivada es en realidad lícito o no (por ejemplo, porque está amparado en un límite o excepción), puede proceder sin más al bloqueo o retirada del contenido protegido notificado. Pero las referencias a la *suficiencia* y *adecuación* de la justificación empleada por los derechohabientes apuntan a que el PSCCL, si lo considera conveniente, tiene un cierto margen para denegar las solicitudes de bloqueo que sean manifiestamente infundadas o erróneas.

En la práctica parece que las notificaciones enviadas por los derechohabientes deberán tener formato electrónico y que las partes deberán establecer y comunicarse mutuamente los puntos de contacto habilitados para el envío y recepción de dichas notificaciones.

Una vez recibida la pertinente notificación, la actuación del PSCCL ha de ser expeditiva (es decir, rápida) y dado que el contenido se almacena en sus propios servidores resulta exigible que el bloqueo o la eliminación del mismo se lleve a cabo en un plazo realmente breve.

---

do 37, sentencia del Tribunal de Justicia (Sala Primera) de 13 de julio de 2023, *Ocilion IPTV Technologies,* asunto C-426/21, EU:C:2023:564, apartado 54, y la sentencia del Tribunal de Justicia (Sala Sexta) de 20 de abril de 2023, *Blue Air Aviation,* asuntos, C-775/21 y C826/21, EU:C:2023:307, apartado 44.

### D. La obligación de hacer los mayores esfuerzos por evitar la carga futura de obras y prestaciones ya bloqueadas o eliminadas del sistema

El segundo inciso del art. 76.4 c) del RD-ley establece que, respecto de aquellas obras y prestaciones que ya han sido bloqueadas o eliminadas del sistema una primera vez tras la pertinente notificación motivada de los titulares de derechos, los PSCCL deben demostrar que han hecho "*sus mayores esfuerzos por evitar que se carguen en el futuro de conformidad con la letra b)*".

Con ello se trata de evitar un ciclo constante de notificaciones y retiradas de los mismos contenidos protegidos ilícitos, que son frecuentemente reposteados por los mismos usuarios que los cargaron originariamente en el sistema. Se establece así un sistema de "notice and stay down" que obliga al PSCCL a llevar a cabo labores de supervisión sobre los contenidos previamente bloqueados o eliminados a instancia de los derechohabientes. No es imprescindible que estos contenidos protegidos formen parte de aquellos sobre los que se dio por parte de los derechohabientes la información "necesaria y suficiente" a los efectos de lo establecido en el art. 73.4.I b), aunque lo normal será que haya ocurrido así (considerando 66.4).

Esta obligación de prevenir la reposición únicamente afecta a un grupo determinado de obras y prestaciones protegidas, las que ya han sido identificadas previamente como ilícitas por los derechohabientes a través de la pertinente notificación y bloqueadas o eliminadas del sistema conforme al mecanismo del primer inciso del art. 73.4.I c). Ello se corresponde con que, como hemos señalado ya, el art. 17.8.I de la Directiva impide el establecimiento para los PSCCL de una obligación general de supervisión activa respecto de los contenidos protegidos que hay en sus sistemas.

Aunque haya sido objeto de críticas por buena parte de la doctrina europea, en realidad esta regulación del segundo inciso del art. 17.4 c) no es una novedad en el derecho de la

UE. La propia DCE ya permitía una actividad de supervisión de contenidos ilícitos individualizada y para casos específicos, a tenor de lo señalado en sus considerandos 47[86] y 48. Este último, en especial, señalaba que cabía que los Estados miembros exigieran en su derecho nacional que los prestadores de almacenamiento aplicaran un deber de diligencia razonable a fin de "detectar *y prevenir* determinados tipos de actividades ilegales". No hay duda, por tanto, de que el establecimiento de obligaciones concretas de supervisión, por tiempo limitado y respecto de una lista concreta de archivos que contienen obras y prestaciones protegidas ya era compatible con el derecho de la UE incluso antes de la entrada en vigor de la DDAMUD.

En el ámbito estricto de la propiedad intelectual e industrial así lo había admitido expresamente, además, el TJUE en su sentencia sobre el caso *L'Oreal*[87] al señalar que el art. 11, tercer inciso, de la "Directiva Antipiratería[88]" debía interpretarse en el sentido de exigir a los Estados miembros de la UE velar porque los órganos jurisdiccionales competentes en cada Estado puedan requerir al "operador de un mercado electrónico" para que tome medidas destinadas no sólo a poner término a las lesiones causadas a tales derechos, *sino también a evitar que se produzcan en el futuro nuevas lesiones de este tipo*[89]. Dichos requerimientos eran admisibles según el TJUE siempre que fueran

---

86 Señala dicho Considerando que: "*Los Estados miembros no pueden imponer a los prestadores de servicios una obligación de supervisión exclusivamente con respecto a obligaciones de carácter general. Esto no se refiere a las obligaciones de supervisión en casos específicos y, en particular, no afecta a las órdenes de las autoridades nacionales formuladas de conformidad con la legislación nacional*".

87 Sentencia del Tribunal de Justicia (Gran Sala) de 12 de julio de 2011, asunto C-324/09, *L'Oreal y otros*, EU:C:2011:474.

88 Directiva 2004/48/CE del Parlamento Europeo y del Consejo, de 29 de abril de 2004, relativa al respeto de los derechos de propiedad intelectual.

89 *Vid.* el apartado 144 de la sentencia.

"efectivos, proporcionados [y], disuasorios[90]" y no creen obstáculos para el comercio legítimo.

Con ello el TJUE no hacía sino hacerse eco de la situación existente en algunos Estados miembros, en donde desde hace más de 20 años se venían desarrollado por la jurisprudencia mecanismos de "notice and stay down" de contenidos protegidos previamente reportados como ilícitos, mecanismos que se consideraban admisibles siempre que se limitaran a casos específicos.

Así ha ocurrido, por ejemplo, en Francia, en donde desde la Ley 2004-575 de 21 de junio 2004, para la confianza en la economía digital (LCEN[91]) se permite al juez imponer obligaciones de vigilancia para los prestadores de servicios intermediarios de manera temporal y para un caso determinado (art. 6 I-7 (2) de la LCEN).

En aplicación de dicho precepto surgieron diversas resoluciones de los tribunales galos ordenando actividades concretas de supervisión a distintos tipos de prestadores intermediaros para impedir que un contenido que había sido ya notificado previamente como "infractor" volviera a aparecer en el sistema[92]. El alcance de esta obligación de supervisión específica

---

90 *Vid.* el apartado 144 de la sentencia.

91 La Ley está disponible en <https://www.legifrance.gouv.fr/loda/id/JORFTEXT000000801164>.

92 Así ocurrió, por ejemplo, con la sentencia de 4 de febrero de 2011de la Corte de Apelación de París, en donde se afirmó que el buscador *Google Images* puede beneficiase del "puerto seguro" del art. 14 DCE, pero tiene también la obligación de retirar los contenidos que infringen los derechos de autor de los demandantes de acuerdo con el procedimiento específico que se establece en art. 6-I-5 de la LCEN, asumiendo, asimismo, la obligación de supervisar activamente sus resultados para evitar que los contenidos retirados vuelvan a aparecer en los mismos (vid. LUCAS-SCHLOETTER, A., "*Google face à la justice française et belge*", *Journal of Intellectual Property, Information Technology and E-Commerce Law,* vol. 2, 2011, pp. 145-147). Algo similar ocurrió con cuatro sentencias de la Corte de Apelación de París

para el caso de los buscadores de internet, fue, sin embargo, reducido en la práctica al mínimo por tres sentencias de 12 de julio de 2012 de la Corte de Casación en aplicación de la sentencia del TJUE el caso *Google France*[93], pero lo cierto es que la práctica judicial francesa es una buena prueba de que incluso en escenarios en donde el papel neutral y pasivo de los prestadores de servicios es muy claro (como es el de los buscadores) cabe plantearse el establecimiento de obligaciones específicas de supervisión de contenidos ya reportados como ilícitos.

Algo similar ha sucedido en Alemania, en donde los tribunales han aplicado a los prestadores de almacenamiento de datos determinadas obligaciones de supervisión en relación con los contenidos ilícitos que alojaban si se daban una serie de circunstancias detalladas por la jurisprudencia del BGH[94].

---

de 2011, referidas al servicio de *Google Videos*, en las que los actores utilizaron el procedimiento de notificación y retirada legalmente establecido para informar al operador del motor de búsqueda de la existencia de los videos, que fueron inmediatamente retirados. Posteriormente, sin embargo, los titulares comprobaron cómo aún existían enlaces en el buscador a los contenidos infractores, lo que provoca la demanda a la matriz norteamericana y a su filial francesa. La Corte de Apelación de París concluyó que el buscador puede beneficiarse de la exención de responsabilidad del prestador de almacenamiento de acuerdo con lo previsto en el art. 14.1 DCE, pero también señaló que debía desplegar todos los medios técnicos a su disposición para impedir que los vídeos ya notificados como ilícitos se mostraran de nuevo en los resultados de búsqueda.

93 Sentencia del Tribunal de Justicia (Gran Sala) de 23 de marzo de 2010, *Google France*, asuntos acumulados C-236/08 a C-238/08, EU:C:2010:159.

94 Las tres sentencias claves en esta materia provienen del ámbito del derecho de marcas. La primera de ellas es la del BGH de 11 de marzo de 2004, en el caso *internet Auction I*, en un supuesto en el que la empresa titular de la marca de relojes de lujo *Rolex* reclamaba responsabilidad al sitio de subastas *on-line Ricardo* por el uso no autorizado de la marca producido en distintas subastas de ejemplares falsos realizadas a través de la plataforma electrónica. El BGH rechazó

Dichas circunstancias son, en esencia, que el prestador de almacenamiento haya contribuido dolosamente y con un vínculo causal suficiente a la infracción, que tenga la posibilidad de impedir el daño causado por el infractor principal tomando medidas razonables desde el punto de vista técnico y económico y que se haya producido la infracción de un deber de cuidado o vigilancia respecto de los contenidos[95]. Resulta, además, imprescindible que el prestador de almacenamiento tenga conocimiento concreto o efectivo de la violación cometida (por ejemplo, mediante la notificación del perjudicado) o que esta haya sido llevada a cabo de manera clara o evidente, de manera que la ilicitud del contenido alojando sea manifiesta[96].

La aplicación de dicha doctrina permitió que en la práctica se exigiera de manera habitual a los prestadores de alojamiento la realización de labores de monitorización de contenidos que ya habían sido previamente identificados como ilícitos mediante una orden judicial o una notificación formal del titular del derecho afectado. A partir de ese momento, dichos prestadores asumían una obligación activa de supervisión para evitar que los usuarios volvieran a cargar estos mismos contenidos ilícitos en sus servidores.

---

la existencia de responsabilidad civil o penal para el intermediario, pero aclaró que dicha exención de responsabilidad no afectaba a la acción de cesación, y en concreto al deber que tiene el ISP no sólo de eliminar los contenidos infractores del sistema, sino también de evitar infracciones futuras, siempre que tales medidas sean técnicamente posibles y económicamente razonables. Dicha doctrina fue reiterada después, en lo esencial, por la sentencia del BGH de 19 de abril de 2007 (caso *internet Auction II*), en la que la acción de *Rolex* se dirigió contra la web de subastas *Ebay* y por la sentencia 17 de agosto de 2011, en el caso *Stilparfüm*.

95 *Vid.* NORDEMANN, J.B., "Liability for Copyright Infringements on the internet", *JIPITIC*, núm. 2, 2011, pp. 39-40.

96 Sentencia del BGH de 15 de octubre de 1998, asunto *Möbelklassiker*, GRUR, 1999, pp. 418 y ss.

Pues bien, a partir de dichos precedentes no resulta extraño que el propio TJUE haya acabado adoptando una solución muy similar en el marco de la aplicación del art. 14.1 DCE en la sentencia del caso *GlawischnigPiesczek*[97], aceptando la existencia de una obligación específica de supervisión de contenidos ya declarados previamente como ilícitos (en este caso, además, por una resolución judicial de un tribunal de un Estado miembro)[98].

Y de ahí que tampoco resulte sorprendente que el art. 17.4 c), segundo inciso, de la DDAMUD (o, en nuestro Derecho, el art. 73.4.I c), segundo inciso, del RD-ley 24/2021) establezca ahora con carácter general este sistema de supervisión o monitorización activa de todos aquellos archivos que contengan obras y prestaciones ya reportadas previamente como ilícitas a través de la pertinente notificación de los derechohabientes al PSCCL, obligando al prestador del servicio a demostrar que ha hecho los mayores esfuerzos por evitar que se vuelvan a cargar en el futuro en sus servidores.

Estamos ante una mera obligación de medios, y no de resultado, lo que implica que el PSCCL es libre para elegir los mecanismos que va a utilizar para cumplir con ella. En la práctica ello requerirá prácticamente siempre la utilización de un sistema de reconocimiento y supervisión automatizada de contenidos protegidos, pero lo cierto es que el PSCCL tiene, al menos en teoría, libertad para utilizar otros medios que considere adecuados, incluyendo aquellos que están basados exclusivamente en la supervisión por parte de personas.

En todo caso, el nivel de diligencia exigible al PSCCL a la hora de dar por cumplida esta obligación debe determinarse a la luz del principio de proporcionalidad (vid. el art. 73.6 del RD-ley y el art. 73.7.II para el caso específico de los "nuevos prestadores"). Ello implica que se deben tener en cuenta para determinar si se han

---

97 *Vid.* el apartado 53 de la sentencia.

98 *Vid.* los apartados 34 y 35 de la sentencia.

hecho los "mayores esfuerzos" en esta labor de monitorización *ex post* cuestiones como la disponibilidad, eficacia y el coste que tienen los sistemas automatizados de supervisión para los PSCCL.

### E. Retransmisión de eventos en directo

El legislador español ha decidido añadir dos párrafos adicionales a la regulación que se contiene en el art. 17.4 DDAMUD. Así, en el art. 73.4.II del RD-ley se establece una regla particular en relación con la retransmisión no autorizada de eventos en directo, que es un caso frecuente de piratería en nuestro país, en particular en relación con los eventos deportivos. En dicho precepto se señala que:

> *"En relación a los contenidos en directo, los prestadores de servicios para compartir contenidos en línea deben inhabilitar el acceso a los mismos o retirarlos de su sitio web durante la retransmisión del evento en directo en cuestión".*

A continuación, se añade que en el art. 73.4.III que:

> *"Sin perjuicio de lo anterior, los titulares de derechos podrán ejercer las acciones legales dirigidas a reestablecer el daño patrimonial, tales como la acción de enriquecimiento injusto, en el caso de que, aunque los proveedores de servicios hayan hecho sus mayores esfuerzos para eliminar el contenido no autorizado, éste continúe siendo explotado por ellos, causando un perjuicio significativo a los titulares de derechos"*

Con ambos párrafos parece que el legislador español pretendía establecer una obligación para los PSCCL que operan en España en relación con las retransmisiones de eventos en directo, de modo que se vieran obligados a bloquear el acceso a las mismas o, si les fuera posible, eliminarlas de sus servidores, antes de que finalizara la retransmisión del evento en cuestión.

La consecuencia de incumplir esta obligación impuesta en art. 73.4.II sería, según la interpretación que creo más aconsejable de la norma, que los derechohabientes tienen acceso a las acciones mencionadas en el párrafo tercero del precepto.

Ello es así porque aunque la referencia del art. 73.4.III al "sin perjuicio de lo anterior" resulta confusa (pues puede referirse únicamente al párrafo segundo del art. 73.4, pero también a los dos párrafos anteriores), dado que el art. 73.4.II no anuda ninguna consecuencia jurídica al incumplimiento de lo dispuesto en él en los casos de retransmisión de eventos en directo, lo lógico es entender que dicha consecuencia se halla en el párrafo tercero del art. 73.4. De ahí que entienda que "lo anterior" se refiere únicamente al art. 73.4.II del RD-ley.

De esta manera se estaría estableciendo una obligación adicional a las cuatro que ya tienen todos los prestadores de servicios para compartir contenidos en línea que operan en la UE según el art. 17.4 de la Directiva, además de una consecuencia específica en caso de incumplimiento de dicha obligación, lo no resulta posible según la Directiva. Y ello porque, como ya hemos señalado, la DDAMUD establece una armonización máxima para hacer homogéneo el régimen de responsabilidad de los PSCCL en toda la UE. Ello significa que el establecimiento de un régimen distinto del que se contiene en el art. 17.4 DDAMUD para regular la responsabilidad patrimonial de los PSCCL queda fuera del ámbito de decisión de los legisladores de los Estados miembros.

Debe tenerse en cuenta, además, que el sistema que establece el legislador español para este supuesto específico se aparta de manera muy notable de lo dispuesto en la DDAMUD, en la medida en que el párrafo tercero del art. 73.4 establece una suerte de responsabilidad objetiva, pues incluso cuando los PSCCL hagan los "mayores esfuerzos" para bloquear o eliminar los contenidos mientras dura la retransmisión en directo se van a ver expuestos a las acciones restitutorias, y, en especial, a la acción de enriquecimiento injusto. Ello rompe con el principio en el que se apoya el art. 17 de la Directiva y, en especial, el que informa las obligaciones del art. 17.4, que parten de la base de que estamos ante una responsabilidad que tiene un fundamento subjetivo.

Cabe concluir, por tanto, que la obligación que se establece en el art. 73.4.II del RD-ley respecto de los contenidos en directo resulta incompatible con el art. 17 de la DDAMUD al establecer una obligación adicional para todos los PSCCL que operan en España. Y de ahí se sigue la consecuencia de que la regla del art. 73.4.III resulta, asimismo, contraria a lo dispuesto en el art. 17 de la DDAMUD[99].

### *3. Obligaciones de los PSCCL de reciente implantación: el art. 73.7 del RD-ley*

Una de las principales aplicaciones prácticas del principio de proporcionalidad enunciado en el art. 73.6 del RD-ley la encontramos en el art. 73.7, que implementa en nuestro Ordenamiento lo dispuesto en el art. 17.6 de la Directiva.

Dicho artículo estable un régimen que aligera significativamente las cargas legales a las que se ven obligados los PSCCL de reciente aparición en el mercado, que únicamente deben cumplir con la obligación señalada en el art. 73.4.I a) del RD-ley (hacer los mayores esfuerzos por obtener una autorización o licencia) y con la obligación de actuar de un modo expeditivo al recibir una notificación suficientemente motivada para bloquear o eliminar las obras o prestaciones protegidas de sus sistemas (art. 74.4.I c), primer inciso, del RD-ley).

---

[99] En realidad, ello ocurrirá así a mi juicio tanto si se entiende que únicamente resulta aplicable a los casos de contenidos en directo (como creo preferible) como si entiende que es una consecuencia jurídica que se anuda también al incumplimiento de las cuatro obligaciones que se contiene en el art. 73.4.I del RD-ley.

La aplicación del precepto está condicionada desde el punto de vista subjetivo, pues únicamente se aplica según este art. 73.7 a "*los nuevos prestadores de servicios para compartir contenidos en línea que lleven menos de tres años operando en la Unión Europea y cuyo volumen de negocios anual sea inferior a 10.000.000 euros, calculado con arreglo a la Recomendación 2003/361/CE de la Comisión Europea*".

Con ello se pretende que las inversiones a las que previsiblemente deberán hacer frente los PSCCL para cumplir con las obligaciones de los arts. 73.4.I. b) y 73.4.I.c), segundo inciso (que en la mayoría de los casos implican la utilización de sistemas de reconocimiento y filtrado automatizado de contenidos) no supongan una barrera para la entrada de nuevos prestadores de servicios en el mercado de la UE.

Las obligaciones a las que deben hacer frente estos "nuevos PSCCL" se incrementan para el caso señalado en el segundo párrafo del art. 73.7.II del RD-ley, es decir, cuando el promedio de visitantes únicos mensuales de estos prestadores de servicios de nuevo cuño supere los cinco millones, calculado sobre la base del ejercicio anual anterior.

En este caso, dado que el volumen de usuarios a los que prestan servicio ya es muy importante pese al poco tiempo que llevan operando en el mercado, se les obliga también a implementar un sistema de "notice and stay down" conforme a lo dispuesto en el art. 73.4 c), segundo inciso, del RD-ley.

Este mecanismo de alivio para los nuevos prestadores de servicios para compartir contenidos en línea tiene, en cualquier caso, una "fecha de caducidad", puesto que deja de ser aplicable en el momento en el que el PSCCL lleve tres años prestando sus servicios en el ámbito de la UE (puede haber estado antes prestando sus servicios en países extracomunitarios, pero dicho periodo no será objeto de cómputo a estos efectos). En dicho cómputo deben incluirse, además, los servicios prestados por sociedades que pertenezcan al mismo grupo y aquellos que son prestados por una misma entidad, aunque haya utilizado formas societarias diversas para eludir el límite temporal del art. 17.6 de la Directiva. Se evita, con ello, el fraude de ley.

### *4. Incumplimiento de las obligaciones por parte de los PSCCL*

De acuerdo con lo previsto en el art. 73.4 del RD-ley, cuando un PSCCL que no tiene licencia o a autorización por parte de los derechohabientes no pueda demostrar que ha cumplido con todas las obligaciones que le impone el 73.4.I del RD-ley será considerado responsable de la realización de los actos comunicación pública o puesta a disposición que ellos mismos llevan a cabo al almacenar y dar acceso público a los usuarios de sus servicios a los archivos que contienen obras y prestaciones protegidas (arts. 73.1.I y 74.4.I del RD-ley).

Ello significa que habrá que aplicar a este supuesto las distintas reglas existentes en caso de infracción de dicho derecho exclusivo en el orden penal, civil y administrativo, por lo que cabe concluir que la situación de un PSCCL que, sin gozar de la pertinente autorización o licencia, no cumple con alguna de las obligaciones descritas en el art. 73.4 del RD-ley 24/2021, es idéntica a la del resto de infractores directos del derecho de comunicación pública o puesta a disposición del público.

Esto seguramente es lo que explica que el art. 73.5 del RD-ley 24/2021 señale que *"En los casos en que un prestador de servicios para compartir contenidos en línea sea responsable de los actos no autorizados de comunicación al público, será de aplicación, sin perjuicio de la responsabilidad penal en que en su caso incurra el prestador, el régimen de acciones y procedimientos establecido en los artículos 138 y siguientes del texto refundido de la Ley de Propiedad Intelectual".*

En rigor la norma resulta innecesaria, en la medida en que tanto lo dispuesto en el Código Penal como las reglas de los arts. 138 y siguientes del TRLPI hubieran sido igualmente aplicables a este supuesto (la infracción de un derecho exclusivo de propiedad intelectual) incluso aunque este art. 73.5 del RD-ley no hubiera dicho nada al respecto.

En todo caso, el régimen de "acciones y procedimientos" establecidos en los arts. 138 y ss. TRLPI se refiere, en primer lugar, a la acción indemnizatoria del art. 140 TRLPI, a través de la cual se resarcirán los daños sufridos en relación con las obras y prestaciones protegidas que son ilícitamente explotadas en los sistemas del PSCCL, daños cuya cuantía dependerá en la práctica del tipo de obligación que ha sido incumplida por parte del PSCCL.

Así, si lo que se ha incumplido es la obligación de hacer los mayores esfuerzos para obtener una licencia o autorización (art. 73.4.I a) del RD-ley) o para garantizar la indisponibilidad de obras o prestaciones protegidas en sus sistemas (art. 73.4.I b)) parece claro que se deben indemnizar los daños causados en relación con todas las obras ilícitamente explotadas.

Sin embargo, si lo que ocurre es que se ha incumplido la obligación de retirar un contenido notificado como ilícito o de hacer los mayores esfuerzos para impedir la reaparición de contenidos ya bloqueados o eliminados (art. 73.4.I c) del RD-ley) parece que sólo se deberán indemnizar lo daños que afecten a las obras o prestaciones que no han sido debidamente bloqueadas o eliminadas de los servidores del PSCCL.

Creo, además, que si el PSCCL logra probar que a partir de un determinado momento ha comenzado a cumplir con la obligación prevista en el art. 73.4.I b) del RD-ley (por ejemplo, demostrando que ha comenzado a filtrar de manera efectiva los archivos sobre los que los derechohabientes han proporcionado la información necesaria y pertinente) sólo deberán resarcirse los daños producidos hasta ese momento. La responsabilidad del PSCCL cesará, por tanto, desde el momento en el que pueda probar que el funcionamiento práctico de las medidas técnicas adoptadas permite entender que ha hecho los "mayores esfuerzos" para garantizar la indisponibilidad de obras y prestaciones protegidas en sus sistemas.

Debe tenerse en cuenta, además, que aunque el art. 73.5 mencione de manera indiscriminada todas las acciones y procedimientos que se contienen en los arts. 138 y ss. TRLPI, en realidad hay que excluir lo dispuesto en su art. 138.II, que no resulta aplicable en este caso[100]. Dado que estamos ante una infracción directa del derecho de comunicación pública por parte del PSCCL, carece de sentido preguntarse si hay responsabilidad indirecta o por colaboración o cooperación con la conducta infractora por su parte, que es lo que se regula en dicho precepto.

La referencia del art. 73.5 del RD-ley al "régimen de acciones y procedimientos establecido en los artículos 138 y siguientes del texto refundido de la Ley de Propiedad Intelectual" incluye también las acciones de cesación y remoción y las medidas cautelares dirigidas a limitar el daño causado por la conducta infractora.

Se trata éste de un ámbito no armonizado por la DDAMUD, que establece un régimen especial en cuestiones de responsabilidad que se limita en el orden civil a los daños derivados de la infracción del derecho exclusivo de comunicación pública, sin alcanzar a las posibles acciones o procedimientos para solicitar la cesación temporal o definitiva de la conducta infractora, que quedan, como hasta ahora, en manos de los distintos legisladores nacionales.

---

[100] Dicha norma prevé que "*Tendrá también la consideración de responsable de la infracción quien induzca a sabiendas la conducta infractora; quien coopere con la misma, conociendo la conducta infractora o contando con indicios razonables para conocerla; y quien, teniendo un interés económico directo en los resultados de la conducta infractora, cuente con una capacidad de control sobre la conducta del infractor. Lo anterior no afecta a las limitaciones de responsabilidad específicas establecidas en los artículos 14 a 17 de la Ley 34/2002, de 11 de julio, de servicios de la sociedad de la información y de comercio electrónico, en la medida en que se cumplan los requisitos legales establecidos en dicha ley para su aplicación*". Como antes señalamos, las referencias a los arts. 14 a 16 de la LSSI deben entenderse ahora hechas a los arts. 4, 5 y 6 del RSD, manteniéndose, sin embargo, la referencia al art. 17 LSSI.

Eso es lo que explica que el art. 17.3 de la DDAMUD se refiera únicamente al *primer apartado* del art. 14 DCE, que es donde se contiene la exención de responsabilidad o "puerto seguro" de los prestadores de almacenamiento de datos, sin incluir por tanto, ni el art. 14.2 (que regula el caso en el que el destinatario del servicio actúe bajo la autoridad y control del prestador de almacenamiento) ni, en lo que ahora nos interesa, el art. 14.3, que deja a salvo las medidas cautelares y medidas definitivas de cesación que se establezcan en los distintos Estados miembros.

En todo caso, debe tenerse en cuenta que, por el mismo motivo que antes se indicó en relación con el art. 138.II TRLPI respecto de la acción indemnizatoria, las normas aplicables en este supuesto no son las de los arts. 138.IV y 139.1 h) y 141.6 TRLPI, previstas para casos de intermediarios a cuyos servicios recurra un tercero para infringir derechos de propiedad intelectual (aunque los actos de dichos intermediarios no constituyan en sí mismos una infracción), sino el régimen general de las medidas cautelares y acciones definitivas de cesación de los arts. 139.1 y 141 TRLPI.

## V. REGLAS PARA ASEGURAR LA VIGENCIA DE LOS LÍMITES Y EXCEPCIONES A LOS DERECHOS DE PROPIEDAD INTELECTUAL

La Propuesta de Directiva presentada por parte de la Comisión en 2016 planteó por primera vez en el derecho de propiedad intelectual europeo la conveniencia de establecer sistemas de reconocimiento y filtrado automatizado de contenidos protegidos, lo que suscitó fuertes recelos en distinto círculos sociales, políticos y académicos ante el posible riesgo de que el uso generalizado de dichos sistemas restringiera de manera indebida un buen número de usos lícitos de las obras y prestaciones protegidas. Se estaba pensando, en especial en supuestos de obras y prestaciones que ya se encuentran en el dominio público, que no gozan de la protección de un derecho de autor o de un derecho conexo (por ejemplo, porque son meros datos no originales) y en usos de obras y prestaciones protegidas realizados al amparo de un límite o excepción a los derechos de autor.

Para dar respuesta a dichas inquietudes durante la tramitación de la Directiva en las instituciones europeas se fueron añadiendo una serie de garantías que trataban de compatibilizar la utilización de estos sistemas automatizados con el respeto a los usos lícitos de las obras y prestaciones protegidas en los servidores de los PSCCL, en especial cuando dichos usos se llevaban a cabo por los usuarios al amparo de un límite o excepción a los derechos de propiedad intelectual.

Así, la primera de dichas garantías la encontramos en el párrafo primero del art. 17.1 DDAMUD, en donde se señala que:

> *"La cooperación entre los prestadores de servicios de contenidos en línea y los titulares de derechos no dará lugar a que se impida la disponibilidad de obras u otras prestaciones cargadas por usuarios que no infrinjan los derechos de autor y derechos afines, también cuando a dichas obras o prestaciones se les aplique una excepción o limitación".*

De esta manera se establece el principio general de que las obligaciones que los Estados miembros deben imponer a los PSCCL para que puedan evitar incurrir en responsabilidad (que son la base de la cooperación que menciona el precepto) no deben suponer un obstáculo para los usos lícitos de las obras y prestaciones protegidas que los usuarios hacen en sus sistemas, *en especial* (aunque el precepto diga "también") cuando dichos usos lícitos se llevan a cabo al amparo de un límite o excepción previsto en la legislación del Estado miembro de que se trate.

Dicha idea se reitera también en el primer inciso del art. 17.9.III DDAMUD, en donde se afirma que "*La presente Directiva no afectará en modo alguno a las utilizaciones lícitas, tales como usos al amparo de excepciones y limitaciones establecidas en el derecho de la Unión* [...]".

Además, dado que la armonización de las excepciones a los derechos patrimoniales resulta limitada en el ámbito de la Directiva 2001/29 (al ser la lista de límites de los arts. 5.2, 5.3 y 5.4 meramente indicativa) la DDAMUD se ha preocupado de convertir ahora en obligatorios para todos los Estados miembros algunos de los límites previstos en dicha Directiva, que se han considerado especialmente relevantes de cara a garantizar la libertad de expresión e información de los usuarios de las plataformas de intercambio de contenidos protegidos en internet. De ahí que el art. 17.7.II de la DDAMUD señale que:

> *"Los Estados miembros garantizarán que los usuarios en cada Estado miembro puedan ampararse en cualquiera de las siguientes excepciones o limitaciones vigentes al cargar y poner a disposición contenidos generados por usuarios en los servicios para compartir contenidos en línea:*
>
> *a) citas, críticas, reseñas;*
>
> *b) usos a efectos de caricatura, parodia o pastiche".*

La inclusión expresa en dicho precepto de los usos amparados por los límites de "cita crítica o reseña" (el plural creo que simplemente es una mala traducción de la versión española de la Directiva, puesto que otras versiones lingüísticas, como la italiana o la francesa, emplean el singular) y de los usos de las obras y prestaciones protegidas "a efectos de caricatura parodia y pastiche" significa, en la práctica, que los límites mencionados en los arts. 5.3 d) y 5.3 k) de la Directiva 2001/29 han dejado de ser meramente facultativos por los Estados miembros, convirtiéndose ahora en excepciones que deben ser necesariamente incluidas en la legislación nacional, al menos respecto de los "contenidos generados por usuarios" a los que se refiere este art. 17.7.II DDAMUD.

El art. 73.8 del RD-ley[101] ha llevado a cabo desde el punto de vista sistemático una suerte de refundición de los arts. 17.7 y 17.9.III de la Directiva para señalar que: *"La cooperación entre los prestadores de servicios de contenidos en línea y los titulares de derechos no impedirá que los usuarios carguen y pongan a disposición del público contenidos de obras u otras prestaciones que no infrinjan tales derechos o que se hagan con fines de cita, análisis, comentario o juicio crítico, reseña, ilustración, parodia o pastiche"*.

Con ello el legislador español obliga a los PSCCL a que todas las medidas que implementen para garantizar el cumplimiento de sus obligaciones conforme al art. 73.4 del RD-ley permitan a los usuarios llevar a cabo usos lícitos de las obras y prestaciones protegidas en sus sistemas, aunque el hecho de que el precepto mencione únicamente ciertos límites a los derechos patrimoniales no deja suficientemente claro que, como señala el art. 17.9.III de la Directiva, en realidad, las medidas tomadas por los PSSCL no pueden impedir *ningún uso* de las obras o prestaciones al amparo de un límite o excepción a los derechos patrimoniales, aunque no se haya incluido en el elenco que expresamente se cita en este art. 73.8 del RD-ley.

Nuestro legislador también ha omitido una restricción importante que se encontraba presente en el art. 17.7.II, que únicamente establecía la obligatoriedad de los límites mencionados en dicho precepto en relación con los contenidos generados por usuarios, es decir, respecto de aquellas obras y prestaciones que han sido creadas por los propios usuarios de los servicios. Ello dejaba fuera del ámbito de aplicación del

---

[101] Nuestro legislador ha decido, además, no incorporar de forma expresa en nuestro derecho ninguno de los dos incisos del art. 17.9.III DDAMUD, lo que supone a mi juicio un acierto en la medida en que no resulta necesario reiterar en el derecho interno de los Estados miembros que dichos Estados deben respetar las normas de derecho de la UE en tal o cual aspecto.

precepto todas aquellas obras y prestaciones que no fueran creadas por los propios usuarios de los servicios de los PSCCL, que son, en realidad, la gran mayoría de aquellas que se explotan con fines comerciales en el mercado.

Al refundir las normas de la Directiva en una sola y no incluir en el art. 73.8 del RD-ley la mencionada restricción nuestro legislador ha ampliado considerablemente el ámbito de aplicación de esta suerte de mecanismo de "garantía" de los límites y excepciones previsto en la DDAMUD. Sin embargo, creo que dicha ampliación resulta compatible con lo establecido en la Directiva, en la medida en que esta, como hemos apuntado, establece en su art. 17.7.I un principio general de salvaguarda de cualquier uso lícito de las obras y prestaciones protegidas en los servidores de los PSCCL por parte de los usuarios, con independencia de que hayan sido creadas, o no, por los propios usuarios de los PSCCL o de que se esté invocando algunos de los límites expresamente citados en el art. 17.7.II o cualquier otro presente en la legislación nacional.

Nuestro legislador se ha separado, además, ligeramente en este art. 73.8 del tenor del art. 17.7.II DDAMUD al hacer referencia, en primer lugar, a los usos de las obras con fines de "cita, análisis, comentario o juicio crítico, [y] reseña", en lugar de incluir literalmente una referencia a las "citas, críticas y reseñas" de la DDAMUD o a lo dispuesto en el art. 5.3 d) de la Directiva 2001/29 CE ("citas con fines tales como la crítica o reseña").

Con ello el RD-ley simplemente se está ajustando a la terminología que se utiliza en el primer párrafo del art. 31.2 TRLPI (en relación con la "cita, análisis, comentario o juicio crítico") y con la utilizada en el art. 31.2.II TRLPI (que se refiere a las "reseñas"), aunque sorprende que este art. 73.8 haya omitido hacer una mención a expresa a las "revistas de prensa", que se citan en el art. 31.2.II TRLPI junto a las reseñas para asimilar su tratamiento al que se otorga a las citas ("tendrán la consideración de citas").

Nuestro legislador ha decido, además, incluir dentro de los usos lícitos (expresamente) garantizados para los usuarios de las plataformas de intercambio de contenidos protegidos los realizados con fines de "ilustración". Dicha adición resulta compatible con lo previsto en la DDAMUD, como hemos explicado, aunque genera una cierta confusión al carecer el TRLPI de un límite general que haga referencia a los usos de las obras con fines de "ilustración" (únicamente hay referencias concretas a ciertos usos de las obras y prestaciones protegidas con fines educativos y de investigación en determinados contextos, de acuerdo con lo establecido en los arts. 32.3, 32.4 y 34.2 b) del TRLPI y con lo dispuesto en el art. 68.1 del RD-ley 24/2021). Habrá que entender, por tanto, que nuestro legislador se está refiriendo, en realidad, a dichos casos específicos.

El art. 73.8 del RD-ley se refiere también de forma expresa a la "parodia" (art. 39) y al "pastiche" (que se ha regulado el art. 70 de este mismo RD-ley), omitiendo, sin embargo, el caso de la caricatura, seguramente por entender que habitualmente estaremos más ante un caso de afectación de los derechos de imagen de una *persona* física que ante un uso indebido de una *obra o prestación* protegida.

Algunos países de nuestro entorno, como Alemania, han decidido establecer un derecho de remuneración adecuada por los usos de las obras y prestaciones hechas al amparo de los límites de parodia, caricatura o pastiche, remuneración que deben abonar los propios PSCCL[102]. El legislador español, sin embargo, ha decidido que los usos de las obras y prestaciones amparados en dichos límites no generen ningún tipo de compensación para los derechohabientes, lo que resulta discutible

102 *Vid.* el parágrafo 5 (2) de la *UrhDaG*. Se trata de un derecho irrenunciable y de gestión colectiva obligatoria. *Vid.*, en esta misma obra LUCAS-SCHLOETTER, A., "La trasposición de la Directiva 2019/790 en Alemania".

en el caso del pastiche, dado el concepto amplio del mismo que se contiene en el art. 70 del RD-ley.

Para tratar de garantizar el derecho a la información de los usuarios de las plataformas de intercambio de archivos en relación con los usos de las obras realizados al amparo de un límite o excepción a los derechos de propiedad intelectual, el art. 17.9.IV de la DDAMUD señala que "*Los prestadores de servicios para compartir contenidos en línea informarán a los usuarios, en sus condiciones generales, de que pueden utilizar las obras y otras prestaciones al amparo de las excepciones o limitaciones a los derechos de autor y derechos afines establecidas en el derecho de la Unión*".

La norma establece claramente la obligación para los PSC-CL de incluir dentro del contenido de las condiciones generales que los usuarios necesariamente deben aceptar para poder disfrutar del servicio una cláusula o anuncio sin fuerza obligacional que sirva para informarles acerca de la existencia de los distintos límites o excepciones a los derechos de propiedad intelectual. Bastará con que se informe de la existencia de dichos límites con carácter general, sin que sea necesario enumerar o citar cada uno de los preceptos en los que dichos límites se han establecido en la legislación nacional.

El propósito informativo que anima el art. 17.9.IV de la DDAMUD se ha visto, sin embargo, notablemente dificultado por la redacción escogida por el legislador español a la hora de trasponer esta norma en nuestro Ordenamiento, puesto que en el art. 73.13 del RD-ley lo que se dice es que: "*Los prestadores de servicios para compartir contenidos en línea informarán a sus usuarios sobre sus condiciones generales y sobre los límites a los derechos de propiedad intelectual a los fines establecidos en el presente artículo y en el texto refundido de la Ley de Propiedad Intelectual*".

Como se ve, el legislador español lo que dice es que hay que informar a los usuarios sobre la existencia de las condiciones generales existentes para poder disfrutar del servicio y sobre [la existencia] de los límites a los derechos de propiedad intelectual, pero no se especifica que hay que informar sobre dicha existencia *en* las condiciones generales que los PSCCL utilicen.

Con todo, una interpretación de la norma conforme a la Directiva puede solucionar el problema, de modo que también en el Derecho español deberemos entender que el prestador del servicio debe incluir dentro de las condiciones generales incluidas como información precontractual una referencia genérica a la posibilidad de utilizar las obras y prestaciones protegidas en el servicio al amparo de los límites y excepciones vigentes en materia de propiedad intelectual, lo que incluye tanto los señalados en el TRLPI como los que se establecieron en el propio RD-ley 24/2021. Así se ha hecho ya en el caso de alguna de las principales plataformas de intercambio de archivos de video, como puede ser *YouTube*[103].

Este elenco de medidas previsto en la Directiva para garantizar los usos de las obras al amparo de los límites y excepciones a los derechos patrimoniales fue puesto en cuestión por el Gobierno de la República de Polonia, que solicitó al TJUE que se anularan las letras b) y c), segundo inciso, del artículo 17.4 de la Directiva porque, según entendía el Gobierno demandante, en dichos preceptos se establecían mecanismos de carácter preventivo que no tenían la capacidad de discriminar entre usos lícitos e ilícitos de las obras y prestaciones protegidas, lo que suponía una afectación directa al derecho a la libertad de expresión e información de los usuarios de las plataformas de inter-

---

103 Así, en las condiciones generales de la plataforma (Términos del Servicio), en su versión en vigor a partir del 29 de noviembre de 2023 se señala literalmente que "el Contenido que subas no puede incluir propiedad intelectual o industrial de terceros (como material protegido por derechos de autor) *salvo que cuentes con el permiso de dicho tercero o tengas derecho a hacerlo conforme a la ley aplicable (incluso mediante las excepciones o limitaciones a los derechos de autor o derechos afines previstas en la legislación de la Unión Europea) (...)*" (el énfasis es propio).

cambio de contenidos protegidos en internet, garantizado por el art. 11 de la Carta de los derechos Fundamentales de la UE.

El Tribunal de Justicia, sin embargo, señaló su sentencia del caso *Polonia vs. Parlamento Europeo y Consejo*[104] que "*la obligación impuesta a los prestadores de servicios para compartir contenidos en línea de controlar los contenidos que los usuarios deseen cargar en sus plataformas previamente a su difusión al público, resultante del régimen de responsabilidad específico establecido en el artículo 17, apartado 4, de la Directiva 2019/790, y en particular de los requisitos parala exoneración contemplados en su artículo 17, apartado 4, letras b) y c), in fine, ha sido acompañada, por parte del legislador de la Unión, de garantías adecuadas para salvaguardar, de conformidad con el artículo 52, apartado 1, de la Carta, el respeto del derecho a la libertad de expresión y de información e los usuarios de este tipo de servicios, garantizado en el artículo 11 de la Carta, y el justo equilibrio entre este derecho, de un lado, y el derecho de propiedad intelectual, protegido en el artículo 17,apartado 2, de la Carta, de otro lado*[105]".

Con todo, el Tribunal de Justicia también apuntó sobre el peligro de abusar en la práctica de los sistemas de reconocimiento y selección automatizada de contenidos protegidos, de modo que se advertía a los legisladores de los Estados miembros que *"Incumbe a los Estados miembros, al transponer el artículo 17 de la Directiva 2019/790 a su derecho interno, procurar basarse en una interpretación de esta disposición que garantice un justo equilibrio entre los distintos derechos fundamentales protegidos por la Carta. A continuación, en el momento de aplicar las medidas de transposición al ordenamiento jurídico de esta disposición, corresponde a las autoridades y a los órganos jurisdiccionales de los Estados miembros no solo interpretar su derecho nacional de conformidad con dicha disposición,*

---

104 Sentencia (Gran Sala) de 26 de abril de 2022, asunto C-401/19, *República de Polonia contra Parlamento Europeo y Consejo de la Unión Europea*, EU:C:2022:297.

105 *Vid.* el apartado 97 de la sentencia.

*sino también procurar que la interpretación de esta que tomen como base no entre en conflicto con dichos derechos fundamentales o con los demás principios generales del derecho de la Unión, como el principio de proporcionalidad (véase, en este sentido, la sentencia de 29 de enero de 2008, Promusicae, C275/06, EU:C:2008:54, apartado 68)*[106]".

## VI. RECURSOS DEL USUARIO FRENTE AL BLOQUEO O ELIMINACIÓN INDEBIDA DE CONTENIDOS PROTEGIDOS POR PARTE DEL PSCCL

En cumplimiento de las obligaciones que se establecen en los arts. 17.4 b) y 17.4 c) de la DDAMUD los PSCCL bloquearán el acceso o eliminarán de sus sistemas obras y prestaciones protegidas que los usuarios desean cargar en dichos sistemas cuando dichos contenidos protegidos afecten a los derechos de propiedad intelectual de terceros. Sin embargo, la DDAMUD, al contrario de lo que ocurre en el RSD para los casos de retirada indebida de contenidos ilícitos por parte del prestador de almacenamiento, apenas contiene algunas indicaciones muy genéricas sobre los medios que tiene el usuario para impugnar la decisión de bloqueo o eliminación adoptada por el PSCCL.

Así, el art. 17.9 de la Directiva se limita a señalar que:

> *"Los Estados miembros dispondrán que los prestadores de servicios para compartir contenidos en línea establezcan un mecanismo de reclamación y recurso ágil y eficaz que esté a disposición de los usuarios de sus servicios en caso de litigio sobre la inhabilitación del acceso a obras u otras prestaciones cargadas por ellos o sobre su retirada".*

La norma de trasposición al derecho español de dicho precepto es el art. 73.10 del RD-ley, que, además de establecer esta

---

[106] *Vid.* el apartado 98 de la sentencia.

obligación para los PSCCL de crear y mantener "*un mecanismo de reclamación y recurso ágil y eficaz a disposición de sus usuarios en caso de conflicto*" ha añadido un segundo inciso en el que se señala que las obras y prestaciones protegidas sobre las que se haya discutido en el procedimiento de reclamación y recurso "*no se mantendrán accesibles en el servicio de prestador mientras se resuelva dicho procedimiento*". Ello no implica el establecimiento de presunción alguna a favor o en contra de la legalidad del contenido protegido sobre el que se debate, se trata de una regla de carácter puramente procedimental.

Aunque no se explicita así ni en la DDAMUD ni en el art. 73.10 del RD-ley, parece que el usuario debe tener a su disposición un mecanismo de doble instancia, una primera reclamación ante el PSCCL y una suerte de recurso de reposición ante el propio PSCCL en caso de resolución desfavorable sobre esa primera reclamación.

Tampoco se percibe con claridad ni en la Directiva ni en la norma de trasposición española que lo que se recurrirá normalmente será la notificación que enviará el PSCCL al usuario respecto del bloqueo o eliminación de una obra o prestación protegida. Con todo, es claro que el usuario también debe poder acceder al mecanismo de reclamación y recurso ante una mera situación de hecho en la que el PSCCL se limita a filtrar *ex ante* de manera preventiva y automatizada un contenido protegido o a bloquear o eliminar un contenido que ya está presente en sus sistemas sin tan siquiera informar o notificar de ello formalmente al usuario.

Las características concretas de este proceso de reclamación y recurso se han dejado en la Directiva en la más absoluta indefinición, limitándose a la obligación que tiene el Estado miembro a que, por sus características, el procedimiento pueda ser calificado de manera global como "ágil y eficaz". Ello parece que en la práctica implica que se desarrolle íntegramente por medios electrónicos, que sea en todo caso gratuito para el usuario y que tenga un grado de complejidad en su manejo adaptado a un usuario medio. Ello implicará en la práctica también, en la gran mayoría de los casos, la existencia de un formulario electrónico en la propia página web del PSCCL.

Tampoco se exige en la Directiva, ni ha sido añadido por el legislador español, que el resultado del proceso de reclamación o recurso sea notificado por el PSCCL al usuario, ni que dicha notificación se encuentre debidamente motivada. Con todo, parece difícil que el sistema de recursos diseñado por el PSCCL pueda ser calificado como "eficaz" si no existe una notificación en la que se explique al usuario, al menos, que la reclamación o el recurso ha sido rechazada porque el contenido protegido infringe *prima facie* los derechos de propiedad intelectual de terceros.

Si la reclamación o el ulterior recurso del usuario es aceptado por el PSCCL, este debe repostear de nuevo el contenido protegido, y aunque ni la Directiva ni el legislador español han marcado un plazo concreto para hacerlo, es claro que dicho contenido debe volver a estar en línea *tan pronto como sea posible* (como se señala, por ejemplo, en el art. 20.4 *in fine* del RSD).

Tampoco se han marcado plazos concretos en la Directiva para determinar cuándo un procedimiento de reclamación y/o recurso puede ser calificado de "ágil". En relación con esta cuestión, sin embargo, el segundo inciso del art. 73.11 del RD-ley establece que "*[L]as reclamaciones presentadas con arreglo al mecanismo establecido en el apartado 10 se tramitarán en un plazo no superior a 10 días hábiles*".

Se trata de una norma que seguramente tiene su justificación en la ausencia de efecto suspensivo de la reclamación presentada por el usuario, de manera que el contenido protegido se va a mantener provisionalmente fuera de los servidores del PSCCL (del "servicio", dice la norma), pero únicamente durante este breve plazo, lo que serviría para proteger los intereses de los derechohabientes sin perjudicar excesivamente los derechos del usuario.

El problema es que el legislador español no ha establecido consecuencia alguna para el incumplimiento de este plazo de diez días hábiles por parte del PSCCL, lo que, junto con las obligaciones que éste debe cumplir para eximirse de responsabilidad, supone un excelente incentivo para que el prestador del servicio no tenga prisa alguna para resolver la reclamación presentada por el usuario.

Nuestro legislador tampoco ha precisado si dicho plazo de 10 días hábiles juega tanto para la primera reclamación como para el ulterior recurso de reposición ante el PSCCL, aunque lo lógico es entender que ello sea así para que el procedimiento de reclamación y recurso pueda ser calificado globalmente como "ágil" (de nada serviría una primera resolución rápida de la reclamación si el recurso ulterior puede dilatarse de manera indefinida mientras el contenido sigue fuera del sistema).

De acuerdo con el art. 17.9.II DDAMUD "Las reclamaciones presentadas con arreglo al mecanismo establecido en el párrafo primero se tramitarán sin dilación indebida y *las decisiones de inhabilitar el acceso a los contenidos cargados o de retirarlos estarán sujetas a examen por parte de personas*[107]".

De este modo la Directiva trata de garantizar en todo caso la intervención humana tanto en el procedimiento de reclamación como en el ulterior recurso, aunque en realidad dicha intervención realmente sólo parece imprescindible en el caso del recurso, en donde la propia subsistencia de la contienda indica que no estamos ante un caso de bloqueo o eliminación de contenidos realizada de manera manifiestamente errónea.

En todo caso, esta regla impide al PSCLL establecer procedimientos de reclamación totalmente automatizados, incluso, parece, cuando la automatización se instaura con el objeto de reponer rápidamente los contenidos protegidos en caso de error manifiesto por parte del PSCCL, lo que resulta criticable.

---

107 En el ámbito del derecho español el segundo inciso del art. 73.11 del RD-ley ha añadido el inciso "*esto es, sin intervención automatizada de robots u otros medios análogos*", lo que no parece añadir nada sustantivo a la obligación establecida por la Directiva.

Frente a una resolución negativa por parte del PSCCL en el procedimiento de reclamación o en el de recurso el usuario siempre tiene la puerta abierta a los mecanismos de resolución de conflictos previstos en la legislación nacional, tanto en vía judicial como extrajudicial. Pero es claro que el usuario puede en todo caso acceder a dichos mecanismos de forma directa, sin necesidad de plantear con carácter previo una reclamación y/o recurso ante el PSCCL. Se trata de procedimientos que según la Directiva tienen que estar a disposición del usuario, pero este no tiene obligación alguna de utilizarlos si no lo desea.

En cuanto a los mecanismos de resolución extrajudicial de conflictos, el art. 17.9.II de la Directiva se limita a afirmar en su tercer inciso que "*Los Estados miembros garantizarán además que se disponga de mecanismos de solución extrajudicial de litigios. Dichos mecanismos permitirán una resolución imparcial de los litigios y no privarán al usuario de la protección jurídica que ofrece el derecho nacional, sin perjuicio de los derechos de los usuarios de emplear otros recursos judiciales eficaces*".

Al objeto de cumplir con dicho mandato, el legislador español ha dispuesto en el art. 73.12 del RD-ley que "*La Sección Primera de la Comisión de Propiedad Intelectual ejercerá las funciones de mediación o arbitraje en los litigios relacionados con el acceso y retirada de obras por aplicación de este artículo*".

Ello ha requerido, además, sumar una nueva competencia al elenco de las que ya poseía dicha Sección Primera a través de la adición de una nueva letra c) al art. 194.5 TRLPI, aunque el legislador español no se ha preocupado ni de dotar de medios humanos suficientes ni de establecer reglas procedimentales para que la Sección Primera pueda ejecutar en la práctica esta nueva competencia.

En cuanto al acceso del usuario a la jurisdicción ordinaria para resolver posibles discrepancias en relación con el bloqueo o retirada indebida de contenidos protegidos por parte del PSCCL, la Directiva simplemente señala en el art. 17.9.II, como acabamos de ver, que la existencia de los mecanismos extrajudiciales de resolución litigios debe garantizarse "*sin perjuicio de los derechos de los usuarios de emplear otros recursos judiciales eficaces*".

En el último inciso de dicho art. 17.9.II se añade que "*En particular, los Estados miembros garantizarán que los usuarios tengan acceso a un tribunal o a otro órgano jurisdiccional competente a fin de invocar el uso de una excepción o limitación a los derechos de autor y derechos afines*". Con todo, es evidente que el usuario puede plantear en sede judicial cualquier argumento que estime oportuno para defender que el uso que se ha hecho de una obra o prestación protegida en los servidores del PSCCL es lícito, y no sólo que se ha llevado a cabo al amparo de un límite o excepción a los derechos de propiedad intelectual.

A la hora de implementar la Directiva nuestro legislador no ha considerado necesario trasponer dicho art. 17.9.II para señalar expresamente que el usuario tiene en todo caso abierta la vía de la jurisdicción ordinaria si discrepa de la decisión adoptada por el PSCCL en cuanto al bloqueo o eliminación de los contenidos protegidos. Ello no supone, sin embargo, un incumplimiento de la Directiva, al ser claro que el usuario dispone en cualquier caso de dicha posibilidad al estar ante una cuestión litigiosa "en materia de propiedad intelectual" (art. 86 bis LOPJ).

## BIBLIOGRAFÍA


- DE MIGUEL ASENSIO, P., "Sentencia del Tribunal de Justicia 25 de mayo de 2023, as. C-290/21: AKM: (Fourniture de bouquets satellitarires en Autriche)", *La Ley-Unión Europea*, núm. 117, septiembre 2023.
- HÜMMER, F., "News in Youtube/Cyando: German Federal Court rules following CJUE Decision" [en línea], [2022], disponible en <https://ipkitten.blogspot.com/2022/06/guest-post-news-in-youtubecyando-german.html>.
- LÓPEZ RICHART, J., "Responsables, *ma non troppo*: las reglas de exención de responsabilidad de las plataformas para el intercambio de contenidos en línea en la directiva sobre derechos de autor en el mercado único digital", en *Propiedad Intelectual y Mercado Único Digital Europeo,* (Sáiz García y Evangelio Llorca, CooRSD.), Tirant lo Blanch, Valencia, 2019.

- LUCAS-SCHLOETTER, A., "*Google face à la justice française et belge*", *Journal of Intellectual Property, Information Technology and E-Commerce Law*, vol. 2, 2011.
- NORDEMANN, J.B., "Liability for Copyright Infringements on the internet", *JIPITIC*, núm. 2, 2011.
- ROSATI, E. "Commentary to art. 17" en *Copyright in the Digital Single Market*, Oxford University Press, 2021.
- RUBÍ PUIG, A., y RAMIREZ SILVA, P., "El nuevo derecho de acceso (evolución de la jurisprudencia del TJUE en materia de comunicación al público en relación con las actividades que facilitan el acceso a la obra protegida)", *Pe.i (Revista de Propiedad Intelectual)*, núm. 58, 2018.
- SÁNCHEZ ARISTI, R., "Enlazadores y seudoelazadadores en internet: del rol de intermediarios hacia el de proveedores de contenidos que explotan obras y prestaciones intelectuales", *Revista Doctrinal Aranzadi Civil-Mercantil*, núm. 5/2012, BIB 2012/1269.


## LISTADO DE RESOLUCIONES DEL TJUE

- Sentencia del Tribunal de Justicia (Gran Sala) de 23 de marzo de 2010, *Google France*, asuntos acumulados C-236/08 a C-238/08, EU:C:2010:159.
- Sentencia del Tribunal de Justicia (Gran Sala) de 12 de julio de 2011, asunto C-324/09, *L'Oreal y otros*, EU:C:2011:474
- Sentencia del Tribunal de Justicia (Sala Tercera) de 24 de noviembre de 2011, asunto C-70/10, *Scarlet Extended*, EU:C:2011:771.
- Sentencia del Tribunal de Justicia (Sala Tercera) de 16 de febrero de 2012, *Netlog*, asunto C–360/1, EU:C:2012:85.
- Sentencia del Tribunal de Justicia (Sala Tercera) de 15 de marzo de 2012, Phonographic Performance, asunto C-162/10, EU:C:2012:141.
- Sentencia del Tribunal de Justicia (Sala Tercera) de 15 de marzo de 2012, *Del Corso* (el caso se denomina oficialmente *SFC*), asunto C-135/10, EU:C:2012:140.
- Sentencia del Tribunal de Justicia de la UE (Sala Cuarta) de 13 de febrero de 2014, *Svensson y otros*, asunto C-466/12, EU:C:2014:76
- sentencia del Tribunal de Justicia (sala novena) de 25 de marzo de 2015, asunto C-279/13, *C More Entertainment*, EU:C:2015:199.
- Sentencia del Tribunal de Justicia (Gran Sala) de 31 de mayo de 2016, *Reha Training*, asunto C-117/15, ECLI:EU:C:2016:379.

- Sentencia del Tribunal de Justicia (Sala Segunda) de 8 de septiembre de 2016, *GS Media,* asunto C-160/15, ECLI:EU:C:2016:644.
- Sentencia del Tribunal de Justicia (Sala Segunda) de 14 de junio de 2017, *Stichting Brein II,* (*The Pirate Bay* o *Ziggo*), asunto C-610/15, ECLI:EU:C:2017:456.
- Sentencia del Tribunal de Justicia (Sala Tercera), de 3 de octubre de 2019, *GlawischnigPiesczek,* asunto C-18/18, EU:C:2019:821.
- Sentencia del Tribunal de Justicia (Gran Sala) de 9 de marzo de 2021, *VG Bild-Kunst,* asunto C-392/19, EU:C:2021:181.
- Sentencia del Tribunal de Justicia (Gran Sala) de 22 junio 2021, *You Tube* y *Cyando,* asuntos C-682/18 y C683/18, EU:C:2021:503.
- Sentencia del Tribunal de Justicia (Gran Sala) de 26 de abril de 2022, *República de Polonia contra Parlamento Europeo* y *Consejo de la Unión Europea,* asunto C-401/19, EU:C:2022:297.
- Sentencia del Tribunal de Justicia (Sala Sexta) de 20 de abril de 2023, *Blue Air Aviation,* asuntos, C-775/21 y C826/21, EU:C:2023:307.
- Sentencia del Tribunal de Justicia (Sala Primera) de 13 de julio de 2023, *Ocilion IPTV Technologies,* asunto C-426/21, EU:C:2023:564.
- Sentencia del Tribunal de Justicia (Sala Sexta) de 11 de abril de 2024, *Citadines Betrieb,* asunto C-723/22.

# *Capítulo 9*
# *El principio de remuneración adecuada y proporcionada de autores y artistas intérpretes o ejecutantes*

**GEMMA MINERO ALEJANDRE**

*Profesora Contratada Doctora de Derecho Civil (acreditada a TU)*
*Universidad Autónoma de Madrid*

## I. UN ANÁLISIS PRELIMINAR DEL CAPÍTULO 3 DEL TÍTULO IV DE LA DIRECTIVA 2019/790 "REMUNERACIÓN EQUITATIVA DE LOS AUTORES Y ARTISTAS INTÉRPRETES O EJECUTANTES EN LOS CONTRATOS DE EXPLOTACIÓN"

En 2019, el legislador europeo aprueba, por primera vez, una norma que busca abordar la regulación, en cierta medida de manera uniforme, de un importante aspecto contractual de los acuerdos de cesión de derechos de explotación de autores y artistas intérpretes y ejecutantes: el artículo 18 de la Directiva 2019/790, de 17 de abril de 2019, sobre los derechos de autor y derechos afines en el mercado único digital —en adelante, DMUD—.[1] Este precepto persigue un objetivo claro: la plasmación de un principio

---

1 Directiva (UE) 2019/790 del Parlamento Europeo y del Consejo, de 17 de abril de 2019, sobre los derechos de autor y derechos afines en el

básico en la transmisión *inter vivos* de derechos de explotación de autores y artistas intérpretes o ejecutantes, que se deriva directamente del hecho de la creación, interpretación o ejecución y la posterior decisión de cesión de los derechos. Hablamos del principio de remuneración adecuada y proporcionada.

Este principio se articula como un derecho intrínseco al componente económico de la propiedad intelectual y con ello se pretende, en última instancia, garantizar el adecuado funcionamiento del mercado único digital -del mercado de derechos de autor y afines-.[2] El nombre de este principio es, de hecho, el título del artículo 18 DMUD.

De acuerdo con esta norma, los Estados miembros adquieren el deber de garantizar que "cuando los autores y los artistas intérpretes o ejecutantes concedan licencias o cedan sus derechos exclusivos para la explotación de sus obras u otras prestaciones, tengan derecho a recibir una remuneración adecuada y proporcionada". Nótese que la norma europea exige que la remuneración de autores y artistas cumpla, de forma acumulativa y no disyuntiva, el requisito de ser adecuada y la exigencia de ser proporcionada.[3]

Se trata de una regla con un ámbito de aplicación amplio, que engloba la transmisión *inter vivos* celebrada con carácter exclusivo y aquella pactada con carácter no exclusivo y cuya regulación europea se justifica por el carácter mayoritariamente transfronterizo que tiene la explotación en línea de contenidos protegidos por derechos de propiedad intelectual.[4] Además,

---

mercado único digital y por la que se modifican las Directivas 96/9/CE y 2001/29/CE, DOUE L. 130/92, de 17 de mayo de 2019 *(TOL 7.219.009)*.

2 Considerando 3 DMUD.

3 Sobre el carácter acumulativo de estos requisitos ha llamado la atención ROSATI, E., "Article 18", en *Copyright in the Digital Single Market*, Oxford University Press, Oxford, 2021, p. 363.

4 Así se especificaba en la Exposición de motivos que acompañó a la Propuesta de Directiva del Parlamento Europeo y del Consejo sobre

nada en este precepto permite inferir que el legislador europeo hubiera querido excluir los supuestos en los que la cesión de derechos se produce *ex lege*, por tratarse de una cesión legal o de una presunción *iuris tantum* de cesión.[5] Quedarían fuera del ámbito de aplicación de esta norma los supuestos de excepciones o limitaciones a los derechos de explotación, en los que no existe como tal una cesión contractual de los derechos del autor o del artista sobre sus obras o prestaciones protegidas.

---

derechos de autor en el mercado único digital, COM/2016/0593 final - 2016/0280 (COD), <https://eur-lex.europa.eu/legal-content/ES/TXT/?uri=CELEX%3A52016PC0593>, p. 5. En particular, la falta de transparencia en el ámbito de los contratos de los derechos de explotación constituiría un obstáculo para el correcto funcionamiento del mercado único de contenidos protegidos y las diferencias entre ordenamientos jurídicos nacionales evitaría que autores y artistas pudieran comparar las transacciones transfronterizas, afectándose con ello a su capacidad de celebración de contratos con posibles licenciatarios de diferentes Estados miembros. Véase COMMISSION STAFF, "Working Document. Impact Assessment on the modernisation of EU Copyright Rules, Part 1", <https://digital-strategy.ec.europa.eu/en/library/impact-assessment-modernisation-eu-copyright-rules>, p. 176. A modo de ejemplo de transacción transfronteriza, la Comisión Europea cita las coproducciones audiovisuales.

5 Como sucede, por ejemplo, en los artículos 88 y 89 del Texto Refundido de la Ley de Propiedad Intelectual, para autores de obras audiovisuales y de obras preexistentes al celebrar contratos de producción y transformación. De acuerdo con SAIZ GARCÍA, en los casos de cesión *ex lege* o de presunción *iuris tantum* de cesión, los creadores han de entenderse incluidos en la garantía del principio del artículo 18 DMUD porque su posición debe verse reforzada, dada su nula o menor fuerza negociadora. Véase SAIZ GARCÍA, C., "La garantía de una remuneración adecuada para los autores y artistas intérpretes o ejecutantes en el Real Decreto-Ley 24/2021, de 2 de noviembre", en *Digitación, acceso a contenidos y propiedad intelectual*, Dykinson, Madrid, 2023, pp. 200-201.

Por su parte, el apartado segundo de este artículo 18 DMUD configura el principio de remuneración adecuada y proporcionada como una obligación de resultados, dejando libertad decisoria a los Estados miembros sobre los medios concretos aplicables para la consecución de este fin. De acuerdo con esta norma, en su transposición, los legisladores nacionales "podrán utilizar diferentes mecanismos y tendrán en cuenta el principio de libertad contractual y el justo equilibrio entre derechos e intereses".[6] Por tanto, se hace un llamamiento a la ponderación entre el principio aquí creado y los principios de libertad contractual -vigente en nuestro ordenamiento, a modo de principio básico, en el artículo 1255 del Código Civil-[7] y de justo equilibrio entre los derechos e intereses de las partes implicadas. De ahí que la DMUD reconozca, entre otros aspectos, que la regulación del principio de remuneración adecuada y proporcionada no anula la libertad del titular de derechos para seguir autorizando, si así lo quiere, el uso gratuito de sus obras u otras prestaciones mediante licencias gratuitas no exclusivas en beneficio de cualquier usuario.[8]

---

6 Sobre la amplitud del margen de transposición de los legisladores nacionales, véase GOLDSTEIN, P. y HUGENHOLTZ, P.B., *International Copyright. Principles, Law and Practice,* Oxford University Press, Nueva York, 2019, p. 251.

7 Principio basilar que, en la fecha de aprobación del Código Civil español, ya se contenía, asimismo, en primer lugar, en el artículo 6 del Código Civil Francés de 1804 -también conocido como el Código de Napoleón- y en el artículo 12 del Código Civil Italiano de 1865. Sobre la relación entre estas tres normas, véase BETANCOURT, J.C., "Libertad de contratación, orden público y sus repercusiones en el marco de la arbitrabilidad", *InDret,* N. 2/2012, pp. 8-11.

8 Considerando 82 DMUD. Téngase en cuenta que las licencias no exclusivas permiten al autor o artista la concesión de otras licencias no exclusivas posteriores, de carácter oneroso o no, así como la propia explotación por parte de dicho autor o artista. Piénsese en supuestos en los que el autor o el artista licencia gratuitamente sus dere-

Tras proclamar el carácter de obligación de resultados del artículo 18 DMUD, el legislador europeo también quiso asegurar la consecución del principio de remuneración adecuada y proporcionada *ex post* de la celebración del contrato mediante la articulación en los artículos 19 a 23 DMUD de una serie de herramientas tuitivas de los intereses de autores y artistas, a completar por cada legislador nacional mediante el ejercicio de la libertad decisoria a la que hace referencia el artículo 18 DMUD.[9]

Mientras que el artículo 18 DMUD tiende a asegurar que la relación del autor o del artista con su contraparte contractual esté presidida, desde su inicio, por la finalidad de procurar una retribución justa y apropiada para el autor o el artista, los artículos subsiguientes tratan de garantizar esa remuneración proporcionada desde diferentes ángulos. Téngase en cuenta que estos preceptos se limitan a regular algunos aspectos relativos a la remuneración de los contratos de autorización de uso o cesión de derechos de explotación en los que autores y artistas sean parte contractual, pero no tocan otras materias como la formación del contrato,

---

chos con el objetivo de ganar una visibilidad que, a la larga, redunde en un aumento de su reconocimiento artístico y una elevación de su caché. Cosa que seguramente repercutirá de manera positiva en la remuneración que vaya a obtener en el futuro por la explotación de obras o prestaciones que pueda licenciar en contratos posteriores. Por su parte, el considerando 74 DMUD, al explicar la razón de ser de la obligación de información de los cesionarios prevista en el artículo 19 DMUD, indica que los autores y artistas intérpretes o ejecutantes "han de disponer de información para poder evaluar el valor económico de aquellos de sus derechos" y que "[e]sa necesidad no surge cuando (…) el autor o el artista intérprete o ejecutante ha concedido una licencia al público en general sin remuneración".

9 Cada uno de estos mecanismos se estudian en otros capítulos de esta obra. De ahí que en este capítulo no se analicen de forma pormenorizada los artículos 19 a 23 DMUD, sino únicamente al hilo de poder interpretar el sentido y las consecuencias del principio regulado en el artículo 18 DMUD.

las posibles formalidades o los regímenes aplicables al incumplimiento o a la ineficacia contractual, que sí están presentes en las leyes nacionales sobre derechos de propiedad intelectual.[10]

Así, el artículo 19 DMUD regula una obligación de transparencia a cumplir por los cesionarios de derechos de explotación. Difícilmente podrá el autor o el artista saber si está siendo remunerado de forma equitativa y proporcionada o si se está incumpliendo el contrato que en su día celebró con su cesionario si no dispone de información para poder identificar el valor económico de su obra o prestación protegida de forma periódica, al menos una vez al año.[11] Por tanto, el objetivo de este deber de información es colocar al autor y al artista en una posición que le permita conocer el valor económico de los derechos que ha cedido o cuyo uso ha autorizado (considerando 74 DMUD).

---

10 Sobre esta cuestión, véase RUBÍ PUIG, A., "El nuevo Derecho europeo sobre contratos con autores y artistas intérpretes y ejecutantes", en *Estudios de derecho contractual europeo,* Aranzadi, 2022, Madrid, pp. 764-812. De ahí que este y otros autores hayan calificado de modestas las reglas europeas aprobadas en materia contractual, toda vez que no ofrecen un régimen jurídico integral y sistemático de los contratos para la explotación de obras e interpretaciones. En este sentido también se había pronunciado anteriormente LUCAS-SCHLOETTER, A., "European Copyright Contract Law: A Plea for Harmonization", *IIC,* 2017, N. 48, pp. 897-899.

11 El legislador europeo tuvo en cuenta la frecuente opacidad de los canales de explotación de obras y prestaciones protegidas y el hecho de que los contratos de cesión de derechos patrimoniales frecuentemente se configuren como contratos de adhesión. Véase DUSOLLIER, S. KER, C., IGLESIAS, M. y SMITS, S., «Contractual arrangements applicable to creators: Law and Practice of selected Member States. Study commissioned by the European Parliament's Committee on Legal Affairs», [en línea], (2009), <https://www.europarl.europa.eu/meetdocs/2009_2014/documents/juri/dv/contractualarangements_/contractualarangements_en.pdf>. [Consulta: 08/01/2024.]

El artículo 20 DMUD articula un mecanismo de adaptación de contratos para la consecución de una remuneración adicional y equitativa en determinadas circunstancias, siempre que la remuneración obtenida sea desproporcionadamente baja en comparación con los ingresos derivados de la explotación de la obra o prestación protegida. Es la llamada cláusula *best-seller*, presente históricamente en las legislaciones sobre propiedad intelectual de varios países, como España, Alemania, Francia, Bélgica, Países Bajos o Polonia.[12] Si bien lo deseable sería que

---

12 El mecanismo de revisión español se contenía y se contiene, tras la implementación de la DMUD, en el artículo 47 del Texto Refundido de la Ley de Propiedad Intelectual (*TOL* 292.119) -en adelante, LPI-, que ha sufrido en 2021 las modificaciones que se estudiarán en un apartado posterior de este trabajo. En Alemania, la cláusula *best-seller* se contiene en la sección 32.a) de la *Urheberrechtsgesetz -UrhG-*, que exigía una "gran desproporción". Este precepto fue de aplicación en un conocido litigio que llegó al Tribunal Supremo Alemán: BGH case reference I ZR 145/11, con sentencia de 10 de mayo de 2012 *(Fluch der Karibik)* 2012 GRUR 1248. El demandante era el actor doblador cuya voz fue empleada en la versión alemana para el personaje interpretado por Johnny Depp en la película "Los Piratas del Caribe". De acuerdo con los contratos celebrados, a dicho doblador se le pagaron cerca de 1300 euros por el doblaje de la primera película y 4000 euros por el doblaje de la secuela posterior. Al considerar que la cantidad no era proporcionada con los ingresos obtenidos por la productora, el doblador demandó, solicitando la aplicación se la sección 32.a) *UrhG*. El Tribunal Supremo le dio la razón, por entender que su contribución no había sido meramente marginal y que la cantidad que se le había pagado no era adecuada, al existir una importante desproporción con los ingresos generados con la explotación de la obra. Con todo, la remuneración adicional a pagar al doblador se cuantifica por debajo de los 180.000 euros que este pedía, concluyéndose que dicho plus sería de 67.314 euros. De acuerdo con el Tribual Supremo Federal, se da una manifiesta desproporción cuando la remuneración pactada es inferior a la mitad de la que constituiría una remuneración equitativa (párrafo 55 de la sentencia). Tras la trasposición de la DMUD, el estándar actual

es menos exigente, dado que requiere simplemente que la remuneración pactada resulte desproporcionadamente baja. Una cláusula similar a la alemana existía también en el artículo L. 131-4 del *Code de la Propriété Intellectuelle* francés -que no hablaba literalmente de desproporción de la remuneración, sino de un perjuicio de más de siete doceavos como consecuencia de un contrato excesivamente oneroso, siendo la aplicación de este precepto infrecuente-, en la letra d) del artículo 25 de la ley holandesa de propiedad intelectual y en el artículo 44 de la ley polaca de propiedad intelectual. En el caso danés, si bien no se contaba con una cláusula *best-seller* como tal, la sección 36 de la ley nacional de propiedad intelectual de 2014 funcionaba de forma similar, permitiendo la modificación del contrato tras un cambio de circunstancias que impidan la implementación de este de acuerdo con el principio de la buena fe. Para un estudio de las disposiciones que establecen mecanismos de adaptación contractual en el ámbito de la propiedad intelectual, véase RUBÍ PUIG, A, "El mecanismo de adaptación contractual del artículo 20 de la Directiva sobre derechos de autor en el mercado único digital y su transposición al Derecho español", *Pe.I. Revista de Propiedad Intelectual,* N. 73, 2023, pp. 16-17 y 33-41; BENTLY, L., KRETSCHMER, M., DUDENBOSTEL, T., CALATRAVA MORENO, M.C. y RADAUER. A, «Strengthening the Position of Press Publishers and Authors and Performers in the Copyright Directive. Study for the JURI Committee of the European Parliament. PE 596.810», [en línea], (2017), <https://www.europarl.europa.eu/RegData/etudes/STUD/2017/596810/IPOL_STU%282017%29596810_EN.pdf>. [Consulta: 08/01/2024.]; y COMMISSION STAFF, «Working Document. Impact Assessment on the modernisation of EU copyright rules accompanying the document Proposal for a Directive of the European Parliament and of the Council on copyright in the Digital Single Market and Proposal for a Regulation of the European Parliament and of the Council laying down rules on the exercise of copyright and related rights applicable to certain online transmissions of broadcasting organisations and retransmissions of television and radio programmes, SWD(2016) 301 final, 2016», [en línea], (2016), <https://eur-lex.europa.eu/legal-content/EN/TXT/HTML/?uri=CELEX:52016SC0301>. [Consulta: 08/01/2024.] Para un estudio de la lógica de la acción de revisión contractual, nos remitimos a BENTLY, L. & GINSBURG, J. (2010), "The Sole Right... Shall Return to the Authors: Anglo-American Authors' Reversion

la aplicación del principio de remuneración proporcionada y adecuada del artículo 18 DMUD impidiera el pacto de remuneraciones bajas para autores y artistas, el incumplimiento sistemático de esta norma puede subsanarse por la vía de la aplicación del mecanismo del artículo 20 DMUD, con la que el autor o el artista podrán solicitar la modificación de la remuneración pactada y establecer otra adecuada y proporcionada, que será adicional a la que conste en el contrato celebrado.

Por su parte, el artículo 21 DMUD prevé el sometimiento a un procedimiento alternativo de resolución de litigios de carácter voluntario de los litigios relativos a la obligación de transparencia o al mecanismo de adaptación de contratos.[13] Por otro lado, el

---

Rights, From the Statute of Anne to Contemporary U.S. Copyright", *Columbia Public Law & Legal Theory Working Papers*, Paper 9190, 2010.

13 Medida que parte del hecho de que muchos autores y artistas son reacios a utilizar la vía judicial para resolver sus contiendas. Téngase en cuenta que la obligación estatal de diseñar un mecanismo de resolución alternativa de conflictos del artículo 21 DMUD no se extiende a las controversias generadas por el pretendido ejercicio por el autor o el artista del derecho de revocación contractual por falta de explotación de la obra o prestación, ni a las desavenencias que tengan que ver con la propia decisión o proceso de negociación precontractual sobre la cantidad o forma de pago de la remuneración por la cesión de derechos. El artículo 21 DMUD concede flexibilidad a los legisladores nacionales a la hora de decidir sobre la creación de un nuevo organismo o mecanismo, o bien recurrir a uno ya existente que cumpla las condiciones reguladas en la Directiva -entre ellas, la posibilidad de acudir a la vía judicial posteriormente-. En el caso español, se ha optado por hacer competente para ello a la Sección Primera de la Comisión de Propiedad Intelectual. Con este objetivo, se ha modificado el artículo 194 LPI por el artículo 80.9 del Real Decreto-ley 24/2021, de 2 de noviembre [Real Decreto-ley 24/2021, de transposición de directivas de la Unión Europea en las materias de bonos garantizados, distribución transfronteriza de organismos de inversión colectiva, datos abiertos y reutilización de la información del sector público, ejercicio de derechos de autor y derechos afines

artículo 22 DMUD configura un derecho de revocación total o parcial de las transmisiones exclusivas de derechos en supuestos en los que las obras o prestaciones no se estén explotando.

Finalmente, el artículo 23 DMUD cierra el Capítulo 3 del Título IV de la DMUD con dos reglas, a modo de principios comunes a los preceptos anteriores. A saber, los artículos 18 a 22 DMUD no se aplican a programas de ordenador, y los Estados miembros tienen la obligación de velar por que los artículos 19 a 21 DMUD no sean derogados por pacto de las partes. Téngase en cuenta que esta última regla no contiene una referencia expresa al artículo 18 DMUD. Cosa que hubiera sido adecuada, a modo de recordatorio o para evitar interpretaciones que conduzcan a realizar distingos entre este artículo 18 DMUD y el resto de preceptos del mismo capítulo de la DMUD.

Más didáctico hubiera sido, qué duda cabe, que, además de haber mencionado expresamente el artículo 23.1 DMUD al artículo 18 DMUD, hubiese indicado de manera expresa la sanción que correspondería aplicar en caso de incumplimiento, previendo la nulidad de pleno derecho de todo pacto contrario de las reglas imperativas previstas en los artículos 18 y siguientes de la DMUD, como derechos irrenunciables de autores y artistas que son.[14]

Sin embargo, esta solución seguramente casaría mal con los principios de competencia y subsidiariedad de la normativa de la Unión Europea con respecto de los Estados miembros. De

---

aplicables a determinadas transmisiones en línea y a las retransmisiones de programas de radio y televisión, exenciones temporales a determinadas importaciones y suministros, de personas consumidoras y para la promoción de vehículos de transporte por carretera limpios y energéticamente eficientes (*TOL* 8.630.334)].

14 La nulidad que proponemos se refiere a la renuncia anticipada al ejercicio de los derechos recogidos en los artículos 18 y ss. DMUD, y no así a las posibles renuncias que autores y artistas decidan libremente realizar una vez se ha producido el hecho regulado en estos preceptos.

ahí que el artículo 23.1 DMUD se limite a imponer la obligación estatal de velar por la no derogación del Capítulo III del Título IV DMUD por la vía contractual y el considerando 81 DMUD declare expresamente el carácter imperativo de estas reglas, inderogables, por tanto, por pacto de las partes.[15] En algunos casos, el incumplimiento de esta regla, mediante el pacto, por ejemplo, de una remuneración desproporcionadamente baja para un autor, no conducirá *per se* a un remedio de ineficacia, sino solamente a un remedio de conducta -la modificación del acuerdo pactado- o monetario -la condena al pago de una compensación económica adicional a la pactada-.[16]

Nótese que el artículo 18 DMUD habla del principio de remuneración "proporcionada y adecuada", que no simplemen-

---

15 De acuerdo con el considerando 81 DMUD, las disposiciones relativas a la transparencia, los mecanismos de adaptación de los contratos y los procedimientos alternativos de resolución de litigios establecidas en la presente Directiva tienen "carácter imperativo y las partes no deben poder establecer excepciones a dichas disposiciones estén incluidas en contratos entre autores, artistas intérpretes o ejecutantes y sus partes contratantes o en acuerdos entre estas partes contratantes y terceros, como los acuerdos de confidencialidad". Seguidamente, este considerando declara: "En consecuencia, el artículo 3, apartado 4, del Reglamento (CE) n. 593/2008 del Parlamento Europeo y del Consejo debe aplicarse al efecto de que, cuando todos los demás elementos pertinentes para la situación en el momento de la elección del Derecho aplicable se encuentren en uno o varios Estados miembros, la elección por las partes de un Derecho aplicable que no sea el de un Estado miembro se entiende sin perjuicio de la aplicación de las disposiciones relativas a la transparencia, los mecanismos de adaptación de los contratos y los procedimientos alternativos de resolución de litigios establecidas en la presente Directiva, tal como se apliquen en el Estado miembro del foro".

16 Acerca del remedio monetario y conductual, que no de eficacia, véase RUBÍ PUIG, A, "El mecanismo de adaptación contractual del artículo 20 de la Directiva sobre derechos de autor en el mercado único digital y su transposición al Derecho español", *loc. cit.,* p. 54.

te proporcional. Ello sin perjuicio de prever que el pago a tanto alzado ha de ser la excepción, mientras que la regla general ha de basarse en una remuneración proporcional, es decir, en el pacto de un porcentaje de remuneración a calcular sobre los ingresos de la explotación de la obra.

El legislador europeo es consciente de que no toda remuneración proporcional es, siempre y en todo caso, proporcionada. En efecto, la remuneración será insuficiente e injusta si el contrato suscrito en su día entre las partes no permite al autor o al artista participar efectiva y suficientemente de los mayores beneficios obtenidos posteriormente por el cesionario. Se parte de la base de que la falta de un pacto sobre remuneración proporcional, el establecimiento de un porcentaje único excesivamente bajo o la omisión de un sistema de pluses o escalado de porcentajes en el contrato celebrado pueden ser indicativos de que el autor o el artista está recibiendo o puede recibir una remuneración inadecuada en relación con los ingresos que está obteniendo o puede obtener el cesionario de sus derechos de explotación.[17]

En particular, el legislador europeo se muestra especialmente preocupado por la implementación del principio de remuneración adecuada y proporcionada en el ámbito del mercado de contenidos en línea y, especialmente, en relación con los servicios para compartir contenidos en línea que facilitan acceso a una gran cantidad de contenidos protegidos por derechos de autor cargados por sus usuarios, que se han convertido en una fuente principal de acceso a los contenidos en línea. De ahí que el fin último del polémico artículo 17 DMUD sea el fomento de un mercado de licencias entre titulares de derechos y prestadores de servicios para compartir contenidos en línea que acabe con la incertidumbre de los titulares de derechos para averiguar

---

[17] RUBÍ PUIG, A, "El mecanismo de adaptación contractual del artículo 20 de la Directiva sobre derechos de autor en el mercado único digital y su transposición al Derecho español", *loc. cit.*, p. 16.

si sus obras y otras prestaciones se están utilizando y en qué condiciones y que garantice su capacidad de obtener una remuneración adecuada por ese uso.[18] Con ello se casa el supuesto específico del artículo 17 DMUD con el principio general previsto en el artículo 18 DMUD: los titulares de derechos deben ser libres a la hora de decidir conceder o no autorizaciones o concluir o no acuerdos de licencia, pero, en caso de hacerlo, los acuerdos deben ser equitativos y mantener un equilibrio razonable entre ambas partes, de forma que aseguren a los titulares de derechos la recepción de una remuneración adecuada por el uso de sus obras y otras prestaciones y se reduzca la brecha de valor.[19]

## II. LA CONFIGURACIÓN DEL PRINCIPIO DE REMUNERACIÓN ADECUADA Y PROPORCIONADA POR EL LEGISLADOR EUROPEO. ANÁLISIS DEL ARTÍCULO 18 DE LA DIRECTIVA Y SU CONTEXTO

Con la redacción del artículo 18 DMUD se busca articular una regla sobre remuneración justa, que parta de la base de la "posición contractual más débil" [de autores y artistas intér-

---

18 Siendo el primer paso para la consecución de este fin el reconocimiento de que los prestadores de servicios para compartir contenidos en línea realizan un acto de comunicación al público o de puesta a disposición del público cuando dan acceso a obras protegidas por derechos de autor u otras prestaciones protegidas cargadas por sus usuarios, y, por consiguiente, dichos prestadores deben obtener una autorización o acuerdo de licencia de los correspondientes titulares de derechos (considerando 64 y artículo 17.1 DMUD). Con ello se deroga la aplicación del artículo 14, apartado 1, de la Directiva 2000/31/CE del Parlamento Europeo y del Consejo, de 8 de junio de 2000, sobre el comercio electrónico, a casos de responsabilidad derivada de la DMUD relativa al uso de contenido protegido por prestadores de servicios para compartir contenidos en línea (considerando 65 DMUD).

19 Considerando 61 DMUD.

pretes o ejecutantes] "cuando conceden licencias o ceden sus derechos" -considerando 72 DMUD- y que atienda a los criterios de mercado, que, en palabras de la propia Directiva, sea "proporcionada respecto del valor económico real o potencial de los derechos objeto de licencia o cedidos" y se calcule con base en "todas las circunstancias del caso, como las prácticas de mercado o la explotación real de la obra" -considerando 73 DMUD-.[20]

Se trata de una regla de paternalismo con la que se pretende reducir la asimetría de poder de negociación entre las partes habituales en los contratos de explotación de los derechos de autores y artistas intérpretes y ejecutantes y procurar una mayor equidad

---

20 La idea de que la protección ha de ser alta y la remuneración adecuada ya estaba presente en algunos considerandos de directivas previas en materia de propiedad intelectual, que hablaban de la necesidad de garantizar a los autores y artistas unos ingresos suficientes o una participación económica en la explotación y el éxito de sus creaciones. Así, por ejemplo, el considerando 5 de la Directiva 2006/115/CE, de 12 de diciembre, sobre derechos de alquiler y préstamo y otros derechos afines *(TOL 1.032.613)*, el considerando 3 de la Directiva 2001/84/CE, de 27 de septiembre, sobre el derecho de participación en beneficio del autor de una obra de arte original *(TOL 554.345)* y el considerando 10 de la Directiva 2001/29/CE, de 22 de mayo, relativa a la armonización de determinados aspectos de los derechos de autor y derechos afines en la sociedad de la información *(TOL51.982)*. Sobre los motivos que explican la mayor debilidad contractual de la posición de autores y artistas y las causas que les impiden la obtención de una remuneración justa por la explotación de sus obras y prestaciones nos remitimos a SAIZ GARCÍA, C. "La garantía de una remuneración adecuada para los autores y artistas intérpretes o ejecutantes en el Real Decreto-Ley 24/2021, de 2 de noviembre", *cit.*, pp. 191-205. El símil que esta autora hace en este punto entre la posición de autores y artistas cedentes y la de consumidores y usuarios no nos parece del todo acertada, pues la posición de unos y otros en los contratos de cesión de derechos de explotación y en los contratos de consumo no es equivalente.

y justicia distributiva.[21] La intervención legislativa busca procurar el justo reparto de las remuneraciones a recibir por autores y artistas. Cosa que el mercado por sí solo no ha sabido conseguir.[22]

---

21 Objetivo que se dejaba claro en la propia Exposición de motivos a la Propuesta de Directiva del Parlamento Europeo y del Consejo sobre derechos de autor en el mercado único digital, COM/2016/0593 final - 2016/0280 (COD), <https://eur-lex.europa.eu/legal-content/ES/TXT/?uri=CELEX%3A52016PC0593>, pp. 3 y 10. Sobre la presencia habitual, en el ámbito de la propiedad intelectual, de reglas y doctrinas paternalistas, véase HICKEY, K.J., "Copyright Paternalism", *Vanderbilt Journal of Entertainment & Technology Law,* 2017, N. 19. pp. 415-471. Sobre las razones por las que el autor o el artista se encuentra habitualmente en situación de inferioridad contractual frente a su contraparte, véase SAIZ GARCÍA, C. "El principio de remuneración adecuada y proporcionada en la Directiva 2019/790/UE", en *Propiedad intelectual y mercado único digital europeo,* Tirant lo Blanch, Valencia, 2019, pp. 373-375. En contra del excesivo paternalismo y de la tendencia a defender que únicamente los autores y artistas sufren de sesgos cognitivos que afectan a su voluntad en el momento de ceder o licenciar sus derechos, véase RUBÍ PUIG, A, "El mecanismo de adaptación contractual del artículo 20 de la Directiva sobre derechos de autor en el mercado único digital y su transposición al Derecho español", *cit.,* p. 75. Según este autor, también los cesionarios sufren de estos sesgos cognitivos y los contratos celebrados se caracterizan por tener elevados niveles de incertidumbre, que dificultan el cálculo *ex ante* del valor esperado de las obras y prestaciones protegidas. Esto explica, según este autor, el alto riesgo de fracaso comercial que afecta a aquellos productores que predicen mal los resultados de sus inversiones.

22 HERNÁNDEZ-PINZÓN plasmaba la situación de los artistas musicales previa a la aprobación de la DMUD en el encuentro de la ALAI de 2015, con las siguientes palabras referidas al reparto de valor entre los diferentes agentes que intervienen en la producción musical: "El productor es el que acapara la mayor parte de los ingresos (70 %) y, en el mejor de los casos, paga un pequeño "royalty" al artista, dependiendo de lo pactado en el contrato discográfico y el poder de negociación que tenga cada artista individualmente". Véase HERNÁNDEZ-PINZÓN, A., "Music Flatrates-Presentation and Legal

Existe un consenso acerca del incumplimiento absoluto de este objetivo de justo equilibrio en un supuesto en el que se pretendiese que el cesionario únicamente participara desde

Assessment", en *Remuneration for the use of works,* Walter de Gruyter, Berlín, 2015, p. 324. Por su parte, XALABARDER PLANTADA llama la atención sobre la situación de los autores en el mercado audiovisual: "Los porcentajes de ingresos de explotación acordados como mínimos a través de negociación colectiva que deberían abonarse además del salario acordado, en la práctica, se deducen de este". Véase XALABARDER PLANTADA, R., "La remuneración equitativa de los autores audiovisuales mediante un derecho irrenunciable de gestión colectiva", en *Propiedad intelectual y mercado único digital europeo,* Tirant lo Blanch, Valencia, 2019, p. 480. Esta autora, tras alabar la eficiencia de la gestión colectiva, concluye que "los mayores ingresos (recaudados por entidades de gestión) de los autores audiovisuales provienen precisamente de aquellos derechos que han sido completamente armonizados por el derecho de la UE: la distribución por cable y la compensación equitativa por copia privada" (p. 488). Es importante tener en cuenta las diferentes situaciones que pueden plantearse en la práctica. Los autores y artistas cuya producción intelectual se desenvuelva en el marco de una relación laboral se benefician de los resultados obtenidos por la negociación colectiva y, en particular, de la nulidad de los acuerdos de remuneración por su trabajo que estén por debajo de los convenios colectivos que resulten aplicables. Las asimetrías de información y remuneración se sufren principalmente por autores y artistas noveles que no se enmarcan en relaciones laborales, sino en contratos de remuneración a tanto alzado con renuncia expresa a la participación en el posible éxito de su obra o prestación. Un estudio sobre el funcionamiento de la cadena de valor de las industrias musical y audiovisual y de las prácticas habituales de remuneración en ambos sectores con datos cuantitativos y tablas comparativas de los ingresos de los diferentes intervinientes en la cadena de valor se contiene en GUIBAULT, L., SALAMANCA, O. y VAN GOMPEL, S., «Remuneration of authors and performers for the use of their works and the fixations of their performances», [en línea], (2015), <https://op.europa.eu/en/publication-detail/-/publication/c022cd3c-9a52-11e5-b3b7-01aa75ed71a1>. [Consulta: 08/01/2024.], pp. 61 a 103 y 159 a 181.

el punto de vista económico en el riesgo del fracaso de la explotación. En efecto, este resultado parecería inadecuado, por injusto y contrario a la búsqueda de incentivos necesarios para el funcionamiento del mercado.

Igualmente debe sorprender un segundo supuesto en el que el principio de remuneración adecuada y proporcionada tampoco se cumple: los contratos en los que la remuneración pactada a favor de autores o de artistas intérpretes o ejecutantes es irrisoria -porque el porcentaje de participación en los ingresos acordado es muy bajo- o cuando se prevé como tanto alzado una cantidad muy baja, pagada al principio de la relación contractual, que no permite un incremento posterior proporcional al éxito que alcance la explotación de la obra o prestación.

De ahí que estos supuestos de hecho merezcan las mismas críticas y reproches que la primera tesitura antes indicada y de ahí también que resulte positiva la valoración que merecen las normas aprobadas por el legislador europeo en 2019.

En otros casos esta necesidad de protección de los autores y los artistas no se plantea. Así sucede, entre otros, con programas de ordenador, en los supuestos en los que el autor o el artista intérprete o ejecutante ha concedido una licencia al público en general sin remuneración y en el resto de casos en los que la contraparte actúa como usuario final o no explota por sí misma la obra o prestación y en algunos contratos de trabajo.[23] En estos supuestos, el cesionario suele aplicar la obra en el seno de su propio proceso empresarial o industrial o en su ámbito interno de uso y disfrute, y no en una actividad con terceros, por lo que no tiene sentido alinear la remuneración

---

[23] De ahí que el artículo 23.2 y los considerandos 72, 74 y 82 DMUD excluyan estos supuestos del campo de aplicación de los artículos 18 a 22 DMUD.

del autor con los ingresos de explotación, ni el resto de herramientas reguladas en los artículos 18 a 22 DMUD.[24]

Se trata de un primer paso en la correcta dirección de procurar -en la fase de negociación contractual o, cuando no haya sido posible, en la fase de ejecución del contrato celebrado- una remuneración adecuada que garantice la creación cultural futura o, por lo menos, la subsistencia en el presente de autores y artistas.

Sin embargo, algunos autores se han mostrado críticos con el efecto que el paquete de medidas del Capítulo 3 del Título IV de la DMUD puede implicar en la práctica. Sostienen que la regulación del principio de remuneración adecuada y proporcionada y de los mecanismos asociados a él puede debilitar el carácter obligatorio y la fuerza de ley de los contratos y afectar negativamente a la seguridad jurídica.[25]

---

24 En este sentido, SÁNCHEZ ARISTI, R. y OYARZABAL OYONARTE, N. "Decadencia y caída del Texto Refundido de la Ley de Propiedad Intelectual: la transposición de la Directiva 2019/790 sobre derechos de autor en el mercado único digital por el Real Decreto-Ley 24/2021, de 2 de noviembre", *Pe.i. Revista de Propiedad Intelectual,* N. 69, 2021, p. 150. Sin embargo, en relación con las obras y prestaciones protegidas realizadas en el ámbito de una relación laboral, a las que se dedica el artículo 51 LPI, entendemos que el cumplimiento del principio de remuneración adecuada y proporcionada habrá de alcanzarse por otras vías, como pueden ser los convenios colectivos.

25 En este grupo de autores podemos incluir, entre otros, a MICKLITZ, H. W., "On the Intellectual History of Freedom of Contract and Regulation", *The Penn State Journal of Law & International Affairs,* 2015, N. 4, pp. 1-31; KAPLOW, L., y SHAVELL, S., "Fairness versus Welfare", *Harvard Law Review,* 2001, N. 114, pp. 961-1388; SHAPIRO, T., "Remuneration Provisions in the DSM Copyright Directive and the Audiovisual Industry in the EU: The Elusive Quest for Fairness", *European Intellectual Property Review,* 2020, N. 42(12), p. 778; y RUBÍ PUIG, A, "El mecanismo de adaptación contractual del artículo 20 de la Directiva sobre derechos de autor en el mercado único digital y su transposición al Derecho español", *loc. cit.,* p. 18 y ss. Además,

Con el artículo 18 DMUD y las herramientas aplicativas que le siguen -artículos 19 a 22 DMUD, junto con las reglas comunes previstas en el artículo 23 DMUD- se ahonda en la idea de la presunción de onerosidad de los contratos de cesión de derechos de explotación que ya regía en muchos ordenamientos nacionales,[26] a lo que ahora se añade una segunda presunción a nivel europeo: la de pago proporcional a los ingresos por la explotación de la obra o prestación protegida. De ahí que el considerando 73 DMUD establezca: "[u]n pago a tanto alzado puede constituir una remuneración proporcionada, pero no debe ser la regla general".[27]

---

en el caso de contratos que deban ejecutarse más allá de la Unión Europea, de acuerdo con SHAPIRO, se corre el riesgo de que el ejercicio de los mecanismos regulados en los artículos 18 y siguientes DMUD sea considerado, fuera del territorio europeo, un incumplimiento por parte del autor o del artista que solicita, por ejemplo, la revisión de la remuneración pactada o la revocación del contrato por falta de explotación. Este autor advierte que con ello se generará un problema importante -con la consecuente alta dosis de inseguridad jurídica- en el caso de contratos de cesión de derechos de explotación ligados al sector audiovisual que deban ejecutarse a caballo entre la Unión Europea y Estados Unidos.

26 Sobre la no presunción del carácter gratuito del contrato de cesión de derechos patrimoniales, véase CABEDO SERNA, LL., *El derecho de remuneración del autor,* Dykinson, Madrid, 2011, pp. 444 y ss.; y TORRES LANA, J.A., "Comentario al artículo 46", en *Comentarios a la Ley de Propiedad Intelectual,* Tecnos, Madrid, 2017, p. 908.

27 Se sigue con ello la línea que el Parlamento Europeo ya había apuntado en 2012. En el punto 46 de su «REPORT on the online distribution of audiovisual works in the European Union, 25.7.2012, (2011/2313(INI))», <https://www.europarl.europa.eu/doceo/document/A-7-2012-0262_EN.html> se afirmaba "es esencial garantizar para autores y artistas una remuneración adecuada y proporcionada a todas las formas de explotación de sus creaciones, especialmente en casos de explotación online, por lo que sería conveniente la prohibición por los Estados miembros de contratos en los que se prevea una remuneración a tanto alzado".

Seguidamente, este considerando prevé la posibilidad -que no la obligación- de que los legisladores nacionales regulen específicamente aquellos casos en los que la excepción, es decir, el pago a tanto alzado, pueda aplicarse. Cosa que deberán determinar "teniendo en cuenta las especificidades de cada sector" y sin que se prevea, por tanto, una obligación de identificación exhaustiva de supuestos de posible remuneración a tanto alzado, de carácter *numerus clausus.*[28]

En último término, será responsabilidad de cada Estado miembro crear un clima jurídico que asegure el cumplimiento del principio de remuneración adecuada y proporcionada, para lo que podrán emplearse, entre otras herramientas, mecanismos de negociación colectiva (considerando 73 DMUD).[29]

---

[28] El legislador europeo renunció a la armonización de los supuestos taxativos en los que se permite el pacto de remuneración a tanto alzado. Este listado seguirá quedando en manos de los legisladores de los Estados miembros, que habrán de seguir, eso sí, ese propósito normativo. En el ordenamiento español, esta regla no resulta problemática, pues su razón de ser ya se cumplía antes de la propia DMUD, al haber reservado nuestro legislador nacional la modalidad de pago a tanto alzado para determinados casos concretos (artículo 46.2 LPI), rigiendo para el resto de supuestos la regla general del pago proporcional (artículo 46.1 LPI). En efecto, el artículo 46.2 LPI identifica cuatro grupos de supuestos en los que se permite el pacto de remuneración a tanto alzado, que se completa con los casos enunciados en los artículos 52 y 90.3 LPI. Se permite hacer uso de la autonomía de la voluntad para pactar la remuneración proporcional en supuestos que puedan englobarse en alguno de los grupos para los que el legislador ha previsto la remuneración a tanto alzado. Sobre la ausencia de una obligación estatal de regular taxativamente los supuestos de posible remuneración a tanto alzado, véase XALABARDER PLANTADA, R., "The Principle of Appropriate and Proportionate Remuneration for Authors and Performers in Art.18 Copyright in the Digital Single Market Directive Statutory residual remuneration rights for its effective national implementation", *cit.*, p. 15.

[29] La referencia a la negociación colectiva de las condiciones económicas de los contratos de explotación de autores y artistas es novedosa,

En realidad, la DMUD, con la regulación de este principio, establece una triple regla aplicable a todo contrato de cesión de

---

y poco extendida en países continentales, a diferencia de lo que sucede con Reino Unido e Irlanda, en donde esta práctica es mucho más habitual. Más frecuente resulta en España el recurso a la regulación de la gestión colectiva obligatoria como forma de tutela de la posición de autores y artistas, en el caso de los derechos de simple remuneración. Sin embargo, la gestión colectiva como tal no refuerza la posición negociadora del autor o del artista con el editor o con el productor, sino que lo que consigue es apuntalar la posición de la entidad de gestión colectiva que representa a los autores o a los artistas frente a los usuarios de sus obras y prestaciones protegidas. La referencia a la negociación colectiva en el ordenamiento jurídico español la encontramos en la disposición adicional del Real Decreto-Ley 3/2004, de 25 de junio, para la racionalización y regulación del salario mínimo interprofesional y para el incremento de su cuantía, introducida por la disposición final quinta de la Ley 2/2019, de 1 de marzo, de modificación de la LPI. El contenido de esta norma es un paso más con respecto al considerando 73 DMUD, dado que la regla española prevé que los autores, a través de sus asociaciones o sindicatos representativos, podrán acordar con sus empleadores o con asociaciones de empresarios condiciones generales para el contrato de producción que contemplen aspectos remuneratorios y, a falta de tales acuerdos, las asociaciones o los sindicatos podrán publicar a efectos informativos listados de honorarios e información no vinculantes sobre la remuneración media del mercado. Sobre esta cuestión, véase SÁNCHEZ ARISTI, R. y OYARZABAL OYONARTE, N. "Decadencia y caída del Texto Refundido de la Ley de Propiedad Intelectual: la transposición de la Directiva 2019/790 sobre derechos de autor en el mercado único digital por el Real Decreto-Ley 24/2021, de 2 de noviembre", *cit.*, p. 153-157; y, de estos mismos autores, "La directiva de derechos de autor en el mercado único digital: una regulación sobre la remuneración equitativa de autores y artistas en los contratos de explotación", *Actas de derecho industrial y derecho de autor*, N. 40, 2019-2020, pp. 233-234. Estos autores llaman la atención sobre el riesgo de que la fijación mediante acuerdos colectivos o recomendaciones colectivas de condiciones sobre precios pueda constituir una infracción del Derecho de la competencia.

derechos de explotación de autores o artistas: a) cuando se pacte un contrato de cesión de derechos de explotación -y no así en casos de autorizaciones de uso gratuitas de obras por cesión directa a los usuarios finales, como sucede en algunas licencias de tipo *Creative Commons* o similares-, este siempre debe ser oneroso;[30] b)

---

[30] El propio considerando 72 DMUD indica que la necesidad de proteger a la parte más débil del contrato, que está detrás de los artículos 18 y siguientes de la DMUD, no se da cuando el autor o artista hubiera celebrado directamente el contrato de autorización de uso con el usuario final. Por tanto, quedarán al margen de esta regla sobre la onerosidad de la cesión de derechos patrimoniales los supuestos en los que el autor o el artista intérprete o ejecutante, de manera deliberada, pretenda ceder altruistamente sus derechos de explotación de sus obras o prestaciones protegidas, tanto aquellos contratos celebrados de manera directa con un único cesionario, como aquellas licencias de tipo *Creative Commons* o equivalente, que pueden tener por destinatario o beneficiario cualquier usuario de internet. La interpretación que proponemos aparece asimismo implícita en el considerando 74 DMUD, que indica que la necesidad de disponer de información sobre la explotación de su obra o prestación para evaluar el valor económico de esta no surge cuando "el autor o el artista intérprete o ejecutante ha concedido una licencia al público en general sin remuneración". También se infiere, de manera genérica, del considerando 82 DMUD, sobre la libertad del autor o artista de conceder licencias de uso gratuitas. En este sentido también se ha pronunciado CABEDO SERNA, LL. "La obligación de transparencia de la Directiva sobre derechos de autor en el mercado único digital: ¿Un paso más hacia una remuneración adecuada para los autores?", en *Propiedad intelectual y mercado único digital europeo,* Tirant lo Blanch, Valencia, 2019, p. 457. Resulta interesante, asimismo, la reflexión de BENTLY, KRETSCHMER y otros acerca del carácter de contrato de adhesión de las licencias *Creative Commons,* que suelen venir pre-redactados por el autor o artista, eligiendo una combinación de cláusulas de entre las múltiples ofrecidas en la página web de *Creative Commons,* lo que casa mal con el llamamiento del legislador europeo a proveer una serie de normas tuitivas de autores y artistas por tratarse estos últimos de la parte débil de la negociación contractual. BENTLY, L., KRETS-

la onerosidad, como regla general, debe calcularse de forma proporcional a los ingresos obtenidos por la explotación de la obra o prestación protegida, y no como cantidad fija; y c) el porcentaje de participación en los ingresos por la explotación no puede ser tan bajo o irrisorio que equivalga, en la práctica, a su inexistencia.

Dicho esto, el legislador europeo no define el concepto de remuneración adecuada, ni el de remuneración proporcionada, cuya interpretación habrá de quedar en manos del Tribunal de Justicia de la Unión Europea o, a falta de acción de este, de los tribunales nacionales. No sorprende que el legislador comunitario no haya procurado una definición abstracta, válida para cualquier supuesto de autorización de uso o cesión de derechos de explotación. Redactar una definición de este tipo sería difícil, por no decir imposible, pues habría de tener en cuenta las particularidades de cada sector del mercado.

El conocimiento por las partes contractuales del paquete de medidas regulado en los artículos 19 a 23 DMUD sirve para completar el mensaje creado con la propia redacción del artículo 18 DMUD. A modo de ejemplo, la probabilidad de un pleito futuro por la revisión de la remuneración pactada puede incentivar, al

---

CHMER, M., DUDENBOSTEL, T., CALATRAVA MORENO, M.C. y RADAUER. A, «Strengthening the Position of Press Publishers and Authors and Performers in the Copyright Directive. Study for the JURI Committee of the European Parliament. PE 596.810», [en línea], (2017), <https://www.europarl.europa.eu/RegData/etudes/STUD/2017/596810/IPOL_STU%282017%29596810_EN.pdf>. [Consulta: 08/01/2024.] pp. 83-84. Acerca del carácter de contrato de adhesión y la dificultad de control del uso dado a las licencias *Creative Commons,* incluso para las entidades de gestión colectiva, véase SÁNCHEZ ARISTI, R., "Las licencias creative commons: un análisis crítico desde el Derecho español", *Revista Aranzadi de Derecho del Deporte y Entretenimiento,* N. 19, 2007, pp. 436-437 y 440-441; y XALABARDER PLANTADA, R., "Las licencias Creative Commons: ¿una alterativa al copyright?", *UOC papers,* N. 2, 2006, p. 9.

menos idealmente, que las partes, en la negociación inicial de sus contratos, pacten cláusulas sobre remuneración más beneficiosas para autores y artistas.[31] Además, la necesidad de cumplir con la obligación de información actualizada, pertinente y exhaustiva sobre la explotación de sus obras e interpretaciones o ejecuciones por los cesionarios puede servir también como acicate para una buena disposición a la negociación de condiciones contractuales económicas justas. Qué duda cabe que la configuración de un derecho robusto de autores y artistas a obtener una información suficiente y comprensible sobre los ingresos que se generan con la explotación de sus obras y prestaciones -pudiendo solicitar información adicional cuando la transmitida por los cesionarios no cumpla estas características, de acuerdo con el considerando 76 DMUD- es la mejor garantía para el cumplimiento del principio de remuneración adecuada y proporcionada y, en caso de incumplimiento, para la articulación de la acción de revisión de la remuneración regulada en el artículo 20 DMUD.

Es importante destacar que el derecho de autores y artistas intérpretes y ejecutantes derivados del principio del artículo 18 DMUD es a ser remunerados, que no meramente compensados por la autorización de uso o la cesión de sus derechos de explotación. No se trata de una compensación, como sucede con el ejercicio de algunos de los límites y excepciones legales.[32]

---

[31] Así se ha pronunciado RUBÍ PUIG, A, "El mecanismo de adaptación contractual del artículo 20 de la Directiva sobre derechos de autor en el mercado único digital y su transposición al Derecho español", *loc. cit.*, p. 18, quien, a su vez, cita a MICKLITZ, H.W., "On the Intellectual History of Freedom of Contract and Regulation", *cit.*, 2015, N. 4(1), pp.1-32; y KAPLOW, L., y SHAVELL, S., "Fairness versus Welfare", *cit.*, pp. 961-1388.

[32] Así, por ejemplo, si nos referimos a las compensaciones equitativas reguladas en la Ley de Propiedad Intelectual española, podemos citar las previstas para el ejercicio del límite de copia privada (artículos 31.2 y 25), la compensación por préstamo de obras (artículo 37.2) y la

Es, además, una remuneración dimanada de la propia decisión del autor o del artista de dejar en manos de un tercero -el cesionario- la explotación de su obra o prestación protegida. Por tanto, nos encontramos ante supuestos en los que el legislador no ha considerado que deban primar derechos o intereses en el uso de la obra o prestación protegida distintos de los derechos e intereses propios de autores y artistas. En otras palabras, la remuneración es consecuencia directa no de una decisión del legislador que permita el uso, sino de una opción acordada por el titular originario del derecho de propiedad intelectual con su contraparte contractual. De ahí que no se resarza un daño causado, sino que se remunere un uso y su cantidad se calcule de manera directa en relación con la explotación de la obra o prestación que efectivamente se haya producido.[33] Por tanto, ha

---

referida a la consulta de obras a efectos de investigación en terminales especializados de determinados establecimientos (artículo 37.3).

33 El importe de la remuneración por la cesión de derechos de explotación ha de calcularse, no a partir del valor del daño causado, conforme a criterios de equidad, sino a partir del valor de la explotación realizada tras la cesión de dichos derechos. La implementación del principio del artículo 18 DMUD en lo que a las bases del cálculo de la remuneración se refiere se aparta, por tanto, de la interpretación que el TJUE ha dado al cálculo del importe de la remuneración equitativa por copia privada. Entre otras, en la STJUE (Sala Tercera) de 21 de octubre de 2010, asunto C-467/08, *Padawan,* FFJJ 40-42, ECLI:EU:C:2010:620 *(TOL 1.957.937).* Véase SAIZ GARCÍA, C., "La garantía de una remuneración adecuada para los autores y artistas intérpretes o ejecutantes en el Real Decreto-Ley 24/2021, de 2 de noviembre", *cit.,* p. 201. Véase también XALABARDER PLANTADA, R., "The Principle of Appropriate and Proportionate Remuneration for Authors and Performers in Art.18 Copyright in the Digital Single Market Directive Statutory residual remuneration rights for its effective national implementation", *InDret,* 2020. N. 4, p. 12.

de estarse al valor real del derecho cedido. Este carácter remuneratorio ha de presidir la interpretación de esta norma.[34]

Recuérdese que el artículo 18 DMUD regula un principio de remuneración "proporcionada y adecuada", que no simplemente una regla de remuneración proporcional. Los adjetivos "proporcionada" y "proporcional" no son sinónimos para el legislador europeo. De ahí que la literalidad de este precepto no sea un asunto baladí.[35] Se puede defender que la regla de la remuneración proporcionada es un llamamiento al pacto de un porcentaje de participación en los ingresos por la explotación suficiente, en el sentido de equitativo, y que la remuneración no se vincula al hecho en sí de la cesión, o al valor real

---

34 Sobre los criterios de cálculo basados en el daño y en el valor real o valor de mercado del derecho referidos, véase RIIS, T., "Remuneration Rights in EU Copyright Law", *IIC,* 2020, n. 51, pp. 446-467. Este autor infiere del artículo 18 DMUD la existencia de un derecho de remuneración residual que sobrevive a la cesión por el autor o el artista de sus derechos exclusivos y permite ejercitar una acción para solicitar una remuneración adicional.

35 En sentido estricto, una remuneración pactada a tanto alzado también podría satisfacer el requisito de remuneración proporcionada, si bien el legislador europeo establece que la regla general sobre remuneración no ha de ser el tanto alzado -que ha de reservarse para supuestos en los que se haya previsto expresa y excepcionalmente esta posibilidad-, sino la remuneración proporcional a los ingresos obtenidos por la explotación. Ello porque, como señalan STAMATOUDI y TORREMANS, "aunque el principio de remuneración adecuada se puede cumplir de varias formas, todas ellas deben tener en cuenta la efectiva explotación realizada, cosa que solamente se dará de forma gradual. De ahí que el pacto, por adelantado, de pagos a tanto alzado se considere menos adecuado", en el sentido de tener una menor conexión con la explotación real y efectiva del derecho cedido. Véase STAMATOUDI, I. y TORREMANS, P., "The Digital Single Market Directive", en *EU Copyright Law. A commentary*, Edward Elgar, Cheltenham, 2021, p. 752.

que pueda tener *per se* el derecho cedido, sino a los ingresos generados por la explotación efectiva de los derechos cedidos.[36]

Esta afirmación se entiende sin perjuicio de prever que el pago a tanto alzado, mediante cantidad fija pactada *ex ante*, sea la excepción y la regla general se base en una remuneración proporcional, es decir, en el pacto de un porcentaje de remuneración a calcular sobre los ingresos de la explotación de la obra. Estamos ante dos conceptos diferentes, pero queda claro

---

[36] En este sentido también se ha pronunciado CABEDO SERNA, LL., *El derecho de remuneración del autor*, *cit.*, p. 504; y SÁNCHEZ ARISTI, R. y OYARZABAL OYONARTE, N. "La directiva de derechos de autor en el mercado único digital: una regulación sobre la remuneración equitativa de autores y artistas en los contratos de explotación", *cit.*, p. 231. Estos dos últimos autores emplean la expresión "remuneración adecuada a la contribución del autor o el artista y proporcionada a la explotación efectiva de su obra". La falta de explotación efectiva incide sobre la remuneración. De acuerdo con estos dos últimos autores, el cesionario se ve en muchas ocasiones abocado a poner fin a la explotación por falta de éxito y, en este caso, no está justificado seguir remunerando al autor o al artista. Ello sin perjuicio de la aplicación de mecanismos de resolución o reversión de los derechos por falta de explotación. AGUILAR hace un importante distingo entre la remuneración proporcionada al valor del derecho cedido y la remuneración proporcionada a los ingresos generados por la explotación del derecho cedido. Véase AGUILAR, A., «The New Copyright Directive: Fair Remuneration in Exploitation Contracts of Authors and Performers – part 1, Articles 18 and 19. Kluwer Copyright Blog», [en línea], (2019), <https://copyrightblog.kluweriplaw.com/2019/07/15/the-new-copyright-directive-fair-remuneration-in-exploitation-contracts-of-authors-and-performers-part-1-articles-18-and-19/>. [Consulta: 08/01/2024.]. Por su parte, XALABARDER PLANTADA asimila el significado de remuneración apropiada con el de remuneración equitativa. Véase XALABARDER PLANTADA, R., "The Principle of Appropriate and Proportionate Remuneration for Authors and Performers in Art.18 Copyright in the Digital Single Market Directive Statutory residual remuneration rights for its effective national implementation", *cit.*, p. 14.

que, salvo que se haya previsto expresamente la posibilidad de pactar el tanto alzado, la licencia o cesión de derechos habrá de contener un acuerdo de cálculo del pago al autor o artista en proporción a los ingresos generados por la explotación de la obra o prestación, lo que a su vez se traduce en la obligación del cesionario de calcular el porcentaje con respecto del total obtenido por la explotación que hubiera realizado. El legislador europeo es consciente de que no toda remuneración proporcional es, siempre y en todo caso, proporcionada.

No puede perderse de vista la realidad de que el pacto sobre el pago proporcional no se traduce siempre y en todo caso en una remuneración justa, en el sentido de adecuada, ni supone siempre un pago más bajo que el dimanado de cuantías a tanto alzado. El acuerdo de pago proporcional simplemente implica que el cedente pagará al cesionario la cantidad correspondiente al porcentaje de participación pactado por las partes, que puede ser, en función de los casos, muy amplio, muy reducido o intermedio, de forma que este pacto no siempre beneficia al autor o al artista más que el acuerdo de pago a tanto alzado.[37]

Lo que sí garantiza el pacto del pago proporcional es una mayor implicación del autor o artista cedente en el proceso de cesión y un mayor interés en la efectiva explotación de la obra

---

37 La remuneración a tanto alzado no es *per se* inadecuada, sino que habrá de analizarse en cada caso concreto si, dadas las circunstancias, estamos o no ante una remuneración adecuada al valor de mercado y a las características de la obra o prestación protegida. De hecho, el pacto del pago de un tanto alzado será mucho más beneficioso para autores y artistas cuyas obras y prestaciones carezcan de todo éxito comercial. Sin embargo, el carácter más o menos beneficioso del pacto solamente podrá conocerse *ex post*, una vez celebrado y ejecutado el contrato de cesión de derechos patrimoniales. De ahí la utilidad que también tienen en estos casos los mecanismos regulados en la DMUD -en particular, en su artículo 20- para dar al autor la oportunidad de reclamar el pago de una remuneración adicional.

o prestación protegida y en la buena marcha del proyecto de explotación de la obra o prestación. Interés que, en el caso de contratos de cesión de carácter no exclusivo, se puede traducir, incluso, en una participación o colaboración del autor o del artista en las diversas fases de la explotación de su obra o prestación. Además, en todo caso, con ello se refuerza el vínculo personal del creador con su obra, interpretación o ejecución, aun cuando pueda generarse cierta distorsión en los incentivos de los cesionarios, y es que el legislador europeo ha entendido que la remuneración, dado que puede servir como incentivo para la creación de obras y otros contenidos, forma parte del contenido esencial del derecho fundamental a la propiedad intelectual.[38]

Para que la remuneración sea proporcionada ha de ajustarse al valor económico real o potencial de los derechos objeto de licencia o cesión.[39] El considerando 73 DMUD construye

---

38 Véase RUBÍ PUIG, A, "El mecanismo de adaptación contractual del artículo 20 de la Directiva sobre derechos de autor en el mercado único digital y su transposición al Derecho español", *loc. cit.*, p. 60.

39 XALABARDER PLANTADA introduce una interesante idea: el considerando 73 DMUD, al referirse al principio regulado en el artículo 18 DMUD, declara: "La remuneración de autores y de artistas intérpretes o ejecutantes debe ser adecuada y proporcionada respecto del valor económico real o potencial de los derechos objeto de licencia o cedidos". Coincidimos con esta autora en que el uso del adverbio "o" en este considerando no se debe interpretar en un sentido disyuntivo, como forma de elegir entre una de dos opciones, sino en un sentido inclusivo o acumulativo, para referirse al valor económico de los derechos cedidos, bien sea el real o actual o el potencial o futuro. Este matiz será especialmente útil en aquellos supuestos en los que el cesionario realice actos de explotación gratuitos o a cambio de una remuneración que esté muy por debajo del valor real de mercado de la obra o prestación y, al tratarse de una cesión exclusiva, el autor o artista se vea incapacitado para explotar por sí mismo su obra o prestación o para permitir que terceros realicen la explotación. Piénsese, asimismo, en casos de autores y artistas noveles, para los que no existe una referencia previa sobre el posible valor económico

una suma de parámetros flexible que pueda servir de ayuda en la determinación de esta cantidad. De acuerdo con este considerando, el valor económico real o potencial de los derechos ha de calcularse "teniendo en cuenta la contribución del autor o el artista intérprete o ejecutante al conjunto de la obra u otra prestación y todas las circunstancias del caso, como las prácticas de mercado o la explotación real de la obra". Precisamente la diversidad de matices y particularidades de los diferentes sectores hace imposible regular en la DMUD o en otra futura norma europea una horquilla cuantitativa de porcentajes en los que deba moverse el pacto de la remuneración para cumplir el principio aquí estudiado.[40]

---

de sus derechos de explotación. Ello ha de entenderse sin perjuicio de las matizaciones que se realizan en este trabajo sobre la necesidad de que la remuneración vaya ligada, en todo caso, a la explotación efectiva de la obra o prestación. Véase XALABARDER PLANTADA, R., "The Principle of Appropriate and Proportionate Remuneration for Authors and Performers in Art.18 Copyright in the Digital Single Market Directive Statutory residual remuneration rights for its effective national implementation", *cit.*, p. 14.

[40] El legislador de 2019 se aparta de la técnica legislativa seguida en la Directiva 2011/77/CE, de 27 de septiembre, por la que se modifica la Directiva 2006/116/CE relativa al plazo de protección del derecho de autor y de determinados derechos afines *(TOL2.254.241).* La Directiva 2011/77 introduce en el artículo 3 de la Directiva 2006/116/CE un nuevo apartado 2 *quater* en el que sí se reguló un porcentaje específico sobre los ingresos del productor como remuneración equitativa del artista, seguido de un derecho del artista a solicitar al productor la información necesaria para asegurar el pago de esa remuneración. De acuerdo con esta norma, cuando un contrato de cesión de derechos prevea un único pago a tanto alzado del artista, este tiene un derecho irrenunciable a percibir del productor de fonogramas una remuneración anual adicional por cada año completo una vez transcurridos cincuenta años desde la publicación o comunicación al público del fonograma (apartado 2 ter del artículo 3 de la Directiva 2006/116, introducido por la Directiva 2011/77). En particular, esa remuneración adicional será del 20% de los ingresos

La referencia a la concreta contribución realizada por el autor o el artista permite afirmar que cuando la obra o prestación cumple un papel accesorio o secundario respecto de la actividad de que se trate, no está justificada una remuneración tan alta como cuando se coloca en el núcleo de la explotación que vaya a realizarse.[41]

Asimismo, el parámetro de la contribución del autor o del artista es un criterio flexible, que permite subsumir una gran variedad de supuestos. Así, por ejemplo, casos de creación de obras derivadas o de obras complejas hasta casos de participación en obras colectivas, pasando por supuestos de coautoría con participación equivalente de los varios coautores o, por el contrario, con pacto entre los diversos coautores de cuantificación de la titularidad del derecho de acuerdo con diferentes porcentajes y casos más complejos en los que la participación de los varios sujetos intervinientes no sea equivalente en términos cuantitativos y cualitativos, y no exista *a priori* acuerdo entre ellos para conferir un reflejo económico en la remuneración equitativa y proporcionada para cada uno de ellos. El uso de criterios cuantitativos y cualitativos de identificación de la concreta contribución de cada sujeto no está exento de problemas prácticos.[42] Reflexión que ha de extenderse asimismo a supuestos de pluralidad de artistas intérpretes y/o ejecutantes.

---

totales que el productor obtenga por la explotación del fonograma en el año precedente a aquel en el que se abone la remuneración (nuevo apartado 2 *quater* del art. 3 de la Directiva 2006/116).

41 Véase, SÁNCHEZ ARISTI, R. y OYARZABAL OYONARTE, N. "Decadencia y caída del Texto Refundido de la Ley de Propiedad Intelectual: la transposición de la Directiva 2019/790 sobre derechos de autor en el mercado único digital por el Real Decreto-Ley 24/2021, de 2 de noviembre", *cit.*, p. 152.

42 El parámetro cuantitativo exige ponderar el peso relativo de esa contribución con respecto del resto de contribuciones contenidas en esa obra -en el caso de una obra literaria colectiva, ello será más o menos sencillo, al poder traducirse en porcentajes de participación

De la mención a las prácticas de mercado se infiere la influencia del legislador alemán, que prevé la aplicación de la regla estándar de remuneración de cada concreto sector para calificar el pacto de remuneración equitativa, para lo que habrá de estarse a lo que habitual y razonablemente se pacte en el tráfico comercial para ese tipo de obra y esas concretas modalidades de explotación cedidas, ponderando, asimismo, la duración y alcance geográfico habitual en ese sector del mercado.[43] Por tanto, la referencia a las prácticas habituales en el mercado de que se trate ha de casar con las características propias del contrato particular.[44] El carácter adecuado de la remuneración

---

con respecto del total de páginas de la obra, pero no así en otros tipos de obras-. Por su parte, el criterio cualitativo exige ponderar la relevancia de cada intervención. Así, por ejemplo, en base al criterio cualitativo, el traductor no puede aspirar a obtener la misma remuneración que el autor del texto traducido. Más allá de ejemplos de traducción, la ponderación cualitativa genera importantes problemas prácticos, porque no garantiza la neutralidad de la valoración.

43 La sección 32.2 *UrhG* regula un derecho irrenunciable del autor a alterar el contenido del contrato para solicitar el cobro de una remuneración equitativa cuando la remuneración pactada no cumpliera este carácter. Sin embargo, la sección 36 *UrhG* da prevalencia, por ser más beneficioso para el autor, a las tarifas acordadas en convenios colectivos celebrados por asociaciones de autores. En 2015, el legislador holandés siguió el ejemplo alemán en el actual artículo 25.c.(1) de ley nacional. Véase GOLDSTEIN, P. y HUGENHOLTZ, P. B., *International Copyright. Principles, Law and Practice,* cit., p. 252.

44 Así se ha pronunciado también, RUBÍ PUIG, A, "El mecanismo de adaptación contractual del artículo 20 de la Directiva sobre derechos de autor en el mercado único digital y su transposición al Derecho español", *loc. cit.,* p. 54. Eso sí, la referencia a la necesidad de tomar en consideración las prácticas habituales de cada sector y el resto de circunstancias del mercado, así como la obligación de procurar un justo equilibrio de intereses son un llamamiento a la necesidad de ponderar la asunción por parte del cesionario de los riesgos económicos de la explotación de la obra o prestación protegida de que se trate, toda vez que autores y artistas no suelen asumir

exige, además, que la medición de la cuantía se haga respecto de cada modalidad de explotación, esto es, respecto de cada derecho o facultad de explotación licenciada.[45]

La falta de regulación expresa en la DMUD de la obligada mención contractual de cada una de las modalidades de explotación cedidas por el autor o el artista y, en paralelo, de la remuneración asignada a cada una de ellas es ciertamente criticable.[46] De ahí que entendamos que un cumplimiento más

---

por sí mismos la financiación necesaria para ello. XALABARDER PLANTADA, R., "The Principle of Appropriate and Proportionate Remuneration for Authors and Performers in Art.18 Copyright in the Digital Single Market Directive Statutory residual remuneration rights for its effective national implementation", *cit.*, p. 16.

45 En este sentido también se ha pronunciado XALABARDER PLANTADA. Para esta autora, el carácter equitativo requiere "que la remuneración se obtenga por cada acto (y modalidad) de explotación". De ahí que la implementación del principio previsto en el artículo 18 DMUD tenga que traducirse en la necesidad de pactar una remuneración diferenciada para cada derecho de explotación cedido por el autor o artista y, en particular, para cada modalidad o tipo específico de explotación dentro de cada derecho. Véase XALABARDER PLANTADA, R., "La remuneración equitativa de los autores audiovisuales mediante un derecho irrenunciable de gestión colectiva", *cit.*, p. 499.

46 Esta mención obligatoria sí se contenía en la enmienda propuesta por el Parlamento Europeo al entonces artículo 14.4 DMUD, que establecía: "Los contratos especificarán la remuneración aplicable en cada modo de explotación". Se trataba del último apartado del artículo 14 DMUD propuesto. Sin embargo, esta referencia no pasó al texto finalmente aprobado. Véase «Informe sobre la propuesta de Directiva del Parlamento Europeo y del Consejo sobre los derechos de autor en el mercado único digital (COM(2016)0593 – C8-0383/2016 – 2016/0280(COD)) (A8-0245/2018), presentado el 29 de junio de 2018, ponente Axel Voss», <https://www.europarl.europa.eu/RegData/seance_pleniere/textes_deposes/rapports/2018/0245/P8_A(2018)0245_ES.pdf>. Para un análisis de las variaciones en la redacción de esta norma nos remitimos al siguiente apartado de este trabajo. También resulta ciertamente reprochable que el legis-

efectivo del objetivo tuitivo buscado por el legislador europeo vendría de la mano del pacto expreso de la remuneración aplicable a la autorización de uso o cesión de cada uno de los cuatro derechos patrimoniales o de las facultades que los componen y que hubieran sido cedidas, cuando o bien el porcentaje de remuneración no sea el mismo o bien los posibles ingresos que puedan obtenerse de cada una de ellas difieran.[47]

Asimismo, entendemos que las tarifas establecidas por las entidades de gestión son un baremo especialmente útil a los efectos de dilucidar si estamos o no ante una remuneración proporcionada. Sin embargo, no puede perderse de vista la inexistencia de una efectiva unificación o armonización de tarifas a nivel europeo y la escasa probabilidad de que el legislador europeo intervenga para procurar una unificación completa de estas.

Por otro lado, la mención en el considerando 73 DMUD, como criterio final o residual, del resto de circunstancias de cada caso permite computar a estos efectos, por ejemplo, el número de derechos de explotación cedidos -o de facultades concretas- y la extensión geográfica de la cesión y el tipo de obra que, en ocasiones, delimita o influye en el tipo de valor añadido o que pueda añadir el licenciatario o cesionario de los derechos.[48] Se ha de identificar el conjunto de circunstancias

---

lador español no haya aprovechado la oportunidad que le confería la transposición de la DMUD para modificar el artículo 43 LPI para introducir una mención a la obligación de prever una remuneración asociada a cada derecho y modalidad de explotación cedida. Véase SAIZ GARCÍA, C. "El principio de remuneración adecuada y proporcionada en la Directiva 2019/790/UE", *cit.*, pp. 398-399.

47 Indicación que creemos que ha de hacerse extensible, asimismo, a la obligación de transparencia prevista en el artículo 19 DMUD.

48 De acuerdo con SAIZ GARCÍA, la toma en consideración del resto de circunstancias del contrato de cesión probablemente se traducirá en una ponderación de las circunstancias económicas de cada Estado. Véase SAIZ GARCÍA, C., "La garantía de una remuneración

del caso que permita establecer la conexión entre esa cesión de derechos y la explotación llevada a cabo por el cesionario.[49] Entre otras, las particularidades que pueda presentar cada concreto mercado, dado que no existirá una absoluta equivalencia en contratos de cesión de derechos celebrados en el mercado editorial, con los pactados en el mercado musical o los que se negocien en el sector audiovisual, entre otros.

La existencia del artículo 18 DMUD merece *per se* una valoración positiva.[50] Uno de los principales motivos de esta apre-

---

adecuada para los autores y artistas intérpretes o ejecutantes en el Real Decreto-Ley 24/2021, de 2 de noviembre", *cit.*, p. 202.

49 A modo de ejemplo, SÁNCHEZ ARISTI y OYARZABAL OYONARTE señalaban que no existe nexo de conexión suficiente entre los rendimientos comerciales derivados de la venta de un producto y la remuneración del diseñador gráfico del folleto publicitario de dicho producto, ni tampoco la cesión de los derechos sobre una ilustración para la portada de un libro genera un valor económico elevado en sí misma, dado que este no debe confundirse con el valor económico de la explotación de la obra literaria de cuya portada se trata. De ahí que no se consideren justificadas las solicitudes de remuneración elevada para los autores del folleto publicitario o de la ilustración para la portada del libro. Véase SÁNCHEZ ARISTI, R. y OYARZABAL OYONARTE, N. "La directiva de derechos de autor en el mercado único digital: una regulación sobre la remuneración equitativa de autores y artistas en los contratos de explotación", *cit.,* p. 231.

50 En general, la propuesta de Directiva -sobre la que volveremos más adelante- y la voluntad de las autoridades europeas de asegurar un mejor y más justo reparto de la remuneración ya cosecharon valoraciones positivas. En este sentido, la ASSOCIATION LITTÉRAIRE ET ARTISTIQUE INTERNATIONALE en su «Resolución relativa a las propuestas europeas de 14 de septiembre de 2016 tendentes a instituir un mejor reparto del valor cuando se ponen a disposición obras y otros elementos en internet», [en línea], (2017), <https://www.alai.org/en/assets/files/resolutions/170218-value-gap-en.pdf>. [Consulta: 08/01/2024.]; HILTY, R. y MOSCON, V., «Modernisation of the EU Copyright Rules. Position Statement of the Max

ciación es el carácter transversal de los artículos 18 y siguientes DMUD, de forma que las nuevas normas europeas no se limitan a un sector concreto o a un determinado tipo de autorización o cesión de derechos, sino que son mecanismos aplicables a cualquier disposición contractual general en materia de remuneración por la cesión de derechos de explotación.[51]

Su ámbito de aplicación incluye, por tanto, los casos de cesiones exclusivas y no exclusivas, autorizaciones de uso, relaciones

---

Planck Institute for Innovation and Competition, Research Paper, N. 17-12», [en línea], (2017), <https://pure.mpg.de/rest/items/item_2470998_12/component/file_2479390/content>. [Consulta: 08/01/2024.]; y BENTLY, L., KRETSCHMER, M., DUDENBOSTEL, T., CALATRAVA MORENO, M.C. y RADAUER. A, «Strengthening the Position of Press Publishers and Authors and Performers in the Copyright Directive. Study for the JURI Committee of the European Parliament. PE 596.810», [en línea], (2017), <https://www.europarl.europa.eu/RegData/etudes/STUD/2017/596810/IPOL_STU%282017%29596810_EN.pdf>. [Consulta: 08/01/2024.]

51 A pesar de contenerse en un título de la Directiva -el Título IV, sobre "Medidas para garantizar el correcto funcionamiento del mercado de derechos de autor", configurando los artículos 18 a 23 el Capítulo 3, sobre "Remuneración equitativa de los autores y artistas intérpretes o ejecutantes en los contratos de explotación" - en el que comparte ubicación con las obligaciones de los prestadores de servicios para compartir contenidos en línea -en el art. 17, que configura, por sí solo, el Capítulo 2, sobre "Determinados usos de contenidos protegidos por servicios en línea"-y con la regulación de reglas específicas sobre publicaciones -artículos 15 y 16, que conforman el Capítulo 1, titulado "Derechos sobre publicaciones"-, los artículos 18 a 23 DMUD tienen la virtud de aplicarse de manera transversal a cualquier contrato de cesión de derechos del autor o del artista, sea cual sea la forma en la que vaya a realizarse la explotación de sus derechos, tanto en las habituales plataformas digitales, como en otras vías tradicionales de uso de obras y prestaciones protegidas. Con la regulación de unas reglas transversales se busca corregir el carácter limitado achacable a muchas normas nacionales sectoriales preexistentes -por ejemplo, las referidas al ámbito editorial-.

laborales, contratos de obra o de prestación de servicios, etc., con independencia del sector y del tipo de obra o prestación de que se trate.[52] Por su parte, del considerando 72 DMUD parece inferirse que la aplicación de este principio solamente es imperativa cuando el autor o artista cedente es persona física.[53] Ello dejaría fuera los supuestos de obras colectivas en las que la coordinación se realiza por una persona jurídica y, en particular, los programas de ordenador, de acuerdo con los artículos 8 y 97.2 LPI.[54]

En relación con la extensión del principio de remuneración adecuada y proporcionada a cesiones no exclusivas de derechos patrimoniales, nótese que cuando el legislador europeo ha querido limitar alguna de las reglas del Capítulo 3 del Título IV DMUD a las cesiones realizadas con carácter exclusivo lo ha mencionado expresamente en el texto de la norma -así sucede en el caso de la acción de revocación contractual regulada en el artículo 22 DMUD-. Mención que no se contiene,

---

52 No existe razón que justifique no extender el principio de remuneración adecuada y proporcionada a las cesiones de derechos patrimoniales *ope legis,* a pesar de que en estos casos la cesión de derechos del autor o del artista no se formaliza en un contrato entre estos y un cesionario, sino que es consecuencia de la aplicación de la disposición legal que regula dicha transmisión. Será especialmente habitual el caso de obras creadas en cumplimiento de contratos laborales, para cuya remuneración también habremos de estar a las reglas dimanadas del principio de remuneración adecuada y proporcionada. En este sentido también se ha pronunciado XALABARDER PLANTADA, R., "The Principle of Appropriate and Proportionate Remuneration for Authors and Performers in Art.18 Copyright in the Digital Single Market Directive Statutory residual remuneration rights for its effective national implementation", *cit.,* p. 17.

53 En este sentido, ROSATI, E., "Article 18", *cit.,* p. 364.

54 Recuérdese que el artículo 23.2 DMUD excluye expresamente la aplicación del principio de remuneración adecuada y proporcionada a los programas de ordenador.

sin embargo, en la redacción dada al artículo 18 DMUD. De ahí que este tipo de cesiones deban entenderse incluidas en el campo de aplicación de este principio.

Un segundo aspecto positivo es la igualdad de trato ofrecida en este extremo a autores y a artistas intérpretes o ejecutantes. El legislador europeo quiso conceder una absoluta equiparación jurídica en relación con este extremo a ambos grupos de titulares.[55] Se busca reducir las diferencias de tutela entre ambos colectivos, pues ambos sufren por igual, con carácter general, la debilidad estructural en la negociación de su remuneración que la norma europea busca corregir.[56]

Una tercera razón para valorar positivamente el artículo 18 DMUD se refiere al hecho de que, en el terreno autoral, el principio de remuneración adecuada y proporcionada tiene

---

55 Algunos autores entienden que los verdaderos beneficiarios de la regulación contenida en los artículos 18 y siguientes DMUD sean los artistas intérpretes y ejecutantes, para los que, con anterioridad a la aprobación de esta Directiva, las reglas aplicables al Derecho contractual de sus derechos de explotación eran, en términos generales, menos tuitivas que las normas referidas a los autores. En este sentido, SHAPIRO, T., "Remuneration Provisions in the DSM Copyright Directive and the Audiovisual Industry in the EU: The Elusive Quest for Fairness", *cit.*

56 Decisión que es especialmente beneficiosa para los artistas, que no tendrán que demostrar la aportación de originalidad en su interpretación o ejecución para ser beneficiarios de las medidas tuitivas previstas en los artículos 18 a 23 de la DMUD. Sin embargo, otros colectivos tendrán que afanarse en la prueba de la originalidad de su intervención para poder acceder a esta mayor protección. Entre ellos, LAFRANCE cita a los ingenieros de sonido. Esta problemática no es nueva, sino que deriva del propio hecho de la falta de armonización real del concepto de autoría entre los Estados miembros y las correspondientes diferencias interpretativas dimanadas de ello. Véase LAFRANCE, M., "Fairness for authors and performers: the role of Law", en *Fairness, Morality and Ordre Public in Intellectual Property*, Edward Elgar, Cheltenham, 2020, p. 42.

la virtud de poder aplicarse a todo sujeto considerado autor conforme a la normativa nacional, sea autor único o coautor, y con independencia del tipo de obra, sin que la falta de armonización europea del concepto de autoría -y de la tipología de obras, entre ellas, las obras en colaboración y obras colectivas- tenga repercusión alguna a estos efectos.[57]

Sin embargo, resulta llamativo -y ciertamente criticable- que tuviéramos que esperar hasta 2019 para contar con una regla europea de remuneración adecuada y proporcionada. Sobre todo, si tenemos en cuenta las múltiples proclamaciones del legislador europeo y del Tribunal de Justicia de la Unión Europea sobre el deseo de alcanzar un elevado nivel de protección de los titulares de derecho de propiedad intelectual.[58]

La principal declaración del legislador europeo sobre la regla de la remuneración adecuada la encontramos en el considerando 10 de la Directiva 2001/29/CE, en el que se prevé:

---

57 Pensemos, por ejemplo, en las obras audiovisuales, para las que el legislador europeo ha entendido que será considerado autor, en todo caso, el director principal de una obra cinematográfica o audiovisual [artículo 2.1 de la Directiva 2006/116/CE del Parlamento Europeo y del Consejo, de 12 de diciembre de 2006, relativa al plazo de protección del derecho de autor y de determinados derechos afines *(TOL2.254.242)*]. Sin embargo, el legislador europeo extiende el plazo de tutela de la obra audiovisual a la siguiente lista de sujetos tanto si en la normativa nacional son considerados autores como si no lo son: director principal, autor del guion, autor de los diálogos y compositor de la banda sonora específicamente compuesta para la obra cinematográfica o audiovisual (artículo 2.2 de la Directiva 2006/116/CE). Ello sin perjuicio de que las normativas nacionales prevean de forma adicional la autoría de otros sujetos.

58 Con todo, el grado de armonización conseguido hasta la fecha no ha sido elevado. Sobre la reducida unificación del sistema de remuneración de autores y artistas, véase PRIORA, G., "The Principle of Appropriate and Proportionate Remuneration in the CDSM Directive: A Reason for Hope?", *EIPR*, 2020, 42(1), pp. 1-3.

"Para que los autores y los intérpretes puedan continuar su labor creativa y artística, deben recibir una compensación adecuada por el uso de su obra". Sin embargo, este considerando seguidamente aplica este principio, aparentemente en igualdad de términos, a los productores, al afirmar "al igual que los productores, para poder financiar esta labor". Por tanto, el legislador de 2001 no tenía el mismo objetivo que el de 2019, puesto que no pretendía configurar un derecho irrenunciable de autores y artistas intérpretes y ejecutantes, ejercitable frente a otros eslabones de la cadena de explotación de sus obras y prestaciones, como pueden ser los productores.[59]

---

59 Una década antes, en la Directiva 92/100/CEE, de alquiler y préstamo, el legislador europeo había reconocido, por primera vez, el derecho de remuneración de carácter irrenunciable y de gestión colectiva obligatoria de todo autor y de todo artista que hubiera cedido su derecho de alquiler a un productor de fonogramas o a un productor audiovisual para el arrendamiento del fonograma o la película, en el artículo 5 de la Directiva 92/100/CEE del Consejo, de 19 de noviembre de 1992, sobre derechos de alquiler y préstamo y otros derechos afines a los derechos de autor en el ámbito de la propiedad intelectual, DOCE L. 346, de 27 de noviembre de 1992, pp. 61-66, <ELI: http://data.europa.eu/eli/dir/1992/100/1993-11-19>. Esta regla actualmente se contiene en el artículo 5 de la versión consolidada de esta Directiva, esto es, la Directiva 2006/115/ CE, de 12 de diciembre de 2006, sobre derechos de alquiler y préstamo y otros derechos afines a los derechos de autor en el ámbito de la propiedad intelectual, DOCE L. 376, de 27 de diciembre de 2006, pp. 28–35, <ELI: http://data.europa.eu/eli/dir/2006/115/oj>. La idea de garantizar a los autores y artistas unos ingresos suficientes o una participación económica en la explotación y el éxito de sus creaciones también estaba presente en el considerando 5 de la Directiva 2006/115/CE, de 12 de diciembre, sobre derechos de alquiler y préstamo y otros derechos afines y en el considerando 3 de la Directiva 2001/84/CE, de 27 de septiembre, sobre el derecho de participación en beneficio del autor de una obra de arte original. Véase RIIS, T., "Remuneration rights in EU copyright law", *cit.*, p. 448.

La DMUD da un paso más allá también frente a la línea apuntada por la Comisión Europea en su Comunicación de 9 de diciembre de 2015, titulada «Hacia un marco moderno y más europeo de los derechos de autor».[60] Se busca procurar un elevado nivel de protección de los derechos de autor y derechos afines de los artistas de forma global o transversal, en este caso mediante la búsqueda de una tutela efectiva de los intereses económicos de estos dos colectivos.

Con la regulación adoptada en 2019 no se trata de crear un derecho irrazonable del autor o del artista sobre la inversión rea-

---

60 COM (2015) 626 final, de 9 de diciembre de 2015. En esta comunicación, la Comisión enfatizó el rol que los derechos de propiedad intelectual juegan en la recompensa de la creatividad y la inversión en contenidos creativos. En ella se afirma: "Un marco para los derechos de autor que ofrezca un elevado nivel de protección es la base de la competitividad mundial de las industrias creativas europeas" (pp. 2-3). Un análisis exhaustivo del posicionamiento de la Comisión Europea respecto de la obligación de transparencia y la remuneración de los autores y las diferentes comunicaciones emitidas en la última década se contiene en CABEDO SERNA, LL., "La obligación de transparencia de la Directiva sobre derechos de autor en el mercado único digital: ¿Un paso más hacia una remuneración adecuada para los autores?", *cit.*, pp. 419 y ss. La labor de revisión y modernización del marco legislativo europeo sobre derechos de autor en el ámbito digital se inició con la Comunicación de la Comisión Europea al Parlamento Europeo, al Consejo, al Comité Económico Social Europeo y al Comité de las Regiones «Agenda Digital para Europa», de 19 de mayo de 2010 COM (2010) 245 final/2. Acerca de las nuevas dificultades encontradas por los creadores para conocer el uso efectivo de sus obras, dada la variedad de formas de explotación que permiten las nuevas tecnologías y la intervención de nuevos agentes activos en la puesta a disposición del público de obras -como son los usuarios de plataformas de internet que permiten la subida de archivos por pares-, junto con la aparición de nuevos intermediarios en la cadena de valor, véase C. SAIZ GARCÍA, "El principio de remuneración adecuada y proporcionada en la Directiva 2019/790/UE", *cit.*, pp. 368 a 371.

lizada por otros sujetos, sino de permitir al titular originario de derechos participar de manera justa en los rendimientos que genera su trabajo intelectual y artístico y de disponer de información suficiente para poder evaluar esa remuneración obtenida, aun cuando la explotación de dicho trabajo esté en manos de terceros -productores y compañías de distribución, entre otros- que, con su intervención, suman valor en esa cadena.[61] Se regula, en definitiva, un principio de justicia, sin que se busque conseguirlo por la vía de desincentivar el trabajo y la financiación aportada por otros sujetos, cuyas intervenciones son igualmente valiosas -si bien secundarias con respecto al papel de autores y artistas, sin los cuales la obra o prestación, sencillamente, no existiría y los sucesivos cesionarios e intermediarios carecerían de sentido-.

El mensaje que se transmite es el de que no solo merece remuneración el trabajo de esos otros sujetos de la cadena, sino también, por justicia, el trabajo de los primeros eslabones: los autores y los artistas intérpretes y ejecutantes. Todos los integrantes de esa cadena de valor son necesarios en este modelo de negocio y deben tener incentivos suficientes para seguir realizando su labor intelectual, pero los incentivos de los cesionarios no deben ser los únicos o cuasi-únicos. De ahí que el artículo 18 DMUD haga referencia a dos límites máximos a tener en cuenta por los legisladores nacionales a la hora de dar forma a las medidas previstas en esta norma, que son la base del derecho de los contratos. A saber: la libertad de pacto y el justo equilibrio entre los derechos y deberes de las partes contractuales.

---

61 Sobre la necesidad de ponderar ambos tipos de intereses ya nos referimos anteriormente en MINERO ALEJANDRE, G., "La armonización europea de la obligación de remuneración equitativa y proporcionada de autores y artistas por la cesión de derechos como paso sine qua non para su verdadera tutela efectiva en el territorio europeo", en *Cuadernos Jurídicos del Instituto de Derecho de Autor*, Instituto de Derecho de Autor, Madrid, 2020, pp. 122-123.

Por su parte, uno de los pronunciamientos jurisprudenciales más claros lo encontramos en la sentencia del TJUE del asunto C-277/10, *Martin Luksan v. Petrus van der Let,* de 9 de febrero de 2012, de la que se infiere que el derecho de remuneración equitativa de autores y artistas intérpretes y ejecutantes por la explotación de sus obras o prestaciones es parte del derecho fundamental a la propiedad intelectual reconocido en el artículo 17.2 de la Carta de Derechos Fundamentales de la Unión Europea.[62] De acuerdo con el TJUE, la expectativa de autores y artistas a recibir una remuneración por el uso de obras y prestaciones es, sin duda, uno de los intereses básicos protegidos por el derecho de propiedad intelectual.[63]

Declaraciones similares referidas a las expectativas de autores y artistas de recibir el "pago de una remuneración adecuada" ya se contenía en las sentencias del TJUE de 4 de octubre de 2011, asunto C-403 y C-429/08, *Football Association Premier League y otros* (apartados 107-108);[64] de 27 de febrero de 2014, asunto C-351/12, *OSA y otros* (apartado 23);[65] de 20 de octubre de 1993,

---

62 ECLI:EU:C:2012:65 (*TOL* 2.517.075), apartados 68, 69 y 71. Así cabe interpretar las referencias que el TJUE hace a la Carta de Derechos Fundamentales *(TOL 131.225)* para justificar que una normativa nacional que deniegue al director principal los derechos de explotación de la obra cinematográfica es contraria al Derecho de la Unión Europea.

63 En este sentido, RUBÍ PUIG, A., "Derecho fundamental a la propiedad intelectual en el art. 17.2 CDFUE y remuneración de los artistas musicales", *Derecho Privado y Constitución,* 2021, N. 39; y GUIBAULT, L., SALAMANCA, O. y VAN GOMPEL, S., "Remuneration of authors and performers for the use of their works and the fixations of their performances", *cit.,* p. 18.

64 ECLI:EU:C:2011:631 (*TOL 2.166.024).*

65 ECLI:EU:C:2014:110 (*TOL 4.117.782).*

asunto C-92/92, *Phil Collins y otros* (apartados 12 y 21);[66] y de 18 de marzo de 1980, asunto C-62/79, *Coditel y otros* (apartado 14).[67]

En otro orden de cosas, debe ponerse de manifiesto una importante crítica a las reglas sobre remuneración adecuada y proporcionada de autores y artistas contenidas en la DMUD: al tratarse de una armonización de mínimos, los legisladores estatales podrán ampliar la tutela otorgada a ambos grupos de titulares de derechos.[68] Asimismo, podrán mantenerse los re-

---

[66] ECLI:EU:C:1993:847 (*TOL 4.623.564).*

[67] ECLI:EU:C:1980:84 (*TOL 4.619.360).*

[68] El carácter imperativo de las fórmulas verbales empleadas por el legislador europeo en los artículos 18 a 23 DMUD es buena prueba de que su implementación efectiva no se somete a la mera voluntad de las partes o de los legisladores y jueces nacionales, sino que se trata de una regulación obligatoria. Sin embargo, el margen de libertad conferido a cada legislador nacional a la hora de conseguir los resultados identificados en estos preceptos es elevado. Así, por ejemplo, puede entenderse justificada la limitación de la libertad contractual consistente en la prohibición de cesión de modalidades de explotación aun desconocidas y la aplicación de la sanción de la nulidad en caso de incumplimiento de esta prohibición. La regla contenida en el artículo 43.5 LPI casaría, por tanto, con el Derecho de la Unión Europea. Con todo, ello no convierte cualquier norma nacional dirigida a conseguir el carácter adecuado y proporcionado de la remuneración en una regla conforme a este principio. En contra, SAIZ GARCÍA, partidaria de la total libertad normativa de los Estados miembros. Esta autora afirma, en relación con la posibilidad de otorgar licencias no exclusivas gratuitas: "para evitar que esta sea una puerta de fuga, conviene que los legisladores nacionales incluyan determinadas cautelas que garanticen la voluntad del cedente como podría ser la extensión expresa de la obligación de transparencia para las cesiones gratuitas, la limitación temporal de la misma y/o, en todo caso, incluir un derecho de revocación *ad nutum,* sin perjuicio de la obligación de indemnizar los daños ocasionados para su ejecución". SAIZ GARCÍA, C., "La garantía de una remuneración adecuada para los autores y artistas intérpretes o ejecutantes en el Real Decreto-Ley 24/2021, de 2 de noviembre",

medios establecidos en el derecho de autor o las doctrinas generales en el derecho de contratos que ya estuviesen vigentes en cada ordenamiento nacional.[69]

---

*cit.*, p. 203. Sin embargo, esta autora defiende posteriormente que la licencia al público en general sin remuneración solamente esté limitada temporalmente -al plazo de 10 años- a falta pacto expreso de las partes. Entendemos que la posibilidad propuesta por SAIZ GARCÍA contradice, en términos generales, lo previsto en el considerando 74 DMUD, de acuerdo con el cual la necesidad de que los autores y artistas dispongan de información para poder evaluar el valor económico de sus derechos de explotación cedidos "no surge cuando la explotación ha cesado o cuando el autor o el artista intérprete o ejecutante ha concedido una licencia al público en general sin remuneración". Téngase en cuenta el coste que el cumplimiento de una obligación de información podría suponer para el cesionario de una licencia no exclusiva gratuita de una obra que es usuario final de la obra o prestación protegida, como puede ser el licenciatario de una licencia *Creative Commons*. Por otro lado, tampoco nos convence la defensa por esta autora de la limitación temporal de la cesión en exclusiva con pacto de remuneración a tanto alzado. SAIZ GARCÍA es partidaria de prever un límite temporal de 10 años desde la cesión o desde la entrega de la obra, permitiendo al autor explorar su obra transcurrido dicho plazo (SAIZ GARCÍA, C., "La garantía de una remuneración adecuada para los autores y artistas intérpretes o ejecutantes en el Real Decreto-Ley 24/2021, de 2 de noviembre", *cit.*, pp. 221-222). Entendemos, por el contrario, que el legislador europeo simplemente reguló una regla general de remuneración proporcional y una excepción a esta regla general, de remuneración a tanto alzado, y que no concluyó que toda remuneración a tanto alzado tuviera que ser *per se* una remuneración no adecuada y proporcionada, sino que optó por conferir un amplio margen de libertad de análisis de cada uno de los supuestos.

69 La interacción de estas normas no será siempre clara. Véase RUBÍ PUIG, A, "El mecanismo de adaptación contractual del artículo 20 de la Directiva sobre derechos de autor en el mercado único digital y su transposición al Derecho español", *cit.*, p. 55; y DUSOLLIER, S. KER, C., IGLESIAS, M. y SMITS, S., "Contractual arrangements applicable to creators: Law and Practice of selected Member States.

Los artículos 18 a 23 DMUD constituyen únicamente un embrión de parte general del Derecho contractual primario de propiedad intelectual en el Derecho de la Unión Europea, al que podrán agregarse -y, seguramente, se agregarán- más adelante nuevas disposiciones sobre transmisión *inter vivos* de derechos de propiedad intelectual. Hasta la fecha, ésta era una materia inédita para el legislador europeo.[70]

Estas conclusiones conducen a identificar un importante inconveniente: pueden traducirse, en función de los casos, en una nueva diversidad de normas dentro del mercado único europeo, al no haberse procedido a aprobar una regulación de máximos que configuren un verdadero *acquis communautaire* del derecho contractual de la propiedad intelectual, aplicable de manera uniforme por los legisladores y jueces nacionales.[71]

Si bien la aplicación que lleven a cabo los Estados miembros será susceptible de corrección vía interpretativa por el Tribunal de Justicia de la Unión Europea, está por ver si este órgano concluirá que estamos ante un concepto autónomo de Derecho de la Unión Europea o no, en función de la relevancia que confiera al sustrato europeo de este principio y al elevado margen de libertad dejado por la DMUD a los Estados miembros.[72]

---

Study commissioned by the European Parliament's Committee on Legal Affairs", *cit.*, pp. 16 y ss.

[70] En este sentido, SÁNCHEZ ARISTI, R. y OYARZABAL OYONARTE, N. "Decadencia y caída del Texto Refundido de la Ley de Propiedad Intelectual: la transposición de la Directiva 2019/790 sobre derechos de autor en el mercado único digital por el Real Decreto-Ley 24/2021, de 2 de noviembre", *cit.*, p. 149.

[71] En este sentido, véase LUCAS-SCHLOETTER, A., "European Copyright Contract Law: A Plea for Harmonization", *cit.*, p. 897.

[72] Con todo, atendiendo a la *vis attractiva* de la figura del concepto autónomo creada por el Tribunal de Justicia de la Unión Europea, no sería de extrañar que este órgano jurisprudencial sí llevase a cabo esta interpretación con el objetivo de seguir construyendo un sólido y extensivo

En paralelo, los resultados de la suma de reglas contenidas en los artículos 18 y siguientes DMUD pueden calificarse de insuficientes. En particular, se ha dejado escapar la oportunidad para regular a nivel europeo la prohibición de cesión de aquellas modalidades de explotación de obras y prestaciones inexistentes en la fecha de celebración del contrato -siguiendo el ejemplo del artículo 43.3 LPI- o el sometimiento del surgimiento de esas nuevas modalidades de uso de obras y prestaciones y su cesión al pago de una remuneración proporcionada y equitativa adicional para el autor y el artista -como se contempla en las leyes nacionales de Alemania (sección 32.c) y de Holanda (artículo 45.d)-. La pervivencia de reglas nacionales diversas sobre estos y otros extremos contractuales puede complicar la consecución del objetivo pretendido por el legislador europeo, especialmente en contratos de cesión amplios en lo material, lo geográfico y lo temporal.

Otro motivo de crítica es el relativo a la falta de seguridad jurídica sobre la fecha de entrada en vigor y sobre el carácter retroactivo o no de los mecanismos referidos a la remuneración de autores y artistas. De acuerdo con el artículo 26.1 DMUD, "La presente Directiva se aplicará con respecto a todas las obras y otras prestaciones que estén protegidas por el Derecho nacional en materia de derechos de autor a 7 de junio de 2021 o con posterioridad". Por su parte, el 26.2 DMUD establece: "[l]a presente Directiva se aplicará sin perjuicio de los actos celebrados y de los derechos adquiridos antes del 7 de junio de 2021".[73] El legisla-

---

acervo europeo de propiedad intelectual. A favor de reconocer el carácter de concepto autónomo de Derecho de la Unión Europea a este principio se ha pronunciado ROSATI, E., "Article 18", *cit.* p. 363.

73 Para una interpretación de estas normas y una crítica a la innecesaria dificultad interpretativa que plantean, véase EUROPEAN COPYRIGHT SOCIETY, «Comment of the European Copyright Society Addressing Selected Aspects of the Implementation of Articles 18 to 22 of Directive (EU) 2019/790 on Copyright in the Digital Single Market», [en línea], (2020), <https://www.jipitec.eu/issues/

dor europeo no dio pistas en ninguno de los considerandos de la DMUD acerca de la interpretación que deba darse a estas reglas.

Del primer apartado del artículo 26 DMUD podría inferirse que las medidas previstas en los artículos 18 y siguientes DMUD se aplicarían a cualquier contrato de explotación que tuviera como objeto una cesión de derechos sobre obras o prestaciones protegidas, con independencia de su fecha de celebración, inclusive aquellos celebrados antes del 7 de junio de 2021. Sin embargo, el apartado segundo de este precepto no garantiza esta interpretación.

Con todo, y a la espera de la interpretación que pueda proponer el TJUE, creemos acertada la opción propuesta por RUBÍ PUIG, que defiende que las reglas contenidas en los artículos 18 y siguientes DMUD son aplicables a los contratos que se hubieran celebrado con anterioridad al 7 de junio de 2021, siempre que las obras o prestaciones de que se trate estén protegidas en la fecha en la que pretendan implementarse las reglas y siempre que se logre un equilibrio que no perjudique significativamente los derechos adquiridos y las expectativas legítimas de los sujetos implicados.[74]

---

jipitec-11-2-2020/5105>. [Consulta: 12/12/2023.]; y SHAPIRO, T., "Remuneration Provisions in the DSM Copyright Directive and the Audiovisual Industry in the EU: The Elusive Quest for Fairness", *cit.* Este último autor advierte que las reglas contenidas en el artículo 26 DMUD habrán de ser objeto de interpretación por los tribunales, dada su falta de claridad. Solamente una resolución del TJUE aportaría un nivel de seguridad jurídica suficiente. No se comprende, además, por qué no se instauró la aplicación de estas reglas a los contratos firmados con posterioridad a la fecha de entrada en vigor de la Directiva, el 6 de junio de 2019, sino que se prefirió la opción de junio de 2021.

74 Véase RUBÍ PUIG, A, "El mecanismo de adaptación contractual del artículo 20 de la Directiva sobre derechos de autor en el mercado único digital y su transposición al Derecho español", *loc. cit.*, pp. 57-59, quien sigue, básicamente, las razones expuestas por la EUROPEAN COPYRIGHT SOCIETY, «Comment of the European Copyright Socie-

Son varios los motivos que se pueden argüir a favor de esta opción interpretativa. En primer lugar, es habitual que los contratos de cesión se pacten con una duración significativa, inclusive por todo el plazo de protección de los derechos cedidos. Impedir la aplicación de los artículos 18 y siguientes DMUD a estos contratos supondría una importante dosis de desprotección a los autores y artistas cedentes.

En segundo lugar, es la interpretación más acorde con la regla de transitoriedad del artículo 27 DMUD, que tiene por finalidad la adaptación de los contratos a la obligación de transparencia del artículo 19 DMUD. Según el primer precepto citado, esta obligación no resultaría de aplicación hasta el 7 de junio de 2022. Poco sentido tendría entender que esta regla de transitoriedad únicamente se aplica a contratos celebrados entre el 7 de junio de 2021 y el 7 de junio de 2022. Mucho más adecuado parece sostener que esta regla se proyecta sobre cualquier contrato vigente el 7 de junio de 2022, con independencia de si se pactó o no antes del 7 de junio de 2021.

Eso sí, con el objetivo de ponderar los motivos expuestos con el principio de búsqueda de seguridad jurídica se debe afirmar que la invocación del artículo 18 DMUD solamente será posible en relación con actos de explotación llevados a

---

ty Addressing Selected Aspects of the Implementation of Articles 18 to 22 of Directive (EU) 2019/790 on Copyright in the Digital Single Market», cit., pp. 10-12. A favor de esta interpretación también se ha pronunciado XALABARDER PLANTADA, R., "The Principle of Appropriate and Proportionate Remuneration for Authors and Performers in Art.18 Copyright in the Digital Single Market Directive Statutory residual remuneration rights for its effective national implementation", *cit.*, p. 18. En contra, SHAPIRO, quien sostiene que la DMUD solamente es aplicable a los contratos de cesión de derechos de explotación celebrados a partir del 7 de junio de 2021. Véase SHAPIRO, T., "Remuneration Provisions in the DSM Copyright Directive and the Audiovisual Industry in the EU: The Elusive Quest for Fairness", *cit.*

cabo por el cesionario que se hubieran producido con posterioridad al 7 de junio de 2021, aun cuando el contrato en cuestión se hubiera celebrado previamente.[75]

Finalmente, entendemos que el considerando 81 DMUD merece una valoración positiva al prever el carácter imperativo de estas reglas no solo en los contratos en los que sean parte los autores o artistas, sino también en los acuerdos que quienes han contratado con los anteriores celebren posteriormente con terceros, a modo de sublicencias. Cosa que podrá suceder cuando el primer contrato entre el autor o artista y el cesionario tenga un carácter exclusivo y dicho cesionario, a su vez, haya otorgado licencias no exclusivas a otros sujetos para permitir la explotación de todos o algunos de los derechos que le fueron cedidos.[76] También en estos casos el autor o el artista

---

[75] Ello sin perjuicio de que a estos contratos les fueran aplicables las normas nacionales que pudieran estar vigentes en cada ordenamiento antes del 7 de junio de 2021. En este sentido, véase ROSATI, E., "Article 18", *cit.*, pp. 366-367; y DUSOLLIER, S., "The 2019 Directive on copyright in the Digital Single market: Some progress, a few bad choices, and an overall failed ambition", *Common Market Law Review,* 2020, N. 57 (4), p. 1023

[76] Habrán de tenerse en cuenta las reglas nacionales que rijan para la sub-cesión de derechos patrimoniales, que no han sido armonizadas a nivel europeo. En el caso del ordenamiento jurídico español, la relevancia de este considerando se explica en el hecho de que, salvo que esas sublicencias tuvieran un carácter exclusivo, en cuyo caso habrían de ser consentidas por el titular originario del derecho (artículo 49 LPI), en el resto de supuestos las sublicencias no exclusivas podrán otorgarse libremente por el primer licenciatario, por lo que el autor o artista no tendría un derecho a exigir ser informado de la sublicencia y de la identidad de ese sub-cesionario (artículo 48 LPI). En estos casos, son los sucesivos titulares derivativos de los derechos quienes disponen de toda la información relativa a la explotación efectiva, debiendo sumarse las correspondientes obligaciones parciales de información a cumplir por cada uno de ellos, de manera que el cedente inicial disponga del mosaico completo con el que poder ejercitar el

mantiene en su poder el derecho a exigir al sucesivo cesionario el cumplimiento de las consecuencias dimanadas del principio de remuneración adecuada y proporcionada.

## III. EL ITER LEGISLATIVO DEL PRINCIPIO DE REMUNERACIÓN ADECUADA Y PROPORCIONADA

En su "Study in the Conditions Applicable to Contracts Relating to Intellectual Property in the EU", publicado en mayo de 2002, los Profesores GUIBAULT y HUGENHOLTZ -a los que la Comisión Europea había encargado el citado estudio-, recomendaban no armonizar aún las reglas aplicables a la remuneración y otros aspectos de los contratos de cesión de derechos patrimoniales, a pesar de reconocer parcialmente justificada la demanda expresada por varios Estados miembros de proporcionar una mayor protección a los creadores frente a prácticas contractuales abusivas.[77]

Los motivos alegados para afirmar que una regulación de esta materia sería prematura eran varios: i) la inexistencia de reglas uniformes sobre titularidad de derechos y sobre derechos morales, ii) la falta de evidencia sobre el impacto negativo que las diferencias existentes entre los ordenamientos nacionales

---

resto de mecanismos previstos en la DMUD. Nótese que los preceptos españoles citados no resultaban aplicables al artista intérprete o ejecutante, pues quedaban fuera de la remisión expresa contenida en el artículo 132 LPI. Sin embargo, la remisión que se hace en la redacción actual del artículo 110 LPI sí permite dar por cumplido el deber del legislador español de extender su campo de aplicación al colectivo de los artistas, con el objetivo de cumplir el deseo de equiparación entre autores y artistas manifestado por el legislador europeo.

77 GUIBAULT, L. y HUGENHOLTZ, P.B., «Study in the Conditions Applicable to Contracts Relating to Intellectual Property in the EU», [en línea], (2002), <https://dare.uva.nl/search?identifier=7fe6d8fb-a7f2-45d9-ad8a-c357491928cd>.[Consulta: 11/01/2024.], p. 154.

pudieran tener para el funcionamiento del mercado interior de la UE; y iii) la aplicación del principio de subsidiariedad, que, teniendo en cuenta lo anterior, se traduciría en un mejor tratamiento de las reglas contractuales sobre cesión de derechos patrimoniales y su ponderación con el Derecho de contratos y el Derecho laboral a nivel nacional, teniendo en cuenta las posibles diferencias culturales y sociales.[78] Por tanto, a principios de siglo, se concluía que la diversidad de mecanismos de ajuste de contratos no había evidenciado una fragmentación significativa del mercado europeo ni se había demostrado que la Unión Europea estuviera en mejor situación que los Estados miembros para establecer mecanismos de mejora de las condiciones económicas de autores y artistas en sus respectivos países.

Tras ello, la Comisión Europea concluía que las diferencias entre las reglas contractuales nacionales existentes no justificaban un trabajo de armonización.[79] Posición que fue mantenida por la Comisión Europea durante una década.

Sin embargo, la postura de la Comisión Europea cambia tras un nuevo trabajo encargado al Institute for Information Law (IViR) de la Universidad de Ámsterdam: el estudio "Remuneration of authors and performers for the use of their works and the fixations of their performances", preparado por los Profesores GUIBAULT, SALAMANCA y VAN GOMPEL.[80]

---

78 *Idem*, p. 153.

79 Communication from the Commission to the Council, the European Parliament and the European Economic and Social Committee «The Management of Copyright and Related Rights in the Internal Market», COM(2004) 261 final, 16 de abril de 2004, <https://eur-lex.europa.eu/LexUriServ/LexUriServ.do?uri=COM:2004:0261:FIN:EN:PDF>, p. 19.

80 GUIBAULT, L., SALAMANCA, O. y VAN GOMPEL, S., "Remuneration of authors and performers for the use of their works and the fixations of their performances", *cit.*

Tras dicho estudio, en septiembre de 2016, la Comisión Europea presenta la Propuesta de Directiva sobre los derechos de autor en el mercado único digital, que forma parte de un conjunto de medidas destinadas a la modernización del derecho de autor en la Unión Europea.[81] En dicha Propuesta se contienen tres preceptos -los artículos 14, 15 y 16-, en los que se regulan, respectivamente, la obligación de transparencia, el mecanismo de adaptación de contratos y el mecanismo de resolución de litigios, conformando un Capítulo que lleva por título "Remuneración justa de los autores y artistas intérpretes o ejecutantes en los contratos", y acompañados de los considerandos 40 a 43. Se trata de las actuales herramientas contenidas en los artículos 19, 20 y 21 DMUD.

En dicha Propuesta no se contenía una norma dedicada al principio de remuneración proporcionada y adecuada de los autores y artistas, ni tampoco se proponía la regulación de una acción de revocación. En el apartado de evaluación de impacto de la Propuesta de Directiva se explica cuáles fueron las tres opciones legislativa barajadas por la Comisión Europea y se justifica la opción seleccionada. A saber: "Remuneración justa de los autores y de los artistas intérpretes o ejecutantes en los contratos: la opción 1 consistía en dirigir una recomendación a los Estados

---

81 COM(2016) 593 final - 2016/0280 (COD), presentado el 14 de septiembre de 2016, <https://eur-lex.europa.eu/legal-content/ES/TXT/?uri=CELEX%3A52016PC0593>. El *iter* legislativo de la Propuesta hasta convertirse en la Directiva 2019/790 puede seguirse en <https://eur-lex.europa.eu/legal-content/ES/HIS/?uri=CELEX:52016PC0593>. Para una descripción general de las medidas propuestas, véase COMISIÓN EUROPEA, «Comunicación de la Comisión Europea al Parlamento Europeo, al Consejo, al Comité Económico y Social Europeo y al Comité de las Regiones. Promover una economía europea fundada en los derechos de autor justa, eficiente y competitiva en el mercado único digital (COM/2016/0592 final)», <https://eur-lex.europa.eu/legal-content/ES/ALL/?uri=CELEX%3A52016DC0592>. [Consulta: 11/01/2024.].

miembros y en organizar un diálogo entre las partes interesadas; esa opción se descartó por no resultar suficientemente eficaz; la opción 2 preveía la imposición de obligaciones en materia de transparencia a las partes con las que los creadores celebran contratos; además de eso, en la opción 3 se proponía introducir un mecanismo de adaptación de las remuneraciones y un mecanismo de resolución de litigios; esa opción fue la elegida, porque la opción 2 no habría concedido a los creadores medios de ejecución para hacer cumplir la obligación de transparencia".

En el documento sobre la evaluación de impacto, la Comisión Europea se centra en la falta de transparencia y en la necesidad de una más eficiente posibilidad de autores y artistas de monitorizar los ingresos por la explotación de sus obras o prestaciones protegidas, con el objetivo de poder calcular el valor económico de estas.[82] Este órgano legislativo achacaba la infrautilización de las diferentes herramientas jurídicas que ya existían en muchos ordenamientos nacionales al miedo de autores y artistas a sufrir represalias.[83]

Tras ello, la Comisión Europea afirmaba que las medidas de transparencia propuestas servirían para reequilibrar las relaciones entre los creadores y sus contrapartes, con el objetivo de que los primeros obtengan una remuneración apropiada en relación con el valor económico de sus obras o prestaciones y, en caso contrario, puedan ejercitar un mecanismo legal de renego-

---

82 COMMISSION STAFF, «Working Document. Impact Assessment on the modernisation of EU copyright rules accompanying the document Proposal for a Directive of the European Parliament and of the Council on copyright in the Digital Single Market and Proposal for a Regulation of the European Parliament and of the Council laying down rules on the exercise of copyright and related rights applicable to certain online transmissions of broadcasting organisations and retransmissions of television and radio programmes, SWD(2016) 301 final, 2016», *cit.*, pp. 173-176.

83 *Idem,* pp. 175-176.

ciación de los términos de sus contratos.[84] Como se ha indicado, la Comisión Europea entendió suficiente la regulación de obligaciones de transparencia, de la acción de revisión contractual y del mecanismo voluntario de resolución de conflictos.[85]

A su paso por el Parlamento Europeo, se incorpora un considerando, el 39 *quater*, en donde se hace mención, por primera vez, del principio de remuneración proporcionada y adecuada, en los siguientes términos: "Por principio, los titulares de derechos deben recibir una remuneración justa y adecuada en todo momento. Los autores y los artistas intérpretes o ejecutantes que hayan celebrado contratos con intermediarios, por ejemplo, con discográficas y productores, deben recibir una remuneración justa y adecuada de los mismos, mediante contratos individuales o convenios colectivos, acuerdos de gestión colectiva o disposiciones con efectos similares, por ejemplo normas comunes en materia de remuneración. Esta remuneración debe mencionarse explícitamente en los contratos con arreglo a cada modo de explotación, incluida la explotación en línea. Los Estados miembros deben examinar las características específicas de cada sector y han de poder establecer que la remuneración se considera justa y adecuada si se fija de conformidad con el convenio colectivo o el acuerdo común en materia de remuneración".

Asimismo, el Parlamento Europeo mantiene los considerandos referidos a la obligación de transparencia, la acción de revisión y el procedimiento alternativo de resolución de litigios. Tras estos, propone añadir un nuevo considerando, el 43 *bis*, sobre la acción de revocación, cuya regulación se introduce como novedad.

---

84 *Idem*, p. 190.

85 Véase XALABARDER PLANTADA, R., "The Principle of Appropriate and Proportionate Remuneration for Authors and Performers in Art.18 Copyright in the Digital Single Market Directive Statutory residual remuneration rights for its effective national implementation", *cit.*, pp. 10-11.

Asimismo, es el Parlamento Europeo quien propone una primera regulación, en el texto del articulado, del principio de remuneración adecuada y proporcionada, introduciendo un nuevo artículo 14, con el título "Remuneración justa y proporcionada", con la siguiente redacción: "1. Los Estados miembros velarán por que los autores y artistas intérpretes o ejecutantes perciban una remuneración justa y proporcionada por la explotación de sus obras y otras prestaciones, incluida su explotación en línea. Podrá lograrse en cada sector a través de una combinación de acuerdos, incluidos acuerdos de negociación colectiva, y mecanismos legales de remuneración. 2. El apartado 1 no se aplicará cuando el autor o el artista intérprete o ejecutante conceda un derecho no exclusivo en beneficio de todos los usuarios de manera gratuita. 3. Los Estados miembros tendrán en cuenta las particularidades de cada sector a la hora de fomentar la remuneración proporcionada de los derechos concedidos por los autores y artistas intérpretes o ejecutantes. 4. Los contratos especificarán la remuneración aplicable en cada modo de explotación".[86]

---

86 «Informe sobre la propuesta de Directiva del Parlamento Europeo y del Consejo sobre los derechos de autor en el mercado único digital (COM(2016)0593 – C8-0383/2016 – 2016/0280(COD)) (A8-0245/2018), presentado el 29 de junio de 2018», ponente Axel VOSS, <https://www.europarl.europa.eu/RegData/seance_pleniere/textes_deposes/rapports/2018/0245/P8_A(2018)0245_ES.pdf>. En su enmienda número 80, el Parlamento Europeo propone la redacción arriba transcrita. Este órgano legislativo se vio influenciado por el *lobby* que en esos momentos se llevaba a cabo desde la coalición o campaña "Fair Internet for Performers", con la que se buscaba convencer al legislador de la necesidad de regular una regla de remuneración equitativa para los artistas cuando sus interpretaciones o ejecuciones fueran subidas a internet en plataformas tales como Spotify o Netflix. La coalición entendía que el derecho al cobro de esta remuneración debía ser de gestión colectiva obligatoria. Sobre la influencia de la campaña "Fair Internet for Performers" en el legislador europeo, véase AGUILAR, A., «The New Copyright Directive: Fair Remuneration in Exploitation Contracts of Authors and Performers – part 1,

Articles 18 and 19. Kluwer Copyright Blog», *cit.* Debe recordarse, asimismo, la posición de la EUROPEAN COPYRIGHT SOCIETY frente a la Propuesta de Directiva de la Comisión Europea. De acuerdo con la EUROPEAN COPYRIGHT SOCIETY, la mera propuesta de regulación de una obligación de transparencia y de una acción de revisión o cláusula *best-seller* "serían claramente ineficientes, dado que ambas herramientas son mecanismos que únicamente pueden ejercitarse cuando el contrato ya se ha celebrado. Además, su aplicación será limitada, puesto que rara vez los autores están en disposición de litigar contra sus editores o contra sus productores, debido a la falta de medios económicos o al temor a represalias. En algunos casos, una protección más efectiva para los creadores viene de la mano del reconocimiento de un derecho de mera remuneración de carácter irrenunciable o de la regulación de reglas que limiten la libertad de cesión de derechos sobre modalidades de explotación desconocidas o futuras o sobre obras futuras. En nuestra opinión, son necesarias normas más amplias y efectivas si se quiere conferir a autores y artistas suficiente independencia en la negociación contractual y protección frente a quienes explotan sus obras y prestaciones. Se debe reconocer a autores y artistas medios adecuados para reclamar una remuneración adecuada, para modificar o para revocar los contratos de cesión celebrados y para controlar los beneficios obtenidos con la explotación de sus obras y prestaciones". EUROPEAN COPYRIGHT SOCIETY, «General Opinion on the EU Copyright Reform Package», [en línea], (2017), <https://europeancopyrightsocietydotorg.files.wordpress.com/2015/12/ecs-opinion-on-eu-copyright-reform-def.pdf>. [Consulta: 08/01/2024.], pp. 7-8. En realidad, en la primera vuelta, el paso de la Propuesta de Directiva por el Parlamento Europeo solo se tradujo en un tímido reconocimiento del principio de remuneración adecuada, como forma de enmienda de la cláusula *best-seller*, con la siguiente redacción "Los Estados miembros asegurarán que autores y artistas reciban una remuneración adecuada por la explotación de sus obras o prestaciones". Esta enmienda -la número 63- se justificaba en la necesidad de reconocer un derecho al cobro de una remuneración equitativa por la explotación de sus derechos. Véase el Informe preparado por Therese COMODONI, con fecha de 10 de marzo de 2017, para el Comité de Asuntos Jurídicos del Parlamento Europeo, con el título "DRAFT REPORT on the proposal for a directive of the European Parliament and of the Council on copyright in the Digital Single Market (COM(2016)0593 – C8-

En la postura mantenida por el Parlamento Europeo se plasma su deseo de seguir la línea iniciada en 2012, en su «Informe sobre explotación online de obras audiovisuales en la Unión Europea», en el que ya formulaba un embrión de regla general de remuneración proporcional en contratos de cesión de derechos.[87]

Tras la reapertura del debate por el pleno del Parlamento Europeo en julio de 2018 y la aprobación en septiembre de ese mismo año de la posición actualizada del Parlamento Europeo, la redacción finalmente aprobada reenumeraba preceptos, matizaba el título del principio regulado en el artículo 18 DMUD -que pasaría a llamarse "principio de remuneración adecuada y proporcionada"-, llevaba al considerando 82 la referencia a la libertad de autores y artistas de conceder licencias gratuitas, ubicaba en el considerando 73 la referencia a los acuerdos de negociación colectiva y eliminaba la regla del pacto específico de remuneración para cada modo de explotación.

La redacción del artículo 18 quedaba como sigue: "Principio de remuneración adecuada y proporcionada. 1. Los Estados miembros garantizarán que, cuando los autores y los artistas intérpretes o ejecutantes concedan licencias o cedan sus derechos exclusivos para la explotación de sus obras u otras prestaciones, tengan derecho a recibir una remuneración adecuada y propor-

---

0383/2016 – 2016/0280(COD)), <https://www.europarl.europa.eu/legislative-train/package-better-access-to-digital-goods-services/file-jd-directive-on-copyright-in-the-digital-single-market?sid=501>.

87 Recuérdese que en el punto 46 de su "REPORT on the online distribution of audiovisual works in the European Union 25.7.2012 -(2011/2313(INI))", <https://www.europarl.europa.eu/doceo/document/A-7-2012-0262_EN.html>, el Parlamento Europeo indicaba: "es esencial garantizar para autores y artistas una remuneración adecuada y proporcionada a todas las formas de explotación de sus creaciones, especialmente en casos de explotación online, por lo que sería conveniente la prohibición por los Estados miembros de contratos en los que se prevea una remuneración a tanto alzado".

cionada. 2. Al transponer al Derecho interno el principio establecido en el apartado 1, los Estados miembros podrán utilizar diferentes mecanismos y tendrán en cuenta el principio de libertad contractual y el justo equilibrio entre derechos e intereses."

A pesar de que la regulación del principio de remuneración adecuada y proporcionada propuesta por el Parlamento Europeo parecía no estar entre los preceptos que serían objeto de diálogo posterior y negociación entre el propio Parlamento, el Consejo y la Comisión, la redacción finalmente adoptada en el artículo 18 DMUD es fruto de este diálogo. Se introducen algunos ligeros cambios formales, pero se conserva la esencia creada por el Parlamento Europeo.[88]

## IV. EL TRATAMIENTO DEL PRINCIPIO DE REMUNERACIÓN ADECUADA Y PROPORCIONADA EN EL ORDENAMIENTO ESPAÑOL

El legislador español optó por transponer el Capítulo 3 del Título IV de la DMUD de forma híbrida o mixta, entre la LPI y el cuerpo del Real Decreto-Ley 24/2021, de 2 de noviembre, introduciendo algunas modificaciones de calado y otras que son más de forma que de fondo y que no siempre resultaban necesarias, pues, en algunos casos, estas reglas ya se contenían en la LPI.[89]

---

[88] Véase XALABARDER PLANTADA, R., "The Principle of Appropriate and Proportionate Remuneration for Authors and Performers in Art.18 Copyright in the Digital Single Market Directive Statutory residual remuneration rights for its effective national implementation", *cit.*, p. 12; y ROSATI, E., "Article 18", *cit.*, p. 362.

[89] Aspecto con el que BERCOVITZ RODRÍGUEZ-CANO se ha mostrado muy crítico. Véase BERCOVITZ RODRÍGUEZ-CANO, R., "La transposición de las directivas de la UE sobre propiedad intelectual", Blog del Centro de Investigación en Propiedad Intelectual de la Universidad Autónoma de Madrid, [en línea], (2022), <https://

Ello genera una cierta sensación de innecesaria dispersión normativa, que en modo alguno ayuda a la clara interpretación del conjunto de reglas aplicables a la remuneración por la autorización de uso o cesión de derechos patrimoniales de autores y artistas.[90]

---

www.propiedad-intelectual.dursa.com/blog/articulos-propiedad-intelectual>. [Consulta: 12/12/2023.]. De acuerdo con su preámbulo, el RD-Ley 24/2021 busca regular una serie de límites y "garantizar un funcionamiento correcto y equitativo del mercado de los derechos de autor en el entorno digital" [...] "En lo referente a las medidas para garantizar un funcionamiento correcto y equitativo del mercado de los derechos de propiedad intelectual, estas pretenden corregir los desequilibrios que el contexto digital ha provocado en la cadena de valor de la producción protegida por derechos de propiedad intelectual" [...] "Además, se fortalece la posición de los autores e intérpretes, que en el derecho español ya tienen reconocido el derecho irrenunciable a una retribución justa, con la incorporación de nuevas herramientas jurídicas como por ejemplo, el derecho de revocación de la cesión de sus obras que se otorga bajo ciertas condiciones a los autores, artistas e intérpretes, el derecho a la revisión de sus retribuciones si resultaron desproporcionadamente escasas; y la obligación de transparencia que se impone a cesionarios y licenciatarios de los derechos respecto de los autores, artistas e intérpretes" (punto VI del preámbulo del RD-Ley 24/2021).

90 Para lograr los objetivos señalados en la anterior nota al pie el legislador español declara: "Los criterios seguidos en la transposición se han basado, preferentemente, en la fidelidad al texto de las directivas y, en la medida de lo posible, en el principio de economía, de tal suerte que la reforma de la actual normativa en materia de propiedad intelectual sea la menor posible" (punto VI del preámbulo del RD-Ley 24/2021). Es cierto que se cumple en buena medida el mencionado principio de economía, pero también lo es que buena parte de estas medidas ya gozaban de cierto acomodo en la regulación española anterior. Para una crítica global sobre la falta de sistematicidad de la transposición española del artículo 18 DMUD, véase GARROTE FERNÁNDEZ-DÍEZ, I., "La transposición al ordenamiento español de la Directiva 2019/790, de derechos de autor y derechos afines en el Mercado Único Digital", *LA LEY Unión Europea,* N. 116, Julio 2023, p. 52. SAIZ GARCÍA califica de "atentado

Más correcto hubiera sido -y más respetuoso con el principio de seguridad jurídica- ubicar la transposición sistemática de los artículos 18 a 23 DMUD dentro de la parte general contractual de la LPI, esto es, en el Título V del Capítulo I del Libro I LPI (Capítulo sobre "Disposiciones generales", del Título "Transmisión de los derechos"), insertando en el artículo 110 LPI la correspondiente remisión normativa. Qué duda cabe que esta ubicación hubiera cumplido mejor el cometido principal del conjunto de reglas europeas citadas, que no es otro que la garantía a los autores y artistas de la percepción de una remuneración adecuada y proporcionada a los ingresos generados por la explotación de sus obras y prestaciones protegidas.

Por un lado, se implementó de manera literal el principio de remuneración adecuada y proporcionada en un precepto específico, propio, pero fuera de la LPI: el artículo 74 del RD-Ley 24/2021, sobre el que se volverá más adelante. A ello se suma el artículo 75 del RD-Ley 24/2021, sobre la obligación de transparencia, que transpone el artículo 19 DMUD también fuera del cuerpo de la Ley de Propiedad Intelectual. Por su parte, el artículo 80 del RD-Ley 24/2021 introduce una serie de modificaciones en el articulado de la LPI para transponer los preceptos de la DMUD referidos a la acción de revisión y la acción de revocación, cuya interpretación se ve oscurecida si no se leen en paralelo con los citados artículos 74 y 75 del RD-Ley 24/2021.[91]

---

contra el principio de seguridad jurídica consagrado en el artículo 9.3 CE" la transposición de la DMUD extramuros de la LPI. Véase SAIZ GARCÍA, C., "La garantía de una remuneración adecuada para los autores y artistas intérpretes o ejecutantes en el Real Decreto-Ley 24/2021, de 2 de noviembre", *cit.*, 212.

91 El legislador español no ha reflejado la imperatividad de las figuras de la obligación de transparencia, el mecanismo de adaptación de los contratos y la posibilidad de acudir a procedimientos alternativos de resolución de conflictos. En este sentido, SÁNCHEZ ARISTI, R. y OYARZABAL OYONARTE, N. "Decadencia y caída del Texto Refun-

Cuesta encontrar el sentido de ubicar dos normas de Derecho contractual primario de la propiedad intelectual fuera de la propia LPI. Qué duda cabe que una interpretación más sencilla hubiera venido de la mano de la transposición del citado artículo 18 DMUD en un nuevo apartado tercero dentro del artículo 46 LPI o bien en nuevo artículo 46 *bis* LPI. Lo mismo puede aplicarse al contenido del artículo 19 DMUD, que también casaría bien con una ubicación a modo de nuevo apartado cuarto del artículo 46 LPI o bien a modo de nuevo artículo 46 *ter* LPI.

Adicionalmente, de *lege ferenda,* no estaría de más incluir un nuevo apartado en el artículo 46 LPI o una segunda frase nueva en el apartado primero del artículo 46 LPI en la que se previera expresamente una presunción *iuris tantum* de onerosidad de la cesión de derechos de explotación, de modo que la cesión gratuita exigiese, para existir, del pacto expreso en el contrato, siguiendo la fórmula empleada en el artículo 48 LPI respecto de la cesión exclusiva. Dicha regla podría rezar así: "La cesión gratuita deberá otorgarse expresamente con este carácter".

Dicho esto, han de analizarse, siquiera someramente, las reformas introducidas por los apartados 3, 4 y 6 del artículo 80 RD-Ley 24/2021 en la LPI. En primer lugar, el artículo 80.3 RD-Ley 24/2021 modifica ligeramente el artículo 47 LPI, sobre la acción de revisión por remuneración no equitativa, introduciendo los nuevos apartados segundo y tercero y modificando la redacción del apartado primero.[92] Este último extremo es el

---

dido de la Ley de Propiedad Intelectual: la transposición de la Directiva 2019/790 sobre derechos de autor en el mercado único digital por el Real Decreto-Ley 24/2021, de 2 de noviembre", *cit.,* p. 150.

92 Esta acción de revisión no es un supuesto de rescisión por lesión, puesto que el autor no puede extinguir los efectos de la cesión. Solamente permite al autor pedir la revisión del contrato y, a falta de acuerdo, acudir al juez para que fije una remuneración adecuada y equitativa, atendidas las circunstancias del caso.

que resulta de mayor complejidad: si bien antes de la reforma, la acción de revisión estaba expresamente prevista exclusivamente para las cesiones a tanto alzado, tras la reforma de 2021, la nueva redacción de esta norma no excluye de la acción de revisión las remuneraciones proporcionales y, por extensión, tampoco queda excluida la aplicación de la herramienta de revisión a acuerdos de sistemas mixtos de remuneración, incluidos aquellos supuestos en los que la relación entre el autor y el cesionario se ubica en el marco de una relación laboral o de un contrato de obra o de prestación de servicios.[93]

---

[93] En este sentido, BERCOVITZ ÁLVAREZ, G. y MINERO ALEJANDRE, G., "Tema 6. La transmisión de los derechos del autor", en *Manual de Propiedad Intelectual*, Tirant Lo Blanch, Valencia, 10ª edición, 2023, pp. 231-232; y RUBÍ PUIG, A, "El mecanismo de adaptación contractual del artículo 20 de la Directiva sobre derechos de autor en el mercado único digital y su transposición al Derecho español", *loc. cit.*, p. 42. Del texto actual se puede inferir que toda remuneración podrá ser revisada si hay una "manifiesta desproporción" respecto de los "ingresos subsiguientes" derivados de la explotación de la obra. Téngase en cuenta que, antes de la reforma, esta norma hablaba de los "beneficios", mientras que ahora se refiere a los simples "ingresos". Nótese, asimismo, la diferencia entre la redacción del artículo 47.1 LPI y el artículo 20 DMUD: mientras que la norma española habla de una "manifiesta desproporción", la regla europea emplea un estándar menos exigente, dado que menciona la remuneración "desproporcionadamente baja". Diferencia esta última que habrá de corregirse de acuerdo con la obligación de interpretación conforme con el Derecho de la Unión Europea. En caso de cesiones sucesivas, la revisión habrá de reclamarse al cesionario que haya obtenido los ingresos desproporcionados. La existencia de una desproporción manifiesta se medirá tomando como referencia la proporción usual en el concreto ámbito de explotación de que se trate. Con todo, respecto a la aplicación de la acción de revisión antes de la reforma de 2021, también podía defenderse que el artículo 47 LPI y su condena de la "manifiesta desproporción" constituían *per se* un argumento en contra del pacto de remuneración proporcional en forma de porcentajes inusualmente bajos dadas las circunstancias.

El nuevo apartado segundo del artículo 47 LPI se dedica a un extremo que ya se contenía, antes de la reforma, en el artículo 47 *in fine* LPI: la acción de revisión por remuneración no equitativa solamente podrá ejercitarse dentro de los diez años siguientes al de la cesión. Sin embargo, la reforma de 2021 se aprovecha para introducir un matiz que resultará de gran importancia en algunos sectores: la acción de revisión puede que se haya regulado expresamente en pacto expreso acordado al efecto, convenio colectivo o acuerdo sectorial entre los representantes de los autores y los cesionarios, que prevean un procedimiento de revisión específico.

Por su parte, el nuevo apartado tercero del artículo 47 LPI simplemente contiene la exclusión de determinadas cesiones del campo de aplicación de la acción de revisión: las cesiones de derechos de los autores de los programas de ordenador -tal y como prevé el artículo 23.1 DMUD-, las autorizaciones exclusivas concedidas por entidades de gestión y las autorizaciones otorgadas por los operadores -artículo 20.2 DMUD-.[94]

Antes de la transposición de la DMUD, el artículo 47 LPI solo se aplicaba a los autores. Los artistas intérpretes o ejecutantes no podían ejercer esta acción y los tribunales españoles no han

[94] Antes y después de la reforma, la redacción de esta norma siempre se ha referido al "autor". De ahí que siga siendo aplicable la interpretación realizada por el Tribunal Supremo: no podrán acogerse a la acción de revisión los cesionarios del autor que hayan cedido a su vez sus derechos a un segundo cesionario [STS 298/2016, de 5 de mayo (*TOL 5.716.449)*]. Sin embargo, no parece adecuado emplear la interpretación literal del artículo 47 LPI para excluir a los herederos de la legitimación activa de la acción de revisión, dado que los herederos se subrogan en la misma posición jurídica del autor a efectos de los derechos patrimoniales y, por tanto, para ellos la ratio tuitiva de los autores persiste. En este sentido, BERCOVITZ ÁLVAREZ, G. y MINERO ALEJANDRE, G., "Tema 6. La transmisión de los derechos del autor", *loc. cit.*, p. 231.

estudiado aún la posible adaptación contractual de acuerdos con artistas con base en la doctrina *rebus sic stantibus.*[95]

En paralelo, el artículo 80.4 RD-Ley 24/2021 añade un nuevo artículo 48 *bis* LPI, para regular el derecho de revocación. Dentro del margen decisorio que el legislador europeo otorgaba a los Estados miembros en el artículo 22 DMUD, el legislador español determinó que el derecho de revocación solamente puede ejercitarse una vez transcurridos cinco años desde la autorización o cesión y que dicho ejercicio queda sometido a una comunicación previa, en la que el autor fijará un plazo no inferior a un año, vencido el cual será cuando podrá decidir poner fin a la autorización, a la cesión o a la exclusividad del contrato.

Por su parte, el artículo 80.6 RD-Ley 24/2021 modifica el artículo 110 LPI, sobre los contratos de trabajo y de arrendamiento de servicios con artistas intérpretes y ejecutantes, para introducir un nuevo apartado tercero -en el que se indica que la acción de revisión por remuneración no equitativa del artículo 47 LPI es aplicable a estos contratos- y un nuevo apartado cuarto -en el que también se hace extensible a estos dos tipos de contratos el derecho de revocación regulado en artículo 48 *bis* LPI, y las obligaciones de información del cesionario o licenciatario de derechos de propiedad intelectual, establecidas en el artículo 75 RD-Ley 24/2021-.

Con ello se consigue la equiparación de regímenes sobre remuneración -en lo que a la transposición de la DMUD se refiere- entre autores y artistas, y ello con independencia de si el empleador o el arrendatario de servicios hubieran adquirido o no originariamente los derechos exclusivos de reproducción y comunicación pública para la explotación de las prestaciones de

---

95 RUBÍ PUIG, A, "El mecanismo de adaptación contractual del artículo 20 de la Directiva sobre derechos de autor en el mercado único digital y su transposición al Derecho español", *loc. cit.*, pp. 37 y 39.

los artistas empleados o arrendadores de servicios. En ambos casos, los artistas podrán ejercitar la acción de revisión de su salario o precio contractual, pedir el cumplimiento de la obligación de información actualizada, pertinente y exhaustiva sobre la explotación de sus prestaciones y ejercitar la acción de revocación en todo o en parte, a falta de explotación de sus prestaciones.

Nótese que este artículo 110 LPI no transpone expresamente -en lo que a artistas intérpretes y ejecutantes se refiere- el principio de remuneración adecuada y proporcionada previsto en el artículo 74 del RD-Ley 24/2021. Sin embargo, la redacción del propio artículo 74 del RD-Ley 24/2021 -que menciona expresamente a los autores y a los artistas como beneficiarios de su ámbito de aplicación- no deja lugar a dudas acerca de la equiparación de regímenes que el legislador español quiso para ambos colectivos.

Téngase en cuenta, además, que el propio artículo 110 LPI, tras la reforma llevada a cabo por el RD-Ley 24/2021, hace una llamada a la aplicación del citado artículo 75 del RD-Ley 24/2021.[96] Resulta llamativa la insistencia del legislador español por dejar clara la equiparación entre autores y aristas en lo que a las normas generales de Derecho contractual primario se refiere, como también resultaba sorprendente la falta absoluta de regulación de normas generales sobre transmisión *inter vivos* de los derechos de los artistas e instrumentos de tutela de la remuneración de los artistas que se predicaba del ordenamiento jurídico español hasta la aprobación del RD-Ley 24/2021.[97]

---

96 Llamada que resulta totalmente innecesaria, toda vez que el artículo 75 del RD-Ley 24/2021 ya menciona expresamente a los artistas, junto con los autores, como beneficiarios de las reglas de transparencia.

97 Téngase en cuenta que la cláusula del artículo 132 LPI, en virtud de la cual algunas partes del Libro I LPI son aplicables a los derechos de los artistas, no se refiere a las reglas sobre transmisión de derechos del Título V del Libro I LPI. Véase SÁNCHEZ ARISTI, R. y OYARZABAL OYONARTE, N., "La directiva de derechos de autor

Finalmente, en lo que respecta a la resolución alternativa de conflictos, ha de recordarse que el artículo 21 DMUD concede flexibilidad a los legisladores nacionales a la hora de decidir sobre la creación de un nuevo organismo o mecanismo, o bien recurrir a uno ya existente que cumpla las condiciones reguladas en la Directiva -entre ellas, la posibilidad de acudir a la vía judicial posteriormente-. En el caso español, se ha optado por hacer competente para ello a la Sección Primera de la Comisión de Propiedad Intelectual. Con este objetivo, se ha modificado el artículo 194 LPI.[98] También en sede de resolución alternativa de conflictos, el legislador español quiso procurar un régimen de igualdad entre autores y artistas.[99]

Centrándonos ahora en el artículo 74 del RD-Ley 24/2021, debemos afirmar que este precepto no se limita a reproducir

---

en el mercado único digital: una regulación sobre la remuneración equitativa de autores y artistas en los contratos de explotación", *cit.*, p. 229; y GARROTE FERNÁNDEZ-DÍEZ, I., "La transposición al ordenamiento español de la Directiva 2019/790, de derechos de autor y derechos afines en el Mercado Único Digital", *cit.*, p. 53.

98 El artículo 80.9 del Real Decreto-ley 24/2021, de 2 de noviembre, ha añadido al artículo 194 LPI un nuevo apartado quinto, cuya letra b) dicta "El ámbito material de actuación de la Sección Primera de la Comisión de Propiedad Intelectual en el ejercicio de sus funciones de mediación y/o arbitraje señaladas en los apartados 1 y 2 del presente artículo podrá comprender, asimismo, los siguientes aspectos [...] b) Mediación o arbitraje en los conflictos relacionados con la obligación de transparencia en favor de los autores, artistas, intérpretes o ejecutantes regulada en el artículo 110, conforme a lo previsto legalmente sobre la transparencia respecto a la remuneración equitativa de los autores y artistas intérpretes o ejecutantes en los contratos de explotación, y con la acción de revisión prevista para autores, artistas, intérpretes o ejecutantes en los artículos 47 y 110".

99 Equiparación que, también en este punto, nos parece positiva. Véase, en este sentido, GARROTE FERNÁNDEZ-DÍEZ, I., "La transposición al ordenamiento español de la Directiva 2019/790, de derechos de autor y derechos afines en el Mercado Único Digital", *cit.*, p. 53.

el derecho de todo autor o artista intérprete o ejecutante a recibir una remuneración adecuada y proporcionada por las autorizaciones o cesiones de sus derechos, sino que también se indica que, en la fase de negociación precontractual, las partes del contrato han de cumplir los principios de buena fe contractual, diligencia debida, transparencia y respeto a la libre competencia, y concluye "lo que excluye el ejercicio de posición de dominio".[100] Con ello se busca, ante todo, procurar un adecuado nivel de justicia distributiva para autores y artistas, sin que ello tenga como resultado la negación del principio de autonomía privada. Este plus de contenido con respecto del artículo 18 DMUD se refiere no ya al cálculo de la remuneración, sino a los principios que han de cumplir las partes en su comportamiento durante la fase de negociación, y que el legislador español también quiso plasmar tanto en el artículo 73.1 del RD-Ley 24/2021, referido a las licencias que deben intentar obtener los prestadores de servicios para compartir contenidos en línea, como en el artículo 129 *bis* LPI, sobre la negociación entre editores de publicaciones de prensa y prestadores de servicios de la sociedad de la información.[101]

---

[100] Entiéndase este último matiz referido al "abuso del ejercicio de la posición de dominio".

[101] Sobre la falta de sentido de la mención de los principios de la buena fe contractual, diligencia debida, transparencia, respeto a la libre competencia y prohibición de abuso de la posición de dominio, nos remitimos a GARROTE FERNÁNDEZ-DÍEZ, I., "La transposición al ordenamiento español de la Directiva 2019/790, de derechos de autor y derechos afines en el Mercado Único Digital", *cit.*, p. 54; y SÁNCHEZ ARISTI, R. y OYARZABAL OYONARTE, N. "Decadencia y caída del Texto Refundido de la Ley de Propiedad Intelectual: la transposición de la Directiva 2019/790 sobre derechos de autor en el mercado único digital por el Real Decreto-Ley 24/2021, de 2 de noviembre", *cit.*, p. 154. Estos autores sostienen que, si el legislador consideraba que los principios aquí enunciados tienen un campo de aplicación general, el lugar en el que debieron regularse es en

Ya antes de la transposición de la norma europea, el paternalismo presente en el considerando 72 DMUD -acerca de la debilidad de autores y artistas en la fase de contratación- estaba plasmado en el artículo 55 LPI, conforme al cual se establece la irrenunciabilidad de los beneficios concedidos a los autores en materia de transmisión de sus derechos. Sin embargo, no existía como tal una declaración del principio que ahora se contiene en el artículo 74 del RD-Ley 24/2021.[102]

El legislador español prefirió no reflejar expresamente el contenido del considerando 73 DMUD en el precepto nacional. Recuérdese que en este considerando se preven dos cosas. La primera: la regla general ha de ser la remuneración proporcional, y no el pago a tanto alzado. Regla que ya se contenía en el artículo 46 LPI y que el legislador español de 2021 ha pre-

---

los preceptos generales de la LPI referidos a la transmisión *inter vivos* de derechos de propiedad intelectual, además de estar reflejados ya en el Código Civil, la Ley de Competencia Desleal y la Ley de Defensa de la Competencia. Especialmente crítico con la tautología creada al repetir en el artículo 129 *bis* LPI los principios que deben regir la negociación contractual ya previstos en otras normas generales del ordenamiento se ha mostrado FERNÁNDEZ-LASQUETTY MARTÍN. Este autor aboga por la eliminación de este punto del artículo 129 *bis* LPI "para dar una mayor brevedad y sistemática" a esta norma. FERNÁNDEZ-LASQUETTY MARTÍN, J., "Del límite al derecho conexo: la agregación de prensa en España", *Pe.i. Revista de Propiedad Intelectual,* 2023, N. 74, p. 57.

102 De ahí que en la exposición de motivos del RD-Ley 24/2021 se afirmase: "[...] se fortalece la posición de los autores e intérpretes, que en el derecho español ya tienen reconocido el derecho irrenunciable a una retribución justa, con la incorporación de nuevas herramientas jurídicas como por ejemplo [...] el derecho a la revisión de sus retribuciones si resultaron desproporcionadamente escasas". Véase GIL RODRÍGUEZ, J., "Comentario al artículo 55", en *Comentarios a la Ley de Propiedad Intelectual,* Tecnos, Madrid, 2017, p. 981.

ferido no modificar.[103] La segunda: la remuneración a cobrar por el autor o por el artista ha de ser "proporcionada respecto del valor económico real o potencial de los derechos objeto de licencia o cedidos", indicando expresamente entre los parámetros a tener en cuenta "la contribución del autor o el artista intérprete o ejecutante al conjunto de la obra u otra prestación y todas las circunstancias del caso, como las prácticas de mercado o la explotación real de la obra".[104]

Finalmente, el legislador español erró al no transponer el artículo 23.2 DMUD, en el que, recordemos, se indica que el principio de remuneración adecuada y proporcionada -además del resto de mecanismos de los artículos 19 a 22 DMUD- no es aplicable a los programas de ordenador. Solamente el nuevo apartado tercero del artículo 47 LPI -sobre acción de revisión por remuneración no equitativa- contiene una exclusión de las licencias de programas de ordenador.

La ubicación más adecuada de la implementación de una exclusión completa -referida al resto de herramientas previstas

---

103 En particular, de acuerdo con el artículo 46.2 LPI, los casos especiales en los que cabe pactar la remuneración a tanto alzado son los siguientes: 1) cuando haya dificultad para determinar o comprobar los ingresos de explotación, 2) cuando la obra se utilice como elemento accesorio respecto de la actividad u objeto a que se destina, 3) cuando la obra no es elemento esencial de la creación intelectual en que se integre y 4) en caso de primera o única edición de diccionarios, antologías, prólogos y ediciones similares. Téngase en cuenta, eso sí, que el artículo 46 LPI solamente resulta aplicable a autores, por lo que es necesaria una modificación legislativa que permita extender la aplicación del contenido de esta norma a artistas intérpretes o ejecutantes. La reforma realizada en el artículo 110 LPI es insuficiente a estos efectos, al no contener un reenvío al artículo 46 LPI.

104 Asimismo, el artículo 46 LPI permite que la cesión pueda no ser necesariamente onerosa, lo que da pie a incluir supuestos de cesiones gratuitas, previstos en los considerandos 74 y 82 DMUD, y acordes con el ejercicio de la libertad contractual y la autonomía de la voluntad.

en los artículos 18 a 22 LPI- para programas de ordenador sería su emplazamiento en el Título V del Capítulo I del Libro I LPI (Capítulo sobre "Disposiciones generales", del Título "Transmisión de los derechos"), como puede ser a modo de nuevo apartado sexto del artículo 43 LPI. Otra opción podría ser la regulación de la exclusión en el propio Título VII LPI, dedicado específicamente a programas de ordenador. Por ejemplo, en el primero de sus preceptos, el artículo 95 LPI. Si la transposición del principio de remuneración adecuada y proporcionada se mantuviera fuera de la LPI, en el artículo 74 del RD-Ley 24/2021, el legislador español tendría que insertar en este una mención a la exclusión de los programas de ordenador, creando un nuevo segundo apartado o introduciendo una mención *in fine* en el actual párrafo único, si quiere cumplir correctamente con su deber de transposición.

## V. REFLEXIONES FINALES

El legislador europeo de 2019 optó por regular una serie de reglas de lo que podríamos denominar el Derecho primario de contratos de cesión de derechos de explotación de autores y artistas. Lo hizo, además, previendo como primera regla el artículo 18 DMUD, en el que se regula, a modo de principio del ordenamiento europeo referido a la propiedad intelectual, una regla sobre remuneración adecuada y proporcionada. No podía ser de otra manera, dado que reconocer a autores y artistas derechos exclusivos, pero fallar a la hora de asegurarles una remuneración adecuada y proporcionada por su explotación es el equivalente a carecer de reconocimiento de estos derechos.

El principio de remuneración adecuada y proporcionada está llamado a convertirse en un principio informador del derecho contractual de la propiedad intelectual, de forma que presida y guíe la interpretación de las normas encargadas de regular las relaciones jurídicas que se establezcan entre los autores y artistas intérpretes o ejecutantes y quienes explotan sus obras o prestaciones protegidas. Tan central es el papel de este principio que es ciertamente probable que el Tribunal de Justicia de la Unión Europea lo califique de concepto autónomo de Derecho de la Unión Europea y lo haga en un futuro cercano, en cuanto tenga ocasión de contestar alguna cuestión prejudicial que se le plantee sobre la materia.

Con todo, está por ver cuál será la aplicación práctica efectiva de este principio en los contratos vigentes en la fecha de entrada en vigor de la DMUD y en las cesiones de derechos de explotación que puedan celebrarse en el futuro. Si ello redunda en un clima de negociación con un mayor grado de seguridad jurídica, en el que el pacto de remuneración a tanto alzado se convierta en un supuesto excepcional, y en el que la determinación de la remuneración proporcional a pagar tenga en cuenta las vicisitudes específicas de cada contrato, así como las prácticas habituales en el mercado, sin traducirse para el autor o el artista cedente en una cantidad muy por debajo de lo habitual en ese concreto sector, entonces el esfuerzo invertido por el Parlamento Europeo en que este artículo 18 DMUD viera la luz habrá merecido la pena.

Sin embargo, no puede perderse de vista que la referencia a la necesidad de tomar en consideración las prácticas habituales de cada sector y el resto de circunstancias del mercado es un llamamiento a la necesidad de ponderar la asunción por parte del cesionario de los riesgos económicos de la explotación de la obra o prestación protegida de que se trate, toda vez que autores y artistas no suelen asumir por sí mismos la financiación necesaria para ello.

No podemos olvidar que el artículo 18 DMUD no acaparó, ni por asomo, la atención que otros preceptos de la DMUD generaron en la doctrina europea e, incluso, en los medios de comunicación generalistas. De hecho, como se ha indicado en este trabajo, la Comisión Europea no tenía en mente originariamente la regulación del principio de remuneración adecuada y proporcionada. La influencia de la campaña "Fair Internet for Performers", entre otros *lobbies,* seguramente fue el detonante que condujo al Parlamento Europeo a querer garantizar que, además de herramientas que puedan ejercitarse *ex post* de la celebración del contrato de cesión de derechos, el principio de remuneración adecuada y proporcionada ha de guiar siempre y en todo caso la negociación de las condiciones del contrato que vaya a celebrarse.

La regulación del principio de remuneración adecuada y proporcionada merece *per se* una valoración positiva -si bien sorprende que el legislador europeo haya esperado hasta 2019 para regular esta regla y el resto de herramientas previstas en los artículos 18 a 23 DMUD, sobre todo si tenemos en cuenta las múltiples proclamaciones hechas por el Tribunal de Justicia de la Unión Europea-. Son varios los motivos específicos que nos conducen a defender esta valoración positiva del artículo 18 DMUD y de los considerandos que sirven para su interpretación.

El primero es la búsqueda de una total equiparación, en el terreno de la remuneración, entre autores y artistas, sin perjuicio de la toma en consideración de la concreta contribución del autor o el artista intérprete o ejecutante al conjunto de la obra u otra prestación y del resto de circunstancias de cada caso.

El segundo es la relación trazada entre la remuneración a pagar al autor o al artista y la efectiva explotación de su obra o prestación por parte del cesionario, que no la mera cesión de los derechos. Además, el legislador europeo articula la remuneración en base a los ingresos generados por la explotación de la obra o prestación, siendo este concepto más amplio que el de beneficios obtenidos por la explotación.

El tercero, vinculado con el anterior, es el propio carácter remuneratorio, que no indemnizatorio, de la cantidad que el cesionario deba pagar al autor o artista cedente.

El cuarto es el carácter transversal de este principio, que no se limita a un sector concreto o a un determinado tipo de autorización o cesión de derechos de explotación, ni se refiere únicamente a las cesiones de carácter exclusivo.

Finalmente, destaca la coherencia de la regulación de este principio tanto con las Directivas aprobadas previamente en materia de propiedad intelectual como con la jurisprudencia dictada sobre esta cuestión por el Tribunal de Justicia de la Unión Europea.

Sin embargo, la regulación europea del principio de remuneración adecuada y proporcionada no está exenta de críticas. En este trabajo se ha intentado identificar algunas de las más importantes.

Entre ellas, la falta de mención del principio en el artículo 23.1 DMUD, en el que se especifican las reglas o derechos irrenunciables para autores y artistas. Ausencia de mención que en modo alguno reduce su carácter de principio informador del Derecho primario de contratos en materia de propiedad intelectual.

En paralelo, resulta necesaria una aclaración sobre la fecha de entrada en vigor del artículo 18 DMUD y una mejora del régimen transitorio que aclare si esta norma se aplica a contratos celebrados con anterioridad a la fecha de entrada en vigor de la DMUD y a situaciones de desprotección de autores y artistas acaecidas antes del 7 de junio de 2021.

En tercer lugar, se debe mencionar la naturaleza de armonización de mínimos que adoptó el artículo 18 DMUD, de manera que los legisladores estatales gozan de un amplio margen de libertad para decidir ampliar la tutela otorgada a autores y artistas en materia contractual, así como para mantener los mecanismos que ya tuvieran regulados, sin que se genere un clima de uniformidad real a nivel europeo. En sí, el legislador europeo no prohíbe la remuneración a tanto alzado, sino que reconoce que la regla general ha de ser la remuneración proporcional y la excepción el pacto de una suma tasada, a la vez que hace un llamamiento a los legisladores nacionales a prever los supuestos excepcionales en los que el pago a tanto alzado sea posible. Sin embargo, no se determina el grado de precisión que la regulación nacional de los supuestos en los que se admite dicho pacto ha de tener.

Por otro lado, el concepto de remuneración adecuada y proporcionada no deja de ser un concepto jurídico indeterminado, a pesar de que algunos considerandos han tratado de aportar cierta claridad acerca de los parámetros que los legisladores nacionales han de tener en cuenta para configurarlo -y que el legislador español, erradamente, ha decidido no transponer-. Queda claro, eso sí, que los adjetivos "proporcionada" y "proporcional" no son sinónimos para el legislador europeo. El legislador europeo es consciente de que no toda remuneración proporcional es, siempre y en todo caso, proporcionada. De ahí que la literalidad del artículo 18 DMUD no sea un asunto baladí.

Seguramente, una correcta y uniforme interpretación por el Tribunal de Justicia de la Unión Europea de lo que deba entenderse por remuneración adecuada y proporcionada sirva para reducir el número de litigios que puedan generarse y la frecuencia de uso de los mecanismos previstos en los artículos 20 a 22 DMUD.

Por otro lado, no puede pasarse por alto el hecho de que los artículos 18 a 23 DMUD constituyen únicamente un embrión de parte general del Derecho contractual primario de propiedad intelectual de la Unión Europea, al que podrán agregarse -y, seguramente, se agregarán- más adelante nuevas disposiciones europeas sobre transmisión *inter vivos* de derechos de propiedad intelectual, que, hasta la fecha, era una materia inédita para el legislador europeo. Téngase en cuenta que estos preceptos se limitan a regular algunos aspectos relativos a la remuneración de los contratos de cesión de derechos de explotación en los que autores y artistas sean parte contractual, pero no tocan otras materias como la formación del contrato, las posibles formalidades o los regímenes aplicables al incumplimiento o a la ineficacia contractual, que sí están presentes en las leyes nacionales sobre derechos de propiedad intelectual. De ahí que siga existiendo un amplio grado de falta de uniformidad entre los Estados miembros, que impide hablar de un verdadero mercado único digital y que puede influir en la toma de decisiones sobre la ubicación geográfica de los cesionarios de derechos o en el pacto sobre el Derecho aplicable.

Finalmente, en este trabajo hemos tratado de realizar una serie de propuestas de mejora de la transposición llevada a cabo por el legislador español. De *lege ferenda* sería aconsejable acabar con la inseguridad jurídica generada por la transposición híbrida de la DMUD, a caballo entre la LPI y el cuerpo del Real Decreto-Ley 24/2021, de 2 de noviembre. La opción más acertada pasa por ubicar la transposición sistemática de los artículos 18 a 23 DMUD dentro de la parte general contractual de la LPI, esto es, en el Capítulo I del Título V del Libro I LPI (Capítulo sobre "Disposiciones generales", del Título "Transmisión de los derechos"), insertando en el artículo 110 LPI la correspondiente remisión normativa -o bien ubicando en un nuevo segundo párrafo del artículo 132 LPI una remisión al Capítulo I del Título V del Libro I, únicamente en relación con los artistas intérpretes y ejecutantes y "en lo pertinente"-.

Qué duda cabe que una interpretación más sencilla hubiera venido de la mano de la transposición del artículo 18 DMUD en un nuevo apartado tercero dentro del artículo 46 LPI o bien en nuevo artículo 46 *bis* LPI.

Adicionalmente, de *lege ferenda,* no estaría de más incluir un nuevo apartado en el artículo 46 LPI o una segunda frase nueva en el apartado primero del artículo 46 LPI en la que se previera expresamente una presunción *iuris tantum* de onerosidad de la cesión de derechos de explotación, de modo que la cesión gratuita exigiese, para existir, del pacto expreso en el contrato, siguiendo la fórmula empleada en el artículo 48 LPI respecto de la cesión exclusiva.

En lo que respecta al artículo 74 del RD-Ley 24/2021, el legislador europeo no se limitó a reproducir el derecho de todo autor o artista intérprete o ejecutante a recibir una remuneración adecuada y proporcionada por las autorizaciones o cesiones de sus derechos de explotación, sino que reguló los principios que han de cumplir las partes en la fase de negociación precontractual:

buena fe, diligencia debida, transparencia y respeto a la libre competencia, excluyendo el abuso de la posición de dominio.

Principios que no estaban presentes en el artículo 18 DMUD y que el legislador español también quiso plasmar tanto en el artículo 73.1 del RD-Ley 24/2021, referido a las licencias que deben intentar obtener los prestadores de servicios para compartir contenidos en línea, como en el artículo 129 *bis* LPI, sobre la negociación entre editores de publicaciones de prensa y prestadores de servicios de la sociedad de la información. Si el legislador consideraba que estos principios tienen un campo de aplicación general, el lugar en el que debieron regularse es en los preceptos generales de la LPI referidos a la transmisión *inter vivos* de derechos de propiedad intelectual, además de estar reflejados ya en el Código Civil, la Ley de Competencia Desleal y la Ley de Defensa de la Competencia.

## BIBLIOGRAFÍA

AGUILAR, A., "The New Copyright Directive: Fair Remuneration in Exploitation Contracts of Authors and Performers – part 1, Articles 18 and 19. Kluwer Copyright Blog", [en línea], (2019), <https://copyrightblog.kluweriplaw.com/2019/07/15/the-new-copyright-directive-fair-remuneration-in-exploitation-contracts-of-authors-and-performers-part-1-articles-18-and-19/>. [Consulta: 08/01/2024.].

ASSOCIATION LITTÉRAIRE ET ARTISTIQUE INTERNATIONALE, "Resolución relativa a las propuestas europeas de 14 de septiembre de 2016 tendentes a instituir un mejor reparto del valor cuando se ponen a disposición obras y otros elementos en internet", [en línea], (2017), <https://www.alai.org/en/assets/files/resolutions/170218-value-gap-en.pdf>. [Consulta: 08/01/2024.].

BENTLY, L. & GINSBURG, J., "The Sole Right...Shall Return to the Authors: Anglo-American Authors' Reversion Rights, From the Statute of Anne to Contemporary U.S. Copyright", *Columbia Public Law & Legal Theory Working Papers*, Paper 9190, 2010.

BENTLY, L., KRETSCHMER, M., DUDENBOSTEL, T., CALATRAVA MORENO, M.C. y RADAUER, A., "Strengthening the Position of Press Publishers and Authors and Performers in the Copyright Directive. Study for the JURI Committee of the European Parliament. PE 596.810", [en línea], (2017), <https://www.europarl.europa.eu/RegData/etudes/STUD/2017/596810/IPOL_STU%282017%29596810_EN.pdf>. [Consulta: 08/01/2024.]

BERCOVITZ ÁLVAREZ, G. y MINERO ALEJANDRE, G., "Tema 6. La transmisión de los derechos del autor", en *Manual de Propiedad Intelectual,* Tirant Lo Blanch, Valencia, 10ª edición, 2023.

BETANCOURT, J.C., "Libertad de contratación, orden público y sus repercusiones en el marco de la arbitrabilidad", *InDret,* N. 2/2012.

BERCOVITZ RODRÍGUEZ-CANO, R., "La transposición de las directivas de la UE sobre propiedad intelectual. Blog del Centro de Investigación en Propiedad Intelectual de la Universidad Autónoma de Madrid", [en línea], (2022), <https://www.propiedad-intelectual.dursa.com/blog/articulos-propiedad-intelectual>. [Consulta: 08/01/2024.].

CABEDO SERNA, LL., *El derecho de remuneración del autor,* Dykinson, Madrid, 2011.

CABEDO SERNA, LL. "La obligación de transparencia de la Directiva sobre derechos de autor en el mercado único digital: ¿Un paso más hacia una remuneración adecuada para los autores?", en *Propiedad intelectual y mercado único digital europeo,* Tirant lo Blanch, Valencia, 2019.

COMMISSION STAFF, "Working Document. Impact Assessment on the modernisation of EU copyright rules accompanying the document Proposal for a Directive of the European Parliament and of the Council on copyright in the Digital Single Market and Proposal for a Regulation of the European Parliament and of the Council laying down rules on the exercise of copyright and related rights applicable to certain online transmissions of broadcasting organisations and retransmissions of television and radio programmes, SWD(2016) 301 final, 2016", [en línea], (2016), <https://eur-lex.europa.eu/legal-content/EN/TXT/HTML/?uri=CELEX:52016SC0301>. [Consulta: 08/01/2024.]

DUSOLLIER, S., "The 2019 Directive on copyright in the Digital Single market: Some progress, a few bad choices, and an overall failed ambition", *Common Market Law Review,* 2020, N. 57 (4).

DUSOLLIER, S., KER, C., IGLESIAS, M. y SMITS, S., "Contractual arrangements applicable to creators: Law and Practice of selected Member States. Study commissioned by the European Parliament's Committee on Legal Affairs", [en línea], (2009), <https://www.europarl.europa.eu/meetdocs/2009_2014/documents/juri/dv/contractualarangements_/contractualarangements_en.pdf>. [Consulta: 08/01/2024.]

EUROPEAN COPYRIGHT SOCIETY, "Comment of the European Copyright Society Addressing Selected Aspects of the Implementation of Articles 18 to 22 of Directive (EU) 2019/790 on Copyright in the Digital Single Market", [en línea], (2020), <https://www.jipitec.eu/issues/jipitec-11-2-2020/5105>. [Consulta: 08/01/2024.].

EUROPEAN COPYRIGHT SOCIETY, "General Opinion on the EU Copyright Reform Package", [en línea], (2017), <https://europeancopyrightsocietydotorg.files.wordpress.com/2015/12/ecs-opinion-on-eu-copyright-reform-def.pdf>. [Consulta: 08/01/2024.].

FERNÁNDEZ-LASQUETTY MARTÍN, J., "Del límite al derecho conexo: la agregación de prensa en España", *Pe.i. Revista de Propiedad Intelectual,* 2023, N. 74.

GARROTE FERNÁNDEZ-DÍEZ, I., "La transposición al ordenamiento español de la Directiva 2019/790, de derechos de autor y derechos afines en el Mercado Único Digital", *LA LEY Unión Europea,* 2023, N. 116.

GIL RODRÍGUEZ, J., "Comentario al artículo 55", en *Comentarios a la Ley de Propiedad Intelectual,* Tecnos, Madrid, 2017.

GOLDSTEIN, P. y HUGENHOLTZ, P.B., *International Copyright. Principles, Law and Practice,* Oxford University Press, Nueva York, 2019.

GUIBAULT, L., SALAMANCA, O. y VAN GOMPEL, S., "Remuneration of authors and performers for the use of their works and the fixations of their performances", [en línea], (2015), <https://op.europa.eu/en/publication-detail/-/publication/c022cd3c-9a52-11e5-b3b7-01aa75ed71a1>. [Consulta: 08/01/2024.].

HERNÁNDEZ-PINZÓN, A., "Music Flatrates-Presentation and Legal Assessment", en *Remuneration for the use of works,* Walter de Gruyter, Berlín, 2015.

HICKEY, K.J., "Copyright Paternalism", *Vanderbilt Journal of Entertainment & Technology Law,* 2017, N. 19.

HILTY, R. y MOSCON, V., "Modernisation of the EU Copyright Rules. Position Statement of the Max Planck Institute for Innovation and Competition. Max Planck Institute for Innovation & Competition, Research Paper, N. 17-12", [en línea], (2017), <https://pure.mpg.de/rest/items/item_2470998_12/component/file_2479390/content>. [Consulta: 08/01/2024.]

KAPLOW, L., y SHAVELL, S., "Fairness versus Welfare", *Harvard Law Review,* 2001, N. 114.

LAFRANCE, M., "Fairness for authors and performers: the role of Law", en *Fairness, Morality and Ordre Public in Intellectual Property,* Edward Elgar, Cheltenham, 2020.

LUCAS-SCHLOETTER, "European Copyright Contract Law: A Plea for Harmonizacion", *IIC,* 2017, N. 48.

MICKLITZ, H.W., "On the Intellectual History of Freedom of Contract and Regulation", *The Penn State Journal of Law & International Affairs,* 2015, N. 4(1).

MINERO ALEJANDRE, G., "La armonización europea de la obligación de remuneración equitativa y proporcionada de autores y artistas por la cesión de derechos como paso sine qua non para su verdadera tutela efectiva en el territorio europeo", en *Cuadernos Jurídicos del Instituto de Derecho de Autor,* Instituto de Derecho de Autor, Madrid, 2020.

PRIORA, G., "The Principle of Appropriate and Proportionate Remuneration in the CDSM Directive: A Reason for Hope?", *EIPR,* 2020, N. 42(1), pp. 1-3.

RIIS, T., "Remuneration Rights in EU Copyright Law", *IIC,* 2020, N. 51(4).

ROSATI, E., "Article 18", en *Copyright in the Digital Single Market,* Oxford University Press, Oxford, 2021.

RUBÍ PUIG, A., "Derecho fundamental a la propiedad intelectual en el art. 17.2 CDFUE y remuneración de los artistas musicales", *Derecho Privado y Constitución,* 2021, N. 39.

RUBÍ PUIG, A., "El nuevo Derecho europeo sobre contratos con autores y artistas intérpretes y ejecutantes", en *Estudios de derecho contractual europeo,* Aranzadi, 2022, Madrid.

RUBÍ PUIG, A, "El mecanismo de adaptación contractual del artículo 20 de la Directiva sobre derechos de autor en el mercado único digital y su transposición al Derecho español", *Pe.I. Revista de Propiedad Intelectual,* 2023, N. 73.

SAIZ GARCÍA, C. "El principio de remuneración adecuada y proporcionada en la Directiva 2019/790/UE", en *Propiedad intelectual y mercado único digital europeo,* Tirant lo Blanch, Valencia, 2019.

SAIZ GARCÍA, C., "La garantía de una remuneración adecuada para los autores y artistas intérpretes o ejecutantes en el Real Decreto-Ley 24/2021, de 2 de noviembre", en *Digitación, acceso a contenidos y propiedad intelectual,* Dykinson, Madrid, 2023.

SÁNCHEZ ARISTI, R., "Las licencias creative commons: un análisis crítico desde el Derecho español", *Revista Aranzadi de Derecho del Deporte y Entretenimiento,* 2007, N. 19.

SÁNCHEZ ARISTI, R. y OYARZABAL OYONARTE, N. "Decadencia y caída del Texto Refundido de la Ley de Propiedad Intelectual: la transposición de la Directiva 2019/790 sobre derechos de autor en el mercado único digital por el Real Decreto-Ley 24/2021, de 2 de noviembre", *Pe.i. Revista de Propiedad Intelectual,* 2021, N. 69.

SÁNCHEZ ARISTI, R., y OYARZABAL OYONARTE, N., "La directiva de derechos de autor en el mercado único digital: una regulación sobre la remuneración equitativa de autores y artistas en los contratos de explotación", *Actas de derecho industrial y derecho de autor,* 2019-2020, N. 40.

SHAPIRO, T., "Remuneration Provisions in the DSM Copyright Directive and the Audiovisual Industry in the EU: The Elusive Quest for Fairness", *European Intellectual Property Review,* 2020, N. 42(12).

STAMATOUDI, I. y TORREMANS, P., "The Digital Single Market Directive", en *EU Copyright Law. A commentary,* Edward Elgar, Cheltenham, 2021.

TORRES LANA, J.A., "Comentario al artículo 46", en *Comentarios a la Ley de Propiedad Intelectual,* Tecnos, Madrid, 2017.

XALABARDER PLANTADA, R., "The Principle of Appropriate and Proportionate Remuneration for Authors and Performers in Art.18 Copyright in the Digital Single Market Directive Statutory residual remuneration rights for its effective national implementation", *InDret,* 2020. N. 4.,

XALABARDER PLANTADA, R., "La remuneración equitativa de los autores audiovisuales mediante un derecho irrenunciable de gestión colectiva", en *Propiedad intelectual y mercado único digital europeo,* Tirant lo Blanch, Valencia, 2019.

XALABARDER PLANTADA, R., "Las licencias Creative Commons: ¿una alterativa al copyright?", *UOC papers,* N. 2, 2006.

## RESOLUCIONES DEL TRIBUNAL DE JUSTICIA DE LA UNIÓN EUROPEA

- Sentencia del Tribunal de Justicia de la Unión Europea (Sala Cuarta) de 27 de febrero de 2014, asunto C-351/12, *OSA y otros,* ECLI:EU:C:2014:110 *(TOL 4.117.782).*
- Sentencia del Tribunal de Justicia de la Unión Europea (Sala Tercera) de 9 de febrero de 2012, asunto C-277/10, *Martin Luksan v. Petrus van der Let,* ECLI:EU:C:2012:65 *(TOL 2.517.075).*
- Sentencia del Tribunal de Justicia de la Unión Europea (Gran Sala) de 4 de octubre de 2011, asuntos C-403 y C-429/08, *Football Association Premier League y otros contra QC Leisure y Karen Murphy contra Media Protection Services Ltd,* ECLI:EU:C:2011:631 *(TOL 2.166.024).*

- Sentencia del Tribunal de Justicia de la Unión Europea (Sala Tercera) de 21 de octubre de 2010, asunto C-467/08, *Padawan,* ECLI:EU:C:2010:620 *(TOL 1.957.937).*

- Sentencia del Tribunal de Justicia de la Unión Europea de 20 de octubre de 1993, asunto C-92/92, *Phil Collins contra Imtrat Handelsgesellschaft mbH y Patricia Im- und Export Verwaltungsgesellschaft mbH y Leif Emanuel Kraul contra EMI Electrola GmbH,* ECLI:EU:C:1993:847 *(TOL 4.623.564).*

- Sentencia del Tribunal de Justicia de la Unión Europea de 18 de marzo de 1980, asunto C-62/79, *Coditel y otros contra Ciné Vog Films y otros,* ECLI:EU:C:1980:84 *(TOL 4.619.360).*

# *Capítulo 10*
# *El artículo 19 de la Directiva 2019/790: la obligación de transparencia*

**CARLA BRAGADO HERRERO DE EGAÑA**

*Investigadora postdoctoral del programa "Margarita Salas" UAM/Université d'Évry*

La percepción de una remuneración "adecuada y proporcionada" por parte de los autores y artistas intérpretes y ejecutantes se ha convertido en un nuevo principio o módulo rector de los negocios jurídicos de transmisión de derechos de propiedad intelectual. Enunciado en el artículo 18 de la Directiva 2019/790, el mismo se completa con una serie de mecanismos tendentes a lograr un mayor equilibrio en la relación contractual que se establece entre autores o artistas y sus respectivos cesionarios, con el objetivo de que dicho equilibrio tenga un oportuno reflejo en todo lo relacionado con sus aspectos puramente económicos. El primero de tales mecanismos consiste en la introducción de una obligación de transparencia, establecida en el artículo 19 del Texto europeo, y cuya transposición en el Derecho español figura en el artículo 75 del Real Decreto-ley 24/2021, de 2 de noviembre.

## I. NOCIÓN Y ANTECEDENTES DE LA "OBLIGACIÓN DE TRANSPARENCIA" ESTABLECIDA EN EL ARTÍCULO 19 DE LA DIRECTIVA 2019/790

El primer apartado del artículo 19 de la Directiva 2019/790 obliga a los Estados miembros a garantizar que los autores y los artistas intérpretes o ejecutantes "*reciban periódicamente, y por lo menos una vez al año, teniendo en cuenta las características específicas de cada sector, información actualizada, pertinente y exhaustiva sobre la explotación de sus obras e interpretaciones o ejecuciones por las partes a las que hayan concedido licencias o cedido sus derechos, o de los derechohabientes de estos, especialmente en lo que se refiere a los modos de explotación, la totalidad de los ingresos generados y la remuneración correspondiente*".

A través de esta nueva obligación de transparencia, el legislador europeo pretende que los autores o artistas, intérpretes y ejecutantes puedan disponer de una información adecuada que les permita "*evaluar el valor económico de aquellos de sus derechos que están armonizados por el Derecho de la Unión*" cuando los ceden o conceden licencias sobre los mismos con fines de explotación a cambio de una remuneración[1]. Con mayor énfasis, el Considerando 75 afirma que los autores y artistas "*necesitan información para poder estimar el valor económico continuado de sus derechos con respecto a la remuneración debida por su licencia o cesión*" apuntando al problema de "falta de transparencia" al que a menudo se enfrentan. La Directiva 2019/790 viene así a paliar un problema de "asimetría" en el conocimiento de la información relativa a los resultados de la explotación que se está llevando a cabo, y que no es sino consecuencia de la posición más débil que suelen ocupar los autores o artistas en la relación contractual. De ahí que el mismo Considerando mencione la importancia de que "*las otras partes contratantes o sus derechohabientes compartan una información adecuada y precisa con el fin de garantizar la transparencia y el equilibrio en el régimen por el que se rige la remuneración de los autores y los artistas intérpretes o ejecutantes*".

La medida actúa, por tanto, en fase de ejecución del contrato y tiende, en definitiva, a asegurar que el autor o el artista pueda mantener un cierto control sobre el desarrollo de la

---

[1] Considerando 74 de la Directiva 2019/790.

explotación que se está llevando a cabo y sus resultados frente a la opacidad frecuentemente empleada por el cesionario[2]. Por otra parte, la aparición de nuevos modelos económicos de explotación de obras y prestaciones protegidas en línea – en particular, los servicios de *streaming* mediante suscripción – ha acentuado este problema de falta de transparencia sobre los ingresos generados y su modo de reparto, actuando así en detrimento tanto de la posibilidad de conocer qué ingresos está produciendo la obra, como de la posibilidad de verificar si la remuneración percibida por el autor o artista responde al estándar de "adecuación" y "proporción" que se deriva de lo establecido en el artículo 18 de la Directiva 2019/790[3].

En este contexto, la obligación de transparencia presenta un carácter híbrido[4]. De un lado, encarna una obligación contractual autónoma que ha de ser prestada sin necesidad de un requerimiento previo por parte del autor o del artista intérprete o ejecutante que ha cedido sus derechos o concedido una licencia para la explotación de su obra o interpretación[5]. Esto es, equivale a un deber proactivo por parte de los cesionarios de tales de-

---

2 SÁNCHEZ ARISTI, R. y OYARZABAL OYONARTE, N., "La Directiva de Derechos de Autor en el mercado único digital: una regulación sobre la remuneración equitativa de autores y artistas en los contratos de explotación", *ADI* 40 (2019-2020), pp. 223-246, en p. 228.

3 *Vid.*, sobre esta cuestión, *Study on the place and role of authors and composers in the European music streaming market*, Legrand Network, septiembre de 2022 (efectuado por encargo de la GESAC).

4 LAPOUSTERLE, J., "Le droit contractuel d'auteur issu de la Directive sur le droit d'auteur et les droits voisins dans le marché unique numérique", en *Entre art et technique: les dynamiques du droit. Mélanges en l'honneur de Pierre Sirinelli*, Dalloz, París, 2022, pp. 419-439, en pp. 427-428.

5 CABEDO SERNA, Ll., "La obligación de transparencia de la Directiva sobre derechos de autor en el mercado único digital: ¿Un paso más hacia una remuneración adecuada para los autores?", en SÁIZ GARCÍA, C., y EVANGELIO LLORCA, R. (dir.), *Propiedad intelectual y mercado único digital europeo*, Tirant Lo Blanch, Valencia, 2019, pp. 419-474, en p. 444.

rechos de proveer información a los autores y/o artistas. Entre otras cosas, esta información acerca de los datos económicos de la explotación permite verificar el adecuado cumplimiento de lo pactado en el contrato, comprobando que las remuneraciones percibidas se corresponden con la realidad de la explotación. Así visto, el mecanismo resulta necesario para garantizar el control de la percepción de la remuneración proporcional[6].

Con todo, la *ratio legis* de la obligación de transparencia introducida por el legislador europeo va más allá, pues como ya se ha indicado, a través de la misma se pretende proporcionar al autor o artista cedente una información adecuada para que éste pueda conocer o estimar el valor económico continuado de sus derechos y, de hecho, interviene con independencia del tipo de remuneración pactada (proporcional o a tanto alzado). Esto es, no se trata únicamente de que el autor o el artista pueda conocer el importe de la remuneración que le es debida en función de lo establecido en el contrato sino, de manera más general, los ingresos que la explotación está generando: en definitiva, qué valor tiene la obra o interpretación en el mercado[7]. Ello enlaza con el principio de remuneración adecuada y proporcionada establecido en el artículo 18 de la Directiva 2019/790 y permite valorar si la remuneración pactada en el contrato se acomoda a dicho principio, más allá de las proyecciones que, en su momento, pudieron hacerse. Si, por el contrario, a través de esta información, se comprueba que la remuneración inicialmente acordada resulta desproporcionadamente baja, el artículo 20 de la Directiva 2019/790 prevé el derecho, a favor del autor o del artista, intérprete o ejecutante, a reclamar una remuneración adicional, adecuada y equitati-

---

6 MONTELS, B., "L'incidence du droit européen des contrats d'auteur sur son modèle français", *CCE* 2019, Dossier 6, nº 10.

7 VARET, V., "L'obligation de transparence", *Propr. Intell.*, nº 80, julio de 2021, pp. 45-52, en p. 45.

va, a la parte con la que haya celebrado un contrato para la explotación de sus derechos, o a los derechohabientes de ésta. Desde esta perspectiva, la obligación de transparencia desempeña una función instrumental – pero determinante – para el correcto ejercicio del mecanismo de adaptación de contratos previsto en el artículo 20 de la Directiva 2019/790. En efecto, esa medida de ajuste reconocida en beneficio del autor o del artista intérprete o ejecutante presupone un conocimiento perfecto de la explotación que se está llevando a cabo y, más específicamente, de los ingresos que la misma está generando[8]. En este marco, artículo 19 del Texto europeo actúa a modo de "bisagra" entre el principio enunciado en el artículo 18 y el correctivo contemplado en el artículo 20, y de ahí su importancia[9]. La obligación de transparencia se convierte así en un instrumento tendente a asegurar la efectividad del reparto del valor entre los autores o artistas y aquellos que llevan a cabo la explotación[10]. Es también la razón por la cual el artículo 23.1 de la Directiva 2019/790 le confiere el rango de norma imperativa, impidiendo que las partes puedan renunciar a su cumplimiento a través de lo establecido en el contrato.

Con todo, el mecanismo reconocido en el artículo 19 de la Directiva 2019/790 no es totalmente novedoso, y encuentra su

---

8 BENSAMOUN, A. y SIRINELLI, P., "Apport au régime de droit commun des contrats de droit d'auteur par la transposition des articles 18 à 23 de la directive 2019/790 du 17 avril 2019 par l'ordonnance n° 2021-580 du 12 mai 2021", *RIDA* n° 270, oct. 2021, chron. leg., pp. 143-243, en p. 185.

9 En un sentido similar, BRUGUIÈRE, J.-M., "La révision de la rémunération de l'auteur et de l'artiste-interprète", *Propr. Intell.* n° 80, julio de 2021, pp. 28-35, en p. 28. El autor señala que, si el precio está fijado de manera adecuada, no hay razón alguna que justifique acudir a la revisión. Por su parte, la transparencia es un instrumento diseñado para para permitir esa revisión del precio de la cesión. En suma, las tres disposiciones han de ser leídas conjuntamente.

10 VARET, V., "L'obligation de transparence", *op. cit.*, p. 46.

antecedente más directo en las llamadas obligaciones de "rendición de cuentas" que ya contemplaban algunos contratos típicos. Tal era el caso, en el Derecho español, para los contratos de edición (artículo 64.5º TRLPI), de representación teatral y ejecución musical (78.5º TRLPI); y de producción audiovisual (90.5 TRLPI)[11]. El modelo, hasta ahora propio de los contratos típicos, se exporta así al terreno del derecho contractual primario o común[12]. No obstante, como afirma A. LUCAS, la obligación de transparencia prevista en la Directiva va más lejos de una simple obligación de rendición de cuentas. En efecto, el artículo 19 se refiere, a la transmisión de información sobre la explotación de la obra o interpretación, lo que comprende "*especialmente*" los modos de explotación, la totalidad de los ingresos generados y la remuneración correspondiente. En con-

---

11 Así, el apartado 5º del artículo 64 del TRLPI incluye, entre las obligaciones del editor la de "*satisfacer al autor la remuneración estipulada y, cuando ésta sea proporcional, al menos una vez cada año, la oportuna liquidación, de cuyo contenido le rendirá cuentas. Deberá, asimismo, poner anualmente a disposición de autor un certificado en el que se determinen los datos relativos a la fabricación, distribución y existencias de ejemplares. A estos efectos, si el autor lo solicita, el editor le presentará los correspondientes justificantes*". En un sentido similar, el apartado 5º del artículo 78 cita, entre las obligaciones del cesionario en un contrato de representación teatral y ejecución musical, la de "*presentar al autor o a sus representantes el programa exacto de los actos de comunicación, y cuando la remuneración fuese proporcional, una declaración de los ingresos. Asimismo, el cesionario deberá facilitarles la comprobación de dichos programas y declaraciones*". Por último, el artículo 90 TRLPI ("*Remuneración de los autores de obras cinematográficas y demás obras audiovisuales*"), dispone, en su apartado 5, que "*con el objeto de facilitar al autor el ejercicio de los derechos que le correspondan por la explotación de la obra audiovisual, el productor, al menos una vez al año, deberá facilitar a instancia del autor la documentación necesaria*".

12 LUCAS, A., "Droit d'auteur. Exploitation des droits. Dispositions générales (CPI, art. L. 131-1 à L. 131-9)", *JCl. Propriété littéraire et artistique*, fasc. 1310, §138 (fecha de la última actualización consultada: 15 de junio de 2023).

secuencia, se trata de un auténtico "derecho de control" ("*droit de regard*") lo que se le confiere al autor o al artista intérprete o ejecutante[13]. Sea como fuere, la obligación de transparencia introducida por el legislador europeo amplía notablemente su función y alcance con respecto a las simples obligaciones sectoriales de rendición de cuentas, lo cual requiere proceder a un estudio detallado de su ámbito de aplicación.

## II. EL ÁMBITO DE APLICACIÓN DE LA OBLIGACIÓN DE TRANSPARENCIA

Heredera de las tradicionales obligaciones de rendición de cuentas que contemplaban ya algunos contratos típicos, la nueva obligación de transparencia extiende de manera importante su ámbito de aplicación, lo cual requiere examinar sucesivamente su ámbito de aplicación material (1.), subjetivo (2.) y temporal (3.).

### *1. El ámbito de aplicación material*

#### 1.1. Aspectos generales

Como ocurre con los demás mecanismos contemplados en los artículos 18 a 22 de la Directiva 2019/790, la obligación de transparencia tiene su encaje dentro de las reglas generales que regulan la transmisión de derechos de propiedad intelectual[14]. La norma, inicialmente sectorial – en el sentido de que se aplicaba, bajo la forma de una simple obligación de "rendición de

---

13 LUCAS, A., "Droit d'auteur. Exploitation des droits. Dispositions générales…", *op. cit.*, §144.

14 Concretamente, en el TRLPI español, se trata de aquellas que figuran en el Capítulo I ("*Disposiciones generales*") del Título V ("*Transmisión de los derechos*") del Libro I ("*De los derechos de autor*").

cuentas", a determinados contratos típicos – adquiere ahora un carácter transversal, extendiéndose a todos los contratos de explotación sometidos a las disposiciones de la Directiva 2019/790; y ello, tanto de los derechos de los autores sobre sus obras, como los de los artistas, intérpretes o ejecutantes sobre sus prestaciones (con las excepciones seguidamente se expondrán[15]). Opera, asimismo, cualquiera que sea la forma que adopte la remuneración pactada en el contrato (proporcional o a tanto alzado).

### 1.2. Exclusiones

Existen, no obstante, una serie de supuestos en los cuales, o bien por excepción, la aplicación de la obligación de transparencia queda descartada; o bien, el legislador europeo indica que esa necesidad de proporcionar información sobre la explotación de la obra a los autores o a los artistas intérpretes o ejecutantes que han cedido sus derechos no surge.

En primer lugar, el mecanismo comporta una exclusión radical, y es su inaplicación a los contratos que tienen por objeto la cesión de derechos de autor sobre programas de ordenador. El artículo 23.2 de la Directiva 2019/790 ordena así a los Estados miembros que estos dispongan que "*los artículos 18 a 22 de la presente Directiva no se apliquen a los autores de un programa de ordenador en el sentido del artículo 2 de la Directiva 2009/24/CE*".

Junto a ello, de la letra de los Considerandos de la Directiva se desprenden otros supuestos en los cuales la obligación de transparencia no surge o no resulta de aplicación. Así, el Considerando 74 afirma que esta necesidad de información no surge, lógicamente, cuando la explotación ha cesado. No obstante, el cese de la explotación no ha de confundirse con los casos en que esa explotación sí existe, pero no genera ingresos. Esto es, en tanto

---

15 *Vid. infra* el apartado II.1.2.

en cuanto una explotación esté en curso, la obligación de transparencia ha de seguir prestándose, inclusive cuando la explotación en cuestión no genere rendimiento económico alguno[16].

El mismo Considerando indica, asimismo, que esa necesidad de información tampoco surge "*cuando el autor o el artista intérprete o ejecutante ha concedido una licencia al público en general sin remuneración*". El legislador europeo alude aquí a las llamadas "licencias libres", cuyo ejemplo más conocido son las licencias *Creative Commons.* Se trata de un mecanismo diseñado para conceder autorizaciones de uso en masa a otros usuarios, definiendo, al mismo tiempo, la extensión de ese uso permitido. Aunque la gratuidad no es una característica definitoria de estas licencias, muchas de ellas son otorgadas a título gratuito. La Directiva indica que, en estos casos, los usuarios o licenciatarios no quedan sometidos al cumplimiento de la obligación de transparencia. Si la inexistencia de remuneración que va frecuentemente aparejada a la concesión de estas licencias podría ser una de las razones de tal exclusión, más importancia tiene el hecho de que las mismas consisten, en definitiva, en contratos-tipo, con un clausulado no negociable por parte del aceptante, que únicamente puede decidir la adhesión – o no – al mismo. En estos términos, y teniendo en cuenta que el autor o el artista es el oferente de la licencia, éste no se encontraría en una posición negociadora débil, cuestión que la obligación de transparencia pretende precisamente atajar[17]. Una justificación adicional puede residir la necesidad de preservar el mecanismo de las licencias libres, entendiendo que si los respectivos usuarios de una obra o prestación concedida bajo alguna de estas licencias tuvieran que proporcionar información sobre la explotación que están llevando a cabo, la

---

16 LUCAS, A., "Droit d'auteur. Exploitation des droits. Dispositions générales…", *op. cit.*, §140.

17 CABEDO SERNA, Ll., "La obligación de transparencia de la Directiva sobre derechos de autor en el mercado único digital..", *op. cit.*, p. 458.

práctica devendría excesivamente gravosa para un mecanismo que pretende, precisamente, fomentar la libre utilización de la obra o prestación objeto de la licencia (siempre y cuando ésta se efectúe dentro de los términos o parámetros de dicha licencia).

Sea como fuere, la afirmación contenida en el Considerando 74 conduce inevitablemente a interrogarnos acerca de si existe una obligación de transparencia a cargo del cesionario de un derecho de explotación cuando esa cesión se ha celebrado a título gratuito. Esto es, si cabría inferir de la misma que, con carácter general, la obligación de transparencia no surge cuando la cesión se ha celebrado a título gratuito, incluso siendo el cesionario un profesional de la explotación. Ciertamente, el citado Considerando dice, textualmente, que los autores y los artistas han de disponer información para poder evaluar el valor económico de sus derechos, y ello ocurre especialmente cuando personas físicas conceden una licencia o ceden derechos para fines de explotación "*a cambio de una remuneración*". En opinión de A. BENSAMOUN y P. SIRINELLI, si atendemos a la *ratio legis* proclamada – rendir cuentas con la finalidad de que el autor o el artista pueda medir el carácter adaptado y proporcionado de la remuneración pactada – exigir esa rendición de cuentas podría carecer de todo interés. Sin embargo, atendiendo a la idea de "transparencia" que figura en la rúbrica del artículo 19 de la Directiva 2019/790, proporcionar información sobre el destino de la explotación parece encontrar una justificación mayor. La generosidad del autor no significa necesariamente un desinterés acerca del destino de su obra. Ambos autores aducen, asimismo, que el legislador europeo se limita a afirmar que esa necesidad no surge, pero no prohíbe como tal satisfacer el deseo del autor o del artista que quisiera conocer la suerte que está corriendo su obra[18]. En el mismo sentido, A.

---

18 BENSAMOUN, A. y SIRINELLI, P., "Apport au régime de droit commun des contrats de droit d'auteur par la transposition des articles

LUCAS estima que el lazo que se mantiene, a pesar de la cesión, entre el autor y su obra, y del que da fe la persistencia del derecho moral, podría ser suficiente para justificar la existencia de una obligación de transparencia en estos casos[19]. A fin de cuentas, el autor o artista que ha celebrado un contrato de cesión de sus derechos puede tener un interés legítimo en conocer de manera precisa el mayor o menor éxito de su obra, su aceptación en el mercado y el valor que esta creación o interpretación es susceptible de generar (esto es, cuántos ejemplares se han editado y se han vendido, o cuantas representaciones de la obra han tenido lugar y ante qué público, entre otros aspectos).

Por otra parte, y refiriéndose de manera general al conjunto de normas que introduce la Directiva 2019/790 a los efectos de lograr que los autores e intérpretes obtengan una remuneración adecuada y proporcionada cuando ceden sus derechos a un tercero, el Considerando 72 afirma que "*esa necesidad de protección no se plantea cuando la parte contratante actúa como usuario final y no explota por sí misma la obra o interpretación o ejecución, lo que podría, por ejemplo, ser el caso de algunos contratos de trabajo*". La creación – o la interpretación – en el marco de una relación laboral o funcionarial es probablemente uno de los temas más controvertidos en lo que a la transmisión de derechos se refiere. Las diferentes legislaciones del entorno europeo contemplan normas específicas que rigen esa transmisión de derechos al empleador (que puede ser automática o no, o a través del establecimiento de una presunción)[20]. Sin embargo, no siem-

18 à 23 de la directive 2019/790 …", *op. cit.*, p. 192.

19 LUCAS, A.,"Droit d'auteur. Exploitation des droits. Dispositions générales…", *op. cit.* §139.

20 *Vid.* LUCAS-SCHLOETTER, A., "La création salariée et le droit contractuel d'auteur. Étude de droit comparé", *Revista de Propiedad Intelectual Pe.i.* nº 21, 2005, pp. 15-79.

pre tales reglas aclaran si a esas transmisiones les son aplicables las reglas generales en materia de remuneración[21].

Del tenor literal del Considerando 72 se desprende que el legislador europeo estaría afirmando que todo el bloque de reglas relativas a la remuneración del autor – entre ellas, la obligación de transparencia – serían aplicables también cuando la creación o la interpretación se desarrolla en el marco de una relación laboral, exceptuando únicamente los casos en que la obra o interpretación no es objeto de una explotación comercial, sino que el empleador actúa como usuario final. Así lo sostiene, advirtiendo de que la previsión no es sencilla de aclarar, la doctrina más autorizada en nuestro país. Se inclina así Ll. CABEDO SERNA a entender que el Considerando 72 se refiere al uso que las empresas hacen de las obras creadas por sus empleados en un ámbito exclusivamente interno (por ejemplo, un informe o un dictamen), de manera que, aunque el empresario se beneficie en términos económicos del resultado creativo de sus asalariados, la obra asume un papel instrumental en el desarrollo de la actividad empresarial[22].

---

21 CABEDO SERNA, Ll., *El derecho de remuneración del autor*, Dykinson, Madrid, 2011, p. 465. La autora señala así que el contrato de trabajo que vincula a un creador con un emplear se encuentra a caballo entre el Derecho de autor y el Derecho del trabajo, lo que da lugar a que se planteen problemas específicos entre los que se encuentra la remuneración del autor asalariado. La cuestión está en determinar si el autor ha de ser remunerado conforme a los principios del Derecho laboral, mediante un salario; o si debe ser remunerado de acuerdo con la legislación de propiedad intelectual. Esto último conllevaría la aplicación del artículo 46 del TRLPI, que instaura el principio de remuneración proporcional a los ingresos derivados de la explotación de la obra. El artículo 51 del TRLPI regula, ciertamente, la transmisión de derechos del autor asalariado. Sin embargo, tal disposición no aborda directamente la cuestión de la remuneración.

22 Ll. CABEDO SERNA, “La obligación de transparencia de la Directiva sobre derechos de autor en el mercado único digital…”, *op.cit.*, p. 458.

En otro orden de cosas, nada obsta para que esta obligación de transparencia se aplique a nuevas tipologías de contratos de cesión o de licencia para la puesta a disposición de obras o interpretaciones a través de servicios en línea, inclusive aquellos cuya nota característica reside en el hecho de que tales contenidos son facilitados por los propios usuarios del servicio. El artículo 17 de la Directiva 2019/790 ha venido a aclarar que tales prestadores de servicios realizan un acto de comunicación al público o de puesta a disposición cuando dan acceso a los contenidos que han sido cargados por los usuarios y, por esta razón, han de obtener una autorización de los titulares de derechos conexos. De lo contrario, quedarán sometidos a un riguroso sistema de responsabilidad *ah hoc.* El propio apartado 8 del mismo artículo 17 incorpora una suerte de obligación de transparencia al disponer que, cuando se celebren acuerdos de licencia entre prestadores de servicios y titulares de derechos, los primeros deberán proporcionar información sobre el uso de los contenidos contemplados por dichos acuerdos. Con base en ello, el legislador francés ha incluido una nueva disposición que regula la obligación de transparencia en el marco de los contratos que autorizan la comunicación al público de una obra en un servicio de comunicación audiovisual a la demanda. El artículo L. 132-28-1 CPI dice así que "*el contrato que autoriza la comunicación al público en un servicio de medios audiovisuales a la demanda en el sentido del artículo 2 de la Ley nº 86-1067 de 30 de septiembre de 1986 contemplará la transmisión al cedente de información sobre el número de actos de descarga, de consulta o de visualización de la obra según una periodicidad adaptada a la difusión de la obra y como mínimo una vez al año*"[23]. Más allá del uso como tal, de lo dispuesto en el artículo 17.8 de la Directiva 2019/790

---

[23] La traducción es mía. En los mismos términos, *vid.* el artículo L. 132-18, III CPI, en el marco del contrato general de representación celebrado entre una entidad de gestión colectiva y un servicio de medios audiovisuales a la demanda.

se desprende que, en los casos en que los autores deban percibir una remuneración en función del volumen de visionados o descargas de las obras puestas a disposición del público, el prestador de servicios deberá aportar toda la información detallada y necesaria con respecto a este extremo. Por lo mismo, cuando la remuneración pactada consista en una participación de los autores en los ingresos derivados de la publicidad asociada al uso de las obras, el deber de información deberá comprender esos ingresos generados a través de la publicidad[24].

## *2. El ambito de aplicación subjetivo*

### 2.1. Contratos celebrados entre autores o artistas intérpretes y ejecutantes y sus cesionarios

Los autores de cualquier clase de obra – a excepción de los autores de programas de ordenador – son acreedores de la obligación de transparencia, sin perjuicio de que, según el sector de explotación al que pertenezcan, puedan darse ciertas modulaciones en su cumplimiento de acuerdo con el artículo 19.3 de la Directiva 2019/790. Siguiendo la misma lógica, el artículo 19.4 permite a los Estados miembros disponer excepcionalmente que esta obligación no se aplique cuando la contribución del autor no sea importante en relación con el conjunto[25]. En los mismos términos, esta obligación de transparencia se extiende a los contratos de cesión de los derechos de los artistas, intérpretes o ejecutantes sobre sus interpretaciones.

Correlativamente, los obligados a facilitar la información a que se refiere el artículo 19 de la Directiva 2019/790 son los cesionarios de estos derechos de explotación. Sin embargo, en

---

24 Ll. CABEDO SERNA, "La obligación de transparencia de la Directiva sobre derechos de autor en el mercado único digital...", *op.cit.*, p. 463.

25 *Vid. infra* el apartado III.5.

los términos que más adelante se detallarán, la misma también podrá ser exigida a los sucesivos licenciatarios[26].

Con todo, la obligación de transparencia sólo es aplicable a los contratos celebrados individualmente por los autores – en su caso, a través de sus agentes – pero no a los contratos concluidos con una entidad de gestión colectiva. Varios son los Considerandos de la Directiva 2019/790 de los cuales se deduce que las reglas sobre la remuneración de autores y artistas previstas en los artículos 18 a 23 únicamente se aplican a los contratos negociados directa e individualmente por "*personas físicas*"[27]. Refiriéndose concretamente al artículo 19, el Considerando 77 señala que "*no debe ser necesario aplicar la obligación de transparencia respecto de acuerdos celebrados entre titulares de derechos y entidades de gestión colectiva, entidades de gestión independientes u otras entidades sujetas a la normativa nacional por la que se aplica la Directiva 2014/26/UE, pues esas organizaciones o entidades ya están sometidas a obligaciones de transparencia en virtud del artículo 18 de la Directiva 2014/26/UE*"[28].

---

26 Artículo 19.2 de la Directiva 2019/790. Sobre esta cuestión, *vid. infra* el apartado II.2.2.

27 Así, el Considerando 72 afirma que "*los autores y los artistas intérpretes o ejecutantes suelen estar en la posición contractual más débil cuando conceden licencias o ceden sus derechos, en particular a través de sus propias sociedades, para fines de explotación a cambio de una remuneración, y esas personas físicas necesitan la protección que ofrece la presente Directiva para poder gozar plenamente de los derechos armonizados por el Derecho de la Unión [...]*. En el mismo sentido, el Considerando 74 señala que "*los autores y los artistas intérpretes o ejecutantes han de disponer de información para poder evaluar el valor económico de aquellos de sus derechos que están armonizados por el Derecho de la Unión. Así ocurre especialmente cuando personas físicas conceden una licencia o ceden derechos para fines de explotación a cambio de una remuneración [...]*".

28 Por su parte, el Considerando 78 también excluye expresamente de la aplicación del mecanismo de adaptación de contratos (artículo 20 de la Directiva 2019/790) los "*contratos celebrados por las entidades definidas*

### 2.2. La posibilidad de solicitar la información a los sublicenciatarios

En virtud de lo dispuesto en el apartado 2 del artículo 19, los Estados miembros deberán garantizar que, cuando los derechos de explotación hayan sido objeto de sucesivas licencias, los autores y los artistas intérpretes o ejecutantes – o sus representantes – que lo soliciten reciban de los sublicenciatarios información adicional en caso de que la primera parte contratante no disponga de toda la información necesaria a efectos del apartado 1. La extensión de la obligación de transparencia a los sucesivos cesionarios o licenciatarios ha sido descrita como la innovación más llamativa del dispositivo[29].

En efecto, puede ocurrir que el cesionario principal no explote por sí mismo la obra o interpretación, o que algunos actos de explotación se realicen a través de sucesivas licencias a terceros (así, el productor de fonogramas que concede licencias de explotación a un servicio de música a la demanda en la modalidad de *streaming*). En algunos ámbitos – principalmente, el musical y el audiovisual – el proceso de comercialización de las obras o interpretaciones es complejo, y en él intervienen diversos agentes económicos. Correlativamente, ello puede dificultar que los autores o artistas tengan un conocimiento adecuado de la remuneración que les corresponde. El legislador europeo se ha hecho eco de esta circunstancia, previendo una nueva solución que pretende que la obligación de transparencia no se diluya en la cadena de sucesivas licencias sobre los derechos exclusivos de explotación. Se trata así de que toda

---

*en el artículo 3, letras a) y b), de la Directiva 2014/26/UE o por otras entidades sujetas a la normativa nacional por la que se aplica la Directiva 2014/26/UE*".

29 LUCAS, A., "Droit d'auteur. Exploitation des droits. Dispositions générales (CPI, art. L. 131-1 à L. 131-9)", *op, cit.*, §150. En el mismo sentido, VARET, V., "L'obligation de transparence", *op. cit.*, p. 49; y CABEDO SERNA, Ll., "La obligación de transparencia de la Directiva sobre derechos de autor en el mercado único digital…", *op, cit.*, p. 465.

la información relativa a los modos de explotación que están teniendo lugar a través de esas sublicencias, y sus correspondientes resultados económicos, tenga un adecuado retorno hacia la matriz: el autor o el artista intérprete. El mecanismo supone una derogación al principio de relatividad del contrato[30] y crea una suerte de acción directa, con mayor evidencia en los casos en que, como lo permite la Directiva, los Estados miembros dispongan que toda solicitud a los sublicenciatarios pueda hacerla el autor o el artista por sí mismo, esto es, sin la intermediación del cesionario principal[31].

En lo referente a cómo se articula esta posibilidad de reclamar los datos sobre las explotaciones de la obra o interpretación a los subcesionarios, los párrafos 2° y 3° del artículo 19 de la Directiva 2019/790 indican que "*cuando se solicite esa información adicional, la primera parte contratante de los autores y artistas intérpretes o ejecutantes facilitará información sobre la identidad de los sublicenciatarios. Los Estados miembros podrán disponer que toda solicitud a los sublicenciatarios con arreglo al párrafo primero se haga directa o indirectamente a través de la parte contratante del autor o del artista intérprete o ejecutante*".

Ello supone, seguidamente, determinar en qué circunstancias cabe realizar dicha solicitud a los sublicenciatarios. En este sentido, como sostiene A. LUCAS, esta suerte de "acción directa" no se deja a la entera discreción de los autores[32], sino que la Directiva induce una cierta idea de subsidiariedad del

---

30 En este sentido se pronuncian A. BENSAMOUN y P. SIRINELLI, dado que el subcesionario es un tercero con respecto al contrato principal (BENSAMOUN, A. y SIRINELLI, P., "Apport au régime de droit commun des contrats de droit d'auteur par la transposition des articles 18 à 23 de la directive 2019/790...", *op, cit.*, p. 195).

31 LUCAS, A., "Droit d'auteur. Exploitation des droits. Dispositions générales (CPI, art. L. 131-1 à L. 131-9)", *op, cit.*, §150.

32 LUCAS, A., "Droit d'auteur. Exploitation des droits. Dispositions générales (CPI, art. L. 131-1 à L. 131-9)", *loc. cit.*

mecanismo. En un sentido similar, Ll. CABEDO SERNA afirma que el autor no tiene derecho a obtener automáticamente la información, sino que recae sobre él la carga de solicitarla, y sólo si la información recibida del primer cesionario no es suficiente de acuerdo con los términos del artículo 19.2 de la Directiva 2019/790[33]. El mismo se refiere, textualmente, a los casos en que la primera parte contratante "*no disponga de toda la información necesaria*" a efectos de cumplir adecuadamente con la obligación de transparencia, lo cual parece indicar que, por causas que no le serían imputables, carece de dicha información. En un sentido similar, el Considerando 76 evoca los casos en que la primera parte contratante haya facilitado la información de que disponga, "*pero esa información no sea suficiente*" para evaluar el valor económico de sus derechos. Ya sea porque el cesionario principal no dispone de la información necesaria o suficiente para cumplir con su obligación de transparencia, ya sea porque oculta una parte de la información que debería facilitar, el legislador europeo permite al autor o al artista requerir esa información a los sublicenciatarios[34]. Cabe preguntarse si esta idea de transparencia podría ser llevada a sus máximas consecuencias permitiendo que el autor o el artista pueda

---

33 CABEDO SERNA, Ll., "La obligación de transparencia de la Directiva sobre derechos de autor en el mercado único digital...", *op, cit.*, p. 465.

34 Véase, en este sentido, el artículo L. 131-5-1, II del Código de Propiedad Intelectual francés al disponer que, cuando la información relativa a la obligación de transparencia obra en poder de un subcesionario, y el cesionario (principal) no la ha proporcionado íntegramente al autor, dicha información deberá ser comunicada por el primero de ellos. En consecuencia, si el socio contractual principal dispone de esa información, pero no la comunica en su integralidad al autor, éste podrá requerirla del subcesionario y utilizarla seguidamente para ejercer sus derechos, sin que en ningún caso se le pueda reprochar que está empleando una información de carácter confidencial (LUCAS, A., "Droit d'auteur. Exploitation des droits. Dispositions générales (CPI, art. L. 131-1 à L. 131-9)", *op, cit.*, §150).

asimismo dirigirse a los sucesivos licenciatarios no sólo para ampliar una información insuficiente, sino también para contrastar la información recibida de su cesionario principal con la que obra en poder de aquéllos, a efectos de comprobar que ningún extremo de la información facilitada ha sido falseado.

Sea como fuere, algo que no debe prestarse a discusión es que la posibilidad de requerir la información a los titulares de una sublicencia en ningún caso libera al cesionario principal de su obligación de facilitar – en tiempo y en modo, y sin necesidad de un requerimiento previo – la información relativa a los resultados económicos de la explotación que está siendo llevada a cabo. Lo contrario situaría a este autor o artista en una posición en la que, potencialmente, tendría que dirigirse a una multitud de interlocutores, en ocasiones situados en países distintos, lo cual implicaría una búsqueda costosa. Ello resultaría *in fine* contrario a ese objetivo perseguido por la obligación de transparencia, y que se concreta en un derecho en beneficio de los autores y artistas a que les sea suministrada periódicamente la información a la que se ha hecho referencia, para que éstos puedan conocer y estimar el valor económico de sus derechos (información, por tanto, que tienen derecho a recibir sin la necesidad de ir a recabarla por sí mismos). Esto es, el cesionario principal es el obligado natural a satisfacer al autor o al artista la información relativa a la explotación de la obra y los ingresos que la misma está generando. A él le corresponde, por tanto, solicitar los datos necesarios y pertinentes a sus respectivos cesionarios (los sublicenciatarios), a efectos de cumplir adecuadamente con su obligación. En consecuencia, la posibilidad de requerir la información a las partes que están llevando a cabo sucesivas explotaciones ha de ser vista como una garantía adicional. Esta idea de "subsidiariedad" del mecanismo establecido en el artículo 19.2 del Texto europeo se encuentra bien establecida en la Ley alemana de derechos de autor. Así, la sección 32e UrhG dispone que el autor podrá solicitar la información a terceros que conforman la cadena de licencias únicamente en los casos en que la parte contratante no cumpla con su obligación de facilitar la información a la que se refiere la sección 32d UrhG en un plazo de tres meses desde la fecha de vencimiento, o cuando no se facilite información suficiente acerca de la manera en que terceras partes están usando la obra y los rendimientos derivados de la misma[35].

La Directiva, por otra parte, no establece una consecuencia jurídica específica en caso de que el cesionario principal falte a su obligación de transparencia. Con todo, el Considerando 76 deja la opción a los Estados miembros de "*prever más medidas para garantizar la transparencia para autores y para artistas intérpretes o ejecutantes*". En uso de esta facultad, el legislador italiano prevé, en el apartado 4 del artículo 110-*quater* de la Ley sobre los derechos de autor, que el cumplimiento de la obligación de transparencia será supervisado por la *Autorità per le Garanzie nelle Comunicazioni* (AGCOM) que, en caso de incumplimiento de dichas obligaciones aplicará una sanción administrativa pecuniaria de hasta el uno por ciento del volumen de negocios alcanzado en el último ejercicio cerrado con anterioridad a la notificación del litigio. Para este tipo de sanción administrativa quedará excluido el beneficio del pago reducido previsto en el artículo 16 de la Ley nº 689 de 24 de noviembre de 1981. Adicionalmente, la falta de comunicación de la información relativa a la obligación de transparencia constituirá una presunción legal de insuficiencia de la remuneración a favor de los titulares de derechos.

### *3. El ámbito de aplicación temporal*

La Directiva 2019/790 incorpora un artículo 26 que lleva por rúbrica "Ámbito de aplicación temporal". En él se establece que el Texto europeo se aplicará con respecto a todas las obras y prestaciones que estén protegidas por el Derecho nacional en

---

35 §32b *Urheberrechtsgesetz* (UrhG).

materia de derechos de autor a 7 de junio o con posterioridad. El apartado 2º aclara, además, que la citada Directiva se aplicará "*sin perjuicio de los actos celebrados y de los derechos adquiridos antes del 7 de junio de 2021*". Ahora bien, la "*Disposición transitoria*" presente en el artículo 27 especifica que "*los acuerdos de licencia o cesión de derechos de autores y artistas intérpretes o ejecutantes estarán sujetos a la obligación de transparencia establecida en el artículo 19 a partir del 7 de junio de 2022*", esto es, un año más tarde que el resto de los preceptos de la Directiva. Ello, no obstante, sin mencionar de modo expreso si ello afecta también a los contratos en curso que hubieran sido celebrados antes de la entrada en vigor del Texto Europeo. El Considerando 77, por su parte, señala que "*procede disponer un período transitorio para permitir la adaptación de las prácticas existentes en materia de información a la obligación de transparencia*". Ello parece indicar que ese plazo adicional se concede precisamente para que los cesionarios de contratos celebrados con anterioridad a la entrada en vigor de la Directiva puedan actualizar sus prácticas y proporcionar, en adelante, la información a que se refiere la obligación de transparencia, en los términos exigidos por la Directiva[36]. Algunos legisladores nacionales han querido, no obstante, despejar esta incógnita estableciendo que la obligación emanada del artículo 19 de la Directiva 2019/790 será aplicable a los contratos en

---

[36] En este sentido, LUCAS, A., "Droit d'auteur. Exploitation des droits. Dispositions générales (CPI, art. L. 131-1 à L. 131-9)", *op, cit.*, §143. Por su parte, V. VARET afirma que probablemente este plazo adicional tiene por objetivo dejar a las partes interesadas un período de un año para incorporar en sus contratos esta nueva obligación de transparencia, pero también para permitir la adopción de acuerdos de negociación colectiva que rijan sus modalidades concretas, solución que promueve la propia Directiva (VARET, V., "L'obligation de transparence", *op. cit.*, p. 46).

curso a la fecha de entrada en vigor de dicha disposición. Es el caso del legislador francés[37] y del legislador alemán[38].

## III. CARACTERÍSTICAS Y CONTENIDO DE LA OBLIGACIÓN DE TRANSPARENCIA

Una vez examinado el ámbito de aplicación de la obligación de transparencia prevista en el artículo 19 de la Directiva 2019/790, corresponde atender a sus aspectos sustantivos, esto

---

37 Así, el artículo 13 de la *Ordonnance* 2021-580 de 21 de mayo de 2021 por la que se transponen, entre otras disposiciones, los artículos 18 a 23 de la Directiva 20197790 indica que las disposiciones relativas a la obligación de transparencia y los artículos del Código de la Propiedad Intelectual que la regulan entrarán en vigor el 7 de junio de 2022, aclarando que estas reglas serán aplicables a los contratos en curso en esa fecha. Entre la doctrina, A. BESAMOUN y P. SIRINELLI señalan que esta solución no contradice el principio de irretroactividad, considerando que se trata únicamente de determinar los efectos futuros de una situación ya constituida (BENSAMOUN, A. y SIRINELLI, P., "Apport au régime de droit commun des contrats de droit d'auteur par la transposition des articles 18 à 23 de la directive 2019/790...", *op, cit.*,p. 191). En el mismo sentido, LUCAS, A., "Droit d'auteur. Exploitation des droits. Dispositions générales (CPI, art. L. 131-1 à L. 131-9)", *op, cit.*, §143. En sentido contrario *vid.* VARET, V., "L'obligation de transparence", *op. cit.*, p. 46, argumentando que la solución más conforme a la Directiva consistiría en reservar el juego de la obligación de transparencia a los contratos celebrados a partir del 7 de junio de 2021.

38 El apartado 3 de la sección 133 de la Ley alemana de derechos de autor (§133 (3) UrhG) establece así que las disposiciones relativas a la obligación de transparencia se aplicarán también, a partir del 7 de junio de 2022, a los contratos celebrados antes del 7 de junio de 2021. Como excepción, la Ley prevé que, en el caso de contratos celebrados antes del 1 de enero de 2008, la información sobre el uso de obras cinematográficas o películas, y la explotación cinematográfica de las obras utilizadas para su producción, sólo se facilitará a petición del autor.

es, a los requisitos – de contenido y de forma – que debe reunir la información facilitada al autor o al intérprete para que pueda considerarse que tal obligación ha sido correctamente satisfecha. Ese "estándar de transparencia"[39] se caracteriza por los rasgos que se detallan a continuación.

### *1. Periodicidad y actualización*

El primer rasgo definitorio de la obligación de transparencia es su carácter periódico. El artículo 19.1 de la Directiva 2019/790 establece así que los Estados miembros se asegurarán de que los autores y los artistas reciban información acerca de la explotación de su obra o interpretación "*periódicamente, y por lo menos una vez al año, teniendo en cuenta las características específicas de cada sector.* El requisito encuentra su justificación en el hecho de que muchos contratos de explotación de los derechos de los autores o artistas son de tracto sucesivo[40]. Si el objetivo, como ya se ha apuntado, es que el autor o el intérprete pueda conocer el valor económico "continuado" de sus derechos – así lo indica el Considerando 75 – lo propio es que esta información relativa a la explotación de la obra y sus resultados económicos se facilite de una manera periódica, a una cadencia fija y conocida de antemano. En efecto, ese conocimiento del valor económico "continuado" apela a un control en el tiempo y con una cierta constancia. A mayor abundamiento, en los casos en que la cesión se establece a cambio de una remuneración proporcional

---

39 CABEDO SERNA, Ll., "La obligación de transparencia de la Directiva sobre derechos de autor en el mercado único digital…", *op, cit.*, p. 449.

40 CABEDO SERNA, Ll., "La obligación de transparencia de la Directiva sobre derechos de autor en el mercado único digital…", *op, cit.*, pp. 448-449. Así lo ilustra también el Considerando 75 de la Directiva 2019/790 cuando afirma que los autores y los artistas intérpretes o ejecutantes necesitan información para poder estimar "*el valor económico continuado de sus derechos*".

a la explotación de la obra, se genera una obligación de pago que también tendrá un carácter periódico. Con todo, el cumplimiento de esa obligación de transparencia con una cadencia determinada es exigible independientemente del tipo de remuneración pactado en el contrato, de manera que el requisito de periodicidad también ha de observarse en los casos de remuneración a tanto alzado, a pesar de que ésta suele ser abonada una única vez, normalmente al inicio del contrato[41].

Dicha periodicidad, dice además el apartado 1 del artículo 19 de la Directiva 2019/790, ha de tener en cuenta las características específicas de cada sector y, en todo caso, habrá de devengarse, al menos, una vez al año. Se trata, pues, de una regla de mínimos, que permite a los legisladores nacionales aumentar la frecuencia de cumplimiento de la obligación. Adicionalmente, la exigencia de que la periodicidad sea la adecuada en el sector de referencia sugiere que ese plazo anual podría no resultar adecuado en todos los casos[42]. Con todo, se observa que la mayoría de países del entorno europeo ha incluido sin más este plazo mínimo de un año en su Derecho interno[43], dejando que sean las propias partes interesadas las que decidan imponer una periodicidad más frecuente, de acuerdo con las prácticas de sus respectivos sectores de explotación[44]. Cabe citar, como excepción, la transposición italiana de la obligación de transparencia en el artículo 110-*quater* de la Ley de derechos de autor, cuyo apartado 1° establece que la información relativa a la explotación de la obra deberá ser facilitada al autor o artista cedente al menos cada seis meses.

---

41 CABEDO SERNA, Ll., "La obligación de transparencia de la Directiva sobre derechos de autor en el mercado único digital…", *loc. cit.*

42 Considerando 75 de la Directiva 2019/790.

43 Así, en España (artículo 75 del RD-Ley 24/2021), Francia (artículos L. 131-5-1 y L. 212-3-1 CPI) o Alemania (§32d UrhG).

44 CABEDO SERNA, Ll., "La obligación de transparencia de la Directiva sobre derechos de autor en el mercado único digital…", *op, cit.*, p. 449.

Una posibilidad que ofrece e impulsa la Directiva es que la frecuencia de cumplimiento de la obligación de transparencia quede fijada a través de convenios de negociación colectiva entre representantes de un determinado sector de actividad. En este sentido, el artículo 19.5 permite a los Estados miembros disponer que "*en el caso de acuerdos sujetos a convenios de negociación colectiva o basados en estos, sean aplicables las normas de transparencia del correspondiente convenio de negociación colectiva a condición de que estos cumplan los criterios establecidos en los apartados 1 a 4*". Esto es, el convenio de negociación colectiva puede reforzar los términos de la obligación de transparencia – entre ellos, su periodicidad – pero no relajarlos[45]. Otro tanto cabe decir acerca de la posibilidad de establecer una frecuencia de cumplimiento mayor en el propio contrato de cesión de derechos.

El corolario natural de una obligación de transparencia periódica es que la información proporcionada se encuentre "actualizada", esto es, que recoja los "datos recientes"[46], entendiéndose por tales aquellos que correspondan al último tramo de tiempo para el cual la obligación se devenga, en función de la periodicidad aplicable al caso concreto.

---

[45] En este sentido, cabe mencionar la conclusión, en Francia, de un importante acuerdo interprofesional el 20 de diciembre de 2022 entre los representantes del sector de la edición. En él se establece que la periodicidad en el cumplimiento de la obligación de transparencia aplicable al contrato de edición será de seis meses (https://www.culture.gouv.fr/Presse/Communiques-de-presse/Signature-de-l-accord-entre-le-Conseil-permanent-des-ecrivains-la-Ligue-des-auteurs-professionnels-et-le-Syndicat-national-de-l-edition).

[46] Artículo 19.1 de la Directiva 2019/790, junto con el Considerando 75, el cual establece que "*esa información debe estar actualizada para permitir el acceso a datos recientes*".

## 2. *Pertinencia y exhaustividad*

El artículo 19.1 de la Directiva 2019/790 también exige que la información que es objeto de la obligación de transparencia sea "pertinente y exhaustiva". El Considerando 75 desarrolla y completa este apartado estableciendo la importancia de que las partes contratantes compartan una información "*adecuada y precisa*" con el fin de garantizar la transparencia y el equilibrio en el régimen por el que se rige la remuneración de los autores y los artistas intérpretes o ejecutantes. También ha de ser "*pertinente*" para la explotación de la obra u otra prestación, lo cual requiere que la información en cuestión venga depurada de datos superfluos para cumplir con el objetivo perseguido, esto es, que el autor o artista cedente pueda tener un adecuado conocimiento de la explotación de su obra o interpretación, y los rendimientos económicos que la misma está generando (así, serían irrelevantes datos tales como aquellos que se refieran a la actividad económica en general del cesionario, o a sus perspectivas futuras de crecimiento o de desarrollo, entre otros)[47]. Al mismo tiempo, la información "*ha de ser exhaustiva, de tal manera que cubra todas las fuentes de ingresos pertinentes para el caso, incluidos, en su caso, los ingresos generados por la comercialización de productos. Mientras la explotación esté en curso, las partes contratantes de autores y de artistas intérpretes o ejecutantes deben facilitarles la información de que dispongan sobre todas las modalidades de explotación y todos los ingresos pertinentes en todo el mundo*"[48]. Por último, el mismo Considerando 75 establece que la información "*debe facilitarse de manera comprensible*" de forma que permita al autor o al artista evaluar eficazmente el valor económico de los derechos de que se trate.

---

[47] El Considerando 75 de la Directiva 2019/790 señala, en este sentido, que "*la obligación de transparencia debe, no obstante, aplicarse tan solo cuando se trate de derechos pertinentes para los derechos de autor*".

[48] Sobre el objeto de la información que ha de ser facilitada en virtud de la obligación de transparencia, *vid. infra* el apartado III.4.

### *3. Adaptación a las especificidades de cada sector*

Como se dijo anteriormente, el artículo 19.1 de la Directiva 2019/790 impone que la obligación de transparencia sea periódica, debiendo dicha periodicidad estar adaptada a las características específicas de cada sector. El artículo 19.3 vuelve sobre esta necesidad de acomodar el cumplimiento de la obligación de transparencia a las especificidades de un sector de actividad al exigir que la misma sea proporcionada y efectiva para garantizar "*un nivel elevado de transparencia en cada sector*", cuestión que es susceptible de abarcar algo más que la periodicidad aplicable al supuesto concreto. El Considerando 77 insiste sobre este punto afirmando que "*al cumplir la obligación en materia de transparencia establecida en la presente Directiva, los Estados miembros deben tener en cuenta las especificidades de los distintos sectores de contenidos, como las del sector musical, el sector audiovisual y el sector editorial, y todas las partes interesadas deben participar en la determinación de dichas obligaciones específicas del sector*". Nuevamente, insiste en que la negociación colectiva debe considerarse una opción a los efectos de alcanzar ese nivel de transparencia óptimo en cada sector cultural concreto y que, en todo caso, ha de ser "*igual o superior a los requisitos mínimos establecidos en la presente Directiva*". Al respecto, cabe recordar que el artículo 19.5 de la Directiva 2019/790 deja a los Estados miembros la facultad de disponer que, cuando existan convenios de negociación colectiva en un determinado sector que contengan una regulación específica en materia de transparencia, sean aplicables las normas de transparencia del correspondiente convenio, siempre y cuando cumplan con los demás requisitos establecidos en los apartados 1 a 4 del mismo artículo 19.

### *4. El objeto de la información facilitada*

La finalidad última de la obligación de transparencia, como ya se ha dicho, es la de permitir a los autores o intérpretes apreciar el valor económico de sus derechos, valor que servirá como referencia para determinar si la remuneración inicialmente pactada en el contrato de cesión es efectivamente apropiada y proporcionada. A estos efectos, los autores o artistas cedentes necesitan información pormenorizada sobre la explotación de sus interpretaciones o ejecuciones, "*especialmente en lo que se refiere a los modos de explotación, la totalidad de ingresos generados y la remuneración correspondiente*"[49]. Tres son, por tanto, los elementos fundamentales del objeto de la información facilitada – los modos de explotación, la totalidad de ingresos generados y la remuneración correspondiente – sin perjuicio de que la información pueda dar cuenta de otros datos que también sean pertinentes para la finalidad pretendida, y a ello respondería el empleo del adverbio "principalmente" por parte del legislador europeo.

La expresión "*modos de explotación*" parece hacer referencia a los modelos de negocio desarrollados por el cesionario, incluyendo los contratos celebrados por éste para su comercialización[50]. Se trata, en definitiva, de que el autor o el artista pueda conocer dónde y cómo se está explotando su obra o interpretación, lo cual conlleva la necesidad de hacer un cierto esfuerzo por detallar, en el marco del suministro de esa información, las modalidades concretas de dicha explotación.

La información proporcionada deberá versar, por otra parte, sobre la "*totalidad de ingresos generados*". El parámetro de referencia viene, pues, constituido por los ingresos derivados de la explotación. El legislador europeo opta claramente por un dato objetivo al referirse a los ingresos brutos que genera esa explotación y no a los beneficios netos obtenidos por el cesionario, cuya determinación puede ser más o menos discutible y, precisamente, podría venir a enturbiar la transparencia buscada

---

49 Artículo 19.1 de la Directiva 2019/790.

50 CABEDO SERNA, Ll., "La obligación de transparencia de la Directiva sobre derechos de autor en el mercado único digital…", *op. cit.*, p. 444.

a través del mecanismo. A mayor abundamiento, se pretende enfatizar la idea de que *la remuneración debe establecerse en atención al consumo real de la obra por el público, a su éxito real*[51]. De ahí que los ingresos que han de ser objeto de información deban entenderse, en definitiva, como los equivalentes al precio pagado por el público por acceder a la obra. Sea como fuere, el foco puesto en los ingresos derivados de la explotación de la obra sirve mejor a la finalidad del artículo 19, que consiste en que el autor tenga un conocimiento que le permita estimar el valor económico de sus derechos. Además, desde la perspectiva de la función instrumental que tiene el artículo 19 con respecto al mecanismo de adaptación de contratos previsto en el artículo 20, hay que tener en cuenta que el derecho que esta disposición reconoce a reclamar una remuneración adicional, adecuada y equitativa, a la parte con la que hayan celebrado un contrato para la explotación de sus derechos, requiere que la remuneración inicialmente pactada resulte ser desproporcionadamente baja "*en comparación con la totalidad de los ingresos subsiguientes derivados de la explotación de las obras o interpretaciones o ejecuciones*".

Una vez determinado este parámetro – los ingresos brutos obtenidos por el cesionario – la siguiente cuestión que surge se refiere a cuáles, en concreto, han de ser incluidos dentro de la información proporcionada. Sin perjuicio de la necesaria remisión a las exigencias de pertinencia y exhaustividad ya mencionadas, es preciso tener en cuenta que el artículo 19.1 se refiere a "*la totalidad de los ingresos generados*", de manera que ha de entenderse que cualquier ingreso producido por la obra ha de quedar comprendido dentro de la obligación de transparencia, incluidos los procedentes de la comercialización de productos derivados o *merchandising*[52], o los correspondientes a la publici-

---

51 CABEDO SERNA, Ll., "La obligación de transparencia de la Directiva sobre derechos de autor en el mercado único digital…", *op. cit.*, pp. 444-445.

52 Considerando 75 de la Directiva 2019/790.

dad asociada al uso de la obra[53]. El Considerando 75 de la Directiva 2019/790 añade la exigencia de que esta información verse sobre todos los ingresos pertinentes "*en todo el mundo*".

La información facilitada deberá, por último, indicar la remuneración correspondiente, esto es, la cuantía que deberá ser abonada al autor o artista en función de lo establecido en el contrato. Este extremo deberá figurar en los casos en que se haya establecido una remuneración proporcional a la explotación de la obra pues, en el caso de la remuneración a tanto alzado, se pagará una cuantía fija, no dependiente de los resultados de la explotación, y normalmente al inicio de la relación contractual (a menos que se haya adoptado una fórmula mixta en función de la cual ese tanto alzado se acompaña de una remuneración proporcional). Si, como se ha visto, la Directiva exige un esfuerzo por detallar los diferentes modos de explotación que está desarrollando el cesionario, la información proporcionada al autor o artista también debería indicar la remuneración que corresponde por cada uno de ellos. Es, en todo caso, la solución por la que ha adoptado el legislador francés en los artículos L. 131-5-1 y L. 212-3-1 CPI, cuyo tenor literal apela a la necesidad de proceder a un desglose de la remuneración correspondiente en función de su procedencia concreta.

### 5. *Carácter proporcionado de la obligación de transparencia y supuestos especiales*

El artículo 19.3 de la Directiva 2019/790 apela, por último, a un cumplimiento proporcionado de la obligación ("*La obligación establecida en el apartado 1 será proporcionada y efectiva para garantizar un nivel elevado de transparencia en cada sector*"). De esta idea de

53 CABEDO SERNA, Ll., "La obligación de transparencia de la Directiva sobre derechos de autor en el mercado único digital...", *op. cit.*, p. 446.

proporción en el cumplimiento de la obligación se derivan dos circunstancias especiales en las que el legislador europeo deja a los Estados miembros la facultad de disponer que la obligación se aplique de forma limitada, o bien, que no sea aplicable.

La primera de ellas aparece mencionada en propio artículo 19.3 de la Directiva 2019/790. En virtud de la misma, "*los Estados miembros podrán disponer que, en casos debidamente justificados en que la carga administrativa derivada de la obligación prevista en el apartado 1 pasaría a ser desproporcionada en relación con los ingresos generados por la explotación de la obra o interpretación o ejecución, la obligación se limite a los tipos y al nivel de información que se pueda razonablemente esperar en tales casos*". Nótese que la Directiva no suprime aquí la obligación de proporcionar determinada información al autor o artista que ha cedido sus derechos, sino que simplemente deja la posibilidad de rebajar el nivel de la misma a lo que sea razonable en el caso concreto, y siempre y cuando ello se encuentre debidamente justificado. La Directiva, por otra parte, no aporta ningún indicio o ejemplo acerca de en qué casos cabría considerar que la carga administrativa derivada del cumplimiento de la obligación de transparencia resultaría desproporcionada. Una opción podría consistir en atender a los supuestos excepcionales en los que los legisladores nacionales admiten el establecimiento de una remuneración a tanto alzado, pues muchos de ellos traducen esa idea de que la gestión de una remuneración proporcional conllevaría una carga administrativa demasiado elevada. Es, en particular, el caso del supuesto previsto en el apartado a) del artículo 46.2 del Texto Refundido de la Ley de Propiedad Intelectual española, que admite la fijación de un pago a tanto alzado a cambio de la cesión "*cuando, atendida la modalidad de la explotación, exista dificultad grave en la determinación de los ingresos o su comprobación sea imposible o de un coste desproporcionado con la eventual retribución*".

El artículo 19.4 de la Directiva 2019/790 va más allá al permitir a los Estados miembros decidir que la obligación de transparencia no sea aplicable "*cuando la contribución del autor o del artis-*

*ta intérprete o ejecutante no sea significativa en relación con la obra o la interpretación o ejecución en su conjunto, a menos que el autor o el artista intérprete o ejecutante demuestre que necesita esa información para el ejercicio de sus derechos en virtud del artículo 20, apartado 1, y que la solicita a tal efecto*". En rigor, estaríamos nuevamente ante un supuesto en el que el cumplimiento de la obligación de transparencia conllevaría una carga administrativa demasiado elevada, con la notable diferencia de que aquí, el legislador europeo permite a los Estados miembros desactivarla, a menos que el autor o artista cedente necesite la información para tratar de obtener una remuneración adicional a través del mecanismo de adaptación de contratos previsto en el artículo 20 de la Directiva.

Cabe discutir si, en los supuestos regulados en los apartados b) y c) del artículo 46.2 del TRLPI, en los que el legislador español admite el pago de una cantidad a tanto alzado a cambio de la cesión, estaríamos ante un caso carga administrativa desproporcionada – susceptible de disminuir el nivel de información que ha de ser proporcionado al autor o al artista – o bien, ante un caso de contribución no significativa en relación con la obra o interpretación en su conjunto, susceptible de anular el cumplimiento sistematizado de la obligación de transparencia. Atendiendo a la literalidad de los términos, únicamente el supuesto del apartado c) debería ser tratado como un supuesto de contribución no significativa en relación con la obra o ejecución en su conjunto al que alude el artículo 19.4 de la Directiva, pues el mismo se refiere a los casos en que "*la obra, utilizada con otras, no constituya un elemento esencial de la creación intelectual en la que se integre*". El supuesto del apartado b), por su parte, se refiere a los casos en los que la utilización de la obra tenga un carácter accesorio "*respecto de la actividad o del objeto material a los que se destinen*". Por ello, no es tanto un problema de contribución no significativa dentro de una obra o interpretación, sino de accesoriedad con respecto a una actividad u objeto material que emplea la obra, a menos que se considere que el contenido del artículo 19.4 es extensible a este supuesto. No cabe descartar, por tanto, que se planteen dudas acerca de en qué supuesto concreto, de los que prevé la Directiva, no encontraríamos en estos casos.

## IV. LA TRANSPOSICIÓN ESPAÑOLA DE LA OBLIGACIÓN DE TRANSPARENCIA

La transposición al Derecho español de la obligación de transparencia prevista en el artículo 19 de la Directiva 2019/790 ha sido realizada a través del artículo 75 del Real Decreto-Ley 24/2021, de 2 de noviembre (en adelante, RD-Ley 24/2021[54]). Un primer aspecto que conviene poner de relieve es que esta última disposición no contempla la creación (o modificación) de ningún precepto del Texto Refundido de la Ley de Propiedad Intelectual. En consecuencia, la mencionada obligación de transparencia, cuya ubicación natural residiría en el Capítulo I ("*Disposiciones generales*") del Título V ("*Transmisión de los derechos*") del Libro I ("*De los derechos de autor*") del TRLPI, figura por el momento, e injustificadamente, en una disposición aislada de la normativa básica en la materia. Conviene, de hecho, precisar que, en virtud del artículo 23.1 de la Directiva 2019/790, esta obligación de transparencia tiene el rango de norma imperativa, en el sentido de que las partes no pueden excluir su aplicación a través de lo establecido en el contrato. Ello supone que también ha ser considerada como

---

54 Real Decreto-ley 24/2021, de 2 de noviembre, *de transposición de directivas de la Unión Europea en las materias de bonos garantizados, distribución transfronteriza de organismos de inversión colectiva, datos abiertos y reutilización de la información del sector público, ejercicio de derechos de autor y derechos afines aplicables a determinadas transmisiones en línea y a las retransmisiones de programas de radio y televisión, exenciones temporales a determinadas importaciones y suministros, de personas consumidoras y para la promoción de vehículos de transporte por carretera limpios y energéticamente eficientes.*

un "beneficio irrenunciable" en el sentido del artículo 55 TRL-PI, cuestión a la que la transposición española hace caso omiso[55]. En lo que respecta a los derechos de explotación de los artistas, intérpretes o ejecutantes, el artículo 110.4 del TRPLI prevé, por su parte, que las obligaciones de información del cesionario o licenciatario de derechos de propiedad intelectual también les serán aplicables en los términos establecidos en el artículo 75 del RD-Ley 24/2021.

Una vez hechas estas precisiones, conviene asimismo señalar que la incorporación al derecho español de la obligación de transparencia comporta ciertos añadidos superfluos o incoherentes, a la vez que se han omitido otros detalles importantes que hubiera resultado oportuno mencionar e incluso desarrollar.

El apartado 1 del artículo 75 del RD-Ley 24/2021 dispone, en primer lugar, que "*el cesionario de unos derechos de explotación o titular de una autorización para el uso de una obra o prestación o de un repertorio administrado por una entidad de gestión de derechos de propiedad intelectual deberá facilitar a los autores o a los artistas intérpretes o ejecutantes, al menos una vez al año y por medios electrónicos, información actualizada sobre la explotación de sus obras o prestaciones, especialmente en lo que se refiere a los modos de explotación, la totalidad de los ingresos generados y la remuneración correspondiente*". Llama, de entrada, la atención el hecho de que el legislador español incluya aquí, como deudor de la obligación de transparencia, al titular de una autorización de uso de un repertorio administrado por una entidad de gestión de

---

55 Nótese que el apartado 5 del artículo 75 del RD-Ley 24/2021 sí menciona que "*lo dispuesto en este artículo no será aplicable a los autores de programas de ordenador*", en atención a lo dispuesto en el artículo 23.2 de la Directiva 2019/790. Una transposición de mayor rigor hubiera exigido que, al menos, se hubiera añadido la mención de que ninguna disposición contractual que impida el cumplimiento de la obligación de transparencia sea aplicable a los autores o a los artistas, intérpretes y ejecutantes, en atención a lo dispuesto en el artículo 23.1 de la Directiva 2019/790.

derechos de propiedad intelectual. Como ya se dijo, las normas en materia de remuneración, en general, son aplicables únicamente a los contratos celebrados individualmente por los autores o los artistas, intérpretes y ejecutantes[56].

Por otra parte, la transposición española retoma la cadencia mínima de un año establecida por el legislador europeo conforme a la cual se debe facilitar la información relativa a la explotación de la obra. Exige, además, que la información en cuestión sea facilitada a los interesados por medios electrónicos, siguiendo en este punto el modelo del legislador francés[57]. Hubiera resultado oportuno que el legislador español siguiera asimismo a su homólogo francés cuando éste añade que la información ha de referirse a los modos de explotación, a la totalidad de los ingresos generados y a la remuneración correspondiente "por cada uno de esos modos de explotación", en un esfuerzo por detallar la procedencia concreta de cada partida que viene a engrosar los ingresos totales.

El párrafo 2º del mismo artículo 75.1 del RD-Ley 24/2021 establece la posibilidad, para el autor o artista, de dirigirse a los sucesivos cesionarios en los siguientes términos: "*En el caso de que la autorización sea cedida por su titular a terceros, los autores y los artistas intérpretes o ejecutantes podrán solicitar al titular cedente la identidad de los sucesivos cesionarios y requerir a estos, directamente o a través del titular cedente, la información adicional que necesiten*". El legislador español reconoce así una suerte de acción directa de amplio espectro, en el sentido de que la mera concesión de una licencia de explotación a un tercero por parte del cesionario principal bastaría para que el autor o el artista, intérprete o ejecutante pueda, previa solicitud a aquél de la identidad de los sucesivos cesionarios, dirigirse a estos directamente para solicitar la información adicional que necesiten. Ahora bien, esa

---

[56] *Vid. supra* el apartado II.2.1.

[57] Artículos L. 131-5-1 y L. 212-3-1 CPI.

posibilidad de ha de entenderse sin perjuicio de la obligación que incumbe al primer cesionario de poner todos los medios que estén a su alcance para facilitar la información necesaria en tiempo y en modo, esto es, lo más completa posible, dejando que la facultad de dirigirse a los sucesivos licenciatarios se realice a efectos de solicitar información "adicional" que el primero no hubiera podido recabar por causas ajenas al mismo.

A continuación, el artículo 75.2 del RD-Ley 24/2021 retoma sustancialmente lo dispuesto en el artículo 19.3 de la Directiva, previendo que "*en aquellos casos en que la obligación derivada del apartado 1 resulte ser desproporcionada en relación con los ingresos generados por la explotación de la obra o prestación, ésta se limitará a un nivel de información razonable, proporcionado y efectivo*". Como ya se dijo anteriormente, algunos supuestos en los que se permite la fijación de una remuneración a tanto alzado podrían también servir como indicio para apreciar la desproporción en el cumplimiento de la obligación de transparencia debido a la carga administrativa que ello supone. Ninguna precisión añade aquí el legislador español, siguiendo la tendencia general de sus homólogos en otros Estados miembros, lo cual no deja de arrojar una cierta incertidumbre acerca de en qué casos cabe este cumplimiento rebajado de la obligación de transparencia[58].

---

[58] Criticando esta circunstancia, y afirmando que "transponer una Directiva no consiste en transcribirla", *vid.* SÁNCHEZ ARISTI, R. y OYARZABAL OYONARTE, N., "Decadencia y caída del Texto Refundido de la Ley de Propiedad Intelectual: la transposición de la Directiva 2019/790 sobre derechos de autor en el mercado único digital por el Real Decreto-ley 24/2021, de 2 de noviembre", *Pe. i. revista de propiedad intelectual* (septiembre-diciembre 2021), pp. 13-188, en p. 164. Ambos autores sostienen que no se espera del legislador nacional que vuelva a esa posibilidad como si hubiera todavía un tercer nivel en el que otra instancia fuese a concretar esos casos, sino que es la norma de transposición la que está llamada a especificar en qué casos existe esa desproporción y, consecuentemente, la obligación de transparencia debe limitarse.

Haciendo uso de la facultad que le permite el artículo 19.4 de la Directiva 2019/790, el artículo 75.3 del RD-Ley 24/2021 excluye, por su parte, la aplicación de la obligación de transparencia cuando la contribución del autor o del artista, intérprete o ejecutante no sea significativa en relación con la obra o prestación, a menos que necesite esa información para el ejercicio de la acción de revisión prevista en el artículo 47 del TRLPI. Sorprendentemente, el último inciso añade que tal obligación tampoco procederá "*cuando sea de aplicación lo dispuesto en el artículo 167 del Texto Refundido de la Ley de Propiedad Intelectual*". Este añadido – que la Directiva no contempla en ninguno de sus artículos ni de sus Considerandos – resulta además superfluo. En efecto, el artículo 167 del TRLPI, ubicado dentro del Capítulo IV sobre "*Autorizaciones no exclusivas para el uso del repertorio de las entidades de gestión y tarifas generales*", recoge una suerte de obligación de transparencia específica a cargo de los usuarios del repertorio de una entidad de gestión. Concretamente, éstos deben proporcionar a la entidad de gestión, dentro de los noventa días siguientes a la utilización del derecho y en un formato acordado o establecido previamente, la información pormenorizada y pertinente que esté a su disposición sobre la utilización de los derechos representados por la entidad de gestión y que resulte necesaria para la recaudación de los derechos y el reparto y pago de los importes debidos a los titulares de derechos. Esta norma general permite ciertas adaptaciones a través de acuerdos entre las partes, así como a través de acuerdos sectoriales[59]. Teniendo en cuenta, en todo caso, que la obligación de transparencia establecida en el artículo 19 de la Directiva 2019/790 únicamente se aplica a las cesiones o licencias otorgadas por el autor o el artista intérprete o ejecutante a título individual, no era en ningún modo necesario salvaguardar el cumplimiento de lo dispuesto en el artículo 167 del TRLPI.

---

59 Apartados 2 a 6 del artículo 167 TRLPI.

El apartado 4 del artículo 75 del RD-Ley 24/2021, por su parte, indica que los autores y los artistas intérpretes o ejecutantes no sólo podrán ejercer este derecho de información por sí mismos, sino también por medio de sus representantes. Nada se dice, por el contrario, acerca de los posibles acuerdos de negociación colectiva. No obstante, si éstos llegaran a existir en nuestro país, deberán conformarse lógicamente al mínimo de transparencia querido por el legislador europeo, y debería asimismo entenderse que sus disposiciones primarán sobre el régimen legal en caso de prever otros requisitos más favorables o garantistas para los autores y artistas, intérpretes o ejecutantes.

Cabe, por último, criticar el hecho de que la transposición española de la obligación de transparencia no haya introducido precisión alguna acerca de su posible aplicación a los contratos celebrados con anterioridad a la entrada en vigor de la Directiva y que continúen produciendo efectos[60].

## *BIBLIOGRAFÍA*


- BENSAMOUN, A. y SIRINELLI, P., "Apport au régime de droit commun des contrats de droit d'auteur par la transposition des articles 18 à 23 de la directive 2019/790 du 17 avril 2019 par l'ordonnance n° 2021-580 du 12 mai 2021", *RIDA* nº 270, oct. 2021, chron. leg., pp. 143-243.
- BRUGUIÈRE, J.-M., "La révision de la rémunération de l'auteur et de l'artiste-interprète", *Propr. Intell.* nº 80, julio de 2021, pp. 28-35.
- CABEDO SERNA, Ll., "La obligación de transparencia de la Directiva sobre derechos de autor en el mercado único digital: ¿Un paso más hacia una remuneración adecuada para los autores?", en SÁIZ GARCÍA, C., y EVANGELIO LLORCA, R. (dir.), *Propiedad intelectual y mercado único digital europeo,* Tirant Lo Blanch, Valencia, 2019, pp. 419-474.
- CABEDO SERNA, Ll., *El derecho de remuneración del autor,* Dykinson, Madrid, 2011.


60 *Vid. supra* el apartado II.3.

- LAPOUSTERLE, J., “Le droit contractuel d’auteur issu de la Directive sur le droit d’auteur et les droits voisins dans le marché unique numérique”, en *Entre art et technique: les dynamiques du droit. Mélanges en l’honneur de Pierre Sirinelli,* Dalloz, París, 2022, pp. 419-439.
- LUCAS-SCHLOETTER, A., “La création salariée et le droit contractuel d’auteur. Étude de droit comparé”, *Revista de Propiedad Intelectual Pe.i.* nº 21, 2005, pp. 15-79.
- LUCAS, A., “Droit d›auteur. Exploitation des droits. Dispositions générales (CPI, art. L. 131-1 à L. 131-9)”, *JCl. Propriété littéraire et artistique,* fasc. 1310 (fecha de la última actualización consultada: 15 de junio de 2023).
- MONTELS, B., “L’incidence du droit européen des contrats d’auteur sur son modèle français”, *CCE* 2019, Dossier 6, nº 10.
- SÁNCHEZ ARISTI, R. y OYARZABAL OYONARTE, N., “Decadencia y caída del Texto Refundido de la Ley de Propiedad Intelectual: la transposición de la Directiva 2019/790 sobre derechos de autor en el mercado único digital por el Real Decreto-ley 24/2021, de 2 de noviembre”, *Pe. i. revista de propiedad intelectual* (septiembre-diciembre 2021), pp. 13-188.
- SÁNCHEZ ARISTI, R. y OYARZABAL OYONARTE, N., “La Directiva de Derechos de Autor en el mercado único digital: una regulación sobre la remuneración equitativa de autores y artistas en los contratos de explotación”, *ADI* 40 (2019-2020), pp. 223-246.
- *Study on the place and role of authors and composers in the European music streaming market,* Legrand Network, septiembre de 2022 (efectuado por encargo de la GESAC).
- VARET, V., “L’obligation de transparence”, *Propr. Intell.*, nº 80, julio de 2021, pp. 45

# *Capítulo 11*
# *El mecanismo de adaptación de contratos y el derecho de revocación: artículos 20 y 22 de la Directiva sobre derechos de autor en el mercado único digital y su transposición al Derecho español*

**ALFONSO GONZÁLEZ GOZALO**

*Doctor en Derecho*

*Abogado. Socio Estudio Jurídico Bercovitz-Carvajal*

## I. INTRODUCCIÓN

Uno de los objetivos perseguidos por la Directiva 2019/790, del Parlamento Europeo y del Consejo, de 17 de abril de 2019, sobre los derechos de autor y derechos afines en el mercado único digital y por la que se modifican las Directivas 96/9/CE y 2001/29/CE (en lo sucesivo, DDAMUD) es lograr un mercado de derechos de propiedad intelectual que funcione correctamente.

A tal efecto el legislador comunitario, consciente de que los autores y artistas «suelen estar en una posición contractual más débil cuando conceden licencias o ceden sus derechos (...) para fines de explotación a cambio de una remuneración» (vid. considerando 72 DDAMUD), ha apreciado la necesidad de protegerlos mediante el establecimiento de un principio general destinado a garantizarles la percepción de una remuneración adecuada y proporcionada por la cesión o licencia de sus derechos de reproducción, distribución y comunicación pública, que consagra en el art. 18 DDAMUD.

Para asegurar la eficacia de este principio durante toda la vida de los contratos, la Directiva prevé una serie de mecanismos que operan *ex post*, es decir, tras la celebración por el autor o artista del contrato de cesión o licencia. Estos mecanismos conceden herramientas a los autores y artistas para defender durante la vigencia de la cesión o la licencia el debido equilibrio contractual entre las prestaciones de las dos partes del contrato, o reaccionar cuando ese desequilibrio se rompe. Así, estos mecanismos les permiten obtener información sobre la explotación que están llevando a cabo, directa o indirectamente, sus cesionarios, con el fin de que puedan estimar el valor económico continuado de sus derechos (vid. art. 19 DDAMUD), o revisar la remuneración acordada cuando resulta desproporcionadamente baja en comparación con los ingresos derivados de la explotación de su obra o actuación artística por la contraparte (art. 20 DDAMUD), o revocar la cesión o licencia otorgada en exclusiva cuando la obra o actuación protegida no se está explotando (art. 22 DDAMUD), o disponer de medios de resolución de los conflictos que puedan surgir con sus cesionarios o licenciatarios alternativos a la vía judicial (art. 21 DDAMUD).

Se trata en todo caso de mecanismos que obligan a los Estados miembros a adaptar en alguna medida las reglas por las que se rige su Derecho de Contratos en materia de propiedad intelectual.

Este trabajo se dedica exclusivamente a dos de esos mecanismos: el de adaptación de los contratos (art. 20 DDAMUD) y el de revocación (art. 22 DDAMUD). Ambos han sido incorporados a nuestro Texto Refundido de la Ley de Propiedad Intelectual (en adelante, LPI) a través del Real Decreto-ley 24/2021, de 2 de noviembre, de transposición de directivas de la Unión Europea en las materias de bonos garantizados, distribución transfronteriza de organismos de inversión colectiva, datos abiertos y reutilización de la información del sector público, ejercicio de derechos de autor y derechos afines aplicables a determinadas transmisiones en línea y a las retransmisiones de programas de radio y televisión, exenciones temporales a determinadas importaciones y suministros, de personas consumidoras y para la promoción de vehículos de transporte por carretera limpios y energéticamente eficientes. Este Decreto-ley ha modificado los arts. 47 y 110 LPI, y ha incorporado un nuevo art. 48 bis a la LPI, con el fin de reconocer tanto a los autores como a los artistas la acción de revisión por remuneración no equitativa y el derecho de revocación.

En las próximas páginas se expondrá separadamente cómo se regulan estos dos mecanismos en la DDAMUD, y cómo han sido transpuestos por nuestro legislador.

## II. EL MECANISMO DE ADAPTACIÓN DE CONTRATOS

### *1. El mecanismo de adaptación de contratos del artículo 20 DDAMUD*

Tal y como se explica en el considerando 78 DDAMUD, el legislador comunitario es consciente de que algunos contratos de cesión o licencia de derechos de explotación son de larga duración y no prevén la posibilidad de renegociarlos si el valor económico de los derechos cedidos resulta ser significativamente superior al estimado en un principio. Por ello, para asegurar en estos casos que la remuneración acordada permanece proporcionada y adecuada, como exige el art. 18 DDAMUD, durante toda la vida del contrato, ha decidido otorgar a los autores y artistas un mecanismo a través del cual si en algún momento la contraprestación inicialmente pactada resulta ser manifiestamente baja a la vista de los rendimientos que ha generado la explotación de los derechos cedidos o licenciados, puedan instar su revisión[1]. Es el mecanismo de adaptación de los contratos, previsto en el art. 20 DDAMUD[2], al que con frecuencia se alude, impropiamente, como "cláusula *best seller*"[3], el cual debe considerarse compatible con cualquier otro previsto en el Derecho de contratos de los Estados miembros[4], como por ejemplo los remedios para restablecer el equilibrio contractual basados en la cláusula *rebus sic stantibus.*

El artículo 20 DDAMUD obliga a los Estados miembros a reconocer a los autores y artistas el derecho irrenunciable (art.

---

1 *Vid.* SAIZ GARCÍA, C., "El Principio de remuneración adecuada y proporcionada en la Directiva 2019/790/UE", en *Propiedad Intelectual y Mercado Digital Europeo,* dirigida por Saiz García y Evangelio Llorca, Tirant lo Blanch, Valencia, 2019, p. 403, explicando que el mecanismo de adaptación de los contratos no actúa en el momento de la perfección del contrato de cesión o licencia, sino a posteriori, con el fin de corregir un desequilibrio patrimonial que sólo se aprecia durante la ejecución del contrato.

2 El art. 20 DDAMUD procede del artículo 15 de la Propuesta de Directiva de la Comisión Europea, mucho más sucinto, el cual disponía que los Estados miembros deben velar «por que los autores y los artistas intérpretes o ejecutantes tengan derecho a solicitar una remuneración adecuada a la parte con la que hayan suscrito un contrato para la explotación de los derechos en caso de que la remuneración inicialmente pactada sea desproporcionadamente baja en comparación con los ingresos y beneficios subsiguientes derivados de la explotación de las obras o interpretaciones».

3 Tal y como se puso de manifiesto en la Evaluación de Impacto que acompaña a la Propuesta de Directiva, de 14 de septiembre de 2016, SWD(2016)301 final, p. 196, nota 559, el mecanismo de adaptación de los contratos no es realmente una cláusula "*best seller*", pues basta para su aplicación con que la remuneración pactada resulte con claridad «desproporcionadamente baja», no siendo necesario que la obra o prestación protegida sea, además, un inesperado éxito de ventas.

4 Efectivamente, el considerando 78 afirma que debe establecerse el mecanismo de adaptación de los contratos, «sin perjuicio de la legislación aplicable a los contratos en los Estados miembros».

23.1 DDAMUD) a reclamar una remuneración adicional, adecuada y equitativa a la parte con la que hayan celebrado un contrato para la explotación de sus derechos, o a los derechohabientes de ésta, en caso de que la remuneración inicialmente pactada resulte desproporcionadamente baja en comparación con la totalidad de los ingresos subsiguientes derivados de la explotación de las obras o interpretaciones o ejecuciones[5].

El régimen establecido por el art. 20 DDAMUD para su transposición por los Estados miembros se configura como supletorio en relación con cualquier «mecanismo comparable» que pueda acordarse a través de convenios o acuerdos de negociación colectiva[6]. Lógicamente, para que estos mecanismos convencionales se consideren equiparables al previsto en el art. 20 DDAMUD es preciso que sean aptos para obtener el mismo resultado pretendido por éste: poder incrementar la remuneración pactada originariamente, con el fin de adecuarla a los ingresos derivados de la explotación de los derechos ce-

---

5 Según se colige de considerandos 72 y 78 DDAMUD, la introducción del mecanismo de adaptación de los contratos es obligatoria para los Estados miembros por lo que respecta a los derechos de explotación armonizados a nivel comunitario (i.e. reproducción, distribución -incluidos el alquiler y el préstamo- y comunicación pública -incluida la puesta a disposición-). No lo es, por tanto, en relación con cesiones o licencias del derecho de transformación, sin perjuicio de la facultad de los Estados miembros de extenderlo también a estos casos, lo que, con carácter general, han hecho. *Vid.* SÁNCHEZ ARISTI, R. y OYARZÁBAL OYONARTE, N., "Decadencia y caída del Texto Refundido de la Ley de Propiedad Intelectual: La transposición de la Directiva 2019/790 sobre derechos de autor en el Mercado Único Digital por el Real Decreto-ley 24/2021, de 2 de noviembre", en *Pe. i. Revista de Propiedad Intelectual*, nº 69, septiembre-diciembre 2021, p. 167.

6 Sin embargo, algunos Estados miembros permiten desplazar el mecanismo del art. 20 DDAMUD por otro acordado individualmente entre el autor/artista y su cesionario o licenciatario, siempre que sea comparable. *Vid.* arts. L131-5.III y L212-3.2 del CPI francés.

didos o licenciados, cuando haya resultado desproporcionadamente baja en comparación con éstos. Dada la preferencia de lo acordado en los convenios colectivos frente al mecanismo de adaptación de los contratos, no debería proceder adaptar las remuneraciones que sean respetuosas con los criterios de cuantificación establecidos por un convenio colectivo, las cuales difícilmente podrían considerarse desproporcionadamente bajas, como cabe colegir del considerando 78.

De acuerdo con el art. 20.1 DDAMUD, el presupuesto para que opere el mecanismo de adaptación es «que la remuneración inicialmente pactada [en el contrato celebrado por el autor o el artista con la otra parte para la explotación de sus derechos] resulte ser desproporcionadamente baja en comparación con la totalidad de los ingresos subsiguientes derivados de la explotación de las obras o interpretaciones o ejecuciones». Tal circunstancia debe poder apreciarse «con claridad», según se indica en el considerando 78, lo que pone de manifiesto que no es un remedio destinado a corregir cualquier inadecuación del precio de la cesión o licencia, sino sólo aquella que resulte palmaria y sustancial[7].

Ello implica, en primer lugar, que este mecanismo se aplica a los contratos de cesión o licencia suscritos por los autores o artistas. No se requiere que sean en exclusiva. Ahora bien, no se aplica a los contratos de cesión o licencia de derechos sobre programas de ordenador, que se excluyen expresamente (art. 23.2 DDAMUD)[8].

---

[7] *Vid.* BRAGADO HERRERO DE EGAÑA, C., "Mecanismos para garantizar al autor y al intérprete una remuneración adecuada y proporcionada: los artículos 19 a 23 de la Directiva 2019/790", *Blog del CIPI*, 12 de septiembre de 2022, disponible en https://blog.cipi.es/blog2-intelectual/item/230-mecanismos-para-garantizar-al-autor-y-al-interprete-una-remuneracion-adecuada-y-proporcionada-los-articulos-19-a-23-de-la-directiva-2019-790, quien señala que «el mecanismo de adaptación queda reservado a supuestos especiales».

[8] La exclusión se refiere únicamente al programa de ordenador como secuencia de instrucciones, pero no a la obra que, en su caso, se ex-

Tampoco, a los acuerdos celebrados por las entidades de gestión colectiva de los derechos de propiedad intelectual o los operadores gestión independiente (art. 22.2 DDAMUD). Y tampoco, en mi opinión, a los contratos que no son de larga duración, ya que el considerando 78, cuando justifica la necesidad de que los Estados miembros establezcan el mecanismo de adaptación de los contratos, lo refiere únicamente a contratos de larga duración.

En segundo lugar, dado que el mecanismo de adaptación opera cuando *la remuneración inicialmente pactada* resulta desproporcionadamente baja, y su objeto es obtener una remuneración *adicional*, no es procedente cuando no se ha pagado ninguna remuneración por la cesión o licencia de los derechos[9]. Por tanto, los Estados miembros no tienen obligación de reconocer a los autores y artistas que han cedido o licenciado sus derechos gratuitamente la facultad de exigir después una remuneración si los ingresos generados por la explotación de los derechos cedidos o licenciados excedieran con mucho lo esperado. Tampoco tienen obligación de hacerlo en relación con cesiones o licencias onerosas respecto de las cuales no es exigible que la remuneración acordada sea adecuada y proporcionada, ya que el mecanismo de adaptación tiene como fin último salvaguardar el principio del art. 18 DDAMUD. Así, no se aplica cuando el cesionario o licenciatario actúa como usuario final y no explota

---

teriorice al ejecutarlo (su interfaz gráfico, las imágenes y sonidos a que pueda dar lugar, por ejemplo en el caso de los videojuegos…), que es un objeto distinto, como señala la STJUE de 23.1.2014, Asunto C-355/12, *Nintendo*. Los autores de estos elementos creativos que no se identifican con el programa de ordenador sí tendrían acceso al mecanismo de adaptación.

9 *Vid*. SÁNCHEZ ARISTI, R. y OYARZÁBAL OYONARTE, N., “Decadencia y caída del Texto Refundido de la Ley de Propiedad Intelectual: La transposición de la Directiva 2019/790 sobre derechos de autor en el Mercado Único Digital por el Real Decreto-ley 24/2021, de 2 de noviembre”, *op. cit*., p. 168.

la obra o actuación artística, como sucede en el caso de algunos contratos de trabajo (vid. considerando 72 DDAMUD)[10].

Aun cuando según el art. 20 DDAMUD la adaptación del contrato procede cuando la remuneración inicialmente pactada resulta «desproporcionadamente baja», se entiende que la desproporción a la que se refiere no implica que sólo quepa el recurso a este mecanismo en aquellos casos en los que la remuneración no guarda ninguna proporción con los ingresos, lo que sólo sucede en el caso de las remuneraciones a tanto alzado. El adverbio «desproporcionadamente» se utiliza aquí como sinónimo de «exageradamente», «desmesuradamente», «claramente», por lo que la exigencia de que sea «desproporcionadamente baja» es predicable tanto de las remuneraciones a tanto alzado como de las remuneraciones proporcionales[11], siempre que resulten manifiestamente bajas[12].

Para determinar si la remuneración inicialmente pactada es «desproporcionadamente baja» se debe comparar con «la tota-

---

10 De la misma opinión RUBÍ PUIG, A., "El mecanismo de adaptación contractual del artículo 20 de la Directiva sobre Derechos de Autor en el Mercado Único Digital y su transposición al Derecho español", en *Pe. i. Revista de Propiedad Intelectual*, nº 73, enero-abril 2023, p. 50. Así, por ejemplo, si una gran empresa adquiere los derechos de autor para utilizar en sus oficinas una base de datos original, que conduce a un incremento extraordinario de su productividad; o si un comerciante encarga el diseño original de una nueva página web destinada a la promoción y venta de sus productos, y a través de ella multiplica sustancialmente sus ventas.

11 La traducción francesa la califica como «*exagérément faible*», o la alemana como «*unverhältnismäßig niedrig*».

12 SÁNCHEZ ARISTI, R. y OYARZÁBAL OYONARTE, N., "Decadencia y caída del Texto Refundido de la Ley de Propiedad Intelectual: La transposición de la Directiva 2019/790 sobre derechos de autor en el Mercado Único Digital por el Real Decreto-ley 24/2021, de 2 de noviembre", *op. cit.*, p. 168.

lidad de los ingresos subsiguientes derivados de la explotación de las obras o interpretaciones o ejecuciones». Obviamente, se está aludiendo a los ingresos generados por la explotación de los concretos derechos cedidos o licenciados.

A los efectos de realizar tal comparación deben tomarse en consideración, según aclara el considerando 78 DDAMUD, «todos los ingresos pertinentes para el caso concreto, incluidos, en su caso, los ingresos generados por la comercialización de productos», teniendo en cuenta «las circunstancias específicas de cada caso, incluida la contribución del autor o del artista intérprete o ejecutante, así como las especificidades y prácticas de remuneración en los distintos sectores de contenidos y si el contrato se basa en un convenio de negociación colectiva»[13]. Son, por tanto, los ingresos brutos, directos e indirectos[14], y no propiamente los beneficios, los que han de tenerse en cuenta en la comparación, si bien es indudable que los gastos asociados a la explotación constituyen «circunstancias específicas» del caso que no pueden ser obviadas sin más, especialmente en aquellos sectores en los que la producción de contenidos puede resultar especialmente costosa (por ejemplo, en el ámbito audiovisual). Precisamente para facilitar el conocimiento

---

13 Que para determinar si la remuneración inicialmente acordada es desproporcionadamente baja se tenga en cuenta, entre otros criterios, la contribución del autor o el artista evidencia que los autores de obras en colaboración o colectivas, así como los artistas que participan en actuaciones colectivas, están legitimados para reclamar la remuneración adicional del art. 20 DDAMUD.

14 SAIZ GARCÍA, C., "La garantía de una remuneración adecuada para los autores y artistas intérpretes o ejecutantes en el Real Decreto-Ley 24/2021, de 2 de noviembre", en *Digitalización, acceso a contenidos y propiedad intelectual*, coordinada por López Richart y Saiz García, Dykinson, Madrid, 2023, p. 208, afirma que deben tomarse en consideración tanto los ingresos directos como los indirectos, como los derivados del *merchandising*, publicidad, venta de datos, etc.

de esos ingresos y que los artistas y autores puedan aplicar el mecanismo de adaptación de los contratos, se imponen a sus cesionarios y licenciatarios, y a sus causahabientes, los deberes de información y transparencia establecidos en el art. 19 DDAMUD, que permiten a aquellos «estimar el valor económico continuado de sus derechos con respecto a la remuneración recibida por su licencia o cesión» (considerando 75 DDAMUD).

Lo que no queda claro en el art. 20 DDAMUD es si los ingresos totales a tener en cuenta son los obtenidos por la contraparte del autor o artista, o su causahabiente, o si deben tomarse también en consideración los ingresos que hayan podido obtener sus sublicenciatarios o autorizados (i.e. los usuarios de los derechos). En mi opinión, sólo los primeros deben computarse, tal y como se colige del considerando 78 DDAMUD, según el cual la remuneración inicialmente acordada debe compararse «con los ingresos derivados de la subsiguiente explotación de la obra o grabación de la interpretación o ejecución *por la parte contratante* del autor o del artista intérprete o ejecutante». Ello es lógico, puesto que ya se habrán computado los ingresos obtenidos por el cesionario originario a resultas de la licencia o autorización concedida al usuario. Abunda en esta idea el hecho de que cuando el legislador comunitario quiere tomar los ingresos de los sublicenciatarios en consideración, los menciona expresamente, como ocurre en el art.19.2 DDAMUD en relación con la obligación de transparencia.

Tampoco nos dice la Directiva cuándo la remuneración inicialmente acordada resulta con claridad desproporcionadamente baja en comparación con los ingresos derivados de la explotación de la obra o actuación artística. Se trata de un concepto jurídico indeterminado susceptible de desarrollo por los Estados miembros y concreción por los tribunales que tengan que aplicar esta norma[15].

---

15 En términos generales, las normas nacionales de transposición no arrojan demasiada luz al respecto.

---

En Francia, el art. L131-5 del *Code de la Propriété Intellectuelle* (CPI), que regula el mecanismo de adaptación de los contratos de los autores, distingue si la remuneración es proporcional o a tanto alzado. En los casos, legalmente tasados, en que es una remuneración a tanto alzado, el art. L131-5.I mantiene la regla anterior a la transposición de la DDAMUD, según la cual en caso de cesión de derechos de explotación, si el autor ha sufrido un perjuicio de más de siete doceavos con respecto a los rendimientos generados por la obra, puede instar la revisión de la remuneración. Cuando es proporcional, supuesto incorporado al CPI al transponer el art. 20 DDAMUD, el nuevo art. L131-5.II dispone que el autor tiene derecho a una remuneración adicional cuando la remuneración proporcional inicialmente prevista en el contrato de explotación resulta *excesivamente* baja en comparación con todos los ingresos posteriormente obtenidos de la explotación por el cesionario. Esa última regla se reitera en el art. L212-3.1 para los artistas intérpretes o ejecutantes.
En Alemania, donde ya se preveía una acción de revisión para los autores antes de transponer el art. 20 DDAMUD, el parágrafo 32a.1.1 de la *Urheberrechtsgesetz* (UrhG) establece que procede conceder al autor (y por remisión, también al artista, conforme al parágrafo 79.2a UrhG) una remuneración adicional adecuada a las circunstancias si ha cedido los derechos a cambio de una contraprestación que resulta desproporcionadamente baja en comparación con los ingresos y beneficios derivados de la explotación de la obra.
En Italia, el art. 110-quinquies de la *Legge sulla protezione del diritto d'autore e di altri diritti connessi al suo esercizio* (LDA) reconoce el derecho de autores y artistas a una remuneración adicional cuando la remuneración acordada inicialmente resulta desproporcionadamente baja en comparación con los ingresos originados a lo largo del tiempo de la explotación de sus obras o actuaciones artísticas, teniendo en cuenta todos los posibles tipos de ingresos derivados de la explotación de la obra o rendimiento artístico, a cualquier título y en cualquier forma, incluida la puesta a disposición de un fonograma en línea.
En Portugal, finalmente, el art. 44-C.1 del *Código do direito de autor e dos direitos conexos* (LDA) establece que los autores y artistas tienen derecho a reclamar la remuneración adicional a la parte con quien han celebrado un contrato de explotación de sus derechos, o a sus sucesores legales, siempre que la remuneración inicialmente acordada resulte desproporcionadamente baja con respecto a todos los ingresos relevantes posteriores, derivados de la explotación de sus

No se exige que la desproporción entre la remuneración inicialmente pactada y los ingresos generados por la explotación de la obra o actuación artística fuera imprevisible en el momento de acordarla[16]. Tampoco que sea sobrevenida. Puede, por tanto, existir desde el origen del contrato[17].

La legitimación activa para el ejercicio del derecho de adaptación de los contratos se atribuye al autor o artista que ha cedido o licenciado sus derechos a cambio de una remuneración. El considerando 72 se refiere a ellos como personas físicas, si

---

obras o prestaciones y dichos ingresos resulten significativamente más altos que los que las partes podrían estimar en el momento de la celebración del contrato.

16 *Vid.* EUROPEAN COPYRIGHT SOCIETY, "Comment of the European Copyright Society addressing selected aspects of the implementation of articles 18 to 22 of the Directive (EU) 2019/790 on Copyright in the Digital Single Market", 11 (2020), *JIPITEC*, p. 144; SAIZ GARCÍA, C., "La garantía de una remuneración adecuada para los autores y artistas intérpretes o ejecutantes en el Real Decreto-Ley 24/2021, de 2 de noviembre", *op. cit.*, p. 209. Así lo establecen expresamente algunas legislaciones nacionales. *Vid.* por ejemplo el parágrafo 32a.1 de la UrhG alemana. Pero cfr. art. 44-C.1 del CDA portugués, según el cual para que el autor/artista pueda reclamar la remuneración adicional es necesario que la remuneración inicialmente acordada no sólo resulte desproporcionadamente baja en comparación con los ingresos derivados de la explotación de la obra o actuación, sino también que dichos ingresos resulten significativamente más altos que los que las partes podrían estimar en el momento de la celebración del contrato.

17 Así lo planteaban en relación con la Propuesta de la Comisión BENTLY, L., KRETSCHMER, M., DUDENBOSTEL, T., CALATRAVA, M.C. y RADAUER., A., *Strengthening the position of press publishers and authors and performers in the Coyiright Directive, Study for the JURI Committee,* September 2017, disponible en https://www.europarl.europa.eu/RegData/etudes/STUD/2017/596810/IPOL_STU(2017)596810_EN.pdf, p. 84. De la misma opinion, BRAGADO HERRERO DE EGAÑA, "Mecanismos para garantizar al autor y al intérprete una remuneración adecuada y proporcionada: los artículos 19 a 23 de la Directiva 2019/790", *op. cit.*

bien parece permitirles el recurso a este mecanismo también cuando han cedido sus derechos a través de sus propias sociedades[18]. Lo que no se contempla es una extensión de la legitimación a los cesionarios del autor/artista, lo cual es lógico, toda vez que el mecanismo de adaptación de los contratos se configura en el art. 23.1 DDAMUD como una derecho irrenunciable de autores y artistas[19]. El hecho de que en la creación de la obra hayan podido intervenir varios autores (obra en colaboración, obra colectiva) o varios artistas (una película) no excluye necesariamente la posibilidad de reclamar la revisión[20],

---

[18] Conforme al considerando 72 los artistas «suelen estar en la posición contractual más débil cuando conceden licencias o ceden sus derechos, en particular a través de sus propias sociedades, para fines de explotación a cambio de una remuneración, y esas personas físicas necesitan la protección que ofrece la presente Directiva para poder gozar plenamente de los derechos armonizados por el Derecho de la Unión». Las sociedades en las que está pensando el legislador comunitario son las sociedades instrumentales de autores y artistas, a través de las cuales desarrollan éstos su actividad profesional. No parece referirse a las personas jurídicas a las que, por alguna ficción legal, los Estados miembros puedan reconocer la condición de autor (o asimilarlas al autor), como puede suceder, por ejemplo, en el caso de las obras colectivas. En este sentido, SÁNCHEZ ARISTI, R. y OYARZÁBAL OYONARTE, N., "Decadencia y caída del Texto Refundido de la Ley de Propiedad Intelectual: La transposición de la Directiva 2019/790 sobre derechos de autor en el Mercado Único Digital por el Real Decreto-ley 24/2021, de 2 de noviembre", *op. cit.*, p. 168, consideran dudoso que estas personas jurídicas estén legitimadas para hacer valer el mecanismo de adaptación de los contratos.

[19] Por el contrario, no hay problema para considerar que el derecho a reclamar la adaptación de los contratos es transmisible *mortis causa*, toda vez que el art. 23.1 DDAMUD no lo prohíbe.

[20] El art. 19.4 DDAMUD faculta a los Estados miembros para establecer que la obligación de transparencia del art. 19.1 no sea aplicable cuando la contribución del autor o del artista no sea significativa en relación con la obra o actuación en su conjunto, pero deja a salvo, como excepción a esa regla, el supuesto en el que el autor o el artista necesita esa informa-

si bien la entidad de la colaboración, desde el punto de vista creativo y económico, se tomará en consideración para verificar si su remuneración ha sido desproporcionadamente baja.

Se faculta igualmente para ejercitar este derecho a los representantes del autor/artista, siempre que cuenten con el debido mandato otorgado de conformidad con el derecho nacional. Según indica el considerando 78 DDAMUD, los representantes pueden actuar por cuenta de uno o varios autores o artistas, tomando a su vez en consideración, en su caso, los intereses de otros autores o artistas. No hay ningún obstáculo, por tanto, para otorgar esta representación a entidades de gestión colectiva u operadores de gestión independiente[21], siempre que cuenten con mandato especial a tal efecto. El considerando 78 requiere a los representantes que protejan la identidad de sus mandantes durante tanto tiempo como sea posible, lo que sólo es viable en supuestos de representación colectiva[22]. Pero incluso en este caso, se trata de una exigencia de difícil cumplimiento, toda vez que la actuación de los representantes se lleva a cabo necesariamente al amparo de mandatos representativos voluntarios y tiene por objeto la revisión de las remuneraciones pactada en contratos de explotación específicos, cuyas circunstancias deben valorarse en el caso concreto, lo que obligará más pronto que tarde a dar detalles sobre el autor/artista, su obra o actuación y las condiciones de la cesión o licencia.

La legitimación pasiva corresponde, según el art. 20.1 DDAMUD, a la contraparte del autor o artista en el contrato de cesión

---

ción para el ejercicio del derecho de adaptación del contrato conforme al art. 20.1 DDAMUD, confimando así que la pluralidad de autores o artistas no es óbice para la aplicación del mecanismo de adaptación.

21 *Vid.* Art. 110-quinquies del CDA italiano.

22 *Vid.* RUBÍ PUIG, A., "El mecanismo de adaptación contractual del artículo 20 de la Directiva sobre Derechos de Autor en el Mercado Único Digital y su transposición al Derecho español", *op. cit.*, p. 45.

o licencia en cuestión, o a sus derechohabientes. Por derechohabientes hay que entender los sucesores del cesionario o licenciatario originario, es decir, quienes se subrogan en la posición de aquél, pero no los sublicenciatarios no exclusivos o usuarios meramente autorizados por el cesionario o licenciatario original para explotar la obra o actuación[23]. Ello no obstante, y como es lógico, la contraprestación abonada al cesionario o licenciatario por su sublicenciatario formará parte de los ingresos del cesionario que deben tenerse en cuenta para determinar si la remuneración acordada en su día es desproporcionadamente baja o no.

En cuanto a su ejercicio, del considerando 78 parece colegirse que el autor/artista o su representante debe reclamar primero extrajudicialmente la adaptación de la remuneración del contrato, y en defecto de acuerdo, ejercitar la acción correspondiente, bien a través del medio alternativo voluntario de resolución de conflictos al que se refiere el art. 21 DDAMUD, o bien judicialmente.

El art. 20 DDAMUD no establece plazos de ningún tipo para el ejercicio de la acción de adaptación de los contratos. Tampoco precisa si se puede ejercitar repetidamente o no. Por tanto, cabe interpretar que no impone a los Estados miembros obliga-

---

23 *Vid.* SÁNCHEZ ARISTI, R. y OYARZÁBAL OYONARTE, N., "Decadencia y caída del Texto Refundido de la Ley de Propiedad Intelectual: La transposición de la Directiva 2019/790 sobre derechos de autor en el Mercado Único Digital por el Real Decreto-ley 24/2021, de 2 de noviembre", *op. cit.*, p. 173, nota 149. Cfr. en contra RUBÍ PUIG, A., "El mecanismo de adaptación contractual del artículo 20 de la Directiva sobre Derechos de Autor en el Mercado Único Digital y su transposición al Derecho español", *op. cit.*, p. 47. El art. 32a.2.1 UrhG establece que si el cesionario ha cedido los derechos sobre la obra (o actuación artística) a un tercero y la remuneración desproporcionadamente baja que recibe el autor deriva de los ingresos o beneficios obtenidos por el tercero, éste, y no el cesionario originario, es quien responde frente el autor del pago de la remuneración adicional, teniendo en cuenta las relaciones contractuales derivadas de la cadena de licencias.

ción alguna al respecto. En consecuencia, los Estados miembros son libres de exigir o no el transcurso de un cierto lapso de tiempo desde la cesión o licencia de los derechos en cuestión para poder ejercitarlo, o de someterlo o no a un plazo máximo de ejercicio, fuera del cual deba considerarse extinguido[24].

Si las partes alcanzan un acuerdo para revisar la remuneración del contrato, se estará a lo pactado. Se tratará de un acuerdo novatorio que tendrá el contenido que las partes libremente hayan decidido otorgarle, aunque deberá ser respetuoso con el principio de remuneración adecuada y proporcionada del art. 18 DDAMUD.

En defecto de acuerdo, y ejercitada la correspondiente acción por parte del autor/artista, la resolución judicial o laudo arbitral que ponga fin al procedimiento tendrá que determinar si la remuneración inicialmente acordada es con claridad desproporcionadamente baja en comparación con los ingresos generados por la explotación de los derechos, o no. Si lo es, y concurren los demás requisitos para el éxito de la acción, ordenará al cesionario o licenciatario demandado abonar una remuneración adicional, adecuada y equitativa. Esta remuneración debe ser la procedente para restablecer el equilibrio contractual entre las contraprestaciones, complementando la remuneración inicialmente pactada en la medida necesaria para que la suma de la remuneración

---

24 *Vid.* SÁNCHEZ ARISTI, R. y OYARZÁBAL OYONARTESÁNCHEZ ARISTI, R. y OYARZÁBAL OYONARTE, N., "Decadencia y caída del Texto Refundido de la Ley de Propiedad Intelectual: La transposición de la Directiva 2019/790 sobre derechos de autor en el Mercado Único Digital por el Real Decreto-ley 24/2021, de 2 de noviembre", *op. cit.*, p. 174. Cfr. en contra SAIZ GARCÍA, C., "La garantía de una remuneración adecuada para los autores y artistas intérpretes o ejecutantes en el Real Decreto-Ley 24/2021, de 2 de noviembre", *op. cit.*, p. 215. Haciendo uso de la libertad conferida por el art. 20 DDAMUD, el art. 44-C.4 del CDA portugués dispone que el derecho a reclamar una remuneración adicional caduca si no se ejerce en el plazo de dos años a partir del conocimiento de las circunstancias que dan derecho a solicitarla.

acordada y la remuneración adicional constituya un importe adecuado y proporcionado en comparación con los ingresos que ha generado la explotación de la obra o actuación artística hasta ese momento. En este sentido, la remuneración adicional a que se refiere al art. 20 DDAMUD es una cantidad a tanto alzado, sin perjuicio de que ese tanto alzado pueda calcularse mediante la aplicación de un porcentaje que se considere adecuado y equitativo sobre los ingresos generados hasta ese momento. Para su cálculo, se tendrán en cuenta, además de la totalidad de los ingresos directos o indirectos generados por la explotación de los derechos en cuestión sobre la obra o actuación, la contribución del autor o artista en la obra o prestación protegida objeto de explotación, las circunstancias específicas concurrentes (entre ellas, los gastos de explotación), los usos del sector…[25].

Ahora bien, los Estados miembros deben poder establecer fórmulas con vistas a asegurar que la remuneración continúe siendo adecuada y proporcionada en comparación con los ingresos que la explotación de la obra o actuación artística pueda generar en el futuro, cuando resulte claro que, en su formulación pactada inicialmente, no lo puede ser. Así, por ejemplo, es posible ordenar la conversión de la remuneración pactada a tanto alzado en una remuneración proporcional, o el incremento de porcentaje de *royalties* aplicable, si la remuneración inicialmente acordada ya fuera proporcional, pero el porcentaje de *royalties*, manifiestamente bajo…

---

25 *Vid.* art. 44-C.3 CDA, según el cual para fijar el importe de la remuneración adicional se tendrán en cuenta, entre otros factores: a) todos los ingresos relevantes y las ganancias obtenidas por la contraparte; b) las circunstancias específicas de cada caso, incluida la contribución específica del autor o artista al resultado final económico y artístico; c) las especificidades y las prácticas de remuneración aplicables a los diferentes sectores y a los diferentes tipos de obras y otras prestaciones protegidas.

### *2. La transposición del mecanismo de adaptación de contratos. La acción de revisión por remuneración no equitativa del artículo 47 LPI*

Con anterioridad a la aprobación de la DDAMUD, el art. 47 de nuestra LPI ya preveía, sólo para los autores, una acción de revisión, que les permitía, exclusivamente si hubieran cedido sus derechos a cambio de una remuneración a tanto alzado y sólo durante los diez años siguientes al de la cesión, reclamar una revisión del contrato para fijar una remuneración equitativa, atendiendo a las circunstancias del caso, si se produjera una manifiesta desproporción entre la remuneración del autor y los beneficios obtenidos por el cesionario.

A los efectos de adaptarlo al art. 20 DDAMUD, este artículo 47 ha sido modificado por el art. 80.3 del Decreto-ley 24/2021, que a su vez ha introducido en el art. 110 LPI, relativo a las interpretaciones o ejecuciones realizadas en cumplimiento de un contrato de trabajo o un arrendamiento de servicios, un apartado 3 que, en relación con la remuneración de los artistas, remite al art. 47 LPI (vid. art. 80.5 del Decreto-ley 24/2021).

El vigente art. 47 LPI, titulado «acción de revisión por remuneración no equitativa»[26], establece que si en la cesión de derechos por parte del autor (o el artista, por la remisión del art. 110.3 LPI) se produjera «una manifiesta desproporción entre la remuneración inicialmente pactada por el autor en comparación con la totalidad de los ingresos subsiguientes derivados de la explotación de las obras obtenidos por el cesionario o su derechohabiente», aquél podrá pedir la revisión del contrato y, en defecto de acuerdo, acudir al Juez para que fije una remuneración adecuada y equitativa, atendidas las circunstancias del caso.

---

26 El título puede resultar equívoco, pues el término «remuneración equitativa» suele identificarse con los derechos de simple remuneración de gestión colectiva obligatoria reconocidos en la ley.

Según dispone el art. 47.2 LPI, esta acción de revisión está únicamente disponible para el autor/artista durante los diez años siguientes al de la cesión, siempre que no exista pacto expreso acordado al efecto, convenio colectivo o acuerdo sectorial entre los representantes de los autores y los cesionarios que prevean un procedimiento de revisión de la remuneración no equitativa por la cesión de derechos como el anteriormente referido. Se configura así el derecho de revisión del contrato del art. 47.1 como supletorio de aquel otro mecanismo similar que acuerden las partes o sea fruto de la negociación colectiva. La posibilidad de desplazar la regulación legal por un acuerdo de negociación colectiva está prevista en el art. 20 DDAMUD. Sin embargo, la norma comunitaria no admite la sustitución de la regulación legal por el pacto individual entre las partes. Por ello, debemos entender que sólo es admisible si el mecanismo pactado individualmente resulta más beneficioso para el autor que el establecido en el art. 47.1 LPI. En definitiva, no cabe, a través de un contrato individual, privar al autor/artista del derecho de revisión, o regularlo de forma menos favorable para el autor/artista.

El apartado 3 del art. 47, siguiendo lo dispuesto por los arts. 20.2 y 23.2 DDAMUD, establece que la acción de revisión no es aplicable a los autores de los programas de ordenador «ni a las autorizaciones exclusivas concedidas por las entidades de gestión independiente regulados en el Título IV del Libro II» (sic)[27].

Pese al silencio del art. 47 LPI, el mecanismo de revisión que contempla constituye un beneficio irrenunciable para el autor (art. 55 LPI)[28]. Aunque la remisión a la acción de revisión que se hace en el art. 110.3 LPI en relación con los artistas se limita al art. 47 LPI, y no alcanza al art. 55, debe interpretarse que también para ellos se trata de un beneficio irrenunciable, como exige el art. 23.1 DDAMUD.

---

27 Se refiere en realidad al Título IV del Libro Tercero.

28 *Vid.* STS 298/2016, de 5.5.2016 (RJ 2016/2453).

## *2.1. Sujetos*

i. *Legitimación activa*.- El art. 47 LPI otorga al autor que ha cedido sus derechos la legitimación para ejercitar la acción de revisión por remuneración no equitativa cuando la contraprestación acordada con el cesionario es manifiestamente desproporcionada.

El art. 110.3 LPI extiende esta legitimación activa a los artistas intérpretes o ejecutantes, por remisión al art. 47 LPI. La inclusión de esta remisión en un artículo referido a la cesión de los derechos del artista en cumplimiento de un contrato laboral o un arrendamiento de servicios es poco afortunada, pues parece ceñir a estos contratos la acción de revisión, cuando, según se desprende del art. 20 DDAMUD, el derecho de adaptación de los contratos ha de reconocérsele a todo artista que ha cedido o licenciado sus derechos a cambio de una remuneración que resulta ser manifiestamente desproporcionada, con independencia del tipo de contrato en el que se haya incluido la cesión o licencia. En cualquier caso, el principio de interpretación conforme obliga a entender que la remisión del art. 110.3 al art. 47 es igualmente aplicable a los artistas que han cedido o licenciado sus derechos al margen de un contrato de trabajo o un arrendamiento de servicios[29].

---

29 El art. 110.3 sí tiene la virtud de aclarar que la acción de revisión también se reconoce a los artistas que no han cedido sus derechos de forma expresa, sino a través de la presunción contemplada en este artículo. En estos casos, como en general siempre que la cesión se refiere a una obra o actuación realizada por encargo, en cumplimiento de un contrato laboral o un arrendamiento, puede ser necesario precisar, en función de las circunstancias concurrentes, qué parte de la contraprestación recibida por el autor o artista retribuye sus servicios, y qué otra parte remunera la cesión de derechos, pues sólo ésta última debería tomarse en consideración a los efectos de determinar si procede la acción de revisión. Así será siempre que los servicios tengan una utilidad y un valor propio independiente del valor de los derechos de explotación (i.e. si la obra o actuación está exclusivamente destinada a la explotación de sus derechos de propiedad intelectual, no cabe hacer tal distinción).

Carecen de legitimación activa para el ejercicio de la acción de revisión, en mi opinión, los cesionarios en exclusiva de los derechos de los autores y los artistas[30]. Siendo el mecanismo de adaptación de los contratos irrenunciable, la posibilidad de transmitirlo *inter vivos* debe ser descartada, pues el autor/artista se vería privado del mismo por la vía de su transferencia a un tercero (que, además, es el legitimado pasivo de la acción de revisión de aquél), lo que resultaría contrario al art. 23.1 DDAMUD. En cambio, no debería haber problema para reconocer la legitimación activa al adquirente *mortis causa* de los correspondientes derechos del autor/artista *ex* art. 42 LPI, en la medida en que ninguna norma establece que la acción de revisión se extinga por el fallecimiento del autor/artista, a quien suceden sus herederos en los derechos y obligaciones dimanantes de sus contratos (art. 661 y 1257 CC).

Dado que el art. 5.2 LPI prevé la posibilidad de que las personas jurídicas se beneficien de la protección que se dispensa a los autores en los casos expresamente previstos en ella[31], se suscita la duda de si aquellas que ostentan originariamente los derechos de autor sobre una obra colectiva (art. 8 LPI)[32] están legitimadas para ejercitar la acción de revisión[33]. No parece que fuera tal la voluntad del legislador comunitario, y en mi opinión, no existe razón conforme al Derecho español para otorgarles legi-

---

30 Así lo ha declarado, para la anterior redacción del art. 47 LPI, la STS 298/2016, de 5.5.2016 (RJ 2016/2453).

31 No hay una norma equivalente para los artistas.

32 Las obras colectivas constituyen el único supuesto donde la LPI reconoce a una persona jurídica derechos de autor a título originario. En el caso de los programas de ordenador, se les reconoce incluso la condición de autor (art. 97.2 LPI), si bien ello es irrelevante a los efectos de la acción de revisión, puesto que se excluye expresamente a sus autores del mecanismo de revisión (art. 47.3 LPI).

33 Así se apunta en la STS 298/2016, de 5.5.2016 (RJ 2016/2453), en relación con la anterior redacción del art. 47 LPI, si bien no entra a analizarlo por resultar innecesario para resolver el recurso de casación.

timación activa para ejercitar la acción de revisión cuando carecen de relación societaria con los autores de las contribuciones. De hecho, la persona jurídica que coordina, edita y divulga bajo su nombre una obra colectiva normalmente habrá tenido que adquirir con carácter previo los derechos de explotación sobre las aportaciones de las personas físicas que hayan contribuido a su creación, y desde esa perspectiva, es realmente un cesionario de derechos al que, por una ficción legal, se asimila al autor.

Cuestión distinta es que, en atención al considerando 72 DDAMUD, quepa reconocer legitimación activa a las sociedades instrumentales de los propios autores y artistas, a través de las cuales desarrollan su actividad profesional, cuando son estas sociedades las que, en sustitución de aquéllos, han suscrito los contratos de cesión o licencia cuya remuneración está en cuestión. Y es que de la misma forma que el autor/artista puede encomendar a un representante el ejercicio de la acción de revisión, como veremos a continuación, debe poder atribuir esa misma legitimación a su sociedad instrumental.

Ciertamente, el autor/artista puede ejercitar el mecanismo de revisión del contrato a través de un representante. Pese a que esta posibilidad se prevé expresamente en el art. 20 DDAMUD y se detalla en su considerando 78, el legislador español no ha considerado necesario contemplarla específicamente en el art. 47 LPI, probablemente porque ningún obstáculo legal hay conforme a las reglas generales de nuestro Derecho Civil sobre el mandato y la representación para que el autor/artista otorgue, si lo estima oportuno, el correspondiente mandato (que debe ser especial y expreso) para que un tercero se encargue de gestionar este derecho, de manera individual (puede ser el agente o representante del autor/artista) o colectiva (una entidad de gestión colectiva, un operador de gestión independiente, o incluso el agente o representante común de varios autores/artistas, que ejercita conjuntamente la acción de revisión de todos ellos).

ii. *Legitimación pasiva.*- El art. 47 LPI no precisa a quién debe dirigir el autor/artista su reclamación para revisar la remuneración manifiestamente desproporcionada.

Según el art. 20.1 DDAMUD, cabe entender que puede dirigirla contra el cesionario o licenciatario con quien contrató, en tanto que obligado a pagar la remuneración por la explotación de sus derechos. Es irrelevante que la cesión o licencia sea en exclusiva o no.

También puede dirigirla contra los derechohabientes del cesionario o licenciatario primitivo, entendiendo por tales a quienes le suceden en el título y pasan a ocupar su lugar en la relación contractual con el autor/artista, ostentando el mismo derecho que tenía aquél[34]. Así, si el cesionario en exclusiva cede sus derechos en exclusiva a un tercero con el consentimiento del autor, el tercero se subrogará en la posición del cesionario primitivo y le sustituirá en la legitimación pasiva de la acción de revisión (art. 49.I LPI). Si la cesión de los derechos adquiridos del autor se produjera sin el consentimiento de éste, ambos cesionarios serían responsables frente al autor del pago de la remuneración, y legitimados pasivos para su eventual revisión (art. 49.II LPI). En caso de liquidación o transmisión de la empresa del cesionario o licenciatario, el adquirente se subrogará en la posición del cesionario o licenciatario primitivo, y pasará a ser el legitimado pasivo de la acción de revisión (arts. 49.III y 50 LPI). Con respecto a los artistas, aun cuando no hay una regulación específica tan detallada como en el caso de los autores, se llega a la misma conclusión a partir de las reglas generales sobre la cesión de contratos y liquidación y transmisión de empresas.

---

34 El art. 47.1 LPI menciona a los derechohabientes no como legitimados pasivos de la acción de revisión, sino desde la perspectiva de los ingresos que obtienen con la explotación de los derechos cedidos o licenciados, que habrán de ser tenidos en cuenta para determinar si procede la revisión del contrato y fijar la remuneración adicional.

En mi opinión, en tanto en cuanto la acción de revisión constituye un remedio para restablecer el equilibrio en la relación contractual existente entre el autor/artista y su cesionario o licenciatario, carecen de legitimación pasiva los sublicenciatarios no exclusivos y usuarios meramente autorizados por el cesionario o licenciatario original, que son terceros ajenos al contrato de cesión o licencia del que dimana la acción de revisión, frente a quienes el autor/artista no tiene acción directa alguna (art. 1257.I CC).

Finalmente, tampoco ostentan la legitimación pasiva las entidades de gestión o los operadores de gestión independiente que administran los derechos de los autores/artistas, ya que no han celebrado con el autor/artista ningún contrato de explotación (i.e. cesión o licencia) de la obra o actuación artística, sino un contrato de gestión o mandato de los derechos del autor/artista, ni explotan la obra o prestación protegida. Tampoco tienen legitimación pasiva quienes han obtenido la autorización para explotar la obra o actuación artística de una entidad de gestión o un operador de gestión independiente (art. 47.3 LPI)[35].

### 2.2. Requisitos

El tenor del art. 47 LPI es muy parco cuando establece los requisitos para que proceda la revisión del contrato de explotación celebrado por los autores/artistas con sus cesionarios o licenciatarios. Se limita a establecer que aquéllos pueden pedir la revisión del contrato «si en la cesión se produjese una manifiesta desproporción entre la remuneración inicialmente

---

35 El art. 47.3 LPI excluye de la acción de revisión las autorizaciones exclusivas concedidas por las entidades de gestión y los operadores de gestión independiente. La realidad es que ni unas ni otros otorgan autorizaciones exclusivas, por lo que la exclusión debe interpretarse referida a cualesquiera contratos de autorización celebrados por estas entidades, tal y como impone el art. 20.2 DDAMUD.

pactada por el autor en comparación con la totalidad de los ingresos subsiguientes derivados de la explotación de las obras obtenidos por el cesionario o su derechohabiente».

El primer requisito que se extrae del art. 47 LPI es que la cesión de derechos por parte del autor/artista debe ser onerosa, pues la revisión sólo opera cuando existe una remuneración inicialmente pactada que luego resulta manifiestamente desproporcionada con los ingresos generados. Por tanto, no cabe revisar contratos sin remuneración, o cesiones o licencias gratuitas.

El segundo requisito es que la cesión de los derechos sea para la explotación de las obras o actuaciones artísticas correspondientes (pues la remuneración debe ser manifiestamente desproporcionada en comparación con los ingresos derivados de la explotación de la obra o prestación protegida). Por tanto, si la cesión de derechos, aun siendo onerosa, no es para la explotación de la obra, sino para su utilización en el proceso productivo del cesionario (i.e. una base de datos original destinada a su uso interno por los miles de empleados de una gran empresa), no cabe aplicar el mecanismo de revisión.

El tercer requisito del art. 47 LPI es la existencia de una «manifiesta desproporción» entre la remuneración pactada y los ingresos obtenidos por el cesionario o su causahabiente por la explotación de la obra o prestación protegida, si bien no es preciso que esa manifiesta desproporción fuera desconocida e imprevisible en el momento de pactar la remuneración, ni que sea sobrevenida[36].

---

[36] En palabras de la STS 298/2016, de 5.5.2016 (RJ 2016/2453), el art. 47 LPI «no exige el elemento de ausencia de previsibilidad propio de esta institución [la cláusula *rebus sic stantibus*], sino solamente la "manifiesta desproporción" entre la remuneración del autor y los beneficios obtenidos por el cesionario». Se refiere a la redacción del art. 47 anterior a la modificación introducida por el Decreto-ley 24/2021, pero es igualmente aplicable a su tenor actual.

En este punto, el tenor del art. 47 no coincide con el del art. 20.1 DDAMUD que exige, para que proceda la adaptación del contrato, que la remuneración acordada llegue a ser («con claridad», precisa el considerando 78) «desproporcionadamente baja» en comparación con los ingresos de la contraparte. Podría discutirse, si la distinta terminología entraña alguna diferencia conceptual[37], aunque no me lo parece[38]. Pero, sea como fuere, considero, como RUBÍ[39], que es irrelevante, toda vez que, en última instancia, el principio de interpretación del Derecho nacional conforme al Derecho comunitario obliga a identificar la remuneración manifiestamente desproporcionada del art. 47 LPI con la remuneración que resulta con claridad desproporcionadamente baja del art. 20.1 DDAMUD.

La desproporción manifiesta entre la remuneración pactada y los ingresos derivados de la explotación a que se refiere el art. 47 LPI es predicable tanto de las remuneraciones a tanto alzado como de las remuneraciones proporcionales, tal como vimos en relación con el art. 20 DDAMUD. Pero tiene que tratarse de la remuneración acordada en el contrato de cesión o licencia, lo que excluye de la comparación los importes reci-

---

37 *Vid.* SÁNCHEZ ARISTI, R. y OYARZÁBAL OYONARTE, N., "Decadencia y caída del Texto Refundido de la Ley de Propiedad Intelectual: La transposición de la Directiva 2019/790 sobre derechos de autor en el Mercado Único Digital por el Real Decreto-ley 24/2021, de 2 de noviembre", *op. cit.*, pp. 171-172.

38 Ambos tenores aluden a la desproporción entre la remuneración acordada y los ingresos obtenidos, que obviamente tiene que ser a la baja aunque el art. 47 LPI no lo precise. Y la exigencia del art. 47 LPI de que la desproporción sea «*manifiesta*» es equivalente a la necesidad de que la remuneración llegue a ser «*con claridad*» «desproporcionadamente baja», tal y como explica el considerando 78 DDAMUD.

39 *Vid.* RUBÍ PUIG, A., "El mecanismo de adaptación contractual del artículo 20 de la Directiva sobre Derechos de Autor en el Mercado Único Digital y su transposición al Derecho español", *op. cit.*, p. 51.

bidos por el autor/artista en concepto de derechos de simple remuneración de gestión colectiva obligatoria.

Para determinar si la remuneración inicialmente acordada es «manifiestamente desproporcionada» se debe comparar con «la totalidad de los ingresos subsiguientes derivados de la explotación de las obras obtenidos por el cesionario o su derechohabiente». El art. 47 no precisa a qué ingresos se refiere, pero, de su lectura conjunta con el considerando 78 DDAMUD, cabe colegir: (i) que se refiere a ingresos brutos, y no beneficios, no obstante lo cual los gastos de promoción y comercialización constituyen una circunstancia a tener en cuenta a la hora de hacer la comparación; (ii) que se computan sólo los ingresos derivados de la explotación de las obras o prestaciones protegidas conforme a las modalidades cedidas o licenciadas[40], lo que excluye los ingresos obtenidos por otras razones, aun cuando para su obtención se hayan utilizado las obras o prestaciones protegidas objeto de cesión (por ejemplo, si la obra o prestación protegida se utiliza para promocionar otros productos o servicios que comercializa el cesionario, los ingresos obtenidos por la venta de esos productos o prestación de esos servicios no se computarán como ingresos a efectos de la revisión; pero sí se computaría la contraprestación cobrada por el cesionario por autorizar la utilización por el anunciante de la obra o prestación protegida en el marco de su publicidad); (iii) que se incluyen todos los ingresos, directos o indirectos, derivados de la explotación de la obra o prestación protegida en todas las modalidades cedidas, incluidos los relacionados con productos derivados (ingresos directos por la venta de ejemplares de la obra o prestación protegida o por la concesión de una licencia de explota-

---

40 Dado que el art. 47 LPI no prevé ninguna restricción, la revisión se aplica a la cesión o licencia de cualquier derecho de explotación, incluido el derecho de transformación de los autores, pese a que no está armonizado a nivel comunitario.

ción de la misma; indirectos a través de la venta de publicidad asociada a la explotación de la obra o prestación protegida, o de productos de merchandising…)[41]; (iv) que se incluyen los ingresos obtenidos tanto por el cesionario o licenciatario del autor/artista como por sus derechohabientes, que son, como se ha dicho antes, sus sucesores en título, pero no los usuarios que han obtenido una autorización del cesionario en exclusiva; y (v) que deben excluirse los ingresos obtenidos por el cesionario por actos de explotación que se remuneran a través de derechos de simple remuneración de gestión colectiva obligatoria, pues esos usos quedan exentos de la contraprestación contractual objeto de revisión y responden a otro mecanismo dirigido a asegurar que los autores/artistas perciben una remuneración adecuada y proporcionada por la explotación de sus obras o actuaciones artísticas, que es la gestión colectiva obligatoria.

Pese al silencio del art. 47 LPI, para determinar si la remuneración acordada es manifiestamente desproporcionada con los ingresos derivados de la explotación de la obra o prestación debe tenerse en cuenta, como dispone el considerando 78 DDAMUD, «las circunstancias específicas de cada caso, incluida la contribución del autor o del artista intérprete o ejecutante, así como las especificidades y prácticas de remuneración en los distintos sectores de contenidos y si el contrato se basa en un convenio de negociación colectiva». Circunstancias como el alcance de la cesión o licencia, si es en exclusiva o no, si se trata de uno o varios autores o artistas[42], la mayor o menor relevancia de la contribución del autor o artista en el resultado creativo o

---

41 Deben considerarse ingresos los percibidos a partir del tratamiento de los datos personales de los usuarios de redes digitales obtenidos como consecuencia del acceso "gratuito" por parte de éstos a las obras o prestaciones protegidas explotadas por el cesionario o licenciatario.

42 *Vid.* SAP Madrid (Sección 28ª) 172/2016, de 6.5.2016 (AC 2016/1806).

económico[43], los usos del sector, los costes de producción de la obra, la mayor o menor inversión del cesionario en promoción y/o comercialización de la obra, la existencia o no de convenios colectivos que establezcan unos criterios remuneratorios, etc., deben tomarse en consideración para hacer la comparación.

Al exigirse la comparación de la totalidad de los ingresos generados por la explotación de la obra, en mi opinión no cabe, como regla general, hacer una valoración independiente sobre si existe o no una manifiesta desproporción para cada modalidad de explotación, como han propuesto los tribunales alemanes[44], sino que deben valorarse globalmente, a la vista de todas las circunstancias concurrentes, tanto la remuneración percibida por el autor/artista de acuerdo con el contrato como los ingresos obtenidos por el cesionario o licenciatario, máxime cuando en muchos casos el importe de la remuneración acordada no está desglosado[45]. Lo que no cabe, sin embargo, es tomar en consi-

---

43 Cuanto más relevante sea su aportación, en términos cuantitativos o cualitativos, o cuanto mayor sea su reputación, mayor debería ser su remuneración en términos comparativos.

44 *Vid.* RUBÍ PUIG, A., "El mecanismo de adaptación contractual del artículo 20 de la Directiva sobre Derechos de Autor en el Mercado Único Digital y su transposición al Derecho español", *op. cit.*, p. 52.

45 Hay contratos, como los de edición o los contratos discográficos, donde es habitual que se pacten distintos *royalties* en función de la modalidad de explotación de que se trate, pudiendo ocurrir que para algunas modalidades de explotación se pacten porcentajes más bajos que se compensen con otros más altos para otras modalidades. Hay otros contratos, como los relacionados con la producción audiovisual, en los que tanto autores como artistas suelen pactar una contraprestación consistente en una cantidad a tanto alzado, a cambio de la cual ceden todos los derechos de explotación sobre su contribución a la obra audiovisual (bien es cierto que en este ámbito hay muchos derechos de simple remuneración de gestión colectiva obligatoria), donde es imposible hacer un análisis comparativo modalidad por modalidad, dado que la remuneración se

deración la remuneración pactada y los ingresos obtenidos por la explotación de otras obras o prestaciones protegidas, aunque la cesión o licencia se haya acordado de forma conjunta.

De cualquier modo, en defecto de acuerdo, corresponde a los tribunales (o a los árbitros), determinar en cada caso, en función de las circunstancias concurrentes, si la remuneración pactada por la cesión de los derechos del autor/artista resulta o no manifiestamente desproporcionada, sin que sea posible proponer *a priori* criterios cuantitativos generalmente aceptables[46]. Y corresponde al autor/artista acreditar esa desproporción[47].

## 2.3. Ejercicio

i. *Plazo de ejercicio*.- El art. 47.2 LPI limita temporalmente el ejercicio de la facultad de revisión del autor/artista a los diez años siguientes al de la cesión, excepto si por acuerdo expreso negociado individual o colectivamente se ha previsto otro procedimiento de revisión similar al establecido en el art. 47.1. Por consiguiente, en defecto de dicha disposición convencional, el

---

pactó globalmente. Ahora bien, la valoración global debe tomar en consideración, como una más de las circunstancias concurrentes, qué modalidades de explotación está desarrollando suficientemente el cesionario y cuáles no, con el fin de centrar en las primeras la comparación, para evitar el falseamiento del análisis.

46 Así, por ejemplo, la STS 331/2001, de 29.3.2001 (RJ 2002/10216), relativa a un contrato de cesión de derechos que tenía por objeto una obra científica sobre práctica contable creada en cumplimiento de contrato laboral, consideró manifiestamente desproporcionada una remuneración a tanto alzado de siete millones de pesetas frente a unos beneficios de 350 millones de pesetas (es decir, la remuneración equivale a un 2% de los beneficios generados), reconociendo al autor el derecho a instar la revisión conforme al antiguo art. 47 LPI

47 *Vid.* SAP Madrid (Sección 28ª) 172/2016, de 6.5.2016 (AC 2016/1806); o SAP Girona (Sección 1ª) 581/2021, de 14.10.2021 (AC 2022/1549).

autor/artista sólo puede ejercitar válidamente el derecho de revisión durante los diez años inmediatamente posteriores a la cesión o licencia. La razón de ser de esta limitación es proveer de seguridad jurídica a los contratos de cesión o licencia, toda vez que el mecanismo de revisión constituye una excepción al principio *pacta sunt servanda* (art. 1255 CC)[48].

Se ha cuestionado la conformidad de dicho plazo máximo con el art. 20 DDAMUD, que no somete el mecanismo de adaptación de los contratos a ningún plazo máximo de ejercicio[49]. Sin embargo, en mi opinión, el silencio del legislador comunitario no debe ser interpretado como una prohibición a los Estados miembros para que establezcan semejante limitación temporal. Si el art. 20 DDAMUD admite la concreción de este mecanismo, y por lo tanto su plazo de ejercicio, mediante acuerdos negocia-

---

48 En relación con el antiguo art. 47 LPI, la STS 298/2016, de 5.5.2016 (RJ 2016/2453) declaraba: «El art. 47 TRLPI se aparta del criterio general de nuestro ordenamiento jurídico consistente en respetar el precio acordado por las partes aunque pueda considerarse que no es un "precio justo", y lo hace con una finalidad tuitiva del autor, en tanto que este es considerado como la parte más débil en la contratación en el ámbito de la propiedad intelectual».

49 Opina que el plazo de diez años del art. 47 LPI es contrario al art. 20 DDAMUD SAIZ GARCÍA, C., "La garantía de una remuneración adecuada para los autores y artistas intérpretes o ejecutantes en el Real Decreto-Ley 24/2021, de 2 de noviembre", *op. cit.*, p. 215. También apunta hacia su posible incompatibilidad con el Derecho comunitario RUBÍ PUIG, A., "El mecanismo de adaptación contractual del artículo 20 de la Directiva sobre Derechos de Autor en el Mercado Único Digital y su transposición al Derecho español", *op. cit.*, p. 56. Por el contrario, no aprecian tal falta de conformidad SÁNCHEZ ARISTI, R. y OYARZÁBAL OYONARTESÁNCHEZ ARISTI, R. y OYARZÁBAL OYONARTE, N., "Decadencia y caída del Texto Refundido de la Ley de Propiedad Intelectual: La transposición de la Directiva 2019/790 sobre derechos de autor en el Mercado Único Digital por el Real Decreto-ley 24/2021, de 2 de noviembre", *op. cit.*, p. 174.

dos colectivamente, con más razón debe considerarse que confiere libertad a los Estados miembros para especificar tal plazo.

Ciertamente, el plazo de diez años se configura en el art. 47 LPI como supletorio no sólo de un eventual acuerdo de negociación colectiva, tal y como prevé el art. 20 DDAMUD, sino incluso del pacto resultante de una negociación individual entre el autor/artista y su cesionario o licenciatario. En este punto sí creo que el art. 47 LPI podría ser contrario al Derecho comunitario si no se interpreta en el sentido de que por pacto individual únicamente puede establecerse un mecanismo de revisión que sea más favorable para el autor/artista que el legalmente previsto, que obliga a los Estados miembros a velar por que ninguna disposición contractual impida el cumplimiento del art. 20 DDAMUD (vid. art. 23.1 DDAMUD)[50]. Lo que significa que la regulación del derecho de revisión contenida en el art. 47 LPI, incluyendo su sumisión a un plazo máximo de ejercicio de diez años, constituye un mínimo de protección para autores/artistas que puede ser mejorado, pero nunca empeorado, por acuerdo negociado individualmente.

El plazo de diez años dentro del cual debe ejercitarse la facultad de revisión se computa de fecha a fecha (art. 5.1 CC), tomando como *dies a quo* la fecha a partir de la cual la cesión o licencia sea efectiva[51]. Transcurrido el mismo, ya no podrá el autor/artista reclamar la revisión del contrato, ni siquiera

---

50 Lo consideran contrario a la Directiva, sin matices, SÁNCHEZ ARISTI, R. y OYARZÁBAL OYONARTE, N., "Decadencia y caída del Texto Refundido de la Ley de Propiedad Intelectual: La transposición de la Directiva 2019/790 sobre derechos de autor en el Mercado Único Digital por el Real Decreto-ley 24/2021, de 2 de noviembre", *op. cit.*, pp. 173-174.

51 Por tanto, si se ceden los derechos sobre una obra futura (por ejemplo en el marco de un encargo de obra), los diez años no se contarán desde la fecha en que se celebró el contrato, sino desde la fecha en que la obra queda a disposición del cesionario lista para iniciar su explotación.

aunque la manifiesta desproporción sobrevenga después. En mi opinión, no hace falta que se formule la demanda judicial (o arbitral, en su caso) de revisión dentro de los diez años siguientes a la cesión o licencia, sino que basta para cumplir esta exigencia temporal con que se comunique la reclamación extrajudicial al legitimado pasivo dentro de ese plazo.

Ejercitado el derecho de revisión, no veo ningún obstáculo para ejercitarlo nuevamente si, con posterioridad, vuelve a aflorar una manifiesta desproporción entre la remuneración inicialmente acordada, complementada con la remuneración adicional percibida en virtud de esa revisión previa, y los ingresos obtenidos por el cesionario o licenciatario, o su derechohabiente, por la explotación de la obra o prestación protegida, siempre que esta desproporción se deba a hechos nuevos que no pudieron ser tenidos en cuenta en la anterior adaptación contractual.

ii. *Reclamación previa*.- El art. 47.1 LPI establece que cuando la remuneración acordada es manifiestamente desproporcionada en comparación con los ingresos de explotación, el cesionario puede «pedir la revisión del contrato y, en defecto de acuerdo, acudir al juez» para que fije una remuneración adicional.

La redacción actual es muy similar a la que tenía el art. 47 antes de su modificación por el Decreto-ley 24/2021. Ya entonces fue interpretado por los tribunales en el sentido de que, para el éxito de la acción, es preciso que, antes de la presentación de la demanda, el autor haya intentado alcanzar un acuerdo extrajudicial con el cesionario, dirigido a novar el contrato de cesión en lo referente a la remuneración. Sólo si la reclamación extrajudicial resultara infructuosa, podría presentarse la correspondiente demanda en solicitud de la revisión del contrato[52].

El vigente tenor del art. 47.1 LPI mantiene dicha exigencia de reclamación extrajudicial previa, como se desprende

[52] *Vid.* STS 298/2016, de 5.5.2016 (RJ 2016/2453).

igualmente del considerando 78 DDAMUD. Esta reclamación puede formularse por cualquier medio, si bien, dado que le incumbe al autor/artista acreditar su realización, lo normal es que se haga a través de alguna vía que permita dejar constancia de su contenido, envío y recepción.

Si la reclamación extrajudicial no tiene éxito, el autor/artista tendrá que ejercitar la correspondiente acción judicial, siempre que las partes no hayan decidido someterse voluntariamente a los procedimientos de mediación o arbitraje ante la Sección Primera de la Comisión de Propiedad Intelectual (art. 194.5.b) LPI) o ante cualquier otro mediador o tribunal arbitral de su elección.

No se exige el transcurso de ningún plazo entre la reclamación extrajudicial y el ejercicio de la acción judicial (o arbitral) de revisión si aquélla resultara infructuosa, por lo que, en caso de que no sea expresamente rechazada, podrá el autor/artista presentar la demanda tan pronto como haya pasado el tiempo mínimo en el que, conforme a las reglas de la buena fe, cupiera esperar respuesta. Tampoco se establece un plazo de caducidad o prescripción para el ejercicio de la acción a contar desde el fracaso de la reclamación extrajudicial, por lo que, entiendo, habrá que recurrir al plazo general de cinco años del art. 1964.2 CC, aunque me parece a todas luces excesivo.

### 2.4. Efectos

Si las partes alcanzan un acuerdo para revisar la remuneración por la cesión o licencia (i.e. novación del contrato), se estará a lo pactado. En este sentido, y en ejercicio de su autonomía de la voluntad, las partes son libres de pactar la remuneración adicional que consideren oportuna, a tanto alzado o proporcional, y establecer sus condiciones de pago.

Si no ha sido posible alcanzar un acuerdo, y es el juez (o si las partes así lo han convenido, la Sección Primera de la Comisión de Propiedad Intelectual actuando en su función arbitral, o cualquier otro árbitro) quien declara la procedencia de revisar la remuneración inicialmente pactada, deberá fijar la remuneración adecuada y equitativa que sea necesaria para restablecer el equilibrio contractual de las contraprestaciones, teniendo en cuenta el principio de remuneración adecuada y proporcionada del art. 18 DDAMUD, transpuesto a nuestro ordenamiento mediante el art. 74 del Decreto-ley 24/2021. El art. 47 LPI, a diferencia del art. 20 DDAMUD, no califica esa remuneración como adicional, probablemente para no dar la sensación de que forzosamente ha de ser una cantidad a tanto alzado. En cualquier caso, esta omisión es jurídicamente irrelevante.

Esta remuneración adecuada y equitativa a la que se refiere el art. 47 LPI puede consistir en una cantidad adicional a tanto alzado[53], o en una remuneración proporcional, incluso aunque la remuneración acordada inicialmente fuera a tanto alzado. Si la remuneración originariamente pactada fuera proporcional, la revisión puede hacerse mediante la modificación del tipo de *royalty* aplicable (i.e. que se aplique un porcentaje superior al inicialmente pactado) o de la base sobre la que se aplica (por ejemplo, que el porcentaje se aplique sobre el precio de venta al público en lugar del precio de venta a distribuidor, que se aplique sobre ingresos y no sobre beneficios, que se incluyan en la base ingresos indirectos y no sólo directos, que no se descuenten de la base determinados gastos…).

La remuneración resultante de la revisión se fijará en atención a las mismas circunstancias concurrentes que se hayan tenido en cuenta para estimar que la remuneración inicialmente pactada era manifiestamente desproporcionada, pues de lo que se trata es de corregir esa desproporción. Por tanto, para su cálculo se toma-

---

53 Será lo normal cuando la remuneración acordada inicialmente fuera también a tanto alzado, dado que en la mayoría de los casos seguirán concurriendo las circunstancias que, conforme al art. 46.2 LPI, permitieron que la remuneración no fuera proporcional.

rán en consideración, además de la totalidad de los ingresos directos o indirectos generados por la explotación de los derechos en cuestión sobre la obra o actuación artística de que se trate, circunstancias tales como el alcance de la cesión o licencia, si es en exclusiva o no, si se trata de una obra o prestación protegida con uno o varios autores o artistas, la mayor o menor relevancia de la contribución del autor o artista en el resultado creativo o económico, los usos del sector, los costes de producción, promoción y comercialización de la obra o prestación protegida, los eventuales convenios colectivos que puedan existir, etc.

En la determinación de la nueva remuneración adecuada y equitativa se deberán tener en cuenta no sólo los ingresos obtenidos hasta esa fecha por el cesionario o su derechohabiente, sino también los ingresos futuros, con el fin de que la nueva remuneración pueda ser verdaderamente adecuada y proporcionada a los efectos del art. 74 del Decreto-ley 24/2021[54]. Si la adaptación contractual conduce a la formulación de una remuneración proporcional, o a la reformulación de la remuneración proporcional inicialmente acordada, bastará a tal efecto con aplicar la nueva fórmula de cálculo de *royalties* a los ingresos de explotación que se vayan generando en el futuro, hasta la expiración de la cesión o licencia. Por el contrario, si la revisión consiste en la determinación de una remuneración adicional a tanto alzado, deberán tomarse en consideración las expectativas razonables de ingresos futuros, partiendo de los ingresos pasados acreditados.

---

54 En el mismo sentido, vid. RUBÍ PUIG, A., "El mecanismo de adaptación contractual del artículo 20 de la Directiva sobre Derechos de Autor en el Mercado Único Digital y su transposición al Derecho español", *op. cit.*, p. 55, quien considera que el mecanismo de adaptación de los contratos tiene una función prospectiva, y por tanto, la revisión no debe ceñirse a la compensación por la explotación pasada, sino que si el demandando va a seguir explotando los derechos cedidos, la remuneración a satisfacer en adelante debe calcularse con las nuevas reglas resultantes de la revisión.

En cualquiera de los dos casos, tanto si la nueva remuneración adecuada y equitativa es proporcional como si es a tanto alzado, deberá cubrir la explotación de la obra o prestación protegida durante todo el plazo de vigencia de la cesión o licencia, incluso cuando exceda de diez años, puesto que el límite temporal del art. 47.2 LPI se refiere sólo a la formulación de la reclamación, no al alcance de la remuneración revisada. De hecho, ello es particularmente relevante para asegurar el cumplimiento del principio de la remuneración adecuada y proporcionada de los arts. 18 DDAMUD y 74 del Decreto-ley 24/2021, dado que el autor/artista nunca tendrá la oportunidad de instar la revisión una vez transcurridos esos diez años.

## III. EL DERECHO DE REVOCACIÓN

### *1. El derecho de revocación del artículo 22 DDAMUD*

El artículo 22 DDAMUD reconoce a los autores y artistas intérpretes o ejecutantes un derecho de revocación, en todo o en parte, de la licencia o cesión de sus derechos, siempre que se hayan concedido de forma exclusiva, cuando, transcurrido un plazo razonable, su obra o actuación artística no se está explotando[55]. Viene así a generalizar, con ciertos matices, el derecho de

---

55 El derecho de revocación no estaba previsto en la Propuesta de Directiva de la Comisión. Por primera vez se hizo referencia a un «mecanismo de restitución de los derechos» en la enmienda 58 a la Propuesta de Directiva incluida en la Opinión de la Comisión de Industria, Investigación y Energía para la Comisión de Asuntos Jurídicos del Parlamento Europeo. Este mecanismo de restitución permitía a autores y artistas resolver los contratos de cesión o licencia de derechos (en exclusiva o no) en caso de que sus obras o actuaciones artísticas no se explotaran en absoluto, o existiera una situación de impago continuada en relación con la remuneración acordada, o un incumplimiento total de la obligación de información y transparen-

resolución por falta de explotación de fonogramas que la Directiva 2011/77/UE, por la que se amplió el plazo de protección de los fonogramas y las interpretaciones o ejecuciones fijadas en los mismos, introdujo a favor de los artistas fonográficos en el art. 3.2 bis de la Directiva 2006/116, ejercitable únicamente durante ese periodo de ampliación (es decir, una vez transcurridos cincuenta años desde la publicación lícita del fonograma, o desde su primera comunicación pública, si no se hubiera publicado).

Tal y como se desprende del considerando 80 DDAMUD, se trata de un mecanismo dirigido a permitir que los autores y los artistas intérpretes o ejecutantes puedan recuperar sus derechos frente al cesionario o licenciatario en exclusiva que no está explotando la obra o actuación artística, y cederlos o conceder licencias a otra persona (o explotarlos por sí mismos, cabría añadir)[56].

---

cia. Fue sin embargo el Informe de la Comisión de Asuntos Jurídicos del Parlamento Europeo de 29.6.2018 el que propuso la introducción del derecho de revocación con una configuración muy próxima a la actual, a través de las enmiendas 50 (que añadía un nuevo considerando 43 bis, explicando la necesidad de reconocer un derecho de revocación a los autores y artistas) y 84 (que incluía un nuevo artículo 16 bis, regulándolo). Estas enmiendas son el antecedente inmediato de los textos que resultaron finalmente acordados en el *triálogo* que precedió a la aprobación de la DDAMUD, y que dieron lugar a los vigentes considerando 80 y artículo 22 .

56 En este sentido, el requisito de la falta de explotación diferencia este derecho de revocación de los derechos de reversión basados en el simple transcurso de un cierto tiempo, que se han previsto en algunos ordenamientos anglosajones, y que tan poco se han ejercido en la práctica. El mejor ejemplo de derecho de reversión (*termination right*) lo encontramos en la sección 203 de la *Copyright Act* estadounidense, que, salvo en el caso de las obras hechas por encargo (*works made for hire*), permite al autor que ha cedido o licenciado total o parcialmente, en exclusiva o no, el *copyright* sobre su obra, o a sus herederos, solicitar la terminación de dicha cesión o licencia en el plazo de cinco años a contar, como regla general, desde que hayan transcurrido 35 años desde la fecha de la cesión o licencia. Las

Como viene a confirmar el considerando 72 DDAMUD, su ubicación dentro del Capítulo 3 DDAMUD, relativo a la remuneración equitativa de los autores y artistas intérpretes o ejecutantes en los contratos de explotación, relaciona el mecanismo de revocación con el principio de remuneración adecuada y proporcionada del art. 18, que está igualmente en la base de las obligaciones de transparencia y del mecanismo de adaptación de contratos regulados en los arts. 19 y 20[57]. Se configura así como un remedio destinado a que el autor o artista pueda obtener unos rendimientos económicos por la explotación de su obra o actuación, que no está percibiendo a resultas de la inactividad del titular derivativo de los derechos y único legitimado para explotarlos[58]. Por consiguiente, cabe interpretar que el derecho de revocación no está disponible en aquellos supuestos en los que el principio de remuneración adecuada y proporcionada no resulta aplicable. Tal sería el caso, por ejemplo, cuando el cesionario o licenciatario en exclusiva actúa como usuario final y no explota por sí mismo la obra o interpretación o ejecución, como sucede en algunos contratos de trabajo[59].

---

secciones 304.c) y 304.d) establecen otros plazos para el ejercicio de este derecho de reversión, para supuestos en los que, tratándose de obras antiguas, se ha renovado el *copyright*.

57 *Vid.* SAIZ GARCÍA, C., "La garantía de una remuneración adecuada para los autores y artistas intérpretes o ejecutantes en el Real Decreto-Ley 24/2021, de 2 de noviembre", *op. cit.*, p. 210, poniendo de manifiesto que la falta de explotación por parte del único legitimado a tal efecto hace imposible dar un valor real a la obra o prestación protegida, frustrando el objetivo perseguido por el principio de remuneración adecuada y proporcionada.

58 *Vid.* SÁNCHEZ ARISTI, R. y OYARZÁBAL OYONARTE, N., "Decadencia y caída del Texto Refundido de la Ley de Propiedad Intelectual: La transposición de la Directiva 2019/790 sobre derechos de autor en el Mercado Único Digital por el Real Decreto-ley 24/2021, de 2 de noviembre", *op. cit.*, p. 178.

59 Por ejemplo, el caso de un abogado que realiza para el despacho en el que trabaja un dictamen jurídico solicitado por un cliente, que

Conforme al art. 22 DDAMUD, los Estados deben garantizar que cuando un autor (que no sea el autor de un programa de ordenador, según dispone el art. 23.2 DDAMUD) o un artista intérprete o ejecutante haya concedido una licencia o cedido sus derechos[60] en una obra u otra prestación protegida de forma exclusiva (apartado 1), con independencia del tipo de contrato a través del cual lo haya hecho[61], y siempre y cuando (i) haya transcurrido un plazo razonable tras la conclusión del contrato de licencia o la cesión de derechos y (ii) el autor/artista haya requerido previamente, sin éxito, al cesionario o licenciatario para que proceda a explotar la obra o actuación

no está destinado a su explotación. O, fuera del ámbito laboral, el del autopromotor de una vivienda exclusiva que contrata los servicios de un arquitecto para que desarrolle un proyecto singular y dirija las obras de ejecución, e incluye en el contrato, con el único ánimo de preservar tanto la exclusividad de su vivienda como su propia intimidad, una cesión en exclusiva de derechos de explotación.

60 En puridad, se refiere a los derechos de explotación armonizados para autores y artistas, según se extrae del considerando 72. Por tanto, la obligación de incorporar este mecanismo a los ordenamientos nacionales afecta a las cesiones y licencias relativas a los derechos de reproducción, distribución (incluyendo los derechos de alquiler y préstamo, que se configuran como derechos autónomos a nivel comunitario) y comunicación pública (incluyendo el derecho de puesta a disposición del público, que igualmente se regula como un derecho autónomo del derecho de comunicación pública para los artistas). Los Estados miembros son libres de extender la aplicación del mecanismo de revocación a las cesiones y licencias que tienen por objeto el derecho de transformación, que no está armonizado a nivel comunitario, lo que han venido a hacer con carácter general.

61 El mecanismo de revocación se aplica incluso a las cesiones presuntas, como las que con frecuencia tienen lugar, de conformidad con las distintas legislaciones nacionales, en el ámbito de las relaciones laborales. *Vid.* SAIZ GARCÍA, C., "El Principio de remuneración adecuada y proporcionada en la Directiva 2019/790/UE", en *Propiedad Intelectual y Mercado Digital Europeo*, dirigida por Saiz García y Evangelio Llorca, Tirant lo Blanch, Valencia, 2019, p. 407.

artística (apartado 3), el autor/artista pueda revocar en todo o en parte esa licencia o cesión de derechos, o su carácter exclusivo, si dicha obra o actuación no se está explotando por causa que no le sea imputable (apartado 4).

Partiendo de ese nivel mínimo de armonización, el legislador comunitario da libertad a los Estados miembros para regular el mecanismo de revocación.

Así, el art. 22.2 DDAMUD dispone que los Estados miembros podrán establecer disposiciones específicas relativas al mecanismo de revocación, teniendo en cuenta (a) las especificidades de los diferentes sectores y los diferentes tipos de obras e interpretaciones o ejecuciones, y (b) cuando una obra u otra prestación (un fonograma, una grabación audiovisual...) incluya la contribución de más de un autor o artista, la importancia relativa de las contribuciones individuales y los intereses legítimos de todos los autores y artistas afectados por la aplicación del mecanismo de revocación por un autor o artista.

Estas especificidades pueden referirse a las condiciones para el ejercicio del derecho de revocación, tales como cuándo debe entenderse que una obra o actuación no se está explotando[62], cuánto tiempo debe haber transcurrido desde la cesión para poder hacer uso del mecanismo de revocación, cuál es el plazo máximo dentro del cual puede instarse la revocación, o el término que ha de concedérsele al cesionario o licenciatario para que reanude la explotación, antes de poder ejercer la facultad

---

62 La *European Copyright Society* ha puesto de manifiesto cómo el concepto de falta de explotación no se define en la Directiva, lo que permite a los Estados miembros determinarlo. *Vid.* EUROPEAN COPYRIGHT SOCIETY, “Comment of the European Copyright Society addressing selected aspects of the implementation of articles 18 to 22 of the Directive (EU) 2019/790 on Copyright in the Digital Single Market”, *op. cit.*, p. 146.

revocatoria; en qué forma debe llevarse a cabo dicho requerimiento, especialmente si concurren varios autores o artistas....

Cabe también que las particularidades de los distintos tipos de obras o prestaciones afecten a la propia procedencia del derecho de revocación, toda vez que el art 22.2 permite a los Estados miembros excluir obras u otras prestaciones protegidas de la aplicación de este mecanismo si pueden incluir contribuciones de varios autores o artistas. El considerando 80 pone como ejemplo las prestaciones del sector audiovisual (obras y grabaciones audiovisuales, que pueden incorporar contribuciones personales de varios autores y/o artistas), pero puede haber otras (enciclopedias, obras multimedia, fonogramas...).

En cuanto a los efectos del ejercicio del derecho de revocación, el último párrafo del art. 22.2 DDAMUD faculta a los Estados miembros para conceder a los autores y artistas, como alternativa a la revocación de la licencia o cesión de los derechos, la opción de poner fin simplemente a la exclusividad del contrato[63]. Así, hay países que sólo reconocen la facultad resolutoria (Francia), mientras que otros facultan al autor/artista para elegir entre resolver la cesión o licencia o dejar sin efecto sólo su exclusividad, de tal manera que a partir de ese momento el cesionario o licenciatario podrá explotar la obra o actuación protegida, pero en concurrencia con el propio autor/artista, u otros cesionarios o licenciatarios designados por aquel (Alemania, Italia, Portugal...).

La libertad de los Estados miembros alcanza incluso a la imperatividad de las normas nacionales que regulan el derecho de

---

63 SAIZ GARCÍA, C., "El Principio de remuneración adecuada y proporcionada en la Directiva 2019/790/UE", *op. cit.*, pp. 408-409, señala que no queda claro en el art. 22 DDAMUD «si la posibilidad de reconvertir la cesión exclusiva en una no exclusiva es opcional para los Estados miembros u obligatoria», pues aunque el art. 22.2 la configura claramente como potestativa, el último inciso del art. 22.3 parece imponerla, si bien se decanta finalmente por su carácter facultativo.

revocación. Ciertamente, si los Estados miembros deben incorporar a sus Ordenamientos internos como irrenunciables los derechos reconocidos a los autores y artistas en los arts. 19 a 21 DDAMUD (obligación de transparencia, mecanismo de adaptación de los contratos y acceso a medios alternativos de resolución de conflictos), según dispone el art. 23.1 DDAMUD, no ocurre lo propio con el derecho de revocación. El art. 22.5 DDAMUD faculta a los Estados miembros para condicionar la posibilidad de que en el contrato de cesión o licencia de derechos se excluya la aplicación del mecanismo de revocación a que así lo prevea un convenio de negociación colectiva, pero no les obliga a nada. Ello implica que los Estados pueden no prever en modo alguno la irrenunciabilidad del derecho de revocación (como ocurre en Portugal), condicionar su renuncia a que lo permita un acuerdo de negociación colectiva (como sucede en Italia o Alemania), o, finalmente, decantarse por la imperatividad de este derecho, declarándolo irrenunciable (caso de España).

La consecuencia del escaso nivel de armonización impuesto por el art. 22 DDAMUD es que existen diferencias significativas en cuanto al funcionamiento del mecanismo de revocación entre unos Estados miembros y otros.

Así, por ejemplo, en el caso de Francia, los arts. L131-5-2 (para los autores) y L212-3-3 (para los artistas) del CPI exigen para aplicar el mecanismo de revocación, que sólo prevé la resolución del contrato, pero no la simple revocación de su exclusividad, la ausencia de cualquier explotación de la obra. La determinación de las condiciones para el ejercicio del derecho de revocación se deja a la negociación colectiva entre las organizaciones profesionales de autores y artistas y las entidades de gestión colectiva, por un lado, y las organizaciones representativas de los cesionarios del sector en cuestión, por el otro, con la posibilidad de que el Ministerio de Cultura amplíe los efectos de esos acuerdos a todos los interesados. Por otra parte, si la obra incluye contribuciones de varios autores, deberán ponerse de acuerdo para ejercer el derecho de resolución, en defecto del cual decidirá el juez (art. L121-5-2.III CPI); regla ésta que se aplica igualmente a los artistas cuando la obra o prestación protegida contiene las contribuciones de varios intérpretes o ejecutantes (art. L212-3-3.III CPI). Ahora bien, no se aplica el derecho de revocación, ni para los autores ni para los artistas, en el caso de las obras audiovisuales.

En Italia, el art. 110-septies de la LDA, que regula el mecanismo de revocación de forma conjunta para autores y artistas, les permite optar, cuando el cesionario o licenciatario en exclusiva no explota la obra o actuación protegida, entre resolver el contrato conforme a las disposiciones del Código Civil italiano o revocar la exclusividad del contrato. De acuerdo con el art. 110-septies.4 LDA, salvo pacto o disposición legal en contrario el cesionario o licenciatario en exclusiva debe explotar la obra o prestación protegida en el plazo acordado en el contrato, que no puede ser superior a cinco años desde la firma del contrato, o a dos años desde que la obra está disponible para el productor o el editor. En su defecto, el autor/artista concederá un plazo adecuado para la explotación de los derechos en cuestión, transcurrido el cual podrá resolver el contrato o revocar la exclusividad si continúan sin explotarse. En el caso de las obras colectivas, el art. 110-septies.3 LDA establece que la revocación debe ser solicitada por todos los autores y artistas con mayor contribución a la obra o prestación protegida.

En Alemania, regulan el mecanismo de revocación, del cual se excluyen las obras audiovisuales (parágrafo 90.1.3 de la UrhG), los parágrafos 41 UrhG (para los autores) y 79.2a UrhG (para los artistas, por remisión al parágrafo 41). El parágrafo 41.1 UrhG permite al autor (y, por remisión, al artista) resolver el contrato o simplemente revocar su exclusividad cuando el cesionario en exclusiva no explota los derechos concedidos, o lo hace de manera insuficiente. Ahora bien, según dispone el parágrafo 41.2 UrhG, no podrá hacer valer el derecho de revocación antes de que transcurran dos años a contar desde la cesión de los derechos o, si la obra se hubiera entregado más tarde, desde la fecha de entrega. Esos plazos varían, sin embargo, cuando se trata de contribuciones a publicaciones periódicas (tres meses si es para una publicación diaria, seis meses si es para una publicación mensual o de mayor frecuencia, un año si la frecuencia de publicación es menor que mensual). Para ejercer el derecho de revocación es necesario, además, según dispone el parágrafo 41.3 UrhG, que el autor/artista haya concedido al cesionario un plazo de gracia razonable para que proceda a explotar suficientemente la obra o prestación protegida, salvo que la explotación sea imposible, o el requerimiento de explotación sea rechazado por el cesionario, o la concesión de un plazo de gracia comprometa intereses preponderantes del autor/artista.

Por poner un último ejemplo, en Portugal el mecanismo de revocación se regula conjuntamente para autores y artistas en el art. 44-E del CDA, que excluye de su ámbito de aplicación las obras audiovisuales (art. 44-E.4 CDA). Conforme a sus dos primeros apartados, el autor/artista puede resolver en todo o en parte la licencia o cesión de derechos en exclusiva, o revocar su exclusividad (art. 44-E.6 CDA), en caso de falta de explotación de la obra o prestación protegida por el licenciatario o cesionario, siempre que hayan transcurrido cinco años desde la celebración del contrato o un tercio de su duración inicial, lo que ocurra primero, plazo que se cuenta desde la finalización de la obra o la fijación de la actuación en el caso de contratos relativos a obras o prestaciones futuras (art. 44-E.3 CDA). Previo al ejercicio de la facultad revocatoria, el autor/artista deberá notificar a la contraparte su pretensión, por escrito y con prueba de recepción, fijándole un plazo no inferior a seis meses para la explotación de los derechos objeto de licencia o cesión (art. 44-E.5), transcurrido el cual podrá ejercitar el derecho de revocación si su obra o actuación artística sigue sin ser explotada. En el caso de obras con pluralidad de autores o prestaciones con pluralidad de artistas, el ejercicio del derecho de revocación se hará conforme a las reglas de los arts. 17 y ss. del Código (que establecen los distintos regímenes de autoría según el tipo de obra), si bien se prescindirá del consentimiento de aquellos autores o artistas cuya contribución a la obra u o prestación protegida no sea significativa (art. 44-E.7).

Siendo tales las diferencias entre los distintos Estados miembros de la Unión Europea por lo que respecta al funcionamiento del derecho de revocación (hasta el punto de que una misma obra puede estar excluida de este mecanismo en un país y no estarlo en otro), resulta trascendental determinar cuál es la ley aplicable para su ejercicio. Si se entendiera que el derecho de revocación es una facultad integrante del contenido de la propiedad intelectual, habría que concluir, dado el principio de territorialidad que rige estos derechos, que sería de aplicación la legislación del país donde se quisiera hacer valer la revocación (*lex loci protectionis*). Por tanto, en el habitual caso de que la cesión o licencia fuera multiterritorial, habría que aplicar para cada territorio afectado su correspondiente legislación nacional[64].

Frente a la solución anterior, me parece más razonable mantener que el mecanismo de revocación es en realidad un remedio contractual que se proporciona al autor/artista, cedente o licenciante de los derechos, para que pueda poner fin al contrato, total o parcialmente, cuando la inactividad de la otra parte, el cesionario o licenciatario en exclusiva, le impide a aquél obtener la utilidad esperada del mismo (i.e. frustra su finalidad), pudiendo incluso esa inactividad constituir un incumplimiento por parte del cesionario/licenciatario de su obligación de explotar la obra o actuación artística conforme a lo comprometido[65]. Desde esta perspectiva, y de conformidad con

---

64 Así, por ejemplo, si se hubieran cedido en exclusiva los derechos para toda la Unión Europea y el autor/artista pretendiera ejercitar su derecho de revocación, habría que valorar país por país si procede o no, y en qué términos.

65 En esta dirección apunta el considerando 81 DDAMUD, cuando, al referirse al carácter imperativo de los arts. 19 a 21, declara que

el art. 12.1 del Reglamento 593/2008 sobre la ley aplicable a las obligaciones contractuales (Roma I), la ley que rige el ejercicio del derecho de revocación, en tanto que mecanismo contractual, será la misma para todos los territorios en los que la cesión o licencia surta efectos, la *lex contractus*[66], que será aquella válidamente designada por las partes (art. 3 del Reglamento Roma I) o, en su defecto, la del país donde el autor/artista tenga su residencia habitual, dado que la prestación del cedente o licenciante debe considerarse la prestación característica del contrato a los efectos del art. 4.2 del Reglamento Roma I.

## *2. La transposición del derecho de revocación. El artículo 48 bis LPI*

El derecho de revocación reconocido a autores y artistas por el art. 22 DDAMUD ha sido incorporado a la legislación española por los apartados 4 y 6 del art. 80 del Decreto-ley

---

«el artículo 3, apartado 4, del Reglamento (CE) nº 593/2008 del Parlamento Europeo y del Consejo debe aplicarse al efecto de que, cuando todos los demás elementos pertinentes para la situación en el momento de la elección del Derecho aplicable se encuentren en uno o varios Estados miembros, la elección por las partes de un Derecho aplicable que no sea el de un Estado miembro se entiende sin perjuicio de la aplicación de las disposiciones relativas a la transparencia, los mecanismos de adaptación de los contratos y los procedimientos alternativos de resolución de litigios establecidas en la presente Directiva, tal como se apliquen en el Estado miembro del foro». De donde se colige que la ley que rige los derechos a los que se refieren los artículos 19 a 21 es la *lex contractus*. Aunque el considerando 81 no alude al art. 22, ello se debe únicamente a que el mecanismo de revocación no se configura como una norma de *ius cogens*, no a que no se trate de una acción contractual que deba regirse por la ley nacional que gobierne el contrato.

66 *Vid.* en la misma línea SHAPIRO, T., "Remuneration Provisions in the DSM Copyright Directive and the Audiovisual Industry in the EU: The elusive quest for fairness", *EIPR*, 42, vol. 12, 2020, pp. 785-786.

24/2021. El primero añade a la LPI un nuevo art. 48 bis, que prevé el mecanismo de revocación para los autores, inmediatamente después del artículo que regula la cesión en exclusiva de sus derechos de explotación. El segundo modifica el art. 110 LPI, cuyo nuevo apartado 4 reconoce el derecho de revocación a los artistas por remisión al art. 48 bis. Esta forma de proceder del legislador español es razonable desde el punto de vista sistemático, si bien, como veremos más adelante, incurre en alguna imprecisión que dificulta la interpretación del alcance del derecho de revocación de los artistas.

Conforme al art. 48 bis, «cuando un autor [o artista] haya concedido una autorización o cedido sus derechos sobre una obra [o actuación artística] de forma exclusiva», y, transcurrido un determinado plazo, ésta no esté siendo explotada, podrá optar entre resolver, en todo o en parte, la autorización o cesión, o poner fin a la exclusividad del contrato, siempre que la ausencia de explotación no se deba principalmente a circunstancias imputables al autor/artista. A tal efecto, tendrá que requerir al cesionario o licenciatario en exclusiva para que, en un plazo que como mínimo tendrá que ser de un año, proceda a explotar los derechos cedidos o licenciados. Transcurrido dicho plazo sin que se reanude la explotación de la obra (o actuación artística), el autor/artista podrá optar entre resolver la cesión o licencia o poner fin a su exclusividad.

El art. 48 bis.4 configura este derecho como irrenunciable, pese a que no lo es en la DDAMUD, cuyo art. 23.1 únicamente declara imperativas las normas relativas a las obligaciones de transparencia del art. 19, el mecanismo de adaptación de los contratos del art. 20 y el acceso a un procedimiento alternativo para la resolución de litigios contemplado en el art. 21.

El derecho de revocación es compatible con otros remedios que el Código Civil otorga a una parte del contrato en caso de incumplimiento de sus obligaciones recíprocas por la otra parte. Por tanto, su reconocimiento en el art. 48 bis LPI no es contradictorio, en mi opinión, con la acción resolutoria que el art. 1124 CC reconoce al autor/artista cuando su cesionario en exclusiva incumple la obligación de explotar la obra conforme a lo pactado[67]. De hecho, es complementario. Lo que hace el art. 48 bis LPI, cuando concurren los requisitos que en él se establecen, es permitir al autor/artista ejercitar la acción resolutoria por falta de explotación de su obra o actuación sin necesidad de acreditar, como normalmente exige el art. 1124 CC, que el cesionario o licenciatario en exclusiva ha incumplido de forma grave su obligación de explotar la obra. Pero, en mi opinión, no impide que el autor/artista pueda resolver la cesión o licencia en exclusiva por incumplimiento grave de la contraparte de su obligación de explotar, de conformidad con el régimen general del art. 1124 CC y no del régimen especial del art. 48 bis LPI. Como tampoco le impide, si el cesionario o licenciatario en exclusiva fuera responsable del incumplimiento de su obligación de explotar, exigir, a la vez que ejercita el derecho de revocación, una indemnización de daños y perjuicios conforme al art. 1101 CC, si procediera (i.e. si fuera una omisión culpable o dolosa y hubiera causado un daño acreditable). De igual manera, el derecho de revocación convive con la acción resolutoria que se reconoce a los autores cuando el editor o el promotor de espectáculos públicos incumple las obligaciones de explotar conforme a lo establecido específicamente para los contratos de edición y representación teatral y ejecución musical (vid. arts. 68 y 81 LPI). Se trata de remedios concurrentes.

A continuación se analizará en profundidad el mecanismo de revocación tal y como ha sido transpuesto al Derecho español. Veremos quién puede aplicarlo, frente a quién, en qué casos, cómo y con qué efectos.

---

67 No hay derogación expresa para el caso concreto regulado en el art. 48 bis LPI de las reglas generales del Código Civil, y tampoco me parece que concurra la incompatibilidad entre una y otras que fundamente una derogación tácita.

## 2.1. Sujetos

i. *Legitimación activa*.- El derecho de revocación se reconoce tanto a los autores, conforme al art. 48 bis LPI, como a los artistas, en relación con los cuales el art. 110.4 LPI remite a «los términos establecidos en el citado al art. 48 bis».

Ahora bien, siguiendo a los arts. 22.2 y 23.2 DDAMUD, el art. 48 bis.2 LPI excluye de este derecho las obras en colaboración, las obras colectivas y los programas de ordenador. En el caso de los programas de ordenador, esta exclusión era obligatoria de conformidad con el art. 23.2 DDAMUD, mientras que para las obras en colaboración y colectivas era facultativa, por lo que ha sido una libre elección del legislador español[68], el cual, por otra parte, ha preferido no hacer uso de la facultad de establecer especificidades en atención a las particularidades de los sectores en los que puedan incardinarse las obras o prestaciones protegidas en cuestión, tal y como le permitía el art. 22.2.a) DDAMUD.

---

68 La exclusión de los programas de ordenador podría plantear la duda de si se refiere únicamente a lo que estrictamente es el programa de ordenador de acuerdo con el art. 96 LPI (la secuencia de instrucciones o indicaciones destinadas a ser utilizadas, directa o indirectamente, en un sistema informático para realizar una función o una tarea o para obtener un resultado determinado -en definitiva, el código fuente y el código objeto-, comprendiendo también su documentación preparatoria, documentación técnica y manuales de uso), o si afecta también a los concretos resultados que produce la ejecución del programa informático (gráficos, imágenes, sonidos...), que pueden tener su propia originalidad y constituir en sí mismos otra obra (por ejemplo, el videojuego resultante de la ejecución por la máquina del código subyacente), tal y como vino a explicar la STJUE 23.1.2014, C-355/12, *Nintendo*. En cualquier caso, dado que este tipo de productos son normalmente obras con pluralidad subjetiva, calificables como obras colectivas u obras en colaboración, en la práctica tenderán a quedar en todo caso excluidas del derecho de revocación, con independencia del concepto de programa de ordenador, más o menos amplio, que se maneje a estos efectos.

La exclusión del mecanismo de revocación de las obras colectivas y en colaboración se explica por la pluralidad de autores que intervienen en su creación, que se verían afectados si alguno de ellos pretendiera revocar la cesión o su carácter exclusivo. Sin embargo, según las circunstancias concurrentes esta exclusión puede no estar justificada. Así, por ejemplo, no se entiende que el autor único de una obra colectiva (es decir, el coordinador que la ha editado y divulgado bajo su nombre) no pueda hacer uso del mecanismo de revocación cuando se den los requisitos para ello, especialmente si los autores que consintieron participar en esa obra colectiva se han reservado el derecho de explotación separada de sus aportaciones. Tampoco es lógico que los coautores de una obra en colaboración no puedan ejercitar este derecho si todos ellos están de acuerdo. Quizás habría sido más razonable que el legislador español, en lugar de excluir sin más el derecho de revocación para todas las obras colectivas y en colaboración, hubiera introducido matices en cuanto a su ejercicio dependiendo de las circunstancias que rodean su creación o del sector al que pertenecen[69]. En cualquier caso, es evidente que, pudiendo hacerlo, no lo ha hecho, por lo que, tratándose de una decisión legislativa conforme con el art. 22 DDAMUD, debe entenderse que el derecho de revocación se excluye para todas las obras colectivas y todas las obras en colaboración[70]. Dado que

---

69 Así, por ejemplo, es normal que se excluya el mecanismo de revocación en el caso de la producciones audiovisuales, en las que intervienen múltiples autores y artistas, y para cuya realización es frecuentemente necesaria una importante inversión económica por parte del productor, todos los cuales se verían afectados por el ejercicio del derecho de revocación por parte de algún autor o artista.

70 *Vid.* en la misma línea SÁNCHEZ ARISTI, R. y OYARZÁBAL OYONARTE, N., "Decadencia y caída del Texto Refundido de la Ley de Propiedad Intelectual: La transposición de la Directiva 2019/790 sobre derechos de autor en el Mercado Único Digital por el Real Decreto-ley 24/2021, de 2 de noviembre", *cit.*, p. 183.

las obras audiovisuales son obras en colaboración (art. 87 LPI), quedan excluidas en todo caso del mecanismo de revocación.

Por lo demás, el modo en que se ha transpuesto el art. 22 DDAMUD a nuestro ordenamiento interno es respetuoso con la estructura de nuestra Ley (el régimen del derecho de autor se encuentra en el Libro I, mientras que los derechos conexos se regulan en el Libro II)[71], pero resulta impreciso y plantea por ello ciertos problemas de interpretación.

El primer problema es el lugar en el que se ubica para los artistas la remisión al art. 48 bis. El art. 110 LPI se refiere a las interpretaciones o ejecuciones realizadas en cumplimiento de un contrato de trabajo o arrendamiento de servicios. Ello suscita la duda de si la remisión al art. 48 bis contenida en el art. 110.4 es igualmente aplicable a las actuaciones realizadas fuera del marco de una relación laboral o arrendaticia. En mi opinión, la necesidad de interpretar el art. 110.4 de conformidad con el art. 22.1 DDAMUD, que reconoce el derecho de revocación a todo artista que ha cedido o licenciado sus derechos en exclusiva, con independencia del tipo de contrato a través del cual lo haya hecho, obliga a entender que la remisión es igualmente aplicable aunque la cesión o licencia no se haya otorgado en el marco de un contrato laboral o un arrendamiento de servicios. Por tanto, siempre que un artista cede o licencia en exclusiva los derechos sobre su interpretación o ejecución, resultará de aplicación lo dispuesto en el art. 48 bis.

La segunda dificultad se refiere a cómo se aplica a los artistas intérpretes o ejecutantes la exclusión del derecho de revocación de las obras colectivas y en colaboración, dado que éstos son conceptos exclusivamente vinculados a la autoría. Así, por ejemplo, una obra en colaboración puede ser interpretada o

---

71 Ello no obstante, el tercer párrafo del art. 48 bis.1 contiene una mención asistemática e innecesaria a los artistas.

ejecutada por un solo artista. ¿La exclusión de las obras en colaboración del régimen del art. 48 bis significa que ese artista carece del derecho de revocación? Por otro lado, la remisión al art. 48 bis tampoco resuelve el problema que suscitan las actuaciones colectivas. ¿Qué pasa cuando varios artistas interpretan o ejecutan conjuntamente una misma obra creada por un solo autor? ¿Se les priva del derecho de revocación, por aplicación analógica de la regla que se deduce del art. 48 bis.2 LPI? ¿O, como no se les excluye expresamente de este derecho, simplemente se les aplican las reglas del art. 111 LPI para su ejercicio?

Podría parecer que la DDAMUD no arroja excesiva luz para interpretar la norma nacional a través de la cual se transpone su art. 22, puesto que el considerando 80 DDAMUD deja claro que los Estados miembros tienen libertad para «poder regular el ejercicio del derecho de revocación en el caso de las obras o las interpretaciones o ejecuciones que impliquen a más de un autor o artista intérprete o ejecutante», lo que se traslada al art. 22.2 DDAMUD, que incluso establece que «los Estados miembros podrán excluir las obras u otras prestaciones de la aplicación del mecanismo de revocación si dichas obras o prestaciones suelen incluir contribuciones de varios autores o artistas intérpretes o ejecutantes».

En mi opinión, sin embargo, del art. 22.2.b) DDAMUD se desprende que para resolver estas situaciones de pluralidad de autores o artistas hay que atender a la importancia relativa de sus contribuciones individuales y los intereses legítimos de todos ellos que se verían afectados por la aplicación individual del mecanismo de revocación por un autor/artista. Por ello, si la actuación ha sido realizada por un solo artista, cuya contribución será, por tanto, esencial, su derecho de revocación no deberá verse afectado por el hecho de que en la creación de la obra interpretada o ejecutada hayan intervenido pluralidad de autores, puesto que su decisión de revocar la cesión no afectaría a los intereses legítimos de éstos, que podrán seguir explotándola mediante interpretaciones o ejecuciones de otros artistas. Por el contrario, si la actuación ha sido realizada conjuntamente por varios artistas, entonces el ejercicio individual del derecho de revocación por parte de cualquiera de ellos afectaría a los intereses legítimos de los demás, resultando razonable excluirlo, dado que responde al mismo principio que ha llevado al legislador español a excluir el derecho de revocación de los autores en el caso de obras colectivas o en colaboración[72].

En consecuencia, considero que la remisión del art. 110.4 al art. 48 bis debe interpretarse, *mutatis mutandi*, en el sentido de que el mecanismo de revocación no es aplicable a los artistas en el caso de actuaciones colectivas, pero sí en el caso de actuaciones individuales de obras colectivas o en colaboración[73]. Abunda en esta idea, aun no siendo directamente aplicable a nuestro caso, el principio establecido en el art. 132 LPI, conforme al cual las remisiones que se hacen en el Libro II a ciertas disposiciones contenidas en el Libro I se aplicarán «con carácter subsidiario y *en lo pertinente*». No parece pertinente, por no existir razón para ello, privar del derecho de

---

72 La interpretación que se propugna es distinta de la que establece el último párrafo del art. 110 bis.1 LPI para la resolución de la cesión al productor fonográfico de los derechos sobre las interpretaciones y ejecuciones fijadas en el fonograma cuando, transcurridos sus primeros cincuenta años de protección, no se está explotando. En este caso, el art. 110 bis.1 LPI remite al régimen del art. 111 para las actuaciones colectivas. Sobre los problemas que plantea esta remisión, vid. GONZÁLEZ GOZALO, A., "Artículo 110 bis", en *Comentarios a la Ley de Propiedad Intelectual*, coordinada por R. Bercovitz, 4ª ed., Tecnos, Madrid, 2017, pp. 1631-1634.

73 En contra, cfr. SÁNCHEZ ARISTI, R. y OYARZÁBAL OYONARTE, N., "Decadencia y caída del Texto Refundido de la Ley de Propiedad Intelectual: La transposición de la Directiva 2019/790 sobre derechos de autor en el Mercado Único Digital por el Real Decreto-ley 24/2021, de 2 de noviembre", *op. cit.*, pp. 183-184, para quienes la traslación del art. 48 bis.3 a los artistas «no resulta factible», y parecen propugnar la aplicación en el caso de las actuaciones colectivas de las reglas del art. 111 LPI para el ejercicio del derecho de revocación.

revocación al artista que, individualmente, ha interpretado o ejecutado una obra con pluralidad de autores, pero sí lo es en el caso de un artista que ha participado junto con otros en una actuación colectiva, supuesto que guarda identidad de razón con el previsto en el art. 48 bis.3, lo que, en última instancia, permitiría incluso su aplicación analógica.

ii. *Legitimación pasiva*.- El autor/artista puede hacer valer el derecho de revocación frente a su contraparte en el contrato por el que ha cedido o licenciado en exclusiva sus derechos, que será el cesionario o licenciatario originario o, alternativamente, su sucesor, si aquél hubiera transmitido su derecho con el consentimiento del autor/artista, o sin tal consentimiento, pero como consecuencia de la disolución o cambio de titularidad de la empresa cesionaria (vid. art. 49 LPI, en el caso de los autores; y reglas generales sobre cesión de contratos y subrogación, transmisión de empresas y operaciones estructurales de sociedades, en el caso de los artistas)[74].

El autor también podrá dirigir la acción de revocación de la cesión, además de contra su contraparte en el contrato de cesión de derechos en exclusiva, contra el tercero que, sin el consentimiento de aquél, haya adquirido en exclusiva del cesionario originario los derechos en cuestión. Así se desprende del art. 49.II LPI, que establece la responsabilidad solidaria de ambos frente al autor por el cumplimiento de las obligaciones derivadas de la cesión originaria.

Por el contrario, el autor/artista no puede ejercitar el derecho de revocación frente a quienes, habiendo obtenido del

---

[74] En los supuestos en que se produce la subrogación del nuevo cesionario en la posición del originario, éste saldrá de la ecuación, de tal manera que el autor/artista tendrá que dirigir su reclamación contra su sucesor. *Vid.* en el mismo sentido SAIZ GARCÍA, C., "El Principio de remuneración adecuada y proporcionada en la Directiva 2019/790/UEZ", *op. cit.*, p. 411.

cesionario en exclusiva, antes de la revocación de la cesión, una autorización o licencia no exclusiva para explotar la obra/actuación, no lo están haciendo. No es solo que no exista relación contractual alguna entre el autor/artista y quien ha obtenido la autorización del cesionario en exclusiva de aquel. Es que el autorizado a explotar no tiene obligación de hacerlo ni ostenta derechos en exclusiva, que es el presupuesto para poder instar la revocación. Cuestión distinta es que, en la medida en que con su inactividad hayan contribuido a que la obra/actuación no se esté explotando[75], a estos autorizados les sea oponible la revocación ejercitada por el autor/artista frente al cesionario en exclusiva que les concedió la autorización[76].

### 2.2. Requisitos para que el autor o el artista pueda ejercer la facultad revocatoria

Conforme al art. 48 bis.1 LPI, «cuando un autor haya concedido una autorización o cedido sus derechos sobre una obra de forma exclusiva podrá resolver, en todo o en parte, la autoriza-

---

75 Lo que ocurrirá con frecuencia, puesto que será habitual que el cesionario en exclusiva no explote los derechos por sí mismo, sino mediante autorizaciones a terceros. Si tal es así, y la obra no se está explotando, lo normal es que tal circunstancia les sea imputable a estos terceros, aunque no tiene por qué ser el caso. Si quien simplemente está autorizado para explotar la obra no lo está haciendo por causas ajenas a su voluntad (por ejemplo, porque no se le han proporcionado aún los materiales necesarios para llevar a cabo los actos de explotación), en mi opinión la revocación no le sería oponible, pues es un tercero de buena fe.

76 Puede verse en este sentido el art. 44-E.10 del CDA portugués, conforme al cual la revocación no es oponible a terceros a los que los derechos hayan sido transferidos válidamente o a los que se haya concedido válidamente una licencia por la contraparte contractual del autor/artista con anterioridad al ejercicio del derecho de revocación, salvo que la falta de explotación de la obra y otros materiales protegidos les sea imputable.

ción o cesión si la obra no está siendo explotada». Además, el art. 48.bis.3 LPI exige que haya transcurrido un cierto plazo desde la autorización o cesión de los derechos, que se cifra por defecto en cinco años, salvo que exista pacto expreso acordado al efecto, convenio colectivo o acuerdo sectorial en el que se regule el ejercicio de este derecho. Veamos estos requisitos separadamente.

i) *El autor/artista debe haber concedido la autorización o cedido los derechos de forma exclusiva.-* Para que pueda operar el mecanismo de revocación es necesario, según el art. 48 bis.1 LPI, que el autor o artista haya «concedido una autorización o cedido sus derechos sobre una obra [o actuación artística] de forma exclusiva».

La referencia que se hace en el art. 48 bis.1 LPI a la *autorización en exclusiva* es desafortunada[77], pues la LPI no prevé la posibilidad de que los autores o los artistas concedan autorizaciones exclusivas de sus derechos. En este sentido, habría sido más correcto seguir la terminología del art. 22 DDAMUD, que se refiere a cesiones y licencias en exclusiva[78].

La exclusividad de la cesión o licencia es requisito del derecho de revocación porque las cesiones o licencias no exclu-

---

[77] *Vid.* en la misma línea SÁNCHEZ ARISTI, R. y OYARZÁBAL OYONARTE, N., "Decadencia y caída del Texto Refundido de la Ley de Propiedad Intelectual: La transposición de la Directiva 2019/790 sobre derechos de autor en el Mercado Único Digital por el Real Decreto-ley 24/2021, de 2 de noviembre", *cit.*, p. 182.

[78] En el caso de los autores, se refiere a las cesiones en exclusiva (art. 48 LPI) y a las cesiones no exclusivas (art. 50.1 LPI). El cesionario en exclusiva puede otorgar autorizaciones a terceros, pero éstas serán necesariamente «no exclusivas» (art. 48.I LPI). En el caso de los artistas, se alude a su facultad de otorgar autorizaciones para el ejercicio de sus derechos exclusivos de fijación, reproducción, puesta a disposición y distribución (arts. 106.1,107.1, 108.1, 109.1 LPI), derechos exclusivos éstos que pueden «transferirse, cederse o ser objeto de concesión de licencias contractuales», según disponen los arts. 107.3 y 109.1 para los derechos de reproducción y distribución.

sivas no le impiden al autor/artista explotar sus derechos por sí mismo, ni cederlos o licenciarlos a terceros, vías a través de las cuales puede obtener una remuneración adecuada y proporcionada por la explotación de su obra o actuación, que, recuérdese, es el fundamento último del mecanismo de revocación. Por otra parte, el cesionario en exclusiva, a diferencia del cesionario o licenciatario no exclusivo, tiene conforme al art. 48.II LPI la obligación de explotar la obra (i.e. poner todos los medios necesarios para la efectividad de la explotación concedida, según la naturaleza de la obra y los usos vigentes en la actividad profesional, industrial o comercial de que se trate), de tal manera que si no la explota, está incumpliendo sus obligaciones. Desde esta perspectiva, el art. 48 bis LPI se configura como una concreción del remedio resolutorio del art. 1124 CC frente al incumplimiento contractual en que incurre el cesionario en exclusiva que no explota la obra.

No se requiere que la cesión en exclusiva tenga un mínimo alcance objetivo o territorial. El mecanismo revocatorio puede aplicarse tanto si la cesión abarca todos los derechos exclusivos como si comprende únicamente alguna facultad determinada, en relación con cesiones que cubran todo el mundo, o sólo el territorio de un concreto país de la Unión Europea.

En cambio, el ámbito temporal de la cesión sí es relevante, ya que, salvo acuerdo individual o colectivo en contrario, como regla general sólo cabe ejercitar la facultad revocatoria en el caso de cesiones en exclusiva por más de cinco años, en tanto en cuanto el art. 48 bis.3 LPI exige para poner en marcha este mecanismo que hayan transcurrido al menos ese plazo.

ii) *La falta de explotación de la obra o actuación artística sobre la que versa la cesión o licencia en exclusiva*.- El art. 48 bis.1 exige como segundo requisito del mecanismo revocatorio la falta de explotación de la obra o actuación artística objeto de cesión. A efectos de saber si su obra o actuación artística está siendo explotada, el autor/artista podrá servirse de los derechos derivados de la obligación de transparencia contemplada por el art. 75 del Decreto-ley 24/2021, por el que se transpone el art. 19 DDAMUD.

Es importante resaltar que se refiere a la falta de explotación de la obra o actuación artística, no de los derechos cedidos o licenciados. El matiz es importante, porque significa que, salvo acuerdo individual o colectivo en otro sentido, no cabe el ejercicio de la facultad revocatoria del art. 48 bis si la obra o actuación artística está siendo razonablemente explotada conforme a alguna de las modalidades de explotación cedidas o licenciadas[79], o en alguno de los territorios objeto de contrato[80]. Dicho de otra forma, el cesionario o licenciatario en exclusiva que no explota la obra o actuación en cuestión en todas y cada una de las modalidades de explotación cedidas o licenciadas no está expuesto a la acción de revocación del autor/artista, ni siquiera para las modalidades de explotación que no está explotando[81]. En este sentido, el art. 48 bis es consecuente con

---

79 *Vid.* en este sentido la SAP Madrid (sección 28ª) 562/2018, de 19.10.2018 (AC 2018/1593).

80 En este punto, el art. 48 bis LPI se asemeja más a los arts. L131-5-2.I y L212-3-3.I del CPI francés, conforme al cual sólo cabe ejercitar el derecho de revocación «en ausencia de *toda* explotación» de la obra o la actuación, y algo menos al parágrafo 41.1 de la UrhG alemana, conforme al cual el autor/artista puede poner en marcha el mecanismo de revocación cuando el cesionario de un derecho de explotación no lo está ejerciendo en modo alguno, *o lo está ejerciendo de manera insuficiente.* En cualquier caso, creo que, de algún modo, la suficiencia de la explotación debe ser valorada para determinar si una obra o prestación se está explotando o no, para evitar abusos por parte del cesionario o licenciatario en exclusiva.

81 Conforme al art. 48 bis LPI, por tanto, no cabe en estos supuestos ejercitar el derecho de revocación únicamente en relación con las modalidades de explotación que no están siendo explotadas, salvo que así se haya pactado en el contrato o acuerdo de negociación colectiva. En contra, cfr. BRAGADO HERRERO DE EGAÑA, "Mecanismos para garantizar al autor y al intérprete una remuneración

el considerando 80 DDAMUD, según el cual el supuesto en el que opera el mecanismo revocatorio es aquel en el que las obras o actuaciones artísticas que han sido objeto de licencia o cesión «no se exploten en absoluto»[82].

Entiendo que la obra está siendo razonablemente explotada cuando los actos de explotación que se están llevando a cabo resultan suficientes, de acuerdo con la naturaleza de la obra, la finalidad de la cesión o licencia y los usos del sector, para cumplir las expectativas razonables que tenían las partes en el momento de la celebración del contrato. Con esta mínima exigencia se trata de evitar que un acto de explotación de ínfima entidad, sin aptitud para generar unos rendimientos merecedores de consideración alguna, le sirva al cesionario o licenciatario para evitar el juego del derecho de revocación, en lo que podría suponer un fraude de ley o un abuso de derecho.

La falta de explotación, en el sentido indicado, no tiene por qué ser prolongada en el tiempo, pero tiene que ser actual, en el sentido de que debe estar ocurriendo en el momento en que

---

adecuada y proporcionada: los artículos 19 a 23 de la Directiva 2019/790", *op. cit.*, quien deduce de la facultad que tanto el art. 22 DDAMUD como el art. 48 bis LPI reconocen al autor/artista de revocar parcialmente la cesión o licencia en exclusiva que la falta de explotación se puede apreciar también parcialmente. En mi opinión, una cosa son los requisitos del mecanismo de revocación y otra sus consecuencias. Que el autor/artista cuya obra o actuación no se esté explotando pueda decantarse por la revocación total o parcial, igual que puede optar por la resolución del contrato o la terminación de la exclusividad, no quiere decir que pueda instar la revocación parcial cuando su obra o prestación protegida sí se está explotando, pero no en todas las modalidades cedidas.

82 De hecho, cuando el legislador quiere otorgar al autor el derecho a revocar la cesión de concretos derechos de explotación que el cesionario en exclusiva no está ejerciendo, en relación con una obra que, en general, el cesionario sí está explotando, lo establece expresamente, como ocurre en el caso del art. 62.3 LPI.

el autor/artista ponga en marcha el mecanismo de revocación con el envío del requerimiento al que se refiere el art. 48 bis.3. Es irrelevante que con anterioridad a ese momento la obra/actuación hubiera sido explotada, siempre que por la clase de obra de que se trate, el tipo de explotación al que se someta y los usos del sector, la interrupción de la explotación no esté justificada.

No debe confundirse la falta de explotación con el fracaso de la explotación. El mecanismo de revocación no sirve para resolver cesiones o licencias que no producen para el autor/artista los rendimientos esperados, aun cuando ello se deba a que el cesionario o licenciatario en exclusiva no ha aplicado esfuerzos de comercialización suficientes para que la explotación sea un éxito, incluso si pudiera suponer un incumplimiento de las obligaciones asumidas a tal efecto en el contrato[83]. Lógicamente, que no quepa ejercitar en estos casos la acción de revocación no significa que el autor/artista no pueda pretender algún remedio contractual conforme a las reglas generales del art. 1124 CC, incluido el resolutorio, sin concurren los requisitos para ello.

El tercer párrafo del art. 48 bis excluye el mecanismo de revocación cuando «la ausencia de explotación se debe principalmente a circunstancias que se pueda razonablemente esperar sean subsanadas por el autor o el artista intérprete o ejecutante». Ello implica que no cabe el instar la revocación cuando la falta de explotación le es directa o indirectamente imputable al autor/artista, o tiene en su mano evitarla. En cambio, según el reparto de riesgos que se deduce del art. 48 bis, la falta de explotación por razones

---

83 Así, por ejemplo, si el fonograma en que una obra o actuación se ha fijado no tiene el éxito de ventas esperado, aunque está disponible en tiendas físicas y plataformas digitales, debido a que la compañía discográfica que lo ha producido no ha hecho la inversión en promoción que se había acordado.

ajenas tanto al cesionario o licenciatario en exclusiva como al autor/artista no le impide a éste ejercitar el derecho de revocación[84].

iii. *El transcurso de un plazo razonable desde la cesión o licencia de la obra o actuación*.- Conforme al art. 48 bis.3 LPI, el derecho de revocación «podrá ejercerse una vez transcurridos cinco años desde la autorización o cesión de los derechos siempre que no exista pacto expreso acordado al efecto, convenio colectivo o acuerdo sectorial en el que se regule el ejercicio de este derecho».

Tal y como establece el considerando 80 DDAMUD, con ello se pretende proteger los intereses legítimos de los cesionarios y licenciatarios en exclusiva y evitar abusos por parte de los autores/artistas, teniendo en cuenta que normalmente hace falta un cierto tiempo antes de que una obra o prestación pueda ser efectivamente explotada. No obstante lo anterior, no se exige que la falta de explotación se extienda durante todo el tiempo al que se refiere el art. 48 bis.3, sino, como ya se ha dicho, que, una vez haya transcurrido ese plazo, y con independencia de lo sucedido en el mismo, la obra no se esté explotando cuando el autor/artista insta la revocación.

El legislador español ha considerado que el plazo razonable que, según el art. 22.3 DDAMUD, y con el fin de evitar abusos por parte de los autores o artistas (vid. considerando 80 de la Directiva), debe transcurrir antes de que el autor/artista pueda ejercitar el derecho de revocación, es el que acuerden las partes. Éstas gozarán de plena libertad al respecto, con las

[84] En contra, cfr. SAIZ GARCÍA, C., "El Principio de remuneración adecuada y proporcionada en la Directiva 2019/790/UE", *op. cit.*, p. 411, para quien «se le debe permitir al cesionario oponer, frente a la reclamación del creador, las causas generales de exoneración de responsabilidad contractual, además de la que menciona expresamente el art. 22.4 DDAMUD: aquellas "circunstancias que se puede razonablemente esperar sean subsanadas por el autor o el artista intérprete o ejecutante"».

contadas excepciones que se prevén en la ley[85] y las que, en su caso, puedan determinarse por convenio colectivo. Pueden así acordar un plazo tanto inferior como superior a los cinco años, término que se establece como supletorio en el art. 48 bis.3 LPI, pero que no se configura como plazo máximo. Ahora bien, si el plazo de espera pactado para poder ejercitar el derecho de revocación fuera infundadamente largo, dejaría de ser un plazo razonable, tal y como exige el art. 22.3 DDAMUD, y tendría que considerarse como no puesto[86].

En defecto de pacto entre las partes, o disposición en convenio colectivo o acuerdo sectorial que regule el ejercicio de este derecho, el art. 48.bis 3 establece, como norma supletoria, que deben haber transcurrido al menos cinco años desde la cesión o la licencia para que el autor/artista pueda ejercitar el derecho de revocación[87]. Debe entenderse que el *dies a quo* no es tanto aquel en que se suscribe el contrato que incluye la cesión o licencia, como aquel otro en que la cesión o licencia deviene efectiva para la obra o actuación artística en cuestión. Por tan-

---

85 *Vid.* art. 60.6º y 68.1.e) LPI, en relación con el contrato de edición; art. 71.2º LPI, para el contrato de edición musical; art. 75.2 LPI para el contrato de representación teatral y ejecución musical. Para todos estos contratos, la falta de explotación de la obra por parte del cesionario constituye un incumplimiento que faculta al autor para resolver el contrato (cfr. arts. 68 y 81 LPI), pudiendo el autor decantarse por este remedio en lugar de aplicar el mecanismo de revocación del art. 48 bis.

86 No cabe, sin incurrir en fraude de ley, utilizar la libertad para fijar este plazo que otorga a las partes el art. 48 bis.3 LPI a los efectos de imponer al autor/artista una espera tan larga que, de *facto*, implique una renuncia al derecho de revocación, el cual, recuérdese, se configura como irrenunciable en el art. 48 bis.4 LPI

87 Consideran excesivamente dilatado este plazo SÁNCHEZ ARISTI, R. y OYARZÁBAL OYONARTE, N., "Decadencia y caída del Texto Refundido de la Ley de Propiedad Intelectual: La transposición de la Directiva 2019/790 sobre derechos de autor en el Mercado Único Digital por el Real Decreto-ley 24/2021, de 2 de noviembre", *op. cit.*, p. 184.

to, en el caso de cesiones o licencias sobre obras o actuaciones futuras, el plazo de cinco años que debe transcurrir antes de poder ejercitar el derecho de revocación comenzará a correr cuando se entregue la obra o actuación correspondiente en condiciones aptas para su explotación[88].

En mi opinión, el plazo subsidiario de cinco años previsto en el art. 48 bis.3 debería interpretarse desplazado cuando la LPI establece otro plazo máximo supletorio para llevar a cabo la explotación. Es el caso del art. 52 LPI, conforme al cual el autor de una obra destinada a reproducirse en una publicación periódica puede disponer de ella (sin necesidad de ejercitar su derecho de revocación) si no se reprodujese en el plazo de un mes desde su envío o aceptación en las publicaciones diarias, o en el de seis meses en las restantes, salvo pacto en contrario[89].

---

88 Así, por ejemplo, si un artista suscribe un contrato discográfico con una productora de fonogramas por el que se compromete a grabar tres álbumes, tendrá que esperar cinco años desde la finalización de la grabación de cada álbum para poder ejercitar el derecho de revocación sobre las actuaciones fijadas en ese concreto álbum.

89 El art. 52 LPI es norma especial frente al art. 48 bis. Por tanto, no hace falta que el autor de una obra destinada a reproducirse en una publicación periódica ejercite su derecho de revocación para que pueda disponer libremente de ella y explotarla al margen de tal publicación, aunque ello perjudique la explotación normal de ésta. Sin embargo, la mera falta de publicación de la obra en los plazos estipulados en el art. 52 LPI no priva al cesionario de los derechos adquiridos, tal y como ha puesto de manifiesto TORRES LANA, J.A., "Artículo 52", en *Comentarios a la Ley de Propiedad Intelectual*, coordinada por R. Bercovitz, 4ª ed., Tecnos, Madrid, 2017, p. 953. Si el autor quisiera resolver el contrato de cesión, podría hacerlo por la vía del art. 48 bis, siempre que la cesión fuera en exclusiva. A los efectos de aplicar el mecanismo de revocación del art. 48 bis sobre la cesión en exclusiva de los derechos sobre una obra destinada a su reproducción en una publicación periódica, entiendo que los plazos supletorios que deben haber transcurrido desde la cesión para que el autor pueda instar la revocación son los del art. 52, y no el plazo de cinco años del art. 48 bis.

Lo que no establece el art. 48 bis LPI es un plazo máximo para poner en marcha el mecanismo de revocación. Por consiguiente, una vez que ha transcurrido el periodo inicial de la cesión en el que está vedado, el autor/artista puede ejercitar el derecho de revocación, siempre que concurran las condiciones para ello, en cualquier momento en que el cesionario o licenciatario en exclusiva no esté explotando la obra o actuación, incluso aunque hayan transcurrido muchos años desde la cesión o licencia[90].

### 2.3. Ejercicio del derecho de revocación

El ejercicio del derecho de revocación se llevará a cabo conforme las partes hayan pactado expresamente en el contrato, o se determine en convenio colectivo o acuerdo sectorial.

En defecto de todo ello, se aplicará el régimen supletorio previsto en el art. 48 bis.3, coincidente con el art. 22.3 DDAMUD, según los cuales el ejercicio del derecho de revocación constará de dos fases. La primera fase consiste en el requerimiento del autor/artista para que el cesionario o licenciatario

---

90 En el caso de los artistas fonográficos, entiendo que su derecho de revocación ex art. 48 bis LPI será concurrente con la facultad resolutoria que el art. 110 bis.1 LPI les reconoce cuando, transcurridos cincuenta años desde la publicación o, en su defecto, primera comunicación pública del fonograma en que su actuación se encuentra fijada, dicho fonograma no estuviera a la venta en número suficiente de copias que satisfaga razonablemente las necesidades estimadas del público de acuerdo con su naturaleza y finalidad o no estuviera puesto a disposición del público conforme al art. 20.2.i) LPI. Aunque ambos preceptos establecen mecanismos similares que buscan la reversión de los derechos cedidos, sus presupuestos son distintos, y, sobre todo, también lo son sus efectos, en tanto en cuanto el ejercicio por los artistas de la facultad resolutoria del art. 110 bis.1 LPI conlleva la extinción de los derechos conexos de los productores sobre los fonogramas correspondientes, lo que no ocurre en el caso del derecho de revocación del art. 48 bis.

en exclusiva explote la obra o actuación en un plazo adecuado. Transcurrido dicho plazo, si el cesionario o licenciatario continuara sin explotar la obra o actuación, el autor/artista podrá hacer valer, en una segunda fase, el derecho de revocación. Veamos en qué consiste cada una de estas fases.

i. *La comunicación previa*.- En la primera fase, al autor/artista debe requerir al cesionario o licenciatario en exclusiva para que en el plazo máximo que le conceda, que no puede ser inferior a un año, proceda a explotar la obra o actuación artística, comunicándole su voluntad de ejercitar el derecho de revocación en caso contrario. El plazo mínimo de un año es común para cualquier tipo de obra o actuación, con independencia de su naturaleza y las especificidades del sector.

La comunicación debe ir dirigida a la contraparte del autor/artista en el contrato por el que se ceden o licencian los derechos en exclusiva: el cesionario o licenciatario originario, o quien se haya subrogado lícitamente en su posición. Y debe identificar con precisión la obra o actuación a que se refiere.

No se exige ninguna formalidad para esta comunicación[91], pero, incumbiéndole al autor/artista su prueba, lo razonable es que lo haga por cualquier medio que permita dejar constancia de su contenido, envío y recepción. De esta forma podrá acreditar no sólo que ha realizado la comunicación exigida por el art. 48 bis.3, sino también la fecha en que dicha comunicación devino efectiva, a partir de la cual se cuenta el plazo del que dispone el cesionario o licenciatario en exclusiva para explotar la obra o actuación y enervar así la acción revocatoria. En principio, la fecha en que se tendrá por hecha la comunicación es la de su

[91] La comunicación no tiene por qué ser fehaciente, como sí exige el art. 110 bis LPI en el caso del artista que, una vez transcurridos los primeros cincuenta años de protección del fonograma, pretende resolver por falta de explotación de éste la cesión al productor de los derechos sobre su actuación fijada en el mismo.

recepción por su destinatario, dado que a partir de entonces podrá tener conocimiento de ella o, al menos, no podrá ignorarla sin faltar a la buena fe, tal y como establece el art. 1262.II CC[92].

Tampoco se exige que en esa comunicación el autor/artista indique ya si, en caso de que el cesionario o licenciatario deje transcurrir el plazo concedido sin explotar la obra o actuación, revocará la cesión o licencia o pondrá fin a la exclusividad del contrato. Así se desprende del último inciso de los arts. 48 bis.3 LPI y 22.3 DDAMUD, conforme a los cuales será una vez vencido el plazo concedido por el autor/artista para que el cesionario o licenciatario explote la obra cuando el aquél podrá decidir si pone fin a la cesión o licencia, o a la exclusividad del contrato.

ii. *La acción revocatoria.*- Realizada la comunicación a la que se refiere el art. 48 bis.3 LPI, el cesionario o licenciatario en exclusiva dispone del plazo íntegro concedido por el autor/artista (que se cuenta de fecha a fecha conforme al art. 5.1 CC), nunca inferior a un año, para proceder a explotar la obra o actuación artística en cuestión. Si lo hiciera, ya no podrá el autor o artista hacer valer su derecho de revocación. Se entenderá que explota la obra si directa o indirectamente (por sí o a través de un tercero) realiza actos de explotación suficientes, de acuerdo con la naturaleza de la obra, la finalidad de la cesión o licencia y los usos del sector, para intentar cumplir las expectativas razonables de explotación que podría tener cualquier autor/artista que se encontrara en esa misma posición.

La enervación de la acción revocatoria por el cesionario o licenciatario en exclusiva que atiende el requerimiento de explotación recibido del autor/artista no le impide a éste poner en marcha de nuevo el mecanismo revocatorio si, posteriormente, vuelve a producirse una situación en la que su obra o actuación no está siendo explotada. Si así ocurriera, tendría

---

92 *Vid.* GONZÁLEZ GOZALO, A., "Artículo 110 bis", *op. cit.*, p. 1630.

que volver a requerir al cesionario/licenciatario en exclusiva para que explotara la obra antes de poder revocar la cesión o licencia, o su exclusividad. Dado que el art. 48 bis LPI no prevé ninguna limitación al respecto, el cesionario o licenciatario en exclusiva siempre podría paralizar otra vez el mecanismo de revocación reanudando la explotación de la obra o actuación dentro del plazo conferido a tal efecto.

Si durante el plazo concedido por el autor/artista el cesionario o licenciatario en exclusiva no explota la obra o actuación artística por sí mismo o a través de algún tercero autorizado a tal efecto, no por ello queda automáticamente revocada la cesión o licencia. La revocación ha de ser instada por el autor/artista, quien al hacerlo tendrá que decidir si se decanta por la revocación de la cesión o licencia (lo que no conllevará la extinción de otras cesiones o licencias que pudieran derivar del mismo contrato, si no afectan a las obras o actuaciones que habían sido objeto de la notificación inicial; en definitiva, se revoca la concreta cesión o licencia afectada por la falta de explotación, y no necesariamente todo el contrato en el que se incluye), o si pone fin a la exclusividad de la cesión o licencia, y con qué alcance.

La acción revocatoria podrá ejercitarse tanto extrajudicial como judicialmente (o mediante arbitraje, si ambas partes estuvieran de acuerdo). Ahora bien, si su ejercicio es extrajudicial y fuera rechazado por el cesionario o licenciatario, la revocación deberá ser confirmada por los tribunales (o los árbitros), surtiendo efecto desde la fecha en que se comunicara la revocación extrajudicial.

## 2.4. Efectos del ejercicio del derecho de revocación

De acuerdo con el art. 48 bis.1 LPI, los efectos que produce el mecanismo de revocación dependen de la voluntad del autor/artista que lo pone en marcha, quien puede optar libremente entre resolver[93], en todo o en parte, la cesión o licencia, o poner fin a su exclusividad. En cualquiera de los dos casos, los efectos de la revocación se limitarán a las concretas obras o actuaciones afectadas por la falta de explotación y mencionadas en el requerimiento enviado inicialmente al cesionario o licenciatario.

Si el autor/artista opta por la resolución, se extinguirá el derecho del cesionario o licenciatario en exclusiva, que no podrá ya reanudar la explotación directa o indirecta de la obra o actuación artística, y consecuentemente, también las autorizaciones que aquél hubiera podido otorgar a terceros, siempre que, con su inactividad, hayan contribuido a que la obra o actuación no se esté explotando (salvo que esa inactividad no les sea imputable). Con la resolución, revierten en el autor/artista los derechos cedidos o licenciados en su día, de tal manera que podrá éste proceder a explotarlos por sí mismo, o a cederlos o licenciarlos a terceros, tanto de forma exclusiva como no exclusiva.

Sin embargo, la resolución de la cesión o licencia sobre una concreta obra o actuación no afecta a otros derechos que, a título originario o derivativo, pueda ostentar el cesionario o li-

93 SÁNCHEZ ARISTI y OYARZÁBAL OYONARTE, "Decadencia y caída del Texto Refundido de la Ley de Propiedad Intelectual: La transposición de la Directiva 2019/790 sobre derechos de autor en el Mercado Único Digital por el Real Decreto-ley 24/2021, de 2 de noviembre", *op. cit.*, p. 182, consideran poco riguroso que el art. 48 bis otorgue al autor/artista que ejercita el derecho de revocación una facultad resolutoria, pues, en su opinión, la resolución se asocia al incumplimiento contractual y, conforme al art. 1124 CC, sólo cabe frente a incumplimientos graves. En mi opinión, el mecanismo revocatorio del art. 48 bis, en la medida en que faculta al autor/artista para resolver la cesión o licencia, se configura como una concreción del remedio resolutorio del art. 1124 CC frente al incumplimiento contractual en que incurre el cesionario en exclusiva que no explota la obra, sin necesidad de acreditar la gravedad de dicho incumplimiento, igual que sucede en otros supuestos previstos en la LPI, como los de los arts. 68 y 81 LPI.

cenciatario sobre el producto que incorpora la obra o actuación afectada. Así, por ejemplo, si se revoca la cesión a un productor fonográfico o audiovisual de los derechos de un artista sobre una actuación fijada en una grabación producida por aquél, la revocación no extingue el derecho conexo del productor sobre el fonograma o la grabación audiovisual, a diferencia de lo que sucede en el supuesto del art. 110 bis LPI. En consecuencia, la revocación de la cesión no le servirá al artista para poder explotar los derechos sobre una actuación fijada en un fonograma o una grabación audiovisual mientras uno u otra se encuentren protegidos, lo que limita enormemente la utilidad práctica del derecho de revocación en el caso de los artistas[94].

---

94 Ello se debe a que las interpretaciones o ejecuciones son siempre efímeras (i.e. se agotan cuando tienen lugar, sin perjuicio de la posibilidad del artista de realizar una nueva interpretación o ejecución de la misma obra en otro momento) y, por consiguiente, sólo pueden fijarse en el instante de su realización. Como consecuencia, sin perjuicio, lógicamente, del valor que tienen las interpretaciones o ejecuciones en vivo, la explotación de las actuaciones artísticas suele estar ligada a la de las grabaciones fonográficas y audiovisuales en las que han sido fijadas, las cuales, a su vez, están protegidas por el derecho conexo que se atribuye originariamente al productor. Por ello, cuando se ejercita el derecho de revocación sobre una actuación artística porque no se está explotando el fonograma o la grabación audiovisual en que se encuentra fijada, la reversión al artista de los derechos de explotación de su actuación no le resulta particularmente útil, ya que seguirá sin poder explotarla sin el consentimiento del titular del derecho conexo sobre la grabación correspondiente. No ocurre lo mismo en el caso de los autores que autorizan la fijación de su obra en un fonograma o grabación audiovisual. A diferencia de lo que sucede con las actuaciones artísticas, las obras protegibles a través del derecho de autor son susceptibles de múltiples fijaciones sucesivas (es decir, una misma obra puede ser fijada repetidamente en distintos momentos, incluso con la intervención, en su caso, de distintos intérpretes o ejecutantes). De ahí que el autor que ejercita su derecho de revocación siempre pueda obtener utilidad de ello, porque aunque no pueda explotar el

Si el autor/artista opta por poner fin únicamente a la exclusividad de la cesión o licencia, el cesionario o licenciatario no quedará privado del derecho de explotación en cuestión, que podrá explotar en el futuro, dentro de los plazos establecidos en la cesión o licencia. Pero su derecho dejará de ser exclusivo, y tendrá que concurrir en su explotación con el propio autor/artista, o con otros cesionarios o licenciatarios designados por éste, en virtud de nuevos contratos de cesión o licencia. De nuevo, así será salvo que ostente algún otro derecho sobre la prestación que incorpora la obra o actuación afectada que le permita mantener indirectamente una exclusiva de explotación (i.e. si ostenta en exclusiva los derechos sobre el fonograma o la grabación audiovisual donde se encuentra fijada la actuación cuyo intérprete o ejecutante ha ejercitado el derecho de revocación).

## IV. EL ÁMBITO TEMPORAL DE APLICACIÓN DE LOS NUEVOS MECANISMOS INTRODUCIDOS POR LA DIRECTIVA 2019/790

Una última cuestión que queda pendiente es si los mecanismos de adaptación de los contratos y de revocación se aplican a todos los contratos de cesión o licencia de derechos sobre obras o prestaciones protegidas que se encontraban vigentes en el momento de su introducción en nuestro ordenamiento jurídico y, en su caso, en qué medida, o si, por el contrario, únicamente se aplican a los contratos suscritos con posterioridad[95].

---

fonograma o grabación audiovisual en el que se encontraba fijada cuando el cesionario en exclusiva no la explotó, sí podrá autorizar la realización de una nueva fijación por un nuevo productor, susceptible de explotación sin el consentimiento del productor originario.

95 Así, por ejemplo, en el caso del mecanismo de adaptación de los contratos, la cuestión es si puede o no aplicarse a contratos celebrados antes del 7 de junio de 2021, y si pudiera aplicarse, si para

A estos efectos, son relevantes los artículos 26 y 27 DDAMUD. El primero regula el ámbito de aplicación temporal de la Directiva. El segundo establece una disposición transitoria en relación con la obligación de transparencia del art. 19.

El art. 26.1 DDAMUD establece que la Directiva se aplicará con respecto a todas las obras y otras prestaciones que estén protegidas por el Derecho nacional en materia de derechos de autor a 7 de junio de 2021 o con posterioridad.

Aunque de la citada disposición cabría colegir que los arts. 20 y 22 se aplicarán retroactivamente a cualquier obra o actuación artística que estuviera protegida el 7 de junio de 2021, que es la fecha en que finalizó el plazo de transposición (art. 29.1 DDAMUD), o que sea posterior a esa fecha, dicha conclusión viene inmediatamente matizada por el art. 26.2 DDAMUD, que establece que la Directiva (y por tanto sus arts. 20 y 22) se aplicará sin perjuicio de los actos celebrados y de los derechos adquiridos antes del 7 de junio de 2021, con lo que viene a limitar la retroactividad que se desprende del art. 26.1.

Por otro lado, el art. 27 contempla una disposición transitoria según la cual los acuerdos de licencia o cesión de derechos de autores y artistas estarán sujetos a la obligación de transparencia establecida en el art. 19 a partir del 7 de junio de 2022. Esta disposición, según se explica en el considerando 77 DDAMUD, se justifica

---

determinar si la remuneración pactada inicialmente es "desproporcionadamente baja" en comparación con los ingresos derivados de la explotación de la obra o actuación en cuestión, y en su caso para cuantificar la remuneración adicional, podrían tomarse en consideración ingresos anteriores al 7 de junio de 2021, o sólo los posteriores. En el caso del mecanismo de revocación, la duda es si puede ejercitarse sobre contratos anteriores al 7 de junio de 2021 y, si tal fuera el caso, si hay que esperar o no algún periodo transitorio a contar desde esa fecha antes de poder revocar la cesión o licencia en exclusiva por falta de explotación.

por la necesidad de disponer de un periodo transitorio hasta el 7 de junio de 2022 para permitir la adaptación de las prácticas existentes en materia de información a la obligación de transparencia.

A la vista de lo dispuesto en los artículos 26 y 27 DDAMUD, se plantean básicamente tres alternativas.

La primera es considerar que los mecanismos de adaptación de los contratos y revocación se aplican a cualquier contrato vigente a fecha 7 de junio de 2021, cualquiera que sea su fecha de celebración, tomando en consideración cualesquiera actos relevantes que hayan tenido lugar antes o después de dicha fecha (i.e. manifiesta desproporción entre la remuneración acordada por la cesión o licencia y los ingresos derivados de la explotación de la obra o actuación obtenidos antes del 7 de junio de 2021; falta de explotación de la obra o actuación cuyos derechos se han cedido en exclusiva acaecida con anterioridad al 7 de junio de 2021) [96]. Sería una retroactividad de grado máximo

La segunda alternativa es entender que estos mecanismos se aplican a cualquier contrato vigente a fecha 7 de junio de 2021, cualquiera que sea su fecha de celebración, pero sólo en relación con actos relevantes que hayan tenido lugar después

---

[96] Esta es la posición mantenida por la European Copyright Society en relación con el derecho de revocación del art. 22 DDAMUD. *Vid.* EUROPEAN COPYRIGHT SOCIETY, "Comment of the European Copyright Society addressing selected aspects of the implementation of articles 18 to 22 of the Directive (EU) 2019/790 on Copyright in the Digital Single Market", *op. cit.* pp. 139-140. Por un lado, se basa en la doctrina de la STJUE 27.1.2011, C-168/09, *Flos*, para defender que los arts. 18 a 22 DDAMUD deben aplicarse a cesiones y licencias otorgadas antes del 7 de junio de 2021. Por otro lado, no ven razón para que no opere desde la transposición de la Directiva, también para contratos anteriores al 7 de junio de 2021, ya que en todo caso se exige que haya transcurrido un tiempo razonable desde el otorgamiento de la cesión o la licencia, lo que hace innecesario prever periodo transitorio alguno.

del 7 de junio de 2021 o, incluso, del 7 de junio de 2022, si tomamos como referencia la fecha de finalización del periodo transitorio aplicable a la obligación de transparencia, que está en la base de los mecanismos de adaptación del contrato y revocación[97]. Sería una retroactividad de grado medio.

La tercera alternativa es considerar que los mecanismos de adaptación de los contratos y revocación sólo se aplican a los contratos de cesión o licencia celebrados con posterioridad al 7 de junio de 2021, o incluso al 7 de junio de 2022[98]. En este caso, no habría retroactividad alguna.

El legislador español no ha incluido ninguna disposición transitoria expresa al transponer los arts. 20 y 22 DDAMUD, lo que nos conduce a las normas generales de la LPI. Las DT 1ª y 3ª juegan en contra de toda aplicación retroactiva de los nue-

---

97 Así lo entiende la European Copyright Society en relación con el mecanismo de adaptación de los contratos del art. 20 DDAMUD. *Vid.* EUROPEAN COPYRIGHT SOCIETY, "Comment of the European Copyright Society addressing selected aspects of the implementation of articles 18 to 22 of the Directive (EU) 2019/790 on Copyright in the Digital Single Market", *op. cit.* pp. 138-139. En su opinion, el mecanismo de adaptación de los contratos es aplicable a cesiones y licencias ya existentes cuando entró en vigor la Directiva, con base en la STJUE 27.1.2011, C-168/09, *Flos,* pero no puede cubrir rendimientos anteriores a esa fecha o, en última instancia, si se considera que hace falta un periodo transitorio, anteriores al 7 de junio de 2022, fecha en que finaliza el periodo transitorio del art. 19, con el que está vinculado. En la misma línea, vid. RUBÍ PUIG, A., "El mecanismo de adaptación contractual del artículo 20 de la Directiva sobre Derechos de Autor en el Mercado Único Digital y su transposición al Derecho español", *op. cit.,* pp. 58-59.

98 Es la línea mantenida por la STS 14/2000, de 24 de enero (RJ 2000/61), en relación con el ejercicio de la acción de revisión, reconocida por primera vez en la LPI de 1987, a un contrato celebrado antes de su entrada en vigor, con base en las disposiciones transitorias primera, tercera y quinta de dicha LPI.

vos arts. 47 y 48 bis a autores y artistas. De ellas se desprenden los principios de que las modificaciones introducidas en la LPI que perjudiquen derechos adquiridos (los de los cesionarios o licenciatarios) según la legislación anterior no tendrán efecto retroactivo, y que los contratos sobre derechos de propiedad intelectual surten efectos de conformidad con la ley bajo la que se celebraron. La falta de retroactividad de los mecanismos de adaptación de los contratos y de revocación vendría confirmada por el art. 2.3 CC, conforme al cual las leyes no tendrán efectivo retroactivo si no dispusieren lo contrario, y en nuestro caso no se dispone. También, por la STS 14/2000, de 24 de enero[99], que, precisamente en relación con la acción de revisión, negó su eficacia retroactiva a un contrato de cesión de derechos celebrado antes de la introducción de este mecanismo en la LPI de 1987.

Los anteriores argumentos de derecho interno conducen claramente a negar cualquier aplicación retroactiva de los mecanismos de revisión y revocación de los arts. 47 y 48 bis a los contratos celebrados por autores y artistas antes de la entrada en vigor el 4 de noviembre de 2021 del Decreto-ley 24/2021, que los introdujo en la LPI[100].

Ello no obstante, no podemos dejar de reconocer que la conformidad de la irretroactividad absoluta de los mecanismos de adaptación de los contratos y de revocación con el Derecho comunitario es dudosa, a partir de la STJUE 27.1.2011, C-168/09, *Flos*.

Esta sentencia parte de recordar el principio según el cual las leyes que modifican una disposición legislativa se aplican, salvo excepción, a los efectos futuros de las situaciones originadas

---

99 RJ 2000/61.

100 *Vid.* SÁNCHEZ ARISTI, R. y OYARZÁBAL OYONARTE, N., "Decadencia y caída del Texto Refundido de la Ley de Propiedad Intelectual: La transposición de la Directiva 2019/790 sobre derechos de autor en el Mercado Único Digital por el Real Decreto-ley 24/2021, de 2 de noviembre", op. cit., pp. 174-175.

bajo la ley anterior, de tal manera que los actos realizados antes de la entrada en vigor de la nueva normativa se siguen rigiendo por la antigua ley, lo que se relaciona igualmente con el principio de confianza legítima. Es verdad que los actos a los que se refiere esta sentencia son actos de explotación realizados por terceros antes del reconocimiento de un nuevo objeto de derechos de propiedad intelectual, y no contratos, pero la realidad es que un contrato no deja de ser un acto jurídico. Ahora bien, la sentencia del caso *Flos* también recuerda, a renglón seguido, que el principio de la confianza legítima no puede extenderse hasta el punto de impedir, de manera general, que una nueva normativa se aplique a los efectos futuros de situaciones nacidas al amparo de la normativa anterior. Y, sobre esta base, viene a declarar que en situaciones iniciadas bajo la normativa anterior, pero que se van a extender mucho tiempo, ya con la normativa nueva, el Estado miembro debe buscar el adecuado equilibrio entre la protección de los derechos adquiridos y la confianza legítima de los afectados por el cambio, por un lado, y los intereses de los titulares de los derechos de autor, por el otro.

Por tanto, teniendo en cuenta que los derechos de propiedad intelectual son de larga duración, y que los contratos de cesión o licencia que suscriben los autores y artistas sobre sus obras y actuaciones suelen ser igualmente prolongados (con frecuencia se celebran por todo el plazo de protección de los derechos de propiedad intelectual cedidos o licenciados), sobre la base de la Sentencia *Flos* cabría defender que un Estado miembro no puede declarar la irretroactividad absoluta de los mecanismos de adaptación de los contratos y de revocación, por tratarse ésta de una solución desequilibrada del conflicto de intereses entre los autores/artistas y sus cesionarios o licenciatarios, ya que impediría a muchos autores y artistas, de manera general, hacer uso de los derechos que les reconoce la nueva normativa sobre una parte considerable de sus obras o actuaciones.

Partiendo de esta premisa, y descartando la aplicación de reglas de retroactividad máxima, por resultar igualmente desequilibradas, en este caso a favor de autores y artistas y en contra del principio de confianza legítima que potege a los cesionarios y licenciatarios, podría resultar defendible la interpretación según la cual los mecanismos de adaptación de los contratos y de revocación se aplican a contratos celebrados antes del 7 de noviembre de 2021, pero sólo en relación con hechos acaecidos con posterioridad a esa fecha. Para el derecho de revisión significaría que sólo operaría en relación con desproporciones manifiestas entre la remuneración acordada y los ingresos generados a partir del 7 de noviembre de 2021. Y para el derecho de revocación, que, en relación con contratos de cesión o licencia en exclusiva celebrados antes del 7 de noviembre de 2021, habría que dejar transcurrir cinco años desde el 7 de noviembre de 2021 para poder ejercitarlo.

## BIBLIOGRAFÍA

BENTLY, L., KRETSCHMER, M., DUDENBOSTEL, T., CALATRAVA, M.C. y RADAUER., A., *Strengthening the position of press publishers and authors and performers in the Copyright Directive, Study for the JURI Committee,* September 2017, disponible en https://www.europarl.europa.eu/RegData/etudes/STUD/2017/596810/IPOL_STU(2017)596810_EN.pdf [consultado en 19.4.2024].

BRAGADO HERRERO DE EGAÑA, C., "Mecanismos para garantizar al autor y al intérprete una remuneración adecuada y proporcionada: los artículos 19 a 23 de la Directiva 2019/790" *Blog del Centro de Investigación en Propiedad Intelectual de la Universidad Autónoma de Madrid (CIPI),* 12 de septiembre de 2022, disponible en https://blog.cipi.es/blog2-intelectual/item/230-mecanismos-para-garantizar-al-autor-y-al-interprete-una-remuneracion-adecuada-y-proporcionada-los-articulos-19-a-23-de-la-directiva-2019-790 [consultado en 19.4.2024].

EUROPEAN COPYRIGHT SOCIETY, "Comment of the European Copyright Society addressing selected aspects of the implementation of articles 18 to 22 of the Directive (EU) 2019/790 on Copyright in the Digital Single Market", 11 (2020), *JIPITEC,* pp. 132 y ss.

GONZÁLEZ GOZALO, A., "La ampliación del plazo de protección de los fonogramas y de las interpretaciones y ejecuciones fijadas en los mismos", en *La reforma de la Ley de Propiedad Intelectual,* Tirant lo Blanch, Valencia, 2015, pp. 21 y ss.

GONZÁLEZ GOZALO, A., "Artículo 110 bis", en *Comentarios a la Ley de Propiedad Intelectual*, coordinada por R. Bercovitz, 4ª ed., Tecnos, Madrid, 2017, pp.1623 y ss.

HILTY, R. y MOSCÓN, V., Modernisation of the EU Copyright Rules, Max Planck Institute for Innovation and Competition, 2017, disponible en https://pure.mpg.de/rest/items/item_2470998_12/component/file_2479390/content [consultado en 19.4.2024].

LUCAS-SCHLOETTER, A., "European Copyright Contract Law: a plea for hamonisation", *IIC* (2017) 48, pp. 897 y ss.

RUBÍ PUIG, A., "El mecanismo de adaptación contractual del artículo 20 de la Directiva sobre Derechos de Autor en el Mercado Único Digital y su transposición al Derecho español", en *Pe. i. Revista de Propiedad Intelectual*, nº 73, enero-abril 2023, pp. 13 y ss.

SAIZ GARCÍA, C., "El Principio de remuneración adecuada y proporcionada en la Directiva 2019/790/UE", en *Propiedad Intelectual y Mercado Digital Europeo*, dirigida por Saiz García y Evangelio Llorca, Tirant lo Blanch, Valencia, 2019, pp. 367 y ss.

SAIZ GARCÍA, C., "La garantía de una remuneración adecuada para los autores y artistas intérpretes o ejecutantes en el Real Decreto-Ley 24/2021, de 2 de noviembre", en *Digitalización, acceso a contenidos y propiedad intelectual*, coordinada por López Richart y Saiz García, Dykinson, Madrid, 2023, pp. 187 y ss.

SÁNCHEZ ARISTI, R. y OYARZÁBAL OYONARTE, N., "La Directiva de derechos de autor en el mercado único digital: una regulación sobre la remuneración equitativa de autores y artistas en los contratos de explotación", en *ADI* 20, 2019-2020, pp. 223-246.

SÁNCHEZ ARISTI, R. y OYARZÁBAL OYONARTE, N., "Decadencia y caída del Texto Refundido de la Ley de Propiedad Intelectual: La transposición de la Directiva 2019/790 sobre derechos de autor en el Mercado Único Digital por el Real Decreto-ley 24/2021, de 2 de noviembre", en *Pe. i. Revista de Propiedad Intelectual*, nº 69, septiembre-diciembre 2021, pp. 13 y ss.

SHAPIRO, T., "Remuneration Provisions in the DSM Copyright Directive and the Audiovisual Industry in the EU: The elusive quest for fairness", *EIPR*, 42, vol. 12, 2020, pp. 778 y ss.

TORRES LANA, J.A., "Artículo 52", en *Comentarios a la Ley de Propiedad Intelectual*, coordinada por R. Bercovitz, 4ª ed., Tecnos, Madrid, 2017, pp. 947 y ss.

# *Capítulo 12*
# *El artículo 21 de la directiva 2019/790: procedimiento alternativo de resolución de litigios*

**CARLA BRAGADO HERRERO DE EGAÑA**

*Investigadora postdoctoral del programa "Margarita Salas" UAM/Université d'Évry*

## I. INTRODUCCIÓN: EL RECURSO A UN PROCEDIMIENTO ALTERNATIVO DE RESOLUCIÓN DE LITIGIOS COMO GARANTE DE LA EFECTIVIDAD DEL PRINCIPIO DE "REMUNERACIÓN ADECUADA Y PROPORCIONADA"

A través del artículo 18 de la Directiva 2019/790, el legislador europeo ha reconocido un nuevo principio de "remuneración adecuada y proporcionada" que ha de regir los negocios jurídicos de transmisión de derechos de propiedad intelectual. Con el fin de dotarlo de eficacia, este principio se acompaña, en primer lugar, de una "obligación de transparencia" establecida en el artículo 19 del Texto Europeo. Su finalidad pretendida consiste en que el autor, o el artista intérprete o ejecutante, pueda tener una noción exacta del valor económico de los derechos cedidos sobre la obra o interpretación y, en última instancia, verificar el carácter adecuado de la remuneración pactada. Dando un paso más, el artículo 20 contempla un mecanismo de adaptación de contratos que faculta a los autores o artistas a reclamar a la parte con la que hayan celebrado un contrato para la explotación de sus derechos – o a sus derechohabientes – una remuneración adicional, en caso de que la remuneración inicialmente pactada resultase ser desproporcionadamente baja en comparación con la totalidad de los ingresos subsiguientes derivados de la explotación.

El legislador europeo fue consciente, no obstante, de que ambos mecanismos podrían ser fuente de conflictividad entre las partes contratantes: así, cuando la información relativa a los resultados económicos de la explotación no es facilitada en tiempo y en modo; o cuando el autor o artista reclama una remuneración adicional a su cesionario y éste no accede a su petición. Así se desprende del Considerando 76 cuando, a propósito de la obligación de transparencia, se afirma que, a pesar de que las partes contratantes pueden acordar mantener confidencial la información compartida, los autores y los artistas intérpretes o ejecutantes deben tener siempre la posibilidad de utilizarla "*a fin de ejercer sus derechos al amparo de la presente Directiva*". En el mismo sentido, el Considerando 78, relativo al mecanismo de adaptación de contratos, dispone que "*en caso de que las partes no lleguen a un acuerdo sobre la adaptación de la remuneración, el autor o el artista intérprete o ejecutante debe tener derecho a recurrir ante un órgano jurisdiccional u otra autoridad competente*". Dicho esto, el Considerando 79 constata, acto y seguido, que "*los autores y los artistas intérpretes o ejecutantes suelen ser reacios a hacer valer sus derechos frente a sus socios contractuales ante un órgano jurisdiccional*". De ahí que el artículo 21 prevea la posibilidad de que las partes puedan solucionar sus diferencias acudiendo a un procedimiento alternativo de resolución de litigios. El mandato del legislador europeo a los Estados miembros se concreta así en la obligación de que éstos dispongan que "*los litigios relativos a la obligación de transparencia prevista en el artículo 19 y el mecanismo de adaptación de contratos establecido en el artículo 20 puedan someterse a un procedimiento alternativo de resolución de litigios de carácter voluntario*"; debiendo asimismo garantizar que "*los organismos que representan a los autores y los artistas intérpretes o ejecutantes puedan iniciar tales procedimientos a petición expresa de uno o varios autores o artistas intérpretes o ejecutantes*"[1]. A su vez, el artículo 23.1 de la Directiva 2019/790 otorga un carácter imperativo a los tres mecanismos resultantes de los artículos 19, 20 y 21. En consecuencia, ninguna disposición contractual podrá impedir su cumplimiento.

El legislador europeo parte así de la base de que existe una fuerte reticencia por parte del autor o del artista intérprete o ejecutante a la hora de contemplar la posibilidad de exigir judicialmente a su cesionario el cumplimiento de sus obligaciones, o el beneficio efectivo de la protección que la legislación en materia de propiedad intelectual le otorga. Ciertamente, el volumen de pronunciamientos emitidos por los jueces españoles en materia de contratos de cesión de derechos – y, más específicamente, en los que se haya discutido de algún aspecto relativo a la remuneración – es un tanto exiguo, teniendo en cuenta que, con anterioridad a la transposición de la Directiva europea de 2019, nuestro Derecho contemplaba ya algunas normas protectoras del autor en este sentido.

Además del deseo de mantener una buena relación con el cesionario, dicha reticencia se explica por el temor del autor o del artista a ser visto como una persona reivindicativa o conflictiva. En efecto, el círculo en el que se mueven estos creadores o intérpretes suele estar controlado por un número reducido de profesionales de la explotación (editores, productores fonográficos, productores audiovisuales, entre otros)[2]. Ello no deja de ser, una vez más, un reflejo de la posición habitualmente más débil en la que se encuentra el autor o el artista frente a su contraparte en el contrato de explotación, circunstancia

---

1 Artículo 21 de la Directiva 2019/790.

2 SÁNCHEZ ARISTI, R. y OYARZABAL OYONARTE, N., "La Directiva de Derechos de Autor en el mercado único digital : una regulación sobre la remuneración equitativa de autores y artistas en los contratos de explotación", *ADI* 40 (2019-2020), pp. 223-246, en p. 241.

que constituye el fundamento de las reglas en materia de remuneración de autores y artistas recogidas por el legislador europeo en los artículos 18 a 23 de la Directiva 2019/790. Junto a ello, cabe añadir algunos inconvenientes asociados a los procesos judiciales en términos de costes, frecuente lentitud, e incertidumbre o imprevisibilidad acerca de la decisión que pueda llegar a adoptar el Juez[3].

El legislador europeo trata así de que, entre el enfrentamiento de las partes en el marco de un proceso judicial, y la reticencia a iniciarlo, exista una tercera posibilidad – alternativa y voluntaria – para dirimir las posibles controversias que surjan entre ellas. Se aprecia así una voluntad de buscar los máximos cauces para hacer efectiva la protección que el legislador europeo confiere a los autores y artistas, evitando que su reconocimiento formal quede truncado porque su beneficiario renuncia a exigirla en la práctica[4]. Asimismo, como forma de otorgar una mayor eficacia al mecanismo, el legislador señala la posibilidad de que estos procedimientos alternativos puedan iniciarlos, a petición de uno o varios autores o artistas, los organismos que los representen[5].

---

3 SIIRIAINEN, F., "L'article 21 sur le règlement des litiges: une disposition utile dont la transposition est inutile?", *Propr. Intell.* nº 80, julio de 2021, pp. 53-59, en p. 55.

4 SIIRIAINEN, F., "L'article 21 sur le règlement des litiges: une disposition utile dont la transposition est inutile?", *loc. cit.*

5 SÁNCHEZ ARISTI, R. y OYARZABAL OYONARTE, N., "La Directiva de Derechos de Autor en el mercado único digital…", *op. cit.*, p. 241. Como explican ambos autores, esta "sindicación de intereses", además de conferir mayor fuerza a la pretensión ejercitada, evita focalizar la atención en un solo autor o artista contestatario.

## II. CONSIDERACIONES ACERCA DEL PROCEDIMIENTO ALTERNATIVO DE RESOLUCIÓN DE LITIGIOS AL QUE SE REFIERE EL ARTÍCULO 21 DE LA DIRECTIVA 2019/790

La Directiva 2019/790 alude a un procedimiento alternativo de resolución de litigios. Se trata de aquellos que se incluyen en la categoría de las llamadas "*Alternative Dispute Resolution*" (*ADR*), o "modalidades alternativas de solución de conflictos" (MASC), siendo esta última la terminología habitualmente empleada en el ámbito de la Unión Europea[6]. El rasgo común de todos ellos es el de ofrecer una alternativa para que las diferencias entre las partes puedan sustanciarse por otros cauces o medios que no sean los judiciales. Una distinción fundamental que opera aquí es aquella que distingue entre los "cauces autocompositivos" y los "cauces heterocompositivos" de resolución de controversias. Los primeros se caracterizan porque en ellos intervienen las partes interesadas en el conflicto, tratando de alcanzar una solución consensuada, ya sea de forma directa (negociación); o bien, a través de un tercero que colabore entre ellas (negociación indirecta o asistida, categoría en la que se incluyen mecanismos como la mediación o la conciliación)[7]. En los segundos, por el contrario, interviene un tercero *supra partes* (así, un juez o un árbitro), imponiendo la solución (vía sentencia o laudo, respectivamente). Ambas fórmulas existen así dentro de los mecanismos alternativos a la jurisdicción propiamente dicha, si bien a través de la *ratio legis* del artículo 21 de la Directiva 2019/790 parece que el legislador europeo estaría más bien pensando en una fórmula autocompositiva, en la que las partes, dentro de un

---

6 *Vid.* el *Libro verde sobre las modalidades alternativas de solución de conflictos en el ámbito del derecho civil y mercantil* (COM/2002/0196 final).

7 BARONA VILLAR, S., "Medios de solución de conflictos no judiciales ni procesal: de la negociación a la mediación", en GÓMEZ COLOMER, J.-L. y BARONA VILLAR, S., *Introducción al Derecho Procesal. Derecho Procesal I*, 3ª ed., Tirant Lo Blanch, Valencia, 2022, pp. 355-373, en p. 356.

procedimiento estructurado, puedan alcanzar una solución satisfactoria de mutuo acuerdo con ayuda de un tercero imparcial elegido por ellas, como es el caso de la mediación[8].

Desde este punto de vista, el mecanismo idóneo pensado por el legislador no sería únicamente una alternativa al proceso civil, sino incluso al propio arbitraje, pues de lo afirmado en el Considerando 79 se infiere una idea de "suavizar" de alguna manera el enfrentamiento entre las partes. Con todo, el recurso a un procedimiento arbitral es aquí también perfectamente posible. En efecto, el legislador no se refiere formalmente a un mecanismo concreto, ni a la necesidad de crear un mecanismo u organismo *ad hoc* para resolver o ayudar a las partes a resolver este tipo de desavenencias, sino que deja a los Estados miembros un amplio margen de flexibilidad para implementar el mandato contenido en el artículo 21 de la Directiva 2019/790[9]. Dice así la letra del Considerando 79: "*A tal fin, los Estados miembros han de poder crear un nuevo organismo o mecanismo, o bien recurrir a uno ya existente que cumpla las condiciones establecidas por la presente Directiva, con independencia de que esos*

---

8 SIIRIAINEN, F., "L'article 21 sur le règlement des litiges: une disposition utile dont la transposition est inutile?", *op. cit.*, p. 54. La Directiva 2008/52/CE *sobre ciertos aspectos de la mediación en asuntos civiles y mercantiles* define la mediación en su artículo 3 a) como "*un procedimiento estructurado, sea cual sea su nombre o denominación, en el que dos o más partes en un litigio intentan voluntariamente alcanzar por sí mismas un acuerdo sobre la resolución de su litigio con la ayuda de un mediador*".

9 Opina, sin embargo, F. SIIRIAINEN que la creación de un organismo de mediación *ad hoc* (por ejemplo, el "mediador del derecho contractual de los autores y de los artistas-intérpretes") no solamente para los litigios mencionados en el artículo 21 de la Directiva 2019/790, sino de manera más amplia para el conjunto de litigios relativos al derecho contractual de los autores y de los artistas intérpretes o ejecutantes, hubiera resultado oportuna (SIIRIAINEN, F., "L'article 21 sur le règlement des litiges: une disposition utile dont la transposition est inutile?", *op. cit.*, p. 59).

*organismos o mecanismos sean de carácter sectorial o público, incluso cuando sean parte del sistema judicial nacional. Los Estados miembros deben disponer de flexibilidad al decidir cómo hayan de asignarse las costas del procedimiento de resolución de litigios. Tal procedimiento alternativo de resolución de litigios no debe afectar al derecho de las partes a alegar y defender sus derechos recurriendo a la vía judicial*".

En este contexto, la obligación que se impone a los Estados miembros se limita, como ya se dijo, a que estos establezcan que los litigios relativos a la obligación de transparencia y al mecanismo de adaptación de contratos puedan someterse a un procedimiento alternativo de resolución de controversias de carácter voluntario. El contenido del artículo 21 de la Directiva 2019/790 puede ser entendido como un simple "recordatorio" de que existe la posibilidad de canalizar las desavenencias que surjan entre las partes por estos cauces alternativos a la Justicia. En efecto, el problema no parece estar tanto a nivel de la disponibilidad de estos mecanismos alternativos de resolución de litigios en los diferentes Estados miembros (téngase en cuenta el auge que los mismos han adquirido en los últimos años, además de la existencia misma de una Directiva europea destinada a fomentar el recurso a la mediación en materia en asuntos civiles y mercantiles[10]). Es la razón por la cual algún Estado miembro ha optado por no transponer formalmente el contenido del artículo 21 de la Directiva 2019/790, considerando que su sistema jurídico disponía ya de mecanismos alternativos de resolución de controversias accesibles a los autores y a los artistas intérpretes y ejecutantes, así como a los organismos que los representan[11].

---

10 Directiva 2008/52/CE del Parlamento Europeo y del Consejo, de 21 de mayo de 2008, *sobre ciertos aspectos de la mediación en asuntos civiles y mercantiles*.

11 Es el caso del legislador francés que, en la *Ordonnance* n° 2021-580 de 12 de mayo de 2021, por la cual se transponen, entre otras, las normas en materia de remuneración de autores y artistas, no comporta disposición alguna que se refiera al contenido del artículo

Por otra parte, el contenido del artículo 21 también puede entenderse como una aclaración destinada a despejar toda duda con respecto a la posibilidad de someter estas controversias a un mecanismo alternativo de resolución de litigios. En efecto, una de las bases de estos mecanismos – tanto de la mediación como del arbitraje – es que las controversias a ellos sometidas versen sobre materias disponibles por las partes[12], cuestión que no siempre es sencillo de concretar[13]. Teniendo en cuenta que la propia Directiva indica que el mecanismo de adaptación de contratos y la obligación de transparencia tienen el rango de normas imperativas, la duda acerca de la posibilidad de reconducir al terreno de un

---

21 de la Directiva 2019/790, sobre la base de que el Código procesal civil francés contiene ya disposiciones que permiten acudir a mecanismos extrajudiciales de resolución de litigios accesibles a los autores y artistas, así como a los organismos que los representan (ya sea con carácter previo a un proceso judicial, para lograr una solución amistosa en un conflicto; o bien, en el curso de un proceso judicial). *Vid. Étude d'impact du projet de loi n° 2488 du 5 décembre 2019 relatif à la communication audiovisuelle et à la souveraineté culturelle à l'ère numérique*, Assemblée Nationale, 4/12/2019, NOR : MICE1927829L/Bleue-1, pp. 145-146. Si bien ese proyecto de Ley fue abandonado en 2020, la justificación acerca de la falta de necesidad de transponer formalmente el artículo 21 de la Directiva 2019/790 fue retomada sustancialmente en el Informe al Presidente de la República relativo a la *Ordonnance* de 12 de mayo de 2021. Criticando, no obstante, esta postura, y considerando que una medida de orden general hubiera resultado útil, *vid.* LUCAS, A., "Droit d'auteur. Exploitation des droits. Dispositions générales (CPI, art. L. 131-1 à L. 131-9)", *JCl. Propriété littéraire et artistique*, fasc. 1310, §11 (fecha de la última actualización consultada: 15 de junio de 2023).

12 *Vid.*, en España, el artículo 2 de la Ley 60/2003, de 23 de diciembre, *de Arbitraje*, y el artículo 2.1 de la Ley 5/2012, de 6 de julio, *de mediación en asuntos civiles y mercantiles*.

13 MONTESINOS GARCÍA, A., "El arbitraje en materia de propiedad intelectual", *Revista Internacional de Estudios de Derecho Procesal y Arbitraje* nº 1, 2013, pp. 1-45.

mecanismo alternativo de resolución de litigios las controversias emanadas de su aplicación podría haberse planteado. En consecuencia, esa imperatividad proclamada por el legislador europeo se entiende en el sentido de que las partes no pueden renunciar por contrato a la protección que la Directiva les confiere, de forma que cualquier cláusula contractual que impida su cumplimiento se entenderá inaplicable. Ello supone la correlativa exigencia de que el sometimiento de las controversias derivadas tanto de la obligación de transparencia como del mecanismo de adaptación de contratos a estos mecanismos alternativos no pueda traducirse en una renuncia o privación de los mismos (o que la solución a la que se llegue equivalga, en la práctica, a ese resultado).

Dicho esto, nada excluye que pueda acudirse a estos mecanismos alternativos de resolución de litigios para cualquier otra controversia que surja en el marco de la relación contractual entre los autores o artistas intérpretes y ejecutantes y sus cesionarios, más allá de la obligación de transparencia o del mecanismo de adaptación de contratos, mencionados expresamente en el artículo 21 de la Directiva 2019/790[14]. En este sentido, los mecanismos alternativos de resolución de litigios pueden presentar ciertas ventajas en términos de costes (normalmente menos elevados que los derivados del planteamiento de un proceso judicial), una mayor agilidad, la posibilidad de nombrar a un árbitro o mediador conocedor de la materia (en este caso, una persona instruida en las cuestiones relativas a la remuneración de autores y artistas, tales como las prácticas de mercado); y el carácter confidencial asociado tanto a la mediación como al arbitraje[15], frente al principio de publicidad

---

[14] XALABARDER, R., "La rémunération des auteurs et des artistes interprètes ou exécutants", *RIDA* nº 246, abril de 2020, p. 131-168, en p. 156.

[15] En efecto, uno de los principios informadores de la mediación es el principio de confidencialidad. Así lo establece el artículo 9 de la Ley 5/2012 *de mediación en asuntos civiles y mercantiles*. En el mismo

de las actuaciones judiciales[16]. En este contexto, ambas partes en conflicto pueden tener interés en preservar los términos de su controversia en un marco de privacidad. Con todo, tampoco ha de idealizarse aquí esta posibilidad de acudir a un mecanismo alternativo de resolución de controversias. Como afirma F. SIIRIANEN, en el caso concreto del mecanismo de adaptación de contratos, el desequilibrio de las partes puede pesar en la solución amistosa del litigio y, en definitiva, prolongarse en ella. De ahí que, según los casos, pueda resultar más ventajoso para el autor o artista acudir ante el Juez, pero ello también conllevará un coste y una incertidumbre adicionales[17].

Conviene, en todo caso, subrayar el carácter voluntario que el legislador europeo atribuye al recurso a los mecanismos alternativos de resolución de litigios, indicando así que esta posibilidad no ha de mermar el derecho de las partes a defender sus intereses recurriendo a la vía judicial. En el caso de la mediación, este carácter voluntario se refiere tanto a la posibilidad de emplear este recurso, como a la posibilidad de abandonarlo en cualquier momento[18]. En efecto, uno de los factores esenciales

---

sentido, el artículo 24.2 de la Ley 60/2003 *de Arbitraje* obliga a los árbitros, a las partes y a las instituciones arbitrales, en su caso, a guardar la confidencialidad de las informaciones que conozcan a través de las actuaciones arbitrales.

16 Artículo 120 de la Constitución Española.

17 SIIRIAINEN, F., "L'article 21 sur le règlement des litiges: une disposition utile dont la transposition est inutile?", *op. cit.*, p. 55.

18 Artículo 6 de la Ley 5/2012 *de mediación en asuntos civiles y mercantiles* española. El caso del arbitraje es algo diferente, porque el pacto de sometimiento de una controversia a arbitraje conlleva la privación de que los jueces puedan conocer del asunto. Así lo establece el artículo 11.1 de la Ley 60/2003 *de Arbitraje* ("*El convenio arbitral obliga a las partes a cumplir lo estipulado e impide a los tribunales conocer de las controversias sometidas a arbitraje, siempre que la parte a quien interese lo invoque mediante declinatoria*"). Como afirma S. BARONA VILLAR, el arbitraje es "alternativo" a la jurisdicción y, por ello, es necesario re-

que contribuyen al éxito de un mecanismo alternativo de resolución de litigios como la mediación es precisamente la voluntad compartida de lograr una solución amistosa. No sería, en este sentido, conveniente imponer el recurso a la mediación como fase previa a la incoación de un proceso judicial, pues si una de las partes no la desea, la misma quedará abocada al fracaso[19].

## III. MODELOS DE TRANSPOSICIÓN DEL ARTÍCULO 21 DE LA DIRECTIVA 2019/790 EN LOS DISTINTOS ESTADOS MIEMBROS

A grandes rasgos, la transposición del artículo 21 de la Directiva 2019/790 en los diferentes Estados miembros ha seguido tres modelos distintos. De entrada, alguno de ellos, como es el caso de Francia, ha omitido toda referencia al contenido del artículo 21 de la Directiva en su Ley de transposición, considerando que su sistema jurídico interno disponía ya de mecanismos alternativos de resolución de litigios accesibles a los autores y artistas o a los organismos que los representan. Otros, como Alemania, se han limitado a mencionar, en una disposición específica de su legislación en materia de propiedad intelectual, la posibilidad de acudir a un mecanismo de mediación u otro mecanismo voluntario de resolución de litigios de carácter extrajudicial para las controversias suscitadas en relación con la obligación de transparencia y el mecanismo de adaptación de contratos (así, la Sección 32f de la ley alemana de derechos

nunciar a los tribunales de Justicia (BARONA VILLAR, S., "Medios de solución de conflictos no judiciales ni procesal: de la negociación a la mediación", *op. cit.*, p. 380).

19 SIIRIAINEN, F., "L'article 21 sur le règlement des litiges: une disposition utile dont la transposition est inutile?", *op. cit.*, pp. 55 y 56.

de autor[20]). Una tercera opción ha consistido en atribuir a un organismo *ad hoc* competencias en materia de mediación o arbitraje, o habilitarlo, en cualquier caso, para atender a las reclamaciones de las partes relacionadas con el contenido de los artículos 19 y 20 de la Directiva 2019/790. Así, el artículo 110-*sexies* de la Ley italiana de derechos de autor establece que, en lo que se refiere a la resolución de litigios relativos a las obligaciones de transparencia y al mecanismo de adaptación de contratos, cualquiera de las partes podrá someter el asunto a la *Autorità per le Garanzie nelle Comunicazioni* (AGCOM), que dispondrá de un plazo de noventa días para resolver el litigio a partir de la solicitud. El mencionado procedimiento de resolución de litigios también podrá ser iniciado por las entidades representativas de los autores y de los artistas intérpretes o ejecutantes, a petición expresa de uno o varios de ellos.

## IV. LA TRANSPOSICIÓN DEL ARTÍCULO 21 DE LA DIRECTIVA 2019/790 EN EL DERECHO ESPAÑOL

En el ordenamiento español, la posibilidad de acudir a un procedimiento de mediación o de arbitraje voluntarios quedaba ya garantizada a través de la Ley 5/2012, de 6 de julio, *de mediación en asuntos civiles y mercantiles;* y de la Ley 60/2003, de 23 de diciembre, *de Arbitraje.* No obstante, con ocasión de la transposición de la Directiva 2019/790 en el artículo 80 del Real Decreto-Ley 24/2021, se ha añadido una disposición que modifica el Tex-

---

[20] En realidad, el legislador alemán prevé la posibilidad de acudir a un mecanismo alternativo de resolución de litigios para todas las controversias emanadas de las disposiciones contenidas en las Secciones 32 a 32e *UrhG,* lo cual abarca el principio de remuneración adecuada, el mecanismo de adaptación de contratos, la remuneración para usos desconocidos en el momento de la celebración del contrato, y la obligación de transparencia.

to Refundido de la Ley de Propiedad Intelectual (en adelante, TRLPI). En concreto, se añade un nuevo apartado 5 al artículo 194 del TRLPI que amplía las competencias en materia de mediación o arbitraje atribuidas a la Sección Primera de la Comisión de Propiedad Intelectual para incluir, en su apartado b), la "*mediación o arbitraje en los conflictos relacionados con la obligación de transparencia en favor de los autores, artistas, intérpretes o ejecutantes regulada en el artículo 110, conforme a lo previsto legalmente sobre la transparencia respecto a la remuneración equitativa de los autores y artistas intérpretes o ejecutantes en los contratos de explotación, y con la acción de revisión prevista para autores, artistas, intérpretes o ejecutantes en los artículos 47 y 110*". Esta competencia en materia de mediación o arbitraje atribuida a la Sección Primera no excluye la posibilidad de recurrir a otras instancias mediadoras o arbitrales, de la misma manera que, como lo ordena la Directiva, no priva a las partes de la facultad de invocar sus derechos ante el Juez.

Cabe, no obstante, mencionar algunos defectos o imprecisiones en los que ha incurrido el legislador español a la hora de ampliar las funciones de la Sección Primera de la Comisión de Propiedad Intelectual. El artículo 194.5 b) del TRLPI atribuye ciertamente la competencia a dicha Sección para tratar los conflictos relacionados con la obligación de transparencia y la acción de revisión previstas en favor de autores y artistas. Se observa, no obstante, una falta de remisión oportuna al artículo 75 del RD-Ley 24/2021, que es el que regula la obligación de transparencia propiamente dicha (pues el artículo 110, y concretamente, su apartado 4, únicamente extiende esa obligación de transparencia a los artistas intérpretes o ejecutantes). Por otra parte, tampoco se menciona formalmente la posibilidad de que los organismos que representan a los autores y a los artistas puedan iniciar tales procedimientos, a petición expresa de uno o varios de ellos. Nuevamente, esta posibilidad podría entenderse incluida por remisión al artículo 75.4 del RD-Ley 24/2021, pues este sí contempla que los autores o los artistas podrán ejercer el derecho de información por sí mismos o por medio de sus representantes. Por el contrario, la transposición no incluye una previsión similar con respecto a la acción de revisión, de manera que aquí ni siquiera podría hablarse de un reconocimiento indirecto de la posibilidad de que estos representantes puedan actuar ante la Sección Primera de la Comisión de Propiedad Intelectual[21].

## *BIBLIOGRAFÍA*


- BARONA VILLAR, S., "Medios de solución de conflictos no judiciales ni procesal: de la negociación a la mediación", en GÓMEZ COLOMER, J.-L. y BARONA VILLAR, S., *Introducción al Derecho Procesal. Derecho Procesal I*, 3ª ed., Tirant Lo Blanch, Valencia, 2022, pp. 355-373.
- *Libro verde sobre las modalidades alternativas de solución de conflictos en el ámbito del derecho civil y mercantil* (COM/2002/0196 final).
- LUCAS, A., "Droit d'auteur. Exploitation des droits. Dispositions générales (CPI, art. L. 131-1 à L.131-9)", *JCl. Propriété littéraire et artistique,* fasc. 1310.
- MONTESINOS GARCÍA, A., "El arbitraje en materia de propiedad intelectual", *Revista Internacional de Estudios de Derecho Procesal y Arbitraje* nº 1, 2013, pp. 1-45.
- SÁNCHEZ ARISTI, R. y OYARZABAL OYONARTE, N., "Decadencia y caída del Texto Refundido de la Ley de Propiedad Intelectual: la transposición de la Directiva 2019/790 sobre derechos de autor en el mercado único digital por el Real Decreto-ley 24/2021, de 2 de noviembre", *Pe. i. revista de propiedad intelectual* (septiembre-diciembre 2021), pp. 13-188.
- SÁNCHEZ ARISTI, R. y OYARZABAL OYONARTE, N., "La Directiva de Derechos de Autor en el mercado único digital: una regulación sobre la remuneración equitativa de autores y artistas en los contratos de explotación", *ADI* 40 (2019-2020), pp. 223-246.


---

21 SÁNCHEZ ARISTI, R. y OYARZABAL OYONARTE, N., "Decadencia y caída del Texto Refundido de la Ley de Propiedad Intelectual: la transposición de la Directiva 2019/790 sobre derechos de autor en el mercado único digital por el Real Decreto-ley 24/2021, de 2 de noviembre", *Pe. i. revista de propiedad intelectual* (septiembre-diciembre 2021), pp. 13-188, en p. 176.

- SIIRIAINEN, F., "L'article 21 sur le règlement des litiges: une disposition utile dont la transposition est inutile?", *Propr. Intell.* nº 80, julio de 2021, pp. 53-59.
- XALABARDER, R., "La rémunération des auteurs et des artistes interprètes ou exécutants", *RIDA* nº 246, abril de 2020, p. 131-168, en p. 156.

# *Capítulo 13*
# *El artículo 23 de la Directiva 2019/790: disposiciones comunes*

**CARLA BRAGADO HERRERO DE EGAÑA**

*Investigadora postdoctoral del programa "Margarita Salas" UAM/Université d'Évry*

El bloque normativo relativo a la "*Remuneración equitativa de los autores y artistas intérpretes o ejecutantes*" reconocido en la Directiva 2019/790 se cierra con un artículo 23 que, bajo la rúbrica "*Disposiciones comunes*", introduce dos precisiones importantes. De un lado, el apartado primero proclama el carácter imperativo del contenido de los artículos 19, 20 y 21 (I). De otro, el apartado segundo excluye la aplicación del conjunto del dispositivo previsto en los artículos 18 a 22 a los autores de un programa de ordenador en el sentido del artículo 2 de la Directiva 2009/24/CE (II).

## I. EL RECONOCIMIENTO DE NORMAS IMPERATIVAS EN MATERIA DE REMUNERACIÓN ADECUADA Y PROPORCIONADA

### *1. El bloque de normas imperativas reconocido en la Directiva 2019/790*

El artículo 23.1 de la Directiva 2019/790 dispone que "*los Estados miembros velarán por que ninguna disposición contractual que impida el cumplimiento de los artículos 19, 20 y 21 sea de aplicación a los autores y artistas intérpretes o ejecutantes*". De manera explícita, el legislador europeo eleva a la categoría de normas imperativas la obligación de transparencia (artículo 19), el mecanismo de adaptación de contratos (artículo 20) y la posibilidad de someter a un procedimiento alternativo de resolución de litigios las controversias que surjan entre las partes en relación con la aplicación de los dos mecanismos anteriores (artículo 21). Como suele ser propio de las situaciones en las que es necesario proteger a la parte que ocupa la posición más débil en la relación contractual, el Derecho de la Unión Europea proclama el carácter imperativo de los tres preceptos indicados, a los efectos de que cualquier cláusula contractual en sentido contrario devenga inaplicable. Así lo establece el Considerando 81 cuando afirma que "*las disposiciones relativas a la transparencia, los mecanismos de adaptación de los contratos y los procedimientos alternativos de resolución de litigios establecidas en la presente Directiva deben tener carácter imperativo y las partes no deben poder establecer excepciones a dichas disposiciones, estén incluidas en contratos entre autores, artistas intérpretes o ejecutantes y sus partes contratantes o en acuerdos entre estas partes contratantes y terceros, como los acuerdos de confidencialidad*". De esta manera, se refuerzan los términos de los artículos 19, 20 y 21 del Texto europeo limitando, en definitiva, el juego de la autonomía de la voluntad. El propósito consiste impedir que el autor o el artista intérprete o ejecutante se vea, en la práctica, obligado a desistir, en el propio contrato, a esta protección específica que la Ley le confiere[1]. Dicho de otro modo, se trata de forzar la efectividad de dicha protección que, de no ser así, podría quedar relegada a una mera declaración de principios carente de aplicación en la práctica, a la que autor o el artista

---

1 En este sentido, el Considerando 72 de la Directiva 2019/790 constata que "*los autores y los artistas intérpretes o ejecutantes suelen estar en la posición contractual más débil cuando conceden licencias o ceden sus derechos, en particular a través de sus propias sociedades, para fines de explotación a cambio de una remuneración, y esas personas físicas necesitan la protección que ofrece la presente Directiva para poder gozar plenamente de los derechos armonizados por el Derecho de la Unión*".

renunciaría casi sistemáticamente[2]. La misma filosofía sigue el legislador español cuando, en el artículo 55 del TRLPI, dispone que "*salvo disposición de la propia Ley, los beneficios que se otorgan en el presente Título a los autores y a sus derechohabientes serán irrenunciables*", mandato que se interpreta en el sentido de que las eventuales cláusulas en sentido contrario, contenidas en un contrato de cesión, se tendrán por no puestas[3].

Si el mensaje del legislador europeo es claro, menos lo es el hecho de que esa imperatividad no se extienda al conjunto del dispositivo previsto en los artículos 18 a 22 de la Directiva 2019/790. Concretamente, el tenor literal del artículo 23.1 de la Directiva 2019/790 supone que, *de facto,* ni el principio de remuneración adecuada y proporcionada (artículo 18), ni el derecho de revocación (artículo 22) gozan necesariamente de ese carácter imperativo.

De un lado, la falta de carácter imperativo del principio de remuneración adecuada y proporcionada podría deberse al hecho de que, tal vez, la situación contraria podría ser interpretada como una interdicción de ceder las obras o interpretaciones gratuitamente. Ese no parece ser el mensaje del legislador europeo que, en algún Considerando, alude a las licencias concedidas al público en general "sin remuneración" como una realidad cuya existencia reconoce y preserva, evitando que su práctica pueda quedar entorpecida por esas nuevas reglas en materia de remuneración[4]. Sea como fuere, en modo alguno

---

2 TREPPOZ, E., "L'impérativité européenne en droit d'auteur. Quel prolongement en droit international privé ?", en *Penser le droit de la pensée. Mélanges en l'honneur de Michel Vivant,* Dalloz, París, 2020, pp. 653-680, en p. 658.

3 GIL RODRÍGUEZ, J., "Comentario al artículo 55 LPI", en R. BERCOVITZ RODRÍGUEZ-CANO (Coord.), *Comentarios a la Ley de Propiedad Intelectual,* 4ª ed., Tecnos, Madrid, 2017, pp. 976-987, en p. 985.

4 *Vid.*, en este sentido, el Considerando 74 de la Directiva 2019/790 cuando, en relación con la obligación de transparencia establecida en el artículo 19, afirma que la necesidad de disponer de informa-

el principio de remuneración adecuada y proporcionada comporta la interdicción de que los autores o los artistas intérpretes o ejecutantes cedan sus derechos de explotación gratuitamente si ese es realmente su deseo. Por otra parte, se ha afirmado también que, teniendo en cuenta que el principio de remuneración adecuada y proporcionada es, precisamente, un "principio", más que una obligación impuesta a las partes contratantes (como es el caso de las demás disposiciones), no resultaría lógico protegerlo contra toda derogación contractual[5].

En paralelo, también es posible afirmar que el principio de remuneración adecuada y proporcionada tiene un carácter imperativo "indirecto" a través del mecanismo de adaptación de contratos reconocido en el artículo 20 de la Directiva 2019/790. En efecto, este consiste en un "*derecho a reclamar una remuneración adicional, adecuada y equitativa, a la parte con la que hayan celebrado un contrato para la explotación de sus derechos, o a los derechohabientes de esta, en caso de que la remuneración inicialmente pactada resulte ser desproporcionadamente baja en comparación con la totalidad de los ingresos subsiguientes derivados de la explotación de las obras o interpretaciones o ejecuciones*". A través de este mecanismo, el principio de remuneración adecuada y proporcionada se extiende, más allá del momento de celebración del contrato, a toda la vida posterior del mismo. El legislador europeo ofrece así la oportunidad de corregir *a posteriori* la remuneración inicialmente pactada con el fin de adaptarla al estándar de remuneración adecuada y proporcionada contemplado en el artículo 18. Ello, no obstante, con la condición de que esa remuneración inicial resulte ser "despro-

---

ción para evaluar el valor económico de los derechos de explotación no surge cuando el autor o el artista intérprete o ejecutante ha concedido una licencia al público en general sin remuneración.

5 XALABARDER, R., "La rémunération des auteurs et des artistes interprètes ou exécutants", *RIDA* nº 246, abril de 2020, pp. 131-168, en pp. 141-142.

porcionadamente baja" en comparación con los ingresos subsiguientes derivados de la explotación, lo cual presupone que ese diferencial entre la remuneración acordada y los ingresos que el cesionario está generando tiene que ser suficientemente importante. En estos términos, y si bien el principio de remuneración adecuada y proporcionada no es imperativo, sí lo es la posibilidad de revisar la remuneración que en su momento se pactó y adaptarla al estándar fijado en el artículo 18 de la Directiva 2019/790[6]. Contribuye, asimismo, a reforzar la eficacia de este principio de remuneración adecuada y proporcionada la obligación de transparencia establecida en el artículo 19 de la Directiva 2019/790, disposición que también tiene el rango de norma imperativa. La misma se concreta en un deber de facilitar al autor o al artista intérprete o ejecutante información periódica sobre la explotación de la obra o interpretación que se está llevando a cabo y sus resultados económicos. Ello permite al interesado evaluar el valor económico continuado de sus derechos y comprobar si la remuneración que consintió se ajusta efectivamente al estándar de adecuación y proporción exigido por la Directiva. En caso contrario, este conocimiento le permitirá, de manera más efectiva, poder instar el mecanismo de adaptación de contratos ya mencionado.

Más complejo resulta, sin embargo, explicar la falta de imperatividad del derecho de revocación previsto en el artículo 22 de la Directiva 2019/790. El mecanismo sanciona la falta de explotación de la obra o prestación cedida en exclusiva por causas únicamente imputables al cesionario, permitiendo así al autor o al artista intérprete o ejecutante instar la revocación parcial o total del contrato una vez transcurrido un período razonable (o, si el legislador interno así lo contempla, poder poner fin a su carácter exclusivo)[7]. El mencionado derecho de revocación

---

6 GAUBIAC, Y., "Observations à propos de la rémunération des auteurs et des artistes interprètes", *CCE* nº 3, marzo de 2023, étude 8, pp. 1-6, nº 36.

7 Artículo 22, apartados 1 a 4 de la Directiva 2019/790.

mantiene, ciertamente, una relación indirecta con la cuestión remuneratoria: el mecanismo permite revocar total o parcialmente una cesión de derechos otorgada con carácter exclusivo cuando la obra o la interpretación no está siendo explotada, de manera que no genera remuneración alguna. Esta revocación de la cesión – o, en su caso, del carácter exclusivo de la misma – permite al titular cedente emprender la búsqueda de otros canales de explotación a través de los cuales pueda hacer efectivo, *in fine*, ese derecho de remuneración adecuada y proporcionada. Sea como fuere, esa relación indirecta entre el mecanismo de revocación del contrato y la remuneración no basta para justificar su exclusión del catálogo de normas imperativas recogido en el artículo 23.1 de la Directiva 2019/790. Con todo, es preciso tener en cuenta que el propio artículo 22 de la Directiva, en su apartado 5, establece que "*los Estados miembros podrán disponer que toda disposición contractual que suponga una excepción al mecanismo de revocación establecido en el apartado 1 solo sea ejecutable si se basa en un convenio de negociación colectiva*". Este apartado podría prestarse a dos lecturas. La primera de ellas, teniendo en cuenta el tenor literal del artículo 23.1 – que no menciona expresamente dentro del elenco de normas imperativas el derecho de revocación –, vendría a suponer que los legisladores internos pueden atribuirle este carácter imperativo, disponiendo seguidamente que toda disposición contractual que introduzca una excepción al mismo devenga inaplicable a no ser que se encuentre basada en un convenio de negociación colectiva. La segunda interpretación supondría considerar que el derecho de revocación tiene un carácter imperativo *per se* y en virtud de lo establecido en el artículo 22.5 de la Directiva 2019/790, pero dejando a los Estados miembros la facultad de disponer que toda excepción al mismo sólo sea ejecutable si la misma procede de un convenio de negociación colectiva.

### *2. Normas imperativas en materia de remuneración en el derecho español*

Siguiendo la misma lógica que el legislador europeo – limitar la autonomía de la voluntad para garantizar la efectividad de una protección conferida al autor como parte débil en la relación contractual – el legislador español contemplaba ya, en el artículo 55 del TRLPI, un precepto que afirma lo siguiente: "*salvo disposición de la propia Ley, los beneficios que se otorgan en el presente Título a los autores y a sus derechohabientes serán irrenunciables*". Nótese, sin embargo, que esta disposición tiene un alcance distinto con respecto al bloque de normas imperativas reconocido por el legislador europeo, pues resulta aplicable a todo el Título V del Libro I del Texto Refundido de la Ley de Propiedad Intelectual. Este regula la "*transmisión de los derechos*", y en él se incluyen tanto las normas generales que afectan a todos los contratos de cesión, como aquellas que regulan los contratos típicos de edición y de representación teatral y ejecución musical. Por el contrario, el artículo 55 no se aplicaría formalmente a los actos de transmisión de las obras cinematográficas y demás obras audiovisuales, pues éstas figuran en el Título VI. Sin embargo, teniendo en cuenta que el conjunto normativo contenido en los artículos 19, 20 y 21 de la Directiva 2019/790 se extiende a todos los contratos de explotación de derechos, tanto de autores (de cualquier tipo de obra, exceptuando los programas de ordenador, como más adelante se verá[8]), como de artistas sobre sus interpretaciones o ejecuciones, los negocios jurídicos de transmisión de derechos sobre obras cinematográficas o audiovisuales también han de quedar sujetos, con carácter imperativo, al respeto de estas disposiciones.

Por otra parte, y dentro de las disposiciones generales en materia de transmisión de derechos, el bloque de beneficios irrenunciables reconocido por el legislador español tiene un alcance

---

[8] Artículo 23.2 de la Directiva 2019/790. *Vid. infra* el apartado II.

más amplio que el de la Directiva 2019/790. En primer lugar, por cuanto va más allá de los aspectos relacionados con la remuneración. Así, se extiende a extremos tales como la exigencia de formalización escrita del contrato de cesión[9]; la restricción del alcance de la cesión a las modalidades, tiempo y ámbito territorial expresamente previstos en el contrato[10]; o la nulidad de la cesión de derechos respecto del conjunto de obras que el autor pueda crear en el futuro, así como de las estipulaciones por las que el autor se comprometa a no crear alguna obra en el futuro[11], entre otras.

En segundo lugar, y por lo que a la remuneración se refiere, esta imposibilidad de renunciar por contrato a los beneficios que la Ley otorga al autor abarca, a diferencia de lo dispuesto en la Directiva 2019/790, la regla de la remuneración proporcional a la explotación de la obra[12]; así como la obligación por parte del cesionario en exclusiva de poner todos los medios necesarios para la efectividad de la explotación concedida[13]. Nótese, además, que también tiene el rango de beneficio irrenunciable la facultad, por parte del autor, de resolver, en todo o en parte la autorización o cesión si la obra no está siendo explotada; o, alternativamente, poner fin a la exclusividad del contrato. En efecto, el apartado 48 *bis* del TRLPI, que regula este derecho de revocación, establece expresamente en su apartado 4 que el derecho regulado en dicho artículo será irrenunciable (más allá de que, por su ubicación en la Ley de Propiedad Intelectual, ese artículo 48 *bis* también tiene la consideración de beneficio irrenunciable a la luz del artículo 55 del TRLPI). Por el contrario, el legislador español ha omitido toda referencia al carácter imperativo de la obligación de transparencia, cuya transposi-

---

9 Artículo 45 TRLPI.

10 Artículo 43.1 TRLPI.

11 Artículo 43.4 TRLPI.

12 Artículo 46 TRLPI.

13 Artículo 48, párrafo 2º TRLPI.

ción figura en el artículo 75 del Real Decreto-Ley 24/2021. Se trata de un error derivado de una técnica legislativa defectuosa, pues lo lógico hubiera sido que la obligación de transparencia hubiera encontrado acomodo dentro de las normas generales en materia de transmisión de derechos que recoge el TRLPI, en cuyo caso hubiera quedado bajo el paraguas del artículo 55 del TRLPI[14]. Por el contrario, esa obligación ha quedado regulada extramuros de la Ley española básica en materia de propiedad intelectual, sin que tampoco el legislador haga mención, en la letra del artículo 75 del RD-Ley 24/2021, de su carácter de norma imperativa (que inevitablemente tiene pues el artículo 23.1 de la Directiva 2019/790 obliga a los Estados miembros a garantizar que ninguna estipulación contractual en sentido contrario a esta obligación de transparencia sea aplicable).

Nótese, por otra parte, que la transposición de la imperatividad atribuida a los artículos 19, 20 y 21 también es algo deficiente en lo que se refiere a los contratos de transmisión de derechos sobre las interpretaciones o ejecuciones. En sede de artistas, intérpretes o ejecutantes, los artículos 110.3 y 110.4 del TRLPI se limitan a establecer que a la remuneración pactada por el artista con el cesionario de sus derechos le será aplicable la acción de revisión de la remuneración prevista en el artículo 47 del TRLPI; y lo mismo ocurre con el derecho de revocación regulado en el artículo 48 *bis* del TRLPI y con la obligación de información del cesionario o licenciatario de derechos de propiedad intelectual establecida en el artículo 75 del RD-Ley 24/2021. En un sentido similar, el artículo 194.5 del TRLPI abre a los artistas intérpretes o ejecutantes la posibilidad de acudir a un procedimiento de mediación o de arbitraje ante la Sección

---

14 En efecto, lo propio es que esta obligación de transparencia emanada del artículo 19 de la Directiva 2019/790 hubiese quedado inserta dentro del Capítulo I ("*Disposiciones generales*") del Título V ("*Transmisión de derechos*") del Libro Primero ("*De los derechos de autor*") del TRLPI.

Primera de la Comisión de Propiedad Intelectual en relación con la obligación de transparencia y la acción de revisión del contrato. Sin embargo, para todos estos beneficios que la transposición atribuye a los artistas, el legislador español ha olvidado hacer mención de su carácter irrenunciable o imperativo.

### *3. Una imperatividad de alcance europeo*

El artículo 23 de la Directiva comporta otra consecuencia importante: la imperatividad mencionada, al situarse su fuente en el Derecho de la Unión Europea, tiene un alcance que se proyecta a todo el territorio de la Unión. Esta circunstancia viene dada por la combinación del artículo 23.1 de la Directiva con el artículo 3.4 del Reglamento *sobre la Ley sobre la Ley aplicable a las obligaciones contractuales (Roma I).* Así lo dispone el Considerando 81 de la Directiva 2019/790 al afirmar que "*el artículo 3, apartado 4, del Reglamento (CE) n. 593/2008 del Parlamento Europeo y del Consejo debe aplicarse al efecto de que, cuando todos los demás elementos pertinentes para la situación en el momento de la elección del Derecho aplicable se encuentren en uno o varios Estados miembros, la elección por las partes de un Derecho aplicable que no sea el de un Estado miembro se entiende sin perjuicio de la aplicación de las disposiciones relativas a la transparencia, los mecanismos de adaptación de los contratos y los procedimientos alternativos de resolución de litigios establecidas en la presente Directiva, tal como se apliquen en el Estado miembro del foro*". Dicho de otro modo, la remisión al artículo 3.4 del citado Reglamento precisa el alcance espacial de la limitación al principio de libertad contractual en el sentido de que la cláusula de la elección de ley aplicable al contrato de cesión de derechos de explotación no afectará a la aplicación de las normas imperativas que reconoce la Directiva 2019/790. O, lo que es lo mismo, estas normas imperativas prevalecen sobre la cláusula que designe como aplicable al contrato la Ley de un tercer Estado que ignore esta protección que la Directiva 2019/790 confiere a los autores y a los artistas intérpretes o ejecutantes cuando ceden sus derechos en vistas a la explotación de su obra o interpretación. En consecuencia, el autor o intérprete de un Estado miembro, en sus relaciones con un cesionario establecido en el territorio de la Unión, y para una cesión de alcance europeo, siempre podrá beneficiarse del marco protector instaurado por el legislador de la Unión Europea[15]. Concretamente, ello viene a significar que una explotación de estas características, emanada de un contrato de cesión entre un intérprete español y un productor de fonogramas alemán conlleva que, independientemente de la ley aplicable al contrato, el primero quedará obligado a cumplir con su obligación de transparencia. Por lo mismo, ese intérprete también podrá apoyarse en el mecanismo de adaptación de contratos para tratar de conseguir una remuneración adicional cuando perciba que la remuneración inicialmente pactada resulta ser desproporcionadamente baja en comparación con los ingresos subsiguientes derivados de la explotación[16].

---

15 TREPPOZ, E., "Le droit contractuel des auteurs – Aspects de droit international privé", *Propr. Intell.* nº 80, julio de 2021, pp. 60-65, en p. 62.

16 Esta proyección europea de la imperatividad de las normas en materia de remuneración de autores y artistas es una aportación mayor de la Directiva 2019/790. Sin embargo, como señala E. TREPPOZ el mecanismo adolece de ciertas limitaciones. Una de ellas es que la efectividad de estas normas imperativas europeas requiere que, en un eventual litigio, el Juez que conozca del asunto pertenezca a un Estado miembro de la Unión Europea. En efecto, la combinación oportuna de una cláusula de ley aplicable con una cláusula de elección de foro en favor de un tercer Estado puede tener como efecto "desactivar" la protección buscada por el legislador europeo (E. TREPPOZ, "L'impérativité européenne en droit d'auteur. Quel prolongement en droit international privé?", *op. cit.*, p. 655). En sí, la determinación del Juez competente no conlleva la determinación de la Ley aplicable, pues éste puede aplicar una Ley extranjera. Sin embargo, sí supone la aplicación de sus reglas en materia de conflicto de leyes. Puede ocurrir que estas reglas den prioridad a la Ley establecida en el contrato, excluyendo así la aplicación de la nor-

### *4. ¿Hacia una proyección de la imperatividad de las normas europeas en materia de remuneración en el marco de contratos internacionales?*

Dicho esto, la siguiente cuestión que inmediatamente surge es si esta imperatividad puede proyectarse en el marco de un contrato internacional, esto es, a las relaciones contractuales que presenten puntos de conexión con terceros Estados, no miembros de la Unión Europea. En realidad, esta es una cuestión que la Directiva 2019/790 no resuelve. Así, el juego de esta imperatividad de origen y alcance intracomunitario o intra-unionista corre el riesgo de desvanecerse en el marco de un contrato internacional. Dicho de otro modo, la imperatividad reconocida por el legislador europeo es tributaria de las coordenadas perfectamente intra-unionistas del contrato de explotación, pero cuando éstas rebasan este marco, la posibilidad de que la ley aplicable al contrato permita sustraerse a estas normas imperativas deviene más real.

Una cuestión central, por tanto, es la de dilucidar si esta imperatividad, de fuente europea, puede proyectarse a las situaciones contractuales vinculadas con Estados que no son miembros de la Unión Europea. Esto es, si dentro de estas cesiones de derechos de explotación, que pueden abarcar múltiples territorios, los autores o artistas intérpretes o ejecutantes, pueden reivindicar la protección que la Directiva 2019/790 les otorga para la

---

ma imperativa (E. TREPPOZ, "L'impérativité européenne en droit d'auteur...", *op. cit.*, p. 661). El mismo autor matiza, no obstante, que las cláusulas de elección de foro producen un doble efecto de atribución y de exclusión de competencia. Tanto el Juez designado, como el Juez que ha sido eludido, pueden entrar a apreciar la licitud de la cláusula de elección de foro. En particular, el efecto negativo de una cláusula de elección de foro ha de apreciarse a la luz del Derecho interno de cada Estado miembro, lo cual puede traducirse en puntos de vista divergentes (E. TREPPOZ, "L'impérativité européenne en droit d'auteur...", *op. cit.*, pp. 662-665).

fracción de la explotación que tiene lugar dentro del territorio de la Unión Europea (piénsese, por ejemplo, en una plataforma de *streaming* musical o audiovisual norteamericana que presta sus servicios en uno o varios Estados miembros de la Unión Europea). La cuestión es importante, en un contexto en el que cada vez es más frecuente que empresas extranjeras, que operan en todo el mundo, traten de imponer una Ley aplicable y una jurisdicción competente únicas, que además les sea favorable. Entre la doctrina, se han formulado algunas propuestas que permitirían proyectar esa imperatividad de la normativa europea en materia de remuneración de los autores y artistas en el marco de un contrato internacional, pero únicamente para la fracción de la explotación que se desarrolle en la Unión Europea.

La primera de ellas consistiría en elevar estas normas imperativas a la categoría de "leyes de policía", también llamadas "normas internacionalmente imperativas". En este contexto, no estaríamos ya en el ámbito del artículo 3.4 del Reglamento Roma I, sino en el del artículo 9 del mismo Reglamento. Mientras que el primero se limita al contrato intra-unionista, las segundas se aplican a todos contratos internacionales. En la hipótesis de un contrato entre un autor español y un editor británico, el primero podría exigir el cumplimiento de la obligación de transparencia, o hacer uso del mecanismo de adaptación del contrato, pero la aplicación de estas normas quedaría circunscrita a la explotación que tiene lugar en el territorio de la Unión Europea. Desde esta perspectiva, la imperatividad instaurada por el legislador europeo se impondría a contratos que rebasan la dimensión intra-unionista, pero no iría más allá de la explotación que tiene lugar en el territorio de la Unión. El beneficio de esta protección contractual no dependería del origen europeo de las partes en el contrato, sino del marco intracomunitario de la explotación, independientemente de la ley elegida por las partes[17]. La dificultad reside aquí en justificar la calificación de ley de policía que, según lo dispuesto en el artículo 9 del Reglamento Roma I, supone que se trate de una "*disposición cuya observancia un país considera esencial para la salvaguardia de sus intereses públicos, tales como su organización política, social o económica, hasta el punto de exigir su aplicación a toda situación comprendida dentro de su ámbito de aplicación, cualquiera que fuese la ley aplicable al contrato*". Se ha podido afirmar, en este sentido, que el ejercicio es delicado[18]. El legislador europeo, como se ha visto, hace referencia al artículo 3.4 del Reglamento de Roma I, y no al artículo 9, lo cual podría interpretarse como un rechazo implícito de la calificación de estas normas como leyes de policía. Sin embargo, otra interpretación posible consiste en estimar que esta referencia al artículo 3.4 del Reglamento de Roma I no excluye necesariamente la consideración de estas normas como leyes de policía – que, en realidad, son una subcategoría de normas imperativas – siempre que su imperatividad se limite al marco intra-unionista.

Además, como afirma E. TREPPOZ, el objetivo del legislador europeo, manifestado a través de varios Considerandos de la Directiva, es el de garantizar a los autores y artistas el pleno disfrute de una serie de derechos que han sido armonizados en el seno de la Unión, de manera que existe un vínculo necesario entre la protección contractual instaurada y los derechos de autor conferidos por la legislación europea que podría pesar a favor de la consideración de estas normas como leyes de poli-

---

[17] TREPPOZ, E., "L'impérativité européenne en droit d'auteur…", *op. cit.*, p. 667.

[18] TREPPOZ, E., "L'impérativité européenne en droit d'auteur…", *op. cit.*, p. 668 ; GINSBURG, J.C. y SIRINELLI, P., "The Private International Law Aspects of Authors' Contracts: The Dutch and French Examples", *Colum. J.L. & Arts* 2015, pp. 171-194, en p. 18.

cía. Así vista, esa protección contractual sería un instrumento al servicio del pleno disfrute de los derechos de autor[19].

Por otra parte, tratándose de una norma europea, la calificación de estas disposiciones de la Directiva 2019/790 como leyes de policía correspondería en principio al Tribunal de Justicia de la Unión Europea[20]. Sin embargo, otra opción sería adoptar tal calificación en el marco de la Ley nacional de transposición[21].

---

19 TREPPOZ, E., "L'impérativité européenne en droit d'auteur…", *op. cit.*, p. 667. El autor se apoya así en la letra de los Considerandos 72, 74, 76 y 78 para justificar este vínculo entre la protección contractual creada por el legislador europeo y los derechos de autor reconocidos en la Unión Europea. En un sentido similar, R. XALABARDER invoca el Considerando 87 de la Directiva 2019/79 en el cual se afirma textualmente que "*sin perjuicio de la legislación aplicable a los contratos en los Estados miembros*" debe establecerse un mecanismo de adaptación de remuneraciones para los casos en que la remuneración inicialmente acordada llegue a ser con claridad desproporcionadamente baja en relación con los ingresos derivados de la explotación de la obra o interpretación. La autora sugiere así que quizá esto podría extrapolarse a las demás disposiciones. En todo caso, teniendo en cuenta el carácter obligatorio de las mismas en toda la Unión Europea, y que no se puede renunciar a ellas por contrato, podría fácilmente afirmarse que deberían aplicarse de manera obligatoria en todos los países de la Unión Europea (en tanto que *lex fori*) como leyes de policía previstas en el artículo 9 del Reglamento Roma I, cualquiera que sea el derecho de contratos aplicable (XALABARDER, R., "La rémunération des auteurs et des artistes interprètes ou exécutants", *op. cit.*, pp. 163-164).

20 TREPPOZ, E., "L'impérativité européenne en droit d'auteur…", *op. cit.*, pp. 668-669. El autor cita como precedente una Sentencia del TJCE en la cual el Alto Tribunal Europeo elevó las disposiciones protectoras del agente comercial al rango de leyes de policía (STJCE de 9 de noviembre de 2000, asunto C-381/98, *Ingmar*).

21 TREPPOZ, E., "L'impérativité européenne en droit d'auteur…", *op. cit.*, pp. 669-670. El autor matiza que el remedio sería aún imperfecto, pues estas normas también pueden ver su aplicación mermada por una elección oportuna del Juez competente, pero esta merma

En este sentido, el Tribunal de Justicia ha aceptado que una Ley de transposición pueda erigir ciertas disposiciones procedentes de una Directiva al rango de ley de policía a nivel local[22].

Una segunda propuesta sería jugar sobre la calificación jurídico-real y no contractual de estos derechos que atribuye el legislador europeo a los autores y/o artistas. En efecto, la cláusula de elección de ley aplicable únicamente afecta a las cuestiones contractuales. Suponiendo que tales cuestiones de remuneración contractual puedan ser tratadas como cuestiones de derecho de autor sustantivo, y no como cuestiones de derecho contractual, la elección de la Ley de un tercer país no tendría incidencia alguna sobre la aplicación territorial de las disposiciones europeas emanadas de la Directiva 2019/790. Por el contrario, esta aplicación dependerá del criterio de protección establecido en el artículo 5.2 del Convenio de Berna, esto es, el país para el cual se reclama la protección (*lex loci protectionis*)[23]. En este contexto, la reivindicación de la protección en un Estado miembro de la Unión Europea comportaría la aplicación de sus disposiciones imperativas, y ello indepen-

no es total. Algunos textos internacionales permiten al Juez designado aplicar normas extranjeras imperativas que no pertenecen al ámbito de la ley aplicable (p. 670).

22 STJUE (Sala Tercera) de 17 de octubre de 2013, asunto C-184/12, *Unamar. Vid.*, en este sentido, TREPPOZ, E., "Le droit contractuel des auteurs...", *op. cit.*, p. 64.

23 Dicho de otro modo, las cuestiones de derecho de autor sustantivo, incluidos los derechos transmitidos por el contrato, se rigen por la *lex loci protectionis.* Por el contrario, las cuestiones de derecho contractual quedan sometidas a la Ley elegida por las partes en el contrato (si este incluye una cláusula de Ley aplicable); o a la Ley del país en el cual la relación contractual queda localizada (GINSBURG, J.C. y SIRINELLI, P., "The Private International Law Aspects of Authors' Contracts: The Dutch and French Examples", *op. cit.*, p. 6).

dientemente de la Ley aplicable al contrato[24]. Como afirma R. XALABARDER, la Directiva 2019/790 no precisa si estas normas imperativas en materia de remuneración se integran dentro de las cuestiones contractuales o si, por el contrario, son cuestiones de derecho de autor[25].

Una tercera propuesta consiste en encaminarse hacia una protección de la parte débil en Derecho Internacional Privado, a imagen de la que existe para el consumidor o el trabajador por cuenta ajena. En estos casos, la limitación al principio de autonomía de la voluntad se produce tanto a nivel del conflicto de leyes, como en el de conflicto de jurisdicciones. De esta manera, la elección de una ley extranjera no tiene ninguna incidencia sobre la protección imperativa conferida por la Ley de residencia de la parte débil, que siempre podrá acudir ante la jurisdicción de su domicilio de residencia[26]. El Reglamento Roma I, en su Considerando 23, afirma que "*en cuanto a los contratos celebrados con partes consideradas más débiles, es conveniente protegerlas por medio de normas de conflicto de leyes más favorables a sus intereses que las normas generales*". Es precisamente a la parte débil de la relación contractual

---

24 TREPPOZ, E., "L'impérativité européenne en droit d'auteur…", *op. cit.*, p. 671. El autor afirma, no obstante, que la mayoría de la doctrina considera que las cuestiones que afectan al equilibrio contractual dependen de la Ley por la que se rige el contrato (p. 672). Sin embargo, en favor de la calificación jurídico-real, también puede decirse que estas normas contractuales protectoras están fuertemente impregnadas de la concepción europea del derecho de autor. La lectura de los Considerandos 72 a 78 muestran el vínculo necesario entre estas disposiciones contractuales y el Derecho de autor europeo. Las primeras completan las prerrogativas patrimoniales para garantizar su efectividad pecuniaria. Con todo, una vez más, esta calificación dependerá del Juez elegido (p. 674).

25 XALABARDER, R., "La rémunération des auteurs et des artistes interprètes ou exécutants", *op. cit.*, p. 162.

26 TREPPOZ, E., "L'impérativité européenne en droit d'auteur…", *op. cit.*, p. 677-678.

a la que alude reiteradas veces el legislador europeo en la Directiva 2019/790. La fórmula del Considerando 23 es una fórmula general, lo cual sugiere que la justificación de la regla podría extenderse a otras partes contractuales que también ocupen la posición débil[27]. La herramienta que permitiría reconocer esta protección en el ámbito internacional no sería ya el artículo 3.4 del Reglamento Roma I, sino la creación de un derecho que proteja a la parte débil, tanto en materia de conflicto de leyes, como en materia de conflicto de jurisdicciones, a imagen de aquel que protege a los consumidores. La protección aseguraría así al autor un foro europeo y, simultáneamente, la Ley aplicable no podría afectar a las disposiciones europeas de carácter imperativo[28]. Dos criterios serían, con todo, susceptibles de condicionar esta protección: el primero suele descansar en el lugar de residencia de la parte débil: el autor podría beneficiarse de la protección si su residencia está situada en un país de la Unión Europea. El segundo depende del contorno de la explotación: el autor no podría invocarla más que para las explotaciones europeas de sus derechos, limitación territorial que parece coherente con el texto de la Directiva. También podrían acumularse ambos criterios. La lectura de la Directiva parece sugerir que la limitación debería ser territorial y no personal, pues en ningún momento el legislador europeo subordina la protección a la residencia europea del autor o del intérprete. La lógica sería, en cualquier caso, garantizar a los autores un foro europeo con el fin de que, para la explotación en el territorio de la Unión, la primacía del marco europeo protector sobre la Ley elegida quedara asegurada[29].

---

27 TREPPOZ, E., "L'impérativité européenne en droit d'auteur…", *op. cit.*, p. 678. El autor advierte, no obstante, de que la Directiva no llega a calificar propiamente al autor o al artista como parte débil.

28 TREPPOZ, E., "L'impérativité européenne en droit d'auteur…", *op. cit.*, p. 679.

29 TREPPOZ, E., "L'impérativité européenne en droit d'auteur…", *loc. cit.*

Todas estas soluciones, si bien deseables, no dejarían de comportar algunas dificultades de orden práctico. Se habla de una aplicación territorial de las disposiciones protectoras de los autores y artistas para, en definitiva, las explotaciones que se desarrollan en el seno de la Unión Europea (o en alguno de sus Estados miembros), lo que puede corresponder, como se decía al principio, a una fracción de una explotación más importante. Se plantea así si la mera posibilidad de invocar esta protección europea serviría para que el cesionario tuviera que cumplir con su obligación de transparencia facilitando no sólo los datos económicos de la explotación que está teniendo lugar en el seno de la Unión Europea, sino también la que se está desarrollando en otros países (téngase en cuenta que el Considerando 75, cuando se refiere al contenido de la obligación de transparencia, habla de que se facilite información a los autores y artistas sobre todas las modalidades de explotación "*y todos los ingresos pertinentes en todo el mundo*"). Por otra parte, el mecanismo de adaptación de contratos previsto en el artículo 20 de la Directiva 2019/790 exige una desproporción importante en relación con los ingresos subsiguientes derivados de la explotación de la obra. Sin embargo, surge aquí el problema de cómo observar esta desproporción. Tal vez la solución en estos casos consistiría en evaluar si la remuneración percibida por las explotaciones en el territorio de la Unión Europea resulta desproporcionadamente baja en relación con los ingresos subsiguientes derivados de dicha explotación europea.

Sea como fuere, estas cuestiones de Derecho Internacional Privado aplicables a las transmisiones de derechos de propiedad intelectual carecen de una respuesta clara. Algunos grupos de trabajo internacionales han formulado ciertas propuestas o directrices – con valor de *soft law* – para hacer frente a estos problemas. La última en fecha son las Directrices de Kyoto o "*Kyoto Guidelines on Intellectual Property and Private International Law*", elaboradas por la *International Law Association* (ILA)[30]. Interesa destacar aquí, en concreto, las directrices 21, 22 y 30. La Directriz 21 ("libertad de elección") permite a las partes elegir la Ley que regirá su relación contractual. No obstante, dicha elección no podrá tener por resultado el privar al creador o intérprete de la protección que le aseguren las disposiciones que no pueden excluirse mediante acuerdo en virtud de la ley que, a falta de elección, habría sido aplicable de conformidad con la Directriz 22. Esta última, a su vez, dispone que, con respecto a los contratos que van referidos a derechos de propiedad intelectual otorgados por varios Estados, se aplicará la ley del Estado con el que el contrato presente los vínculos más estrechos, para lo cual se tomará en consideración: la residencia habitual común de las partes; la residencia habitual de la parte que realiza la prestación característica del contrato; o la residencia habitual de una de las partes en el contrato cuando esté situada en uno de los Estados a los que va referido el contrato. En el caso de las "leyes de policía" (Directriz 29) se establece que las mencionadas Directrices no restringirán la aplicación de las leyes de policía de la ley del foro. Asimismo, cuando en virtud de las mismas Directrices se aplique la ley de un Estado a un contrato, el tribunal podrá dar efecto a la ley de otro Estado en el que las obligaciones derivadas del contrato tienen que ejecutarse o han sido ejecutadas. Ello supone que, si las normas europeas en materia de remuneración tuvieran la consideración de leyes de policía, podría darse efecto a las mismas en el marco de un contrato internacional si las obligaciones derivadas del mismo – esto es, la explotación – tuvieran que ejecutarse en el territorio de la Unión Europea.

---

[30] Las *Kyoto Guidelines on Intellectual Property and Private International Law*, fueron aprobadas en la Conferencia de Kyoto del año 2020 (https://www.law.kyushu-u.ac.jp/programsinenglish/kyoto-guidelines/). Para un comentario de las Directrices de Kyoto *vid.* "International Law Association's Guidelines on Intellectual Proterty and Private International Law ("Kyoto Guidelines"), *JIPITEC* Vol. 12 (2021), nº 1.

Mas allá, la cuestión de la de la aplicación imperativa de las normas en materia de transmisión de derechos de propiedad intelectual en contratos de explotación que abarcan múltiples territorios fue tratada ya por algún legislador nacional antes de la entrada en vigor de la Directiva. Así, la Sección 25h de la Ley neerlandesa de derechos de autor dispone, en su párrafo 2º, que "*independientemente de la ley que rija el contrato, las disposiciones del presente capítulo se aplicarán si: a. el contrato se hubiera regido por la ley neerlandesa si no se hubiera elegido la ley aplicable; o b. los actos de explotación tienen lugar o deberían tener lugar total o predominantemente en los Países Bajos*"[31]. El problema que surge aquí es el de determinar a partir de qué momento existe esa explotación predominante y, en cualquier caso, todo apunta a que el derecho neerlandés podría quedar neutralizado si la explotación que tiene lugar en los Países Bajos no es predominante[32]. En un sentido similar, la sección 32b de la Ley alemana de derechos de autor afirma la aplicación obligatoria de las normas en materia de remuneración contenidas en las secciones 32, 32ª, 32d a 32g y 38 en los casos en los que la Ley alemana resultaría aplicable al contrato en ausencia de elección de ley; o en la medida en que el acuerdo cubra actos significantes de uso en el territorio al que se aplica dicha Ley. A diferencia de la previsión neerlandesa, aquí no sería necesario buscar una proporción predominante de la explotación en el territorio alemán en comparación con la explotación global, pero sí es necesario que existan, al menos, actos significantes de uso en dicho territorio, de manera que no toda explotación quedaría cubierta.

De una manera más ambiciosa, con ocasión de la transposición de la Directiva 2019/790, el legislador francés ha creado un nuevo párrafo en el artículo L. 132-24 CPI que, en el marco de

---

31 La traducción es mía.

32 GINSBURG, J.C. y SIRINELLI, P., "The Private International Law Aspects of Authors' Contracts: The Dutch and French Examples", *op. cit.*, p. 11.

un contrato de producción audiovisual, establece que "*el contrato por el cual el autor de la composición musical con o sin letra de una obra audiovisual transmite todo o parte de sus derechos de explotación al productor de esta última no puede tener por efecto, independientemente de la Ley elegida por las partes, privar al autor, para la explotación de su obra en el territorio francés, de las disposiciones protectoras previstas en los artículos L. 131-4, L.131-5 y L. 132-28 del presente código. El autor podrá someter a los Tribunales franceses cualquier litigio relativo a la aplicación del párrafo anterior, cualquiera que sea el lugar en el que su cesionario o él mismo se encuentren establecidos y no obstante toda cláusula atributiva de jurisdicción en sentido contrario*"[33]. El precepto viene a colmar las deficiencias de la Directiva 2019/790 en el Derecho francés previendo, por un lado, que la ley aplicable al contrato elegida por las partes, no puede privar al autor, para la explotación de su obra en el territorio francés, de las disposiciones protectoras reconocidas en los artículos L. 131-4 CPI (regla de la remuneración proporcional), 131-5 CPI (mecanismo de adaptación de contratos) y 132-28 CPI (obligación de rendición de cuentas en el marco de un contrato de producción audiovisual). Por otro, permite al autor acudir ante los tribunales franceses para cualquier litigio relativo a la aplicación de estas disposiciones, cualquiera que sea el lugar en el cual él mismo o su cesionario se encuentren establecidos, y a pesar de cualquier cláusula atributiva de jurisdicción contraria. E. TREPPOZ habla así de unas "súper leyes de policía" que tienen primacía tanto sobre la Ley como sobre el Juez elegidos[34]. Como puede observarse, la primacía de estas disposiciones francesas queda limitada a la explotación de la obra en territorio francés bastando, en principio, que haya una explotación en dicho territorio, y sin exigir que ésta represente una fracción sustancial o predominante de la explotación total, o que existan actos significantes de uso (como exigen las leyes neerlandesa y

---

33 La traducción es mía.

34 TREPPOZ, E., "Le droit contractuel des auteurs. Aspects de droit international privé", *Propr. Intell.* nº 80, julio de 2021, pp. 60-65, en p. 63.

alemana, respectivamente). Además, esta aplicación territorial de la protección interviene independientemente de la nacionalidad del autor o de su domicilio, e independientemente también del lugar en el que el cesionario se encuentre establecido. Con todo, esta reforma ambiciosa resulta tímida en lo que se refiere a su ámbito de aplicación material, pues únicamente resultan beneficiarios del mecanismo los autores de las composiciones musicales, con o sin letra, de obras audiovisuales. En efecto, la aplicación de las leyes de policía no depende ni de la categoría de obra (musical en este caso), ni de su inserción en el seno de una obra audiovisual[35]. No existe así una razón objetiva que justifique este trato privilegiado para una categoría autoral determinada. La solución francesa responde, en todo caso, a la necesidad de solucionar un problema identificado: la capacidad de eludir estas normas imperativas a través de las cláusulas de elección de ley y de jurisdicción competente. Se ha podido afirmar, en este sentido, que parecería justo que la jurisprudencia, en uso de su capacidad de descubrir leyes de policía, pudiera generalizar esta regla y extenderla a otras categorías de autores[36].

## II. LA EXCLUSIÓN DE LOS PROGRAMAS DE ORDENADOR DE LOS ARTÍCULOS 18 A 22 DE LA DIRECTIVA 2019/790

El apartado 2º del artículo 23 de la Directiva 2019/790, por su parte, ordena a los Estados miembros disponer que las normas

---

35 TREPPOZ, E., "Le droit contratuel des auteurs. Aspects de droit international privé", *op. cit.*, p. 63.

36 TREPPOZ, E., "Le droit contractuel des auteurs. Aspects de droit international privé", *op. cit.*, p. 65. No obstante, el autor advierte que a ello se le podría oponer que el artículo 7 de la *Ordonnance* de transposición es doblemente excepcional, lo cual impone una interpretación particularmente restrictiva.

en materia de remuneración contenidas en sus artículos 18 a 22 no se apliquen a los autores de un programa de ordenador en el sentido del artículo 2 de la Directiva 2009/24/CE. Ningún Considerando explica los motivos de tal exclusión frontal, pero estos parecen residir en el triunfo de la lógica empresarial que sustenta la creación de la mayoría de estos programas informáticos. Es también esta circunstancia la que explica que, si bien los programas de ordenador se consideran una forma de creación literaria a efectos del derecho de autor, es para rápidamente consagrarle un régimen específico que comporta numerosas derogaciones al régimen común. De entre los rasgos de esa protección especial destacan las reglas sobre la titularidad de derechos. El artículo 2.1 de la Directiva 2009/24/CE *sobre la protección jurídica de programas de ordenador* establece, en este sentido, que "*se considerará autor del programa de ordenador a la persona física o grupo de personas físicas que lo hayan creado o, cuando la legislación de los Estados miembros lo permita, a la persona jurídica que sea considerada titular del derecho por dicha legislación*". Es, en efecto, el caso del Derecho español, pues el artículo 97.1 del TRLPI contempla la posibilidad de que una persona jurídica pueda ser considerada "autora" de un *software* ("*Será considerado autor del programa de ordenador la persona o grupo de personas naturales que lo hayan creado, o la persona jurídica que sea contemplada como titular de los derechos de autor en los casos expresamente previstos por esta Ley*")[37]. Ello constituye una nota-

[37] En consecuencia, se pueden dar dos supuestos: que el programa de ordenador haya sido creado por una o varias personas físicas; o bien, que una persona jurídica sea contemplada como autor en los casos expresamente previstos. Con respecto al primero – creación del programa de ordenador por una o varias personas físicas – este puede haber sido creado bajo un régimen de obra colectiva o de obra en colaboración. De ello se ocupan, respectivamente, los apartados 2 y 3 del artículo 97 TRLPI. Así, "*cuando se trate de una obra colectiva tendrá la consideración de autor, salvo pacto en contrario, la persona natural o jurídica que la edite y divulgue bajo su nombre*" (art. 97.2 TRLPI); mientras que "*los derechos de autor sobre un programa de ordenador que sea resultado uni-*

ble excepción al principio contenido en el artículo 5 del TRLPI, según el cual se considera autor a la "persona natural" que crea alguna obra literaria, artística o científica, permitiendo, no obstante, que en los casos expresamente previstos en la Ley "se beneficien" de dicha protección personas jurídicas. En consecuencia, cuando la legislación contempla expresamente la posibilidad de que una persona jurídica pueda ser considerada "autora" de un programa de ordenador se da un paso más, aunque lógicamente se trate de una ficción legal, puesto que en definitiva el programa siempre será creado por personas físicas[38].

Por el contrario, la Directiva 2019/790 no resuelve qué ocurre en los casos en que el *software* es un componente de una obra más compleja, como puede ser una obra multimedia o un videojuego. En este sentido, el Tribunal de Justicia, en su Sentencia de 23 de enero de 2014 en el asunto *Nintendo/PC Box Srl.*, sostuvo que "*de conformidad con su artículo 1, apartado 1, la protección que ofrece la Directiva 2009/24 se limita a los programas de ordenador. Ahora bien, [...] los videojuegos [...], son un material complejo que incluye no sólo un programa de ordenador, sino también elementos gráficos y sonoros que, aunque codificados en lenguaje informático, tienen un valor creativo propio que no puede reducirse a dicha codificación. En la medida en que las partes de un videojuego, en el presente caso esos elementos gráficos y sonoros, participan de la*

---

*tario de la colaboración entre varios autores serán propiedad común y corresponderán a todos éstos en la proporción que determinen*" (art. 97.3 TRLPI).

38 ERDOZAIN, J.C., "Tema 9: Programas de ordenador", en BERCOVITZ RODRÍGUEZ-CANO, R. y GONZÁLEZ GOZALO, A. (Coord.), *Manual de derecho de autor*, 10ª ed., Tirant Lo Blanch, Valencia, 2023, p. 303. Como indica el autor, este régimen de atribución subjetiva de derechos es coherente con la realidad empresarial, en la que a menudo es una persona jurídica la que pone los medios técnicos y humanos necesarios para la creación del programa informático. De ahí que resulte lógico que pueda beneficiarse de las ventajas de ser considerada como "autora" a título originario del programa informático.

*originalidad de la obra, están protegidas, junto con el conjunto de la obra, por los derechos de autor en el régimen establecido por la Directiva 2001/29*"[39]. Siguiendo lo afirmado en esta Sentencia, y dado que el artículo 23.2 de la Directiva 2019/790 se refiere expresamente a la Directiva 2009/24/CE sobre programas de ordenador, los demás componentes creativos de una obra más compleja que no constituyan un *software* propiamente hablando, no quedarían sometidos a esta exclusión.

Más allá de esta exclusión formal y frontal por razón del tipo de obra, los Considerandos de la Directiva 2019/790 indican que la protección a la que se refieren los artículos 18 a 22 abarca únicamente los casos en que el autor o el artista cede sus derechos a título individual, ya sea actuando por medio de su representante. Ello excluye del ámbito de aplicación los contratos concluidos con entidades de gestión colectiva para la explotación de las obras o interpretaciones que integran sus repertorios. Así se desprende del Considerando 72 cuando afirma que los autores y los artistas intérpretes o ejecutantes suelen estar en la posición contractual más débil cuando conceden licencias o ceden sus derechos, en particular a través de sus propias sociedades, para fines de explotación a cambio de una remuneración, "*y esas personas físicas*" necesitan la protección que ofrece la Directiva para poder gozar plenamente de los derechos armonizados por el Derecho de la Unión. En el mismo sentido, el Considerando 74 señala que los autores y los artistas intérpretes o ejecutantes han de disponer de información para poder evaluar el valor económico de aquellos de sus derechos que están armonizados por el Derecho de la Unión. Así ocurre especialmente "*cuando personas físicas*" conceden una licencia o ceden derechos para fines de

---

39 Sentencia del Tribunal de Justicia (Sala Cuarta) de 23 de enero de 2014, asunto C-355/12, *Nintendo/PC Box Srl.*, apartado 23.

explotación a cambio de una remuneración[40]. En un nivel más específico, el Considerando 78 excluye la aplicación del mecanismo de adaptación de contratos aquellos celebrados por las entidades definidas en el artículo 3, letras a) y b), de la Directiva 2014/26/UE o por otras entidades sujetas a la normativa nacional por la que se aplica la Directiva 2014/26/UE.

Otra precisión importante acerca del ámbito de aplicación de los artículos 18 a 22 se encuentra en el Considerando 72 cuando establece que "*esa necesidad de protección no se plantea cuando la parte contratante actúa como usuario final y no explota por sí misma la obra o interpretación o ejecución, lo que podría, por ejemplo, ser el caso de algunos contratos de trabajo*". El tema de las creaciones o interpretaciones intelectuales producidas en el marco de una relación laboral es, tal vez, uno de los puntos más controvertidos en lo que a la transmisión de derechos se refiere. Con frecuencia, las legislaciones en materia de propiedad intelectual tienden a buscar mecanismos que faciliten la transmisión de los derechos al empleador, de manera más o menos automática. No hay, en este sentido, un régimen unitario en el seno de la Unión Europa[41]. De entre estas reglas que regulan la transmi-

---

40 También en cuanto a la relación que se establece entre entidades de gestión y titulares de derechos, el Considerando 77 excluye la necesidad de aplicar la obligación de transparencia respecto de acuerdos celebrados entre titulares de derechos y entidades de gestión colectiva, entidades de gestión independientes u otras entidades sujetas a la normativa nacional por la que se aplica la Directiva 2014/26/UE, pues esas organizaciones o entidades ya están sometidas a obligaciones de transparencia en virtud del artículo 18 de la Directiva 2014/26/UE. No ocurre lo mismo con los acuerdos negociados individualmente celebrados entre titulares de derechos y aquellos de sus partes contratantes que actúan en interés propio, que sí deben estar sujetos a la obligación de transparencia establecida en la Directiva.

41 *Vid.* LUCAS-SCHLOETTER, A., "La création salariée et le droit contractuel d'auteur. Étude de droit comparé", *Revista de Propiedad Intelectual Pe.i.* nº 21, 2005, pp. 15-79. Dejando fuera el caso de Irlanda,

sión, no todas las leyes establecen de forma clara si el salario remunera o no la cesión. En España, el artículo 51.2 del TRLPI establece una presunción de cesión en favor del empleador a falta de pacto escrito. Se viene interpretando, además, que el salario remunera la creación, salvo que se infiera lo contrario del convenio colectivo que resulte aplicable[42].

La Directiva 2019/790 no ha excluido formalmente los contratos de trabajo de su ámbito de aplicación, como sí lo ha hecho con respecto a los programas de ordenador. Tímidamente, de la interpretación textual del Considerando 72 se desprende que el legislador europeo estaría indicando que, exceptuando los casos en los que la parte contratante actúa como usuario final y no explota la obra o prestación, las normas en materia de remuneración resultan aplicables a las obras creadas en el marco de una relación laboral (piénsese, por ejemplo, en un dicta-

---

que responde a la tradición del *common law*, la autora señala que, a excepción de Holanda, todos los demás países europeos confieren al autor asalariado la condición originaria de autor, de manera que a él le corresponden todos los derechos. Consecuentemente, el empleador únicamente los adquirirá de forma derivada, pero esta cesión de derechos opera de forma heterogénea: desde una *cesio legis* (así, en Hungría, República Checa o Bulgaria), a una cesión tácita de los derechos patrimoniales al empleador establecida por el legislador (es el caso de Alemania) o admitida por la doctrina y la jurisprudencia (como ocurre en Italia); pasando por otra serie de países que establecen una presunción de cesión en ausencia de previsión en el contrato de trabajo (así, en España o en Portugal). Existen, no obstante, algunos países en los que los derechos de autor asalariado permanecen en su poder en tanto en cuanto no se produzca una cesión contractual expresa de éstos en favor del empleador (así ocurre en Francia, Bélgica o Rumanía).

42 MINERO ALEJANDRE, G., "Tema 6: La transmisión de los derechos de autor", en BERCOVITZ RODRÍGUEZ-CANO, R. y GONZÁLEZ GOZALO, A. (Coord.), *Manual de derecho de autor, op. cit.*, p. 237; RODRÍGUEZ TAPIA, J.M., "Comentario al artículo 51 LPI", en R. BERCOVITZ RODRÍGUEZ-CANO (coord.), *Comentarios a la Ley de Propiedad Intelectual*, 4ª ed., Tecnos, 2017, pp. 940-947, en p. 946.

men, o en un estudio de mercado elaborado por un empleado). El Considerando 72 exige así, como condición, que el empleador actúe como usuario final y no explote por sí mismo la obra o interpretación como tal. Esto es, la obra resultante podría servir para diseñar una estrategia comercial o empresarial que, en su caso, beneficie indirectamente a la empresa, sin que en estos casos deba entenderse que existe un acto de explotación[43].

Concretamente, ello vendría a suponer que, independientemente de que se considere remunerada la cesión a través del salario, tal remuneración deberá ser adecuada y proporcionada, conforme a lo dispuesto en el artículo 18 de la Directiva 2019/790. Considerar que la creación o la interpretación de obras en el marco de una relación laboral queda comprendida dentro del ámbito de aplicación de los artículos 18 a 23 de la Directiva 2019/790 supone asimismo que, salvo en los casos expresamente previstos en que la obligación de transparencia no sea aplicable, o pueda aplicarse de una forma atenuada, conforme a lo dispuesto en los párrafos 3 y 4 del artículo 19, el empleador debe facilitar a su empleado los datos económicos relativos a la explotación de la obra o interpretación. Y por lo mismo, el empleado podría instar el mecanismo de revisión en caso de remuneración desproporcionadamente baja en relación con

---

[43] Ll. CABEDO SERNA, "La obligación de transparencia de la Directiva sobre derechos de autor en el mercado único digital: ¿Un paso más hacia una remuneración adecuada para los autores?", en SÁIZ GARCÍA, C., y EVANGELIO LLORCA, R. (dir.), *Propiedad intelectual y mercado único digital europeo,* Tirant Lo Blanch, Valencia, 2019, pp. 419-474, en p. 458. Se inclina así Ll. CABEDO SERNA a entender que el Considerando 72 se refiere al uso que las empresas hacen de las obras creadas por sus empleados en un ámbito exclusivamente interno (por ejemplo, un informe o un dictamen), de manera que, aunque el empresario se beneficie en términos económicos del resultado creativo de sus asalariados, la obra asume un papel instrumental en el desarrollo de la actividad empresarial. Con todo, la autora advierte de que la previsión contenida en el Considerando 72 no es sencilla de aclarar.

los ingresos derivados de la explotación[44]. Estas normas, junto con la posibilidad de acudir a un mecanismo alternativo de resolución de litigios, son imperativas desde el punto de vista de la Directiva. También, en los términos en que el legislador nacional lo prevea, el empleado podría instar la revocación del contrato prevista en el artículo 22 de la Directiva 2019/790 en caso de falta de explotación de la obra o interpretación.

Puede ocurrir, por otra parte – y, de hecho, es algo frecuente – que la obra creada en el marco de una relación laboral se funda en una obra colectiva, figura que nuestro Derecho define en el artículo 8 del TRLPI como aquella "*creada por la iniciativa y bajo la coordinación de una persona natural o jurídica que la edita y divulga bajo su nombre y está constituida por la reunión de aportaciones de diferentes autores cuya contribución personal se funde en una creación única y autónoma, para la cual haya sido concebida sin que sea posible atribuir separadamente a cualquiera de ellos un derecho sobre el conjunto de la obra realizada*". En estos casos, el apartado 2º del mismo artículo 8 TRLPI dispone que "*salvo pacto en contrario, los derechos sobre la obra colectiva corresponderán a la persona que la edite y divulgue bajo su nombre*". En consecuencia, los derechos de propiedad intelectual sobre la obra colectiva no corresponden a sus creadores, sino que, por ministerio de la Ley, se atribuyen al promotor, y este no tiene por qué tener la condición de autor.

Nada se dice en la Directiva 2019/790 del tratamiento reservado a los autores de la obra colectiva, y en concreto, si a éstos

---

44 En este sentido, y conforme a la legislación anterior a la transposición en España de las normas en materia de remuneración de autores y artistas contenidas en la Directiva 2019/790, J.M. RODRÍGUEZ TAPIA estimaba ya que el artículo 47 del TRLPI es aplicable también aplicable al autor asalariado, que no puede renunciar a este beneficio a través de lo establecido en el contrato en virtud de lo dispuesto en el artículo 55 del TRLPI (RODRÍGUEZ TAPIA, J.M., "Comentario al artículo 51 LPI", *op. cit.*, p. 946).

les resultan aplicables las reglas en materia de remuneración previstas en los artículos 18 a 22. El caso de la obra colectiva, como se ha visto, constituye un supuesto de titularidad originaria del promotor de la obra, que deriva de la Ley, y no de un acto formal de cesión por parte de los partícipes. Cuestión distinta es que, a los efectos de que el promotor pueda incorporar las aportaciones de los distintos partícipes para crear la obra colectiva, sea necesario que exista una relación jurídica entre aquél y éstos que conlleve explícita o implícitamente una transmisión de derechos patrimoniales pues, de otro modo, dicha incorporación no sería lícita[45]. Ahora bien, como opina P. CÁMARA ÁGUILA, esa transmisión de derechos no puede regirse principalmente por las reglas generales sobre cesión establecidas en los artículos 42 y siguientes del TRLPI. Estas únicamente resultarán de aplicación cuando no entren en contradicción con la titularidad originaria de derechos del promotor, lo cual limita de manera importante su alcance. Así, no han de resultar aplicables los apartados 1, 2 y 5 del artículo 43 del TRLPI, pues ello chocaría con la titularidad originaria del promotor sobre la obra colectiva[46]. En un sentido similar, y abordando directamente el tema de la remuneración, la Corte de Casación francesa, en su Sentencia de 21 de noviembre de 2006, estimó que la regla de la remuneración proporcional a la explotación de la obra no se aplica a las relaciones entre el promotor de una obra colectiva y aquellos que han contribuido a su creación. La solución, por más que pueda ser criticada, emana de la natura-

---

45 CÁMARA ÁGUILA, P., "La obra colectiva: ¿solución o problema?, *Pe. i. revista de propiedad intelectual*, nº 35 (mayo-agosto 2010), pp. 13-52, en pp. 33-34. Concretamente, la autora afirma que la relación entre el promotor colectivo y el autor de la aportación individual puede ser de tres tipos: laboral, de arrendamiento de obra o derivar de hechos concluyentes (p. 36).

46 CÁMARA ÁGUILA, P., "La obra colectiva: ¿solución o problema?, *op. cit.*, en pp. 34-35.

leza misma de la obra colectiva[47]. Siguiendo esta lógica, podría sostenerse que las reglas en materia de remuneración de autores y artistas contenidas en los artículos 18 a 23 de la Directiva 2019/790 se aplican únicamente en los casos en los que existe una transmisión formal de derechos, y no en los casos en que la misma se establece por ministerio de la Ley. Si así fuera, las aportaciones de los autores asalariados a una obra colectiva no quedarían sometidas al respeto de estas disposiciones[48].

---

47 LUCAS, A., "Droit d'auteur. Exploitation des droits. Dispositions générales (CPI, art. L. 131-1 à L. 131-9)", *JCl. Propriété littéraire et artistique*, fasc. 1310, §94 (fecha de la última actualización consultada: 15 de junio de 2023). Con todo, como explica el autor, el análisis se limita a la obra colectiva considerada en su conjunto. Si el promotor de la obra colectiva desea, además, obtener el dominio jurídico de las contribuciones aisladas (siempre que las mismas sean identificables) deberá pasar por una auténtica cesión que, por supuesto, habrá de regirse por las reglas reconocidas en el Código de la Propiedad Intelectual francés.

48 En este sentido, hay que tener en cuenta que, sobre la base del artículo 8 del TRLPI, la titularidad originaria sobre el conjunto de la obra colectiva corresponderá al promotor de la misma. Ahora bien, los autores seguirán siendo titulares de los derechos sobre sus contribuciones individuales de manera que el empleador/promotor de la obra colectiva únicamente podrá adquirirlos de forma derivativa. Ello se regirá por lo que las partes hayan pactado en el contrato de trabajo, conforme a lo dispuesto en el artículo 51 del TRLPI. Para el supuesto en el que no exista pacto de cesión, el artículo 51.2 TRLPI presume que los derechos de explotación sobre la obra creada en el seno de una relación laboral han sido cedidos con carácter exclusivo al empleador y con el alcance necesario para el ejercicio de la actividad habitual del empresario en el momento de la entrega de la obra realizada en virtud de dicha relación laboral. Si bien en España se viene interpretando que el salario remunera esa transmisión de derechos, la explotación de estas contribuciones individuales por parte del empleador sí debería quedar sometida al conjunto normativo establecido en los artículos 18 a 22 de la Directiva 2019/790.

## *BIBLIOGRAFÍA*


- "International Law Association's Guidelines on Intellectual Proterty and Private International Law ("Kyoto Guidelines"), *JIPITEC* Vol. 12 (2021), nº 1.
- CÁMARA ÁGUILA, P., "La obra colectiva: ¿solución o problema?, *Pe. i. revista de propiedad intelectual*, nº 35 (mayo-agosto 2010), pp. 13-52.
- ERDOZAIN, J.C., "Tema 9: Programas de ordenador", en BERCOVITZ RODRÍGUEZ-CANO, R. y GONZÁLEZ GOZALO, A. (Coord.), *Manual de derecho de autor*, 10ª ed., Tirant Lo Blanch, Valencia, 2023.
- GAUBIAC, Y., "Observations à propos de la rémunération des auteurs et des artistes interprètes", *CCE* nº 3, marzo de 2023, étude 8, pp. 1-6, nº 36.
- GIL RODRÍGUEZ, J., "Comentario al artículo 55 LPI", en R. BERCOVITZ RODRÍGUEZ-CANO (Coord.), *Comentarios a la Ley de Propiedad Intelectual*, 4ª ed., Tecnos, Madrid, 2017, pp. 976-987.
- GINSBURG, J.C. y SIRINELLI, P., "The Private International Law Aspects of Authors' Contracts: The Dutch and French Examples", *Colum. J.L. & Arts* 2015, pp. 171-194.
- LUCAS, A., "Droit d'auteur. Exploitation des droits. Dispositions générales (CPI, art. L. 131-1 à L.131-9)", *JCl. Propriété littéraire et artistique*, fasc. 1310.
- LUCAS-SCHLOETTER, A., "La création salariée et le droit contractuel d'auteur. Étude de droit comparé", *Revista de Propiedad Intelectual Pe.i.* nº 21, 2005, pp. 15-79.
- MINERO ALEJANDRE, G., "Tema 6: La transmisión de los derechos de autor", en BERCOVITZ RODRÍGUEZ-CANO, R. y GONZÁLEZ GOZALO, A. (Coord.), *Manual de derecho de autor*, 10ª ed., Tirant Lo Blanch, Valencia, 2023.
- RODRÍGUEZ TAPIA, J.M., "Comentario al artículo 51 LPI", en R. BERCOVITZ RODRÍGUEZ-CANO (coord.), *Comentarios a la Ley de Propiedad Intelectual*, 4ª ed., Tecnos, 2017, pp. 940-947.
- TREPPOZ, E., "L'impérativité européenne en droit d'auteur. Quel prolongement en droit international privé ?", en *Penser le droit de la pensée. Mélanges en l'honneur de Michel Vivant*, Dalloz, París, 2020, pp. 653-680.
- TREPPOZ, E., "Le droit contractuel des auteurs – Aspects de droit international privé", *Propr. Intell.* nº 80, julio de 2021, pp. 60-65.
- XALABARDER, R., "La rémunération des auteurs et des artistes interprètes ou exécutants", *RIDA* nº 246, abril de 2020, pp. 131-168.

# *Capítulo 14*
# *La transposición de la Directiva 2019/790 en Alemania*

**AGNÈS LUCAS-SCHLOETTER**
*Profesora en la Universidad de Nantes*

La Directiva 2019/790, de 17 de abril de 2019, sobre los derechos de autor y derechos afines en el mercado único digital[1] fue transpuesta en Alemania por la Ley de 31 de mayo de 2021 de adaptación de los derechos de autor a las exigencias del mercado único digital,[2] que entró en vigor el 7 de junio de 2021.[3] Salvo por el artículo 17, se trata de una transposi-

---

1 La Ley de 31 de mayo de 2021 también transpone al derecho alemán la Directiva 2019/789, de 17 de abril de 2019, por la que se establecen normas sobre el ejercicio de los derechos de autor y derechos afines aplicables a determinadas transmisiones en línea de los organismos de radiodifusión y a las retransmisiones de programas de radio y televisión (SatCab 2). Dicha ley modifica el art. 20.b) UrhG sobre retransmisión, que se ha ampliado más allá de la retransmisión por satélite para abarcar las retransmisiones a través de Internet, e incorpora dos nuevas disposiciones —los arts. 20.c) y 20.d)— relativas, respectivamente, a los servicios en línea accesorios (art. 3 Directiva 2019/789) y la inyección directa (art. 8 Directiva 2019/789).

2 Publicado en el DO de 4 de junio de 2021 y tantas otras (BGBl. I 2021, Nr. 27 4.6.2021, p. 1204).

3 A excepción de las disposiciones de transposición del artículo 17, cuya entrada en vigor se ha aplazado hasta el 1 de agosto de 2021 (*vid. infra*, apartado 2).

ción bastante fiel de la directiva. Así, se introduce una excepción de "minería de textos y datos" en el artículo 44.b) de la Ley alemana de derechos de autor y derechos conexos (*Urheberrechtsgesetz* o UrhG),[4] así como disposiciones relativas a las obras fuera del circuito comercial (apartados d) a g) del art. 61 de la UrhG) y un nuevo artículo 68 sobre las reproducciones de obras de arte visual de dominio público,[5] a lo que se unen varias disposiciones transitorias.[6] La Ley de 31 de mayo de 2021 también modifica las disposiciones en materia de derecho contractual de autor (apartados a) a g) del art. 32 y arts. 36 y 41 UrhG); la excepción pedagógica (art. 60.a) UrhG); la excepción a favor de las bibliotecas (art. 60.e) UrhG); la excepción a favor de museos y archivos (art. 60.f) UrhG); así como el derecho de remuneración de las editoriales (art. 63.a) UrhG)[7] y el derecho afín reconocido a las editoriales de prensa (apartados f) a k) del art. 87 UrhG). Asimismo, la medida de transposición ha modificado la Ley de gestión colectiva[8] para introducir disposiciones sobre las licencias colectivas con efecto ampliado.[9] También se ha introducido en el artículo

---

4 Se trata de la transposición del artículo 4 de la Directiva. La nueva ley también modifica el artículo 60.d) relativo a la excepción ya existente de TDM con fines de investigación científica (art. 3 de la Directiva 2019/790).

5 En transposición del artículo 14 de la Directiva.

6 Relativas a la aplicación temporal de las nuevas disposiciones (arts. 133, 137.d), 137.g), 137.p), 137.q), 137.r) UrhG).

7 En transposición del artículo 16 de la Directive.

8 En Alemania, las disposiciones sobre gestión colectiva no están incluidas en la Ley de derechos de autor, sino que se regulan en una ley especial, la Ley de 24 de mayo de 2016 sobre sociedades de gestión colectiva (*Verwertungsgesellschaftengesetz* o VGG).

9 *Vid.* artículos 51, 51.a), 51.b) VGG sobre las licencias colectivas ampliadas (LCA) en general, que transponen el artículo 12 de la Directiva, así como los artículos 52 a 52.e) VGG para las LCA en relación con las obras fuera del circuito comercial, que transponen los artículos 8 a 11 de la Directiva.

51 UrhG la excepción a efectos de caricatura, parodia o pastiche, que no existía en el ordenamiento alemán,[10] y se ha suprimido el antiguo artículo 24 UrhG sobre uso libre que el TJUE consideró incompatible con el derecho de la Unión.[11]

Por último, y sobre todo, la Ley de 31 de mayo de 2021 ha transpuesto el artículo 17 de la Directiva 2019/790 sobre la responsabilidad de los prestadores de servicios para compartir contenidos en línea. A diferencia de la mayoría de los Estados miembros, que han optado por una transposición muy próxima —cuando no literal— de dicha disposición, el legislador alemán ha hecho gala de su creatividad con una redacción que en algunos aspectos se aleja considerablemente del texto de la Directiva.

## 1. EL ANTEPROYECTO DE LEY DE 13 DE OCTUBRE DE 2020

Tras un primer "borrador"[12] de 24 de junio de 2020, el Ministro de Justicia alemán publicó un anteproyecto de ley el 13 de octubre de 2020 para adaptar los derechos de autor a las exigencias del mercado único digital. Dicho anteproyecto incluía algunas disposiciones muy controvertidas que finalmente no fueron adoptadas. El anteproyecto se basaba en una concepción francamente sorprendente del artículo 17, según la cual se asumía la creación de un nuevo derecho de comunicación al público específico de las plataformas; es decir, una especie de derecho *sui generis* distinto al previsto en el artículo 3 de la

---

10 En transposición del artículo 5.3.k) de la Directiva 2001/29.

11 TJUE, 29 de julio de 2019, C-476/17 – *Pelham*: ECLI:EU:C:2019:624.

12 Así llamó el Ministro de Justicia a su texto (*Diskussionsentwurf*), una terminología inusual en Alemania, como lo es el hecho de haber publicado oficialmente esta especie de anteproyecto de ley, que además va acompañado de una traducción al inglés.

Directiva 2001/29. Las consecuencias prácticas de ese enfoque habrían sido muy importantes, ya que para los Estados suponía recuperar la posibilidad de establecer nuevas excepciones, algo que les prohíbe el artículo 5 de la Directiva.[13] Así, el anteproyecto incluía una excepción *de minimis*[14] por la que se autorizaba a los usuarios de los servicios de intercambio de contenidos en línea a cargar en la plataforma breves extractos de obras (u obras breves) con fines no comerciales. Bajo el encabezamiento "usos lícitos verificables automáticamente", el anteproyecto sustraía así al derecho exclusivo del autor la comunicación de 20 segundos de una obra audiovisual (1) o musical (2), 1000 caracteres de un texto (3) y una fotografía de hasta 250 kilobytes (4).[15] Tal excepción habría conllevado el pago de una remuneración equitativa por parte del operador de la plataforma.[16] En última instancia se acabaron suprimiendo estas disposiciones, muy probablemente incompatibles con el derecho de la UE. En su lugar se adoptó el proyecto de ley del gobierno de 3 de febrero de 2021,[17] que sirvió para aprobar la ley de transposición.[18]

## 2. LA TRANSPOSICIÓN DEL ARTÍCULO 17 POR MEDIO DE UNA LEY ESPECIAL

El artículo 17 de la Directiva 2019/790 tiene un carácter híbrido, ya que se refiere al derecho de comunicación al públi-

---

13 La lista de excepciones a los derechos de autor y derechos afines que figura en el artículo 5 de la Directiva 2001/29 es exhaustiva.

14 No existe ninguna excepción de este tipo ni en la Directiva 2019/790 ni en la Directiva 2001/29.

15 Art. 6.1 UrhDaG-RefE.

16 Art. 7.2 UrhDaG-RefE.

17 RegE BT-Drs. 19/27426.

18 *Vid.*, no obstante, el concepto de "usos cubiertos por la presunción de autorización" del art. 9 UrhDaG (apartado 10, *infra*).

co, a las autorizaciones contractuales y a la responsabilidad de las plataformas. Esto ha generado dudas en todos los Estados miembros sobre el instrumento idóneo para su transposición. La solución austriaca recurre al "fraccionamiento legislativo", ubicando cada aspecto en el lugar que le corresponde dentro de la legislación sobre derechos de autor.[19] Otra opción, adoptada sobre todo en Francia, es la transposición "en bloque", que consiste en insertar las nuevas disposiciones en un nuevo capítulo de la ley de derechos de autor. En Alemania, el legislador ha optado por una solución más radical, adoptando una ley específica sobre la responsabilidad en materia de derechos de autor de los prestadores de servicios de intercambio de contenidos en línea (UrhDaG).[20] El anteproyecto de ley de 13 de octubre de 2020 justificaba esta decisión por el carácter *sui generis* del derecho de comunicación al público del artículo 17.[21] Sin embargo, la explicación parece radicar más bien en los inconvenientes que conllevaría el "fraccionamiento legislativo" (es decir, la dispersión de las distintas disposiciones contenidas en la Ley de derechos de autor). En general, la doctrina alemana ha acogido favorablemente esta solución, pero algunos autores han señalado las dificultades de articular este nuevo instrumento con la propia Ley de derechos de autor, y en particular por lo que se refiere al derecho de puesta a disposición del público y las excepciones. La UrhDaG entró en vigor el 1 de agosto

---

19 *Vid.*, en Austria, los nuevos arts. 18.c), 24.a), 87.b)5), 89.a), 89.b) y 89.c) de la Ley de derechos de autor.

20 Ley sobre la responsabilidad de los proveedores de servicios de intercambio de contenidos en línea (*Urheberrechts-Dienstanbieter-Gesetz* o UrhDaG).

21 El proyecto de ley del gobierno de 3 de febrero de 2021 considera que el sistema establecido por el artículo 17 "tiene, en gran medida, el carácter de una *lex specialis* en relación con el artículo 3 de la Directiva 2001/29, con el resultado de que la responsabilidad de los proveedores de servicios de intercambio de contenidos en línea y de sus usuarios se rige principalmente por el artículo 17 de la Directiva 2019/790, y no por los artículos 3 y 5 de la Directiva 2001/29" (BT-Drs. 19/27426, p. 130).

de 2021, dos meses después que la ley de adaptación de los derechos de autor a las exigencias del mercado único digital (encargada de transponer las Directivas 2019/789 y 2019/790).

## 3. LA ESTRUCTURA Y LA FILOSOFÍA DE LA *URHDAG*

En Alemania, la ley de transposición del artículo 17 se conoce por su acrónimo: UrhDaG. Se trata de un texto mucho más largo que el de la Directiva, con 22 artículos divididos en seis partes dedicadas respectivamente a disposiciones generales (arts. 1 a 3), usos autorizados (arts. 4 a 6), usos no autorizados (arts. 7 y 8), usos cubiertos por la presunción de autorización (arts. 9 a 12), vías de recurso (arts. 13 a 17) y disposiciones finales (arts. 18 a 22). Los diversos aspectos del nuevo sistema de responsabilidad de las plataformas se abordan en un orden distinto al de la Directiva, sin que muchas disposiciones tengan equivalente en el texto europeo. Cuando se adoptó la ley, el legislador alemán se jactó de haber logrado un equilibrio entre los intereses en juego; es decir, los de los titulares de derechos de propiedad intelectual, los de las plataformas y los de los usuarios. En realidad, el texto es claramente favorable a los usuarios, ya que el gobierno alemán no pudo (o no quiso) enfrentarse a la opinión pública, muy sensible al argumento del riesgo de censura esgrimido contra la adopción del artículo 17, y opuesta en principio al filtrado por algoritmos al que se verían obligadas a recurrir las plataformas. La gran mayoría de la doctrina alemana celebra el resultado de la transposición y lamenta que ningún otro Estado miembro haya seguido sus pasos. La sentencia del TJUE de 26 de abril de 2022, en respuesta al recurso interpuesto por Polonia,[22] se interpreta como un respaldo al modelo alemán.

[22] TJUE, 26 de abril de 2022, *Polonia c. Parlamento y Consejo* – C-401/19: ECLI:EU:C:2022:297.

## 4. LAS PLATAFORMAS AFECTADAS

Los artículos 2 y 3 UrhDaG se refieren respectivamente a las plataformas sujetas al nuevo sistema de responsabilidad y a aquellas excluidas de su ámbito de aplicación. Se trata de una transposición fiel del artículo 2.6 de la Directiva 2019/790, incluida la aclaración del considerando 62 de que dicho régimen de responsabilidad únicamente se aplica a los prestadores que tienen un papel importante en el mercado de contenidos en línea por competir por las mismas audiencias con otros servicios como los de *streaming*.[23] Según la exposición de motivos del proyecto de ley, a medio plazo solo trece prestadores de servicios cumplirán las condiciones para entrar en el ámbito de aplicación de la UrhDaG.[24]

En ese mismo artículo 2, el legislador alemán ha definido las empresas emergentes (*start-up*) a las que se aplica el régimen simplificado del artículo 17.6, así como otra categoría de plataformas con un volumen de negocios anual en la Unión inferior a un millón de euros. Estas plataformas, conocidas como "pequeños prestadores", están sometidas a un régimen específico no previsto por la Directiva.[25] El legislador alemán considera que, de las trece plataformas que entran en el ámbito de aplicación de la UrhDaG, dos son empresas emergentes y cuatro son pequeños prestadores.[26]

---

23 *Vid.* art. 2.1.4 UrhDaG, que establece la condición de que la plataforma « compita con servicios de contenidos en línea para las mismas audiencias".

24 BT-Drs. 19/27426, p. 61.

25 *Vid. Infra*, apartado 9.

26 BT-Drs. 19/27426, p. 61.

## 5. EL ACTO DE COMUNICACIÓN AL PÚBLICO POR PARTE DE LA PLATAFORMA

El artículo 17 de la Directiva establece que las plataformas[27] realizan un acto de comunicación al público para el que deberán obtener una autorización de los titulares de derechos (art. 17.1), autorización que también cubre los actos de los usuarios (art. 17.2). Por otra parte, las plataformas no pueden beneficiarse de la limitación de responsabilidad prevista para los proveedores de alojamiento (art. 17.3). Asimismo, se establece una lista de tres obligaciones cumulativas (apartados a), b) y c) del art. 17.4) que dichas plataformas deben cumplir para no incurrir en responsabilidad. La ley alemana de transposición no reproduce esa estructura: afirma que las plataformas efectúan un acto de comunicación al público, pero no hace referencia a la obligación de obtener la autorización de los titulares de derechos.[28] Inmediatamente después, especifica que las plataformas no serán responsables si cumplen las obligaciones previstas en los artículos 4 y 7 a 11.[29] También les impide beneficiarse de la condición de proveedor de alojamiento[30] y señala que las plataformas cuyo objetivo principal sea cometer o facilitar infracciones de los derechos de autor no podrán acogerse a las excepciones del apartado 2.[31]

---

27 *Vid. Supra,* apartado 4.

28 Art. 1.1 UrhDaG.

29 Art. 1.2 UrhDaG.

30 Art. 1.3 UrhDaG.

31 Art. 1.4 UrhDaG. Se trata de una aclaración que figura en el considerando 62 de la Directiva.

## 6. LOS PROCEDIMIENTOS PARA BUSCAR UNA SOLUCIÓN CONTRACTUAL

Igual que la Directiva, la ley alemana establece la obligación de las plataformas de hacer todo lo posible por obtener la autorización de los titulares de derechos. En cambio, a diferencia de la Directiva, la ley alemana incluye determinados detalles que limitan considerablemente el alcance de dicha obligación. Así, las plataformas solo están obligadas a solicitar autorización a los titulares de derechos "representativos"[32] de los que tengan conocimiento y a las entidades de gestión colectiva alemanas.[33] Por lo tanto, no tienen que buscar activamente a todos los titulares de derechos que no conozcan, sino que serán estos últimos quienes deberán tomar la iniciativa y hacer una oferta contractual. Dado el limitado número de plataformas sujetas al nuevo régimen de responsabilidad de la UrhDaG,[34] el legislador alemán considera que ese primer paso es una carga asumible para los titulares de derechos.

Por otra parte, las plataformas solo están obligadas a aceptar las ofertas de licencia para contenidos que pongan a disposición del público "en cantidades no insignificantes", que cubran un repertorio considerable en términos de obras y titulares de derechos para el territorio alemán, y que permitan el uso "en condiciones razonables".[35] Por tanto, las plataformas pueden rechazar las ofertas que no cumplan dichas condiciones. La idea es obligar a las plataformas a buscar un acuerdo de licencia únicamente con aquellos titulares de derechos que dispongan de un repertorio importante para así reducir los costes de transacción.

---

32 Es decir, que puedan ofrecer una licencia para un repertorio significativo y pertinente *** (grandes discográficas, estudios cinematográficos, editoriales de publicaciones de prensa, etc.).

33 Art. 4.1 UrhDaG.

34 *Vid. supra*, apartado 4.

35 Art. 4.2 UrhDaG.

Estas dos limitaciones a la obligación de las plataformas en relación con la obtención de una licencia se refieren, por una parte, a la reputación de los titulares de derechos; y, por otra,[36] a las condiciones de la oferta de licencia. Según la doctrina alemana, ambas constituyen una concreción del principio de proporcionalidad consagrado en el artículo 17.5 de la Directiva, aunque no está claro que la transposición se ajuste a la misma.

## 7. LOS USOS AMPARADOS POR UNA EXCEPCIÓN

La ley alemana, como la Directiva, permite que los usuarios se acojan a la excepción de cita[37] y con fines de caricatura, parodia o pastiche.[38] A diferencia de la excepción de cita, que ha figurado en la legislación sobre derechos de autor desde el principio,[39] el ordenamiento alemán no contemplaba ninguna excepción específica para el uso de contenidos protegidos a efectos de caricatura, parodia o pastiche. Hasta ahora, el derecho de la UE establecía dicha excepción como facultativa, y en el momento de transponer la Directiva 2001/29 el legislador alemán había considerado superfluo incluirla. Se aducía en este sentido que la jurisprudencia ya había amparado las parodias con base en el artículo 24 de la Ley de derechos de autor, referido a los "usos libres". Sin embargo, después de que el TJUE dictaminara su incompatibilidad con el derecho de la UE,[40] dicho precepto fue derogado por la Ley de 31 de mayo de 2021, que a su vez introdujo un nuevo artículo 51.a)

---

36 Esto se refiere fundamentalmente al tamaño del repertorio, la cantidad de contenidos protegidos disponibles en la plataforma y el carácter razonable de las condiciones ofrecidas por los titulares de los derechos.

37 Art. 5.1.1 UrhDaG.

38 Art. 5.1.2 UrhDaG.

39 Art. 51 UrhG.

40 TJUE, 29 de julio de 2019, C-476/17 – *Pelham*: ECLI:EU:C:2019:624.

para establecer una excepción general de parodia, caricatura y pastiche, aplicable incluso fuera de los usos en plataformas de intercambio de contenidos en línea. El sistema configurado por el legislador alemán resulta particularmente complicado, ya que la excepción tiene la contrapartida de un derecho a una remuneración equitativa, pero solo para los usos en las plataformas incluidas en el ámbito de aplicación de la UrhDaG.[41]

Además, la ley alemana incluye una precisión que no figura en la Directiva: la puesta a disposición del público de obras o fragmentos por parte de los usuarios también es lícita, más allá de la cita y la parodia, siempre que pueda invocarse otra excepción a los derechos de autor.[42] Por otra parte, el prestador de servicios[43] deberá informar al usuario en sus condiciones generales sobre la posibilidad de usar contenidos protegidos en el marco de tales excepciones.[44]

## 8. AMPLIACIÓN DE LAS AUTORIZACIONES

La Directiva no aclara si la excepción que ampara la carga por el usuario cubre también el acto de comunicación al público por parte de la plataforma. Simplemente contempla la ampliación de las autorizaciones contractuales, indicando expresamente que las autorizaciones negociadas por las plataformas cubrirán los actos de comunicación al público de los usuarios siempre y cuando estos "no actúen con carácter comercial o en caso de que su actividad no genere ingresos significativos".[45] Por otro

41 *Vid. infra*, apartado 12.

42 Art. 5.1.3 UrhDaG.

43 De conformidad con el artículo 17.9.4 de la Directiva 2019/790.

44 Art. 5.3 UrhDaG.

45 Art. 17.2 de la Directiva 2019/790.

lado, uno de los considerandos se refiere a la regla inversa.[46] El legislador alemán ha optado por ampliar esta solución a las excepciones y utiliza el término genérico de "autorización"[47] para englobar tanto las autorizaciones de origen contractual (licencias) como las de origen legal (excepciones). El artículo 6 UrhDaG dispone en ese sentido que la autorización en la que puede ampararse la plataforma también despliega sus efectos en beneficio del usuario, siempre que este no actúe con carácter comercial ni obtenga ingresos significativos (apartado 1). Dicho precepto también establece que la autorización otorgada al usuario para comunicar una obra al público a través de una plataforma beneficiará también a esta última (apartado 2).

## 9. BLOQUEO DE CONTENIDOS INFRACTORES

La ley alemana de transposición del artículo 17 distingue entre el bloqueo "simple" y el bloqueo "cualificado", que corresponde a la diferenciación que establece la Directiva entre bloqueo *ex post* y *ex ante*. El artículo 17.4.c) de la Directiva se transpone en el artículo 8 UrhDaG bajo el título de "bloqueo simple". Se refiere a la obligación de la plataforma de bloquear los contenidos infractores que le sean notificados por los titulares de derechos (*take down*), procurando además garantizar su indisponibilidad *ex post* (*stay down*). Por su parte, el artículo 17.4.b) de la Directiva se incorpora al ordenamiento alemán a través del artículo 9 UrhDaG con el título de "bloqueo cualificado". Se trata de la obligación

---

[46] Considerando 69 de la Directiva 2019/790: "Cuando los titulares de derechos hayan autorizado expresamente a los usuarios a cargar y poner a disposición obras u otras prestaciones en un servicio para compartir contenidos en línea, el acto de comunicación al público del prestador del servicio está autorizado dentro del alcance de la autorización concedida por el titular de derechos".

[47] *Erlaubnis.*

de los prestadores de servicios de hacer los mayores esfuerzos por garantizar la indisponibilidad *ex ante* de los contenidos infractores. Es la disposición más controvertida de la Directiva 2019/790, cuya adopción suscitó una gran contestación en Alemania.

El legislador alemán ha incorporado el principio del bloqueo *ex ante*,[48] excluyendo de su aplicación a las empresas emergentes.[49] Sin embargo, lo ha acompañado de dos mecanismos que no figuran en la Directiva y que limitan su alcance. En primer lugar, amparándose en el principio de proporcionalidad, la ley alemana exime de dicha obligación a los "pequeños prestadores de servicios" con un volumen de negocios anual en la UE inferior a un millón de euros.[50] Por otra parte, precisa que el bloqueo *ex ante* no debe "conllevar la indisponibilidad de los contenidos puestos en línea por los usuarios si el uso está amparado por la ley o no infringe los derechos de autor".[51] Sobre esa base, se establece la presunción de legalidad de ciertos usos de contenidos protegidos por los servicios de intercambio de contenidos en línea.

## 10. PRESUNCIÓN DE LEGALIDAD DE LOS USOS TRANSFORMATIVOS

A diferencia del anteproyecto de ley,[52] que simplemente legalizaba los usos *de minimis*, el texto definitivo recurre a la técnica

48 Art. 7.1 UrhDaG: "El prestador de servicios está obligado, de conformidad con el apartado 2 del artículo 1, a garantizar en la medida de sus posibilidades, mediante el bloqueo o la retirada, que una obra no se comunica al público y no estará disponible para este fin en el futuro, tan pronto como el titular de los derechos lo solicite y facilite la información necesaria a tal efecto".

49 Art. 7.4 UrhDaG.

50 Art. 7.5 UrhDaG.

51 Art. 7.2 UrhDaG.

52 *Vid. supra*, apartado 1.

de la presunción para sustraer del bloqueo *ex ante* determinados contenidos cargados por los usuarios. Los artículos 9 a 11, dentro del capítulo 4 de la ley titulado "usos cubiertos por la presunción de autorización", configuran un sistema comparable al que preconizaba la Comisión, consistente en aplicar el bloqueo *ex ante* únicamente a los contenidos manifiestamente infractores.[53] Según el legislador alemán, se trata de un "nuevo mecanismo procedimental para evitar bloqueos desproporcionados" cuando las plataformas utilicen sistemas de filtrado automatizado (*upload filter*).[54] Según la exposición de motivos de la ley, este régimen permite "aplicar el artículo 17.7 de la Directiva, que obliga a garantizar de forma efectiva los derechos de los usuarios, salvaguardando al mismo tiempo los intereses legítimos de los titulares de derechos".[55] Es decir, con el fin de preservar la libertad de expresión y de información de los usuarios, autoriza el mantenimiento en línea de contenidos cuya carga se presuma amparada por una excepción aunque los titulares de derechos los hayan denunciado por vulnerar sus derechos de propiedad intelectual.[56]

A excepción de las fotografías, que podrán utilizarse en su totalidad, se presumirá que los contenidos generados por los usuarios de plataformas de intercambio están amparados por una excepción a los derechos de autor siempre que se cumplan tres condiciones cumulativas: (1) que contengan menos de la mitad

---

53 Comisión Europea, Orientaciones sobre el artículo 17 de la Directiva 2019/790 sobre los derechos de autor en el mercado único digital, 4 de junio de 2021, COM (2021) 288 final. Véanse también las conclusiones del Abogado General Saugmandsgaard Øe en el asunto del recurso planteado por Polonia, C-401/19, apartado 201.

54 BT-Drs. 19/27426, p. 46.

55 BT-Drs. 19/27426, p. 46.

56 Art. 9.1 UrhDaG: "Para evitar bloqueos desproporcionados cuando se utilicen sistemas automatizados, los usos cubiertos por la presunción de autorización deben comunicarse al público hasta que finalice el procedimiento de reclamación".

de la obra u obras de un tercero; (2) que combinen partes de las obras mencionadas en el punto anterior con otros contenidos; y (3) que constituyan un uso mínimo de las obras de terceros en el sentido del artículo 10, o que se consideren autorizados en el sentido del artículo 11.[57] Dado que se trata de una presunción *iuris tantum*, el legislador alemán considera que este sistema es plenamente conforme con el Derecho de la UE.[58]

## 11. PRÉSTAMO MÍNIMO Y MARCADO

El concepto de "usos cubiertos por la presunción de autorización" del artículo 9 UrhDaG ampara, al menos temporalmente, los contenidos generados por los usuarios (CGU) que no puedan ser objeto de bloqueo preventivo automatizado por cumplir las tres condiciones anteriores. En realidad, la tercera condición es doble, ya que se formula como alternativa: bien el préstamo de la obra de un tercero es mínimo, bien el usuario justifica que su carga está amparada por la ley. La primera parte de la alternativa se desarrolla en el artículo 10 y la segunda en el artículo 11 UrhDaG.

Para que el préstamo pueda considerarse mínimo en virtud del artículo 10 UrhDaG, no debe realizarse con fines comerciales ni generar ingresos significativos. La ley fija a continuación un umbral cuantitativo máximo: 15 segundos para una obra audiovisual o musical,[59] 160 caracteres para un texto y 125 kilobytes

---

57 Art. 9.2 UrhDaG.

58 BT-Drs. 19/27426, p. 46: "Los apartados 9 a 12 del proyecto de ley no plantean problemas desde el punto de vista del Derecho de la Unión, ya que no habilitan por ley y con carácter definitivo determinadas cargas, sino que, como instrumento procedimental, las ponen inicialmente a disposición del público a pesar de que exista una solicitud de bloqueo *ex ante*, permitiendo al mismo tiempo una verificación *ex post*".

59 O una secuencia de sonidos o imágenes y sonidos susceptibles de protección en virtud de un derecho afín.

para una fotografía o un gráfico. Queda para el debate la conveniencia de permitir un uso en función exclusivamente de la longitud del extracto y de su combinación con otros contenidos.

También se descarta el bloqueo automático, incluso cuando el contenido generado por el usuario supere estos umbrales y no pueda hablarse de préstamo mínimo en el sentido del artículo 10 UrhDaG. Conforme a la legislación alemana, los usuarios pueden declarar que su uso de contenidos protegidos por derechos de autor o derechos afines está amparado por una excepción.[60] Esta opción de marcado (*flagging*) se aplica a todos los casos de bloqueo automatizado, ya sea con carácter preventivo o con posterioridad a que el contenido haya sido cargado (*take down*).[61]

## 12. LA REMUNERACIÓN EQUITATIVA PARA LOS TITULARES DE DERECHOS

La ley alemana de transposición del artículo 17 de la Directiva 2019/790 reconoce a los autores y titulares de derechos afines varios derechos de remuneración que no están previstos en la propia Directiva. La doctrina alemana considera, no obstante, que dicho régimen se ajusta al derecho de la UE y que está amparado por el artículo 18 de la Directiva, que exige que

---

60 Art. 11.2 UrhDaG: Si el contenido generado por el usuario debe bloquearse automáticamente cuando se carga, y si no se trata de un uso menor de conformidad con el art. 10, el prestador de servicios está obligado a: (1) informar al usuario de la solicitud de bloqueo del titular de los derechos; (2) advertir al usuario, al mismo tiempo que se comunica la información mencionada en el punto 1, sobre la necesidad de obtener autorización legal de conformidad con el artículo 5 para la comunicación al público; y (3) permitir al usuario indicar que el uso está amparado por la ley conforme al artículo 5.

61 Art. 11.2 UrhDaG.

se conceda a los autores y a los artistas intérpretes o ejecutantes una remuneración adecuada y proporcionada.

En primer lugar, los autores[62] e intérpretes tienen derecho a una remuneración adecuada por el uso de sus obras e interpretaciones en plataformas de intercambio de contenidos en línea, incluso cuando ya hayan cedido a un tercero su derecho exclusivo de comunicación al público.[63] Este derecho de remuneración es comparable al que la legislación española reconoce a los artistas intérpretes o ejecutantes por poner su interpretación o ejecución a disposición del público.[64] Se trata de un derecho de crédito frente a la plataforma, al que el autor no puede renunciar y que solo puede hacerse valer a través de una entidad de gestión colectiva.[65]

Asimismo, la plataforma debe pagar a los autores y titulares de derechos afines una remuneración adecuada por el uso que hagan sus usuarios de contenidos protegidos amparados por la nueva excepción de caricatura, parodia y pastiche.[66] De hecho, en Alemania se prevé una compensación para un gran número de excepciones a los derechos de autor, mucho más allá de las copias privadas. Sin embargo, cabe preguntarse si dicha compensación está justificada, dado que esta excepción tiene por objeto garantizar la libertad de expresión y no suele estar sujeta al pago de una remuneración. Sorprende también la diferencia de trato con la excepción de cita, que se garantiza del mismo modo que la excepción de caricatura, parodia y pastiche para los usuarios de pla-

---

62 Incluidos los autores de fotografías no originales protegidas en virtud de la legislación alemana por un derecho afín a los derechos de autor (*vid.* art. 21.2 UrhDaG).

63 A menos que el tercero sea una organización de gestión colectiva o un distribuidor digital (art. 4.3 UrhDaG).

64 Art. 108. 3 TRLPI.

65 Art. 4.4 UrhDaG.

66 Art. 5.2 UrhDaG.

taformas de CGU,[67] pero sin derecho a remuneración para los autores y titulares de derechos afines. El sistema establecido por el legislador alemán es también muy complejo, ya que este derecho a remuneración solo se prevé para las caricaturas, parodias y pastiches de los usuarios de servicios de intercambio de contenidos en línea, pero no para los demás.[68] En realidad, se trata de justificar la interpretación extremadamente amplia que hace el legislador alemán de la excepción de pastiche, que supuestamente ampara todos los usos transformativos en las plataformas de CGU.[69]

Por último, se establece un tercer derecho de remuneración para los usos cubiertos por la presunción de autorización en virtud del artículo 9 UrhDaG,[70] que está sujeto al mismo régimen que el anterior,[71] sin que la ley especifique la relación entre ambos. La doctrina alemana considera que este derecho no es acumulable, por lo que no se aplica cuando el uso controvertido está amparado por la excepción de caricatura, parodia y pastiche.

---

67 Apartados 1 y 2 del art. 5.1 UrhDaG.

68 Por lo tanto, la obligación de pagar una remuneración adecuada a los titulares de derechos no existirá en relación con los usos a efectos de caricatura, parodia y pastiche realizados fuera de línea o en línea, siempre que se produzcan en una plataforma que no sea un servicio de intercambio de contenidos en línea en el sentido del artículo 2.6 de la Directiva 2019/790.

69 *Vid.* la exposición de motivos del proyecto de ley (BT-Drs. 19/27426), p. 91: "El pastiche ampara determinados contenidos generados por los usuarios que no pueden calificarse de parodia o caricatura (...). Las técnicas culturales de cita, imitación y préstamo son una característica clave de la intertextualidad y de la creación y comunicación culturales contemporáneas en la "web social". Nos referimos en particular a prácticas como las remezclas, los memes, los GIF, los *mashups*, el *fan art*, la *fan fiction* y el *sampling*".

70 *Vid. supra*, apartado 10.

71 Esto significa que el deudor es el proveedor del servicio de intercambio de contenidos en línea, que el derecho de remuneración solo puede transferirse a una organización de gestión colectiva y que no puede renunciarse a él (art. 12.1 UrhDaG).

# *Capítulo 15*
# *La transposición de la Directiva 2019/790 en Francia*

**CARLA BRAGADO HERRERO DE EGAÑA**
*Investigadora postdoctoral del programa "Margarita Salas"*
*UAM/Université d'Évry*

El cumplimiento, por parte del legislador francés, con los objetivos fijados en la Directiva 2019/790 ha sido el resultado de un proceso de transposición compuesto por varias etapas. La primera de ellas tuvo lugar a través de la Ley n° 2019-775 de 24 de julio de 2019 *tendant à créer un droit voisin au profit des agences de presse et des éditeurs de presse*, mediante la cual se integraban en el Derecho interno las disposiciones contenidas en el artículo 15 de la Directiva 2019/790 ("*Protección de las publicaciones de prensa en lo relativo a los usos en línea*"). El resto de la transposición se llevó a cabo por la vía de dos *Ordonnances*[1]. La primera de ellas, de 12 de mayo de 2021, versaba sobre la transposición

---

1 El término *Ordonnance* hace referencia a un texto normativo presentado por el Gobierno en un ámbito que, en principio, ha de ser regulado a través de una Ley. Inicialmente, el legislador francés pretendía transponer la Directiva 2019/790 – a excepción del artículo 15 – a través de un proyecto de Ley (AN, Projet de loi n° 2488, 4 déc. 2019 *relatif à la communication audiovisuelle et à la souveraineté culturelle à l'ère du numérique*). No obstante, la situación de emergencia sanitaria derivada de la pandemia de COVID-19 hizo que esta iniciativa tuviera que ser abandonada en marzo de 2020 (*Vid.* LUCAS, A., "Droit d'auteur. Exploitation des droits. – Dispositions générales (CPI, art.

del apartado 6 del artículo 2, así como de los artículos 17 a 23 de la Directiva 2019/790[2]. La segunda intervino seis meses más tarde, ocupándose de los apartados referentes a los límites o excepciones, así como de las medidas para mejorar las prácticas de concesión de licencias[3]. Por último, el proceso de transposición fue completado por un Decreto de 23 de junio de 2022[4]. Con mayor o menor justificación, se observa que una serie de preceptos de la Directiva europea no han sido objeto de transposición en el Derecho interno a través de este proceso (es el caso de los artículos 6,13, 14, 16 y 21).

## I. MEDIDAS PARA ADAPTAR LAS EXCEPCIONES Y LIMITACIONES AL ENTORNO DIGITAL Y TRANSFRONTERIZO (ARTÍCULOS 3 A 7 DE LA DIRECTIVA 2019/790)

El Título II de la Directiva 2019/790 introduce, a través de sus artículos 3 a 6, una serie de excepciones a los derechos exclusivos que son de obligada transposición. El artículo 7.1

---

L. 131-1 à L. 131-9)", *JCl. Propriété littéraire et artistique*, fasc. 1310, §4 (fecha de la última actualización consultada: 15 de junio de 2023).

2 Ordonnance n° 2021-580 du 12 mai 2021 *portant transposition du 6 de l'article 2 et des articles 17 à 23 de la directive 2019/790 du Parlement européen et du Conseil du 17 avril 2019 sur le droit d'auteur et les droits voisins dans le marché unique numérique et modifiant les directives 96/9/CE et 2001/29/CE.*

3 Ordonnance n° 2021-1518 du 24 novembre 2021 *complétant la transposition de la directive 2019/790 du Parlement européen et du Conseil du 17 avril 2019 sur le droit d'auteur et les droits voisins dans le marché unique numérique et modifiant les directives 96/9/CE et 2001/29.*

4 Décret n° 2022-928 du 23 juin 2022 *portant modification du code de la propriété intellectuelle et complétant la transposition de la directive 2019/790 du Parlement européen et du Conseil du 17 avril 2019 sur le droit d'auteur et les droits voisins dans le marché unique numérique et modifiant les directives 96/9/CE et 2001/29/CE.*

confiere, además, a tres de ellas un carácter imperativo al establecer que "*será inaplicable toda disposición contractual contraria a las excepciones establecidas en los artículos 3, 5 y 6*"[5]. Dentro de este apartado, los artículos 3 y 4 de la Directiva contienen sendas excepciones o limitaciones para las actividades de minería de textos y datos (1.). El artículo 5 regula la utilización de obras y prestaciones protegidas en actividades pedagógicas digitales y transfronterizas (2.). Por último, el artículo 6 contempla una excepción para favorecer la conservación del patrimonio cultural por parte de determinadas instituciones (3.).

### *1. Excepciones y/o limitaciones para las actividades de minería de textos y datos*

Tal y como enuncia el Considerando 8 de la Directiva 2019/790, "*las nuevas tecnologías hacen posible el análisis computacional automatizado de información en formato digital, por ejemplo, de textos, sonidos, imágenes o datos, al que generalmente se denomina «minería de textos y datos»*". En síntesis, estas prácticas posibilitan el tratamiento de grandes cantidades de información con el fin de extraer conocimientos y descubrir tendencias, pautas o correlaciones entre las distintas fuentes sometidas al proceso de exploración (que, en muchos casos, consisten en obras y prestaciones protegidas por un derecho de propiedad intelectual). De manera notable, estos usos pueden beneficiar a la comunidad investigadora y constituir un sustento para el avance científico. Pero, como explica el Considerando 18 de la misma

---

5 Siguiendo una lógica similar, el segundo inciso del artículo 7.2 de la Directiva 2019/790 extiende a las excepciones previstas en sus artículos 3 a 6 la aplicación de los párrafos 1°, 3° y 5° del artículo 6.4 de la Directiva 2001/29/CE. Este último contiene un mecanismo destinado a garantizar el disfrute de determinadas excepciones al derecho exclusivo frente a la presencia de medidas tecnológicas de protección.

Directiva, "*además de la importancia que revisten en el contexto de la investigación científica, las técnicas de minería de textos y datos son utilizadas a gran escala por entidades tanto privadas como públicas para analizar grandes cantidades de datos en distintos ámbitos de la vida y con fines diversos, entre ellos para servicios gubernamentales, para la adopción de decisiones empresariales complejas y para el desarrollo de nuevas aplicaciones o tecnologías*", entre las que destaca el entrenamiento o aprendizaje de los sistemas de inteligencia artificial generativa. Así, las prácticas de *text and data mining* tienen múltiples aplicaciones, y de ahí que el legislador europeo haya introducido dos excepciones distintas – en cuanto a su alcance y configuración – al derecho exclusivo de explotación.

La primera de ellas, reconocida en el artículo 3 de la Directiva 2019/790 y dotada de carácter imperativo, limita su aplicación al ámbito de la investigación científica; la segunda, presente en su artículo 4, es susceptible de amparar finalidades diversas (incluso comerciales), pero su amplio alcance viene contrarrestado por el reconocimiento de un derecho de oposición en beneficio de los titulares de derechos (*opt-out*).

En este contexto, el artículo 3.1 de la Directiva 2019/790 obliga a los Estados miembros a establecer una excepción para las reproducciones y extracciones realizadas por organismos de investigación e instituciones responsables del patrimonio cultural con el fin de realizar, con fines de investigación científica, minería de textos y datos de obras u otras prestaciones a las que tengan acceso lícito[6]. Los apartados 2 y 3 del mismo precepto obligan a que las copias de obras y prestaciones hechas durante este proceso se almacenen con un nivel adecuado de seguridad, y puedan conservarse con fines de investigación

---

6 Concretamente, los derechos afectados por la excepción son los previstos en los artículos 5, letra a), y 7.1 de la Directiva 96/9/CE; así como el artículo 2 de la Directiva 2001/29/CE y el artículo 15.1 de la Directiva 2019/790.

científica, en particular para verificar los resultados de la misma. En paralelo, los titulares de derechos quedan autorizados a aplicar medidas para garantizar la seguridad e integridad de las redes y bases de datos en que se lleve a cabo dicho almacenamiento, siempre y cuando no excedan de lo necesario. El legislador europeo ordena, por último, que los Estados miembros alienten la cooperación entre los titulares de derechos y los beneficiarios de la excepción para establecer las mejores prácticas en lo relativo a esa posibilidad de almacenamiento y conservación con niveles de seguridad adecuados.

Por su parte, el artículo 4 de la Directiva 2019/790 contempla una excepción de más amplio espectro, por cuanto permite los actos de reproducción y extracción de obras y otras prestaciones protegidas accesibles de forma legítima para las prácticas de minería de textos y datos, cualquiera que sea su finalidad, y sin dirigirse a una categoría concreta de beneficiarios[7]. Las reproducciones y extracciones podrán, además, conservarse durante todo el tiempo que sea necesario para fines de minería de textos y datos. El apartado 3° dispone, no obstante, que la excepción o limitación se aplicará a condición de que el uso de las obras y prestaciones a que se refiere "*no esté reservado expresamente por los titulares de derechos de manera adecuada, como medios de lectura mecánica en el caso del contenido puesto a la disposición del público en línea*".

Por lo que al Derecho francés se refiere, el uso de obras en el marco de las operaciones de minería de textos y datos aparece mencionado dentro del elenco de excepciones previsto en el artículo L.122-5 del *Code de la Propriété Intellectuelle* (en adelante, CPI), y más concretamente en su numeral 10°. El mismo prevé

---

7 En este caso, los actos de reproducción afectados por la excepción son los previstos en los artículos 5, letra a), y 7.1 de la Directiva 96/9/CE; el artículo 2 de la Directiva 2001/29/CE; el artículo 4.1, letras a) y b) de la Directiva 2009/24/CE; y el artículo 15.1 de la Directiva 2019/790.

que el autor no puede impedir las copias o reproducciones digitales de una obra con fines de minería de textos y datos en las condiciones previstas en el artículo L. 122-5-3 CPI. El apartado I de este último precepto reproduce sustancialmente la definición de "minería de textos y datos" que figura en el artículo 2, apartado 2) de la Directiva 2019/790.

El apartado II se ocupa de la excepción de minería de textos y datos con fines de investigación científica. El mismo reproduce las condiciones de aplicación presentes en el texto de la Directiva, haciendo hincapié en que el límite se concibe "*a los únicos fines de la investigación científica*". Cabe, por otra parte, destacar las cautelas adoptadas por el legislador francés a los efectos de evitar las posibles fisuras que podrían producirse en la aplicación de esta excepción al derecho exclusivo que, en principio, se configura en términos restrictivos[8]. Un primer problema puede surgir a la hora de almacenar las copias efectuadas, y de ahí que la propia Directiva indique que tal almacenamiento ha de hacerse con un nivel de seguridad adecuado, permitiendo a los titulares de derechos aplicar medidas proporcionadas para

---

[8] En este sentido, el Considerando 17 de la Directiva 2019/790 afirma que "*habida cuenta de la naturaleza y el ámbito de aplicación de la excepción, limitados a las entidades que realizan actividades de investigación científica, el posible perjuicio para los titulares de derechos que pueda derivarse de esta excepción sería mínimo*". Con todo, el límite para minería de textos y datos con fines de investigación científica reconocido por el legislador europeo tiene un alcance más amplio que aquel que, en el año 2016, introdujo el legislador francés a través del artículo 38 de la Ley nº 2016-1321 *pour une République numérique.* Este únicamente concebía que la exploración pudiera versar sobre textos y datos incluidos o asociados a escritos científicos, y su finalidad quedaba limitada a las necesidades de la investigación pública. La iniciativa, con todo, no era conforme con el Derecho de la Unión Europea en aquel entonces, pues este prohíbe a los legisladores nacionales introducir unilateralmente excepciones al derecho exclusivo que no figuren en el elenco cerrado establecido por el legislador europeo.

garantizar esa seguridad de las redes y bases de datos empleadas a tal efecto. De otro, puede plantearse con frecuencia la necesidad de acudir a terceros para emplear sus medios tecnológicos, tanto para la operación de minería de textos y datos propiamente dicha, como para el almacenamiento y conservación de los materiales objeto de exploración[9]. Por último, un proyecto de investigación no siempre es llevado a cabo por entes públicos carentes de ánimo de lucro, sino que cada vez es más frecuente el concurso de actores del sector privado. En este sentido, el Considerando 11 reconoce que, "*en consonancia con la actual política de investigación de la Unión, que anima a las universidades y los institutos de investigación a colaborar con el sector privado, los organismos de investigación también han de poder acogerse a la excepción cuando sus actividades de investigación se lleven a cabo en el marco de asociaciones público-privadas*". En paralelo, el Considerando 12 establece que "*no han de considerarse organismos de investigación a los efectos de la presente Directiva aquellos organismos sobre los que las empresas comerciales tienen una influencia decisiva que permite a dichas empresas ejercer el control debido a situaciones estructurales, como de su condición de accionistas o socios, lo cual podría dar lugar a un acceso preferente a los resultados de la investigación*". De ahí que el artículo L. 122-5-3, II CPI señale, en su párrafo 2º, que la excepción no será aplicable cuando una empresa, accionista o socio del organismo o de la institución que lleva a cabo las operaciones de minería de textos y datos dispone de un acceso privilegiado a sus resultados[10].

---

9 Considerandos 11 y 14 de la Directiva 2019/790.

10 Completando esta regulación, el artículo R. 122-23, II CPI dispone que si la copia es realizada por un tercero, por cuenta y a petición de una de las instituciones beneficiarias de la excepción, inclusive en el marco de un convenio sin finalidad lucrativa con un actor privado, ha de establecerse un acuerdo entre las partes en el que se mencionen las condiciones en que esta persona accede a las obras, las medidas adoptadas para garantizar que las copias son almacenadas con un nivel de seguridad adecuado, y las modalidades según las

Por su parte, la excepción de minería de textos y datos del artículo 4 de la Directiva 2019/790 ha quedado transpuesta en el artículo L. 122-5-3, III del CPI. Su primer párrafo reproduce las condiciones fijadas en la Directiva mientras que, el segundo, exige que las copias y reproducciones sean almacenadas con un nivel de seguridad apropiado, ordenando su destrucción al concluir la exploración de textos y datos. Completa esta regulación la parte reglamentaria del CPI exigiendo, de un lado, a las personas que efectúen la operación de minería de textos y datos, que proporcionen a los titulares de derechos que lo soliciten todos los documentos y justificantes que permitan acreditar que las copias y reproducciones efectuadas son almacenadas con un nivel de seguridad apropiado y que han sido destruidas al concluir el proceso[11]. El artículo R. 122-28 CPI indica, además, que el derecho de oposición mencionado en el artículo L. 122-5-3 CPI no requiere motivación, y puede ser expresado por cualquier medio. En el caso de contenidos puestos a disposición del público en linea, tal oposición puede manifestarse a través de procedimientos de lectura mecánica, inclusive de

cuales tales copias serán devueltas a la institución, o suprimidas una vez expirado el acuerdo. En un sentido similar, el artículo R. 122-24 CPI contempla que, en caso de que la institución beneficiaria de la excepción confíe el almacenamiento o la conservación de las copias mencionadas a un tercero, se establecerá un contrato de depósito en el que se detallarán las modalidades de copia, el nivel de seguridad con el que éstas son almacenadas, las modalidades según las cuales el depositante accede a las mismas, y la duración del contrato. En ambos casos, las instituciones beneficiarias de la excepción deben facilitar a los titulares de derechos que lo soliciten todos los justificantes que permitan establecer que las copias y reproducciones digitales quedan almacenadas a los únicos fines de la investigación científica y con un nivel de seguridad adecuado (en particular, las cláusulas de los convenios y contratos de depósito mencionados).

11 Artículo R. 122-27 CPI.

metadatos, así como a través del recurso a las condiciones generales de utilización de un sitio de Internet o de un servicio.

### 2. *Utilización de obras y otras prestaciones en actividades pedagógicas digitales y transfronterizas*

A través del artículo 5 de la Directiva 2019/790 el legislador europeo ha introducido una nueva excepción para la utilización de obras y prestaciones protegidas en actividades pedagógicas digitales y transfronterizas, estimando que estos usos no estaban claramente incluidos en aquellas contempladas en el artículo 5.3 a) de la Directiva 2001/29/CE y en los artículos 6.2 b) y 9 b) de la Directiva 96/9/CE. El recurso a herramientas digitales en las aulas – unas veces con una función meramente auxiliar, otras como medio para garantizar la impartición de programas formativos en línea y a distancia – se ha incrementado notablemente en los últimos años, y ello no sólo en las enseñanzas superiores, sino también en otros niveles o ámbitos docentes.

En términos generales, el legislador europeo obliga a los Estados miembros a introducir en sus leyes internas una excepción o limitación a los derechos de reproducción y de comunicación pública con el fin de autorizar el uso digital de obras y otras prestaciones únicamente a efectos de ilustración con fines educativos, en la medida en que ello esté justificado por la finalidad no comercial perseguida, y a condición de que dicho uso cumpla dos condiciones. En primer lugar, el mismo ha de tener lugar bajo la responsabilidad de un centro de enseñanza, en sus locales o en otros lugares; o a través de un entorno electrónico seguro cuyo acceso quede reservado a los alumnos y personal docente del centro. En estos casos, se considerará que el uso a través de entornos electrónicos seguros únicamente tiene lugar en el Estado miembro en el que está establecido el centro de enseñanza. En segundo lugar, el uso en cuestión ha de ir acompañado de la indicación de la fuente, con inclusión del nombre del autor, salvo que ello resulte imposible[12]. Por último, permite a los Estados miembros prever una compensación equitativa para los titulares de derechos por el uso de estas obras o prestaciones en el marco de la excepción.

Si se observa, el legislador europeo no reserva el ámbito de aplicación de la excepción a un ámbito formativo o educativo particular. Tampoco precisa la extensión del uso permitido, remitiendo simplemente a una exigencia de razonabilidad ("*en la medida en que ello esté justificado por la finalidad no comercial perseguida*"). No obstante, el apartado 2º del artículo 5 de la Directiva autoriza a los Estados miembros a establecer que la excepción o limitación expuesta "*no sea aplicable o no se aplique con respecto a determinados usos o tipos de obras u otras prestaciones, como materiales destinados principalmente al mercado de la enseñanza o partituras, en la medida en que estén fácilmente disponibles en el mercado acuerdos de licencia adecuados [...] y adaptados a las necesidades y especificidades de los centros de enseñanza*". Los acuerdos de licencia en cuestión deben, por tanto, autorizar los actos a los que se refiere la excepción, y los Estados miembros que decidan hacer uso de esta posibilidad deberán adoptar las medidas necesarias a fin de garantizar, para los centros de enseñanza, la visibilidad adecuada de las mencionadas licencias.

En estos términos, el artículo 5 de la Directiva 2019/790 presenta una configuración inédita en materia de límites. De un lado, el límite adquiere un carácter obligatorio que su predecesor no tenía en la 2001/29/CE. Es, en este sentido, de obligada transposición. Por otra parte, el artículo 7.1 de la Directiva 2019/790 lo dota también de carácter imperativo, en el sentido de que toda disposición contractual contraria al mismo será inaplicable. Con todo, del apartado 2º del artículo 5 rompe de alguna manera esta inercia por cuanto de él se deprende que el

---

12 Apartados 1 y 3 del artículo 5 de la Directiva 2019/790.

límite tiene, en realidad, un carácter "supletorio"[13]. Esta singularidad del mecanismo viene justificada por la voluntad de preservar la práctica de los acuerdos de licencia que muchas entidades de gestión venían concluyendo con las universidades y otros centros educativos en varios países[14]. El sistema había dado resultados globalmente efectivos, entre otras cosas por cuanto una solución negociada directamente por las partes puede adaptarse mejor a las necesidades concretas de los establecimientos de enseñanza y, en su caso, contemplar autorizaciones de uso más amplias que las que cabe establecer en abstracto por medio de un límite[15]. Ello redunda también en una mayor seguridad jurídica para el establecimiento en cuestión. Se trata, en suma, de remover las cargas administrativas o de reducir los costes de transacción que conllevaría la necesidad de entablar una negociación individualizada con cada uno de los titulares de derechos. Por lo mismo, parece que estos acuerdos de licencia adecuados deberían consistir en autorizaciones que cubran grandes repertorios a cambio de una tarifa única. Con todo, la posibilidad de que un acuerdo de licencia desactive el juego de la excepción tiene que estar expresamente prevista en la legislación interna, debiendo además el Estado acompañar de alguna manera su puesta en marcha efectiva y su visibilidad para los centros de enseñanza.

En este contexto, el legislador francés ha inscrito la excepción para el uso de obras protegidas con fines docentes en el artículo L. 122-5-12° CPI en los siguientes términos: el autor no puede impedir "*la representación o la reproducción de extractos de obras con fines exclusivos de ilustración en el marco de la enseñanza y*

---

13 BERNAULT, C., "Exceptions – Fouille de textes et de données – Enseignement – Conservation du patrimoine culturel – Œuvres indisponibles", *Propr. intell. 2019,* n° 72, Chron. n° 4, pp. 39-45, en p. 43.

14 Considerando 23 de la Directiva 2019/790.

15 BARTHEZ, V., "L'utilisation d'œuvres et autres objets protégés dans le cadre d'activités d'enseignement numériques", *Dalloz IP/IT* 2019, p. 309.

*de la formación profesional, en las condiciones previstas en el artículo L. 122-5-4*". Esta última disposición establece, en su apartado I, que la reproducción o la representación de extractos de obras puede ser realizada sin autorización de los autores con fines exclusivos de ilustración en el marco de la enseñanza y de la formación profesional, así como para la elaboración de exámenes y concursos en este marco, quedando excluida toda actividad que tenga una finalidad recreativa, y en la medida justificada por la finalidad no comercial perseguida. El mismo precepto reproduce las condiciones de aplicación de la excepción establecidas en el artículo 5.1 de la Directiva 2019/790 y prevé, asimismo, la existencia de una compensación. Quedan, no obstante, excluidos del ámbito de la excepción los actos de reproducción y de representación, en forma distinta a la digital, de partituras y de obras concebidas con fines pedagógicos[16].

Por su parte, el apartado II del artículo L. 122-5-4 CPI establece que la excepción no se aplicará a los actos de reproducción y de representación en forma digital cuando existan licencias adecuadas que los autoricen con fines de ilustración en el marco de la enseñanza y de la formación profesional, que respondan a las necesidades específicas de los establecimientos y sean propuestas a éstos de forma visible. Un Decreto previo dictamen del Consejo de Estado (*décret en Conseil d'État*) definirá las condiciones de visibilidad de las propuestas y fijará la lista de establecimientos para los cuales éstas han de dirigirse a los ministros competentes[17]. Las condiciones de concesión de las licencias deberán basarse en criterios objetivos y transparentes, y la remuneración debida por las mismas deberá ser "razonable". Por último, el dispositivo prevé la posibilidad de recurrir aquí a las licen-

---

16 Artículo L. 122-5-4, III CPI.

17 Así, la parte reglamentaria del Código de Propiedad Intelectual ha venido a completar esta regulación tras la adopción del Decreto n° 2022-928 de 23 de junio de 2022 (*Vid.* los artículos R. 122-29 y R. 122-30 CPI).

cias colectivas con efecto ampliado, de forma que las licencias adecuadas concedidas por una entidad de gestión acreditada podrán ser extendidas a los titulares de derechos no miembros de este organismo por orden (*arrêté*) del Ministro de Cultura[18].

## *3. Conservación del patrimonio cultural*

Bajo la rúbrica "conservación del patrimonio cultural", el artículo 6 de la Directiva 2019/790 prevé una excepción obligatoria e imperativa a los actos de reproducción con el fin de permitir a las instituciones responsables del patrimonio cultural "*efectuar copias de las obras u otras prestaciones que se hallen de forma permanente en sus colecciones, en cualquier formato y en cualquier soporte, con la finalidad de conservar tales obras u otras prestaciones y en la medida necesaria para esa conservación*"[19]. El ámbito de aplicación de este límite es parcialmente coincidente con el límite que ya contemplaba la Directiva 2001/29/CE en el artículo 5.2. c) "*en relación con actos específicos de reproducción efectuados por bibliotecas, centros de enseñanza o museos accesibles al público, o por archivos, que no tengan intención de obtener un beneficio económico o comercial directo o indirecto*". La misma había sido transpuesta por el legislador francés en el artículo L. 122-5-8° CPI estableciendo que el autor no puede impedir "*la reproducción de una obra y su representación efectuadas con fines de conservación o destinadas a preservar las condiciones de su consulta con fines de investigación o de estudios privados por particulares, en los locales del establecimiento y a través de terminales previstos a tal efecto por las bibliotecas accesibles al público, los museos o los servicios de archivos, con la condición de que éstos no persigan ninguna ventaja*

---

18 Artículo L. 122-5-4, II, párrafo 3° CPI.

19 En concreto, los derechos afectados por el límite son los previstos en los artículos 5 a) y 7.1 de la Directiva 96/9/CE, el artículo 2 de la Directiva 2001/29/CE, el artículo 4.1.a) de la Directiva 2009/24/CE y el artículo 15.1 de la Directiva 2019/790.

*económica o comercial*"[20]. Considerando que el contenido de esta disposición satisfacía ya las exigencias marcadas por el legislador europeo en la Directiva 2019/790, la *Ordonnance* de transposición se ha limitado a precisar que los actos de reproducción de un programa de ordenador mencionados en el artículo L. 122-6-1° CPI tampoco estarán sujetos a la autorización del autor cuando se hagan con los fines y en las condiciones mencionadas en el artículo L. 122-5-8° CPI[21].

## II. MEDIDAS PARA MEJORAR LAS PRÁCTICAS DE CONCESIÓN DE LICENCIAS Y GARANTIZAR UN MAYOR ACCESO A LOS CONTENIDOS

El segundo bloque normativo de la Directiva 2019/790, presente en su Título III, introduce una serie de medidas para mejorar las prácticas de concesión de licencias y garantizar un mayor acceso a los contenidos. Dentro de este apartado, el legislador francés únicamente ha transpuesto las disposiciones para fomentar la concesión de licencias colectivas con efecto ampliado (1.), junto con las medidas para favorecer el uso de obras y prestaciones que se encuentran fuera del circuito comercial (2.).

### *1. Concesión de licencias colectivas con efecto ampliado*

Conocidas desde la década de 1960 en algunos países escandinavos, las llamadas "licencias colectivas con efecto ampliado" han sido introducidas por el legislador europeo en el artículo 12 de la Directiva 2019/790. Se trata de un mecanismo diseñado para conceder licencias sobre grandes repertorios. En particular, permite a los Estados miembros establecer, por lo que se

---

20 La traducción es mía.

21 Artículo 2 de la *Ordonnance* n° 2021-1518 du 24 novembre 2021.

refiere al uso en su territorio que, cuando una entidad de gestión sujeta a la normativa nacional por la que se aplica la Directiva 2014/26/UE concluya, de conformidad con los mandatos que le hayan otorgado los titulares de derechos, un acuerdo de licencia para la explotación de obras u otras prestaciones, ese acuerdo pueda extenderse a los derechos de los titulares que no hayan autorizado a esa entidad de gestión para que los represente; o bien, que con respecto a dicho acuerdo, la entidad en cuestión ostente un mandato legal o se presuma que representa a titulares de derechos que no hayan autorizado a esa entidad a actuar por cuenta de los mismos[22]. En la práctica, se trata de que – en determinadas condiciones, y para determinados usos – el acuerdo de licencia concluido por una entidad de gestión pueda abarcar también el repertorio de los autores o artistas no miembros de la misma para las explotaciones, en el territorio nacional, de obras u otras prestaciones del mismo tipo. De esta manera, las autorizaciones de explotación tramitadas a través de una entidad de gestión colectiva pueden abrirse a un número potencialmente muy elevado de obras y prestaciones protegidas, cubriendo utilizaciones con respecto a las cuales una autorización individual habría sido, en la práctica, difícil de obtener.

Con todo, el mecanismo de licencia colectiva ampliada únicamente puede aplicarse "*en sectores de uso bien definidos, cuando obtener autorizaciones de los titulares de derechos de manera individual resulte generalmente oneroso y dificultoso hasta un grado tal que haga improbable la operación requerida para obtener una licencia*"[23]. Además, los Estados miembros deben aplicar una serie de salvaguardas consistentes en que: a) que la entidad de gestión colectiva sea, sobre la base de sus mandatos, "*suficientemente representativa*" de los titulares de derechos con respecto al tipo pertinente de obras o prestaciones y de los derechos objeto de la licencia,

---

[22] Artículo 12.1 de la Directiva 2019/790.

[23] Artículo 12.2 de la Directiva 2019/790.

para el Estado miembro de que se trate; b) se garantice a todos los titulares de derechos una igualdad de trato (también en relación con los términos de la licencia); c) se prevea un sistema que permita que los titulares de derechos que no hayan autorizado a la entidad a conceder la licencia puedan, "*en cualquier momento, con facilidad y de manera efectiva, excluir sus obras u otras prestaciones del mecanismo de concesión de licencias*"; y d) se tomen medidas de publicidad adecuadas que se apliquen al inicio de un período razonable antes de que las obras o prestaciones sean utilizadas al amparo de la licencia. El objetivo es que los titulares de derechos puedan tener conocimiento de la facultad que ostenta la entidad de gestión para conceder licencias conforme a este mecanismo, así como de las opciones para retirarse del mismo. No obstante, el texto de la Directiva subraya que las medidas de publicidad serán efectivas "*sin necesidad de tener que informar a título individual a cada titular de derechos*"[24]. Por último, el apartado 5 del artículo 12 obliga a los Estados miembros a informar a la Comisión de los mecanismos de concesión de licencias reconocidos en su Derecho nacional, y ésta, a su vez, publicará toda la información relativa a los mismos.

En Francia, el mecanismo de licencias colectivas con efecto ampliado ha quedado inserto en los artículos L. 324-8-1 a 324-8-6 CPI. En esencia, el mecanismo de extensión de la licencia concedida por un organismo de gestión colectiva se descompone en tres fases. En primer lugar, es necesario que dicho organismo reciba una acreditación o habilitación ministerial para poder conceder licencias colectivas con efecto ampliado. Esta acreditación se concede atendiendo a una serie de criterios enunciados en el artículo L. 324-8-3 CPI: 1) la importancia de su repertorio y de la diversidad de sus socios; 2) la cualificación profesional de sus dirigentes; 3) los medios personales y materiales que el organismo propone emplear para garantizar la

---

[24] Artículo 12.3 d) de la Directiva 2019/790.

gestión de los derechos en cuestión; y 4) el carácter equitativo de los principios de reparto previstos[25].

Una vez obtenida dicha habilitación, es necesaria la conclusión de un acuerdo de licencia por parte de la entidad de gestión acreditada, siendo ese acuerdo el que podrá, en su caso, ser extendido por Orden ministerial a los titulares de derechos que no son miembros de la misma. Dicha extensión únicamente procede en sectores de uso bien definidos por parte del legislador[26]. En concreto, el legislador francés ha definido, por el momento, tres ámbitos para los cuales una entidad de gestión habilitada puede solicitar la extensión del acuerdo de licencia celebrado: la explotación de obras, en formato digital, por parte de establecimientos de enseñanza, con fines de ilustración en el marco de actividades pedagógicas (art. L. 122-5-4 CPI); la explotación de obras de arte visual por parte de plataformas de que permiten a los usuarios compartir contenidos en línea (art. L. 137-2-1 CPI); y la explotación de obras de arte visual en el marco de trabajos científicos publicados en abierto en Internet (art. L. 139-1 CPI).

Por último, es necesario el pronunciamiento de una Orden (*arrêté*) por la cual el Ministro competente en materia de Cultura extenderá el contrato que autoriza la explotación de la obra o prestación concluido por un organismo de gestión colectiva

---

25 La parte reglamentaria del Código de Propiedad Intelectual prevé, asimismo, una serie de disposiciones adicionales a efectos de la obtención de la habilitación, los trámites para su solicitud, el plazo por el que se concede, la posibilidad de que la misma sea retirada; o la publicación – tanto de su concesión como de su eventual retirada – en el Diario Oficial de la República Francesa (artículos R. 329-13 a 329-20 CPI).

26 El artículo L. 324-8-1 CPI dispone así que el contrato para la explotación de obras y objetos protegidos, concluido por el organismo de gestión colectiva, únicamente puede extenderse a los titulares de derechos no miembros "*en los casos previstos por el presente código*", y abarcará las obras y objetos protegidos del mismo tipo.

a obras y prestaciones protegidas de los titulares de derechos no miembros del mismo[27].

Conforme al artículo L. 324-8-2 CPI, el titular de derechos puede oponerse a que la entidad de gestión acreditada de la cual no es miembro pueda conceder, en su nombre, autorizaciones de explotación. Dicha oposición puede ser notificada en todo momento al organismo. Si ello ocurre una vez que un contrato ha sido ya extendido, en las condiciones previstas en el art. 324-8-1 CPI, las estipulaciones de dicho contrato cesan de producir efectos con respecto a ese titular de derechos a la mayor brevedad y, como máximo, en los tres meses siguientes a la notificación.

Por otra parte, el artículo L. 324-8-4 CPI regula las medidas de publicidad que deben acompañar el mecanismo de licencia colectiva con efecto ampliado. En este sentido, una vez concedida la acreditación, el organismo de gestión colectiva ha de poner inmediatamente en funcionamiento las medidas adecuadas para informar a los titulares de derechos de que se encuentra habilitado para negociar un contrato que autorice la explotación de sus obras u objetos protegidos en los supuestos legalmente previstos, y para solicitar la extensión de dicho contrato. Asimismo, deberá informarles de las modalidades de ejercicio del derecho de oposición mencionado en el artículo L. 324-8-2 CPI. Por último, en el momento en que concluya un contrato que autorice la explotación, el organismo de gestión colectiva deberá poner en marcha, en un plazo máximo de siete días, las medidas de publicidad adecuadas para garantizar la información de los titulares de derechos afectados sobre el

---

27 Artículo L. 324-8-1 CPI. *Vid.*, en este sentido, la acreditación recibida por la *société des Auteurs dans les arts graphiques et plastiques* por Orden de 13 de septiembre de 2022 (*Arrêté du 13 septembre 2022 portant agrément de la société des Auteurs dans les arts graphiques et plastiques en vue de la conclusion de contrats susceptibles d'être étendus*, JORF n°0223 du 25 septembre 2022, Texte n° 20).

poder de que dispone el Ministro competente en materia de Cultura de extender dicho contrato en las condiciones mencionadas en el artículo L. 324-8-1 CPI. Tales medidas se considerarán efectivas sin que sea necesario informar individualmente a cada titular de derechos[28].

## 2. *El uso de obras y prestaciones fuera del circuito comercial por parte de las instituciones responsables del patrimonio cultural (artículos 8 a 11 de la Directiva 2019/790)*

Desde hace ya algunos años, las bibliotecas e instituciones análogas vienen emprendiendo programas de digitalización masiva de sus fondos con un objetivo de promoción y difusión de la cultura. A los efectos de que estos proyectos de creación de grandes bibliotecas en línea puedan ofrecer algo más que obras o prestaciones que se encuentran en dominio público, tales entidades han militado por la introducción de algunos ajustes en las legislaciones en materia de derechos de autor que les permitieran hacer uso de las llamadas "obras huérfanas", así como de aquellas que no se encuentran disponibles en los canales comerciales habituales. Los parámetros del uso autorizado de las primeras quedaron establecidos en la Directiva 2012/28/UE[29], cuyo artículo 2.1 establece que "*se considerará que una obra o un fonograma son obras huérfanas si ninguno de los titulares de los derechos sobre dicha obra o fonograma está identificado o si, de estarlo uno o más de ellos, ninguno está localizado a pesar de haber efectuado una búsqueda diligente de los mismos*". En estos casos, el consentimiento previo a la realización de cualquier acto de explotación deviene imposible, y de ahí que la Directiva autorizara a los Estados miembros a prever excepciones a los

---

[28] Artículo L. 324-8-4 CPI.

[29] Directiva 2012/28/UE de 25 de octubre de 2012 *sobre ciertos usos autorizados de las obras huérfanas.*

derechos de reproducción y de puesta a disposición del público para que ciertas instituciones culturales pudieran dar uso, en determinadas condiciones, a las obras huérfanas que figuren en sus colecciones. En el caso de las obras y otras prestaciones que se encuentran fuera del circuito comercial, el problema deriva de la exigencia de informar a cada titular de derechos con carácter previo a la utilización, lo cual implica una búsqueda costosa. De ahí que los artículos 8 a 11 de la Directiva 2019/790 hayan añadido una nueva derogación al ejercicio del derecho de autor, para favorecer la explotación en formato digital de estas obras, por parte de las instituciones responsables del patrimonio cultural, siempre y cuando las mismas se hallen de forma permanente en la colección de la institución en cuestión.

El artículo 8.5 de la Directiva 2019/790 dispone que "*se considerará que una obra u otra prestación está fuera del circuito comercial cuando pueda presumirse de buena fe que la totalidad de la obra u otra prestación no está a disposición del público a través de los canales comerciales habituales, después de haberse hecho un esfuerzo razonable para determinar si está a disposición del público*". Quedan, no obstante, fuera de la aplicación del dispositivo previsto en los artículos 8 a 11 del Texto europeo los conjuntos de obras que estén fuera del circuito comercial si, sobre la base de ese esfuerzo razonable, hay pruebas de que dichos conjuntos se componen preponderantemente de obras y prestaciones de terceros países, salvo que exista una entidad de gestión colectiva que sea suficientemente representativa de los titulares de derechos del tercer país de que se trate[30].

---

30 Artículo 8.7 de la Directiva 2019/790. En concreto, entran dentro de dicha exclusión – que el Considerando 39 justifica por "motivos de cortesía internacional" – los conjuntos que se componen preponderantemente de: a) obras u otras prestaciones que no sean cinematográficas o audiovisuales publicadas o emitidas por primera vez en un tercer país; b) obras cinematográficas o audiovisuales cuyos productores tengan su sede o residencia habitual en un tercer país; o c) obras u otras prestaciones de nacionales de un tercer país

En este contexto, el artículo 8 de la Directiva 2019/90 establece un doble mecanismo para favorecer los usos, por parte de las instituciones responsables del patrimonio cultural, de estas obras indisponibles en los canales comerciales, en función de la existencia o no, en el Estado miembro en que se encuentre establecida la institución en cuestión, de una entidad de gestión colectiva que, sobre la base de sus mandatos, sea suficientemente representativa de los titulares de derechos con respecto una determinada categoría de obras o prestaciones[31]. En ausencia de un organismo que responda a este criterio, el artículo 8.2 obliga a los Estados miembros a establecer una excepción o limitación a los derechos de reproducción y de comunicación pública para permitir que las instituciones responsables del patrimonio cultural pongan a disposición, con fines con fines no comerciales, obras u otras prestaciones fuera del circuito comercial que se encuentren en su colección permanente[32]. Ello con la condición de que: a) se indique el nombre del autor o de cualquier otro titular de derechos identificable; y b) dichas obras o prestaciones se pongan a disposición en sitios web no comerciales. El artículo 9.2 de la Directiva permite los usos transfronterizos de las obras no disponibles en el comercio efectuados al amparo de este límite disponiendo que "*se considerará que los usos de obras y otras prestaciones al amparo de la excepción o limitación establecida en el artículo 8, apartado 2, se producen solamente en el Estado miembro en el que está establecida la institución responsable del patrimonio cultural que haga dicho uso*".

---

cuando, tras un esfuerzo razonable, no se haya podido determinar un Estado miembro o un tercer país según las letras a) y b).

31 Art. 8.1 a) de la Directiva 2019/790.

32 En concreto, los derechos exclusivos que son objeto de la excepción o limitación son los establecidos en los artículos 5 a), b), d) y e) y 7 de la Directiva 96/9/CE; los artículos 2 y 3 de la Directiva 2001/29/CE; el artículo 4.1 de la Directiva 2009/24/CE; y el artículo 15.1 de la Directiva 2019/790.

Por el contrario, cuando sí exista, en el Estado miembro en el que se encuentra establecida la institución responsable del patrimonio cultural, una entidad de gestión suficientemente representativa de los titulares de derechos con respecto a un tipo pertinente de obras u otras prestaciones, ésta podrá concluir un contrato de licencia no exclusiva para fines no comerciales con una institución responsable del patrimonio cultural para la reproducción, distribución, comunicación al público o puesta a disposición de las mismas, siempre que se hallen de forma permanente en la colección de la institución, y con independencia de si todos los titulares de derechos amparados por la licencia han otorgado mandato a la entidad de gestión colectiva, si bien con la condición de que garantice a todos ellos una igualdad de trato en relación con los términos de la licencia[33]. Por su parte, el artículo 9.1 de la Directiva 2019/790 obliga a los Estados miembros a garantizar que las licencias concedidas de conformidad con el artículo 8 "*puedan autorizar el uso de obras u otras prestaciones que están fuera del circuito comercial por una institución responsable del patrimonio cultural en cualquier Estado miembro*". Con todo, el apartado 4 del artículo 8 dispone que los titulares de derechos podrán, en cualquier momento, con facilidad y de manera efectiva, excluir sus obras u otras prestaciones del mecanismo de concesión de licencias o de la aplicación de la excepción o limitación, en general o en casos concretos, e incluso después de la conclusión de un contrato de licencia, o después de que comience el uso de que se trate.

Por su parte, el artículo 10 de la Directiva 2019/790 contempla una serie de medidas de publicidad. A estos efectos, se prevé la creación de un portal público en línea gestionado por la Oficina de Propiedad Intelectual de la Unión Europea (en adelante, EUIPO). En él deberá constar, con una antelación mínima de seis meses a la utilización – bien por licencia, bien mediante la excepción – la información de que dispongan las

---

33 Artículos 8.1 y 8.6 de la Directiva 2019/790.

entidades responsables del patrimonio cultural, las entidades de gestión colectiva, o las autoridades pertinentes, a los efectos de identificar las obras o prestaciones que están fuera del circuito comercial. Asimismo, habrá de figurar en dicho portal la información sobre las opciones a disposición de los titulares de derechos para poder excluir sus obras o prestaciones del mecanismo de concesión de licencias o de la aplicación de la excepción. Por último, tan pronto como esté disponible y cuando sea pertinente, deberá indicarse la información sobre las partes de la licencia, los territorios cubiertos y los usos. Todas estas informaciones deberán ser accesibles permanentemente, con facilidad y de manera efectiva, a través de ese portal público gestionado por la EUIPO. Asimismo, los Estados miembros podrán establecer medidas de publicidad adecuadas adicionales si fuera necesario para el conocimiento general de los titulares de derechos. Estas se tomarán en el Estado miembro en el que se haya solicitado la licencia o, para usos al amparo de la excepción a que se refiere el artículo 8.2, en el Estado miembro en el que esté establecida la institución responsable del patrimonio cultural. El Considerando 41 de la Directiva 2019/790 aclara, no obstante, que "*las medidas de publicidad han de ser eficaces sin necesidad de tener que informar a título individual a cada titular de derechos*", apartándose así de lo afirmado por el TJUE en la Sentencia de 16 noviembre de 2016, en el asunto *Soulier y Doke*[34].

La transposición en Francia de los artículos 8 a 11 de la Directiva 2019/790 figura en los artículos L. 122-5 CPI (desarrollado, a su vez, por el artículo L. 122-5-5 CPI) y L. 138-1 a L. 138-5 CPI. Haciendo uso de la posibilidad que ofrece la Directiva a los Estados miembros para establecer requisitos específicos tales como una fecha límite para determinar si las obras o prestaciones no

---

34 MACREZ, F., "Œuvres orphelines et œuvres indisponibles", *JCl. Propriété littéraire et artistique,* fasc. 1380, § 40 (fecha de la útlima actualización consultada: 1 de septiembre de 2023).

disponibles en el comercio pueden ser objeto de licencias o ser usadas al amparo de la excepción o limitación[35], el artículo L. 138-1 CPI restringe la aplicación del tratamiento previsto por el legislador europeo para este tipo de obras a aquellas cuya primera publicación o comunicación al público haya tenido lugar hace treinta años o más. El párrafo 2º de la misma disposición indica que los "esfuerzos razonables de investigación" para determinar si una obra se encuentra indisponible en los canales de distribución comercial habituales deberán ser llevados a cabo por parte de las bibliotecas accesibles al público, los museos, los servicios de archivos, o las instituciones depositarias del patrimonio cinematográfico, audiovisual o sonoro, para las obras que figuran en sus colecciones a título permanente.

La vertiente en forma de excepción aparece enunciada dentro del elenco de límites establecido en el artículo L. 122-5 CPI, concretamente en su apartado 13º. El mismo dispone que, cuando la obra haya sido divulgada, el autor no podrá impedir "*la representación y la reproducción de una obra indisponible en el sentido del artículo L. 138-1, en las condiciones previstas en el artículo L. 122-5-5*". El apartado I de este último precepto retoma, en sustancia, lo establecido en el texto de la Directiva en relación con los requisitos de aplicación de dicha excepción. Asimismo, incluye la obligación por parte de las instituciones beneficiarias de transmitir a la EUIPO la información necesaria a los efectos de identificar la obra afectada, los usos que se pretenden realizar de la misma, los territorios cubiertos y las modalidades de oposición. Ello sin demora y con una antelación mínima de seis meses a la puesta a disposición del público. Añade, también, que la oposición a estos usos por parte del autor puede ser notificada en todo momento y, si ésta interviniera tras la realización de los actos de explotación, los mismos deberán cesar a la mayor brevedad y, como máximo, en un plazo de tres

---

35 Apartado 2º del artículo 8.5 de la Directiva 2019/790.

meses desde la notificación[36]. Completando esta regulación, la parte reglamentaria del Código de Propiedad Intelectual establece una serie de medidas de publicidad adicionales[37].

El apartado II del artículo L. 122-5-5 CPI, por su parte, desactiva la aplicación de la excepción en relación con los tipos de obras no disponibles en los circuitos comerciales para las cuales un organismo de gestión colectiva acreditado por el ministro competente en materia de Cultura puede autorizar los actos de reproducción y de reproducción de las mismas en las condiciones que establece el artículo L. 138-2 CPI. El precepto en cuestión establece que, cuando un organismo de gestión colectiva acreditado concluye, conforme a los mandatos conferidos por los titulares de derechos, un contrato a título no exclusivo y con fines no comerciales, con vistas a la reproducción y a la representación de una obra no disponible en el comercio, con una biblioteca accesible al público, un museo, un servicio de archivos o una institución depositaria del patrimonio cinematográfico, audiovisual o sonoro, ese contrato podrá ser extendido a los titulares de derechos que no sean miembros de dicho organismo por Orden (*arrêté*) del Ministro encargado de la Cultura[38]. Corresponderá, en estos casos, a la entidad de gestión colectiva acreditada transmitir a la EUIPO, sin demora

---

36 El artículo R. 122-32 CPI aclara que la oposición a la explotación de la obra no disponible en el comercio no precisa ser motivada.

37 Artículo R. 122-31 CPI.

38 Según lo establecido en el Artículo L. 138-2, II CPI, la acreditación se concede atendiendo a: 1) El carácter suficientemente representativo de dicha entidad, en virtud de los mandatos conferidos por los titulares de derechos, en lo que se refiere al tipo de obras y al tipo de derechos que son objeto de la licencia; 2) la igualdad de trato garantizada a todos los titulares de derechos, sean o no miembros del organismo, en lo que se refiere a las condiciones de la licencias y a las reglas de reparto de las sumas percibidas; 3) la cualificación profesional de sus dirigentes; y 4) los medios humanos y materiales

y con una antelación de seis meses, la información relativa a la obra, la utilización que se pretende hacer de la misma, las partes en el contrato de licencia, los territorios cubiertos, y las modalidades de oposición. Estos datos deberán ser inscritos por la institución interesada en el portal establecido por la EUIPO a tales efectos[39]. La oposición mencionada podrá versar sobre una obra concreta o un conjunto de obras y podrá ser notificada en cualquier momento a la entidad de gestión acreditada. Si la utilización de la obra hubiera sido ya autorizada, el organismo debe poner fin a la misma a la mayor brevedad y, como máximo, en un plazo de tres meses tras la notificación[40].

Como apunte final, cabe mencionar que este dispositivo para la explotación de obras y prestaciones no disponibles en el circuito comercial, fruto de la transposición de la Directiva 2019/790, coexiste en Francia con un conjunto de "*Disposiciones particulares relativas a la explotación digital de libros indisponibles*" que recoge el CPI en sus artículos L. 134-1 a L. 134-9. En este sentido, el legislador francés fue pionero en la creación de un mecanismo para facilitar la explotación digital de ciertos libros no disponibles en el comercio a través de una Ley del año 2012[41]. Su ámbito de aplicación es más reducido que el de los artículos 8 a 11 de la Directiva 2019/790, pues únicamente afecta a las obras publicadas en forma de libro[42], si bien, el dispositivo es susceptible de abarcar las utilizaciones comerciales de tales publicaciones.

que el organismo propone poner en marcha para garantizar la gestión de los derechos en cuestión.

39 Artículo L. 138-4 CPI.

40 Artículo L. 138-4 CPI.

41 Ley nº 2012-287 *sur l'exploitation numérique des libres indisponibles du XXe siècle.*

42 En los términos del artículo L. 134-1 CPI, se entenderá por libro no disponible un libro publicado en Francia antes del 1 de enero de 2001 que ya no sea objeto de comercialización por un editor y que actualmente no esté publicado en formato impreso o digital.

En síntesis, el artículo L. 134-2 CPI prevé la creación de un registro electrónico que cataloga los libros no disponibles en el comercio y cuya gestión se encomienda a la Biblioteca Nacional de Francia. Cuando un libro lleve inscrito en esa base de datos más de seis meses sin mediar oposición del autor o del editor, el derecho de autorizar su reproducción y su representación en formato digital se ejercerá, por cuenta de los titulares de derechos, por una entidad de gestión acreditada por el Ministro competente en materia de Cultura[43]. El editor que se oponga a esta circunstancia queda obligado a explotar la obra, para lo cual se le concede un plazo de dos años. En defecto de oposición, la entidad de gestión le propondrá, con carácter preferente, una autorización para la reproducción y representación del libro en forma digital, para el territorio nacional, a título exclusivo, y por un plazo de diez años renovables tácitamente. Si deshecha esta opción, la entidad de gestión propondrá autorizaciones de reproducción y de representación del libro en forma digital a título no exclusivo a otros interesados, para el territorio nacional, a cambio de una remuneración, y por una duración de cinco años renovables[44]. El dispositivo contempla también un derecho de retirada posterior a la entrada en la gestión colectiva[45].

En su modo de funcionamiento, se observará que el dispositivo francés para la explotación digital de libros no disponibles en el comercio presenta importantes similitudes con el mecanismo consagrado por el legislador europeo para las obras y prestaciones fuera del circuito comercial. No obstante, su aplicación quedó suspendida por decisión del Consejo de Estado[46] tras la Sentencia de 16 de noviembre de 2016, dado que en ella el Tribunal de Justicia de la Unión Europea declaraba su

---

43 Artículo L. 134-3, I (párrafo 1°) CPI.

44 Artículo L. 134-3, I (párrafo 2°) CPI.

45 Artículo L. 134-6 CPI.

46 CE, 10e et 9e ch. réunies, n° 368208, de 7 de junio 2017.

falta de conformidad con la Directiva 2001/29/CE[47]. En su pronunciamiento, el TJUE recuerda que el derecho de autor es un derecho de carácter preventivo, de manera que es necesario el consentimiento previo a toda utilización de una obra por parte de un tercero. Dicho esto, admite la posibilidad de un consentimiento implícito, pero en circunstancias que deben definirse de manera estricta[48]. Concretamente, todo autor debe ser informado de forma efectiva de la futura utilización de su obra por parte de un tercero y de los medios puestos a su disposición para prohibirla. Examinando la normativa francesa sobre los libros indisponibles, afirma que no se desprende que la misma incluya un mecanismo que garantice la "información efectiva e individualizada de los autores"[49]. Por otra parte, en su redacción inicial, el CPI preveía que la facultad de poner fin a la explotación comercial de las obras debía notificarse conjuntamente por el autor o el editor y, si el autor se oponía en solitario, debía acreditar que era el titular único de los derechos sobre dichas obras. Al respecto, el TJUE estimó que ese derecho debía poder ejercerse sin depender de la voluntad concordante de personas distintas de aquellas a las que ese autor autorizó con anterioridad a llevar a cabo tal explotación digital y, por tanto, del acuerdo del editor que sólo posee los derechos de explotación de dicha obra en formato impreso[50].

Como consecuencia de este pronunciamiento, el Consejo de Estado francés pronunció, el 7 de junio de 2017, la anulación parcial del Decreto n° 2013-182 de 27 de febrero de 2013 de aplicación de la Ley sobre los libros indisponibles considerando, no obstante, que la desaparición retroactiva de las dispo-

---

47 STJUE (Sala Tercera) de 16 de noviembre de 2016, asunto C-301/15, *Soulier y Doke.*

48 Apartados 33 a 37 de la STJUE *Soulier y Doke* (C-301/15).

49 Apartado 43 de la STJUE *Soulier y Doke* (C-301/15).

50 Apartados 49 a 51 de la STJUE *Soulier y Doke* (C-301/15).

siciones de los artículos R. 134-5 a R.134-10 CPI no comprometía la validez de los contratos firmados durante su vigencia y su gestión por parte de una entidad de gestión acreditada[51]. Los mecanismos consagrados por el legislador europeo, tanto para la explotación de obras y prestaciones fuera del circuito comercial, como para permitir el recurso a las licencias colectivas con efecto ampliado – que, en ambos casos permiten que las medidas de publicidad asociadas no lleguen hasta el extremo de tener que informar de manera individualizada a los titulares de derechos – han permitido reactivar el dispositivo francés previsto para los libros no disponibles en el comercio. Así, con ocasión de la transposición de la Directiva 2019/790, el legislador ha reformado su regulación en algunos puntos para salvar posibles contradicciones con el Derecho de la Unión Europea[52].

## III. MEDIDAS PARA GARANTIZAR EL CORRECTO FUNCIONAMIENTO DEL MERCADO DE DERECHOS DE AUTOR

### *1. La creación de un nuevo derecho conexo para los editores de prensa*

Otra de las innovaciones más singulares de la Directiva 2019/790, a la vez que una de las disposiciones que más controversia suscitó durante el proceso de adopción, ha consistido

---

51 Sobre esta cuestión *vid.*, PIRIOU, F.-M., "Nouvelle réglementation européenne sur les œuvres indisponibles et la gestion collective étendue", *CCE* nº 10, octubre de 2019, Dossier nº 4, pp. 1-7, nº 4; MACREZ, F., "Œuvres orphelines et œuvres indisponibles", *op. cit.*, §64.

52 En particular, el 2º párrafo del artículo L. 134-6 CPI prevé ahora que el autor de un libro indisponible puede retirar, en todo momento, al organismo de gestión colectiva el derecho de autorizar la reproducción y la representación del libro en forma digital con una simple notificación de tal decisión.

en la creación de un nuevo derecho conexo para los editores de prensa. Su introducción responde a la necesidad de encontrar una solución al problema del reparto del valor ocasionado por el uso en línea, por parte de prestadores de servicios, de las publicaciones de prensa, principalmente por parte de agregadores y buscadores de noticias de actualidad. Francia tramitó una Ley específica en paralelo a las últimas fases de negociación de la Directiva 2019/790, ante el temor de que la adopción de la misma fracasara. De ahí que fuera el primer país en transponer el nuevo derecho conexo que el artículo 15 reconoce en los términos que se detallan a continuación.

En síntesis, el artículo 15 obliga a los Estados miembros a reconocer a las editoriales de publicaciones de prensa establecidas en un Estado miembro los derechos de reproducción y de puesta a disposición previstos en los artículos 2 y 3.1 de la Directiva 2001/29/CE para el uso en línea de sus publicaciones por parte de prestadores de servicios de la sociedad de la información. Esta protección comporta una serie de exclusiones de su ámbito de aplicación. Así, no se extiende al uso privado o no comercial de las publicaciones de prensa por parte de usuarios individuales; a los actos de hiperenlace, o al uso de "palabras sueltas o de extractos muy breves" procedentes de dichas publicaciones[53]. Este nuevo derecho conexo, por otra parte, no ha de afectar a los derechos de los autores y otros titulares de derechos en relación con las obras y otras prestaciones incorporadas a una publicación de prensa. En particular, no les privará del uso a explotarlas con independencia de la publicación de prensa a la que se incorporen[54]. Además, los Estados miembros dispondrán que los autores de las obras incorporadas a una publicación de prensa reciban una parte de adecuada de los ingresos que las editoriales de prensa perciban por el uso

53 Artículo 15.1 de la Directiva 2019/790.

54 Artículo 15.2, párrafo 1º de la Directiva 2019/790.

de sus publicaciones por parte de prestadores de servicios electrónicos[55]. Por otra parte, cuando una obra o prestación haya sido incorporada a una publicación de prensa sobre la base de una licencia no exclusiva, el derecho conexo de los editores no podrá ser invocado para prohibir su utilización por otros usuarios autorizados[56]. El citado derecho, por último, tiene una duración de dos años, contados a partir del 1 de enero del año siguiente a la fecha de la publicación de prensa[57].

El régimen de este nuevo derecho conexo de los editores de prensa en Francia figura en los artículos L. 218-1 a L. 218-5 del CPI, junto con los artículos L. 211-3-1 y L. 211-4 del mismo Código. Tras una definición de las nociones de "publicación de prensa", "agencia de prensa" y "editor de prensa", el artículo L. 218-1 CPI afirma que las normas del capítulo en el que esta disposición se inserta se aplican a los editores de prensa y a las agencias de noticias establecidas en el territorio de un Estado miembro de la Unión Europea. La autorización de ambos agentes (editor de prensa y agencia de noticias) es necesaria con carácter previo a cualquier reproducción o comunicación al público – total o parcial – de sus publicaciones periodísticas, en una forma digital o por un servicio de comunicación al público en línea[58]. Consecuentemente, en el Derecho francés, son titulares del derecho conexo tanto los editores de prensa como las agencias de noticias. Las prerrogativas que lo componen pueden ser cedidas o ser objeto de licencias, y los titulares de derechos pueden confiar su gestión a uno o varios organismos de gestión colectiva[59].

Teniendo en cuenta que la Ley por la cual se introdujo en el Derecho francés el derecho conexo sobre las publicaciones de

---

[55] Artículo 15.5 de la Directiva 2019/790.

[56] Artículo 15.2, párrafo 2º de la Directiva 2019/790.

[57] Artículo 15.4 de la Directiva 2019/790.

[58] Artículo L. 218-2 CPI.

[59] Artículo L. 218-3 CPI.

prensa presenta una regulación algo más detallada que la que figura en la letra de la Directiva 2019/790, el artículo L. 218-4 CPI aborda el tema de la remuneración debida a los titulares del derecho conexo por los actos de explotación de sus publicaciones de prensa en forma digital. A estos efectos, establece que la misma estará basada en los ingresos, cualquiera que sea su naturaleza, directos o indirectos, derivados de la explotación. En su defecto, podrá establecerse una remuneración a tanto alzado, especialmente en los casos previstos en el artículo L. 131-4 CPI. Esa remuneración ha de tener en cuenta una serie de parámetros tales como las inversiones humanas, materiales y financieras efectuadas por editores y agencias de prensa; la contribución de las publicaciones a la información política y general; así como la importancia del uso efectuado por los servicios de comunicación al público en línea. Estos quedan obligados a proporcionar a los editores y agencias de prensa toda la información relativa a la utilización de sus publicaciones por los usuarios, así como todos los demás datos necesarios para una evaluación transparente de la remuneración y su reparto. Por su parte, el artículo L. 218-5 CPI establece el derecho a una parte apropiada y equitativa de esta remuneración para los periodistas profesionales o asimilados, así como para los demás autores de las obras presentes en las publicaciones de prensa, añadiendo una serie de reglas para su determinación y sus modalidades de reparto. También estos autores son acreedores de una obligación de transparencia, al menos anual, en su caso, por un procedimiento de comunicación electrónica, de los datos actualizados, pertinentes y completos sobre las modalidades de cálculo de la parte apropiada y equitativa de la remuneración que les corresponde.

Completan esta regulación los artículos L. 211-3-1 CPI y L. 211-4 CPI. Este último establece el plazo de protección, mientras que el primero retoma las exclusiones establecidas en el artículo 15.1 de la Directiva 2019/790, indicando que los beneficiarios del derecho conexo no pueden impedir ni los actos de hiperenlace, ni el uso de palabras aisladas o de extractos muy breves de la publicación de prensa. A efectos interpretativos, dispone que esta excepción no puede afectar a la eficacia de los derechos establecidos en el artículo L. 218-2 CPI y eso ocurre, en particular, cuando la utilización de extractos muy breves se sustituye a la publicación de prensa en sí misma o dispensa al lector de la necesidad de acudir a ella.

Otro aspecto que conviene destacar de la transposición francesa del derecho conexo de los editores de prensa fue la reacción que suscitó por parte de la entidad *Google*, que trató de sortear las consecuencias de su introducción. En particular, el gigante tecnológico anunció en Francia que dejaría de mostrar contenido de los editores de prensa europeos, a menos que éstos hubieran adoptado las disposiciones oportunas para indicar al prestador del servicio su deseo de seguir siendo indexado. Ello pasaba por la concesión de autorizaciones gratuitas. Fue así como los representantes de los editores y agencias de prensa acudieron ante la Autoridad de la Competencia (*Autorité de la Concurrence*), denunciando la actitud de *Google* como constitutiva de abuso de posición de dominio y de dependencia económica.

En su Decisión de 9 de abril de 2020, la Autoridad de la Competencia afirmó, de entrada, que *Google* es susceptible de ocupar una posición dominante en el mercado francés de los servicios de búsqueda generalista en Internet, y tal posición es susceptible de reunir, además, la condición de "excepcional" o "extraordinaria" apuntada por la Comisión Europea en el asunto *Microsoft*[60]. De ello resulta que la empresa tiene una responsabilidad particular según la cual no debe, con su comportamiento, dañar la existencia de una competencia efectiva en el mercado interior de la Unión[61]. Analizando más específicamente el compor-

---

60 *Commission Decision of 24/03/2004 relating to a proceeding under article 82 of the EC Treaty* (Case COMP (C-3/37.792 *Microsoft*), C(2004) 900 final, apartados nº 429 y 472.

61 Apartado 188 de la Decisión nº 20-MC-01, de 9 de abril de 2020.

tamiento de *Google* frente a los editores de prensa, la Autoridad subraya que el prestador tiene un peso particular e irremplazable en el tráfico de los sitios Web de aquéllos, por la posición que ocupa en los servicios de búsqueda generalista[62]. De ahí que la sugerencia según la cual los titulares del derecho conexo tenían que plegarse a la concesión de licencias gratuitas sea vista como un fraude de ley pues, en definitiva, a través de su comportamiento unilateral, *Google* tenía la capacidad de privar a la Ley sobre el derecho conexo de una gran parte de su efectividad.

Considerando, en definitiva, que el comportamiento de *Google* era susceptible de constituir un abuso de posición dominante, y que ocasionaba un daño grave al sector de la prensa, la *Autorité de la Concurrence* pronunció una serie de medidas cautelares. Estas incluían el deber de negociar de buena fe con las agencias de prensa o los organismos de gestión colectiva la remuneración debida por el operador por toda utilización de contenidos en sus servicios, según criterios transparentes, objetivos y no discriminatorios; la obligación de comunicar a los editores y agencias de prensa los datos exigidos en el artículo L. 218-4 CPI en relación con la remuneración debida a los titulares del derecho conexo; el deber de seguir mostrando en sus servicios los contenidos de los editores de prensa durante las negociaciones; así como la obligación de adoptar las disposiciones necesarias para que éstas no afectasen al resto de relaciones económicas que pudieran existir entre *Google* y los editores y agencias de prensa[63]. La Decisión de la *Autorité*

---

62 Apartados 218-233 de la Decisión n° 20-MC-01, de 9 de abril de 2020.

63 Se observa que, sin emplear como tal el término, la Decisión de la Autoridad de la Competencia francesa parece considerar que la indexación de los contenidos de los editores de prensa operada por *Google Search* constituye una "facilidad esencial". En efecto, el objetivo de la Autoridad de la Competencia consiste en permitir que los titulares del derecho conexo puedan tener acceso a una infraestructura que les ofrece una audiencia digital (el motor de búsqueda *Goo-*

*de la Concurrence* de 9 de abril de 2020 fue confirmada por la Corte de Apelación de París en su Sentencia de 8 de octubre de 2020[64]. Ante la negativa a respetar las medidas provisionales ordenadas en la Decisión de 9 de abril, la *Autorité de la Concurrence* impuso una sanción de 500 millones de euros a *Google*[65]. A partir de ese momento *Google* aceptó entablar negociaciones con los representantes de los editores de prensa y asumir una serie de compromisos. Estos fueron finalmente aceptados por la *Autorité* en su Decisión de 21 de junio de 2022, poniendo así fin, momentáneamente, al procedimiento[66]. En efecto, la falta de cumplimiento, por parte de Google de tales compromisos ha motivado el pronunciamiento de una nueva Decisión de la Autoridad de la Competencia francesa, condenando a dicha entidad al pago de una sanción de 250 millones de euros[67].

---

*gle*), elemento que considera imprescindible para su supervivencia (S. DORMONT, "Google enjointe de négocier de bonne foi avec les éditeurs de presse", *Dalloz IP/IT* 2020, p. 560).

64 CA París, Pôle 5, 7ème ch., de 8 de octubre de 2020, n° 20/08071, *Google/SPEM.*

65 AC, Décision n° 21-D-17 de 12 de julio de 2021, *relative au respect des injonctions prononcées à l'encontre de Google dans la décision n° 20-MC-01 du 9 avril 2020.*

66 AC, Décision n° 22-D-13 de 21 de junio de 2022 *relative à des pratiques mises en œuvre par Google dans le secteur de la presse.*

67 AC, Décision n° 24-D-03 de 15 de marzo de 2024 *relative au respect des engagements figurant dans la décision de l'Autorité de la concurrence n° 22-D-13 du 21 juin 2022 relative à des pratiques mises en œuvre par Google dans le secteur de la presse.*

### 2. *El uso de contenidos protegidos por parte de prestadores de servicios para compartir contenidos en línea – Artículo 17 de la Directiva 2019/790*

Dentro del apartado de disposiciones que más polémica han suscitado, durante y tras la adopción de la Directiva 2019/790, figura asimismo el artículo 17, relativo al uso de contenidos protegidos por parte de prestadores de servicios para compartir contenidos en línea[68]. Estas plataformas "colaborativas" o "contributivas" se caracterizan por el hecho de que los contenidos que almacenan y a los que dan acceso no son seleccionados por ellas, sino que son proporcionados o cargados por sus propios usuarios. En Francia, como en otros países del entorno europeo, una interpretación amplia de la categoría de "prestadores de servicios de almacenamiento de datos", presente en el artículo 14 de la Directiva 2000/31/CE, había hecho posible aplicar a estos servicios el correspondiente régimen de exención de responsabilidad, lo cual les permitía operar sin necesidad de recabar las oportunas autorizaciones de los titulares de derechos ni remunerarles por estos usos. El artículo 17 de la Directiva 2019/790 ha venido a poner freno a esta tendencia mediante una disposición específica aplicable a estos servicios contributivos, que su artículo 2 define, en el apartado 6), como prestadores de servicios de la sociedad de la información cuyo fin principal, o uno de cuyos fines principales, es almacenar y dar al público acceso a una gran cantidad de obras u otras prestaciones protegidas cargadas por sus usuarios, que el servicio organiza y promociona con fines lucrativos[69].

---

68 La transposición francesa del artículo 17 de la Directiva 2019/790 figura en los artículos L. 137-1 a L. 137-4 CPI (para los derechos de autor) y en los artículos L. 219-1 a L. 219-4 CPI (para los derechos conexos).

69 No se consideran comprendidos en esta categoría las enciclopedias en línea sin fines lucrativos, los repositorios científicos o educativos sin fines lucrativos, las plataformas para desarrollar y compartir pro-

El apartado 1 del artículo 17 comienza afirmando, con rotundidad, que "*los prestadores de servicios para compartir contenidos en línea realizan un acto de comunicación al público o de puesta a disposición del público a efectos de la presente Directiva cuando ofrecen al público el acceso a obras protegidas por derechos de autor u otras prestaciones protegidas que hayan sido cargadas por sus usuarios*". Esto es, el sometimiento de este tipo de plataformas al respeto del derecho exclusivo deriva de los actos de explotación que el servicio realiza a partir de las obras previamente cargadas por sus usuarios. Es la razón por la cual "*deberán obtener una autorización de los titulares de derechos a que se refiere el artículo 3, apartados 1 y 2, de la Directiva 2001/29/CE, por ejemplo, mediante la celebración de un acuerdo de licencia, con el fin de comunicar al público o de poner a su disposición obras u otras prestaciones*"[70]. A ello añade el legislador francés, en el artículo L. 137-2 CPI, que al dar acceso a obras protegidas por el derecho de autor que han sido cargadas por sus usuarios, el proveedor del servicio realiza un acto de representación para lo cual debe obtener la autorización de los titulares de derechos, "*sin perjuicio de las autorizaciones que debe obtener en base al derecho de reproducción para las reproducciones que efectúa sobre las mencionadas obras*"[71]. La Directiva prevé que la autorización obtenida por el prestador de servicios comprenderá también los actos de comunicación al

---

gramas informáticos de código abierto, los proveedores de servicios de comunicaciones electrónicas tal como se definen en la Directiva (UE) 2018/1972, los mercados en línea, y los prestadores de servicios entre empresas y en la nube que permiten que los usuarios carguen contenido para su propio uso. También estos prestadores de servicios para compartir contenidos en línea han de distinguirse de aquellos cuyo objetivo principal sea dedicarse a la piratería lesiva de derechos de autor o facilitarla, estableciendo así el Considerando 62 de la Directiva 2019/790 que el régimen de exención de responsabilidad previsto en el artículo 17 no alcanzará a estos últimos.

70 Artículo 17.1, párrafo 2º de la Directiva 2019/790.

71 Artículo L. 137-2, I CPI (la traducción es mía).

público realizados por sus usuarios, siempre que no actúen con carácter comercial o su actividad no genere ingresos significativos, afirmación que retoma el legislador francés en el apartado IV del artículo L. 137-2 CPI[72].

En este contexto, la propia Directiva 2019/790 desactiva la aplicación de la exención de responsabilidad prevista en el artículo 14.1 de la Directiva 2000/32/CE para los usos de obras y prestaciones protegidas realizados por los prestadores de servicios para compartir contenidos en línea[73]. Este régimen se sustituye, en realidad, por un régimen específico de responsabilidad para este tipo de plataformas. En particular, el artículo 17.4 de la Directiva 2019/790 contempla que, en caso de que no se conceda una autorización, tales prestadores de servicios serán responsables de los actos no autorizados de comunicación al público o puesta a disposición de este, de obras y otras prestaciones protegidas por derechos de autor, a menos que demuestren que han hecho los "mayores esfuerzos" para: a) obtener dicha autorización; b) garantizar la indisponibilidad de obras y otras prestaciones específicas respecto de las cuales los titulares de derechos les hayan facilitado la información pertinente y necesaria; y c) actuar de modo expeditivo al recibir una notificación suficientemente motivada de los titulares de derechos para inhabilitar el acceso o retirar las obras o prestaciones notificadas de sus sitios web, evitando asimismo que vuelvan a ser cargadas en el futuro. La Directiva contempla,

---

72 Nótese que el legislador francés ve, en la labor efectuada por la plataforma contributiva, dos actos de explotación distintos – representación y reproducción – allá donde la Directiva únicamente menciona expresamente el acto de comunicación o puesta a disposición del público en el sentido de los apartados 1 y 2 del artículo 3 de la Directiva 2001/29/CE.

73 Artículo 17.3 de la Directiva 2019/790 (artículos L. 137-2, II y 219-2, II del CPI francés).

por otra parte, un régimen más atenuado de responsabilidad para las empresas emergentes en este campo[74].

A efectos de la obtención de los oportunos acuerdos de licencia, el artículo L. 137-2-1 CPI contempla el recurso mecanismo de la licencia colectiva con efecto ampliado para las obras de los autores de las artes gráficas y plásticas. Por otra parte, siguiendo lo dispuesto en el artículo 17.8 de la Directiva 2019/790, el artículo L. 137-3 CPI incorpora sendas obligaciones de “transparencia”[75].

---

74 Artículo 17.6 de la Directiva 2019/790, aplicable a prestadores de servicios que lleven operando menos de tres años a disposición del público de la Unión, y cuyo volumen de negocios anual sea inferior a 10 millones de euros. Tales prestadores únicamente quedarán obligados a hacer los mayores esfuerzos por obtener una autorización de los titulares de derechos y, en su defecto, por inhabilitar de modo expeditivo el acceso a los contenidos notificados. No obstante, cuando el promedio de visitantes únicos mensuales de la plataforma supere los cinco millones, deberá asimismo hacer los mayores esfuerzos para impedir nuevas cargas de las obras y otras prestaciones notificadas, respecto de las cuales los titulares de derechos les hayan facilitado la información pertinente y necesaria (en los mismos términos, *vid.* los artículo L. 137-2, III, 3º y L. 219-2, III, 3º CPI, añadiendo la exigencia de que el prestador de servicios que invoque la aplicación de este régimen atenuado proporcione elementos que justifiquen los umbrales de audiencia y el volumen de negocios exigidos).

75 De un lado, en el marco de la obligación de efectuar los mayores esfuerzos para garantizar la disponibilidad de obras y prestaciones para las cuales no se ha concedido una autorización, el prestador del servicio deberá facilitar a los titulares de derechos que lo soliciten información precisa y pertinente sobre el tipo y el funcionamiento de las medidas por él adoptadas. Tal obligación se ejercerá de conformidad con el respeto del secreto empresarial debidamente justificado por parte del prestador del servicio, y sin perjuicio de obligaciones más detalladas pactadas en el marco de un contrato celebrado entre aquél y los titulares de derechos. De otro, los contratos que autoricen la utilización de obras por el prestador del servicio para compartir contenidos en línea deberán prever la transmisión por este último, en beneficio de los titulares de derechos de autor,

Si hasta lo que aquí se ha expuesto, la Directiva se ocupa de la protección de los intereses de derechos, el artículo 17 contempla asimismo una serie de mecanismos para salvaguardar el ejercicio de los límites al ejercicio del derecho exclusivo. De un lado, el artículo 17.9 establece que "*la cooperación entre los prestadores de servicios de contenidos en línea y los titulares de derechos no dará lugar a que se impida la disponibilidad de obras u otras prestaciones cargadas por usuarios que no infrinjan los derechos de autor y derechos afines, también cuando a dichas obras o prestaciones se les aplique una excepción o limitación*". El segundo párrafo del mismo artículo confiere, además, un carácter obligatorio a las excepciones de cita y de caricatura, parodia o pastiche en el contexto de la carga y puesta a disposición de contenidos generados por los usuarios en los servicios para compartir contenidos en línea. Por su parte, el artículo 17.9 refuerza este principio, obligando a los prestadores de servicios a informar a los usuarios, en sus condiciones generales, de que pueden utilizar las obras y otras prestaciones al amparo de las excepciones a los derechos exclusivos; y a que establezcan un mecanismo de reclamación y recurso, ágil y eficaz, que esté a disposición de los usuarios de sus servicios en caso de litigio sobre la inhabilitación del acceso o la retirada de obras u otras prestaciones cargadas por ellos. Las decisiones de inhabilitar el acceso o de retirar los contenidos cargados deberán estar sujetas a examen por parte de personas y, además, los Estados miembros deberán garantizar que se disponga de mecanismos de resolución extrajudicial de litigios. El legislador francés ha integrado este contenido en el artículo L. 137-4 CPI, que lleva por rúbrica la expresión "derechos de los usuarios", siguiendo una tendencia esbozada por el Tribunal de

---

de información sobre la utilización de sus obras, sin perjuicio de las disposiciones contenidas en el artículo L. 324-8 CPI. En los mismos términos, *vid.* el artículo L.219-3 CPI para los derechos conexos.

Justicia de la Unión Europea[76], allá donde la doctrina más autorizada del país galo – e incluso la propia Corte de Casación francesa[77] – venía afirmando que las excepciones al derecho de autor no crean derechos subjetivos en favor de sus beneficiarios[78].

Aquí reside, sin duda, la cuestión más espinosa a efectos de la transposición del artículo 17 de la Directiva 2019/790, y que ha dividido las medidas adoptadas por los legisladores nacionales en dos grandes sistemas: aquellos que contemplan un bloqueo automático o *ex ante* de los contenidos que se suben a la plataforma (esto es, en el momento en que interviene la herramienta tecnológica de filtrado y bloqueo que habitualmente empleará el operador para cumplir con sus mayores esfuerzos dirigidos a evitar las cargas de contenidos para los cuales no ha obtenido la autorización); y aquellos que prevén un bloqueo *ex post*, lo cual supone que el contenido litigioso deberá aparecer en línea hasta que la plataforma determine si el mismo puede o no quedar amparado por una excepción. En este contexto, el legislador francés se ha adscrito al sistema de bloqueo preventivo. Así se desprende del apartado III del artículo L. 137-4 CPI al disponer que el titular de derechos que tras una reclamación "*solicita el mantenimiento del bloqueo o la retirada de una obra*", deberá justificar debidamente su petición. Por lo demás, el tratamiento de la eventual reclamación de un usuario por

---

76 STJUE (Gran Sala) de 29 de julio de 2019, asunto C-469/17, *Funke Medien NRW Gmbh y Bundesrepulik Deutschland*, apartado 76; STJUE (Gran Sala) de 29 de julio de 2019, asunto C-516/17, *Spiegel Online GmbH y Volker Beck*, apartado 59; STJUE (Gran Sala) de 26 de abril de 2022, asunto C-401/19, *República de Polonia/Parlamento Europeo, Consejo de la Unión Europea*, apartado 88.

77 Cass. Civ. I, de 19 de junio de 2008, n° 07-14.277, *Mulholland Drive.*

78 Por todos, *vid.* LUCAS, A., "Exceptions au droit exclusif (CPI, art. L. 122-5 à L. 122-5-4 et L. 331-4 ; C. patr., art. L. 132-4). Étude analytique des exceptions", *JCl. Propriété littéraire et artistique,* fasc. 1249, §15 (fecha de la última versión consultada: 15 de junio de 2023).

parte del prestador de servicios deberá ser rápido y eficaz, sin retraso injustificado; y las decisiones de bloqueo deberán estar sometidas a un control por parte de una persona física[79].

El párrafo IV del mismo artículo, por su parte, contempla la posibilidad de que, tanto los titulares de derechos como los usuarios de las plataformas contributivas, puedan acudir ante la *Autorité de régulation de la communication audiovisuelle et numérique* (en adelante, ARCOM) en caso de litigio sobre las decisiones adoptadas por el prestador del servicio tras la queja del usuario. La ARCOM procederá según lo dispuesto en el artículo L. 331-32 CPI. En defecto de conciliación en el plazo de un mes desde la fecha de remisión, la Autoridad dispondrá de un plazo de dos meses para adoptar su decisión. Cuando la urgencia o la naturaleza del asunto lo justifiquen, el presidente de la ARCOM podrá reducir esos plazos. En caso de requerimiento, la ARCOM prescribirá las medidas necesarias para garantizar el bloqueo o la retirada de una obra cargada; o bien, el levantamiento de dicho bloqueo o retirada. Con todo, el apartado V prevé que la ARCOM no quedará obligada a dar un tratamiento a las solicitudes abusivas, en particular por su número, su carácter repetitivo o sistemático.

## IV. DISPOSICIONES RELATIVAS A LA REMUNERACIÓN DE LOS AUTORES Y ARTISTAS INTÉRPRETES O EJECUTANTES EN LOS CONTRATOS DE EXPLOTACIÓN

Los artículos 18 a 23 conforman el último bloque normativo de la Directiva 2019/790. A través del mismo, el legislador europeo incide por vez primera en el conjunto de normas generales que rigen los negocios jurídicos de transmisión de derechos

---

79 En los mismos términos, el artículo L. 219-4, III CPI para los derechos conexos.

de propiedad intelectual, si bien limitándose a las cuestiones relacionadas con la remuneración de los autores y de los artistas, intérpretes y ejecutantes. Un "principio de remuneración adecuada y proporcionada" (artículo 18), preside el dispositivo, acompañándose de una serie de reglas que contribuyen a su efectividad. Éstas, no obstante, intervienen en la fase de ejecución del contrato, y no en el momento de su celebración. Entre ellas figura la obligación de proporcionar al autor o artista, de forma periódica, información pertinente y exhaustiva sobre los resultados económicos de la explotación de la obra o ejecución (artículo 19); la posibilidad de solicitar la revisión del contrato si la remuneración inicialmente pactada resultase ser desproporcionadamente baja (artículo 20); la facultad de someter las controversias derivadas del ejercicio de las dos prerrogativas anteriores a un mecanismo alternativo de resolución de litigios (artículo 21); y, por último, la posibilidad revocar total o parcialmente una cesión otorgada con carácter exclusivo, en caso de ausencia de explotación (artículo 22). Todo ello coronado por el reconocimiento, en el artículo 23, del carácter imperativo de las reglas mencionadas en los artículos 19, 20 y 21.

Un rasgo característico de la transposición francesa de las disposiciones en materia de remuneración de autores y artistas es la remisión frecuente a los convenios de negociación colectiva, posibilidad a la que alude también la propia Directiva en los artículos 19, 20 y 22, así como en los Considerandos 73, 77, 78[80]. Algunas iniciativas de esta índole en Francia habían prosperado, dentro determinados sectores, en un momento recien-

---

80 En el mismo sentido, A. LUCAS señala el papel esencial que ocupan ahora los acuerdos colectivos en el derecho contractual de autor (LUCAS, A., "Droit d'auteur. Exploitation des droits. Dispositions générales", *JCl. Propriété littéraire et artistique*, fasc. 1310, §117).

te[81]. La filosofía de estos acuerdos "colectivos", "profesionales" o "interprofesionales" consiste en delegar a las partes interesadas la adaptación de las prácticas contractuales en materia de transmisión de derechos de propiedad intelectual a las especificidades de los distintos sectores (audiovisual, musical, editorial u otros). Ello con la particularidad de que, una vez adoptado un acuerdo de estas características entre representantes de un sector determinado, el Código de Propiedad Intelectual prevé que el mismo pueda, a través de una Orden (*arrêté*) del Ministro competente en materia de Cultura, ser extendido al conjunto de profesionales de ese sector, imponiéndose así a todos ellos de forma obligatoria. Algún autor ha visto en estas prácticas una

---

81 *Vid.* el *Accord entre le Conseil permanent des écrivains et le Syndicat national de l'édition sur le contrat d'édition dans le secteur du livre du 1*er *décembre 2014* (extendido a todos los autores y editores del libro por *Arrêté du 10 décembre 2014* : JORF nº 0300 du 28 décembre 2014, Texte nº 66); así como el *Accord professionnel relatif à la transparence des comptes de production des œuvres cinématographiques de longue durée du 6 juillet 2017* (*Arrêté du 6 juillet 2017 pris en application de l'article L. 213-25 du code du cinéma et de l'image animée et portant extension de l'accord professionnel relatif à la transparence des comptes de production des œuvres cinématographiques de longue durée du 6 juillet 2017*, JORF nº0159 du 8 juillet 2017, Texte nº 31). Esta práctica se ha acelerado tras la adopción de la Directiva 2019/790. *Vid.*, en este sentido, el *Arrêté du 29 juin 2022 pris en application de l'article L. 212-14 du code de la propriété intellectuelle et rendant obligatoire l'accord du 12 mai 2022 relatif à la garantie de rémunération minimale* (JORF nº0151 du 1 juillet 2022, Texte nº 29) ; el *Arrêté du 22 février 2023 portant extension de l'accord du 23 janvier 2023 entre auteurs et producteurs d'œuvres audiovisuelles documentaires relatif à la rémunération minimale globale du dossier de présentation de projets documentaires de 52 minutes et plus* (JORF nº0055 du 5 mars 2023, Texte nº 21); el *Arrêté du 28 avril 2023 portant extension de l'accord interprofessionnel sur les pratiques contractuelles entre auteurs scénaristes et producteurs de fiction du 22 mars 2023* (JORF nº0106 du 6 mai 2023, Texte nº 18), y el *Accord interprofessionnel du 20 décembre 2022 dans le secteur du livre.*

superación de la lógica individualista francesa[82]. Sea como fuere, varios son los puntos en los que la transposición francesa de la Directiva 2019/790 delega en las partes interesadas para que, en los apartados en los que el legislador europeo así lo permite, fijen de común acuerdo las condiciones que mejor se adapten a los usos y particularidades de sus respectivos sectores de actividad, y confiriéndoles un plazo para ello[83]. Una vez transcurrido dicho plazo, y en ausencia de acuerdo, un Decreto con dictamen previo del Consejo de Estado (*décret en Conseil d'État*) podrá precisar las condiciones y modalidades concretas. Si un acuerdo de esta índole llegase a ser concluido con posterioridad a la promulgación de dicho Decreto, las disposiciones de este último dejarán de producir efecto en la fecha de entrada en vigor de la Orden ministerial por la que el acuerdo de negociación colectiva se extiende al conjunto de profesionales del sector. Esta invitación a las partes interesadas para que precisen diversos aspectos relativos a las condiciones de aplicación de las obligaciones contenidas en los artículos 18 a 22 explica, también, que la transposición de tales disposiciones en el CPI no destaque precisamente por su carácter prolijo.

Como ya ocurriera en varias de las legislaciones de los Estados Miembros de la Unión Europea, el Derecho francés contemplaba una serie de reglas comunes a todos los contratos de explotación de derechos de propiedad intelectual, diseñadas con la finalidad de proteger al autor como parte débil de la relación contractual que entabla su cesionario. Algunas de estas normas tuitivas de los intereses de los autores incidían ya

---

[82] LAPOUSTERLE, J., "La révocation des contrats d'auteurs et d'artistes-interprètes", *Propr. Intell.* nº 80, julio de 2021, pp. 36-44, en p. 42. En un sentido similar, LUCAS, A., "Droit d'auteur. Exploitation des droits. Dispositions générales", *op. cit.*, §117.

[83] *Vid.*, en este sentido, los artículos L. 131-5-1, II y L. 212-3-1, II CPI; así como artículos L. 131-5-2 CPI y L. 212-3-3 CPI.

en la cuestión de la remuneración pactada a cambio de dicha transmisión de derechos, siendo este el apartado que viene a modificar y/o completar el legislador europeo, extendiendo además este conjunto de reglas a los artistas, intérpretes y ejecutantes. Su transposición ha quedado garantizada a través de la *Ordonnance* n° 2021-580 de 12 de mayo de 2021 en los términos que a continuación se detallan.

Una de estas reglas que ya contemplaba el *Code de la Propriété Intellectuelle* era la obligación de establecer una remuneración proporcional a cambio de la cesión de la obra, admitiéndose únicamente como excepción, en casos estrictamente tasados en la Ley, la fijación de una remuneración a tanto alzado[84]. En este contexto, el legislador francés consideró innecesario transponer el principio de remuneración adecuada y proporcionada previsto en el artículo 18 de la Directiva 2019/790, considerando que el mismo ya era parte integrante del dispositivo jurídico interno. Ello teniendo en cuenta, por otra parte, que la traducción en lengua francesa de dicha disposición habla literalmente de una remuneración "apropiada y proporcional" (*appropriée et proportionnelle*)[85], en lugar de "*appropriée et proportionnée*", siendo este último adjetivo el más acorde con el empleado en otras versiones lingüísticas del Texto europeo (así, o "*proportionate*", en inglés, o "proporcionada", en español)[86]. En este sentido, conviene recordar que, si bien la

---

84 Artículos L. 131-4 CPI, junto con los párrafos 2° y 3° del artículo L. 132-6 CPI.

85 *Vid.* el artículo 18 y el Considerando 73 de la Directiva 2019/790.

86 Critica en este sentido, A. LUCAS la confusión generada por una traducción "infiel" del principio enunciado en el artículo 18 en la versión en lengua francesa de la Directiva (LUCAS, A., "Droit d'auteur. Exploitation des droits. Dispositions générales", *op. cit.*, §91). De ahí que, entre la doctrina francesa, se cuestionara la conformidad del Derecho francés con la Directiva europea (*Vid.* CARON, Ch., "La fixation de la rémunération de l'auteur", *Propr. Intell.*

letra del Considerando 73 afirma que "*un pago a tanto alzado puede constituir una remuneración proporcionada, pero no debe ser la regla general*", la inversa también es posible: una remuneración proporcional puede no resultar "proporcionada" ni, en última instancia, "adecuada" si el porcentaje pactado es demasiado bajo, simbólico o irrisorio. De ahí que la elección de los términos "adecuada y proporcionada" no sea anodina, sino que refleja de una manera más exacta el objetivo de la armonización deseada y, en definitiva, viene a suponer lo siguiente: si bien como regla general, deberá pactarse una remuneración proporcional a la explotación de la obra, la cuantía resultante habrá de ser, en todo caso, "adecuada", "apropiada" o "justa".

Este matiz es el que omitió el legislador francés dejando intacta la letra del artículo L. 131-4 del CPI, en virtud del cual la cesión por parte del autor de los derechos sobre su obra puede ser total o parcial, y ha de comportar en su beneficio "*la participación proporcional a los ingresos procedentes de la venta o de la explotación*", enumerando seguidamente los casos en los que excepcionalmente se admite que la remuneración consista en un pago a tanto alzado. Con una redacción ligeramente diferente, el artículo L. 212-3 del CPI, en su párrafo II, estipula, por su parte, que la cesión de los derechos del artista-intérprete sobre su prestación debe comportar una remuneración "*apropiada y proporcional*" al valor económico real o potencial de los derechos cedidos, teniendo en cuenta la contribución del mismo al conjunto de la obra y demás circunstancias del caso concreto, tales como las prácticas de mercado o la explotación real de la prestación. El precepto, si bien sigue hablando de una remuneración

---

nº 80, julio de 2021, pp. 16-21, en p. 19; KAMINA, P., "Commentaire de l'ordonnance nº 2021-580 du 12 mai 2021 portant transposition partielle de la directive 2019/790 du17 avril 2019", *CCE* nº 7-8, julio-agosto de 2021, Étude 12, nº 24).

"proporcional" a cambio de la prestación del artista-intérprete, sí menciona al menos la necesidad de que esta sea "apropiada".

Tomando apoyo en la omisión de la exigencia según la cual la remuneración del autor ha de ser "apropiada" – junto con otros motivos – el *Comité pluridisciplinaire des artistes-auteurs et des artistes-autrices* y la *Ligue des auteurs professionnels*, introdujeron un recurso por exceso de poder (*requête pour excès de pouvoir*) ante el Consejo de Estado solicitando la anulación de la *Ordonnance* de 12 de mayo de 2021. En su Decisión, el Consejo de Estado anula parcialmente la norma de transposición al no haber previsto que los autores que ceden sus derechos exclusivos, para la explotación de sus obras, han de tener derecho a percibir una remuneración apropiada[87]. Esto es, para el Consejo de Estado francés, la exigencia de una remuneración apropiada constituye una auténtica regla de fondo a la que los Estados miembros no pueden sustraerse. De ahí que la mera referencia a la dimensión proporcional no resulte conforme con la exigencia europea[88].

El artículo 19 de la Directiva 2019/790, por su parte, regula la llamada "obligación de transparencia" que se concreta en un derecho, en beneficio de los autores y de los artistas intérpretes o ejecutantes, a recibir periódicamente, y por lo menos una vez al año, teniendo en cuenta las características específicas de cada sector, información actualizada, pertinente y exhaustiva sobre la interpretación de sus obras e interpretaciones, por las partes a las que hayan cedido sus derechos, especialmente en lo que se refiere a los modos de explotación, la totalidad de los ingresos generados y la remuneración correspondiente. Su contenido ha quedado integrado en los artículos L. 131-5-1 CPI (en sede de autores) y L. 212-3-1 CPI (en sede de artistas-intérpretes). El apartado I de ambos preceptos reproduce en

---

87 CE, 10e- 9e ch. réunies, 15 nov. 2022, n° 454477, apartados 12 a 16.

88 DORMONT, S., "La rémunération appropriée des auteurs n'est pas une option pour le législateur français", *Dalloz IP/IT* 2023, p. 234.

esencia este contenido (incluyendo la periodicidad mínima anual), añadiendo que la información deberá ser puesta a disposición a través de un procedimiento de comunicación electrónica, y especificando que la misma deberá versar sobre el conjunto de ingresos derivados de la explotación de la obra o interpretación, distinguiendo los diferentes modos de explotación y la remuneración debida por cada uno de ellos. Ello sin perjuicio de las obligaciones específicas de rendición de cuentas que contemplan algunos contratos típicos[89].

Dejando igualmente a salvo los acuerdos profesionales concluidos de conformidad con el artículo L. 132-17-8 del CPI y con diversos preceptos del Código del Cine[90], las condiciones de ejercicio de la obligación de rendición de cuentas pueden ser detalladas en un acuerdo profesional para cada sector de actividad, en particular su frecuencia y el plazo en el cual el envío de la información por vía electrónica ha de ser efectuado[91]. Dicho acuerdo puede prever igualmente las condiciones particulares de esa rendición de cuentas para los autores o artistas cuya contribución no es significativa[92], así como las condiciones de transmisión de

---

89 Así, las que figuran en los artículos L. 132-17-3 CPI (contrato de edición), L. 132-28 CPI (contrato de producción audiovisual), L. 132-28-1 CPI (contrato de comunicación al público de obras en servicios audiovisuales de carácter interactivo) y L. 212-15 CPI (contrato entre el artista-intérprete y el productor de fonogramas).

90 Artículos L. 213-28 a L. 213-37 y L. 251-5 a L. 251-13 del *Code du cinéma et de l'image animée.*

91 *Vid.*, en este sentido, el *Accord interprofessionnel du 20 décembre 2022 dans le secteur du livre*, concluido entre una serie de organismos representantes de los autores (el *Conseil permanent des écrivains* y la *Ligue des auteurs professionnels*) y el *Syndicat national de l'édition.* Entre otros puntos, el acuerdo contempla una obligación de rendición de cuentas de carácter semestral, o un nuevo régimen de rendición de cuentas para las contribuciones no significativas.

92 El legislador francés integra de este modo lo establecido en el artículo 19.4 de la Directiva 2019/790, que deja a los Estados miembros

las informaciones mencionadas en el artículo L. 132-28-1 del CPI. En ausencia de acuerdo profesional aplicable, el contrato ha de precisar las modalidades y la fecha de la rendición de cuentas[93].

En otro orden de cosas, el apartado 2 del artículo 19 de la Directiva 2019/790 contempla la posibilidad de que, en los casos en que los derechos cedidos hayan sido a su vez objeto de sucesivas licencias, los autores y los intérpretes puedan recibir de los sublicenciatarios información adicional cuando la primera parte contratante no disponga de toda la información necesaria. Los Estados miembros podrán disponer que toda solicitud a dichos sublicenciatarios se haga directa o indirectamente a través de la primera parte contratante. A este respecto, el CPI francés remite nuevamente a los acuerdos profesionales para que estos fijen las condiciones según las cuales el autor o el intérprete puede obtener de los sublicenciatarios la comunicación de la información oportuna cuando ésta no haya sido proporcionada en su integralidad por parte del primer cesionario. Dicho acuerdo ha de determinar, en particular, si el interesado ha de dirigirse directamente al sublicenciatario, o bien indirectamente, a través del cesionario principal[94].

---

la posibilidad de decidir que la obligación de transparencia no sea aplicable cuando la contribución del autor o del artista intérprete o ejecutante no sea significativa en relación con el conjunto, a menos que este demuestre que necesita la información para el ejercicio del mecanismo de adaptación de contratos previsto en el artículo 20.1. Sin embargo, nada establece el legislador francés acerca de la posibilidad que le ofrece el legislador europeo de disponer que, en casos debidamente justificados en los que la carga administrativa derivada de la obligación de transparencia pasase a ser desproporcionada en relación con los ingresos generados por la explotación de la obra o interpretación, la obligación se limite a los tipos y al nivel de información que pueda razonablemente esperar en tales casos (artículo 19.3 de la Directiva 2019/790).

93 Artículos L. 131-5-1, I y L. 212-3-1, I CPI, párrafos 2 y 3.

94 Artículos L. 131-5-1, II y L. 212-3-1, II CPI.

Todos estos acuerdos profesionales a los que aluden los párrafos I y II de los artículos L. 131-5-1 y L. 212-3-1 CPI pueden ser extendidos al conjunto de interesados por Orden del Ministro competente en materia de Cultura. En ausencia de un acuerdo de esta índole en un plazo de doce meses tras la publicación de la de la *Ordonnance* nº 2021-580 de 12 de mayo de 2021, las condiciones en las cuales el autor o el artista-intérprete puede obtener la comunicación de las informaciones que obran en poder del subcesionario, serán fijadas por la vía reglamentaria mediante Decreto previo Dictamen del Consejo de Estado (*décret en Conseil d'État*). Con todo, en caso de que un acuerdo de negociación colectiva fuera concluido tras la publicación del mencionado Decreto, sus disposiciones dejarán de producir efectos a la fecha de entrada en vigor de la Orden que le confiere un carácter obligatorio para el conjunto de profesionales del sector.

Por otra parte, la transposición francesa del contenido del artículo 19 de la Directiva 2019/790 ha constituido asimismo una ocasión para hacer mención de la existencia de una obligación de transparencia en el marco de una serie de contratos típicos de nueva aparición en el Código de Propiedad Intelectual: así, el contrato general de representación con los servicios de medios audiovisuales a la demanda (art. L. 132-18, párrafo 3º), el contrato por el que se autoriza la comunicación al público de una obra en un servicio de medios audiovisuales a la demanda (art. L. 132-28-1 CPI)[95], y los contratos que autorizan la utilización de obras por parte de un proveedor de servicios para compartir contenidos en línea (art. L. 137-3, II CPI, que transpone el artículo 17.8 de la Directiva 2019/790).

---

[95] Tanto el artículo L. 132-28-1 CPI como el artículo L. 132-18, párrafo 3º, del CPI prevén que, en el caso de contratos con servicios de medios audiovisuales a la demanda, deberá transmitirse al cedente información sobre el número de actos de descarga, de consulta o de visualización de la obra según una periodicidad adaptada a la difusión de dicha obra y, como mínimo, una vez al año.

Por último, en lo referente al ámbito de aplicación temporal de la obligación de transparencia, el artículo 13 de la *Ordonnance* 2021-580, de 21 de mayo de 2021, indica que las disposiciones relativas a dicha obligación, y los artículos del Código de la Propiedad Intelectual que la regulan, entrarán en vigor el 7 de junio de 2022. Aclara asimismo que estas reglas serán aplicables a los contratos en curso en esa fecha.

El artículo 20 de la Directiva 2019/790 contempla, seguidamente, un mecanismo de adaptación de contratos en virtud del cual los autores y artistas intérpretes o ejecutantes, o sus representantes, tendrán derecho a reclamar una remuneración adicional, adecuada y equitativa, a la parte con la que hayan celebrado un contrato para la explotación de sus derechos, o a los derechohabientes de esta, en caso de que la remuneración inicialmente pactada resulte ser desproporcionadamente baja en comparación con la totalidad de ingresos subsiguientes derivados de la explotación de las obras o interpretaciones. La aplicación de este mecanismo queda vinculada a la inexistencia de convenios de negociación colectiva que prevean un mecanismo comparable. La transposición de esta figura que permite la revisión del precio pactado por la cesión ha quedado establecida en los artículos L. 131-5 CPI (para los contratos celebrados por autores) y L. 212-3-2 CPI (para aquellos celebrados por artistas, intérpretes o ejecutantes). El mismo actúa, en definitiva, como garante, en el transcurso del tiempo, del principio de remuneración adecuada y proporcionada establecido en el artículo 18 de la Directiva europea. Al igual que ocurre con otras legislaciones como la española, este mecanismo corrector ya existía en el Derecho Francés, si bien únicamente para los contratos celebrados por los autores, y sólo era aplicable a los casos en que se había establecido una remuneración inicial a tanto alzado.

Al transponer el contenido del artículo 20, el legislador ha mantenido la antigua redacción del artículo L. 131-5 CPI, añadiéndole un nuevo párrafo por el cual extiende la aplicación del mecanismo de revisión a los casos de remuneración proporcional. De ello resulta que el legislador francés contempla dos situaciones distintas – y sometidas a condiciones no del todo equivalentes – allá donde la Directiva no establece distinción alguna. Así, en los casos en que la obra ha sido cedida a cambio de una cantidad a tanto alzado, el autor quedará facultado a solicitar la revisión de las condiciones económicas del contrato en caso de haber padecido un perjuicio de más de siete doceavos debido a una lesión o previsión insuficiente de los productos de la obra[96]. La lesión ha de apreciarse teniendo en cuenta el conjunto de la explotación llevado a cabo por el cesionario de las obras del autor. Por el contrario, en los casos en que se haya previsto una remuneración proporcional, el párrafo II establece que el autor tendrá derecho a una remuneración adicional cuando la remuneración inicial resulte ser "exageradamente débil" en comparación con el conjunto de ingresos de la explotación percibidos ulteriormente por parte del cesionario. Con el fin de evaluar la situación del autor, el mismo precepto establece la posibilidad de que se tenga en cuentasu contribución, siguiendo aquí lo establecido en el Considerando 78.

Entre la doctrina francesa, se ha señalado la posible incompatibilidad del resultado de la transposición con el Derecho de la Unión Europea, pues supone la existencia de dos umbrales distintos para el ejercicio de la acción de revisión, allá donde el texto de la Directiva no establece un tratamiento diferenciado según el tipo de remuneración pactado en el contrato: en un caso, un umbral fijo equivalente a un perjuicio económico de más de siete doceavos; en el otro, que la remuneración inicialmente pactada resulte ser "exageradamente débil", pudiendo tener en cuenta la importancia de la contribución del au-

---

96 Sobre esta cuestión, *vid.* MARÉCHAL, C., "La lésion et l'imprévision en droit d'auteur", *RIDA* nº 217, julio de 2008, pp. 31-97.

tor[97]. Ello con la peculiaridad de que esta distinción a efectos de la aplicación del mecanismo de revisión entre la tipología de remuneración inicialmente pactada – a tanto alzado o proporcional – no figura en el artículo L. 212-3-2 CPI, relativo a la revisión de la remuneración aplicable a los contratos de cesión del artista-intérprete sobre sus prestaciones. El mencionado artículo contempla, en este supuesto, que el artista tendrá derecho a una remuneración adicional cuando la remuneración inicialmente prevista en el contrato de explotación resulte ser exageradamente débil con respecto al conjunto de los ingresos ulteriormente percibidos de la explotación por parte del cesionario, redacción que resulta más acorde con el texto de la Directiva. Igualmente, en estos casos, a efectos de evaluar la situación, podrá tenerse en cuenta la contribución del artista.

El apartado III del artículo L. 131-5 del CPI estipula, por su parte, que los dos apartados anteriores únicamente son aplicables en ausencia de una disposición particular que prevea un mecanismo comparable, ya sea en un acuerdo profesional aplicable en el sector de actividad – como prevé expresamente la Directiva –, ya sea en el propio contrato de explotación. El apartado IV, por último, recuerda que las disposiciones a que se refiere el presente artículo no son aplicables a los programas de ordenador.

En otro orden de cosas, el artículo 21 de la Directiva 2019/790 permite a los Estados miembros disponer que los litigios relativos

---

97 En este sentido, A. LUCAS deduce que la referencia a una remuneración que resulta ser "exageradamente débil" conlleva un desequilibrio importante, pero sin que este deba alcanzar necesariamente la proporción de los siete doceavos (LUCAS, A., "Droit d'auteur. Exploitation des droits. Dispositions générales, *op. cit.*, § 133). En un sentido similar, criticando este punto de la transposición francesa, *vid.*, KAMINA, P., "Commentaire de l'ordonnance n° 2021-580 du 12 mai 2021…", *op. cit.*, n° 30 ; BRUGUIÈRE, J.-M., "La révision de la rémunération de l'auteur et de l'artiste-interprète", *Propr. Intell.* n° 80, julio de 2021, pp. 28-35, en p. 30).

a la obligación de transparencia y al mecanismo de adaptación de contratos puedan someterse a un procedimiento alternativo de resolución de litigios de carácter voluntario que, en su caso, podrá ser iniciado por un organismo que represente a los autores y los artistas, a petición expresa de uno o varios de ellos. Este precepto no ha sido objeto de transposición, considerando que el Código procesal civil contiene ya disposiciones en este sentido accesibles a los autores e intérpretes, e incluso a los organismos que los representan[98].

Finalmente, el artículo 22 de la Directiva 2019/790 obliga a los Estados miembros a garantizar que, cuando un autor o un artista intérprete o ejecutante haya cedido sus derechos sobre una obra u otra prestación con carácter exclusivo, dicho autor o artista pueda revocar en todo o en parte esa cesión si la obra o prestación no está siendo explotada, salvo que la ausencia de explotación se deba principalmente a circunstancias que se puede razonablemente esperar que sean subsanadas por el cedente[99]. El mecanismo instaura así, indirectamente, una obligación de explotación de la obra o prestación sobre la cual se adquieren los derechos con carácter exclusivo. El artículo 22 tiene un contenido altamente dispositivo para los legisladores nacionales. De un lado, estos podrán establecer disposiciones particulares, teniendo en cuenta: a) las especificidades de los diferentes sectores y tipos de obras o ejecuciones; y b) la importancia relativa de las contribuciones individuales y los intereses legítimos de todos los contribuyentes a la obra o prestación plural. También en estos supuestos en que la obra o prestación incluye la contribución de varios autores o intérpre-

---

98 *Vid. Étude d'impact du projet de loi n° 2488 du 5 décembre 2019 relatif à la communication audiovisuelle et à la souveraineté culturelle à l'ère numérique,* AN, 4 déc. 2019, pp. 145-146, finalmente abandonado, pero cuyo contenido, en lo referente a este punto, se reproduce en el Informe al Presidente de la República relativo a la *Ordonnance* de 21 de mayo de 2021.

99 Artículos 22.1 y 22.4 de la Directiva 2019/790.

tes, podrán excluir esas obras o prestaciones de la aplicación del mecanismo de revocación. Los Estados miembros quedan asimismo facultados para disponer que tal mecanismo sólo se ejerza dentro de un plazo específico si dicha restricción está debidamente justificada por las especificidades del sector o por el tipo de obra o prestación; así como para disponer que los autores o intérpretes puedan optar por poner fin a la exclusividad del contrato, en lugar de revocar la cesión[100]; o para disponer que toda disposición que suponga una derogación contractual al mecanismo de revocación sólo sea aplicable si está basada en un convenio de negociación colectiva. En todo caso, los Estados miembros dispondrán que la revocación sólo pueda ejercitarse una vez transcurrido un plazo razonable tras la conclusión del contrato de cesión. Además, el autor o el intérprete deberá enviar una notificación a su cesionario, fijando un plazo adecuado para la explotación de los derechos[101].

El mecanismo de revocación del contrato se encuentra regulado en los artículos L. 131-5-2 CPI (para los autores) y L. 212-3-3 CPI (para los artistas e intérpretes). De la combinación de ambos preceptos resulta que, cuando el autor o intérprete ha transmitido a título exclusivo todo o parte de sus derechos puede, en ausencia de toda explotación de la obra o prestación, rescindir de pleno derecho la transmisión de todo o parte de esos derechos[102]. Si bien el tenor literal de los respectivos preceptos sugiere que la facultad de rescindir el contrato únicamente procedería en caso de no existir acto alguno de explotación[103], un sector de la doctrina francesa se inclina por afirmar que el mecanismo sería susceptible de abarcar una re-

---

100 Artículo 22.2 de la Directiva 2019/790.

101 Artículo 22.3 de la Directiva 2019/790.

102 Artículos L. 131-5-2, I CPI y L. 212-3-3, I CPI.

103 BENSAMOUN, A. y SIRINELLI, P., "Apport au régime de droit commun des contrats de droit d'auteur par la transposition des articles 18 à 23 de

vocación parcial que afectase únicamente a las modalidades de explotación que no se estén utilizando (por ejemplo, la traducción de una novela a determinados idiomas), y que el autor o el intérprete podría recuperar para tratar de darles una salida por otros cauces. Se ha argumentado al respecto que ello podría incitar a una mayor prudencia en la redacción contractual, de manera que la cesión se concentre en las modalidades que realmente se espera que vayan a ser explotadas[104].

El CPI francés remite, seguidamente, a los acuerdos profesionales para la definición de las modalidades de ejercicio del derecho de rescisión, en particular el plazo a partir del cual el autor o el artista puede instarlo. Todo acuerdo de estas características podrá ser extendido al conjunto de los interesados mediante una orden (*arrêté*) del Ministro encargado de la Cultura. En todo caso, la Ley prevé que, en los casos en que la obra o el objeto protegido por un derecho conexo comporte la contribución de varios autores o artistas-intérpretes, respectivamente, éstos deberán ejercer el derecho de revocación de común acuerdo. En caso de desacuerdo, corresponderá a la jurisdicción civil pronunciarse al respecto[105]. Sea como fuere, el legislador francés establece las disposiciones relativas al mecanismo de revocación no serán aplicables a los autores de programas de ordenador, pero tampoco a los autores o intérpretes que han contribuido a la obra audiovisual[106]. Si la primera exclusión deriva de los dispuesto en el artículo 23.1 de la Directiva 2019/790, la segunda puede ser vista como un supuesto de obra que reúne la contribución de varios autores o intérpretes,

---

la directive 2019/790 du 17 avril 2019 par l'ordonnance n° 2021-580 du 12 mai 2021", *RIDA* nº 270, oct. 2021, chron. leg., pp. 143-243, en p.234.

104 LAPOUSTERLE, J., "La révocation des contrats d'auteurs et d'artistas-interprètes", *op. cit.*, p. 39.

105 Artículos. L. 131-5-2, IV CPI y L. 212-3-3, IV CPI.

106 Artículos L.131-5-2, V CPI y art. L. 212-3-3, V CPI.

situación en la que la Directiva permite a los Estados miembros excluir la aplicación del mecanismo de revocación[107]. El párrafo VI de los artículos L. 131-5-2 CPI y L. 212-3-3 CPI, respectivamente, deja a salvo otras disposiciones presentes en el Código de Propiedad Intelectual, en particular el mecanismo de rescisión del contrato de edición previsto en el artículo L. 132-17-2 CPI, y el dispositivo previsto en el artículo L. 212-12 CPI. Este último permite acudir ante la jurisdicción civil competente para que ordene toda medida apropiada, en caso de abuso notorio por parte de un productor de fonogramas de la falta de uso de los derechos de explotación que le hayan sido cedidos.

Por último, y en relación con lo dispuesto en el artículo 23.1 de la Directiva 2019/790, el artículo L. 131-5-3 CPI indica que las disposiciones de los artículos L. 131-4 a L. 131-5-1 CPI son de orden público. Ello incluye la regla de la remuneración proporcional, salvo en los casos expresamente previstos en la Ley (que el texto de la Directiva no dota de carácter imperativo); el mecanismo de revisión del contrato y la obligación de transparencia. La regla no abarca, por tanto, el mecanismo de revocación del contrato[108]. A los efectos de reforzar este carácter de orden público, el artículo L.132-24 CPI, en el marco del contrato de producción audiovisual, ha incluido dos nuevos párrafos que disponen lo siguiente: "*el contrato por el cual el autor de la composición musical con o sin letra de una obra audiovisual transmite todo o parte de los derechos de explotación al productor de esta última no puede tener por efecto, independientemente de la Ley elegida por las partes, el hecho de privar al autor, para la explotación de su obra en el territorio francés, de las disposiciones protectoras previstas en los artículos L.131-4, L. 131-5 y L. 132-28 del presente Código. El autor podrá acudir ante los tribunales franceses en todo litigio relativo a la*

[107] Artículo 22.2, párrafo 2º de la Directiva 2019/790.

[108] En los mismos términos, para los derechos de los artistas-intérpretes, *vid.* el artículo L. 212-3-4 CPI.

*aplicación del párrafo anterior, cualquiera que sea el lugar en el que su cesionario o él mismo se encuentren establecidos e independientemente de toda cláusula atributiva de jurisdicción en sentido contrario*"[109]. El legislador francés prolonga así la imperatividad de las reglas citadas en el marco de un contrato internacional, garantizando que, cualquiera que sea la Ley aplicable al contrato elegida por las partes, el autor siempre pueda acudir ante los tribunales franceses para solicitar la aplicación del principio de remuneración proporcional, la obligación de rendición de cuentas y el mecanismo de adaptación del contrato. Ello únicamente en relación con la explotación de su obra en el territorio francés, pero cualquiera que sea el lugar en el que él mismo o su cesionario se encuentren establecidos.

## BIBLIOGRAFÍA


- BARTHEZ, V., "L'utilisation d'œuvres et autres objets protégés dans le cadre d'activités d'enseignement numériques", *Dalloz IP/IT* 2019, p. 309.
- BENSAMOUN, A. y SIRINELLI, P., "Apport au régime de droit commun des contrats de droit d'auteur par la transposition des articles 18 à 23 de la directive 2019/790 du 17 avril 2019 par l'ordonnance n° 2021-580 du 12 mai 2021", *RIDA* nº 270, oct. 2021, chron. leg., pp. 143-243.
- BERNAULT, C., "Exceptions – Fouille de textes et de données – Enseignement – Conservation du patrimoine culturel – Œuvres indisponibles", *Propr. intell. 2019,* n° 72, Chroniques no 4, pp. 39-45.
- BRUGUIÈRE, J.-M., "La révision de la rémunération de l'auteur et de l'artiste-interprète", *Propr. Intell.* nº 80, julio de 2021, pp. 28-35.
- CARON, Ch., "La fixation de la rémunération de l'auteur", *Propr. Intell.* nº 80, julio de 2021, pp. 16-21.
- DORMONT, S., "La rémunération appropriée des auteurs n'est pas une option pour le législateur français", *Dalloz IP/IT* 2023, p. 234.


[109] La traducción es mía.

- KAMINA, P., "Commentaire de l'ordonnance n° 2021-580 du 12 mai 2021 portant transposition partielle de la directive 2019/790 du17 avril 2019", *CCE* nº 7-8, julio-agosto de 2021, étude 12, nº 24.
- LAPOUSTERLE, J., "La révocation des contrats d'auteurs et d'artistes-interprètes", *Propr. Intell.* nº 80, julio de 2021, pp. 36-44.
- LUCAS, A., "Droit d'auteur. Exploitation des droits. Dispositions générales", *JCl. Propriété littéraire et artistique*, fasc. 1310.
- LUCAS, A., "Exceptions au droit exclusif (CPI, art. L. 122-5 à L. 122-5-4 et L. 331-4 ; C. patr., art. L. 132-4). Étude analytique des exceptions", *JCl. Propriété littéraire et artistique*, fasc. 1249 (fecha de la última versión consultada: 15 de junio de 2023).
- MACREZ, F., "Œuvres orphelines et œuvres indisponibles", *Jcl. Propriété littéraire et artistique*, fasc. 1380 (fecha de la útlima actualización consultada: 1 de septiembre de 2023).
- MARÉCHAL, C., "La lésion et l'imprévision en droit d'auteur", *RIDA* nº 217, julio de 2008, pp. 31-97.